《东南亚研究》第一辑

《东南亚概论》丛书

WENLAI GAILUN

文莱概论

邵建平　杨祥章　编著

「十二五」国家重点图书出版规划项目

国家出版基金项目
NATIONAL PUBLICATION FOUNDATION

中国出版集团
世界图书出版公司

图书在版编目（CIP）数据

文莱概论/邵建平，杨祥章编著. —广州：世界图书出版广东有限公司，2012. 12
（东南亚研究）
ISBN 978-7-5100-1836-7

Ⅰ. ①文… Ⅱ. ①邵… ②杨… Ⅲ. ①文莱—概况 Ⅳ. ①K934.4

中国版本图书馆CIP数据核字（2012）第305421号

文莱概论

项目策划：陈　岩
项目负责：卢家彬　刘正武
责任编辑：程　静　张　华
出版发行：世界图书出版广东有限公司
（广州市新港西路大江冲25号　邮编：510300）
电　　话：（020）84451969　84453623　84184026
http：//www.gdst.com.cn　E-mail：pub@gdst.com.cn
经　　销：各地新华书店
印　　刷：虎彩印艺股份有限公司
版　　次：2012年12月第1版
印　　次：2018年10月第3次印刷
开　　本：880mm × 1230mm　1/32
字　　数：250千
印　　张：10.25
ISBN 978-7-5100-1836-7/K · 0164
定　　价：35.00元

咨询、投稿：020-84460251　gzlzw@126.com

前 言

“东南亚”指亚洲东南部地区，包括越南、老挝、柬埔寨、泰国、缅甸、菲律宾、马来西亚、文莱、新加坡、印度尼西亚、东帝汶等11个国家。该地区人口众多、资源丰富、幅员辽阔，北接东亚大陆，南望澳大利亚，东濒太平洋，西临印度洋，西北与印度、孟加拉国相毗邻，是连接亚洲和大洋洲、太平洋和印度洋的桥梁地带，具有举足轻重的战略地位。

东南亚是中国周边邻国最为集中的地区。通过陆地和海洋的连接，东南亚与中国为邻，是中国通往外部世界的最重要的海上通道，是中国维护国家安全的重要门户。由于山水相连、唇齿相依，中国与东南亚地区自古以来就有着密切的政治、经济和文化上的往来。虽然其间也曾有过摩擦和冲突，但和平友好一直是中国与东南亚交往的主调。新中国成立后，中国政府奉行睦邻友好的和平外交政策，正确处理与周边国家的关系，营造了一个较好的周边环境。特别是冷战结束后，出现了有利于中国改善与周边国家关系的国际大气候，为中国稳定周边关系提供了良好的机遇。在中国的对外关系中，东南亚具有举足轻重的分量，它既是中国实施“睦邻、安邻、富邻”外交的重要目标，也是展现中国与周边国家睦邻友好关系的窗口。无论是中国为实现社会主义现代化争取一个和平的国际环境，还是实施“立足亚太、稳定周边”的对外战略，东南亚都是不可或缺的一环。而在经济上，东南亚有着丰富的自然资源和潜在市场，是中国对外开放、开展互利合作的重要伙伴。因此，密切与东南亚各国的关系，对于中国构建稳定、和谐的周边环境具有重要意义。

近年来，中国和东南亚各国关系取得了迅速、全面、深入的发展。特别是1997年亚洲金融危机爆发以后，中国坚持人民币不贬值，以不附带任何政治条件的真诚支持和援助获得了东南亚各国的一致赞赏，拉近了相互间的距离，也使中国与东南亚的关系全面推进，不断拓展和深化。2002年11月，《中国与东盟全面经济合作框架协议》的签署，标志着中国—东盟建立自由贸易区的进程正式启动，也标志着中国与东南亚国家的经贸合作进入了新的历史阶段。此后，双方又将合作拓展到政治、安全和战略领域，相继签署了《中国与东盟关于非传统安全领域合作联合宣言》、《南海各方行为宣言》，以及中国加入《东南亚友好合作条约》，确立"中国—东盟面向和平与繁荣的战略伙伴关系"等，奠定了中国与东南亚国家进行整体性制度合作的框架基础，中国与东南亚关系由此进入了合作共赢的发展阶段。

随着2010年中国—东盟自由贸易区的初步建成，中国东盟博览会和商务与投资峰会、大湄公河次区域经济合作、北部湾经济区的开放开发等一系列合作机制的建立和实施，昆河铁路、昆曼公路等一批跨国合作项目的建成和投入使用，可以预见中国和东南亚各国的经贸关系会更加密切，合作机制会更加健全，双方的相互依存度会更加牢固。在此背景下，越来越多的国人希望进一步了解和认识东南亚。但是随着奥巴马政府2009年上台，美国对东南亚的再度重视对中国与东南亚关系产生了比较大的影响，使中国在东南亚的投资受到了较大的冲击。保护中国在东南亚主要国家的投资、让中国企业更多地了解东南亚国情已成了迫在眉睫的重大任务。因此，云南大学东南亚研究所依据自身的研究特点以及出版社的要求，组织编写了《新加坡概论》、《文莱概论》、《菲律宾概论》等著作，分别从自然地理、历史简况、民族与习俗、宗教信仰、文学艺术、政治制度、国民经济、军事与国防、对外关系等方面对上述三国的国情与社会文化进行了阐述。参加丛书编撰工作的既有云南大学东南亚研究所的资深教授，也有初出茅庐的博士生和硕士。他们具有较高的研究能力和外语水平，曾经主持或参加过多个国家级项目的研究，在写作过程中较多地采用了第一手资料，使丛书内容具有丰富、翔实、权威的特点。

在充满机遇与挑战的全球化时代，中国如何把握住时机，继续深化与东南亚国家的睦邻友好关系，提升在政治、经济、贸易、文化、安全等各领域的广泛交流与深入合作，是一个重要课题。《东南亚研究》丛书旨在为希望了解东南亚情况的人士提供较为客观、全面的知识和信息。由于受资料收集和学术水平等诸多因素的限制，书中所表述的观点难免有疏漏和不当之处，敬请广大读者批评指正。同时，我们也衷心希望有更多更好的东南亚研究成果问世。

云南大学东南亚研究所

2012年11月

目　录

引　言

文莱达鲁萨兰国（Brunei Darussalam，意为和平之邦，寓意警惕，并求安定），又名文莱伊斯兰教君主国，位于亚洲东南部，加里曼丹岛西北部。整个国土被马来西亚所分割、环绕；沿海地区为狭长的平原，而内地多山；全境处于低纬度地区，属于热带雨林气候，全年高温多雨，气候受热带季风影响明显，一年分为干、湿两季。文莱从国土面积来说是一个小国，国内遍布丰富的油气资源和林业资源，全国约75%的国土面积被原始森林覆盖，是世界著名的森林王国。

文莱是东南亚国家中人口最少的国家，截至2011年7月1日，文莱总人口为42.27万人。文莱是一个统一的多民族国家，其民族构成可简单地分为原住民和外来民族。原住民包括马来人和被统称为“达雅克人”的土著民族，外来民族主要有华人以及来自英国、印度、印度尼西亚等国的移民和劳工。其中马来人是文莱的主体民族，在文莱政治、宗教和社会生活中占据主导地位。文莱的宗教与民族一样具有多元化特性。伊斯兰教是文莱的国教，大多数文莱人，包括王室成员，都信仰伊斯兰教。此外，文莱非穆斯林国民还信仰佛教、基督教、印度教、妈祖教和原始宗教。一直以来，文莱政府都极力宣扬和维护伊斯兰教的统治地位。

文莱是一个历史悠久的东南亚国家，文莱王室及其臣民具有古老的历史背景。关于文莱的历史，目前流传着多个版本的传说。对于文莱历史的最早文字记载主要来源于中国。早在公元五六世纪，中国史书就开始对文莱早期历史有详细记载。1414年，阿旺·阿拉克·贝塔塔尔与马剌加国苏丹的女儿结婚，被马剌加国苏丹授予文莱苏丹的头衔。这样，贝塔塔尔就成为文莱的第一个苏丹。15世纪后期，五世苏丹博尔基亚开始统治文莱。在博尔基亚励精图治之下，文莱的国力达到了鼎盛。随着西方殖民者葡萄牙、西班牙、英国的到来和内部陷入无休止的争权夺利斗争，文莱于1847年沦为英国的半殖民地。随着领土被进一步蚕食，文莱于1906年最终沦为英国的殖民地。1942年至1946年，文莱遭受日本破坏性的统治。“二战”结束后，英国重返文莱，在世界去殖民化浪潮下，文莱人民开始了争取国家独立的斗争。1959年，文莱获得了自治；1984年获得了完全独立，成为一个主权独立的“马来伊斯兰君主国”。

文莱是东南亚的主要产油国和世界主要天然气生产国。油气资源为文莱国家和人民创造了巨额财富和富裕的生活，人民可以享受极其优越的福利，正因为如此，文莱被称为“亚洲的安乐乡”。石油和天然气的生产和出口是文莱国民经济的支柱。为了避免经济结构过于单一，近年来文莱一直朝经济多元化方向努力，大力发展农林渔业、建筑业、运输业、金融服务业和旅游业，并取得了一定成就。

文莱尽管国家小，但军事建制齐全，拥有海陆空三军。由于士兵人数较少，提高武器质量和与外国保持密切的军事合作一直是文莱军事和安全的发展战略。

随着国家经济发展、人民富裕，文莱的科教文卫事业也取得了突飞猛进的进展。

自1984年独立以来，文莱奉行全方位外交战略，把与邻国，包括东盟的关系作为文莱外交的基石；积极发展与世界各国和各种国际组织的关系，构建文莱全方位立体式外交网络，为自身赢得最大的国际生存和发展空间。截至2012年底，文莱已经与163个国家建立了正式的外交关系。

文莱与中国的关系源远流长，两国人民间有长期友好交往的历史。从两国关系发展脉络来看，两国在古代的关系非常紧密；“二战”结束后，由于中国对文莱人民党的起义进行声援，对两国关系的发展造成了一定的影响；1984年后，文莱和中国的关系得以正常化，双方在政治、经济、文化、教育等领域的合作和交流都取得了长足发展。两国在地区事务和国际问题中相互合作，相互支持，双边关系在平稳中发展深化。目前，两国高层互访频繁，双边关系稳定，中国与文莱的关系也成为了大国与小国和谐共存的典范。

第一章　自然地理

第一节　地理状况

一、地理位置和国土面积

文莱（Brunei Darussalam），全名“文莱达鲁萨兰国”（意为和平之邦，寓意警惕，并求安定），又名文莱伊斯兰教君主国，位于加里曼丹岛的西北部，南中国海南岸，与中国南沙群岛邻近，位于亚洲东南部。整个国土被马来西亚所分割、环绕，其东南西三面与马来西亚的沙捞越州接壤。文莱地处北纬4°至5°5′、东经114°2′至115°22′之间，赤道以北443千米。文莱国土面积5 765平方千米，海岸线长162千米，共有33个岛屿。

二、地形地貌

文莱的地形特点非常突出：沿海地区为狭长的平原，而内地多山。东半部由广阔的沿海平原向内地延伸为崎岖的山地，西半部为丘陵低洼地。东部的淡布伦地区地势较高，多丘陵、山地；西部的白拉奕河流域、都东河流域及文莱—穆阿拉地区是文莱的主要部分，这里多为平原。巴贡山是全国最高山峰，海拔1 841米。全国有四大河流：文莱河、都东河、白拉奕河及淡布隆河。文莱约75%的国土面积被原始森林覆盖。

文莱的地表是在第三纪地盘岩的基础上发展而来的，主要成分有砂岩、页岩和黏土。由于地层沉降，长年累月的高温和高降雨量导致地表遭到严重的腐蚀和风化，虽然有森林覆盖，但还是形成了起伏不平的山脉和险峻的沟壑。洪水和河流多年冲刷过的山坡水土流失十分严重，其沉淀物形成了沿海平原。

三、气候

文莱全境处于低纬度地区，属于热带雨林气候，全年高温多雨，气候受热带季风影响明显，一年分为干、湿两季，雨季较长：2月至4月为旱季，气候炎热；5月至次年1月为雨季，12月为每年雨量最大的季节。文莱最高气温一般为33摄氏度，最低为26.2摄氏度，平均气温28.3摄氏度，平均湿度为82%，全年温差较小。文莱一般年降雨量为2 500~3 500毫米，但1999年较为特殊，只有1 112毫米。文莱全国可以分为3个降雨带，一个是东部的淡布伦，年均降雨量为4 000毫米；一个包括文莱—穆阿拉、白拉奕和都东的大部分地区，年降水量2 900毫米；一个是从杰鲁东到都东谷地中部的一小块地方，降雨量较少，年均2 400毫米。文莱没有直接遭到热带风暴、旋风和台风的影响，几乎没有自然灾害。

文莱各月的平均气温和平均降雨量见表1-1。

表1-1 文莱各月平均气温和平均降雨量

月份	1	2	3	4	5	6	7	8	9	10	11	12
最高温（℃）	25.8	24.8	27.2	27.1	27.5	27.1	28.4	28.3	28.0	26.5	24.4	24.0
最低温（℃）	22.1	22.0	22.5	23.9	23.9	24.7	24.1	24.3	25.3	23.1	22.2	23.6
降雨量（毫米）	277.7	138.3	113.0	200.3	239.0	214.2	228.8	215.8	257.7	319.9	329.4	343.5

资料来源：http://en.wikipedia.org/wiki/Brunei

四、河流

文莱虽然国土面积狭小，但是境内却流淌着多条河流，其中较大的有白拉奕河、都东河、淡布伦河和文莱河。

白拉奕河为文莱最长的河流，全长32千米，发源于文莱和马来西亚沙捞越交界的山区，由东南向西北，纵贯白拉奕区全境，最后注入南中国海。白拉奕河上游地区森林茂密，人口稀少；下游地区是广阔的森林泥炭地带，河谷盆地出产水稻。河口为沼泽地，河道已部分疏浚，可通航。

都东河由南往北流经都东区境内，注入南中国海。沙洲和沙坑造成都东河湾地况复杂。受潮汐影响，都东河下游形成了冲积平原，平原上有茂密的森林和小块的土地。都东河上游有文莱最大的湖泊。

淡布伦河发源于淡布伦区南部与马来西亚沙捞越交界处，由东南向西北纵贯淡布伦区，最后流入文莱湾。

文莱河也是由南往北流，经过文莱—穆阿拉区，在首都斯里巴加湾市附近流入大海，该河的河水是咸的。文莱首都斯里巴加湾市的大部分标志性建筑物都建在文莱河沿岸和附近地区。

此外，文莱还有一条林梦河，它主要流经淡布伦区与文莱—穆阿拉区之间的马来西亚沙捞越林梦地区。也是南北走向的一条河流，在文莱—穆阿拉区境内注入文莱湾。

五、岛屿

文莱的33个岛屿总面积为79.39平方千米，占文莱国土总面积的1.4%。这些岛屿只有两个岛屿位于海上，其余大部分位于文莱河的下游和河口地区。除了个别岛上有人居住外，文莱大部分岛屿为无人岛屿，仅有渔民、考古工作者、探险队和旅游者的足迹。

文莱最大的岛屿为柏南邦岛（Beranbang），该岛因为具有丰富的天然气，是文莱经济的发源地。1917年，柏南邦岛上发现了天然气，曾为英国殖民者带来了不菲的收入。柏南邦岛上人口稠密，道路通畅，村落连贯整洁，居民和睦相处。特林达岛（Terindak）是文莱最小的岛屿，传说该岛是500多年前修建的一个人工岛屿，现在岛上有茂密的红树林。

坐落在文莱河口的切敏岛（Chermin）尽管目前是一个荒芜的小岛，但在文莱历史上曾“光芒四射”。据目前的考古发掘，该岛是古代文莱与本地区一些国家开展贸易的地点。考古学家在岛上发现了中国唐朝和明朝的瓷器，成为文莱与中国友好交往的证据。由于该岛的历史价值，现在文莱公民必须向有关部门申请准许才可以登岛。

与切敏岛相类似，靠近穆阿拉港口附近的穆阿拉·贝达（Muara Bendar）也是文莱的一个古迹。穆阿拉·贝达是一个低洼地区，无人居住。据说在1580年，文莱和西班牙在该岛上发生了一场战争。该岛具有丰富的天然气，1890年被作为天然气储存地。日军占领文莱后，该岛被当作出入港口和供应基地。1945年，同盟国对该岛进行猛烈轰炸，使该岛成为日军的噩梦。

在靠近淡布伦河口有一个已经被文莱政府定位为旅游景点的西里郎岛（Selirang），目前已经得到一定程度的开发。

在穆阿拉海域不远的地方有个宝岛，为了防止影响岛上野生动物繁殖和破坏生态平衡，文莱政府有关部门已经采取措施阻止该岛的开发。该岛附近有景色迷人的珊瑚礁及稀有海龟。

第二节 自然资源

一、矿产资源

文莱的矿产资源主要是石油和天然气。尽管早在20世纪初，文莱的石油和天然气就被大量开采，但目前文莱的油气蕴藏量仍然很丰富。据美国EIA（U.S. Energy Information Administration）2012年统计，目前文莱还有11亿桶原油蕴藏量；3 907.72亿立方米天然气储量；[①]在产量方面，目前文莱的原油日产量约为15万桶，天然气的年产量为113.27亿立方米。[②]此外，文莱还有少量的煤矿、石灰石和硅砂。

二、生物资源

文莱最主要的生物资源为林业资源。文莱的森林资源极为丰富，据1998年文莱森林局统计，文莱的森林总面积为46.9万公顷，森林覆盖率为81.4%。其中有72.49%的森林是从未被开发过的原始林，仍然保持原始植被状态，文莱59%的国土覆盖着原始林。森林类型分为原始林（总面积34万公顷，其中红树林1.8 万公顷、淡水湿地林1.3万公顷、泥炭湿地林9万公顷、灌木林0.3万公顷、龙脑香混交林19.3万公顷、山地多雨林0.7万公顷、混合类型1.6万公顷）和次生林（12.8万公顷）。文莱的主要树种有棱柱木、指茎野牡丹、黄牛木及娑罗双等，它们可构成混交林、娑罗双纯林。灌木林主要是贝壳杉纯林、木麻黄林、低地辐射松林。文莱大部分地区是海拔400米以下的低地，低地龙脑香林的树种很多，主要有库氏娑罗双、漏斗苣苔、龙脑香、喃喃果。

文莱的森林全部是国有林，完全由林务局管辖，分为防护林、生产林、游憩林、保护林、自然保护区和科研林。政府规定国有土地（包括次生林、采伐迹地、荒地）的开发利用要从注重社会效益和综合利用的角度出发，凡属国家开发计划范围内的开发用地都必须经有关

① http://www.eia.gov/cfapps/ipdbproject/IEDIndex3.cfm?tid=3&pid=3&aid=6.

② http://www.eia.gov/cfapps/ipdbproject/IEDIndex3.cfm?tid=3&pid=3&aid=6.

部、局审批。林业在文莱国家开发计划中占有重要的位置，列入国家开发计划的战略课题有：采取各项措施将应保护的森林面积从23万公顷增加到33万公顷；提高森林抚育管理技术；为搞好造林，开展以选定最佳造林树种为目的的森林资源调查；改进采伐及制材方法；普及有效且高附加值利用木材的技术；利用劣质木材加工单板、胶合板；引进纤维板制造技术，有效利用制材加工剩余物。[①]

随着文莱森林资源保护政策的生效，文莱原始森林保护区与森林保留区面积正不断扩大。截至2012年8月，文莱全国原始森林保护区面积已扩大约2万公顷。据统计，文莱目前共有11个森林保护区，面积为2 277平方千米，约占国土面积的39%，其中原始森林保护区面积占森林保护区总面积的86%。文莱还有14个森林保留区，其中供商业用途的森林生产区占20万公顷，国家公园及野生动物保护区占5万公顷。[②]

在动物生物资源方面，由于文莱沿海一带海水含盐量少，温度适宜海洋生物生长，海边成为富有的海生动物养殖场，因此文莱海洋渔业区内有丰富的渔业资源。此外文莱海岸线沿岸覆盖有18 418公顷的在东南亚保存最好的红树林，有大量的虾苗和鱼苗繁殖。文莱海域没有污染，又无台风、地震等自然灾害袭击，非常适宜开展海洋捕捞和鱼虾养殖。据文莱渔业局统计，文莱海域最大可捕捞量约21 300吨，其中沿岸资源3 800吨，底层资源12 500吨，浮游资源5 000吨。[③]另外，文莱海域还是金枪鱼洄游的途经之路，有丰富的金枪鱼资源。

① http://www.forestry.gov.cn/portal/main/map/sjly/sjly51.html.

② 《文莱原始森林保护区面积不断扩大》，新华网，2012年8月3日。

③ 《文莱渔业发展概况》，上海农业网，2007年4月18日。

第三节　行政区划与主要城市

一、行政区划

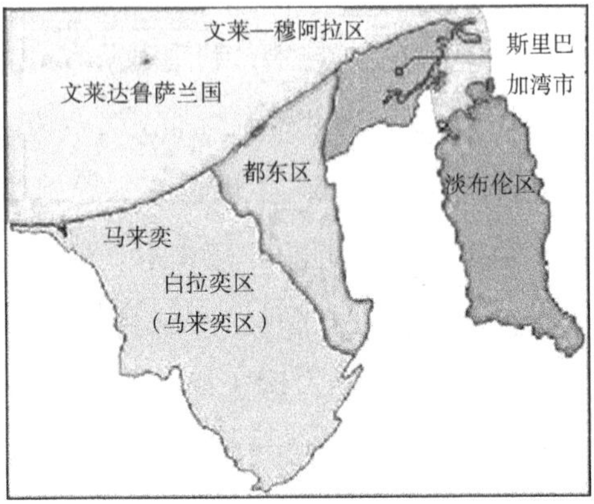

图1-1　文莱行政区划图

文莱的行政区划分为区、伦乡和村三级。区长和乡长由政府任命，村长由村民民主选举产生。全国划分为四个区，即文莱—穆阿拉区、都东区、白拉奕区和淡布伦区。各区设区长分别负责区内的日常行政事务，由内政部办公室统筹管理。区下面设乡，乡长由政府任命，乡下面是村，村长由村民民主选举产生。

文莱—穆阿拉区（Brunei/Muara District）东临文莱湾，北濒南中国海，南与马来西亚的沙捞越州接壤，西与都东区为邻。面积为570平方千米，地势较低平。此区由文莱首都斯里巴加湾市和穆阿拉区组成。首都斯里巴加湾市位于这个区境内，该区是文莱人口最多的行政区，也是文莱政治、文化和商业中心。全国最大港口穆阿拉也位于这个区境内。

都东区（Tutong District）北濒南中国海，南与沙捞越州接壤，东面与文莱—穆阿拉区、西面与白拉奕地区为邻。都东区面积

1 166平方千米，南部边境地区地势较高，其余地方地势较低平。全区人口主要集中在都东镇，该区是文莱土著的聚居区。出产水稻和蔬菜，畜牧业比较发达。

白拉奕区（Belait District）北濒南中国海，西面和南面都与马来西亚沙捞越州接壤，东面与都东区为邻。该区面积为2 724平方千米，西南部地势较高，其余地方平缓且海平面低。白拉奕区位于文莱的最南部，主要由号称"石油城"的诗里亚镇和瓜拉白拉奕镇组成。该区是文莱的经济中心，文莱的石油和天然气开采和生产都集中在此区内，尚未开采的石英矿砂也产在这个区域，该区还出产水稻、木材和胡椒，等等。

淡布伦区（Temburong District）位于文莱东部，独立于其他三个区，被马来西亚的林梦地区分隔，不能与文莱其他地区直接接壤，其北部隔文莱湾与文莱—穆阿拉区相望。该区面积为1 305平方千米，山峦起伏，地势较高。这个区人口较少，部分土著民族至今仍居住在马来传统的长屋内。淡布伦区是文莱原始森林集中的地区，著名的文莱国家森林公园就在这个区的境内。从斯里巴加湾市乘船前往淡布伦区，沿途景色宜人，两岸灌木丛生，风景秀丽。从公路乘车经过沙捞越的林梦地区可到达文莱首都，但费时较多。这个区域主要出产木材和建筑用的沙石，也产水稻、硕莪粉和椰子等。

二、主要城市

斯里巴加湾市（Bandar Seri Begawan） 斯里巴加湾是"和平的居所"的意思。斯里巴加湾市是文莱的首都，是全国的商业、政治和文化教育中心。它位于文莱湾西南岸，东经114°55′，北纬4°52′，距文莱河入海口14.48千米。斯里巴加湾市人口约6万，主要是马来人和华人。最初这里只是文莱河入海处的一片沼泽地，后来马来人陆续来此定居，形成了几十个水上村落，从17世纪起即成为文莱首都。斯里巴加湾市靠近赤道，属典型的热带海洋性气候。白天炎热，夜晚凉爽，没有旱季。每年10月至翌年3月最为潮湿，降雨多集中在1月和12月，年均降水量3 275毫米。1月份平均气温26.7摄氏度，7月份为27.8摄氏度。至今这里仍是世界上最大的水上村庄，所以斯里巴加湾市有“东方威尼斯”的美称。斯里巴加湾市原称文莱市，1970年改为现名。随着文莱石油经济的飞速发展，该市现已建设成为一个现代化城市。

在几个世纪以前，斯里巴加湾市还是一座小小的水上村落，当地人称为“坎旁·艾尔”(意即“水上村落”，又称“水村”)。1512年，意大利探险家安东尼奥·皮加弗塔来到这里，他把“坎旁·艾尔”描绘成一个只有2.5万户人家的水上城镇。此后葡萄牙探险家麦哲伦也曾在此登陆。从1960年起，一部分水村人迁到陆地上定居，形成当时的文莱镇，即现在的斯里巴加湾市的雏形。

从1970年正式更名至今，斯里巴加湾市的发展十分迅速，城市面貌日益改观，一片片新楼群拔地而起，公路网不断扩展，呈现一片欣欣向荣的景象。新式的水上公寓和楼房代替了旧时的水上村庄。

该市分为旧城区和新城区两个部分。旧城区为“水村”，建在水上，水下是一排排木桩，桩上搭建木屋，也有街巷之分，许多住房刷上了颜色鲜艳的油漆，风格独特。斯里巴加湾市有3万人居住在水上，政府为改善水上居民的生活，在这里建设了水上学校、水上医院和商场等。

斯里巴加湾市内有不少重要建筑，都是该市的主要旅游景点。1983年兴建的文莱新皇宫，建筑面积为3万平方米，全部工程历时3年半，是全世界最豪华的皇宫之一。皇宫由四幢内部相通的建筑物组成，有两个外表镀有22K黄金的巨大圆拱形屋顶，其他建筑围绕中心宫殿向四面辐射，宫殿内有2 000多个厅室。市中心的奥马尔·阿里·赛里夫汀伊斯兰教清真寺，金顶白墙，寺外湖中还有一艘仿古代帝国古舟的古舫。温斯顿·丘吉尔纪念馆内有介绍这位英国前首相生平的展览和图书馆。建于1963年的国家博物馆内展出有反映文莱民族历史和文化的各种展品。石油工业馆内陈列有反映文莱石油工业成就的展品。

斯里巴加湾市是全国的交通中心。有公路通往全国各地，其中沿海的公路将它与西部城市连接。海上运输还可以通往香港、新加坡、曼谷、吉隆坡等地方。最近几年，航空业也有了很大发展，文莱已开辟了30条国际和地区航线，与北京、香港、曼谷、马尼拉、开罗、伦敦等20多个城市通航。斯里巴加湾港还可停泊小型汽船。

斯里巴加湾市也是全国的文化教育中心。市内著名的学校有：创建于1922年的全国最大的华语学校——中华中学；1956年成立的安德烈英文中学；建于1956年的文莱师范学校；还有文莱达鲁萨兰综合大学和文莱工艺学校等高等院校。

斯里巴加湾市的巨大变化也让市民享受到了经济发展带来的巨大好处。除了生活水平大幅度提升之外，斯里巴加湾的市民同时还享有免费医疗、义务教育、政府提供的住房，等等。同时也避免了现代化过程中负面的影响以及伴随而来的社会问题。

诗里亚（Seria） 位于文莱的西南部，北临南中国海。诗里亚原为热带丛林荒野，1923年发现石油，1929年开始开采石油。市区沿海岸分布，石油井架林立，为文莱陆上石油主要产地，其附近有卢穆特炼油厂和大型液化气天然气厂。这里开采的原油一部分直接装船出口，一部分输送至卢穆特炼油厂提炼，还有一部分经输油管道输送到马来西亚沙捞越州罗东的炼油厂提炼。该市主要大街上店铺林立，商品丰富，市场繁荣。诗里亚有轻便铁路通往巴达斯，沿海公路可通白拉奕、都东、斯里巴加湾和穆阿拉港等地，郊区有飞机场。

瓜拉白拉奕（Kuala Belait） 是文莱西部的一个县，北临南中国海，南面、西面紧邻马来西亚的沙捞越州，是白拉奕区的首府，面积2 727平方千米。瓜拉白拉奕西面、南面地势较高，其他地区地势皆低平。白拉奕河由东南向西北流贯，注入南海。主要作物有水稻、胡椒、硕莪等，并有木材和渔产，设有木材厂、家具厂等。它是一个港口城市，港区水浅，有两座一百余米长的码头。沿海公路向东通诗里亚、都东、斯里巴加湾市等，向西经白拉奕大桥可达沙捞越的淡南港、罗东和米里等地。

都东（Tutong） 位于都东河入海口附近，在首都斯里巴加湾市西面39千米处，是一个面河背山、向山顶发展的小城，也是都东区的首府。都东南部边境地势较高，其余地区低平。都东河由南往北穿过县境。主产水稻，次为蔬菜。畜牧业较发达，有锯木等小型企业，城郊有小型机场。都东还有东南亚岛国特有的海滩，斯里克纳干海滩就是让人永不忘怀的漂亮海滩，它也是都东著名的休闲景点之一。该海滩在 1959年跨越都东河的大桥建成后，通行已十分方便，从都东市区往该海滩只需要短短的5分钟。

第二章　民族、宗教与习俗

第一节　人　口

一、文莱人口概况

文莱是东南亚人口最少的国家，没有实行计划生育政策，人口呈自然增长状态。截至2011年7月1日，文莱总人口为42.27万人，年增长率为2%，人口密度小，为每平方千米73人。[①]文莱人口结构呈年轻化，5岁以下人口占总人口数的8.3%，15岁以下的人口占总人口数的25.2%，65岁以上的人口仅占总人口数的3.5%。[②]文莱的人口出生率为16.1‰，死亡率为2.7‰。据2010年统计，男性人均寿命为76.5岁，女性为78.8岁，与2001年相比都有所增加。[③]

据亚行统计数据，近年来文莱人口一直以较快的速度增长，2004—2011年间的人口增长率最低为1.8%，最高为3.5%。2007年以来的人口增长率已经有所下降，但仍然超过全球人口增长速度（2011年全球人口增长率为1.1%）。同时，随着城镇化的推进，文莱城镇人口所占的比率也逐年提高，2010年已达75.7%（见表2-1）。

---

① 亚行，*Key Indicators for Asia and the Pacific 2012*，*Brunei*.

② 文莱卫生部，*Health Information Booklet 2011*，第8页。

③ 《文莱人口平均寿命增加》，中华人民共和国驻文莱达鲁萨兰国大使馆网站，2012年6月30日，http://bn.chineseembassy.org/chn/wlxw/t946636.htm。

表2-1　文莱2004—2011年人口情况统计

年份	2004	2005	2006	2007	2008	2009	2010	2011
人口（千人）	359.7	370.1	383.0	390.0	398.0	406.2	414.4	422.7
年增长率（%）	2.9	2.9	3.5	1.8	2.1	2.1	2.0	2.0
城镇人口比率（%）	73.0	73.5	73.9	74.4	74.8	75.3	75.7	——

数据来源：亚行，*Key Indicators for Asia and the Pacific 2012*，Brunei.

注：人口统计时间截至各年7月1日。

二、文莱的劳动力及就业情况

（一）文莱本国劳动力就业情况

近年来，文莱的劳动力数量也有所增长，且整体增长速度超过人口增长速度。2011年，文莱的劳动力为20.6万人，年增长率达3.5%，但劳动力在总人口中所占的比重仍不到50%。由于国富人少，就业并不是文莱社会经济发展中重点关注的问题。但政府依然采取措施对文莱的失业率实施了有效控制，使其从2005年的4.3%下降到2011年的2.6%（见表2-2）。

表2-2　文莱2004—2011年劳动力及就业情况统计

年份	2004	2005	2006	2007	2008	2009	2010	2011
劳动力（千人）	164	169	182	185	189	195	199	206
年增长率（%）	3.5	2.8	7.5	1.7	2.2	3.2	2.1	3.5
就业人数（千人）	159	162	174	179	182	188	194	201
失业率（%）	3.5	4.3	4.0	3.4	3.7	3.5	2.7	2.6
男性就业率（%）	79.6	78.0	78.2	77.6	77.7	77.4	76.4	77.3
女性就业率（%）	59.1	57.6	57.3	56.9	56.7	57.5	58.0	58.3

数据来源：亚行，*Key Indicators for Asia and the Pacific 2012*，Brunei.

从表2-2可以看出，文莱的男性就业率明显超过女性。但文莱妇女具有强烈的性别平等意识，政府也通过各种措施和政策，引导和鼓励女性投身社会，在提升自我素质的同时分享国家经济持续发展的成果。文莱半数以上的女性劳动力均选择外出就业，2011年的女性就业率超过58%（见表2-2）。而且文莱妇女在政府公务人员中的比例已达到50.4%，其中28%位居高位，在商界约有一半中小型企业由女性掌管。女性公务员可以享受长达105天的带薪产假。从收入情况来看，文莱女性收入排名处于世界前列，2011年，文莱女性的人均收入为3.8万美元，居世界第三，仅次于卢森堡和挪威。[①]而文莱男性的人均收入排名为全球第29位。文莱妇女的人均收入也远远高于邻国马来西亚（第107位）和印度尼西亚（第109位）。目前，文莱妇女的经济参与度在全球排第20位。

文莱公民，尤其是马来人，倾向于在政府机构任职，不愿意经商或涉足服务业。政府为促进经济多元化健康发展，避免在非行政领域过度依赖外来劳动力，鼓励本国公民投身其他行业，并积极为他们创造就业机会。

（二）文莱的外来劳工政策

除本国公民和永久居民，文莱还有大量临时居住的外来劳工。文莱的外来劳工数量约为本国劳动力的一半，仅在私营领域就业的外国劳工就达9万人左右，这些劳工主要来自印度尼西亚、菲律宾和马来西亚。为加强对外来劳工的管理，从2004年起，文莱外来劳工的签证申请须由雇主提出。需要劳务输入的文莱企业将自己的经营情况、所需劳工数量、国别及申请理由等上报文莱劳工局；获得劳务输入配额后，企业在政府规定的银行开设专门账户，存入相

① 《文莱妇女平均年收入世界第三》，中国驻文莱大使馆经商处，http://bn.mofcom.gov.cn/aarticle/jmxw/201207/20120708214740.html.

应的劳务保证金（大致相当于回到劳务派出国的机票费用）；劳工抵达文莱后必须接受体检，不合格者（如患有肺结核、艾滋病、乙肝、癫痫、精神病）将被遣返，合格者可获得1年至2年的工作签证。外来劳工在文莱工作期间的合法权益受到相关法律的保护。雇主须在每月10日之前支付其薪酬，一旦被检举有拖欠工人工资的情况，他们将面临不高于1 500文元的罚款。确实无力支付员工薪水的雇主将面临最高6个月的监禁。

为解决本国的失业问题，保障本地人的就业机会，文莱政府近年来非但不鼓励雇主聘请外国劳工，甚至会对外来劳工就业进行限制。2010年3月，文莱劳工局暂时冻结按摩院、美发院、SPA、脚底按摩师到文莱工作的签证申请。6月，劳工局又宣布冻结9类非专业职业的外国劳工新工作准证申请，包括：收银员、普通文员、保安人员、接线生、会计、仓库看守员、印务人员及糕点制作人员等。同时，文莱还规定银行业的外籍雇员不得超过员工总数的一半。

第二节　民　族

一、文莱的民族结构

民族是在历史上形成的具有共同语言、共同地域、共同经济生活以及表现于共同文化上的共同心理素质的稳定共同体。文莱人口虽少，但也是个名副其实的多民族国家。从来源上看，文莱的民族可简单地分为原住民和外来民族。原住民包括马来族和被统称为“达雅克人”的土著民族，外来民族主要有华人以及来自英国、印度、印度尼西亚等国的移民和劳工。文莱各民族在长期的历史发展中创造和延续了带有本民族特点、反映本民族历史和社会生活的文化，使文莱的民族文化丰富多彩。文莱政府出于维护和巩固王室长期统治的目的，在大力推行马来化的同时也为其他民族的发展提供了一定的自由空间。其民族政策既体现了民族差异性，又促进了各民族间的和平相处与相互融合。

（一）原住民

1. 马来族

马来族是文莱的第一大民族，包括王室在内的多数文莱公民均为马来人。他们在文莱的政治、宗教和社会生活中占据主导作用。

文莱的马来族属于蒙古人种东南亚分支，又称巫族、马来人。文莱马来人与马来西亚的马来人为同源跨境民族。马来人讲马来语，多信奉伊斯兰教，属于逊尼派。早在13~15世纪，苏门答腊和马六甲等地的马来人便开始迁移至文莱，并在此定居、繁衍后代。进入20世纪后，随着文莱油气产业的发展，邻近的沙巴和沙捞越地区又有不少马来人迁入文莱，从事油气开采。早期移居文莱的菲律宾他加禄人、印尼爪哇人等也有部分与马来人通婚，并融入马来人当中。

文莱马来人的名字通常由两部分组成。前半部分是自己的名字，后半部分是其父名，中间用bin（意为“之子”）或 binti（意为“之女”）连接。称呼文莱人时，需要在他们的名字前面加上尊称，但尊称随性别和社会地位的不同而具有差异。普通男性名字前面可加上尊称阿旺（Awang），朝圣过的男子通常在名字前加阿旺·哈吉（Awang Haji）；女性一般在名字前加尊称达扬（Dayang），朝圣过的女性则加上尊称达扬·哈贾（Dayang Hajjah）；王室成员及与王室有亲戚关系的人的名字前要加上尊称本基兰（Pengiran）。非王室成员的达官显要和有功人士被苏丹赐佩欣（Pehin）、达图（Dato）等封号后，他们的夫人就被称为达丁（Datin）。当面称呼对方时，可简单称为本基兰、佩欣、达图、达丁、阿旺、哈吉、哈贾等，以示对他们的尊重。

马来人在文莱享有很高的政治、经济和社会地位。目前，文莱的马来人通常居住在沿海城市。政府机构、金融、石油等领域的重要职位基本由马来人担任。另有小部分马来人从事渔业、农业和手工业。

2. 达雅克人

文莱的土著居民主要有克达扬人、伊班人、杜逊人、巴曹人、加央人和梅拉瑙人等，他们被统称为“达雅克人”，意为“山里人”。达雅克人也属于蒙古人马来类型，是原始马来人的后裔。达雅克人有多种不同的方言，但没有形成文字。他们的语言属南岛语系马来亚—玻利尼西亚语系，被统称为“达雅克语”。

大多数达雅克人信奉万物有灵，部分人信仰伊斯兰教或基督教。他们多居住在山区，从事农业和畜牧养殖。达雅克人的经济和文化都受到马来人和外来移民的影响。以前，聚居在农村的达雅克人多住长屋，现在已经有小家庭单独建房居住。部分达雅克人迁移到海边或城市后慢慢被马来人同化，饮食、服饰和生活习惯都受到马来人的影响。与马来人通婚的达雅克人往往会改信伊斯兰教。

（二）外来民族

1. 华人

华人是文莱仅次于马来族的第二大民族。文莱的华人主要来自于广东、福建、海南和广西等中国南方省区。

华人移居文莱最早可追溯到南宋时期。1972年，傅吾康（Wolfgang Franke）在文莱发掘了一块南宋华人的古墓碑。从碑上镌刻的文字可以得出，该墓碑立于1264年，属于泉州人蒲氏。华人从13世纪末开始便不断漂洋过海来到文莱。15~16世纪，文莱苏丹为种植胡椒和贸易通商，竭力吸引中国人移居垦殖。因此，当时在文莱地区的中国商人和华侨人数很多，据16世纪西方记载，文莱皇都10万居民就有3万是华侨。[①]19世纪下半叶，越来越多的中国人远渡重洋，到文莱谋生。1929年，文莱发现了富饶的油田，油气的开采导致华人移民蜂拥而至。20世纪40年代，文莱政府推行限制移民的政策后，直接从中国前往文莱的华人大幅度减少。战后，特别是1949年新中国成立后，由于意识形态差异，加之冷战的爆发，英属文莱政府基本停止批准中国移民入境。[②]新增的文莱华人主要是在当地出生的，或者是在马来西亚、新加坡出生再迁移到文莱的。

华人在文莱的经济发展中扮演着重要角色。他们主要聚居在斯里巴加湾市（Bandar Seri Begawan）、瓜拉白拉奕市（Kuala Belait）、诗里亚市（Seria）以及都东市（Tutong），以经商为主，把持着文莱的商业和服务业。老一辈的华人大部分经营饭店、旅馆、服装店，开设工厂或从事进出口贸易，在政府部门工作的很少。他们的后裔有不少人前往发达国家接受高等教育或专业技能培训。年轻华人学成归来后不再限于在商业领域就业，多投身于医疗卫生、教育、法律等领域，或成为石油、天然气企业的技术人员。

华人的宗教信仰较为复杂，信奉佛教、道教、基督教、伊斯兰教和妈祖教的均有。他们很好地继承和延续了中华传统，创办华文学校，传授中华文明，对文莱的文化产生了很大影响。他们在积极融入当地社会的同时，也带动了中华文化在文莱的传播和发展。

---

① 吴崇伯：《文莱的华侨、华人经济》，《华侨华人历史研究》，1994年第3期，第28页。

② 廖小健：《文莱政府的华侨华人政策》，《东南亚研究》，1996年第4期，第43页。

2. 其他民族

除华人之外，欧洲人（主要是英国人）和印度人是文莱人数较多的外来移民。自16世纪中期起，葡萄牙、西班牙、荷兰、英国等欧洲国家相继入侵文莱。20世纪初，文莱沦为英国殖民地，直到1984年才完全获得独立。在此期间，一些欧洲人被派驻到文莱，另有部分欧洲人到文莱传教、经商。文莱独立后，有的欧洲人撤回了国内，另一些则留下继续活跃在油气、金融、航空等经济领域。文莱沦为英国殖民地之后，特别是在发现油气后，大量英属印度人也开始迁移到文莱，从事油气开采。目前在文莱的欧洲人和印度人主要是在文莱壳牌石油公司、文莱液化天然气公司、航空公司等部门工作，充当管理人员、科技人员和熟练工人等。

其他的外来民族还有来自东南亚、南亚、大洋洲、美洲等地区的移民，多为临时居住的劳工。由于政府提供了优越的社会福利，文莱的本国公民都不愿意从事脏活、累活。因此，马来西亚、印度尼西亚、越南、泰国、老挝等东南亚国家前往文莱的劳工成了清洁工、建筑工和家庭佣人的主力。

二、文莱的民族政策

文莱政府采取的是维护马来人利益的民族政策，大力推行马来化。在马来人天生优越性的映衬下，同样是文莱原住民的达雅克人社会地位并不高。文莱政府为外来民族获得公民权设置了多重障碍，使他们不能轻易享有本国公民的高福利待遇。同时，为促进经济发展和民族融合，文莱政府又为外来民族提供了经济和文化发展空间。但对非法移民，文莱政府坚持严厉打击。

1. 在公民权上给外来民族设置障碍

文莱政府通过法律限制外来民族获得公民权，导致包括大部分本地出生的华人都不能顺利获得文莱国籍。国籍法对公民权获取的严格规定，凸显了文莱原住民和外来民族在法律上的民族界线。

1960年，尚处于英国殖民统治下的文莱通过了首部国籍法。根据该法，凡是在文莱出生并获得政府认可的原住民（包括马来族和土著民族）均可获得文莱公民权。其他想要入籍的人则需要通过申请才能获得文莱的公民权。申请入籍者必须同时满足两个条件：第一，在文莱生活总时间达25年及以上，且其中有20年连续居住在文莱；第二，通过涉及生僻字、难度很大的马来语考试。这两个苛刻的条件为外来民族成为合法的文莱公民设置了难以逾越的障碍。在同一时期，前英国殖民地、由马来穆斯林主导的马来亚当时对华人入籍的要求年限为10年。此外，申请入籍者只要通过马来语或英语考试都算语言过关。可见，文莱政府制定的入籍要求明显要比邻国马来亚严格。

1984年获得独立之后，文莱政府制订了更严格的入籍规定，进一步提高了外来民族申请入籍的门槛，将在文莱生活25年且连续居住20年改为生活30年及以上且连续居住满25年。就连在1984年文莱独立前持有英国保护地护照的华人也不能获得公民权，成为无国籍者，他们出国旅游必须申办“国际身份证”。[①]这就意味着，即便是在文莱土生土长的外来民族后裔至少要到25岁才有可能获得公民权。实际上，他们中的很多人根本做不到在文莱连续居住25年。因此，生活在文莱的大部分华人依然没有获得文莱公民权，无法享受公民待遇，也不能获得土地，只能租用土地种植蔬菜或者建房。

文莱公民和居民间的待遇相差极大。作为非公民的外来民族，政治上没有选举权，即便是永久居民也不能享有和公民同等的免费

① 刘新生、潘正秀：《列国志·文莱》，社会科学文献出版社，2005年版，第16页。

医疗保健、免费教育及其他社会福利，在政府机构中任职的可能性很小，政治、经济和社会待遇大打折扣。举一个简单的例子，文莱公民对其所建的房子拥有百分之百的所有权，而居民的房子却不属于自己，他们只有居住权。一旦国家要征收他们的房子，公民可以不同意。但居民则别无选择，政府将在给与他们一定的经济补偿后无条件收回房子和土地。

2. 达雅克人社会地位不高

文莱是一个以马来人为主体的国家，并非所有的文莱公民均享有同等的政治、经济和社会待遇，达雅克人和马来人间也有着较为明显的地位差别。

达雅克人是文莱土生土长的合法公民。作为文莱土著，达雅克人依法享有公民权，享有和马来人同样的政府经济福利。但他们在社会生活中却常常遭到排斥，甚至是歧视。达雅克人虽然能享受到公民应有的社会福利，但并不能像马来人一样有就业选择优势。他们在政府部门工作的并不多，在国家政治生活中缺乏发言权。达雅克人只有和马来人通婚之后，社会地位才会有所提高。但这种改善的代价往往是放弃本民族的宗教信仰，改信伊斯兰教，同时改变以往的生活习性，融入马来人的主体社会。

3. 外来民族有一定的经济和文化发展空间

除马来人之外的其他民族，尤其是华人，在文莱的经济生活中起着不可忽视的作用。虽然当局在经济上刻意扶持马来人，但仍然在经济领域留给华人相当大的发展空间，鼓励华商进入新兴产业。[①]

华人在东南亚拥有广泛的商业网络，有敏锐的商业头脑，加上

① 庄国土:《“马来化、伊斯兰化和君主制度”下文莱华人的社会地位》,《东南亚研究》，2003年第5期，第68页。

能吃苦耐劳，在东南亚各国商界都享有较高的声望。虽然大部分文莱华人都未能获得公民权，但他们在文莱商业中具有重要地位，在对外贸易、加工业、餐饮和百货经营领域均非常活跃。他们在积攒财富、赢得经济地位的同时，也为文莱经济的发展和百姓的生活便利作出了很大贡献。

在社会生活中，文莱政府也允许外来民族维系和发展本民族传统文化。春节被确定为文莱的法定节日，举国一起欢庆华人的传统佳节。华人华侨可以组织社团，发展华文教育，维系和发展华人意识和华族认同。但文莱政府也规定，华人学校必须开设马来语课程，就读华语学校的学生也只有通过全国统一考试，文凭才能获得认可。同时，政府仅为华人学校提供有限的办学经费。

4. 严厉打击非法移民

国富民安的文莱吸引了许多外来人口和劳工，其中不乏非法入境的移民。政府对非法移民持严厉打击的态度，颁布了签证条例，并对非法入境的劳工及其雇主进行惩戒。

1985年，文莱出台了签证条例，规定来自东盟国家以外地区和国家的公民均需办理有效签证才能入境文莱旅游、探亲或公干。签证在文莱驻各国领事馆办理，未设立领事馆的国家则由英国领事馆代办。同时，签证条例还对东盟不同国家公民的停留时间做了更细致的规定：新加坡和马来西亚公民可停留30天，泰国、印度尼西亚和菲律宾公民最多能在文莱逗留14天。此外，他们必须从文莱国际机场入境，并持有返程机票和足够的现金。

20世纪80年代，文莱曾逮捕并遣返了数千名来自马来西亚和印度尼西亚的非法移民。为遏制外来移民非法入境，1998年3月，文莱颁布了《1998年紧急移民法》，规定非法移民及其雇主都将受到严厉处罚。对于逾期停留不超过90天的入境者，如被定罪，将受到6个月以下的拘留和4 000文元以下的罚款；超过90天的则会被处以3个月到2年的监禁和6 000文元以下的罚款。2005年，文莱重新颁布了修订后的移民法案（即《2005年移民法修正案》），并于7月2日开始执行。根据该修正案，包庇或雇用非法移民罪成立将判处最高2年的监禁或3 000~6 000文元的罚款，或者两者兼施。重犯将被判处最高4年的监禁或6 000~12 000文元的罚款或两者兼施。[①]同时，不当使用移民准证者和逾期居留文莱者都将面临刑罚。在文莱国民登记局、移民厅和其他执法机构强有力的打击下，文莱取缔非法移民的行动取得了明显成效。

因此，文莱政府所采取的并非只是排外、排华的民族政策，而是马来化民族政策。毫无疑问，马来人是文莱的主体民族，被视为文莱政权的基础。其他民族虽然是文莱经济和社会发展不可或缺的力量，但其政治地位反映了他们属于二等公民的特性。同时，为了使政治、经济、社会、文化协调发展，文莱政府给外来民族提供了一定的经济和文化发展空间，但对非法移民坚持严厉打击。文莱苏丹希望通过维护马来人在经济和政治上的特权地位达到王室政权久治的目的。[②]总之，文莱政府推行马来化，并给予其他民族生存和发展空间，促进各民族融合。可以说文莱采取的是一种符合本国现实情况的民族政策，也正是因为如此，文莱才能实现独立至今的长治久安。

① 《文莱实施更严厉的移民法》，南博网，http://www.caexpo.org/gb/news/trade/t20050915_49804.html.

② 汪诗明，王艳芬：《论文莱独特的君主政体》，《东南亚研究》，2006年第1期，第15页。

第三节　宗教信仰和宗教政策

一、文莱的主要宗教

文莱的宗教与民族一样具有多元化特性。伊斯兰教是文莱的国教，大多数文莱人，包括王室成员，都信仰伊斯兰教，是虔诚的穆斯林。此外，文莱国民还信仰佛教、基督教、印度教、妈祖教和原始宗教。

1. 伊斯兰教

作为国教的伊斯兰教在文莱占绝对的主导地位，不仅影响了文莱人的精神生活，对文莱的政治、经济和社会发展也产生了重大影响。文莱的主体民族马来人多为伊斯兰教逊尼派穆斯林。

15世纪初，马六甲苏丹国兴起，文莱成为该国的附属。伊斯兰教随之由传教士和商人从马六甲苏丹国传入文莱。一些商人和贵族开始改信伊斯兰教，伊斯兰教在文莱逐步传播开来。到15世纪中叶，文莱国王也开始信奉伊斯兰教，改称苏丹。随后，文莱宣布脱离马六甲苏丹国，建立起独立的、政教合一的文莱苏丹国。文莱苏丹开始推行伊斯兰教法，设立伊斯兰教法官，兴建清真寺，开办宗教学校，大力传播伊斯兰文化。

政治上，1959年文莱正式将伊斯兰教定为国教，并将伊斯兰教与政权紧密联系在一起。文莱在独立之后，进一步将伊斯兰精神与忠君思想紧密结合。苏丹是集宗教权力和世俗权力于一身的宗教、政治领袖。文莱宪法规定，在进行现代化建设的同时必须保持伊斯兰教原则。文莱设有由伊斯兰教高级学者组成的宗教理事会，协助苏丹领导宗教。政府高级官员多为穆斯林。同时，文莱政府设有宗教基金，用于修建清真寺、宗教学校和印刷出版伊斯兰教经文。

经济上，文莱将伊斯兰教文化引入经济发展领域，倡导诚信经营。政府开设了伊斯兰银行和伊斯兰信托基金，加入了伊斯兰发展银行组织。目前，文莱伊斯兰银行在全球伊斯兰500强机构中处于第69位。文莱独具特色的伊斯兰风情也成了政府大力发展旅游业的卖点。

社会生活中，伊斯兰教原则为文莱人提供了指导。文莱穆斯林是真主意志的服从者，以伊斯兰教义为行为准则，不饮酒，不食用猪肉，待人接物温文尔雅。他们每天按时做5次祷告，即晨礼、晌礼、晡礼、昏礼和宵礼，并在周五到清真寺做礼拜。成年穆斯林须在斋月期间进行斋戒。违反伊斯兰教义的穆斯林将受到其他穆斯林的鄙视。

伊斯兰教贯穿了文莱整个政治、经济和社会生活，已然成为文莱社会正常运作和向前发展必不可缺的精神支撑。

2. 其他宗教

生活在文莱的外来民族基本信仰伊斯兰教以外的宗教。文莱的华人多信奉佛教、道教和妈祖教；欧洲移民多信奉基督教；印度移民主要信奉印度教。此外，文莱的部分达雅克人仍信奉原始拜物教，有的则改信了基督教。信仰其他宗教的文莱人在日常生活中也会遵循本宗教的戒律，但各宗教信仰者相处融洽。

二、文莱的宗教政策

文莱虽然允许其他宗教的存在，但作为一个伊斯兰国家，它大力推行伊斯兰化，严格维护伊斯兰教义，把伊斯兰教义作为政府制定政策的依据和整个社会的行为准则，将伊斯兰精神融入到整个国家的政治、经济和社会生活中。同时，政府还积极抵制极端宗教主义对伊斯兰教的威胁。

1. 大力宣扬伊斯兰教

“马来伊斯兰君主制”（Melayu Islam Beraja，MIB）是文莱的立国思想体系。作为其中三大要素之一的伊斯兰教是文莱政府巩固国家政权的思想武器。在复兴伊斯兰教的同时，文莱政府采取各种措施，力图使异教徒归化，建立起一元化的伊斯兰社会。

文莱独立之后于1986年设立了主管宗教事务的宗教部，并专门聘请从中东学成归来的人在宗教机构中担任要职。同时，文莱还积极参与国际伊斯兰组织，成立伊斯兰银行，通过各种途径融入到伊斯兰国际体系中。

文莱大力发展伊斯兰教育，在全国各地修建清真寺，开办伊斯兰学校。要求中学和大学课程中均有伊斯兰相关科目。文莱政府还资助优秀学生到其他伊斯兰国家进修，研习伊斯兰教义和文化，政府官员也被送到国外进修。文莱苏丹和王室成员身体力行，多次到麦加朝圣。同时，政府还会为到麦加朝圣的公民提供补贴和各种帮助。此外，文莱政府非常重视各种伊斯兰教的重大节日，组织各种集会，苏丹也会发表公开讲话，宣扬伊斯兰教。

文莱苏丹及其政府将伊斯兰教作为维持社会稳定的灵丹妙药。文莱苏丹常在讲话中公开督促本国穆斯林增强对伊斯兰教的信仰，避免染上社会恶习，如酗酒、纵情寻乐、相互攻讦等。[①]同时，文莱政府也要求非穆斯林融入当地社会生活，支持政府的马来穆斯林君主制思想。

① 黄云静：《伊斯兰教与当代文莱政治发展》，《当代亚太》，2007年第4期，第29页。

2. 允许其他宗教存在，打击极端宗教主义

文莱允许本国居民信仰除伊斯兰教以外的其他宗教，如佛教、基督教等，但出于维护统治的需要并不支持其他宗教在文莱的发展和扩大。伊斯兰教是文莱的国教，是苏丹执政的思想基础，其他宗教的影响扩大势必会动摇伊斯兰教传统文化在文莱的根基。为此，文莱政府对部分达雅克人改信基督教就极为不满。

同时，文莱宣传的是正统的伊斯兰教信仰，对伊斯兰教的异端分子持批判和打击态度。因为极端宗教主义的狂热会削弱政府的统治地位，破坏社会稳定。1991年，文莱以危害国家安全为由，取缔了一个宗教激进主义组织。文莱政府对一些国际性组织在其境内发展分支机构感到不快，尤其公开指责扶轮社、雄狮俱乐部等，认为这些组织是反伊斯兰教及支持犹太复国主义的。[①]文莱政府还常呼吁民众警惕恐怖主义和极端主义的侵蚀。

文莱政府通过正面宣扬伊斯兰教传统和文化奠定了伊斯兰教在国家政治、经济和社会生活中的重要地位；通过限制其他宗教的发展和打击极端宗教主义为伊斯兰教的进一步发展提供了宽松的环境。而伊斯兰教在文莱的传播和国教地位的确立又为文莱政权和社会的稳定提供了有力的支撑。伊斯兰教和文莱的整个社会已经完全融合在一起。

第四节 习 俗

一、日常习俗

作为一个伊斯兰国家，文莱人日常生活中的很多方面都受到伊

① 张学刚:《文莱民族宗教概况》,《国际资料信息》，2003年第12期，第22页。

斯兰文化的影响。浓厚的宗教色彩和马来传统使文莱形成了独特的社会习俗。

（一）衣着

黄色是王室的象征，因此文莱男士、女士都忌穿黄色的衣服。一些大的活动，在请柬上都写明，不能穿黄色衣服。进入王宫也不能穿黄色的衣物。女士日常衣着庄重、大方，衣服要长袖，裤、裙要能遮住膝盖，在公共场所多数女性包着五颜六色的头巾。男士在公共场合不穿短裤或宽松的T恤。紧身、过短、透明和暴露的衣着在文莱均不受欢迎。

（二）饮食

文莱人多为穆斯林，禁吃猪肉，文莱境内禁宰生猪，禁止在超级市场出售猪肉（有的华人经营的超市内专辟一块隐蔽地方出售猪肉），鸡、牛、羊等牲畜都要经过伊斯兰仪式屠宰后，才能吃其肉。一些年长的文莱人不吃两栖动物。①

文莱人以大米为主食，但大米主要靠从国外进口。副食有牛肉、羊肉、鸡肉、蛋类等；蔬菜有黄瓜、西红柿、茄子、菜花、马铃薯等。文莱人讲究菜肴的香、酥、脆，注重质量。文莱人喜欢吃辛辣食物，咖喱、生辣椒末、生蒜瓣、虾酱等是常用的配料。文莱人还酷爱甜食，经常用糯米粉、椰蓉、椰浆、芋头与水果等热带作物做成各种甜点。咖啡、可可和红茶是文莱人日常生活中常见的饮料。文莱虽然不禁烟，但抽烟的人很少。

（三）婚嫁

按照伊斯兰教传统，文莱穆斯林男子可同时拥有4个妻子。但娶新妻子需要获得已有妻子的同意。现实生活中大部分家庭仍然是

① 刘新生、潘正秀：《列国志·文莱》，社会科学文献出版社，2005年版，第20–21页。

一夫一妻，因为文莱男人觉得妻子多了关系不好处理，于是干脆只娶一个妻子。

文莱人的婚姻通常要经过媒妁之言（现在越来越多的是自由恋爱），随后互赠聘礼和嫁妆，最后再挑选良辰吉日举行隆重而盛大的婚礼。文莱人订婚时通常是男方先准备戒指等订婚物品，托人送至女方家中；女方收礼之后再回礼。文莱人对婚礼非常重视，一般会连续举办7天，每天有不同的仪式和内容。亲朋好友齐聚一堂，为新人送上真挚的祝福，热闹非凡。新娘新郎要穿上传统的民族礼服，新娘的礼服以大红色为主。

（四）丧葬

文莱穆斯林对办理丧事的重视程度不亚于婚礼，因为这事关灵魂能否安息。按照伊斯兰教的规定，穆斯林垂危之际，必须要诵念祷词："除真主之外没有值得崇拜的。"据说这样，死后灵魂才能进入天堂。穆斯林的葬礼通常由亲属操办。在办理丧事过程中，最重要的是给死者沐浴和祈祷，沐浴就是按宗教仪式洗净尸体。按照当地习俗，给死者洗尸就是掩藏死者各种缺点、弱点和错误，这样将来自己有缺点、弱点和错误时真主也能原谅。[①]女性不能为死者送葬。出殡的时候，大家都要念诵《古兰经》。穆斯林安葬入穴时，尸体须面向麦加。在坟前立好石碑，念诵平安经，并在坟墓上撒上鲜花后，葬礼才算结束。

（五）日常礼仪

在日常生活中，文莱人还有许多需要注意的礼仪：

1. 文莱马来人与人握手时通常会把右手收回到胸前轻触一下，以示真诚。受宗教传统影响，部分马来人不愿意和异性握手。因此，

① 刘新生、潘正秀：《列国志·文莱》，社会科学文献出版社，2005年版，第25页。

在和异性马来人打交道时，不要主动伸出手去。文莱人从有身份的人或长辈面前经过时，会把手下垂并贴着身体，侧身轻步走过。

2. 在文莱穆斯林看来，左手是不洁的。因此，他们在递接物品时通常使用右手，不得不使用左手时会先向对方表示歉意。穆斯林和他人打招呼或需要搭乘出租车时不会只弯曲食指，而是挥动整个手掌。

3. 作为穆斯林国家，文莱禁止饮酒，也禁止公开出售含酒精的饮料，包括烹饪用的料酒。到文莱的游客在出安检时，海关通常会盘问其是否携带了酒入境。游客只能携带275毫升酒入境自用，饮酒时须保持低调。文莱人认为拿着食品边走边吃是没有教养的行为。斋月期间，健康的成年穆斯林在日出和日落之间不进食，在此期间不要在他们面前喝饮料或者吃东西。

4. 进入清真寺或到穆斯林家中拜访时，进门要先脱鞋，以示尊重和清洁。女士到清真寺参观时须穿上免费提供的黑色伊斯兰长袍。不要从正在祷告的人面前走过，也不要触碰《古兰经》。用手碰触穆斯林的头部被认为是非常没有教养的举动，即便对方是儿童。在指人或物时，不能用食指，而要把四指并拢轻握成拳，大拇指紧贴在食指上；在正式场合下，不要跷二郎腿或两脚交叉。

二、重大节日

文莱的重要节日包括元旦、国庆日、苏丹诞辰、圣诞、开斋节、先知诞辰、春节和稻米收获节等，既有主体民族的传统节日，也有外来少数民族的传统节日。部分节日按照伊斯兰教历或中国农历推算，时间并不固定。从重大节日的庆祝活动可以看出，文莱是一个多民族和睦相处的国家，无论是哪个民族的传统节日，其他民族的人都会送上祝福，分享快乐。

（一）元旦

每年的公历1月1日，是文莱的全国性节日。文莱人会以各种方式相互祝福，苏丹通常会发表全国性讲话。

（二）国庆日

文莱的国庆日定于公历2月23日，并非独立日1月1日。国庆日当天，文莱会在塞夫丁广场举行游行集会活动，苏丹会检阅由三军组成的仪仗队。国庆日是不分民族和宗教的，政府部门、教育机构、社会组织、商会等都会组织队伍参加集会。各地也会举行相应的庆祝活动，举国上下一片欢腾。

2012年2月23日是文莱第28个国庆日。来自文莱各行各业的2万多人参加了群众游行，7 000多人参加了现场表演，包括文莱王室成员、高官和各国驻文莱使节在内的1万人到现场观看了庆祝活动。本次国庆活动的主题是“我的祖国文莱达鲁萨兰国”。

（三）文莱皇家武装部队建军节

每年的5月31日是文莱皇家武装部队的节日。1961年5月31日，文莱建立了皇家军团，独立之后改称文莱皇家武装部队。

（四）苏丹诞辰

苏丹诞辰是文莱最重要的节日之一。文莱现任第二十九世苏丹哈吉·哈桑纳尔·博尔基亚（Haji Hassanal Bolkiah）于1946年7月15日出生于斯里巴加湾市。

庆祝苏丹诞辰通常会提前半年开始准备。到6月中旬，文莱的政府部门、学校和民间团体会在各个城市要道设立精心设计的祝寿牌楼，拉上祝寿横幅。从7月15日开始的一个月，全国从城市到乡村都会为苏丹举办各式各样的生日庆祝活动，包括阅兵、授勋、文艺表演、艺术展览、体育比赛和宗教活动等。

7月15日上午9时，文莱皇家警察乐队开始演奏国歌，军队鸣放礼炮，拉开苏丹诞辰庆祝活动的序幕。苏丹会在斯里巴加湾市中心广场检阅文莱皇家武装部队海陆空三军、文莱皇家警察部队仪仗队及相关部门组成的方阵。随后，苏丹在皇宫册封各界有功人士。晚上在皇宫举行盛大的生日宴会，皇室成员、政府大臣、受封人士、外国驻文莱大使等人员均会受邀出席。与此同时，文莱的驻外使馆也要举行盛大招待会，以示庆祝。国内的报纸、电台和电视台要为此发表社论或播送专题节目。①

民间庆祝苏丹华诞的热情非常高，庆祝活动比官方的还多。单在首都所在地区的民间庆祝活动便逾百项。老百姓的自发庆祝活动从挂祝寿条幅、宗教祈福到组织体育比赛，无所不有。②在庆祝苏丹华诞的“与民同乐”活动中，百姓还有可能与苏丹和随行的皇室成员握手，并亲口向苏丹祝寿。一些外国游客甚至专门挑选苏丹诞辰期间到文莱旅游，以感受浓郁的节日气氛。

2012年7月，庆祝苏丹66华诞的系列活动从15日延续到19日。生日当天，苏丹在王室成员、政府大臣和各国驻文莱使节的陪同下检阅了皇家海陆空三军和警察部队，为包括中国驻文莱大使张慈祥在内的52名有功人士进行授勋。6 000多名包括来自政府机构、民间社团、私人公司代表的宾客出席了在王宫举行的国宴。苏丹从16日起到全国各地观看文艺表演、艺术展览、美食节、体育比赛和宗教仪式等庆祝活动。

（五）开斋节

开斋节在伊斯兰教历的十月一日，是穆斯林的盛大节日，是文莱马来人的新年，也是文莱最重要的传统节日。

经过一个月的禁食，穆斯林在这天会沐浴更衣，到清真寺做祷

① 刘新生、潘正秀：《列国志·文莱》，社会科学文献出版社，2005年版，第27页。

② 《文莱百姓盼着苏丹过生日》，人民网，http://travel.people.com.cn/GB/9835450.html。

告。节日期间，穆斯林纷纷举行“开门迎宾”，亲朋好友相互拜访，互致节日问候。家家户户都会准备好糖果点心招待来访的客人。

开斋节这天苏丹要到清真寺跟臣民一起做祷告，并通过电台、电视台向全国发表文告。文莱王宫在开斋节期间向全国公众开放3天，普通民众可随意进入王宫拜见苏丹和王室成员。驻文莱使节会到王宫，文莱大臣、伊斯兰国家驻文莱大使、文莱显贵等家中拜贺。

（六）先知诞辰

伊斯兰历的三月十二日是穆斯林先知穆罕默德的诞辰。他被穆斯林视为人类善与美的象征和穆斯林幸福大道的引导者。文莱对先知诞辰非常重视。这一天苏丹会在集会上发表公开讲话，宣扬伊斯兰教宗旨。全国各地的穆斯林会举着各种表达祝福的标语和横幅走街串巷游行，以示庆祝。

（七）春节

春节是文莱华人的节日，但整个文莱都弥漫着节日的气氛。春节来临前，文莱的商场会挂上大红灯笼，超市里也到处贴满了“恭喜发财”、“大吉大利”的字样。文莱华人会对家里进行大扫除，并挂上灯笼，贴上门联，并在除夕晚上吃团圆饭。2008年开始，文莱政府解除了长达46年的禁放鞭炮规定，现在春节不仅能放烟花也能放鞭炮了。春节期间，华人会打开门户，欢迎左邻右舍和亲朋好友登门拜访。大年初一，文莱其他民族的人也会到华人家中拜年。当地马来人还会带小孩外出拜年，主人一般都会给小孩子压岁钱，但装压岁钱的包装袋是绿色的。文莱将农历大年初一确定为法定假日，政府部门会放假一天，以示对华人习俗的尊重和庆贺。中国驻文莱大使馆也会在新春期间召开新年联谊会，与文莱华人共庆佳节。

（八）稻米收获节

稻米收获节是文莱土著达雅克人的节日。每年的收获季节，达雅克人都会举行一种源自刀耕火种时代的仪式，以庆祝丰收。稻米收获节会持续3天，村民会和邻村的人一起庆祝，准备各种食物，载歌载舞，在感谢神灵庇佑的同时预祝来年五谷丰登。

第三章　历　史

第一节　古代史

一、文莱的早期历史

文莱是一个历史悠久的东南亚国家，文莱王室及其臣民具有古老的历史背景。然而，文莱早期移民来自何方？由于缺乏史料，目前史学界还没有定论。

有人认为，文莱王室是大陆东南亚扶南王国的后人。[①]当然，也有人认为，因为扶南是东南亚地区最早的王国，后来的统治者为了宣扬自己统治的正统性和合法性，都愿意把自己说成是扶南王国的后裔，文莱也不例外。[②]

关于文莱的历史，文莱目前流传着多个版本的传说。1970年，历史学家布朗记录下了他在文莱听到的最具代表性的传说之一。一世苏丹的父亲是神仙下凡。当时曾发现在文莱湾林梦河边有一个神奇的鸟蛋，一世苏丹的父亲就出自这个鸟蛋。他与林梦当地穆鲁部落的女子结婚，怀孕三个月后，该女子一直想吃一些稀奇古怪的食物，为了四处找寻妻子想吃的食物，一世苏丹的父亲在给自己的妻子留下一个类似记事本之类的东西和一个指环后，借了岳父的长矛外出打猎，一头野牛被他的长矛刺中后拖着长矛逃跑了。为了夺回长矛，一世苏丹的父亲一直追逐着这头受伤的野牛。追到一条河边，他和当地的另外一个女子结了婚。该女子怀孕后，他留下一个记事本和指环后离开了她。如此往复，一世苏丹的父亲在文莱湾地区先

① Graham Saunders, A History of Brunei, Routledge Curzon, 2002, p.3.
② Graham Saunders, A History of Brunei, Routledge Curzon, 2002, p.8.

后一共娶了14个妻子，育有14个儿子。这些孩子长大后都羞于自己没有父亲，大儿子带着父亲留下的记事本和指环辞别母亲开始去找寻父亲，在找寻过程中依据父亲留下的记事本、指环和其他13个弟弟得以团聚。这14个儿子虽然是同父异母所生，却很团结，一致推选虽然不是最年长的，但因充满智慧且英俊的阿旺·阿拉克·贝塔塔尔为首领。其他13位则为军队领导者。获得环文莱湾地区人民赋予的权力之后，贝塔塔尔兄弟征服了婆罗洲海岸的大部分部落和从南部到东部的大部分岛屿。他们修建了很多建筑，选定了文莱的都城，创立了很多只属于文莱的习俗和社会文化。[①]

对于文莱历史的最早文字记载主要来源于中国。早在公元五六世纪，中国史书就开始对文莱早期历史有所记载。中国当时称文莱为“婆黎”，其控制范围相当于现在的加里曼丹岛西北部的沙捞越、沙巴及现在的文莱本土。自公元977年后，中国改称“婆黎”为“渤泥”。7世纪后，室利佛逝迅速兴起成为东南亚的海上强国，文莱也成为室利佛逝的附属国。室利佛逝王国衰落后，文莱的统治范围一度囊括了加里曼丹岛的大部分，包括现在的沙巴、沙捞越、苏禄和菲律宾的一部分。1225年，据当时一位中国官员记载，文莱有100艘战舰保卫自己的贸易，文莱当地具有很多黄金。从其描述来看，文莱当时在当地已经是一个海上强国。

1293年，室利佛逝末代国王格尔达尼拉的女婿威查亚建立了满者伯夷王朝。1331年，满者伯夷开始向外扩张，至14世纪40年代，满者伯夷的国力达到了顶峰。1369年，渤泥遭到了苏禄的进攻，大量财富被掠夺。尽管满者伯夷帮助渤泥赶走了苏禄人，但渤泥国力

① Brown,D.E,Brunei：The Structure and History of a Bornean Malay Sultanate,Monograph of the Brunei Museum Journal,Brunei，1970,pp.134-135，转引自Graham Saunders,A History of Brunei，Routledge Curzon，2002,p.18.

衰微，沦为满者伯夷的附属国。

二、苏丹国的建立和伊斯兰教的传入

为了摆脱不利局面，阿旺·阿拉克·贝塔塔尔转向马剌加国求助。他亲自访问马剌加国，并于1414年与马剌加国苏丹的女儿结婚，与马剌加国的联姻不仅加强了与马剌加国的关系，也增强了自身的实力。此外，马剌加国苏丹还授予贝塔塔尔文莱苏丹的头衔。这样，贝塔塔尔就成为文莱的第一个苏丹，被称为苏丹一世和穆罕默德一世，此后，文莱的国王都被称为“苏丹”。

在马剌加国的影响下，阿旺·阿拉克·贝塔塔尔开始积极地把伊斯兰教引入文莱并把伊斯兰教作为争取国家独立、巩固政权的武器。像葡萄牙殖民者的到来一样，伊斯兰教的传入成了文莱历史的分水岭，[①]伊斯兰教逐渐被皇家贵族和发展程度较高的文莱民众所接受。阿旺·阿拉克·贝塔塔尔死后，阿赫默德继承了王位，成为二世苏丹，其女儿与阿拉伯人沙里夫·阿里结婚。据说沙里夫·阿里是真主的后代，因此在他就任三世苏丹后，加大伊斯兰教的宣传力度，新建清真寺；根据伊斯兰教法创建了一整套司法体系，文莱也因此逐渐变成了一个政教合一的穆斯林国家。

由于三世苏丹的励精图治，文莱成为了该地区的重要王国，其与中国、阿拉伯地区和马来半岛国家间的贸易非常频繁，文莱也因此成为南中海地区的贸易中心。当时文莱人民几乎都过着一种安定祥和的日子，因此三世苏丹在文莱的名字后面加上了“达鲁萨兰”，文莱从此被称为“文莱达鲁萨兰国”。

---

① Robert Nicholl, Brunei Rediscovered : A Survey of Early Times, Journal of Southeast Asian Studies, Vol.14, No.1, Mar., 1983, P.45.

三、鼎盛时期

15世纪后期，五世苏丹博尔基亚开始统治文莱。在博尔基亚励精图治之下，文莱的国力达到了鼎盛。苏丹博尔基亚在军事上建立了一支强大的舰队。舰队不仅在保护文莱与中国、阿拉伯、马来半岛地区王国之间的贸易中发挥作用，而且随着国力增长，舰队开始对外扩张。文莱控制的疆域一度包括整个婆罗洲和菲律宾大部分，文莱的远征军还数次远征爪哇、马六甲、吕宋等地，迫使位于现在马尼拉一带的赛鲁隆国俯首称臣，年年纳贡。

对于文莱当时的繁荣，意大利历史学家安东尼奥在其名著《首次环游世界》中对他随麦哲伦访问文莱时的所见所闻进行了记载。他的记载也成为后世认识文莱当时政治、经济和社会文化情况的宝贵史料。他对文莱的富裕程度颇为惊叹，他详细记载了苏丹王宫的富丽堂皇和王室贵族的奢侈生活。安东尼奥在其书中这样描述：1521年7月9日，麦哲伦船队达到文莱的第二日，苏丹派出使者去欢迎远到的客人。6天后，苏丹又派出3条特制的马来快船迎接客人，相互交换礼品后，客人乘上快船驶入城内。入城后，客人在快艇内等了两个小时后，两头配备丝质骑垫的大象缓缓而来，同时到达的还有12名侍从，手中各举一只盖着丝质品的瓷瓶以备存放客人赠礼。两名客人骑上大象后到达总督府，得到了总督的款待并在总督府暂住了一夜，所用床垫、床单和卧具都非常考究，基本都是纯棉和丝质品。对于当时的都城，安东尼奥这样描述：除了王公贵族的宫殿外，整个城市都是一座水城，所有的建筑都架空在高桩之上，都是用木料建成。水位高涨时，当地妇女便驾船游弋于各民居间售卖生活用品，整个城市大概有25万户人家。第二天，麦哲伦才得以赴王宫觐见苏丹。苏丹王宫显赫的军事力量和苏丹的高贵也令安东尼奥惊讶不已。从总督府到王宫，一路上全是排列整齐的全副武装人员。进入王宫，大厅还有300名步兵，腰间挂着利刃，严阵以待，保卫苏丹。尽管苏丹坐在另外一个厅堂里，但客人不能直接和苏丹进行交流。首先，来宾不能和苏丹同处一室。其次，来宾想对苏丹说的话只能对一个头目说，头目再转告上司，上司向总督的一个兄弟传达，此人再用插在墙上的一个管子与苏丹的贴身侍从通话，该侍从最后再转告苏丹。也就是说，宾客的话要通过另外4个人依次转述才能传到苏丹那里。来宾直接觐见苏丹的程序也非常复杂，显示出苏丹很高贵。3项致敬礼仪有：双臂伸直举起，双手手心相对，在头顶部互相击拍；双脚轮流抬起，与腹部成直角，目光向前，缓慢行进；在快到苏丹面前时，弯腰低头，双手握住苏丹伸出的手并亲吻其手背，这些程序完成后，来宾才能面见苏丹。礼仪之繁琐显示出文莱苏丹高高在上的地位。

在宗教方面，随着马剌加国国力式微，伊斯兰教在东南亚的传播中心也转移到了文莱，加之国力强盛，文莱得以在15至16世纪向整个东南亚地区传播伊斯兰教，成为伊斯兰教在东南亚的前哨阵地和中心。伊斯兰教在文莱的兴盛不仅是文莱繁荣昌盛的表现，也是其国力增长的重要因素。借助伊斯兰教，阿拉伯和印尼的穆斯林商人云集文莱，使文莱成为阿拉伯世界与东南亚海上贸易的中心。

除了伊斯兰教的兴盛，与中国之间的贸易也是文莱繁荣的重要因素。当时的中国是东南亚商品的巨大消费国，中国货船从东南亚贩运香料、燕窝、鱼翅以及其他海产品使文莱成为这些商品的集散地和中转港，推动了文莱的发展。

四、社会经济概况

在西方殖民者到来之前，文莱深受马六甲地区、中国、印度、印度尼西亚的多重影响，因此是一个多元化的社会。因不同地区受不同外来因素不同程度的影响，文莱不同地区的社会发育程度也不一致。如在内陆地区，宗法制的社会结构占据统治地位；而在各大河口和沿海地区，社会已经进化到封建社会阶段，苏丹手下的贵族及官僚是封建领主，占有土地及依附于土地的农民。

在土地制度方面，按照所有权不同，文莱的土地制度可以分为3种：私人地产、王室地产、贵族官僚封地。私人地产是通过继承或者购买获得，主人得经苏丹同意并在地契上加盖苏丹的玉玺才能合法地转让给他人；王室地产和贵族官僚封地则须经得苏丹和枢密院双重同意才能转让。

在政治制度方面，由于独立前很长一段时间，文莱处于受印度文化影响很深的满者伯夷统治之下，因此其社会政治制度也深受印度文化的影响。君主的加冕仪式、宫廷礼仪和官府名称都带有强烈的印度化色彩。苏丹王国建立和伊斯兰教传入后，其政治制度便又受到伊斯兰文化的影响。因此文莱苏丹对社会的治理理念和方式糅合了印度教文化和伊斯兰教文化。

在苏丹王位的继承问题上，后任苏丹是从前任苏丹手中继承王位，继任者并不一定是最年长者，他既可以是年长的哥哥，也可以是年幼的弟弟或者男性亲戚。这导致了很多人都认为自己有权去决定谁是苏丹继承人，这也成为文莱内乱的根源。苏丹的遴选专门由一个以贵族和官员构成的遴选委员会负责，被遴选并获得加冕和任命仪式的苏丹就拥有了绝对的权威。

在整个具有等级制的官僚体制中，苏丹处于权力金字塔的最顶层，其下是王公贵族，再其下是各级官吏。普通百姓尽管已经处于社会的最底层，但仍然被分为不同的等级。官员按照出身和职权则被分为四级：大臣、武士贵族、地方官吏和村舍首领。前两级官员出身贵族，后两级则出身平民。除了村舍首领是由村民推举外，其余三级都是经过苏丹批准，由朝廷委任。大臣共有四人：首席大臣代表苏丹行使职权，处理日常政务，负责防卫国家主权；财务大臣负责管理国库和宫廷事务；海务大臣统领海军，监管战争事务，行使司法职权；内务大臣负责国内其他事务的管理。武士贵族在文莱国家决策中发挥着重要的作用；地方官吏则负责京城和地方的具体行政和商业事务。

从经济结构来看，当时的文莱奉行的是贸易立国。文莱的贸易对象主要是中国、印度尼西亚群岛诸国、马来半岛诸国、印度和阿拉伯国家。出口的商品主要是各种香料，进口的主要是蜂蜜、稻米等。此外，当时文莱的各个城市既是商业中心也是手工业中心，手工业主要有纺织、金属加工、陶器制作等。

第二节　西方列强入侵时期

随着西欧封建制度的解体和资本主义关系的萌芽，商品经济的迅速发展刺激了城市商人和贵族对物质财富的贪欲与追求。富庶的东方世界成了他们追求财富的理想之地。从15世纪起，西欧国家开始找寻通往东方的航线。在葡萄牙王室的支持下，塞罗缪·迪亚士、瓦斯科·达·伽马、阿丰梭·德·亚伯奎先后到达了东方，开拓了欧洲至印度洋地区的海上航线，为葡萄牙殖民东方国家奠定了基础。在印度洋地区建立起据点后，葡萄牙开始把目光转向了东南亚。接着，西班牙、荷兰、英国都先后到达了东南亚地区，在该地区进行了长达数百年的殖民统治。文莱也不例外，先后遭到葡萄牙、西班牙、英国的殖民入侵，最终沦为英国的殖民地。

一、葡萄牙和西班牙的入侵

1509年，被称为葡萄牙建立东方殖民帝国的“功臣”阿丰梭·德·亚伯奎接任葡萄牙驻印度总督，他把马来半岛的马六甲作为下一个夺取的目标。1509年9月，葡萄牙船队从里斯本出发到达马六甲，要求与马六甲通商。马六甲苏丹同意了葡萄牙的要求，但是泰米尔族人担心自己的商业利益遭到损害，因而贿赂王国首席大臣臣敦·穆塔希尔，要求逮捕葡萄牙人。穆塔希尔派出的马来人和葡萄牙人发生了冲突，大约30名葡萄牙人被杀死或俘虏。该事件彻底激怒了葡萄牙王室，1511年4月，葡萄牙驻印度总督亲自从印度果阿出发，军事攻击马六甲，马六甲最终还是落到了葡萄牙手中。随后，葡萄牙不满足于只占领马六甲，不断入侵文莱。

除了遭到葡萄牙的入侵，文莱紧接着还遭遇了西班牙的侵犯。16世纪后期，当时的西班牙不仅已经在菲律宾吕宋岛附近站稳了脚跟，把马尼拉作为都城，还取得了同马鲁古、中国进行贸易的垄断权。当时的文莱是依靠贸易生存的，西班牙对贸易的垄断侵害了文莱的利益，因此文莱认为西班牙是自己传统势力范围的入侵者和挑战者；而西班牙也认为文莱是西班牙在该地区扩张的障碍。文莱在行动上与西班牙进行了对抗。一方面，文莱在吕宋、宿务等地鼓动并组织起义，反对西班牙的控制；另一方面加强了在这些地区伊斯兰教的传播。此外，1572年，文莱组织大型舰队讨伐马尼拉的西班牙军队，被暴风雨阻碍。西班牙也派出船只侦探婆罗洲海岸，抓捕俘虏，打探文莱消息。1573年，文莱苏丹的两个儿子带领一支舰队准备征讨西班牙，但遭到了两个文莱贵族的反对，因为他们认为与西班牙保持友好对文莱有利。1574年7月，西班牙也派出一个使臣到文莱，建议与文莱苏丹保持友好，并提出要文莱作为西班牙国王的封臣并与文莱开展贸易。作为回应，文莱组织了一个多达8 000人的舰队，由苏丹的一个儿子指挥。但是可能是惧怕西班牙军队乘虚攻击文莱或者是因为军队瘟疫[①]，文莱王子没有到达马尼拉便返回

① Graham Saunders, A History of Brunei, Routledge Curzon, 2002, pp.53-54.

了文莱。同年12月，以陈组义为首的华人海盗以62艘大型舰船和3 000名海盗袭击了马尼拉，假如当时文莱舰队没有返回而是也碰巧袭击马尼拉的话，西班牙将遭受重创，但历史不可假设，文莱丧失了击败西班牙的绝佳机会。

由于面临危机，西班牙临时更换了驻马尼拉的官员，弗兰西斯·德·桑德成为了西班牙驻文莱的新总督和军事指挥官。弗兰西斯·德·桑德到马尼拉任职的最主要目的就是要处理文莱问题。他对文莱问题做了两手准备：尽可能和平解决，如有必要则武力解决。弗兰西斯·德·桑德把文莱看作西班牙在该地区利益的威胁，提出要求文莱作为西班牙的附属国，但其要求遭到了文莱苏丹的拒绝。经过4年的准备，1578年4月13日，弗兰西斯·德·桑德率领一支由400名西班牙人、1 500名菲律宾人和300名婆罗洲人组成的舰队到达文莱海岸。他要求文莱苏丹允许西班牙传教士在文莱传播基督教；允许国民自由地转变宗教信仰；停止在菲律宾和婆罗洲传播伊斯兰教；要求文莱停止对西班牙的一切敌对行动，并向西班牙称臣纳贡。

文莱苏丹对弗兰西斯·德·桑德提出的要求表示蔑视并准备抵抗。苏丹继承人更是把西班牙的要求看作文莱的耻辱，他不仅处决了弗兰西斯·德·桑德的信使，还把其余的人包括为西班牙人驾船的6个菲律宾人都投进了监狱。西班牙军队一直在海上等待消息，但直到4月14日下午，西班牙军队还没有见到使者，因此断定文莱肯定不同意自己的要求。西班牙便出动军队武力攻占了文莱京城。西班牙很快取得胜利的原因除了其武器先进外，主要还得到了文莱贵族的帮助。当时，文莱的两个贵族莱拉（Pengiran Seri Lela）和闰塔（Pengiran Seri Ratna）向西班牙殖民者投降。莱拉跑到马尼拉希望西班牙出面帮助他夺回被哥哥抢走的苏丹王位，然后文莱就作为西班牙的属国向西班牙纳贡。西班牙答应莱拉，只要他帮助西班牙征服文莱，就让他成为文莱苏丹。在两位叛变贵族的帮助下，1578年4月16日，西班牙成功占领了文莱都城并缴获了大量的武器装备和物资。4月20日，弗兰西斯·德·桑德举行了占领文莱的庆祝活动，组织军队在苏丹王宫前游行。之后，他命令士兵修建港口，新修建筑以便西班牙在文莱进行长久的统治。

西班牙军队破城后，文莱苏丹逃到了内城，继续组织力量对西班牙的入侵给予了有力的抵抗。随后西班牙士兵染病，因此弗兰西斯·德·桑德不得不于1578年5月26日在烧毁当地的清真寺和主要建筑后撤回马尼拉，但莱拉留下当了傀儡苏丹。同年七八月间，文莱苏丹逝世；10月新即位的苏丹派出一支军队寻找新的适居地修建都城，然而巧合的是莱拉也于八九月间逝世，因此新苏丹顺利返回被西班牙军队占领的都城。回到都城后，他带来军民新修防御工事和清真寺，并派人到暹罗购买炮舰。

为了给伊斯兰教以重创，1579年1月，弗兰西斯·德·桑德派人到棉兰老岛烧毁当地的清真寺。西班牙对伊斯兰教的敌对行动也引起了文莱对基督教的敌对，当西班牙人在文莱进行捐赠的时候遭到文莱的驱赶。

1580年，弗兰西斯·德·桑德结束了在菲律宾的任期，他的激进政策没能降服文莱扩大影响力，反而遭到了他的继任者的批评。1586年，马尼拉委员会对弗兰西斯·德·桑德1578年对文莱的军事行动进行了谴责，认为此举是对文莱的无端侵略，也是不公平的。委员会还要求归还从文莱缴获的炮舰或者给予相应的赔偿。尽管委员会的要求几乎都没有兑现，但其体现了西班牙计划与文莱构建和平关系。然而，西班牙还是希望文莱停止在菲律宾南部的传教活动，并要求文莱作为西班牙的附属国。作为回应，马尼拉的文莱贵族在文莱、苏禄和日本的默许支持下计划推翻西班牙在马尼拉的统治，但西班牙识破了文莱贵族的计划，处决了其中的7位“领导者”。随后，尽管文莱继续在菲律宾南部传播伊斯兰教，但文莱与西班牙的关系趋于缓和。

1587年，文莱发生了一起西班牙基督教传教士被杀的事件。当时，和一些西班牙人乘坐葡萄牙船只到文莱传教的两位传教士错过了回马尼拉的大型帆船，而当时又处于季风期，小型船只都停留在文莱穆阿拉港口。两位传教士在附近修建了一个临时教堂，教堂吸引了当地平民。两位传教士就在当地传播基督教，但他们的说道激怒了当地的穆斯林，他们对传教士的说道行为进行捣乱。因为当时文莱和西班牙的关系处于和平友好状态，因此传教士要求苏丹同意他在当地自由传播基督教。但在面见苏丹时，西班牙传教士不断宣扬基督教的优点，诋毁伊斯兰教先知穆罕默德。传教士的举动激怒了苏丹，但苏丹喜怒不形于色，掩盖了自己的不满。接下来，文莱士兵搜查基督教堂，杀害了其中一个传教士和一些西班牙人。西班牙对此事也没有深究。

1588年，文莱苏丹给西班牙在马尼拉的殖民长官写信表达了文莱愿意与之建立友好关系的愿望。此后，文莱与马尼拉的关系尽管处于冷漠状态，但双方几乎没有制造公然敌对的事件。直到1685年，在相互承认主权的基础上，文莱和马尼拉的关系才趋于完全正常化。

二、短暂的复兴

在与西班牙斗争过程中，文莱迎来了短暂的复兴。在击退西班牙的进攻不久后，九世苏丹穆罕默德·哈桑即位，他是一位强有力的统治者，不仅巩固了自己在国内的地位，还于1614年收回了被西班牙军队于1578年夺走的苏禄。1617年，穆罕默德·哈桑还派兵进攻桑陶的西班牙前哨阵地，使西班牙守卫部队全军覆没。穆罕默德·哈桑对文莱的统治使文莱国力出现了短暂的复兴，标志着文莱国力发展的最后一个高潮。

三、国力逐渐衰落

虽然文莱最终没有被西班牙打败，但文莱对马尼拉、苏禄的控制使依靠贸易立国的文莱受到了限制，其势力范围不断缩小，贸易优势不断减弱。九世苏丹穆罕默德·哈桑尽管一度恢复了对苏禄的控制，但西班牙人又于17世纪30年代夺走了苏禄。17世纪40年代西班牙从苏禄撤走后，苏禄不断壮大，最终也建立起能与文莱匹敌竞争的国家。在实力此消彼长的过程中，苏禄甚至参与文莱内部的权力争夺战。穆罕默德·哈桑最终没能力挽狂澜，在其逝世后，文莱在内忧外困之下，国力不断衰微，最终沦为英国的殖民地。

（一）文莱的内乱

十世苏丹死后，其两个儿子为争夺苏丹王位展开了内斗，十一世苏丹和十二世苏丹之间的权力争夺战开启了文莱内乱的潘多拉魔盒。随后，文莱内乱不止。远在苏禄的文莱贵族邦素（Raja Bongsu）——十世苏丹的弟弟卷入了这场权力争夺战，他倾向于支持十世苏丹的长子本萨（Raja Besar Abdul）。邦素是九世苏丹收回对苏禄的控制之后被派往苏禄的文莱贵族。当十世苏丹的次子腾嘎（Raja Tebgah）杀死了即位不久的十一世苏丹即位后，腾嘎不顾邦素被西班牙军队围困，还一度威胁要对邦素进行军事攻击。1642年，腾嘎去世，十二世苏丹穆罕默德·阿里即位，邦素才敢回到文莱寻求帮助应对西班牙军队的攻击。

1662年，穆罕默德·阿里杀死了首席大臣阿普杜尔·穆宾

（Abdul Mubin）的儿子，穆宾闯进王宫复仇杀死了十二世苏丹穆罕默德·阿里（Muhammad Ali），自立为苏丹。为了安抚已故苏丹家族，穆宾指派阿里的一个侄子穆海丁（Muhyiddin）为首席大臣，他一直在等待机会复仇夺回苏丹王位，他的支持者一再催促他尽快行动。因为害怕穆海丁复仇，穆宾逃到了文莱河口的雷明克岛，穆海丁就在旧都自立为苏丹。穆宾在雷明克岛争取到了该岛王公贵族的支持，发起了与穆海丁苏丹之间的内战。这场内战持续了12年，穆海丁在苏禄王国的支持下打败了穆宾。内战结束后，文莱把文莱湾北部地区割让给了苏禄王国作为报答，这为日后文莱与苏禄之间的领土争端埋下了祸根，也标志着文莱分裂的开始。

穆海丁是一个强有力的统治者，他一度恢复了文莱对沙巴和更南部地区的统治。至19世纪初，文莱的内斗纷争再起，进一步加剧了文莱的危机。1806年至1852年，王公贵族内部两派势力的争斗一直困扰着文莱。1806年，文莱苏丹穆罕默德·塔贾丁去世，但其嫡孙奥马尔·阿里·赛里夫汀的外祖父穆罕默德·罕·祖尔·阿拉姆自立为文莱苏丹，由此引发了苏丹王位争夺战。穆罕默德·罕·祖尔·阿拉姆一直执政到1822年去世为止。他死后，他的儿子罗阇·阿佩与其两个姐姐针对王位继承展开了新一轮争夺。1824年，罗阇·阿佩在争斗中败亡，此时的奥马尔·阿里·赛里夫汀已长大成人并名正言顺地登上了苏丹宝座，但罗阇·阿佩一派的实力并未对奥马尔·阿里·赛里夫汀表示臣服，两派之间的内斗并没有消除，实力较弱的罗阇·阿佩一派投靠了英国殖民者。奥马尔·阿里·赛里夫汀于1846年进行了清洗式的大屠杀，罗阇·阿佩的家族几乎被杀尽。1852年，苏丹奥马尔·阿里·赛里夫汀去世后，文莱没有再发生大规模的内乱，但王公贵族间争权夺利的事情一直不断，内乱加速了文莱的衰败，最终沦为英国的殖民地。

（二）文莱的外患

在文莱内乱不止之时，外部威胁也加剧了文莱的衰败。除了西班牙和苏禄王国外，荷兰殖民者的到来愈发加快了文莱的衰败。

文莱是一个依靠贸易发展起来的国家。随着西班牙、荷兰殖民者的到来，文莱的贸易空间大大遭到了压缩。在西班牙控制马尼拉和苏禄王国建立后，文莱在这些地区的贸易遭到了严重挤压。后来荷兰更是对该地区实行贸易垄断政策，并对该地区与外部世界的海上贸易进行管控以谋取暴利，严重削弱了文莱在该地区的贸易地位。尽管文莱经过自身不断的斗争，并未成为西班牙和荷兰的附属国，但其贸易市场已经受到了严重的冲击。至17世纪70年代，文莱的传统贸易市场几乎丧失殆尽。

四、英国殖民者的到来

17世纪，英国资产阶级不断壮大并于1640年掀起了资产阶级革命。随后，英国也不断向外扩张，寻求原料产地和商品市场。

英国殖民者一直想在婆罗洲一带建立一个商站便于其与中国开展远洋贸易。18世纪中期，英国东印度公司开始派人到婆罗洲一带活动。1762年，东印度公司通过与苏禄苏丹签署协定获得了在巴朗奔冈岛建立贸易据点的权力。1773年，英国东印度公司在岛上建立了据点，想把中国商人从苏禄和文莱吸引过去。1775年2月，该据点被苏禄海盗彻底摧毁。

为了获取东南亚的特产以便同中国开展贸易，英国把注意力转向了文莱。英国到达文莱初期，文莱对英国是持欢迎态度的，因为文莱想借英国的力量对付苏禄王国。早在1774年，英国东印度公司就派赫伯特（Herbert）与文莱苏丹接触，当时文莱苏丹就承诺让英国在文莱修建贸易据点。1775年，巴朗奔冈岛据点被摧毁后，英国马上向文莱寻求庇护，约翰·杰西(John Jesse)与文莱签署条约：规定英国为文莱提供保护，文莱可以获得胡椒的“专种权”，但作为交换条件，文莱同意把纳闽岛给英国东印度公司修建据点。赫伯特从巴朗奔冈岛到纳闽岛后马上着手贸易据点的修建，但东印度公司因故放弃了纳闽岛。

尽管放弃了纳闽岛，但英国并没有完全放弃在该地区的贸易中分一杯羹。1803年，英国再次派人到巴朗奔冈岛修建据点并和苏禄、文莱恢复关系。1805年，文莱主动向英国示好，愿意继续让英国在纳闽岛修建据点。但由于当时的欧洲全部陷入了拿破仑战争，英国无暇东顾，不得不放弃了巴朗奔冈岛，同时也拒绝了文莱的好意。

1824年，罗阇·阿佩在内斗中被杀后，其哥哥当时担任文莱首席大臣的穆达·哈西姆(Muda Hassim)也受到牵连并被派驻沙捞越担任省都。由于穆达·哈西姆是亲英派，因此他一直主张与英国交好对付苏禄。哈西姆是一个贪婪的人，他残酷地剥削沙捞越当地民众，他强迫达雅克人在他开办的锑矿中做苦力，但只支付微薄的报酬，他还垄断了当地锑的生产以及和达雅克人之间的贸易。他的统治使沙捞越的社会经济生活严重倒退，最终引起了达雅克人的不满，他们揭竿而起，反对哈西姆的统治。

达雅克人起义为英国插足文莱本土提供了机会。文莱朝廷派官兵到沙捞越镇压起义，但未能成功。1839年，英国冒险家詹姆士·布鲁克到达沙捞越向哈西姆传达了英国驻新加坡总督的问候，表达了善意，并对哈西姆曾经对在婆罗洲海岸失事的英国船只提供的人道主义援助表示感谢。他也得到了哈西姆的热情款待。

詹姆士·布鲁克后来成为了英国殖民文莱的关键人物。其1803年出生于一个东印度公司驻印度贝纳勒斯的职员家庭，曾参加过英缅战争，是一个殖民狂热者。他对莱佛士殖民新加坡的政策表示赞扬，主张英国应该从葡萄牙和西班牙手中夺走帝汶岛和吕宋岛。

1840年，詹姆士·布鲁克再次来到沙捞越，当地的起义事件还在继续。为了镇压起义，为自己重回文莱恢复官位积累政治资本，哈西姆请求詹姆士·布鲁克帮助镇压起义。詹姆士·布鲁克提出条件：镇压起义成功后，文莱必须让自己担任文莱驻沙捞越省都。在詹姆士·布鲁克的帮助下，沙捞越的起义得到了平息。此时，哈西姆后悔承诺把省都的位置拱手相让，因此故意拖延时间。詹姆士·布鲁克最终通过武力威胁获得了省都的位置。1842年，文莱苏丹颁布敕令，正式确认詹姆士·布鲁克为沙捞越的王公。文莱苏丹同时对詹姆士·布鲁克提出了一定的条件，如他每年得向文莱苏丹纳贡2 500文莱元；遵守当地居民的习俗和宗教信仰；未经允许不得把沙捞越转让给第三方等等。詹姆士·布鲁克成为沙捞越王公这一事件成为文莱历史的转折点，文莱之后的历史发展都与布鲁克的野心息息相关。总的来说，文莱让詹姆士·布鲁克担任沙捞越省都实属无奈之举，因为随着国力日衰，文莱已经无力维持在沙捞越的统治。当时的沙捞越不仅当地民众仇视文莱，荷兰等西方殖民者也鼓动并支持沙捞越从文莱独立出来。文莱本来寄希望于詹姆士·布鲁克，以为拉拢其力量可以阻止沙捞越从文莱分裂出去，继而延续并加强文莱的统治。因此，文莱苏丹打着这样的如意算盘：使詹姆士·布鲁克充当受文莱苏丹控制的一名地方官员，为苏丹效力。但事与愿违，詹姆士·布鲁克上任不久后就着手巩固自己的地位，不仅寻求英国政府承认沙捞越的王国地位，还力图摆脱文莱的控制。

依靠自己部队装备精良的有利条件，1843年，詹姆士·布鲁克以沙捞越遭到海盗袭击为由召来英国军舰剿灭了萨里巴斯的海上达雅克部族。此后，他又来到文莱京城，逼迫苏丹签署协议。文莱苏丹允诺开放贸易，只与英国结盟，继续镇压海盗活动。更为苛刻的是，苏丹在协议中被迫同意布鲁克的后人可以继承其在沙捞越省都的统治权，该继承权可以一直延续，这标志着沙捞越已经彻底从文莱领土上割裂出去，布鲁克和英国已经取得了对沙捞越的永久统治权。

詹姆士·布鲁克的野心并没有局限于沙捞越，他还谋求通过干涉文莱内政完全控制文莱。1843年布鲁克就谋求通过支持哈西姆推动文莱的政变。1843年10月，布鲁克把哈西姆送回了文莱，并用枪炮逼迫苏丹让哈西姆官复文莱首席大臣之职。但实际上在英国的支持下，哈西姆已经完全控制了文莱的朝政。在哈西姆和英国的威胁下，苏丹答应继续打击海盗，并再次允诺把富含煤矿的纳闽岛割让给英国。与上次主动提议英国在纳闽岛修建贸易据点不同的是，文莱苏丹这次是被迫割让纳闽岛给英国。然而，英国政府并没有同意布鲁克占领纳闽岛。

詹姆士·布鲁克对文莱内政的干涉引起诸多文莱贵族的不满，他们推举乌萨普为首领，形成了一个反英集团。他们准备借助玛鲁杜湾一带海盗的力量用武力赶走哈西姆和英国统治者。英国人先发制人，于1845年动用舰队剿灭了玛鲁杜湾的海盗，并处死了首领乌萨普。英国人的行动彻底激怒了所有的文莱贵族，1845年底，苏丹下令诛杀哈西姆及其家族。哈西姆负伤逃脱，最后自杀身亡。

哈西姆的去世使英国丧失了在文莱的代理人。为了给哈西姆复仇，洗刷耻辱，詹姆士·布鲁克再次动用英国远东舰队讨伐文莱，英国轻而易举地就拿下了文莱的都城，但苏丹和大部分民众已经逃离。詹姆士·布鲁克破坏了军事要塞，邀请平民返回都城，承诺不伤害他们。大部分民众陆陆续续返回都城，但苏丹一直在外藏匿，英国派人找寻未果。此后，经过和谈，詹姆士·布鲁克默许文莱苏丹返回都城。但要求苏丹不仅要到哈西姆及家人坟墓前忏悔，还要给英国维多利亚女王写信确认布鲁克拥有对沙捞越的主权，不用向文莱纳贡，还拥有对其统治范围内的矿产开采权，英国扶持当时反苏丹的贵族穆名（Mumin）为文莱的统治者。1846年12月18日，文莱苏丹和詹姆士·布鲁克签署了一项正式条约，正式把纳闽岛割让给英国。由于该岛煤矿丰富，这对于当时依靠蒸汽机为动力的轮船至关重要。纳闽岛为英国船只远航加煤提供了可能，对英国在该地区的战略利益和经济利益意义都非常大。同年12月，英国正式接管纳闽岛。詹姆士·布鲁克在抢占纳闽岛过程中的表现得到了英国官方的嘉奖，英国外交大臣任命他为驻文莱和婆罗洲其他已独立王国的总领事；英国政府则任命他为纳闽岛总督，他还得到英国女王的最高奖励——巴斯勋章。

五、沦为英国的“半殖民地”

在英国政府的授权下，1847年5月，詹姆士·布鲁克迫使苏丹签订了一项不平等条约《英国—文莱友好通商条约》。条约规定：文莱开放各个港口，以便于英国船只自由出入；对进入文莱的英国货物只能征收固定关税税率，每吨货物征收1文莱元；英国公民在文莱享有治外法权，其所犯的刑事案件一概交由英国驻文莱总领事审理；未经英国政府同意，文莱不得将其领土转让给第三国或第三人；除英国人外，文莱不得允许任何人移居北加里曼丹岛；文莱要配合英国共同防范和打击海盗。条约尽管还规定两国公民在对方国家均享有最惠国待遇，但当时去英国的文莱人数几乎可以忽略不计，因此能享受这一待遇的也主要是英国人。

《英国—文莱友好通商条约》改变了文莱的国家性质，使文莱从一个主权独立的国家沦为半独立的国家，成为英国的半殖民地。尽管条约没有明文规定文莱的政治统治权受英国控制，但其“未经英国批准，文莱不得向第三国割让领土；两国合作打击海盗等”规定为英国干涉文莱的内政和外交打开了窗口。在联合打击海盗的借口下，文莱的任何反英势力都被定性为海盗。因此，通过《英国—文莱友好通商条约》的签署，英国已经把文莱作为了自己的势力范围，不容其他列强染指。19世纪末，当其他西方列强也开始谋求染指文莱时，英国便搬出《英国—文莱友好通商条约》，以此为依据将文莱变成了自己的保护地。

六、领土进一步被蚕食

《英国—文莱友好通商条约》签署后，詹姆士·布鲁克并不满足于条约规定的利益。他和侄子查理士·布鲁克在英国政府的默许下，不断扩张沙捞越的领地，扩大自己的统治面积，先后吞并了穆卡、民都鲁、巴兰、林梦等差不多文莱半数的领土，这些地方都被纳入了沙捞越的版图。为了达到扩张目的，布鲁克叔侄俩花样翻新，采用各种手段侵犯文莱的主权，如威逼利诱、利用文莱内部争端、炮舰外交、直接公开侵略等。由于布鲁克的扩张行为是得到英国政府允许和支持的，因此当文莱想通过外交途径向英国政府控诉布鲁克的野心，保住文莱的领土时，英国政府置之不理。

当时的西班牙和荷兰殖民者也表示完全遵守英国的势力范围，因为英国并没有侵犯他们的利益。为了制衡英国的野心，文莱转而求助美国。早在1845年，美国就与文莱签署了一项通商条约，规定美国为文莱提供保护以换取在文莱的煤矿开采权。但由于当时的美国对亚洲还没有明确的政策，1850年，美国外交使节再次与文莱谈判，两国仍然只签署了一项通商条约。然而，由于美国当时忙于内战，无暇顾及文莱，两个通商条约基本都没有得到执行。1864年，林肯总统派摩西担任美国驻文莱总领事。1865年，摩西到达文莱后得到了苏丹穆名的热情接待。穆名想得到美国的支持继而制约布鲁克在沙捞越的扩张，因此把文莱北部的沙巴租借给摩西。摩西还想得到穆阿拉地区的矿产开采权，但苏丹穆名表示反对，而只同意为摩西修建领事馆。因急于赶到香港，摩西于1865年11月就把沙巴转租给了美国商人约瑟夫·W. 托里，其先前在婆罗洲创立了美国贸易公司。文莱苏丹向托里承诺，“他是沙巴的最高统治者和管理者”，托里逝世后，“其继任者拥有沙巴的继承权”。但是，托里经营不善，其贸易公司濒临倒闭，他也没有给摩西支付转让金，因此文莱仍然没有从托里手中得到任何租金。摩西转而回到文莱，试图说服文莱政府收回对托里的授权并寻找新的支持者开办新的公司。但文莱自始至终没有收到任何租金，认为一开始就被摩西欺骗，所以拒绝了摩西的要求。对于文莱的拒绝，摩西感到绝望，自己烧毁了领事馆，并借口说自己遭到马来人的攻击逃到了英国领事馆，继而向文莱索赔。文莱向美国派来调查该事件的官员抱怨摩西，并写信给约翰逊总统，恳求美国重新派一个驻文莱领事。摩西的继任者到达文莱后修复了与文莱的关系，摩西也被停职并在1867年回美国途中溺水身亡。然而，尽管英国予以警告，美国还是于1868年3月以美国在文莱没有利益为由撤销了驻文莱领事馆。

对于沙巴问题，托里把沙巴转卖给了奥地利驻香港总领事巴伦·冯·奥弗贝克和一个名叫艾尔弗雷德·登特的英国商人。1875年1月，奥弗贝克购买了托里对沙巴的租借权；同年6月，他到达文莱确认自己购买的合法性。为了延长对沙巴的租让期限，奥弗贝克于1877年12月再次到文莱与苏丹谈判，最终达成了协议。文莱方面把沙巴以每年1.5万美元的租金租给了奥弗贝克和登特。在18世纪初，文莱就把沙巴割让给了苏禄王国回报苏禄苏丹帮助文莱平息内乱，但后来的历代文莱苏丹都不承认苏禄对沙巴的主权。得知文莱和苏禄对沙巴存在争端后，奥弗贝克请求奥地利政府出面支持他的租借权，但奥地利政府对此表示拒绝。由于缺乏后盾，没有安全感，奥弗贝克于1879年卖掉了自己的股份，让英国人登特独自经营沙巴。

1881年，登特计划成立一个“英国北婆罗洲公司”经营沙巴。一向反对保守党对外殖民的英国自由党在面对诸多列强瓜分世界的背景下一反常态，肯定了北婆罗洲的殖民地化。因此，1881年8月，英国政府计划给登特颁发“英国北婆罗洲公司”的特许授权书。此举与登特的计划不谋而合，因此登特还未等政府下达正式文件就组织了一个由80人参加的“英国北婆罗洲公司筹备处”。同年11月，英国政府公布了正式的特许证书，“英国北婆罗洲公司筹备处”完全获得了“英国北婆罗洲公司”创建的全部权利。英国政府的特许证还强调：未经英国政府同意，“英国北婆罗洲公司”不得转让其任何权益；公司准备废除奴隶制，不干涉当地人的宗教信仰和习俗；当公司与当地居民或第三国发生争执，公司要与英国政府磋商；公司对北婆罗洲任命的总代表要经过英国政府同意；公司还应该保证为英国皇家舰队在当地建立海军基地提供便利。从上述规定来看，英国是想把“英国北婆罗洲公司”牢牢控制在政府手中，不愿登特成为独立于政府控制之外的一支力量。

值得一提的是当时的北婆罗洲已经成为列强的角斗场。1881年7月，西班牙完全控制了苏禄国。1885年，为了协调与英国在该地区的利益冲突，西班牙和英国政府达成协议，西班牙承认英国在北婆罗洲的统治权，英国承认西班牙对苏禄的兼并。对于“英国北婆罗洲公司”的成立，荷兰表示了反对，但反对遭到了英国的否决。经过多年的谈判，英国和荷兰终于在1912年签署协议划分了两国在该地区的利益界线。

尽管与其他列强的利益纠纷得到了解决，但英国政府对“英国北婆罗洲公司”的支持和承认也开启了“英国北婆罗洲公司”与查理士·布鲁克为首的沙捞越王朝之间对文莱剩余领土争夺的序幕。尽管他们都是英国人，但他们争夺地盘的激烈程度不亚于西方国家间对殖民地的争夺。其激烈程度从双方对巴兰的争夺可见一斑。1868年后，查理士·布鲁克试图把自己的控制范围扩展到巴兰地区。当时的巴兰上层人士已经对苏丹的统治表示不满，苏丹还于1870年派兵镇压巴兰人的反抗，但被巴兰人击退。1872年，查理士·布鲁克到达巴兰地区受到了当地人的欢迎，此后，查理士·布鲁克鼓励沙捞越的商人到巴兰地区经商。但一部分到达巴兰地区的沙捞越人先后被杀害，激怒了查理士·布鲁克。1874年，查理士·布鲁克再次要求文莱割让巴兰，文莱苏丹穆名别无选择只得同意布鲁克的要求。然而英国政府不同意查理士·布鲁克兼并巴兰，因为当时纳闽岛的统治者认为英国应该避免文莱剩余领土的丧失才符合英国的国家利益，因此英国外交部不同意查理士·布鲁克把自己的统治范围扩展到巴兰地区。1876年，查理士·布鲁克再次向英国政府要求把自己的统治范围扩展到巴兰，但仍然遭到了英国政府的拒绝。英国外交和殖民局后来也陷入了两难境地。一方面查理士·布鲁克和登特应该处于平等地位，但英国支持了登特的公司，就没有理由反对查理士·布鲁克想兼并巴兰的要求。但是查理士·布鲁克又明显与登特不同，其身份到底是英国人？还是一个沙捞越独立王国的统治者？抑或文莱苏丹封臣？因此，尽管文莱苏丹不愿意，但在没有英国政府的支持下，1882年，文莱苏丹还是被迫把巴兰租借给了查理士·布鲁克。此后，除了布鲁克与“英国北婆罗洲公司”在文莱继续着领土争夺，文莱内部也竞相对外租卖土地，这也给英国殖民者提供了机会。

1884年，“英国北婆罗洲公司”获得了巴打斯地区的租用权，但遭到文莱海务大臣的反对，因他没有从租让巴打斯中获得任何利益。同年，他把楚桑和林梦两地割让给沙捞越，但也未得到苏丹的批准。

1885年2月，文莱苏丹穆名逝世前不久警告其继任者，文莱很可能被英国完全占领，他还要求继任者发誓不再向英国等殖民者租让更多的领土。

文莱在遭到英国肢解的同时，内部也出现了叛乱。1884年8月，林梦人民因不堪重负而举行起义，两名征税官被杀死，他们还袭击了都城的郊区。前去平息叛乱的海务大臣也被袭击，5名士兵牺牲。1885年，穆名的继任者哈什姆试图借助查理士·布鲁克的力量平息叛乱，但遭到拒绝。他还试图遵守对穆名的承诺拒绝向英国割让巴打斯、楚桑和林梦地区。然而，当时的文莱已经无力抵抗强大的英国，在查理士·布鲁克、“英国北婆罗洲公司”及英国驻纳闽岛总领事利斯等的多重压力下，哈什姆苏丹不得不于1885年和1887年分别批准了对桑楚和巴打斯的割让。但他不同意割让林梦地区，因为他认为林梦是文莱真正的“内地”，林梦的丢失将是文莱的耻辱，而且他对英国的租金也不满意。

七、沦为英国殖民地

1885年，英国驻纳闽岛总领事利斯向英国外交部提议，要彻底肢解文莱，只给文莱保留京城和穆阿拉两地。得知利斯的野心后，文莱苏丹哈什姆于1887年致信维多利亚女王表示文莱将不再割让更多的领土。收到信后，英国政府派出海峡殖民地官员弗雷德里克·韦尔调查文莱的情况。到文莱后，他对哈什姆表示同情，并提出将英国在马来半岛的殖民政策移植到文莱——英国对文莱提供保护，并派出一名驻扎官协助苏丹统治文莱。英国这样做的原因是惧怕混乱的文莱给其他殖民帝国在婆罗洲西北海岸建立起据点以可乘之机，继而威胁到英属印度和中国之间的贸易。即使不会威胁到英属印度和中国之间的贸易，也肯定会威胁到香港与悉尼之间的贸易①。

苏丹哈什姆同意接受英国的保护，但拒绝英国派驻驻扎官。考虑到成本问题，英国方面也放弃了派驻扎官的计划。1888年9月17日，文莱与英国签署了保护协定。协定虽然规定英国政府无权干涉文莱的内政，但其外交则由英国政府代管。该协定还正式把沙捞越和沙巴列为独立的国家，协定还规定文莱无权对第三国割让领土，沙捞越和沙巴明显就是所谓的“第三国”。

然而，保护协定并没有有效地保护文莱领土遭受“第三国”继续肢解。尽管文莱苏丹在协定中承认了沙捞越和沙巴彻底从文莱分离，成为独立的国家。但英国最终并没有阻止他们肢解林梦。

林梦是文莱仅存领土中最富裕、人口最稠密的地区，其生产的粮食养活了文莱大多数人口。也正因为如此，他才一直成为布鲁克和登特觊觎的目标。1890年，哈什姆正准备着手最终平息林梦地区的叛乱时，查理士·布鲁克再次要求文莱割让林梦。面对压力，苏丹哈什姆决定走折中路线，只对投资者进行商业出租，而要保留在林梦种植农作物的权利。此外，他还认为只出租商业权不仅可以获得税收收入，商人的活动还可以进一步阻止沙捞越兼并林梦。但是

① A.V.M.Horton, *British Administration in Brunei 1906-1959*, *Modern Asian Studies*, Vol.20, No.2, 1986, p.355.

查理士·布鲁克认为只出租部分权利将会导致日后的纠纷。为了加强对林梦的控制，文莱准备派遣一支舰队到林梦，但查理士·布鲁克也于1890年强制占领了林梦。对于布鲁克的行为，哈什姆向英国求助，希望英国根据1888年条约给与保护。但英国相信了查理士·布鲁克伪造的“借口”：1884年起义之后，林梦人民已经抛弃了文莱苏丹的压迫性统治，他们已经拒绝向苏丹纳税，并升起了沙捞越的旗子。他们的行为说明在沙捞越兼并林梦前，林梦遭受了暴政，林梦人民已经不愿回到苏丹的统治之下[①]。因此，英国并没有承担保护协定的义务，反而认为林梦被查理士·布鲁克统治优于被文莱统治。尽管他们不认可查理士·布鲁克兼并林梦的方式，但对其结果则表示默认。

尽管查理士·布鲁克把对林梦的租金提高到每年6 000美元，但苏丹哈什姆对沙捞越兼并林梦不予承认。他认为假如同意了查理士·布鲁克的兼并，文莱将会丧失更多的领土，因此有必要坚持强硬的立场，拒绝接受查理士·布鲁克支付的租金。英国政府一方面给文莱苏丹施压，要求他接受查理士·布鲁克的租金，另一方面也劝说查理士·布鲁克延长支付租金的期限。林梦被沙捞越兼并后，文莱被分为了东西两个部分。林梦的丧失对苏丹哈什姆造成了沉重的打击。他成为了懦弱的代表，为了保住王位，他不得不向英国妥协，导致他与其他大臣不和。接下来的10多年时间里，因他无力劝服英国把查理士·布鲁克赶出林梦进一步削弱了他在国内岌岌可危的地位。查理士·布鲁克强占林梦不久后就开始对当地人赖以生存的渔业、农业进行征税，导致当地人也丧失了生活来源，不得不举家搬迁到沙巴和其他地区。

① A.V.M.Horton, *British Administration in Brunei 1906-1959*, *Modern Asian Studies*, Vol.20, No.2, 1986, p.356.

由于国势衰败，加之没有收取查理士·布鲁克强占林梦的租金，文莱财政拮据，官吏们变本加厉加紧勒索和贪污，最终引起了人民的反抗和起义。1899年，文莱的都东和白拉奕地区爆发了严重的骚乱，白拉弈起义者因不堪重税，杀害了文莱的征税官。在查理士·布鲁克的支持和鼓动下，1901年都东和白拉奕两地都要求沙捞越提供保护并要求沙捞越兼并这两个区。查理士·布鲁克见时机已经成熟，继而要求政府同意其兼并都东和白拉弈两个区。但文莱发现了石油和苏丹哈什姆的坚决抵制使英国最终没有同意查理士·布鲁克的要求。

1903年，文莱发现了石油，这使文莱的地位和重要性急骤上升。为了不让石油的开采权落入第三国之手，英国政府决定不能再让沙捞越兼并文莱剩余的领土和油田，而要把文莱直接置于英国政府的控制之下。此外，面对威逼利诱，苏丹哈什姆坚持不再割让文莱仅存的任何领土，他还呼吁土耳其、美国等力量出面维护文莱的生存。为了保住文莱仅存的领土，防止亡国灭种[①]，哈什姆请求英国帮助管理内政，他还直接写信给英国国王，表示英国要警惕都东和白拉奕出现类似林梦的情况。

为了控制文莱的油田，英国政府转而决定在文莱设立驻扎官，把文莱彻底纳入自己的管辖范围，防止文莱仅存的领土和油田被沙捞越兼并。1904年4月，英国海峡殖民地官员M·S·H·麦克阿瑟被派往文莱调查当地的情况。经过调查之后，他向英国政府陈述了文莱统治的混乱，他认为将文莱并入沙捞越对文莱是不公平的，而且至少是在文莱都城，反对查理士·布鲁克的呼声越来越高。如果英国向文莱派驻一名“驻扎官”也许不会引起马来人上层人士的反

① A.V.M.Horton, *British Administration in Brunei 1906-1959*, *Modern Asian Studies*, Vol.20, No.2, 1986, p.353.

感。他还认为对于英国来说，文莱的重要性比想象中更大，在一段时间之后，它甚至可以成为自食其力的国家。因此，英国可以将在马来亚的统治方式移植到婆罗洲，当然就包括文莱。从长远来看，沙捞越和北婆罗洲都可以被置于英国殖民局的统治之下，并可以合并为一块更大的殖民地。1905年，高级专员约翰·安德森也向英国殖民部报告说，文莱“在过去的岁月中，肯定未从受英国保护的地位中得到任何好处”，“向苏丹许诺的保护仅仅是名义上的，而且1888年条约带给文莱的好处仅仅限于陛下政府方面。在我看来，强迫苏丹就范（指并入沙捞越）……简直是不可能的……”。[①]因此，英国应该向文莱派驻驻扎官，切实对文莱提供保护。

英国政府接受了麦克阿瑟的建议和认真考虑了约翰·安德森的报告。1905年11月，英国驻文莱总领事开始和文莱苏丹谈判设立驻扎官的问题；同年12月3日双方订立条约。条约规定：文莱接受英国的全面保护，英国派驻一名驻扎官管理文莱的内政和外交事务，同时保留苏丹的王朝制度不变。双方还签署了一系列附加议定书，就文莱苏丹及大臣们所享受的待遇和赔偿做了详细规定。1906年1月，条约正式生效。由于查理士·布鲁克一直把兼并整个文莱作为自己的毕生事业，认为文莱“这个地图上的斑点”位于他的领域之内，理应属于他。他对其“命运扩张论”遭受阻挠感到无比愤慨。因此对于1906年条约，查理士·布鲁克表示了不满，并认为自己是英国派驻文莱驻扎官的最合适人选。但英国殖民当局表明布鲁克不是文莱最合适的统治者，大大打击了布鲁克的雄心。为此，他组织了一系列活动如向英国殖民局提出抱怨、对英国众议院提出质

① C.O.144/79(10323) Sir John Anderson(1858-1918) to Marquess of Lansdowne(1845-1927), No.3 (confidential), 18 February 1905, para.5.转引自A.V.M.Horton, British Administration in Brunei 1906-1959, Modern Asian Studies, Vol.20, No.2, 1986, p.358.

疑、组织请愿等谋求改变英国派驻驻扎官的计划。但查理士·布鲁克的行动并没能够改变英国殖民局向文莱派驻驻扎官的计划。

驻扎官制度的确立虽然让文莱剩余领土避免了被彻底肢解，但文莱的内政、外交权利却完全沦落到了英国人之手，文莱彻底丧失了主权，完全沦为了英国的殖民地。

第三节 英国殖民统治时期

从1906年沦为英国殖民地至1959年获得自治，除了在1942年春至1946年7月被日本殖民统治，文莱的政治、经济、外交、国防受英国全方位控制长达53年。英国在殖民统治期间，在文莱建立起了相应的政治、经济和文化制度，客观上开启和推动了文莱的现代化进程。

一、政治状况

沦为英国的殖民地后，文莱的政治体制也发生了重大变化。传统的等级制度被取消，英国殖民者在文莱建立起了文官制度，对文莱进行专业化的行政管理。在职位和权力方面，英国驻扎官是最高统治者和执行者，控制着文莱政治、经济、外交、军事、国防安全各个方面。驻扎官直接向英属婆罗洲高级专员负责。然而由于英属婆罗洲高级专员驻扎在新加坡，离文莱800多千米，除了紧急事务，英国在文莱的驻扎官具有绝对自由的权力处理文莱的事务。文莱苏丹和大臣则大权旁落，只能掌管与宗教有关的事务。在待遇上，他们主要靠领取薪俸过日子。尽管他们的枢密院得以保留，但事实上已经没有权力。

为了维持统治，与当地统治者合作是英国统治文莱的原则①。英国殖民者招纳了一部分文莱人在政府为官。1907年，有6个文莱人在殖民政府为官，但是他们都是文盲，只能参与裁判国内的微小案件、征收关税和人头税。

在机构设置方面，英国人按照西方的文官制度，先后设立了海关、邮局、农林部、公共工程部、警察局、卫生部、教育部等部门。如公共工程部和卫生部成立于1929年；农林部成立于20世纪30年代。

在行政区划方面，文莱被划分为五个行政区，即文莱市、穆阿拉区、淡布伦区、都东区和白拉奕区。每个区的市长和区长由文莱马来人担任，直接对驻扎官负责。每个区都设有专业的行政管理机构。在社会的基层，村舍首领们负责地方治安。

在法治方面，麦克阿瑟在担任英国政府派驻文莱首任驻扎官期间制定了刑法，建立了审判制度，并组织了警察部队。驻扎官法庭是文莱当地的最高法庭，但海峡殖民地最高法庭有权对死刑案件作出初审并接受上诉。上诉人如果愿意也可以向伦敦的枢密院递交请愿书。当然，宗教案件仍然由伊斯兰教法官负责审理。最初的警务人员是由纳闽岛调来的一支海峡殖民地分遣队担任。但1916年一位驻扎官遭到一名锡克教教徒警察刺杀后，改为马来人担任，殖民当局直到1921年才建立起一支独立的文莱警察部队。

由于英国在文莱建立的行政体制与英国在马来亚殖民地实行的管理体制相似，文莱驻扎官也同时兼任马来亚殖民地政府的官员，而且其顶头上司英属婆罗洲高级专员又兼任海峡殖民地总督，因此文莱和马来亚殖民地及海峡殖民地在行政管理体制上有着非常紧密的联系。1921年以前，文莱在行政上和纳闽岛联系紧密，当时的驻

① A.J.Stockwell，Britain and Brunei，1945—1963：*Imperial Retreat and Royal Ascendancy*，*Modern Asian Studies*，Vol.38，No.4（Oct.，2004），p.785.

扎官大部分时间都待在纳闽岛，其助手留在文莱代表他行使权力，因为那里的生活条件更加便利。

沦为英国的殖民地使文莱苏丹的声望和势力遭受到最严重的冲击。苏丹哈什姆在1906年与英国签署条约后不久就去世，穆罕默德·杰马鲁拉南年幼暂时由首席大臣和内务大臣摄政，直到1918年才登基，但除了管理宗教事务外，英国政府仍然没给他任何其他权力。穆罕默德·杰马鲁拉南被认为是进步和开明的统治者，于1920年被英国政府封爵，然而其于1924年英年早逝。其子艾哈迈德·塔贾丁·阿克哈祖尔·凯里·沃丁也因年幼直到1931年才继位。尽管苏丹和大臣们靠薪俸过日子，但他们的收入也随着殖民政府收入的增加而得到了增加。1934年，艾哈迈德·塔贾丁·阿克哈祖尔·凯里·沃丁的津贴达到了500美元每月，是哈什姆1906年薪俸的两倍。

在领土方面，沙捞越的查理士·布鲁克1917年逝世。他的继任者在1924年关闭了当地的煤矿后把在穆阿拉的税收权力移交给了英属文莱政府，得到了一定的补偿。1931年至1932年间，沙捞越把更多的领土移交给了文莱。由于文莱被沙捞越兼并的林梦地区一分为二，不便于管理。英国殖民政府于1917年至1918年间曾打算用都东和白拉奕两个区与沙捞越交换林梦，但沙捞越一直不予同意。因为查理士·布鲁克的继任者认为这么早就将邻邦的统治权移交给英国殖民政府有损于他的名声。[①]

二、经济发展状况

在经济方面，英国人首先进行了制度上的改革。在完全沦为殖民地之前，文莱苏丹财政收入的来源主要有：沙捞越布鲁克王朝和

① A.V.M.Horton, *British Administration in Brunei 1906-1959*, *Modern Asian Studies*, Vol.20, No.2, 1986, p.360.

英国北婆罗洲公司租借文莱领土后支付的租金；承租官田和专营贸易的华侨所支付的钱款。苏丹的上述两种获得财政收入的权力已经在1906年的条约中自动放弃，因此英国驻扎官一上任，就着手文莱经济制度的改革。

首先，英国驻扎官开始清查文莱资产。但由于苏丹哈什姆逝世前夕，他随身携带着国玺，当时的很多官方文件上的印章难分真伪，所以清查工作进展缓慢，直到1912年才得以完成。

其次，英国驻扎官着手建立文莱的海关制度。由于此前的贸易专营权被承包给了两个华人，因此解决起来相对容易和快捷。英国殖民政府从马来联邦获得了20万美元的贷款，先后在1906年至1907年收回了关税征收权；1914年，英国殖民政府又从马来联邦贷款40多万美元用于赎回沙捞越和英国北婆罗洲公司提前支付给文莱苏丹的土地割让金，继而收回了沙捞越和英国北婆罗洲公司。关税权力收回后，英国殖民政府就逐步开始征收固定的进出口关税。征收关税获得的收入一度时期成为英国殖民政府的主要收入。

最后，英国殖民政府还同步改革了税收制度。英国驻扎官构建了更加有效的征税制度，保证税收工作的顺利进行。因为在驻扎官制度下，所有的工作都以苏丹的名义进行，苏丹的权威和声望仍然被承认，其仍然被认为是文莱的首脑，因此驻扎官的工作开展得比较顺利。而事实上，文莱所有的实权都属于驻扎官。

此外，1909年，英国殖民政府还颁布了一项土地制度。规定：凡是无主的土地收归国有，苏丹和大臣们领取年金作为丧失土地所有权的的补偿。只有驻扎官有权处理土地。随后，殖民政府开始招商引资，批准一些欧洲公司到文莱开发土地，兴办橡胶、鸦片种植园；少部分土地也被划拨给非马来人少数民族耕种。

上述措施取得了显著的成效。首先，英国殖民政府的财政收入明显增加。1906年，殖民政府从鸦片种植园、烟草进口关税获益1万多美元；1907年，殖民政府以每年16 800美元的价格把鸦片农场、烟草进口等承包了出去。此后，为了限制鸦片的使用，鸦片的价格大幅提升。但其限制鸦片使用的政策无济于事，只增加了政府的财政收入。1924年，政府从鸦片买卖中获得的税收收入达到6万美元，占当年财政收入的20%。殖民政府收入的增加使文莱在1910年出现了财政结余的情况；此外，殖民政府对苏丹的赔偿金也大幅增加，从1906年的28 173美元涨到1913年的165 082美元[①]，增长了近6倍。其次，相对固定的土地制度使一些原来实行流动耕作的少数民族开始定居下来，耕种专门划拨给他们的土地。在殖民地制度建立之前，水稻种植在文莱非常稀少。1909年颁布的土地法案使文莱大规模的水稻种植成为可能，一战期间的高米价坚定了殖民政府推广水稻种植的决心。

随着石油资源的开发，石油业也成为了英国殖民政府的支柱产业。1906年前，文莱就发现了石油。1907年，殖民政府开始着手石油开采，但限于资金短缺，不得不寻求与其他公司合作。在1907年至1922年期间，有好几家石油公司在文莱从事石油勘探，但这些公司的资本和技术均不足。1911年殖民当局把白拉奕地区的石油勘探权租给了仅存的荷兰皇家壳牌石油公司下属的英属马来亚石油公司。1914年，该公司在白拉奕的拉比开采出石油，到1924年为止，该地区一口油井开采出的原油就达238吨。1923年，英国婆罗洲石油公司又把在诗里亚的石油勘探权租给了荷兰皇家壳牌石油公司下属的英属马来亚石油公司。1929年4月，诗里亚也发现了储量可观的石油。尽管1932年以前，文莱没有对外出口过石油，但到1935年，它已经成为英联邦国家中第三大产油国，特别是其精炼油质量

① 本段数据来源于Graham Saunders, *A History of Brunei*, Routledge Curzon，2002, p.111.

最好，专供航空用油。可观的产量使石油成为文莱经济中的主导产业。石油业的收入让文莱有效抵御了20世纪30年代经济危机的冲击。1933年，殖民政府从石油生产中征收的税款占当年财政收入的25%，1935年增加到47%。殖民政府还于1936年偿还清了向马来联邦所借的巨额债务。

尽管石油业为殖民政府带来了巨大的收益，但政府在石油开采问题上还是比较克制的，因为政府担忧油气储量的大小、其可持续开采的时间不明确，决定量入为出，来自于石油业的税款要为石油开采完之日做出预留。所以石油业的收入大部分还是用作了再投资。尽管如此，文莱的其他产业仍然在石油产业的推动下获得了巨大发展，尤其是公共基础设施的建设得到了加强。1939年，文莱的公路里程达到了160多千米，大部分是由石油公司修建和维护的。1921年，文莱都城有了无线电话；1926年，政府修建的第一个大坝开始为文莱都城供水。1935年，文莱都城有了电力供应，这些公共事业的投入都来源于石油业的收益。

三、教育和卫生情况

英国统治期间，文莱开始出现了学校教育，学校的数量也不断增长。文莱最初的学校是一个马来人办的私人学校，专门教授马来语。在得到政府支持后，文莱的马来语学校数量不断增长。1928年，文莱还只有4所马来语学校，但到了1941年，这样的学校就达到了24所，有1 746个学生和68个教师。除了马来语学校外，文莱华人社区也出现了学校。当时的教育事务由驻扎官的助手负责。1929年，殖民政府在文莱建立了义务教育制度，为家庭住址离政府新办学校3.2千米以内年满7岁的马来人男童提供免费教育。

在卫生方面，1929年，殖民政府正式设立的卫生部负责管理卫生事务。同年，文莱苏丹在文莱开办了一所具有30个病床位的医院。

第四节　日本统治下的文莱和英国重返文莱

一、日本打断了英国在文莱的殖民统治

英国被卷入“二战”后，文莱的重要性更加凸显，因为石油是战争的战略物资。但尽管在1906年的驻扎官条约中明文规定，文莱的防务由英国负责。但英国把防务中心放在了新加坡和马来西亚。同时，英国还认为不能把油田留给日本，所以太平洋战争爆发后，英国就毁坏了文莱的油田和采油设备。

1941年12月16日，大约1万人的日本军队开始进入白拉奕地区，在没有遇到任何抵抗的情况下花了6天时间迅速占领了文莱。英国驻扎官和其他欧洲人被关近了集中营。文莱苏丹和大臣们则选择与日本人合作，在日本行政当局中任职。苏丹的王位得以保留，日本赠与了他一定的津贴和荣誉。原英国殖民政府中的马来人官员的职位得以继续保留，且他们的薪水没有被削减，因为他们的效率很高。

与新加坡和马来亚相比，日本在文莱的早期统治相对和善。华人也没有公开地对抗日本人，而是像很多马来人一样搬迁到偏远的地方躲避日本人。随着战争局势的发展，在世界反法西斯战争大背景下，文莱的反日情绪和反日斗争使日本在文莱的统治变得苛刻。日本人在文莱建立了日本军事警察，这支军事力量担负着维护日本在文莱的统治任务。他们的残酷使文莱人到20世纪70年代还心有余悸，当时很多马来人被认为是英国的代理人而被处决。

日本的占领对文莱的经济和人民生活带来了巨大的灾难。一方面，日本人想把文莱作为日军战略物资供应地，因此大肆滥采能源资源。尤其是文莱的石油资源遭到了破坏性的开发。如日本军队在诗里亚新开了16口油井，这些油田战后的产量只有战前的1%左右，从1940年的626.7万桶减少到1945年的7.4万桶。另一方面，日本人的统治使文莱人的生活变得越发艰难。各行各业遭到巨大破坏：交通瘫痪、粮食匮乏、医药短缺、贸易萧条，很多人不得不回到原始状态，用树皮做衣服。

二、英国重返文莱

1945年，英国空军开始不间断地对文莱进行空袭，致使文莱遭受了更严重的破坏。1945年6月10日，由澳大利亚人组成的英军开始从纳闽岛和穆阿拉登陆，打击驻扎在纳闽的日军，驻扎在文莱都城的日军也被抓捕。退守到内地的日军被盟军军官组织的本地武装组织和英军打败，大约2 530人被打死或被俘虏。打败了日军后，英国在文莱设立了英国军事管理局，负责对流离失所的人提供救济，并对文莱进行军事管制。1946年6月，英国文职政府正式成立。在庆祝从日本统治之下解放一周年时，文莱苏丹向英国国王表示，将效忠于英国。同年9月6日，在驻扎官制度完全恢复之时，文莱苏丹再次承诺，他和他的国民将与新的驻扎官合作，效忠于英国。至此，英国又完全恢复了对文莱的控制。除了把文莱恢复为“保护国”外，英国还把沙捞越和沙巴变为了自己的直属殖民地。驻扎官制度恢复后，英国殖民者着手文莱城市的重建，1947年开始重建文莱都城，1949年开始新建白拉奕，1950年开始新建诗里亚。由于建筑材料、劳工、工匠、专业人员短缺，重建工作的难度极大，重建工作的时间不断被推迟。

随后，英国筹划把沙捞越、沙巴和文莱融为一体，建立一个婆罗洲联邦，巩固自己的殖民统治。1948年英国就开始为此目的铺路，设立了“联合王国驻东南亚钦差大臣”一职，取代了海峡殖民地总督一职。原来兼任驻文莱高级专员的英属婆罗洲高级专员也由英国驻沙捞越总督兼任。1953年4月23日，英国驻东南亚钦差大臣马尔科姆·麦克唐纳在沙捞越召集文莱苏丹、沙捞越和沙巴总督开会，表示要加强三地之间的相互协调，要求三地组成一个常设委员会，经常开会解决协调问题。

第五节 争取独立

“二战”结束后，世界范围内再次掀起了非殖民化的高潮，在邻国的示范效应下，文莱人民也要求脱离英国的殖民统治，恢复文莱的国家独立和主权完整。以苏丹为首的文莱王室也意识到，应该从英国人手中收回苏丹的权力，赢回尊严。因此，从1950年开始，文莱就开始为国家独立而努力，1959年终于获得了自治，但直到1984年才完全获得独立，成为一个真正意义上的主权国家。

一、争取自治

1950年，奥马尔·阿里·赛里夫汀三世继承王位，成为文莱第28世苏丹，他致力于实现文莱的自治。对于英国提出的建立婆罗洲联邦计划，苏丹明确表示反对。因为他认为加入婆罗洲联邦仍然会让文莱受制于人。尽管他从1953年至1961年不时地参加麦克唐那召集的联合文莱、沙捞越和北婆罗洲的会议，加强了三者之间的协调。但从一开始奥马尔·阿里·赛里夫汀就明确声明，会议并非是联邦成立的步骤，参加会议并不代表文莱要加入婆罗洲联邦。[①]

① Graham Saunders, *A History of Brunei*, Routledge Curzon, 2002, p.134.

为了推动文莱从英国殖民统治之下独立出来，苏丹奥马尔·阿里·赛里夫汀三世主张文莱实行内部自治和一定程度上的议会民主。1953年，奥马尔·阿里·赛里夫汀宣布要在文莱进行宪政改革，制定第一部文莱宪法。他随即建立了一个由7名文莱人组成的咨询委员会负责调查国内的民意，研究国外的宪法体制，以便为文莱宪法的起草提供依据和经验启示。同年，苏丹在各个区设立了区议事会，其成员由苏丹任命。各个区的议事会可以派员参加国务会议，反映当地的民意。1956年，文莱国务会议通过并出台了一项地方议会法令，区议事会被新成立的议会所取代。1958年，奥马尔·阿里·赛里夫汀苏丹在发表演讲时称“文莱不是英国的殖民地，文莱将从英国的殖民统治下独立出来，苏丹将为人民的福利和国家的富强负责”①。

除了苏丹和王室寻求文莱自治外，文莱的草根民族主义者也在为文莱的独立而努力。在20世纪50年代世界范围内民族独立运动风起云涌、国内政治经济文化变革的形势下，文莱人民党也于1956年宣告成立。文莱人民党的目标是“反对一切形式的殖民主义，捍卫苏丹及其继承者的王位，为马来祖国的自由而战，为在整个马来群岛建立一个马来国家而奋斗”②。除了要求英国给予文莱自治权外，人民党还要求英国把沙捞越和沙巴归还文莱。由于人民党表示要捍卫苏丹及其继任者的王位，因此人民党获得了很大的支持，发展迅猛。1957年，人民党党员人数达到了1.6万人，占了当时文莱成年男性人口的75%③，该党还在沙捞越和沙巴建立了分部。

由于人民党主张文莱要脱离英国的殖民统治获得自治且捍卫苏

① Borneo Bulletin，18 January 1958，转引自Graham Saunders，A History of Brunei，Routledge Curzon，2002，p.135.

② 刘新生、潘正秀：《列国志·文莱》，社会科学文献出版社，2005年版，第84页。

③ Graham Saunders，*A History of Brunei*，Routledge Curzon，2002，p.134.

丹的王位，因此也得到了苏丹一定程度的支持。然而，在文莱自治的方式和是否加入婆罗洲联邦问题上，文莱苏丹和人民党的主张大相径庭。在实现自治的方式上，苏丹主张通过渐进方式收回主权，只要恢复他个人的统治权即可，他拒绝仓促地从被保护国走向完全独立和在文莱内部推行政治多元主义。而人民党则主张采取激进的办法，让人民党获得直接参与治理国家的机会；人民党还要求成立国务会议，其中3/4的席位要通过选举获得。1957年6月，人民党还请求一位英国法律专家起草了文莱人民党对独立要求的备忘录，还派出代表到伦敦向英国政府陈述自己的主张。1957年马来亚的独立刺激和鼓舞了文莱人民党，它更加主张文莱脱离英国实现彻底独立。在加入婆罗洲联邦问题上，人民党和苏丹的意见截然相反。1957年7月，英国驻沙捞越和沙巴总督正式提出组建婆罗洲联邦的建议。苏丹拒绝加入婆罗洲联邦，而人民党则对加入婆罗洲联邦持支持态度。1958年2月，婆罗洲联邦问题再次被提出来，沙捞越和沙巴的统治者表示联邦成立问题已经取得了进展，沙捞越和沙巴总督设计了更加详尽的方案，主要内容为：沙捞越、沙巴、文莱三地组成一个松散的联邦，同时各自保留一定的独立性，继续自由支配自己的财政收入和开支；联邦中央政府控制3地的防务、对外关系、通信及内部治安；中央政府的首脑为大都督，由英国人担任。[①]但奥马尔·阿里·赛里夫汀苏丹明确拒绝加入联邦，他认为文莱苏丹在拟议的联邦中没有享受最高统治者的地位，文莱的财富会被用来补贴较为贫穷的沙捞越和沙巴。而且苏丹认为文莱的地位比沙捞越和沙巴高，因为自己不像后两者一样已经完全沦为英国的殖民地。而人民党则支持加入婆罗洲联邦，它把加入联邦作为走向独立的第一步。但加入联邦只是一种手段，实现全部独立才是最终目的。

① Graham Saunders, *A History of Brunei*, Routledge Curzon，2002, p.135.

1959年3月，文莱苏丹率代表团前往伦敦与英国政府就文莱宪法的制定、文莱的自治问题进行谈判。在谈判内容上，人民党和苏丹的意见也不一致。人民党要求在宪法草案中规定设立立法议会，议员要经过选举等。尽管苏丹对人民党的主张有一定的妥协，但苏丹最终还是没有完全同意人民党的主张，也没有让人民党的代表参加谈判，致使人民党和苏丹之间出现了矛盾。奥马尔·阿里·赛里夫汀苏丹提出的宪法草案主要内容为：文莱国内的一切权力都属于苏丹，苏丹是最高统治者；文莱继续在英国的保护之下，但英国驻文莱驻扎官只能充当苏丹政府的顾问，没有实权；自治后的文莱设立枢密院、行政委员会和立法院；地方议会由直接选举产生，全国立法院则由被任命的地方议员、官员及当然成员组成；明确规定了苏丹王位继承的方式和摄政王的权力；继续设立首席一职[①]。对于苏丹提出的宪法草案，英国政府几乎毫无保留地表示了同意。不久，文莱和英国签署了一项取代1906年条约的新条约。根据条约，文莱脱离英国获得了自治，除了外交、国防和内部治安管辖仍然由英国承担外，文莱获得了相对的自治权。英国废除了驻扎官制度，任命一名高级专员为文莱苏丹政府充当顾问。同时，英国驻沙捞越总督在行政上不再担任文莱的高级专员。

二、加入马来西亚联邦的失败

1961年5月27日，马来亚总理拉赫曼提出建立一个包括新加坡、文莱、沙捞越和沙巴的马来亚联邦的建议。其建议得到了文莱苏丹的欢迎，因为他认为马来亚是一个独立的国家，加入马来西亚联邦后可以提高文莱的国际地位。但此主张遭到了文莱人民党的反对。随着双方矛盾激化，人民党发动了政变。政变被镇压下去后，

① 俞亚克、黄敏:《当代文莱》，四川人民出版社，1994年版，第50页。

文莱苏丹感到只有加入马来西亚联邦，自己国内的稳定才能得到保障。1963年1月1日，文莱即派出官员到吉隆坡与马来亚政府就文莱加入马来西亚联邦的条件进行预备性谈判。苏丹提出了文莱加入马来西亚联邦的两个原则：马来西亚联邦应该在现有国家马来亚、文莱和英属殖民地沙捞越、沙巴和新加坡资源联合的基础上通过谈判建立；文莱及其民族的特殊利益必须按照1962年马来西亚向文莱苏丹做出的保证，予以承认和保护。初步谈判使文莱和马来亚都感到比较满意，双方于2月和6月分别又举行了两轮正式谈判。在第一轮谈判中，双方讨论了三个问题：财政和税收问题、文莱苏丹在马来西亚联邦统治者会议中的地位问题、文莱代表在联邦议院中的席位分配问题。马来亚接受了文莱提出的要求，同意文莱加入联邦后可以保留其投资和石油收入；允诺在未来的联邦宪法中阐明文莱苏丹的特殊地位。然而，双方在相关问题上的措辞模糊笼统，导致双方在第二轮谈判中不能达成协议。在石油收入问题上，尽管马来亚在1963年谈判中同意保留文莱的石油收入，但没有明确说明保留多长时间。在第二轮谈判中，文莱要求永久保留其石油收入，而马来亚只保留10年，10年后由联邦政府控制文莱的石油收入；关于文莱苏丹在马来西亚联邦中的地位问题，马来亚把文莱苏丹在联邦议会中的名次排在最后，因为文莱加入马来西亚联邦的时间最晚。而文莱要求按照苏丹即位的时间排名。由于双方在上述问题的具体细节上无法达成一致，文莱和马来亚的谈判陷入了僵局。文莱苏丹表示，如果没有更好的条件，文莱将无限期延长加入马来西亚联邦的时间。

马来西亚联邦协定签字的日期原定于1963年7月8日，马来亚政府于6月19日给文莱提出了加入马来西亚联邦的最终条件，要求文莱最迟于6月21日作出最终决定。文莱最终拒绝出席签字仪式，没有加入马来西亚联邦，保留作为一个主权国家的地位。而原属于文莱的沙捞越和沙巴最终加入了马来西亚联邦，与文莱彻底分离，文莱作为一个主权国家的领土范围也最终确定了下来。

三、文莱人民党的起义

文莱苏丹和文莱人民党在文莱独立方式、文莱加入婆罗洲联邦、马来西亚联邦问题上存在分歧。由于双方的分歧没能通过协商解决，人民党最终发动了反对苏丹的武装起义。

1961年马来亚总理拉赫曼提出建立马来西亚联邦的建议后，文莱国内发生了民众袭击马来亚驻文莱官员的事件，因为大量的马来亚人移居到文莱导致文莱人失去工作和晋升的机会，引发了文莱人的不满。人民党利用此事件扩大了自己的影响，其党员人数在1个月内就从1.9万人增长到了2.6万人。

随着力量的壮大，人民党要求苏丹政府举行议会选举。人民党想凭借其在议会中必然获得的多数议席获得参政权，继而阻止文莱加入马来西亚联邦。对于人民党的要求，文莱苏丹政府予以拒绝，一方面推迟原定的议会选举时间，另一方面鼓动成立了文莱国民党和文莱统一党与人民党抗衡。此外，文莱苏丹政府还不顾人民党反对，派员参加由新加坡、沙捞越和沙巴组成的协商会议，并在批准成立马来西亚联邦的文件上签字，紧接着又和英国和马来西亚政府就文莱加入马来西亚联邦事宜进行谈判。

正当人民党和苏丹政府处于尖锐对立的情况下，文莱于1962年8月举行了首次地方选举。人民党在选举中获得了压倒性胜利，获得地方55个议席中的54席，控制了文莱四个区的议会，人民党还完全控制了由区议会选举出的全国立法院议员。在政治上获得了影响力之后，人民党要求修改宪法，改组政府；组建婆罗洲联邦，对抗马来西亚联邦计划。1962年9月，文莱人民党与沙捞越、沙巴两个政党一道组建了“反马来西亚联盟”，并准备把北婆罗洲问题提交联合国大会讨论。

人民党的壮大并没能改变文莱苏丹的立场，他继续坚持加入马来西亚联邦。1962年9月，苏丹派人与马来西亚举行最后一轮的预备性谈判。10月和11月，苏丹再度推迟了立法院会议召开的时间，以便阻止人民党提出的反对文莱加入马来西亚联邦议案的通过。12月，文莱苏丹再次拒绝把人民党提交立法院的议案纳入讨论议程。人民党和文莱苏丹互不让步，人民党宣称既然不能通过合法手段达到自身的政治要求，只能通过武力政变实现目的。

1962年12月8日，文莱人民党爆发了反对苏丹的起义。起义军公开宣布要为推翻英国的殖民统治和成立一个包括文莱、沙捞越和英属北婆罗洲的北加里曼丹岛的独立国而斗争，政变很快蔓延到沙捞越和沙巴地区。发动起义的主力军——北婆罗洲国民军达到了两万多人，他们曾一度控制了首都文莱的大部分地区，并且占领了诗里亚镇和附近英国石油公司的油田、瓜拉勿拉耶镇等地区。人民党占领了这些地区后，释放了囚犯，逮捕了英国驻文莱的高级专员和苏丹政府的很多官员，人民党领导人阿扎哈里宣布自己为“北婆罗洲联邦政府总理”。在12月8日举行的记者招待会上，他说文莱人民发动武装起义是因为英国政府拒绝给予北加里曼丹人民以自决权，并且企图把他们纳入拟议中的马来西亚联邦里。12月10日，他又在马尼拉发表一项声明说：“英国能够投进它的全部武装力量来镇压起义，但是战斗将继续下去。直到最后一个英国殖民者被逐出以及自由、独立、单一的北加里曼丹国牢固地建立起来以前，我们不会放下我们的武器。”[①]。

起义发生后，文莱苏丹宣布全国进入紧急状态，并对起义予以

① 《文莱爆发反英武装起义 起义军要求建立北加里曼丹单一的独立国 英国当局仓皇从新加坡调派军队前往镇压》,《人民日报》，1962年12月13日。

谴责。对于起义，英国殖民政府给予了疯狂镇压。到12月13日，英国派到文莱镇压起义的海陆空三军达到了2000多人。包括一个善于山地战的苏格兰步兵营、一营廓尔喀部队、第四机动陆战队、几个“冈特—霍克”式喷气机空军中队以及数艘海军舰艇。在文莱内部，英国殖民当局把文莱人民党宣布为“非法”，并且搜捕这个党的议员。在沙捞越，英国殖民当局逮捕了沙捞越人民联合党的两名中央委员以及其他反殖民主义人士。12月14日，英国又用航空母舰从新加坡运载700名海军陆战队突击队去镇压文莱起义军。

人民党本来希望得到沙捞越和沙巴政党的支持，但他们不愿意诉诸武力实现政治目的，而且阿扎哈里自封为北婆罗洲联邦总理的做法使他们不满和不安。因此在政变发生后，沙捞越和沙巴一改反对加入马来西亚联邦的态度，表示愿意加入马来西亚联邦，放弃与文莱组建北婆罗洲联邦。然而，人民党的起义却得到了印度尼西亚的支持和马来亚、新加坡反对党的声援。12月10日，苏加诺总统说，目前在文莱发生的起义最终将会取得胜利，因为这同新兴力量有关。新兴力量将获得胜利，这个世界将成为一个新的世界。印度尼西亚党的阿斯马拉·哈迪、白尔蒂伊斯兰党、印度尼西亚贫农协会和印度尼西亚学生运动12月9日分别发表了声明，都表示支持文莱反对殖民主义统治和争取独立的斗争。马来亚人民社会主义阵线总书记打朱丁·加哈12月10日发表书面声明说，在文莱发生的武装起义“是对英殖民主义的反叛”，声明要求英国“停止对文莱爱国人民的军事行动，并给他们独立”。新加坡社会主义阵线也于12月9日发表声明说，文莱的武装起义“值得所有真正反殖民主义者的支持”。新加坡人民党总书记华哈沙也说，作为一个坚决反对殖民主义的政党，我们同情北加里曼丹爱好自由的人民的愿望。我们严厉谴责使用本地军事基地来镇压自由运动和反殖民主义者。①

在英国的疯狂镇压下，由于敌我实力悬殊大，人民党很快溃退到乡村地区。尽管人民党主席阿扎哈里说，“没有任何力量能够镇压北婆罗洲的革命。这个长期受压迫的人民所进行的解放运动将继续下去，直到取得胜利为止。”但人民党的起义最终还是被镇压了下去，人民党的起义宣告彻底失败。起义被镇压后，苏丹立即取缔了人民党，立法议会和行政委员会都被解散，宪法停止生效。

四、走向完全独立

成立北婆罗洲联邦和加入马来西亚联邦失败后，文莱开始了建立独立自主的主权国家的历程。

随着人民党起义失败被取缔，苏丹巩固了自己的统治地位。尽管国内还存在文莱统一党和文莱国民党等小党派，但他们势力弱小，影响不能和昔日的人民党同日而语。苏丹能够对他们实施严密的控制。1963年1月22日，文莱统一党、文莱国民党联合了其他两个小党，组建了文莱联合党。

1963年4月，文莱苏丹发表演说，他表示为了提高行政效率，文莱将着手进行宪法改革。接着，他到英国和英国政府讨论文莱的宪法修改问题。不久后，文莱立法院的议员马塔尔沙德·马尔萨勒提出了文莱立即独立的要求。他认为：文莱有自己的法律，有自己的安全部队可以捍卫国土的安全；而留学国外的学生可以为未来的文莱提供行政人才，文莱独立的条件已经完全具备。

1965年，文莱苏丹政府在英国的干涉下举行了首次立法院选举，组建了内阁制的大臣会议，取代了内战时期的行政委员会。由

① 《印度尼西亚支持文莱独立斗争 马来亚新加坡公众要求英国停止军事行动》，《人民日报》，1962年12月13日。

于苏丹保留了对立法院和大臣会议成员的任命权，文莱的权力结构并没有实质性的变化。文莱联合党为了扩大影响，于1966年8月组建了所有政党参加的文莱人民独立党。人民独立党承袭了人民党的“遗志”——寻求文莱彻底独立。在策略上，人民联合党不断对英国进行谴责，要求英国彻底给予文莱独立。英国政府表示，愿意把决定权交给文莱。

在全球非殖民化潮流下，英国也开始讨论给予文莱独立的问题。英国首相威尔逊宣称英国同意在适当的时候把管理国家各个领域的全部职责移交给文莱。1966年，威尔逊宣布，女王陛下政府的政策是要使文莱承担各个方面的自治义务。英国和文莱有必要在适当的时候对两国在1959年签署的“保护地”协议进行修订。1967年，英国工党政府宣布将在1971年前从苏伊士运河以东撤军。文莱对此表示担忧，一方面担心自己的国内安全稳定和地区和平没有保障，另一方面担忧国内的自治体制还未健全不能独立运行。

1967年10月5日，文莱年仅22岁的哈桑纳尔·博尔基亚继承王位。1968年8月1日，文莱为哈桑纳尔·博尔基亚举行了加冕典礼，成为文莱第29世苏丹，他誓言将承袭父亲第28世苏丹的内外政策。在其父亲的陪同下，29世苏丹于1968年11月到伦敦与英国对两国1959年的协议进行了审议；还对文莱的防务问题进行了磋商。12月，哈桑纳尔·博尔基亚再次赴伦敦与英国政府谈判，双方达成协议，解决了廓尔喀部队继续驻扎文莱的问题。

经过谈判，1971年11月23日，文莱苏丹哈桑纳尔·博尔基亚与英国外交及联邦事务官安东尼·亨利·范肖·罗伊尔代表两国政府在斯里巴加湾签署了《文莱国苏丹和元首殿下与大不列颠及北爱尔兰联合王国女王陛下关于修订1959年协议的友好合作协议》。协议规定，文莱的对外事务继续由英国负责，文莱的国防和安全则由双方共同负责。除此之外，文莱的其他事务则由文莱自己负责。协议对1959年协议进行了修改，规定[①]:（1）将1959年协议中女王陛下派驻文莱代表的名称从“女王陛下高级专员”改为“英国高级专员”。（2）女王陛下继续享有文莱制定有关对外事务的法律的司法权。女王陛下同意将根据该条款通知苏丹已采取的或将采取的有关行动。（3）为满足文莱国防的基本需要，苏丹将建立、装备和维护维持国内公共治安所需的足够的部队，并使该军队成为文莱对外防务的第一道防线；文莱方面应该向女王陛下驻扎在文莱的军队或在苏丹同意下到文莱进行训练或演习的军队提供必要的地位和司法权规定；女王陛下应该在英国财力允许的情况下为苏丹军队的人事、管理、训练、组织和维持，以及苏丹警察部队的建设提供协助和专家咨询；以维护文莱国防为目的的女王陛下军队或获得女王陛下授权的人可以自由进出文莱；建立“文莱防务理事会”机构，对双方的行动进行协调和沟通。（4）苏丹的公共保卫部队负责维护文莱国内的公共秩序，但假如文莱面临外来攻击或威胁，双方协商决定分别或联合采取何种措施。假如不能区分内部还是外部威胁时，两国政府应该协商判定它是否受到外国的控制或者支持。

1971年协议的签署使文莱认识到自己的国防和安全不能永远依靠英国的保护，自己的独立迟早势在必行。因此，文莱加紧了自己军队的建设。1975年，文莱和英国就廓尔喀部队和文莱的独立问题进行数次谈判。直到1979年1月7日，两国才签署了《文莱英国友好合作条约》，双方约定该条约1983年12月31日起生效。该条约主要内容为[②]:（1）文莱同意从1984年1月1日起恢复行使作为一个主权、独立国家的全部国际义务。（2）决心使两国长期、传统的密切

① 刘新生、潘正秀:《列国志·文莱》，社会科学文献出版社，2005年版，第60页。
② 刘新生、潘正秀:《列国志·文莱》，社会科学文献出版社，2005年版，第61页。

友谊和合作关系继续保持下去。两国关系应该以密切友好的精神为指导，在认识到它们在本地区的和平与稳定的共同利益基础上，共同协商讨论涉及双方共同利益的问题，并以和平方式解决相互之间的分歧。(3)女王陛下政府将不再承担文莱政府在外交方面的责任。但英国政府对于文莱政府在执行对外关系时所需获得的外交和领事方面的特定请求将给予同情的考虑，包括：在文莱政府与和其没有直接外交关系的国家，或文莱政府与国际组织之间起联系渠道的作用；推动或协助文莱进入它所希望进入的国际组织；在文莱没有设代表的国家通过外交和领事机构向文莱公民提供保护；帮助文莱建立外交机构和训练外交人员；向文莱设计和颁发新护照提供咨询。(4)鼓励双方进行学术、科学、文化方面的合作，增进双方在文化和语言方面的相互了解；增进双方专业团体和文化机构之间的联系；鼓励双方学术、科学和文化交流。(5)双方保持现有的商业和贸易领域的密切联系。(6)英国政府在文莱政府的请求下，应该继续尽力帮助文莱公共部门的人事招聘和人员训练。根据1979年《文莱英国友好合作条约》，英国对文莱外交、安全和防务的保护一直持续到1983年12月31日。

1983年5月，文莱官方宣布，英国将于1984年1月1日彻底放手文莱的国防和外交权力，文莱即时将完全获得独立。1984年1月1日，文莱苏丹国国家元首穆达·哈桑纳尔·博尔基亚·穆伊扎丁·瓦达乌拉在首都斯里巴加湾市举行的仪式上向全国宣读了独立宣言。宣言的全文为[①]：

赞扬宇宙之主阿拉，愿他的慈祥及和平普及我们的领袖。我们的文莱从来不是殖民地，但在1847年的一项特别协议下，英国与文

① 马金案、黄斗：《文莱国情与中国—文莱关系》，世界知识出版社，2008年版，第50页。

莱1888年同意由英国政府负责文莱的外交事务。

我们的上任苏丹，就是第二十八世苏丹奥马尔·阿里·赛里夫汀在1959年宣布了宪法，使国家更具有秩序及成为最高法律，以至今天。

通过我们与英国女王在1979年签署友好及合作条约以及我们与英国女王之间相互交换备忘录，两国同意在所有英、文两国以前的协定安排下，英国对文莱的所有权力、义务及责任，是不符合一个主权及独立国家的完整的国际责任的。这种情况已在1983年12月31日结束。在这种情况下，所有我们的特权，包括外交方面的责任，已经在1984年重回到文莱苏丹手中。

所以，如今在慈爱阿拉的灵下，我文莱苏丹哈桑纳尔·博尔基亚，在此以我的名义，代表我、我的继承者与文莱人民宣告，从今天公元1984年1月1日，也就是我登基的第17年起，文莱在阿拉庇佑下，在伊斯兰教下，在平等、信任以及自由的原则下，永远是一个主权、民主及独立的马来伊斯兰君主宪国。永远追求阿拉的祝福与指示，维护人民的欢乐、福利、安全与和平。

在相互尊重彼此的独立、主权、平等以及所有国家的领土完整，不受外来干预的原则下，与其他国家保持友好关系。

愿受赞扬与圣明，受喜悦的阿拉，愿先知穆罕默德。祝福文莱以致永远！

独立宣言对文莱的历史进行了总结，尤其是对文莱与英国的关系进行了定位：文莱不承认自己曾经是英国的殖民地，而认为自己是一个一向拥有主权的国家，因此在独立庆典上并没有举行文莱国旗和英国国旗的升降仪式。

国家的完全独立使文莱人民欢呼雀跃。1984年1月1日午夜，成千上万的文莱人冒雨聚集在清真寺前欢呼自己祖国的新生，隆重庆祝国家独立。

1984年2月23日，文莱在斯里巴加湾市新建成的哈桑纳尔·博尔基亚体育广场举行了独立庆典。文莱苏丹、政府高级官员和各界群众代表以及来自全世界71个国家的元首、政府首脑或特使的外国来宾4 500人，共3万余人参加了庆典。文莱政府还把2月23日定为文莱的国庆节。至此，文莱彻底独立，英国在文莱长达96年的殖民统治宣告彻底结束，文莱开启了新的历史征程。

第四章　政治概况

第一节　国徽、国旗、国歌、国花

一、国徽

文莱的国徽由王室标志发展而来，呈红色，中心图案是一轮上弯的新月，标明文莱是一个伊斯兰国家。从新月中心向上绘有一根棕榈树茎，树茎上端伸展的双翼，是国家公正、繁荣与和平的象征。双翼之上为一顶华盖和一面三角形旗帜，象征文莱信奉伊斯兰教和苏丹的权力至高无上。在新月中央用马来文写着“永远在真主指导下，万事如意”。中心图案两侧有两只手臂，表示人民向真主祈求和人民对苏丹和政府的拥护。国徽底部的饰带上写着“和平之城——文莱”。

图4-1　文莱国徽

二、国旗

文莱国旗呈横长方形，长与宽之比为2∶1，由黄、白、黑、红四色组成。黄色的旗底上横斜着黑、白宽条，中央绘有红色的国徽。1906年，根据文莱和英国签署的协议，英国向文莱派驻了专员。在专员的建议下，文莱制作了第一面国旗——呈长方形的黄色旗帜，旗帜上的黄色代表苏丹至高无上。后来为了纪念两位有功的亲王，苏丹决定在国旗上加黑、白两条斜条。1959年文莱实现自治时制定了第一部宪法，宪法规定把

图4-2　文莱国旗

文莱的国徽图案绘制在国旗中央。1984年1月1日，文莱宣布完全独立，国旗一直沿用至今。

三、国歌和国花

文莱的国歌为《真主保佑文莱》，也称《真主保佑苏丹》，创作于1947年，1951年被定为国歌。其歌词大意为：真主保佑陛下，万寿无疆，公正英明地统治国家，带领我们永远幸福，君主国和苏丹生活安宁，真主啊！保佑文莱，达鲁萨兰（和平之地）。

文莱的国花为康定杜鹃。

第二节　政治制度

1984年1月1日，哈桑纳尔·博尔基亚在宣布文莱脱离英国获得完全独立时就把“马来伊斯兰君主制”作为文莱的立国哲学，宣布文莱“永远是一个主权、民主及独立的马来伊斯兰君主宪国”。马来伊斯兰君主制就成为了文莱的基本政治制度，文莱也成为世界上为数极少的保持君主专制政体的国家之一，也是东南亚地区唯一的一个君主制国家。

一、文莱政治制度的确立

15世纪，文莱国王贝塔塔尔与柔佛苏丹王国的公主成亲后改宗伊斯兰教，国王也改称苏丹。在文莱发展过程中，马来人也逐渐在文莱人口中占据多数，到15世纪，马来人已经成为主体民族。伊斯兰教传入文莱后，为了巩固统治，文莱统治者把伊斯兰教作为统治工具加以利用。随着伊斯兰教在文莱上层的传播，伊斯兰教成为了文莱君主制的意识形态来源，在文莱的政治生活中占据重要地位。可以说早在15世纪文莱已经是一个以马来人为主体的伊斯兰君主国家，诚如第29世苏丹哈桑纳尔·博尔基亚在1992年所说的“马来伊斯兰君主制并不是什么新产品，而是从15世纪起就一直存在着”①。

英国在对外殖民过程中有意识地将自己的君主立宪制移植到殖民地。但对于文莱来说，英国在其政治上的影响一直没有超过文莱传统政治文化的传承。在沦为英国的保护国和殖民地后，文莱仍然保持着马来伊斯兰教君主制的政治制度。尽管文莱苏丹在行政事务上要咨询并听从英国驻扎官的意见，但其在宗教事务上仍然占据着绝对的领导权。在人口方面，尽管华人、西方人不断到来，但马来人占主体的格局在文莱一直没有改变。

在文莱争取民族独立过程中，英国希望文莱从君主专制向建立民选政府的方向转变，建立“更现代化的君主政体”②。独立之初，英国曾试图说服文莱采取西方的议会民主制度，发展多党制。然而，1962年文莱人民党的起义给文莱苏丹造成了深刻的“历史记忆”，因此在很长一段时间里他都限制文莱政党的发展，不同意英国的建议发展多党制度和西方议会民主制度，继而保留了马来伊斯兰君主制度。

二、文莱马来伊斯兰君主制的特点

文莱马来伊斯兰君主制是世界上独一无二的政治制度，是文莱的立国之本和治国基础，其具有以下含义：文莱是一个紧密团结在伊斯兰教与苏丹周围，并以苏丹作为国家元首的马来人占多数的国

① 《联合早报》，1992年1月29日。转引自黄云静：《文莱立国哲学（MIB）》，《东南亚研究》，1995年第6期，第18页。

② 李光耀：《李光耀回忆录》，外文出版社，2001年版，第314-315页。

家。马来、伊斯兰与君主是文莱政治制度的三根支柱，三者含义不同，但相互补充。具体来讲，三者的含义分别如下：马来，确保马来民族权利的有效性和特殊性是文莱王室、家庭、社会、民族和国家生活的支柱；伊斯兰，根据伊斯兰教教义规定，作为文莱国教的伊斯兰教是确保文莱独特、完美的社会生活方式的基本准则；君主，文莱实行君主制，苏丹是文莱的最高统治者，是文莱人的领导者和保护者，拥有统治国家的最高权力。[①]

三、文莱对马来伊斯兰君主制的维护

为了维护国家根本政治制度，文莱苏丹通过一系列措施在国内推行马来化，极力宣扬伊斯兰教，维护自己君主的绝对权威。

（一）推行马来化

为了维护马来人在人口结构上占多数，在经济实力、政治权利等各个方面占据优势，文莱积极推行“马来人优先”的国策，在各个方面扶持马来人。马来人的特权体现在诸多方面。宪法规定，出生在文莱的原住民马来人和其他少数土著族群自动取得公民权，而对于其他外来族群的入籍则进行了非常严厉的限制。在公民权利方面，政府给予马来人公民诸多特权，以便扶植马来人的经济地位，削弱入籍的非土著公民的经济实力。在土地权利方面，文莱政府规定，马来人是文莱土地的唯一主人。在经济领域，为了提升马来人的经济地位，政府首先保障马来人在攸关文莱国家经济命脉的石油业的垄断地位，规定石油开采、加工、加油站等产业，只能由原住民经营。政府还鼓励马来人成为工商企业的主导力量，动员他们广泛参与各个产业的管理和技术工作。政府规定外商投资项目必须有本地资本参与投资和管理，必须优先雇用和提拔文莱马来人。在语言传承方面，为了保证马来语的优势地位，独立后的文莱政府颁布

① 刘新生、潘正秀：《列国志·文莱》，社会科学文献出版社，2005年版，第67页。

《文莱1984年教育政策》，规定在公办中小学中，马来语是教学媒介语；所有学校都按规定标准修读马来语和英语。

（二）极力宣扬伊斯兰教

早在15世纪，文莱就已经成为了伊斯兰教的传播中心。1959年的文莱宪法将伊斯兰教定为文莱的国教。1984 年宪法规定，文莱国教为逊尼派伊斯兰教。1984年以来，文莱政府一直不遗余力地宣扬伊斯兰教，极力维护和提高伊斯兰教地位，将伊斯兰教教义作为政府制定政策的原则和规范社会行为的准绳。文莱苏丹将国家伊斯兰化视为维护君主政体的主要理论基础，大力宣传“伊斯兰君主政治思想”，从伊斯兰教义中寻找君权神授的依据，苏丹本身则被解释成为伊斯兰教的捍卫者。“伊斯兰君主政治思想”将忠君思想和伊斯兰精神结合起来达到维护和神化苏丹统治权的目的。文莱政府把“伊斯兰君主政治思想”当作检验文莱人民是否忠君效国的主要标准，苏丹的“伊斯兰君主政治思想”不容被置疑，任何人都不得反对政府的伊斯兰化政策，如同不能怀疑苏丹对伊斯兰教的虔诚一样。①

在实际生活中，早在1955 年，文莱就颁布了有关成立宗教委员会和宗教法庭的法令，规定了全国性的穆斯林法律原则，建立了一个宗教委员会，并任命一位国家宗教师来协助苏丹管理宗教事宜，还设立了宗教法庭和宗教警察来审理穆斯林案件和监督教徒遵守伊斯兰法规。其后又设立了“伊斯兰发展研究中心”和“宗教教师学院”，负责促进伊斯兰教的发展和宗教师资培养。此外，在各个伊斯兰重要节庆日时，官方出面组织隆重的庆祝活动。在伊斯兰教的教育和宣传方面，文莱人从小学到大学和就业后都把伊斯兰教作为一门必须学习的政治思想课。大学和所有中学都开设“伊斯兰

---

① 庄国土:《“马来化、伊斯兰化和君主制度”下文莱华人的社会地位》,《东南亚研究》，2003年第5期，第66页。

君主政治思想”课程，所有学生必须修读。每年还选派优秀学生到中东一些伊斯兰国家名牌大学专修《古兰经》。文莱政府还重视对儿童进行《古兰经》教育，在人口集中的地方都建有对儿童教授《古兰经》的学校。每年还举办不同年龄层次的男女分别进行的《古兰经》朗读比赛。届时苏丹率王室成员悉数出席并亲自给优胜者颁奖，各部大臣、副大臣、常务秘书等高官夫妇，各国驻文莱使节夫妇都会应邀出席，可见文莱对伊斯兰教传播的重视。2010年1月26日，文莱苏丹哈桑纳尔视察伊斯兰师范学院并发表御辞，强调加强宗教教育是解决当前文莱社会疾病的重要手段。苏丹还严词批评教育部和宗教部官员多年以来仍未能将宗教教育纳入学校必修科目。

在各种文明宣传活动中，文莱人生活方式的核心是伊斯兰化、忠君思想和文明礼貌；按照伊斯兰教义，政府设立了“伊斯兰信托基金会”和“文莱伊斯兰银行”，让穆斯林以伊斯兰教方式投资，或为到麦加朝圣存钱。政府每年也会对到麦加朝圣的文莱穆斯林给予资助。为普及伊斯兰教教义，全国各地设有清真寺，文莱在修建清真寺方面不惜花费巨资。文莱第六个五年计划（1991—1996）拨款5 600万文莱元用于修筑清真寺，清真寺是文莱最豪华、最讲究的建筑。在日常生活中，文莱政府要求人民严格遵循《古兰经》教义，禁止酒类销售和其他伊斯兰教不容许的社会恶习。1990年开始，文莱首先在国内航班俱乐部禁止销售含酒精的饮料；1991年1月开始全面禁酒，全国都禁止销售及消费含酒精的饮料，非穆斯林外国旅客到访也只允许携带2瓶烈酒和12罐啤酒供自己饮用。[①]为了抵制西方思想的影响，文莱甚至要求穆斯林不要过西方的情人节。[②]尽管文莱宪法规定其他宗教信仰在文莱也可以存在，但在伊斯兰教至上的社会环境下，其他族群也不得不面对各种压力，继而伊斯兰教化，

① 黄云静:《文莱立国哲学（MIB）》,《东南亚研究》，1995年第6期，第20页。

② 黄云静:《文莱：在低迷中平稳前行》,《东南亚研究》，2002年第1期，第18页。

甚至皈依伊斯兰教。文莱宗教事务部的一位官员曾说："文莱穆斯林属逊尼派，我们禁止其他教派的伊斯兰观点在这个国家传播，除穆斯林外，其他宗教信徒不得发展新教徒"[①]。从他的话语中可以看出，即使是伊斯兰教的其他教派在文莱都得不到支持，更别说其他宗教了。现任苏丹哈桑纳尔·博尔基亚在伊斯兰教的传播过程中身体力行。在日常的演讲中，他经常援引《古兰经》，表示自己对伊斯兰教义的精通和尊崇，还先后数次到麦加朝圣并在斯里巴加湾市近郊修筑了规模宏大的清真寺。2009年，文莱苏丹哈桑纳尔·博尔基亚还亲自对国民进行"伊斯兰教"理念教育。[②]3月9日，他出席在斯里巴加湾市举行的回教先知诞辰纪念日集会，并在集会结束后率领万人游行。5月19日，文莱苏丹出席"马来—伊斯兰—君主制"（MIB）理念专题论坛并发表致辞表示，"马来—伊斯兰—君主制"（MIB）理念已得到文莱社会各阶层的理解和支持，成为贯穿文莱国民生活的一项制度，是文莱保持和平与繁荣的核心理念。因此，当前有必要恢复"马来—伊斯兰—君主制"（MIB）全国执行委员会。他认为，国民有了这个理念，在行动上就能够自觉地维护整个社会稳定。9月7日，文莱苏丹出席全国《古兰经》纪念日诵读比赛颁奖典礼致辞时表示，穆斯林教徒应将《古兰经》视为金科玉律，勤于研读，建立坚定的宗教信仰，确保自己的言行举止永不背离古兰经的教诲。11月9日，文莱苏丹首次视察苏丹·沙里夫·阿里伊斯兰大学，并致辞称，对于文莱而言，宗教（伊斯兰教）就是国家的"血与肉"，没有宗教，再多荣誉都毫无意义。全国上下都必须信奉"纯洁的伊斯兰"。苏丹强调文莱国民的核心价值观是伊斯兰，宗教必须成为大学的必修课。11月27日，文莱苏丹在宰牲节前夕通过国

① 《神秘的文莱王国》，http://www.grns.com.cn/bbs/dispbbs.asp?boardid=44&id=723

② 参见马静、马金案：《文莱：2009年回顾与2010年展望》，《东南亚纵横》，2010年第3期，第21-22页。

家电视台发表御辞，呼吁抵制任何弱化伊斯兰教的企图，他强调，文莱所有穆斯林均有责任在新的时代进一步发展伊斯兰教。

（三）维护苏丹的绝对权威

苏丹作为文莱的最高统治者，在国内具有绝对的权威。苏丹的权威不仅在现实生活中得以体现，还具有法律保障。即使处于英国保护国时期，文莱苏丹的绝对权力也得到了认可。1959年9月，文莱脱离英国的殖民统治获得了自治，颁布了第一部宪法。根据宪法，国家的立法权和行政权归属苏丹。国务会议由行政委员会和立法议会替代。而行政委员会是更为重要的部门，且由苏丹任主席，高级专员是其成员之一，另外还有7名官员和7名被任命的非官方代表。宪法规定地方议会实行直接选举，而全国的立法议会则通过间接选举产生，在立法议会33名成员中，有8名官员、6名苏丹任命的官方代表和3名非官方代表以及16名由地方议会选举的代表。其职能是行使对财政的控制，通过法律对政府的行为进行评判等。苏丹之下设枢密院，其职能是在修改、补充和取消宪法条文，任免职务，封赐称号等领域为苏丹提供咨询。正因为1959年宪法只体现了苏丹的特权，遭到了人民党的反对和公开批评。在镇压1962年人民党起义后，文莱苏丹于1971年和1984年两度修改宪法，规定文莱实行君主制，苏丹拥有立法、行政和司法的全部权力，在枢密院、内阁部长委员会、立法委员会、继承委员会和宗教委员会协助下行使职权。苏丹不仅是国家元首，还是内阁首相、军队统帅、枢密院与王位继承委员会主席。此外，文莱苏丹的绝对权力还体现在不允许苏丹家族以外的马来人染指政权。因此，非苏丹家族的马来人的政治势力也被排除在国家权力之外。

四、马来伊斯兰君主制在文莱国家政治生活中的运行和作用

马来伊斯兰君主制在文莱社会运行中发挥着至关重要的作用，作为文莱建国的基本政策和社会运行机制，马来伊斯兰君主制在文莱国家发展过程中扮演着极其重要的角色。

首先，“马来”这一概念对文莱的基本社会生活方式进行了限制，即文莱国家应该极力维护和沿袭马来传统文化和习俗，保证马来人不可置疑的特权；文莱是一个单一的马来族国家，不主张类似马来西亚的多元民族性。文莱规定：除信仰伊斯兰教的马来人外，其他人没有资格被任命为大臣和副大臣。文莱社会中的华人、印度人只有极个别得到苏丹的封赐，作为苏丹政府的代表领导和管理本民族的生活。尽管文莱在政治、经济、社会生活中极力扶持马来人，推行“马来人”至上，但由于其他民族在高福利的文莱也都能享受高质量的生活，因此，其他民族尽管在各个方面受到打压，但他们仍然能够与马来人和睦相处，成为文莱社会稳定的重要因素。

其次，“伊斯兰”这一宗教在维护文莱国家稳定和发展的过程中作用显著。由于苏丹一再要求国民遵从《古兰经》教义，“爱好和平，讲究奉献”，并对违反伊斯兰教教义的行为展开频繁的调查，杜绝穆斯林触犯伊斯兰教教义行为。为此，宗教部伊斯兰教法庭从2001年3月开始执行了一项新的法令，不仅所有到国外饮酒的穆斯林都将被提起诉讼，而且其他违反宗教教义的举动，如购买、销售酒精饮料等也都将被起诉。初次触犯新规定者将被罚款文莱元500元，第二次犯错则会被罚款文莱元750元，而第三次或以上则每犯一次罚款文莱元1000元。[①]在文莱苏丹和政府的高度重视下，伊斯兰教已经成为文莱社会运行的精神支柱和道德准则，伊斯兰教教义也成

① 黄云静：《伊斯兰教与当代文莱政治发展》，《当代亚太》，2007年第4期，第29页。

为一些行为规范的“准法律”，规范着文莱穆斯林的社会行为，成为文莱社会和谐的“黏合剂”。

最后，君主制是文莱政治制度的内核，文莱君主制的确立早于伊斯兰教在文莱的传播，苏丹之前的国王制度的本质也是君主制。在伊斯兰教确立之后，文莱国王被称为苏丹，其权力更加广泛，苏丹成为民族、精神、传统习俗和宗教的领袖，是文莱社会中的最高行政长官，拥有至高无上的权力。

总体来看，马来、伊斯兰、君主是相辅相成、相互联系的三位一体，在文莱的国家政治、经济和社会生活中发挥着重要作用。作为文莱君主的苏丹，首先是民族和宗教的领袖，而单一的民族特性和严格的宗教教义成为捍卫文莱苏丹领导地位的基础和保障。伊斯兰教赋予了苏丹绝对的权力，成为苏丹权力的来源，在政教合一的体制下，文莱王位的更迭、权力的分配都以马来传统和伊斯兰教义为准则。此外，君主制的存在也为马来人和伊斯兰教特权维护给与了政治保障。

第三节　宪　法

文莱唯一的一部宪法颁布于1959年9月29日，曾于1971年和1984年进行过两次修改，1994年进行过审议。2004年和2008年进行了修改。

一、1959年宪法诞生

1906年沦为英国的殖民地后，英国派驻文莱的历任驻扎官都试图将英国的宪法理论和制度引进文莱，包括责任内阁制、行政区划、地方议会、政府部门设置、判例法学说、保护公民权利与自由的理论和手段、政党政治以及文官制度等。虽然文莱最终废除了驻扎官制度，恢复了文莱苏丹的绝对权力，但英国的努力仍然发挥了一定的作用，使文莱的国家主义、国家主权观念大增，宪政运动也逐渐展开。在文莱的立宪运动中，苏丹和人民党分别代表两个派别。1950年，奥马尔·阿里·赛里夫汀继承了苏丹王位。他不满英国的驻扎官制度，希望借宪政运动实现国家的自治和独立。但奥马尔·阿里·赛里夫汀并非真正打算在文莱进行宪政改革，实行西方的议会民主制，而只想脱离英国的控制，恢复苏丹的权力。与苏丹的主张不同，人民党则要求在文莱进行激进的宪政改革，废除驻扎官制度，在获得国家独立时限制苏丹的专断权力，建立责任政府。

然而，文莱的整个宪政运动由苏丹主导和控制，宪法的全部设想完全出自苏丹及其高级顾问。1953年，苏丹宣布将为国家制定一部宪法，全面实行法治。他任命六人委员会在全国范围内广泛征求群众意见，倾听人民的愿望与要求。同时，他也坚决排斥人民党关于文莱立宪的任何建议。苏丹所设计的宪法模式，具有浓厚伊斯兰君主国的色彩，所建立的枢密院、立法院和行政院与西方国家议会、政府和法院的三权分立制完全不同，所有的权力仍毫无例外地掌握在苏丹手中。由于苏丹主持的宪法制定进展缓慢，文莱人民党提出了尖锐批评，该党利用在群众中的影响敦促政府加快立宪的步伐。

1959年，英国与文莱苏丹签署一项政府协议，承认文莱为自治国家。协议的签署为文莱宪法的出台铺平了道路。9月29日，文莱历史上第一部宪法正式颁布，宪法本身成为文莱宪政运动最大的成果。

二、1959年宪法的主要内容[①]

文莱1959年宪法由12章86条和7个附件构成。各章的名称依

---

① 参见B.A.Hussainmiya, The Brunei Constitution of 1959 -an inside history, Brunei Press, 2000. "The 1959 consititution", http://www.bglegis.com/Brunei%20The%201959%20Constitution.doc.

顺序是序言、宗教制度、行政权、枢密院、行政院、立法院、立法院的立法程序、财政、公共服务、国玺、附则和宪法修改与解释。

宪法分别对上述内容进行了详细的规定和解释。关于宗教制度，宪法规定伊斯兰教为文莱国教。国家在保证宗教信仰自由的前提下，要使伊斯兰教不断传播。苏丹处理有关宗教事务问题，由宗教顾问官参与。宪法其他章节对伊斯兰教问题也有涉及，例如，在序言中提及宗教顾问、卡迪法院、宗教委员会等。在“行政权”一章中规定，被任命为首相、副首相和国务大臣者，必须是马来族的穆斯林，他必须属于沙斐仪教派。其他章节中还规定，宗教顾问是枢密院、行政院和立法院的当然成员。

宪法规定成立宗教委员会负责为苏丹提供伊斯兰教方面的咨询和建议，并负责处理涉及宗教的案件。

关于行政权，宪法确立了以苏丹的行政权为核心的君主制。宪法第四条规定苏丹拥有至高无上的权力。国家最高行政权由苏丹享有，他可以亲自行使亦可委托其他人行使，依据宪法而设立的首相只向苏丹负责。苏丹有权任命枢密院顾问官，顾问官要在苏丹面前宣誓就职。苏丹是行政院主席，除当然成员以外，其他行政院成员均由苏丹任命。行政院的职责是协助苏丹，其决定对于苏丹无约束力。立法院会议召开、休会和解散的权力归苏丹。苏丹有权任免除当然议员以外的其他立法院成员，有权任命立法院院长。很多事项的内容只有经过苏丹事先批准，才能由立法院讨论和立法，例如国家财政或货币发行问题，增减国家债务问题，国家统一基金的保管及支出问题，借贷和国家财政担保，征税和收费等，都要事先得到苏丹的批准。立法院讨论通过的所有议案还须经苏丹签署才能生效，苏丹有权不顾立法院的意见签署某项法案使其变成法律。国家公职人员由苏丹任免，外籍雇员的任用亦由苏丹掌握终审权。苏丹有权根据紧急情况，宣布国家处于紧急状态，最长期限不超过两年，但可以续效。苏丹还有权用公告形式宣布修改宪法，也可宣布撤销某项规定。

枢密院是国家正式机构，但不同于英国驻扎官时期的枢密院，那时的枢密院执掌立法与行政两项大权，“枢密院中的苏丹”则是国家主权的象征。而1959年宪法规定，枢密院只是国家荣誉权力机关，摄政委员会成员、首相、副首相、宗教顾问官、英国高级顾问官是枢密院当然成员，其余顾问官则由苏丹委任。总检察长不是枢密院成员，但是有权为特定问题而出席会议发言。其会议由苏丹主持。枢密院的职责在于为苏丹提供有关修改补充或取消宪法条文、任免职务、封赐头衔等方面的参考意见和建议，并负责特赦、颁发荣誉称号或奖励称号，解决政府部门之间职能分工问题等。枢密院的决议对苏丹同样没有约束力。

从宪法内容来看，行政院是文莱1959年宪法制度的重要内容。它在某些方面具有西方宪法中责任制内阁和政府的特征；但文莱首相又只对苏丹负责而不对议会负责。因此，行政院的设立是为便利苏丹政治权力的行使，它由苏丹和13名成员组成。他们分别是贵族代表、首相、副首相、国务大臣、总检察长、宗教顾问官和英国高级顾问官。这7名为当然成员，还有5名成员由立法院任命4名，苏丹指定1名。如果有摄政委员会（只在苏丹不满18岁时组成），则摄政委员会全体成员都进入行政院。行政院会议由苏丹主持，没有5人以上成员参加不能做出决定。苏丹就行政权行使的问题听取行政院意见，但依照宪法规定，苏丹应与其他机构协商，或者不重要的事项没有必要协商，或者事情紧急来不及协商，则由苏丹自己作出决定。就是应协商之事宜，苏丹也不受行政会议决议的约束。由此可见，行政院仅仅是苏丹的办公机构和执行机构，充其量为咨询机关，难以独立负责地履行职责和承担责任。1964年，文莱将“行政委员会”更名为“大臣委员会”，由6名大臣和4名大臣助理组成。

立法院是国家立法机关，它由6名当然议员、5名官方议员和10名民选议员所组成。当然议员是首相、副首相、国务大臣，总检察长、财政大臣和宗教顾问官。官方议员由苏丹从现任公职者中选任，民选议员则从不担任公职的、经地方选举成为地方议员的人员中产生。宪法规定，经苏丹同意，立法院为了建立和平、秩序良好的政府，可以就任何问题立法，但诸如与外国订立条约和协定、国内治安和供养军队问题、苏丹地位及继承问题则不能由立法院简单地做出决定。立法院的议事程序同其他国家大同小异。会议由议长主持，进行辩论，投票表决，最后由苏丹签署批准生效。

关于财政权，宪法规定所有税收必须由法律部门征收，所有征收的税收必须统一存入文莱国家统一基金。此外，宪法还对文莱税收收入的支出做出了详细规定。

关于公共服务，宪法规定：文莱要成立公共服务部门，成员由苏丹指派。宪法还对成员任期等做出了规定。

关于国玺，宪法规定：文莱的国玺由苏丹保管和使用。

宪法还对未尽事宜以附件的形式进行了规定。

关于宪法的修改和解释问题。宪法规定，苏丹就修改宪法问题应征得立法院同意，而宪法解释则可交给由三名高级司法官所组成的“宪法解释法庭”。

1959年宪法是文莱依靠非暴力运动实现国家独立的关键一步，[①]但从其内容看，文莱宪法是一部钦定宪法，文莱苏丹具有无人能挑战的权力，其对于文莱的政治民主化进程意义不大。

① Irene Langran, *Book Review of the Brunei Constitution of 1959 -an inside history*, The American Journal of Islamic Social Sciences 19: 2, p.124.http : / / i-epistemology.net / attachments / 687_Ajiss19-2%20-%20Book%20Reviews%20-%20The%20Brunei%20Constitution%20of%201959%20inside%20History.pdf.

三、宪法的修订

随着文莱独立运动的发展，1971年，文莱和英国签署了新的协议，提及了文莱的独立问题。文莱据此对1959年宪法进行了部分修改，规定英国主要负责文莱的外交事务，国防由两国共同承担，从而削弱了英国对文莱的统治。

1984年，文莱恢复独立后再度对宪法做出了修订。通过该次修宪，文莱撤销了立法委员会，规定建立由首相和大臣组成的内阁政府，并赋予苏丹在没有立法会议的情况下颁布法律的权力。同时，文莱还从英国政府手中收回了国防和外交权力。新宪法规定苏丹仍然是文莱的最高统治者，建立由首相和大臣组成的内阁政府取代由首席大臣和英国驻文莱高级专员提供顾问的马来传统政制。根据新宪法：由苏丹任命的内阁首相必须是马来族人，信仰伊斯兰教，并属于沙斐仪教派。首相行使行政权，对苏丹负责；内阁大臣也由苏丹任命，对苏丹负责；苏丹保留了随时撤换大臣、副大臣的权力；总检察长和高级法院司法专员也由苏丹任命；立法委员会被中止期内，文莱法律由苏丹颁布。苏丹有权宣布国家进入紧急状态和修改现行法律，包括宪法。根据1984年宪法，文莱苏丹的统治权力得到了进一步巩固。

2004年9月，中止了20年的立法委员会得到了恢复并举行了第一届会议，通过了"宪法修正案"，内容涉及司法、宗教、民俗等多个方面，共13项内容，具体如下：

关于选举问题："宪法修正案"规定，立法委员会将由委任议员（30人）和民选议员（15人）组成，即由先前的21人增加到45人。其中15名民选议员从全国各区县产生。在选举法制定和生效前，各区县民选议员暂由村长等基层官员提出候选人名单，经选举委员会审核后，提请苏丹批准，有犯罪记录者不得参选。

关于立法问题：根据1959年宪法，苏丹参考立法委员会的建议颁布新法令，任何紧急法令在颁布之前须经立法委员会同意。“宪法修正案”赋予苏丹自行颁布新法律的权力，以及无须立法委员会同意颁布紧急法令的权力。

关于司法问题：苏丹在履行职责和做出决定时，将得到合理和足够的保护。文莱还将设立特赦局，主要职责为向苏丹建议是否行使特赦权，取代由枢密院向苏丹建议是否行使特赦权。

关于宗教问题：确认伊斯兰教仍然为文莱国教，同时人民享有宗教信仰自由的权利。

关于语言问题：马来语仍然为官方语言，同时英语也可以作为法庭办案语言。

关于礼仪习俗问题：设立国家礼仪习俗委员会，向苏丹提供有关国家礼仪习俗的建议。

2006年3月16日，文莱国会再次讨论了修宪问题。苏丹哈桑纳尔·博尔基亚表示：“为迎合国家发展以及全球化的趋势，国家宪法必须作出改变，以期使国家和人民取得更长足的发展和进步。”[①]2008年4月，文莱再次修改宪法。2008年宪法由前言、宗教和风俗习惯、行政权、枢密院、特赦委员会、内阁、立法院、立法院的立法程序、财政、公共服务、国玺、附则、宪法修改与解释13个部分组成。

① 《苏丹：文国会讨论修改宪法，将针对经济发展作准备》，中华人民共和国驻文莱达鲁萨兰国大使馆网站，2006年3月16日，http://bn.china-embassy.org/chn/wlxw/t240964.htm.

第四节　政　府

一、政府机构

在政府组织方面，文莱主要有12个部门处理国家日常事务，分别是首相署，国防部，财政部，卫生部，教育部，发展部，内政部，交通部，宗教事务部，外交暨经贸部，文化、青年与体育部，工业暨主要原产业部。各部的设置和主要职责如下：

（一）首相署（Prime Minister Office）

首相署是文莱行政权力系统中的中枢，由正部级的苏丹特别顾问具体负责，指导和协调各部门的工作，协助苏丹处理日常行政事务。苏丹的行政命令一般都通过首相署宣布。首相署还直接管辖着以下部门，包括：首相署办公厅、文莱皇家警察部队、马来习俗司、公共服务委员会、审计局、机构办公室（负责政府部门公务员录取、调动、提升、任职、培训以及其他后勤服务事宜）、拘留中心、反贪局、文莱广播电台、文莱电视台、新闻局、麻醉品控制局、管理服务部、政府安全局、国家宗教顾问局、首席检察官办公室、电力服务部、发展与经济计划部、电子政府中心、能源部、政府印刷部门、信息局、公共服务委员会、公共服务部、司法部门、伊斯兰教专家部等。

（二）国防部（Ministry of Defence）

国防部是一个综合性的部门，包括军事机构和文职机构，文莱苏丹兼任国防大臣和皇家武装部队总司令。文莱国防部下设11个部门，包括6个军事部门、5个文职部门。

（三）财政部（Ministry of Finance）

文莱财政部下设7个职能部门，分别是财政司，负责控制政府开支，审议各部门的预算；投资署，掌握文莱的对外投资，在伦敦设有办事处，是文莱在国外最大的管理投资机构之一；经济计划署，负责向政府提供各种经济咨询，筹划国家发展“五年计划”，为国家发展计划委员会提供服务；经济发展局，负责向一些商业项目以优惠的利率提供贷款，并通过提供投资奖励方式，直接协助本国和外国商人；货币局，负责发行和兑换钞票和硬币，监督银行和其他金融机构；关税局，负责实施进出口关税和禁止进口非法物资与武器；国库，负责购买和分配政府与国家需要的重要物资。

（四）卫生部（Ministry of Health）

卫生部的主要职责为解决医护人员短缺问题；参与治理滥用药物，维护全民的身体健康。文莱卫生部设卫生大臣和常务秘书各1人，下辖医疗与保健局和科学诊治实验室。

（五）教育部（Ministry of Education）

教育部设有1名大臣、1名副大臣。常务秘书是教育部的行政长官，承担日常事务方面的职责。教育部的职责为负责初等、中等和高等教育、再教育、技术教育和业余教育。教育部设有教育计划理事会，由教育大臣、副大臣、常务秘书和教育部所有的司长组成，主要讨论重大的政策和规划事宜。教育部下设6个司：学校司，计划、发展与研究司，行政与服务司，学校巡逻司，课程发展司，考试司。每个司还下设一些具有特殊职能的处室，所有的司长都对常务秘书负责。

（六）发展部（Ministry of Development）

发展部在文莱的经济、社会和文化生活中发挥着重要作用，其主要职能为：根据政府的经济政策，引导企业避免过多地依赖石油、天然气和投资收入，积极规划、实施、控制和维护发展项目；鼓励和帮助文莱境内的商人、企业实施国家发展计划。发展部下设建筑设备管理办，环境、公园和休闲办公室，城市排水投诉办，供水投诉办，住房管理办，土地局，市政工程部门，勘测部门，城乡发展计划部、水利服务部门。

（七）内政部（**Ministry of Home Affairs**）

内政部在文莱政府的管理机构中占有重要地位，在各个方面都发挥着重要作用。文莱的内政部主要负责标准化、政府安全和对地方政府部门的行政管理。内政部下设有：地方事务办公室（负责4个区的行政管理和各种基础设施服务），移民和国民注册局，劳工局，监狱局，市政委员会（负责斯里巴加湾、白拉奕、诗里亚和都东4个城镇的管理工作），合作发展局（负责国内贸易、交通、家禽养殖、加油站的注册管理和稽查以及向土著人企业的发展提供培训服务），度量衡局，消防局。此外，内政部还负责对外国文艺团体在文莱访问演出和举办各种展览以及当地私人企业雇用外籍劳工到文莱工作进行管理和监督。

（八）交通部（**Ministry of Communication**）

文莱交通部的主要职责为：维护和监管海陆空运输系统，为国民提供便利的交通环境；改善国内的电讯服务，尤其是电话系统；加强国际通讯联系；对管辖范围内的企业实行可靠的财政管理运作技巧。文莱交通部下设民航局、海洋局、港务局、陆路运输局、电讯局和邮政局。

（九）宗教事务部（**Ministry of Religious Affairs**）

宗教在文莱国家政治生活中发挥着极其重要的作用，因此宗教事务部在文莱国家机构中的地位也非常突出。宗教事务部在宗教理事会的指导下开展工作。宗教事务部的主要职责为：保证伊斯兰教在全国的传播；通过清真寺加强对穆斯林信仰和日常行为规范的正确引导；调查违反伊斯兰教教义的行为，扣押违反者。宗教事务部下设行政司、朝觐事务司、伊斯兰宣教中心、伊斯兰研究司、伊斯兰法律司、伊斯兰宗教委员会、清真寺管理司。

（十）外交暨经贸部（Ministry of Foreign Affairs and Trade）

文莱外交部成立于1984年，2005年更名为外交暨经贸部，主要负责文莱的对外关系。外交暨经贸部下设行政司、东盟司、经济合作司、信息与交通司、国际组织司、国际贸易司、政策司、政治司、礼宾与领事司、安全司、贸易司等司局级单位。外交部由1名外交大臣、1名副大臣、2名常务秘书和3名常务副秘书领导日常工作。

（十一）文化、青年与体育部（Ministry of Culture，Youth and Sports）

文化、青年与体育部的主要任务是以文莱的“马来伊斯兰君主制”立国哲学为基础，以改善和维持文莱人民的生活水平、提高文莱人民的生活质量为目的，巩固文莱人民的正确价值观，提高文莱人民特别是青少年应对因社会经济变化带来的挑战和问题的能力，减少社会变化对他们造成的压力，缩小他们对社会的离心力；通过福利、体育和文化等活动引导青年，教育和培养他们成为有责任、守纪律、有朝气、有独立适应能力的社会成员；向需要关爱的社会成员，如老弱病残、吸毒者、失足青少年提供必要的帮助、指导和改过措施；向单亲和其他有需要的家庭提供有关如何有效地养育孩子的指导和帮助。此外，文莱的各项社会福利事业都由文化、青年与体育部主管。

（十二）工业暨主要原产业部（Ministry of Industry and Primary Resources）

工业暨主要原产业部成立于1989年。主要职责为：为投资者提供安全、稳定、能够可持续盈利、具备竞争力的投资环境，推动文莱工业发展。该部还负责审批在文莱的投资项目，负责矿泉水生产、牛奶厂、屋顶材料生产厂、水产养殖和深海捕鱼等项目的发展。文莱工业暨主要原产业部下设农业和农产品管理司、渔业司、林业司、工业发展局、旅游司。

为了鼓励本地商界和外国投资者搞联营企业，发展工业、农业、渔业及林业等，推动文莱经济多元化，该部成立了一个由数名内阁大臣和常务秘书组成的“工业与贸易发展委员会”。该委员会由工业与初级资源部大臣任主席，委员会制定了一些政策措施，成功地推动了文莱经济的转型。文莱的生产业、渔业、农业、林业、旅游业都吸引了文莱内部、东盟国家和其他国家的投资热情。

二、内阁

1984年独立后，文莱成立内阁制政府，称“内阁大臣委员会”，由苏丹任命内阁大臣和首相，他们都对苏丹负责。1988年，苏丹对内阁进行了改组，苏丹兼任首相和国防大臣，苏丹的两个弟弟穆罕默德·博尔基亚和杰弗里·博尔基亚分别担任外交大臣和财政大臣。

2005年5月，苏丹再次大幅改组内阁，原内政部、教育部、交通部和文化青年体育大臣退出内阁，增加了8名内阁成员。新设首相府高级部长、能源部长、第二财政部长、第二外交和贸易部长四个职位，将国家大祭司、总检察长两职位由副部级升至正部级，并首次宣布所有内阁部长以及副部长的任期均为5年。文莱内阁此次改组非常引人瞩目[①]：(1)增设首相署高级大臣，由穆赫塔迪·比拉王储担任，王储同时出任文莱皇家武装部队上将兼警察部队副警察长，正式入阁。此举为王储顺利接任下一任苏丹奠定了基础，为王储提供了历练的机会。(2)增设第二财政部长、第二外交与贸易部

① 参见马金案、黄斗：《文莱国情与中国—文莱关系》，世界知识出版社，2008年版，第335页。

部长职位，辅佐苏丹兼任的财政部长和穆罕默德·博尔基亚亲王担任的外交和贸易部部长。将原来属于工业与初级资源部负责主管东盟经贸合作、跨国经济组织以及国际经济问题等事务的国际关系与贸易司划归到外交部，更名为外交暨经贸部，整合了文莱的外交资源，有利于文莱更好地对外开展交往和贸易活动。(3)苏丹首次宣布内阁任期为5年，有利于促进政府的管理和政局的稳定。部长们在任期内能够更加负责地努力制定和执行其在5年任期内的工作目标和相关政策。(4)在副部长级别中引进人才成为此次内阁改组的亮点。除了依照惯例从政府常任秘书以及司长人才库中选拔外，有两名新人副部长来自私营部门。此举为政府管理注入了新的活力，体现了政府有关部门“惜才爱才”的理念。(5)让任期超过10年且已经年迈的部长退位，让年富力强的新任部长们加强对政府各部门的领导。(6)建立高效政府机构。内阁改组后，苏丹要求政府各部门积极制定计划，建立一个反应敏捷、高效运作的机构，其中一项措施是加快电子政务建设。为此，文莱政府拨出10亿文莱元专款用于高效政府建设。随后，文莱要求公务员提高为民服务的工作效率。2008年，文莱民事服务管理局对100多个政府部门进行服务绩效审查，督促政府部门和公务员提升民事服务效率。

2008年8月和2010年5月，苏丹对内阁略作调整。苏丹在2010年5月宣布新内阁时指出，内阁部长是社会大众的模范人物，作为民众的榜样，他们必须拥有崇高的人格与品质。这些崇高品质包括清廉的品德、能力与声望，愿意为了宗教、君主、民族与国家牺牲个人的精神。他还呼吁新部长和副部长们，以真诚、诚实与可信赖的态度执行所委托给他们的任务、权力和责任。2010年7月8日，文莱苏丹哈桑纳尔主持内阁重组后的第一次内阁部长会议。

现任内阁成员主要如下：首相兼国防部长、财政部长苏丹·哈吉·哈桑纳尔·博尔基亚·穆伊扎丁·瓦达乌拉，王储兼首相府高级部长哈吉·阿尔·穆赫塔迪·比拉，外交暨经贸部长穆罕默德亲王，教育部长丕显·拿督·阿旺·哈吉·阿布·巴卡尔·本·哈吉·阿朋，卫生部长丕显·拿督·巴杜卡·阿旺·哈吉·阿德南·本·丕显·拿督·斯里·阿旺·哈吉·穆罕默德·优素福，发展部长丕显·拿督·巴杜卡·哈吉·苏约伊·本·哈吉·奥斯曼，交通部长丕显·拿督·巴杜卡·阿旺·哈吉·阿卜杜拉·本·拿督·巴杜卡·哈吉·巴卡尔，工业暨主要原产业部长丕显·拿督·斯里·巴杜卡·阿旺·哈吉·叶海亚·本·拿督·巴杜卡·哈吉·巴卡尔，首相府第二财长丕显·拿督·巴杜卡·哈吉·阿卜杜勒·拉赫曼·本·哈吉·易卜拉欣，外交暨经贸部第二部长丕显·拿督·斯里·巴杜卡·林玉成，首相府能源部长丕显·拿督·巴杜卡·哈吉·穆罕默德·亚斯敏·本·哈吉·乌玛尔，宗教部长本基兰·拿督·斯里·哈吉·穆罕默德·本·本基兰·哈吉·阿卜杜勒·拉赫曼，内政部长丕显·拿督·巴杜卡·斯里·阿旺·哈吉·巴达鲁丁·本·本基兰·拿督·巴杜卡·哈吉·奥斯曼，文化、青年与体育部长丕显·拿督·巴杜卡·哈吉·哈扎伊尔·本·哈吉·阿卜杜拉，首相府副部长拿督·巴杜卡·阿旺·哈吉·阿卜杜勒·瓦哈卜·本·朱尼德，国防部副部长拿督·巴杜卡·阿旺·哈吉·穆斯塔法·本·哈吉·斯拉特，财政部副部长阿旺·哈吉·巴赫林·本·阿卜杜拉，教育部副部长拿督·斯里·阿旺·哈吉·优素福·本·哈吉·伊斯梅尔，发展部副部长拿督·巴杜卡·阿旺·哈吉·阿里·本·哈吉·阿朋，宗教部副部长本基兰·哈吉·巴赫鲁姆·本·本基兰·哈吉·巴哈尔，内政部副部长丕显·拿督·巴杜卡·斯里·阿旺·哈吉·哈尔比·本·哈吉·穆罕默德·优素福，文化、青年与体育部副部长拿汀·哈嘉·阿迪娜·本蒂·奥。

第五节 议 会

文莱1959年名义上设立立法委员会实施立法审议的权力，定期举行立法委员会选举。当时的立法院由33人组成，其中16人由民选产生，17名由苏丹指派或是担任官职的当然成员。文莱分别于1962年和1965年进行过两次立法委员会选举。1964年，苏丹调整了立法委员会的成员结构，将原来的33名成员减少到21名，其中10名由选举产生，6名是担任官职的当然成员，5名是苏丹提名的无官职人士。1965年苏丹对宪法中有关立法委员会及其选举的条款又进行修改，赋予苏丹在没有立法委员会的情况下具有颁布法律的权力。

1984年2月，苏丹宣布中止立法会，立法以苏丹圣训方式颁布。2004年7月15日，苏丹宣布重开被中止长达20年的立法委员会。苏丹是在其58岁华诞时，通过全国广播宣布重开立法委员会的决定。他说："这个由村长、社区领袖和高级公务员组成的议会，将于2004年年底之前成立"，"让我们了解社会各个群体和各阶层民众的抱负与期望"[①]。当然，苏丹还表示立法委员会不得动摇文莱的稳定，即立法委员会不得干涉和削弱苏丹的权力，苏丹仍然有颁布紧急法令的权力。2004年9月，立法会恢复运作，议长卡马鲁丁（Dr. Kemaludin）和21名议员（包括首相和5位内阁大臣担任当然议员6人、高官议员5人和委任议员10人）均由苏丹直接任命。立法委员会的恢复成立是文莱独立后政治史上的大事，体现了苏丹在当今世界政治发展新潮流下如何巩固王室统治的一种思考和抉择。[②]2005年7月，苏丹决定建立法委大厦，造价为6 200万文莱元，苏丹亲

① 刘新生、潘正秀：《列国志·文莱》，社会科学文献出版社，2005年版，第81页。
② 马金案、黄斗：《文莱国情与中国—文莱关系》，世界知识出版社，2008年版，第325页。

自为大厦奠基。2005年9月，苏丹解散立法会，重新任命卡马鲁丁为议长，并任命30名新议员。2011年2月，苏丹任命伊萨为立法会新任议长，6月任命新一届立法会议员。本届立法会由议长和30名委任议员组成，包括苏丹、比拉王储、外长穆罕默德亲王、11名内阁部长、3名前政府官员、7名社会贤达、5名地方代表（其中穆阿拉区2名，白拉奕、都东、淡布伦区各1名）以及1名议会工作人员。

在功能方面，由于文莱一直实行"马来—伊斯兰—君主制"三位一体政体，国家立法会长期以来形同虚设，其职能主要是向政府提供有关政策制定和实施方面的建议。但2011年以来，议员们参政议政的意识有所增强，充分行使质询权，明确要求政府转变作风和提高效率，这反映出文莱立法会在履行监督政府职能方面出现积极转变。[①]

第六节 司法制度

文莱实行双轨司法制度，第一种司法制度是以英国习惯法为基础建立起来的，类似于印度、新加坡和马来西亚的司法制度，俗称习惯法司法制度。以习惯法为基础的司法机构分为中央和地方两级。目前文莱的地方法官共有10多名，他们都是当地人；地方法院之上有中级法院，他们负责培训地方法官。目前中级法院共有两名法官，也都是当地人；高级法院目前有3名法官。

一直以来，文莱的司法制度都没有取得完全的独立，直到1995年1月31日，根据文莱与英国新的司法安排，文莱上诉庭取代英国

① 《文莱议会》，中国人大网，2011年6月13日，http://www.npc.gov.cn/npc/xinwen/2011-06/13/content_1658584.htm.

枢密院成为文莱刑事案件的最终上诉庭，但文莱的民事案件仍然可以上诉至英国的枢密院。

文莱没有陪审制度。一般来说，普通刑事案件在推事庭或中级法院审理，较严重的案件由高级法院审理，文莱民事案件最终可上诉至英国枢密院。最高法院由上诉法院和高级法院组成，现任首席大法官基弗拉维，是文莱首位本土培养的大法官。在1997年以前，因为香港属于英国的殖民地，根据文莱与香港地区港英政府的安排，文莱苏丹任命香港法官以个人身份成为文莱的司法专员。1997年香港回归中华人民共和国后，苏丹才任命现任首席大法官基弗拉维取代香港法官任文莱首席大法官的职务。

除了习惯法司法制度，因伊斯兰教在文莱国家政治生活中的重要地位，文莱还实行一套以伊斯兰教为基础建立起来的司法制度。当然，伊斯兰教司法制度主要处理违反伊斯兰教教义的案件，尤其是与婚姻有关的案件。伊斯兰教法院的结构和习惯法法院相类似，除了没有中级法院，上诉法院是终审法院。目前，文莱伊斯兰教法院首席法官为佩欣·达图·阿卜杜勒·哈密德。

近年来，随着国内法律制度的健全，文莱非常重视法律的执行。[①]为此，文莱最高法院于2009年4月7日举行“2009法律年”开幕式，实现通过举行“2009法律年”保护包括生命权、财产私有权、妇女和儿童权利在内的基本人权的目的。文莱还鼓励民众对司法部门的工作进行监督。文莱首席大法官基弗拉维在“2009 法律年”上发表声明，法官审案从不压制言论，凡涉及公众利益的言论都可以在法庭上表达。他认为，司法为立国之本，司法体制是确保国家发展、和平及安定的基石。因此，欢迎民众监督司法体制，这样才能够保证法律的执行。

① 参见马静、马金案:《文莱：2009年回顾与2010年展望》,《东南亚纵横》，2010年第3期，第22页。

第七节　政党和主要社会团体

一、政党制度和主要政党

（一）政党制度

20世纪50年代，在苏丹酝酿通过政治体制改革脱离英国殖民统治，实现文莱国家独立的背景下，文莱出现了首批政党和社会团体。由于这些政党和社会团体在要求英国结束对文莱的殖民统治，还文莱独立自主的国际地位问题上和苏丹的目标一致，因此他们的活动得到了苏丹的支持。当然，这些政党，尤其是最有影响力的人民党在文莱的独立方式和文莱政治改革的目标问题上与苏丹存在根本性的分歧，他们认为文莱可以通过激进方式脱离英国殖民统治，文莱应该建立真正的民主制度，打破苏丹的专制统治地位。由于分歧难以弥合，随着矛盾的激化，文莱人民党于1962年发动了推翻苏丹政府的起义。在镇压并平息了人民党的起义后，文莱苏丹一直对政党采取限制和打压的政策。其实，正如亨廷顿所言："一个亲政君主不可避免地会把政党看成分裂势力，不是对他的权威形成威胁，就是使他统一国家和实行现代化的努力大大地复杂化。"[①] 文莱是一个传统的马来伊斯兰君主专制国家，因此苏丹从根本上不希望文莱的政党获得发展。苏丹在一次讲话中宣称，政党政治在文莱根本行不通，它只会造成混乱，因而得不到人民的支持，人民生活富足，不需要政党。他认为，西方的民主制度不适合文莱；如果文莱需要政客，他们必须真正具有代表性，有志于文莱的发展，而不是为了他们各自的私利。[②] 从20世纪60年代开始，文莱实行了长达20

① 塞缪尔·P.亨廷顿：《变化社会中的政治秩序》，生活·读书·新知三联书店，1989年版，第372页。
② 刘新生、潘正秀：《列国志·文莱》，社会科学文献出版社，2005年版，第83页。

多年的党禁政策。直到1985年5月30日，苏丹才宣布允许建立政党。但同时文莱苏丹援引1956年英国管理当局制定的公务员管理规则，于1985年7月明确规定，政府雇员不得参加政党或为政党拉人、集资；也不得参加政治会议、散发政治宣传资料、在向政府的请愿书上签字。此项规定直接制约了文莱政党的发展。从以上分析来看，严格来说文莱没有成型的政党制度。

（二）文莱的主要政党

20世纪50年代以来，文莱政坛上出现的政党主要有：

1. 文莱人民党

文莱人民党创建于1956年1月22日，但因政治和法律原因，直到1956年8月15日才进行官方注册。文莱人民党的创始人是阿·莫·阿扎哈里。阿·莫·阿扎哈里是一位伊斯兰长老，出生于现马来西亚沙捞越纳闽岛的一个阿拉伯人和马来人的混血家庭，他曾经在沙巴和印度尼西亚参加过抗日运动。日本投降后，阿·莫·阿扎哈里参加了印度尼西亚革命军，参与对荷兰殖民者的斗争。1952年，他回到文莱从事出版业，并进行政治活动，准备政党的创建工作。由于他组织了文莱有史以来第一次游行示威活动被英国殖民当局监禁了6个月。1955年2月，阿·莫·阿扎哈里参加了马来亚人民党的成立大会，回国后着手组建文莱人民党。

文莱人民党是一个左翼政党，主张通过激进手段打击英国殖民者，在文莱建立西方式的政治民主制度，让文莱的国家权力由宫廷转向人民。因此，该党的宗旨是："反对一切形式的殖民主义，捍卫苏丹及其继承者的王位，为马来祖国的自由而战，为在整个马来群岛建立一个统一的马来国家而奋斗。"[①]

① 刘新生、潘正秀:《列国志·文莱》，社会科学文献出版社，2005年版，第84页。

文莱人民党的主张在一定历史时期符合文莱苏丹的主张，得到了文莱人民的广泛支持，发展速度非常快。由于在文莱自治方式和婆罗洲联邦问题上与苏丹存在分歧，人民党于1962年发动了起义，起义失败后，文莱人民党被取缔，很多成员被迫流放他乡。目前，流放在外的原人民党成员仍然在秘密从事活动。①

2. 文莱国家民主党

1985年5月，文莱苏丹宣布允许政党注册后，文莱国家民主党于9月29日宣告成立。但因其成立前，文莱苏丹宣布政府官员和雇员禁止参加该党派，导致一些想参加该组织的人最终与该组织无缘，结果只有10人出席了成立大会。但是文莱国家民主党是文莱独立以来第一个政党，给国人耳目一新的感觉，获得了很高的支持率，其成员大多是马来族的商人和专业人士。在政治主张方面，文莱国家民主党主张建立君主制下的议会民主制并尽快举行大选。该党主席哈吉·阿卜杜勒·拉蒂夫曾说："我们代表新一代的思想者，我们支持文莱苏丹和文莱苏丹国。但我们也希望为文莱人民争取权利。我们的信仰是民族主义和民主主义。我们认为有必要开展政治运动，维护民主制度。"拉蒂夫的讲话是对该党宗旨的一次原则性阐释，即在支持苏丹政权和争取文莱人民民主权利以及信仰民族主义和民主主义之间保持平衡。②

随着成员增多，文莱国家民主党获得了发展。他也开始指责政府的专制、倡导自由和民主，而且该党领导人还到境外进行宣传，要求苏丹放弃首相职位，取消国家紧急状态，举行大选。文莱国家民主党的活动对苏丹至高无上的权力构成了潜在的威胁。文莱政府

① http://cn.wikipedia.org/wiki/Brunei_People's_Party

② 汪诗明、王艳芬:《论文莱独特的君主政体》,《东南亚研究》，2006年第1期，第14页。

于1986年9月颁布了《紧急状态的延续与确立法令》，从法律上再次确认了1962年9月颁布的《紧急状态法令》的合法性与延续性。加之文莱国家民主党在未经批准的情况下参加国外的“太平洋民主联盟”活动，文莱苏丹政府于1988年3月24日，按照内部安全法令，以文莱国家民主党的活动违反文莱的政党团体法律为依据取缔了该党，并抓捕了主要领导人。1989年，文莱苏丹政府释放了一批政治犯，文莱国家民主党的领导人也于1990年得到了释放。

3. 文莱国家团结党

1985年10 月，文莱国家民主党副主席穆罕默德·哈他指责主席哈吉· 阿卜杜勒·拉蒂夫等人独断专行，遂率众脱党，新组建文莱国家团结党。该党成立时只有21名成员，影响甚微。文莱国家团结党自称是一个多元民族政党，其目标和宗旨是建立一个民主的马来伊斯兰王国，该党支持政府的各项政策和马来伊斯兰君主制的官方意识形态，对其他宗教形式持宽容态度，主张保护马来人的商业利益。[①]1988年，在文莱国家民主党遭到取缔时，文莱国家团结党也遭到了取缔。1995 年2月23日，沉寂多年的国家团结党重获政府的批准召开全体大会，50多名党员参加了此次会议。1998 年4月，该党再次召开党员大会，选举哈吉·穆罕默德·哈塔·扎伊纳尔·阿比丁为主席。2001年2月24日，“文莱国家团结党”的20位主要成员在国庆节到来时宣布集体退党，其中包括党的副主席和秘书长。他们在公开信中说，退党的原因是他们已经对党的领导层丧失信心，党的领导层不按党章行事，不执行有关的决议，武断专横；由于领导不得力，文莱国家团结党的主张和决议根本不能引起政府关注。他们又说，目前的环境于政治活动

① Graham Saunders, *A History of Brunei*, Routledge Curzon，2002, pp.185-186.

无益。由于上述原因，他们决定离开政党，响应苏丹政府的号召，参加国家建设。[①]2001年4月，哈吉·穆罕默德·哈塔·扎伊纳尔·阿比丁也宣布永远退出政坛。2008年2月，文莱政府在没作任何解释的情况下，取缔了文莱国家团结党。

二、妇女团体[②]

在文莱，妇女的地位得到了应有的尊重，妇女团体在促进家庭福利和妇女进步中发挥着特殊作用，对家庭生活和家庭问题特别关注，对国家的建设和发展起着重要作用。不仅如此，妇女团体对社会上诸如虐待儿童和侵犯妇女等问题也予以揭露。全国有妇女群众组织（非官方）17个，这些组织大小不同，成员多则数千人，少则数十人，是十分活跃的群众团体。主要的妇女组织有：

1. 文莱妇女委员会（Council of Women of Brunei Darussalam）。成立于1985年，有8个附属妇女组织。该委员会对文莱所有妇女组织、协会、俱乐部或团组及个人开放，是文莱唯一的全国性妇女组织，代表所有妇女组织和个人，其作用是协调和支持其附属组织的活动。

主要职能：改善妇女在各个领域，特别是在教育、经济、福利、文化和社会地位方面的状况；增强妇女对社会和国家的责任感；搜集与传播有关妇女和家庭的信息资料；推动有关妇女、儿童和家庭事务的经验交流和讨论有关问题；鼓励所有妇女不论其种族、宗教和社会地位的团结和友好相处；在有关国家发展问题方面，尽可能向政府提供一切合作。

① 黄云静：《文莱：在低迷中平稳前进》,《东南亚研究》，2002年第1期，第16页。
② 参见刘新生、潘正秀：《列国志·文莱》，社会科学文献出版社，2005年版，第86-88页。

2. 文莱妇女协会（Women's Institute of Brunei Darussalam）。成立于1961年10月23日，15岁以上妇女和女孩均可申请加入。

主要任务：对其成员提供指导，鼓励她们相互合作；根据文莱现有的有关法律改善妇女的地位与状况；协助改善会员的家庭经济状况与儿童福利；举办福利活动；参与政府组织的活动与庆典。

3. 文莱政府女官员协会（Brunei Pertiwi Association）。成立于1968年。只有马来和穆斯林妇女，年龄超过18岁的文莱女性公民才可参加该协会，它是目前文莱最大的妇女组织。

主要任务：促进和维护妇女间的友好情谊，并就会员感兴趣的问题交流信息；鼓励妇女参与家庭事务，包括儿童护理；帮助妇女在争取更好的受教育机会以及在经济、社会、文化和其他事务中发挥更好的作用；积极参与社会、体育、福利和文化活动。

4. 警察夫人和家庭福利协会（Police Wives and Families' Association）。成立于1988年2月20日。警察的夫人和女儿及女职员经常自然成为该协会的成员，警察文职官员的夫人和女职员也可申请加入。

主要任务：增进成员之间的友谊和扩大了解；举办诸如家庭经济班、体育运动、舞蹈和艺术班、福利和宗教聚会等项活动。

5. 文莱女童子军协会（Girls Guides Association of Negara Brunei Darussalam）。成立于1951年2月1日，是一个非政治性组织。7岁至18岁的女学生不分种族、宗教、国籍均可申请加入。

主要任务：为女童在素质及为他人服务方面提供自我训练的机会；培养她们热爱国家与公民责任感的品质；通过与其他国家女童子军组织建立友好往来，促进国际间的友好情谊。

平时的活动：通过开展工作周和思考日（Thinking Day）活动开展集资活动；举行女童子军日庆祝会；举办《古兰经》朗诵比赛、

野营与体育运动、训练班、和平日等项活动。

6. 文莱马来教师联合会妇女分会（Brunei Malay Teachers Association Women Section）。成立于1982年。在教育部管辖之下的马来族女教师、马来族女官员、在教育领域有专业技能的妇女均可申请加入，但申请者须向文莱马来教师联合会妇女分会秘书长写信，该分会审查申请人的申请表格后，联合会执行委员会就申请结果做出决定。

主要任务：提高女教师在各个领域，特别是在教育、学术、福利、文化、社会、体育和社区发展方面的地位；鼓励女教师实现其全力奉献于社会与国家的职责；举办有关女教师和妇女问题的讨论；开展对女教师特别是本协会会员的女教师有益的活动；鼓励会员参与本协会组织和其他妇女组织举办的活动。

7. 文莱护士协会（Brunei Darussalam Nurses Association）。成立于1983年2月23日。申请加入者必须递交书面申请，而且经过专业护士训练的人才能成为会员。

主要任务：通过开展研讨会、座谈会、学习班以及社交、宗教、体育和文化与教育方面等项活动，提高护士的专业技能。

8. 文莱国际妇女俱乐部（Brunei Darussalam International Women's Club）。成立于1988年8月1日。所有本国或外国妇女包括外国驻文莱使团的女士，都可以从该俱乐部会员委员会领取表格，填写后即可成为会员。

平时活动：举行诸如服装剪裁、烹饪、化妆和插花等项活动；举办讲座、马来亚和其他语言培训班；组织诸如唱歌、传统舞蹈和绘画等文化艺术活动；筹办高尔夫球、羽毛球、壁球、游泳、保龄球和飞行表演等各项体育活动；邀请国外专家就美容与发型护理向会员做专题讲座。

第八节 主要政治人物

一、二十八世苏丹

苏丹奥马尔·阿里·赛里夫汀原名佩义兰·穆达·登加，于1914年9月23日出生于苏丹拉马村，他是第二十六世苏丹穆罕默德·加码鲁尔·阿拉姆二世的儿子。

幼年时期，他和其他同辈一样在王宫接受传统的伊斯兰教育，主要阅读和背诵伊斯兰圣典《古兰经》。幼年时期对伊斯兰教经典的学习使苏丹奥马尔·阿里·赛里夫汀养成了良好的举止仪态和尊敬长者的好习惯。在《古兰经》学习方面，除了接受家庭式的引导外，他还得到了水村及附近一些《古兰经》师傅的教诲。除了接受宗教教育外，奥马尔·阿里·赛里夫汀自幼就对传统的马来文学表现出兴趣，并喜爱马来诗歌的创作，后来因此获得了“皇家诗人”的称号。他年幼时还对马来武术、足球等感兴趣。

1932年，苏丹奥马尔·阿里·赛里夫汀和他的两位堂兄弟一起到马来西亚的瓜拉江沙马来学院接受西方教育。该学校的宗旨主要是通过英语教育使贵族子弟具有行政管理能力。经过4年的学习，他返回文莱。

返回文莱后，奥马尔·阿里·赛里夫汀开始进入英国殖民政府部门工作。他最早的一个职务是瓜拉白拉奕林业局实习生，他的主要职责就是每月从内陆沿着河流走到瓜拉白拉奕为手下的马来人和达雅克工人发放工资。这段经历使他和普通民众有了密切接触，了解了人民的需求。一年后，他进入司法部门实习，开始处理司法机关的日常工作。他不仅努力学习各种法律，还经常出席旁听法院的诉讼案件，经常参加文莱—穆阿拉区地方法院审理案件的听证会。

1938年，奥马尔·阿里·赛里夫汀离开了司法部门开始和文莱的一些知名宗教经师研习宗教。1941年日本占领文莱后，他应日本地区司令的要求开始在日本总督署工作。日本占领期间，奥马尔·阿里·赛里夫汀一家也深受其害。日本的占领结束后，他欣喜若狂，于1947年8月7日第一次参加了国家理事会会议。他在文莱历史上的巨大贡献是将宗教局正规化。在他的建议下，宗教局由原来的18名成员于1948年1月31日召开了第一次会议。从那以后，所有有关宗教事务的案件都提交到该局处理。1950年，他继承王兄的王位，正式成为苏丹，并于1951年5月31日获得加冕。

"二战"后，在全球非殖民化浪潮影响下，苏丹奥马尔·阿里·赛里夫汀也认识到文莱要脱离英国的殖民统治，获得独立自主。1959年3月，他亲自率团与英国政府就文莱新宪法和恢复自治进行谈判，最终促成了文莱1959年宪法的颁布。1963年10月，他主持通过了《1963年石油法案》，对采油利润的分配做出了重大改变，将文莱政府与英国"壳牌石油公司"的利润分配由四六分谈成了五五分，并取消了禁止非英国公司在文莱进行地质勘探活动的规定。

20世纪50年代，文莱政府开始制定以经济发展为主要内容的国家发展计划。苏丹奥马尔·阿里·赛里夫汀在位期间先后制定并实施了两个五年计划，使文莱的经济得到了较大发展，他也因此被文莱臣民誉为"总设计师"。1967年10月5日，他主动将王位让给了儿子哈桑纳尔·博尔基亚。1984年文莱独立后，他出任文莱国防大臣，于1986年9月7日逝世，享年72岁。

二、二十九世苏丹

文莱现任苏丹哈桑纳尔·博尔基亚是文莱历史上第二十九世苏丹，其全名为苏丹·哈吉·哈桑纳尔·博尔基亚·穆伊扎丁·瓦达乌拉(英文完整称呼为：His Majesty Paduka Seri Baginda Sultan Hassannal Bolkiah Mu'zzadin Waddaulah，Sultan and Yang Dipertuan of Brunei Darussalam)。

(一)成长经历

哈桑纳尔·博尔基亚于1946年7月15日出生于文莱市(1970年更名为斯里巴加湾市)，幼年在王宫接受宫廷教育；后来在本地马来小学学习；1959年到马来西亚首都吉隆坡接受中学教育。1961年被立为文莱王储，接着继续到马来西亚吉隆坡维多利亚学院接受高等教育。1966年，哈桑纳尔·博尔基亚和其弟弟穆罕默德·博尔基亚一起到英国皇家圣赫斯特陆军学院学习军事课程，获上尉军衔。在圣赫斯特陆军学院的学习生涯是哈桑纳尔·博尔基亚个人成长经历中最为重要的一段时光。在学习军事的同时，他还学习了英语、数学、综合科目、国际关系等课程。20世纪80年代，哈桑纳尔·博尔基亚在回忆这段学习经历时说，他在英国皇家圣赫斯特陆军学院，学会了从理论上和实践上如何当一名领导人，最重要的是通过参加团队训练学会了一种集体精神。军校生活培养了他作为学员的责任感、尊敬师长、勇敢拼搏和严守纪律的品德，其中之一就是要能够牺牲小我，献身集体和公益事业。

1967年10月5日，哈桑纳尔·博尔基亚继承王位成为文莱第二十九世苏丹，并兼任国防大臣和首相等职务。他在接受政府官员和臣民效忠宣誓时说："我很高兴，也很难过，我年轻缺乏经验，但我对我的父亲和各个理事会充满信心，并希望得到他们的指点"。

(二)主要贡献

哈桑纳尔·博尔基亚1968年8月1日获得加冕。就任苏丹后，他将在和平与和睦中改善人民的生活水平作为他最崇高的目标；文莱在国际上的地位以及与英国的关系成为他最重视的国家大事。因此，他致力于谋求文莱通过循序渐进的方式最终脱离英国的统治，与英国建立起正常平等的国家间关系。1968年11月，他在其父王的陪同下亲赴英国就文莱与英国1959年签署的协议进行谈判，并就文莱的防务问题与英国磋商。同年12月，苏丹再次率团赴英国继续与刚上台的工党政府进行谈判，双方最终就廓尔喀部队继续留驻文莱达成了协议。此后，他与英国就1959年协议开展了长达3年的谈判，最终于1971年11月与英国签署了《文莱英国友好合作条约》，将文莱的自治和独立向前推进了一大步。

1971年协议签署后，苏丹意识到文莱的独立势在必行。因此，他在国内加紧筹组自治的步伐；面对与周边一些国家对抗的局面，他积极考虑文莱国防力量的建设。1971年7月，哈桑纳尔·博尔基亚兼任文莱皇家马来军团最高统帅。1978年，他再次率团与英国政府就文莱的完全独立进行谈判，最终签署了《文莱英国友好合作条约》，英国答应文莱于1984年1月1日获得完全独立。

独立前夕，哈桑纳尔·博尔基亚制定了一系列迎接独立、确保政府清廉和内部稳定的措施。1981年12月，文莱政府成立了独立于警察部门之外的反贪局，局长直接向苏丹负责；1983年4月，文莱制定的国内安全法生效，该法反对极端宗教势力从事分裂文莱以及背离文莱文化和宗教传统的活动；该法还强调，任何犯人只要保证效忠文莱王室，放弃颠覆和破坏活动就可以获得释放。

1983年12月31日午夜，在宣读《独立宣言》时，苏丹强调文莱是一个主权、独立和民主的穆斯林国家。1984年1月1日独立后，哈桑纳尔·博尔基亚就文莱的政治、经济、文化、外交各个方面都做出了周密的安排，极力维护文莱马来伊斯兰君主国的政治制度。

1986年9月7日，哈桑纳尔·博尔基亚的父王二十八世苏丹逝世。

他在悼念父王的悼词中说："不管我们的愿望多么纯洁，不管我们的发展计划多么伟大，不管我们的希望多么高尚，没有和平、稳定和安全，就不可能实现。为此，我们必须以执著的精神去捍卫。"1986年10月，苏丹改组了内阁，决心建立一个强有力的廉洁政府，他认为"只有建立高效、廉洁的管理体系，文莱才能走向发展、繁荣和稳定"，"应当牢记，要避免自己内部的任何分裂与敌对，这样大家才能享受业已取得的进步与繁荣"。总的来说，在取得国家的完全独立后，文莱苏丹致力于国家经济的发展、社会稳定和人民安居乐业。他曾向臣民允诺要实现每个家庭都有自己的房子，具备现代化的水电和排污设施；继续提供免费教育、公费医疗和扩大交通基础设施建设；发展现代化的农业，实现日常生活必需品的自给。

（三）亲民形象

博尔基亚愿意贴近人民，因此在文莱他享有"平易近人"的赞誉。他经常亲自驾驶汽车或直升飞机直接去民众居所，民众有困难，他便设法立即解决。他说："我喜欢与人民建立直接的关系，既然他们不来找我，我便到他们的住屋"。臣民遇到大的天灾人祸，他经常亲自到现场慰问；对一些因火灾失去家园的灾民，政府帮助重建房屋，苏丹亲自发放公房的钥匙。由于苏丹身兼伊斯兰教的领袖，为了与贫民接触，他每星期五都轮流到国内各清真寺祈祷。每当他的生日，他就开放第二座宫殿让民众参观。

（四）世界首富

博尔基亚是世界最富有的人之一，他的富裕主要体现在以下几个方面：

第一，他有巨额的存款，美国福布斯财富杂志曾将他列为世界五王室首富。1997年，文莱苏丹曾以拥有350亿美元资产被美国《财富》杂志列为世界首富，但其后被比尔盖茨赶上。在2007年颁布的《福布斯》全球富豪榜上，文莱苏丹名下的资产估计达220亿美元。

第二，文莱苏丹的宫殿极尽奢华。文莱苏丹的皇宫可谓建筑史上的一大奇迹，它耗资40亿美元，几乎全部是用黄金和珠宝铺盖而成的。皇宫占地面积数十公倾，共有房屋1 876间，分为金銮殿、宴会厅、会客厅、卧室、娱乐室、佣人房等和一个能同时停放700辆汽车的车库，全部是大理石地面。皇宫内金碧辉煌，纯金制品到处可见。金銮的座椅是用纯金制成的。盥洗室的所有水龙头是纯金的，卧室、客厅的地毯是用金丝编织的，就连电话、电子报警器也是用纯金制作的，用黄金造的枪械以及各种黄金饰物不胜枚举。1992年，文莱苏丹在其登基25周年之际，举行了5 000多人的盛大庆祝宴会，席间使用的餐具全部是纯金的。宫外更是金光闪闪，有20公顷面积之大的宫殿圆顶镀上了厚厚的一层黄金。皇宫中，价值连城的珠宝也是美不胜收。皇宫大厅内重达两吨重的水晶大吊灯就有12个，摆设的花盆全部是用大块水晶石制成的，花卉是用纯金和各种宝石拼成的人造花，连地球仪也是用珠宝拼制的。

第三，乐善好施。文莱苏丹博尔基亚被称为“大度的小国之君”，因为他乐善好施，且他乐善好施的程度令世人瞠目结舌。1985年春天，他访问多彻斯特时，没等东道主开口，他就拿出30万美元捐助了4项慈善事业。1984年秋天，文莱加入联合国，他向儿童基金会捐赠 150万美元，同时还转交50万美元的支票作为捐助贫穷老人的基金。1985年4月，英国面临一场货币贬值危机，撒切尔夫人在赴亚洲访问途中，特地绕道文莱求助，他毫不迟疑地从他在伦敦银行账户上拿出50亿美元，兑换成英镑交给撒切尔夫人，从而扭转了金融市场的方向。

三、比拉王储

比拉王储全名：阿尔·穆赫塔迪·比拉王储（His Royal Highness

Crown Prince Haji Al-Muhtadee Billah)。

穆赫塔迪·比拉1974年2月17日出生在斯里巴加湾市。他是文莱苏丹哈桑纳尔·博尔基亚和第一个夫人所生的第三个孩子。比拉自幼便受到父亲的悉心栽培。他在斯里巴加湾市完成了小学和中学的学业，并在14岁时通读完《古兰经》及其他伊斯兰教经典，还和苏丹哈桑纳尔·博尔基亚赴麦加圣地朝觐。1986年，他进入文莱理工学院学习，1988年获得文莱中学文凭，1991年获得英国剑桥普通教育高中文凭，1994年获得剑桥普通教育大学进修班文凭。

1995年至1997年，比拉王储前往英国牛津大学马格达伦学院伊斯兰教研究中心学习，侧重于伊斯兰教研究、文莱的历史和文化、政治学、经济学和国际关系等学科。在牛津学习期间，比拉酷爱打台球，为了参加国际司诺克台球比赛，他经常化名“奥马尔·哈桑”报名参赛，并在比赛中获过奖。

王储在牛津大学两年的学习时间里，努力将所学运用于实践。他在学习外交事务之后，先后会见了联合国前秘书长加利和安南，并拜访了纽约和日内瓦的联合国办事处。在研修国际贸易和金融业务时，王储还拜会了总部设在华盛顿的世界银行和国际货币基金组织以及设在日内瓦的世界贸易组织。此外，他还了解了欧盟的一些委员会及其他相关的欧盟组织机构。他还与英联邦、世界卫生组织和东盟等相关机构的代表人员有过接触。

1997年留学归国后，比拉迅速在文莱政坛显露头角。他先后在教育部、外交部等多个政府部门挂职实习，以积累从政经验，培养执政能力。1998年8月10日，他被正式册封为王储，成为文莱苏丹和王位的合法继承人。

为了将比拉王储培养成合格的苏丹，博尔基亚苏丹对他要求很严格，不允许他驾驶名贵轿车和出入赌场。比拉王储讲话声音柔和，举止文雅，他除了喜欢打台球外，也喜欢踢足球和打羽毛球。2004年9月9日，比拉王储和萨拉·萨莱赫结婚，结婚大典在首都斯里巴加湾市郊金碧辉煌的努洛伊曼皇宫举行。2005年5月被任命为文莱皇家警察部队副总督察，同年5月内阁改组时被任命为首相府高级部长。

比拉王储曾于2002年3月和2007年10月先后两次访问中国。

四、外交大臣穆罕默德·博尔基亚

穆罕默德·博尔基亚亲王殿下（His Royal Highness Paduka Seri Pengiran Wazir Sahibul Himmah Wal-Waqar Pengiran Muda Haji Mohanmed Bolkiah）1947年8月27日出生于文莱市（1970年更名为斯里巴加湾市），是哈桑纳尔·博尔基亚苏丹的弟弟。1960年赴吉隆坡维多利亚学院学习，1964年返回文莱，在苏丹·奥马尔·阿里·塞里夫汀学院就读。1965年至1967年在英国皇家圣赫斯特陆军学院学习，1971年在伦敦加入爱尔兰卫队，后到英国国防部工作。1980年曾在新加坡外交部工作过一个月。自1984年文莱独立以来，一直担任外交大臣职务。苏丹不在国内期间代理苏丹行使职权。

第五章　经　济

文莱是东南亚主要产油国和世界主要天然气生产国。1929年白拉奕区诗里亚镇发现的第一口油井让文莱踏上了从贫穷走向富裕的道路。2012年，文莱的全球竞争力①在142个国家中排名第28位。石油和天然气的生产和出口是文莱国民经济的支柱。为避免经济结构过于单一，近年来文莱一直朝经济多元化方向努力，大力发展农林渔业、建筑业、运输业和金融服务业，取得了一定成就。但狭小的国内市场和人才短缺依然是制约文莱经济长期持续发展的瓶颈。

第一节　经济发展历程

地处东南亚一隅的文莱原是经济贫穷落后的小国，当地居民长期以渔猎和农耕为生。自20世纪20年代末开始开采石油和天然气后，文莱的经济结构发生了根本性变化，石油和天然气成为文莱经济的主要支柱。出口油气带来的丰厚外汇收入，使人民生活水平大幅度提高。正如文莱国家博物馆石油发展史展厅展出的两幅图的图注所说，“没有石油的世界缺乏色彩，有了石油的世界绚烂多彩”。油气产业的发展使文莱很快成为富甲一方的石油王国。

文莱从20世纪50年代初开始实施计划经济，长期的政治稳定为经济发展提供了良好的环境。文莱自实施国家短期经济发展计划以来的经济发展历程大致可分为两个阶段：

---

① 自1979年以来，世界经济论坛每年发布一份全球竞争力报告，竞争力指数由制度、基础设施、宏观经济环境、商品市场效率、可持续发展等12类指标构成。

一、经济发展的第一阶段（1954—1983年）

20世纪50年代初，文莱政府试图将国家经济纳入计划发展轨道，并着手制定阶段性经济发展规划。从1954年到1984年间，文莱共制定并施行了四个五年国家经济发展计划。①

“一五”计划：1954—1958年，文莱实施了第一个五年国家经济发展计划。“一五”计划期间，文莱政府的工作重心是改善交通、电讯等基础设施。政府拨款1亿文元，用于构建现代交通网，兴修农田水利，新建了一批清真寺、学校、医院和政府办公场所。以28世苏丹名字命名的奥马尔·阿里·赛里夫汀清真寺就在这一时期建成。在实施第一个五年国家经济发展计划的带动下，文莱的工矿业、交通运输业和电力工业等有了较大发展，为此后的经济发展打下了良好的基础。

“二五”计划：直到1962年，文莱才开始实施第二个五年国家经济发展计划（1962—1966年）。“二五”计划的目标是要在“加强和促进本国的经济发展”的同时“提高本国国民文化水平”，即要经济发展和文化发展两手抓。政府计划通过落实“二五”计划使国民生产总值增长6%，国民收入提高4%。该计划包括14个项目，主要是努力改善电力、交通和电讯等各项基础设施；增强工业设施，整顿教育制度和改善公共事业；发展农业，通过扩大水稻种植面积增加农作物产量。“二五”计划完成时，年平均经济增长率为6.6%，比原计划高出0.6个百分点。但同期文莱的人口增长率高达3.6%，大大抵消了经济增长给人民带来的实际收益，从而使原计划中人均年收入增长4%的目标落空。

在1967—1974年的8年间，文莱没有制定和实施目标明确的国

① 刘新生、潘正秀：《文莱·列国志》，社会科学文献出版社，2005年版，第102-103页。

家经济发展计划。本阶段的最初几年，文莱的经济增长比较平稳。1973年10月爆发世界石油危机，国际市场油价突飞猛涨，文莱出口石油带来的外汇收入急剧增加，经济发展迅速。1974年，文莱的经济增长率高达11.85%。

“三五”计划：1975年，文莱开始执行第三个五年国家经济发展计划（1975—1979年）。该计划的主要目标是达到充分就业；通过促进农业和制造业的发展实现经济多元化，改变高度依赖石油和天然气的单一经济结构；大力吸引和引导外资与私人资本流向基础设施建设和制造业，以实现年均6%的经济增长率和4%的国民收入增长率。文莱计划在“三五”计划期间投资12.13亿文元，用于国防、交通运输、电话、通讯广播、教育、工业等领域。其中政府提供5亿文元，私营企业提供7.13亿文元。同时，文莱政府还于1975年颁布了投资法令，为能带来实际效益的外资项目提供税务优惠。由于国际市场油价持续上涨，“三五”计划期间，文莱的经济发展成果喜人。实际年均经济增长率为14.92%，比原计划高出8.92个百分点，创历史新高；人均国民收入的年增长率为11.07%，比原计划高出7.07个百分点。同一时期，文莱的就业人数由1975年的5万人增加到6.34万人。但该计划确定的经济多元化目标没有实现。农业在国内生产总值中的比重不但没有上升，反而由1975年的1.34%下降到1979年的0.86%；非石油产品和制造业在国内生产总值中所占比重也大大降低，由1975年的1.19%下降为1979年的0.55%。①

“四五”计划：第四个五年国家经济发展计划（1980—1984年）明确提出，要把实现经济结构多元化，减少对石油和天然气的过分

① 俞亚克、黄敏：《当代文莱》，四川人民出版社，1994年版，第77页。

依赖作为国民经济的发展方向。同时还特别强调要发展以农产品和林产品为原料的加工业，重视发展以非油气矿物为原料的制造业，并继续推进工业园区的建设。这期间，文莱投资总额为61.525亿文元。其中公有部门的投资为15.897亿文元，私人资本在石油工业方面的投资为41.478亿文元，在非油气部门的投资为4.15亿文元。但由于国际石油市场价格的下跌和文莱石油产量的减少，国内生产总值不但没有实现预期的增长，反而以年均4.44%的速度下降。1984年（文莱）的国内生产总值为35.47亿文元，比1983年增长1.9%。[①]为迎接国家独立，文莱在“四五”计划期间大力改善城市面貌，新修了努鲁尔·伊曼宫。

通过实施四个五年国家经济发展计划，文莱的基础设施有了很大改善，国家面貌焕然一新。油气开采业的发展使文莱摆脱了贫困，走上了富裕的道路。油气产业成为文莱的经济支柱和财政收入的重要来源。同时，文莱政府也意识到本国经济结构过于单一，在制定经济发展计划时已有意促使经济朝多元化方向发展，但收效不佳。

二、经济发展的第二阶段（独立后至今）

1984年，文莱获得完全独立。政治上的独立为经济发展提供了动力。自独立以来，文莱积极推行经济多样化政策，力图改变过分依赖石油和天然气的单一经济结构。[②]文莱在借鉴发达国家和亚洲新兴工业化国家发展经济的同时，不断努力探索一条符合本国实际的工业化道路。[③]

① 日本贸易振兴会新加坡中心：《文莱经济的现状及其展望》，《南洋译丛》，1986年第1期，第93页。

② “五五”至“八五”计划参见刘新生、潘正秀编著：《文莱·列国志》，社会科学文献出版社，2005年版，第103-111页。

③ 郭品：《产业转型：文莱经济新举措》，《世界知识》，1995年第21期，第49页。

“五五”计划：第五个五年国家经济发展计划（1986—1990年）制定了五个主要目标：①积极鼓励外资进入，发展新的出口导向型和进口替代型工业；②最大限度地、有效地利用国内资源；③保持充分就业和提高生产力发展水平；④鼓励和培养马来族公民成为工商企业领导人；⑤继续促进非石油部门的发展，努力实现经济多元化。1988年11月，文莱设立了工业和资源部，对工业发展和资源开发利用进行宏观调控。在此期间，由于国际石油市场价格好转，文莱逐渐扭转了经济持续下滑的局面，国内生产总值开始回升。1989年经济增长率为2.7%。非石油天然气加工业、农业和渔业等部门的生产也得到了一定程度的发展。其中，农、林、渔业在国民生产总值中的比重上升到了2.2%，但远远没有实现自给，更没有较大规模的现代化生产。文莱在本阶段的经济多元化总体进展缓慢。

“六五”计划：第六个五年国家经济发展计划（1991—1995年）提出在保持石油和天然气工业发展的同时，加强对人力资源的开发，加快制造业的发展，积极鼓励私营企业的发展。计划预计投资额为55亿文元，其中30%用于社会福利（包括教育和卫生），20%用于基础设施建设，贸易和工业方面约占10%。“六五”计划期间，文莱经济宏观情况总体良好，发展相对平衡。根据国内与国际经济形势的变化，文莱政府进一步推行“产业转型”政策，以求改变经济过分依赖石油、天然气开采的单一格局，逐步增加非石油产业在国民经济中的比重。为此，文莱政府采取了一系列多元化经济政策，主要有：大力发展油气下游产业及能源工业；加大对公共服务业和建筑业的资金投入力度；扩大粮食和蔬菜的种植面积，增加食品的自给率；鼓励国内外私人资本流入，促进中小型私人企业的发展，允许外资在高科技和出口导向型工业项目中拥有100%的股权；

推行私有化，逐步将政府管理的电讯、邮电、水电、交通等公共服务部门私有化，以提高服务质量和办事效率，减少政府财政负担。1993年，生产总值增长率稳定在3%~4%，年出口总额为26亿美元，收支盈余15亿美元，通货膨胀率仅为2.5%，低于预算值4%。[①]1994年国内生产总值增长率为1.8%，1995年上升至5.7%。“六五”计划时期，文莱的经济多元化取得了可喜的成果，非油气部门对国民经济贡献增大。建筑业发展为仅次于油气工业的重要产业，服装业则成为继油气之后的第二大出口收入来源。文莱经济纯粹依赖油气的状况有所改变。

“七五”计划：第七个五年国家经济发展计划（1996—2000年）更多考虑到此后五年国家将要面临的挑战和机遇及为迎接21世纪做好准备，突出要发挥非油气部门的作用来实现经济多元化，政府尤其鼓励私营企业界更多地参与国家建设，更加重视教育与培训，特别是对高科技人才的培养，倡导提高全民素质，加强创造性与责任感，强调社会经济均衡发展，重视加强环保意识。“七五”计划预定文莱经济年均增长率为5%，人均国内生产总值从2.41万文元增至2.81万文元。石油工业预计年增长2%；非油气部门预计年增长率为10%。为实现“七五”计划的各项发展目标，政府计划总拨款72亿文元，比“六五”计划增加了17亿文元。

1997年爆发的东南亚金融危机给文莱经济造成了巨大冲击。国际石油价格暴跌，使文莱的财政收入锐减。一些主要的国有企业亏损严重，建筑业、汽车销售业、零售业、房地产业和旅游业收益大幅下降。为振兴经济，文莱于1998年9月成立了国家经济理事会，

① 郭品：《产业转型：文莱经济新举措》，《世界知识》，1995年第21期，第49页。

制定了刺激经济复苏的短期策略和确保经济持续发展的长期战略。通过增加油气产量和出口，整顿金融秩序，国有企业私有化和加大吸引外资力度等措施，文莱经济逐步摆脱了亚洲金融危机带来的影响。由于石油价格处于高水平且美元相对稳定，“七五”期间，文莱的年均经济增长率为1.2%，仅有1998年的经济呈负增长。

“八五”计划：第八个五年国家经济发展计划（2001—2005年）期间政府为石油及天然气工业拟定了总体规划，为设立石油下游产品及制造业特区等基础设施建设提出了新的发展目标，以吸引外来投资；强调为中小型企业创造商机，同时继续努力实施经济多元化。文莱希望扩大和加速私营部门参与经济的发展力度，使其发挥经济增长的引擎作用，从而摆脱国民生活水平的提高过度依赖政府开支的现象。“八五”计划的总预算为73亿文元。9亿文元用于发展信息产业，建立电子政府和电子商务，为政府部门、学校、社区、清真寺和城乡居民提供电子服务。为提高服务质量，减轻政府财政负担，文莱鼓励私人资本参与电力发展，将电力局等政府部门企业化。“八五”计划中拨出5.29亿文元发展电力服务，占总预算的7.25%。2003年，政府又追加了10亿文元拨款，其中3 100万文元用于促进中小企业发展。受全球经济发展缓慢影响，政府号召私人企业优先雇用本地人，私企得到了一定发展。2001年的私企就业人数从2000年的6.67万增加到7.2万。“八五”计划期间，文莱的国民生产总值从2001年的100亿文元（约60亿美元）增长到2005年的159亿文元（约合95亿美元）；人均GDP从3万文元（约1.92万美元）增长到4.29万文元（约2.569万美元）。[1]

① 数据来源：《2000—2005年文莱经济形势分析》，中国商务部，http://www.mofcom.gov.cn/aarticle/i/dxfw/cj/200611/20061103644604.html.

2006年，文莱经济保持稳步发展。政府进一步采取措施推进经济多元化，设立了中小企业创新中心，加速发展石油、天然气下游产业，并加大对农林渔业的投入。2006年，国际外部环境为文莱的经济发展又提供了机遇，全球原油价格居高不下，大部分时间一直维持在每桶68美元左右，仍然以石油、天然气为经济支柱的文莱从中获得了很好的经济收益，增加了可观的财政收入，全年经济继续保持稳步增长的趋势。[①]2006年，文莱国内生产总值为189.18亿文元（约合119亿美元），比上年增长3.8%。其中，石油、天然气行业生产总额达133.65亿文元（约合84亿美元），年增长率为3.3%；非油气行业生产总额为55.53亿文元（约合35亿美元），增长4.3%。消费者价格指数增长0.5%，人均国民生产总值约4.94万文元（约合3.04万美元）。[②]

第九个国家发展计划：文莱的第九个国家经济发展计划为期六年一直从2007年延续至2012年（2008年出台的2035年宏愿制订有2007—2012年的发展规划）。该计划主要强调要加快人力资源的转变，迎接经济各领域体制上的挑战，增加就业，提高生产力。政府决定投入95亿文元，落实275个发展计划下的826个项目，以推动国民经济发展，预计2012年的投资金额将达到12亿文元。同时，政府还将增加每年用于发展建设项目的投资，并使国民生产总值年均增长保持在6%左右。2008年的全球经济危机使文莱的经济发展受到很大影响，2009年文莱的国民生产总值出现大幅下降。据亚行统计数据，文莱2007年国民生产总值为184.59

① 马金案：《文莱：2006年回顾与2007年展望》，《东南亚纵横》，2007年第2期，第11页。

② 《保持经济支柱 推进多元发展：2006年文莱经济综述》，广西新闻网，http://www.gxnews.com.cn/staticpages/20070305/newgx45eb4252-979594.shtml.

亿文元；2008年达203.98亿文元，较上一年增长10.5%；2009年暴跌至156.11亿文元，降幅接近23.5%；2010年回升至168.67亿文元；2011年为205.79亿文元（约合163.6亿美元），已超过经济危机前的水平。2011年文莱GDP年增长率为2.2%，人均国内生产总值约3.99万美元。2012年第一季度，文莱的GDP为53.64亿文元（约合43亿美元），同比仅增长了0.7%。但非油气业增长了2.6%，油气业则下降了1.3%。同时服务业增长了2.6%，农林渔业增长了13.6%。

"十五"计划：文莱将从2013年开始实施第十个五年国家经济发展计划（2013—2017年）。"十五"计划期间，文莱政府拟拨款1.23亿文元（约合1亿美元）用于8个路桥项目建设。此外，政府还将拨款10亿文元（约合8.2亿美元）推行电子政务工程，作为政府普及信息技术的主要项目。

三、文莱2035年远景展望

2008年1月20日，文莱首相署经济规划和发展局发布了《文莱长期发展规划》（又称《2035年宏愿》），该规划包括三个部分，"2035年远景展望"、"2007—2017年发展战略和政策纲要"以及"2007—2012年国家发展计划"。2010年上海世博会的文莱馆也曾对这一长期规划做过重点介绍。

（一）2035年远景展望[①]

"2035年远景展望"提出到2035年，文莱要建立起富有活力和可持续发展的经济，并在生活质量和人均收入上进入全球前10名。

① "2035年远景展望"、"2007—2017年发展战略和政策纲要"和"2007—2012年国家发展计划"来源于：《"文莱2035宏愿"基本情况介绍》，中国驻文莱大使馆经商处。

“2035年远景展望”为文莱确立了3个目标：首要目标是慢慢提高文莱人的生活水平；第二是在政府协助下，加快文莱人力资源开发；第三是发展除油气之外的多元化经济。为顺利实现这些目标，文莱制定了八大战略：教育战略、经济战略、安全战略、机制发展战略、本地企业发展战略、基础设施战略、社会保障战略和环境保护战略。

（二）2007—2017年发展战略和政策纲要

“2007—2017年发展战略和政策纲要”具体阐述了为保障2035年宏愿实现，文莱在2007—2017年10年里在教育、经济、安全、机制发展、本地企业发展、基础设施建设、社会保障、环境保护等领域需要实施的8个战略方向和50个政策方向。

1. 教育：实施早期儿童教育；吸取国际先进教学经验；采纳一流的中等教育和高等教育体制，包括发展工商业所需的职业教育、专才教育、技术教育等；加强发展信息产业所需的人才培养和课程；发展终身教育课程，拓宽接受高等教育人群；促进科研和创新；提高教育效率；增进教育机构管理能力。

2. 经济：保证宏观经济稳定；确保经济高速增长，保证就业；培育强健资本市场，包括伊斯兰债券市场；出台有利于提高生产力、开放度和竞争力的政策，促进经济竞争力；投资于对提高文莱竞争能力、出口潜力和就业有帮助的油气下游产业和其他类似产业；投资国际一流的基础设施，吸引国际国内投资，促进出口；根据实际国情，发展能源规划，促进油气下游产业多元化；服务业私有化；对发展本地工商业所需的技术、知识、科研进行投资；促进国际经济双边和多边合作；鼓励妇女平等。

3. 安全：促进外交、国防和安全部门的紧密协调，确保国家安全；增强安全部队能力，包括国防部队、警察和情报部门；提高军队基础设施和装备的改进；促进执政能力建设；加强突发事件应急处理体制建设；确保文化和社会和谐。

4. 体制建设：确保现代法制；引进国际先进政府管理经验；建设现代高效公务员制度；精简政府机制；建立独立的公共和私有部门监督体制；确保经济政策的有效性和可执行度。

5. 本地企业发展：引进规划有效的本地企业融资计划，帮助中小城市企业提高竞争力；发展中小城市企业科技孵化中心；提高外资对本地企业的提携作用；鼓励使用本地产品；通过私有化、商业化和政府采购等来增加本地企业机遇；简化政府程序，减少企业成本；确保政府决策和付款迅速。

6. 基础设施发展：提供足够的社会基础设施，特别是公共住宅、卫生保健和教育；健全法制，保障社会和工业基础设施的投资；确保重要政府基础设施项目建设资金；评估政府项目招投标和项目管理机制，确保按时保质完成。

7. 社会保障：为脆弱人群提供经济上可持续发展的社会保障体系；培育提升创业精神和自力更生精神的计划；为私有企业员工提供与公共部门一样的享受社会保障的机遇。

8. 环境保护：继续保护文莱生物多样性、热带雨林和自然生态；要求各产业和工业项目执行最严格的环保标准；对建筑物和著名文化遗产建立明确的保护指南；对有关公共卫生和安全的环境维护执行严格的管理的办法；支持国际和区域对跨境和跨区域环境关注的努力。

（三）2007—2012年国家发展计划

“2007—2012年国家发展计划”指出，考虑到未来十年文莱人口增长速度和油气资源的消耗，要加快人力资源的转变，迎接经济各领域体制上的挑战，增加就业，提高生产力。在新的六年国家发展计划中，要保持宏观经济稳定运行，为国家发展提供良好基础。

“2007—2012年国家发展计划”指出了未来六年文莱在宏观经济、政策实施、公共部门和财政、人力资源发展、工商业、初级资源发展、旅游、银行金融保险业、运输和交通、信息产业、电力、供水和排水、卫生、社会发展、环境、安全、科技创新和行政管理等18个领域面临的问题和挑战，提出了具体应对建议：

1. 宏观经济：国际市场能源价格的持续上涨将会对文莱经济、政府财政和出口等方面继续作出积极贡献；要继续实施经济多元化战略，发展油气下游产业；在非油气领域继续发展受鼓励产业。

2. 政策实施：考虑到政府政策和计划的广泛联系性，以及需要实施的8个战略方向和50个政策方向，2007—2012年发展计划和项目定有四大发展目标：拓宽经济基础，增强知识经济基石；加快社会进步步伐，维护政治稳定；扩大高技术劳动队伍储备；提高机构能力。

3. 公共部门和财政：2007—2012年发展计划中，六年内将拨款96亿文莱元（约67亿美元）资金，执行275个发展计划下的826个项目。

4. 人力资源：大力进行人力资源开发。

5. 工业与商业：致力于经济多元化发展，促进中小企业发展，提高生产力，促进油气下游产业、清真食品、商业与金融服务业、运输与物流、信息产业、旅游服务等六大产业群增长。

6. 初级资源：促进农、渔、林业发展，主要包括：市场开拓，食品安全，农业和生物技术开发，相关基础设施建设，清真食品开发，发展渔业捕捞产业，海水养殖，相关服务，实验室建设。

7. 旅游：增加游客人数；提高旅馆入住率；创造更多旅游相关产业岗位。

8. 银行、金融和保险业：主要目标是增强有关法制管理，建立相关数据系统，发行伊斯兰短期债券，增强能力建设，把文莱建成伊斯兰金融中心。

9. 运输和通讯：进一步健全运输和通讯基础设施，提高服务质量，增加行业对国民经济的贡献率。

10. 信息产业技术：重点是发展信息综合在线服务、能力建设和电子商务。

11. 电力：提供充足电力，继续改进电力供应质量，全国三大电网并网，满足特别经济区域电力需求，提倡节约能源和提高电力使用效率。

12. 供水、排污排水：重点是保证旱季水资源充足供应，达到水处理能力比需求高出20%，提高水质；延伸排污管道，增加中央排污系统连接；改善和提高排水基础设施，减少水灾区域。

13. 卫生：重点是增强卫生管理和服务，提高国民卫生水准和生活质量，提高国家卫生突发事件处理能力，改进卫生质量，提高效率，改善医院设备和服务，提高卫生中心服务。

14. 社会发展：兴建居民及各级政府人员住宅；建造新公共汽车站、游泳池和各县多功能厅等公共设施。

15. 环境：保护环境，维持自然资源的可持续发展，制订新的有关空气和水源质量、固体垃圾处理、海岸线保护、公众认识和国际合作等方面的政策。

16. 安全：提高文莱空军和警察部队能力，建造文莱驻外使领馆馆舍和移民局大楼。

17. 科技和创新：提高独立科技创新能力，支持有示范连带效应的小型项目，提升国民科研文化。

18. 行政管理：重点是人力资本投资，主要工作是精简和实现现代化行政管理，改进公共服务，提高执行项目和计划的效率，提高政府运行效率。

第二节　农林渔业

一、农业

（一）农业发展概况

文莱的耕地面积仅占国土面积的5%左右，且土地贫瘠。历史上，当地居民曾以农业和渔业为生。“二战”前，稻米完全自给，甚至还有部分出口。随着20世纪70年代油气和公共服务业的发展，很多人弃农转业，传统农业受到冲击。虽然文莱政府鼓励发展农业，并投入财力改善农业基础设施，近几年农业对国民生产总值的贡献率仍不到1%。2009年，农业产值占GDP的0.9%，2010年下降为0.8%，2011年仅占0.6%。

表5-1　2004—2011年来文莱农业产值及所占GDP的比重

年份	2004	2005	2006	2007	2008	2009	2010	2011
产值（百万文莱元）	150	150	129	127	130	142	128	132
比重（%）	1.1	0.9	0.7	0.7	0.6	0.9	0.8	0.6

数据来源：亚行，*Key Indicators for Asia and the Pacific 2012*, *Brunei*.

文莱属热带气候，炎热多雨。文莱的农业生产通常是小户种植。农作物主要有少量水稻、橡胶、胡椒和椰子、木瓜等热带水果。但水稻和水果的产量均不能满足国内需求，仍要大量进口。

表5-2　2004—2008年文莱主要农作物产量统计　单位：吨

年份	2004	2005	2006	2007	2008
稻米	620	851	886.2	982.9	911.3
蔬菜	11 158	10 710	99 518.1	97 927	13 055.8
水果	4 516	4 793	3 766.1	4 372.3	3 484.6

数据来源：文莱首相府经济计划发展局统计公报

大米是文莱人的主食。2011年，文莱全国的稻米产量达到2 143吨，比上一年增长30%，创历史新高。目前，文莱平均每年消费3万多吨大米，绝大部分依赖进口。文莱进口的大米主要来自泰国，2011年从泰国采购3万吨大米，占其年均总需求量的99%以上。2008年7月，文莱苏丹在62华诞讲话中呼吁加强国家粮食安全意识，提高国内稻米等农产品的自给率。

文莱国民的人均年度水果消费量为55千克，国内生产的水果远不能满足国内需求，只能依靠大量进口。2011年，文莱的水果需求约2万吨，国内水果自给率仅为23.4%。全国水果种植面积为2 450公顷，集中在郊区，单产偏低。商业农场平均每公顷产水果5.4吨，非商业农场每公顷平均产量为5.2吨，全国农耕地每公顷平均产量为1.9吨。文莱政府计划在全国乡村号召农民种植果树，增加本地水果产量，到2035年使全国水果总产量达到2.4万吨，实现自足。文莱进口的主要水果品种有榴莲、香蕉、西瓜、芒果、菠萝、木瓜等。进口的热带水果主要来自马来西亚，温带水果则来自中国、澳大利亚、美国、新西兰等国。

在文莱政府的大力扶持下，以养鸡业为主的家禽饲养业有所发展，鸡肉已实现90%自给，鸡蛋则能完全自给。2012年6月，文莱投资局通过其子公司购买了马来西亚最大综合畜牧中心40%的股份，总投入约合3 800万美元。该畜牧中心是马来西亚沙巴发展走廊项下的项目，占地约843.37公顷。其核心畜牧场将养殖2 000头奶牛，每年可生产600万升鲜奶。

（二）农业政策

为调动农民的种植积极性，文莱政府从2004年开始实施扶持计划，在改善农业基础设施的同时，提供半价的化肥、杀虫剂及咨询服务。在该政策的支持下，文莱的农户数量和水稻种植面积从2004年的214户和757公顷增长到2007年的549户和1 355公顷。

为提高农业产出，调动国内农业生产积极性，2009年初，文莱出台了促进农业增长的五项措施：（1）基本鼓励政策：加快引进和推广新技术，提高农业产量；鼓励在农业领域与外国企业开展合资合作；政府在土地、基础设施及病虫害控制等领域加大投入。（2）特别鼓励政策：对农业物资继续提供价格补贴，种子、化肥、杀虫剂、除草剂、农业机械等基本农业物资均可获得政府50%的价格补贴。（3）农业扶持补贴：根据第5个“五年发展规划”中的“水稻价格扶持计划”，继续采用补贴价收购国产水稻；对商业化蔬菜种植农户提供设备支持；由农业发展服务部门为企业提供技术服务，包括兽医服务、食品卫生及安全服务等。（4）市场促进计划：推动农产品的国内销售和对外出口，指导农户科学安排生产计划，合理利用市场工具。（5）企业拓展计划：对为国家农业发展作出贡献的企业进行鼓励和支持，包括增拨用地，改善基础设施等。政府特别拨出3 000万文元用于引进高产水稻品种、改善农业种植技术和基础设施。[①]

2009年11月，文莱政府发布了农业中期发展计划。该计划以粮食安全和经济多元化发展为指导方针，主要内容涵盖了四个方面：水稻种植计划、文莱清真品牌发展计划、养殖计划和粮农计划。文莱农业中长期发展计划提出，到2013年要使农业产值达到6.12亿文元，2023年要达到27亿文元。同时，文莱政府还提出不仅要提高农业初级产品的产量，还要提高农产品加工技术，提升农产品的附加值。

文莱与包括中国、韩国、菲律宾、新加坡等国开展了各种形式的农业合作。2009年5月，文莱和中国签署了《中国文莱农业合作谅解备忘录》。中方将在华为文莱培训水稻生产技术人员，并派遣水稻专家和技术员到文莱开展技术指导；帮助文莱就地选育优质高产抗性强的水稻新品种；鼓励和支持中国农业企业到文莱进行投资。同年11月，在10+3农林部长会议上，中文两国签署了水稻种植合作协议。根据文莱农业科技发展有限公司与中国广西玉林市旺旺大农牧有限公司项目的协议，中方将提供优质杂交水稻品种、技术培训和专家指导。2010年4月，玉林派出16名农业专家和技术员前往文莱开展为期半年的水稻试种。中方人员在3公顷的荒地上试种了10个品种，平均每公顷干谷产量为6.86吨，其中文莱品种平均每公顷干谷产量5.41吨，超出文莱水稻公顷单产最高纪录2.41吨。

二、林业

文莱的森林资源丰富，有5 000多种植物，2 000多种林木，国

① 《2009年初文莱政府推出促进农业增长五项措施》，中国驻文莱大使馆经商处，http://bn.mofcom.gov.cn/aarticle/ztdy/200902/20090206026016.html.

土绿化率高达75%以上。

文莱的森林全部是国有林，分为防护林、生产林、游憩林、保护林、自然保护区和科研林。目前共有11个森林保护区，面积为2 277平方千米，约占国土面积的39%，其中原始森林保护区面积占森林保护区总面积的86%。文莱还有14个森林保留区，其中供商业用途的森林生产区占20万公顷，国家公园及野生动物保护区占5万公顷[①]。淡布伦区是文莱原始森林的集中地区，区内山峦起伏，绿荫层叠。淡布伦区巴都阿波附近的森林保护区面积有500平方千米之大。文莱国家森林公园就位于其中，占地面积为48 875公顷。为保护原始森林，文莱政府规定只有几家得到政府特许的旅行社才能组织游客到淡布伦国家森林公园旅游，严格控制游客总数。

由于经济富足，文莱不需要开发热带林以换取外汇。因此，木材生产全部用于本国建设及家具业，原木、锯材、胶合板等木材产品均禁止出口。多年来文莱推行严格的森林保护政策，年伐木量限制在10万立方米内，同时执行“砍一棵树种四棵树”的政策，对伐木后的森林进行扩大性重植。

从文莱的高植被覆盖率来看，其森林资源保护政策取得了明显成效。

三、渔业

（一）渔业发展概况

文莱海岸线长达162千米，国内有文莱河、都东河、白拉奕河及淡布伦河4条大河，渔业资源丰富，靠近红树林的海域拥有数量众多的海产鱼、虾、蟹等。文莱海域自然条件得天独厚，无台风等

① 《文莱原始森林保护区面积不断扩大》，新华网，2012年8月3日。

自然灾害，非常适宜开展海洋捕捞。据文莱渔业局统计，文莱海域最大可捕捞量约21 300吨，其中沿岸资源3 800吨，底层资源12 500吨，浮游资源5 000吨。

1983年，文莱划定200海里水域为专属经济区域，渔业获得较快发展。截至2007年，文莱共有1 650名全职渔民及3 891名兼职渔民。渔业总产值为9 794万文元，其中8 329万文元来自捕鱼业，626万文元来自水产养殖，829万文元来自海产加工。本地鱼类产量可满足全国88%的需求量。

文莱沿海滩涂、浅湾没有污染，很适合开展海水养殖。文莱从1994年开始开展鱼虾养殖。到2008年，全国有30多家企业投资海产品养殖，建有50多个鱼虾养殖场，主要养殖虎虾、蓝虾、石斑鱼等名优品种。除满足国内消费外，部分产品还出口到美国、中国台湾、日本和新加坡等地。都东县的459公顷土地被划为养虾工业园项目用地，计划以封闭式再循环海水鱼道技术养殖大草虾，预计年产量为1 450吨。但受资金和技术所限，文莱大部分水产养殖场无法取得突破性的业务进展。2012年初，文莱已经成功培育出适合养殖的抗病虎虾品种，能通过严格检疫标准。渔业局正着力推动外资进入文莱从事虎虾养殖，并将欧洲、日本和韩国定为主要出口市场。

文莱从2001年开始举办渔产嘉年华会。集渔业展览、水产养殖、海产加工及捕鱼于一体的渔产嘉年华会已经成为渔业局推动渔业发展及促进海产工业交流的一个重要平台。

（二）渔业政策

为了实现国民经济多元化，促进渔业的发展，文莱政府制定了一系列的优惠政策来鼓励开发商业渔场和海水养殖场，鼓励外资与文莱本地公司开展渔业和海水养殖业合作，希望凭借得天独厚的地理位置，将文莱建成区域海产品加工中心和海产品批发及进出口中心。渔业是文莱政府促进发展的重点领域，相关投资项目和企业可以享受免出口税、销售税、个人所得税、薪工税和生产税等优惠待遇。作为主管部门，文莱渔业局不断推动海产品加工业的发展，积极鼓励包括在渔船靠岸港附近建设鱼类储存及批发中心和地区海产品进出口中心等产业发展的开发项目，还通过开展多项具体工程，促进渔业和水上生态旅游的发展。

对于渔业合作的海区，文莱渔业局规定文莱海域共划分为四个作业海区：第一海区，0~3海里(离岸)；第二海区，3~20海里；第三海区，20~45海里；第四海区，45~200海里。文莱政府为保护近海渔业资源，规定引进的外国渔船只能在第三、第四海区作业，而且从2008年1月1日起实行临时性保护措施，禁止在第一海区区域内捕鱼。第三海区海深从几十米到近200米，第四海区为大海槽，深达上千米。①

根据2008年中国广东省海洋渔业局与文莱渔业局签署的合作谅解备忘录，双方指定企业合资在文莱组建了BioMarine有限公司。该项目计划利用文莱海域优良的水质及气候条件，两年内安装80个深海养殖HDPE防浪网箱，预计年产石斑鱼、军曹鱼、金鲳鱼等名贵鱼种400吨，产品拟销往中国内地及香港、台湾等地。二期计划建设清真渔业加工厂，利用文莱清真品牌打入中东市场。为支持该项目，文莱渔业局已划定0.4平方千米近海海域用于水产养殖，并计划配套建设鱼产品初加工设施。②

① 《文莱渔业发展概况》，江苏海洋与渔业局，http://www.jsof.gov.cn/art/2010/5/31/art_69_51529.html.

② 《中国和文莱签署水稻种植、渔业养殖合作谅解备忘录》，中国—东盟中心，http://www.asean-china-center.org/2009-11/12/c_13282168.htm.

第三节 工 业

文莱近年来侧重油气产品深度开发和港口扩建等基础设施建设，积极吸引外资，促进经济向多元化方向发展。经过多年努力，文莱非油气产业占GDP的比重逐渐上升。建筑业发展较快，成为仅次于油气工业的重要产业。服装业亦有较大发展，已成为继油气产业之后的第二大出口收入来源。

一、油气业

文莱是东南亚主要产油国之一和世界主要液化天然气生产国之一，被誉为“东方石油小王国”。其石油产量在东南亚居第三，天然气产量在世界排名第四。石油和天然气的生产和出口是文莱的国民经济支柱，分别占GDP的67%和出口收入的96%。[①]

（一）石油和天然气发展概况

20世纪初，英国壳牌公司开始在文莱进行油气勘探，并于1929年在诗里亚打出了第一口油井，开启了文莱的黑金之路。文莱于1932年开始出口石油。1940年，文莱的石油产量达到第二次世界大战前的最高水平，年产量达818万吨。[②] 1941—1945年的日本占领时期，由于油田设施被破坏，加上当地人民的抵制，石油产量非常低。英国重返文莱后，加大了对石油的勘探和开采力度，石油产量很快就超过了战前水平。

1957年，壳牌公司开始在文莱附近的水域勘探海底石油。1963年，壳牌公司在文莱近海打出了海上油井，为文莱石油业的发展注

① 中华人民共和国外交部，http://www.fmprc.gov.cn/chn/pds/gjhdq/gj/yz/1206_33/.

② 刘新生、潘正秀：《文莱·列国志》，社会科学文献出版社，2005年版，第119页。

入了新的动力。在文莱民众的抗议下，政府重新审视了文莱与外国石油公司之间的关系，于1963年10月通过了一项石油法案，对勘探石油、租让油田、开采油田的租金都设置了详细的规定。这个法规对采油利润的分配作了重大调整，把以前文莱政府和“文莱壳牌石油公司”之间的四六分成改成五五分成。[①]文莱石油开采在20世纪70年代进入鼎盛时期。石油危机导致国际油价大幅飙升。1979年，文莱石油日产达到24.3万吨，是到目前为止的峰值。

独立之后，文莱开始控制石油开采，以延长开采年限，石油产量有所下降。1991年，文莱在诗里亚开采出了第10亿桶原油，并在油田附近立起了十亿桶原油纪念碑。2001—2006年间的日产量保持在20万~22万桶。2007年以来，文莱石油产量下滑至20万桶/日以内。2011年的平均日产量仅为16.6万桶，为2001年以来的最低值。2011年文莱的石油日产量与2010年相比下降3.8%，占全球石油日产量的0.2%。

表5-3　2001—2011年文莱石油产量　单位：千桶/日

年份	2001	2002	2003	2004	2005	2006	2007	2008	2009	2010	2011
产量	203	210	214	210	206	221	194	175	168	172	166

数据来源：*BP Statistical Review of World Energy*，June 2012，第8页。

据英国石油公司（BP）统计，1991年文莱的石油已探明储量为11亿桶，2001年为12亿桶。截至2011年底，文莱已探明的石油储量回到11亿桶，占全球已知石油储量的0.1%，石油储产比[②]为18.2年。

文莱的天然气开采始于20世纪60年代。文莱于1969年成立了

① 汪诗明：《论文莱多元经济发展之路》，《东南亚研究》，2004年第5期，第38页。

② 储产比指油（气）剩余可采储量与当年产量之比，即产量与储量不变的情况下剩余的可开采年限。

液化天然气公司，并于1972年成为亚洲第一个液化天然气出口国。1980年，文莱的天然气产量曾达92.08亿立方米。独立后至20世纪80年代末，文莱的天然气产量与1980年的高产值相比出现下降，但幅度较小。因为1973年文莱与日本签署了每年为其供应500万吨液化天然气的合同。1984年为86.44亿立方米，1986年为82.24亿立方米，1989年为86.61亿立方米。[①]21世纪初，文莱90%左右的天然气都由文莱壳牌石油公司生产。2001年，文莱的天然气产量为103亿立方米，2003年上升至111亿立方米。此后几年，天然气产量一直上下起伏，但波动不大。2011年文莱的天然气产量为115亿立方米，与2010年相比上升4.2%，为2001年以来的最高值，占全球天然气产量的0.4%。

表5-4　2001—2011年文莱天然气产量　单位：十亿立方米

年份	2001	2002	2003	2004	2005	2006	2007	2008	2009	2010	2011
产量	10.3	10.3	11.1	11.0	10.8	11.3	11.0	10.9	10.3	11.1	11.5

数据来源：*BP Statistical Review of World Energy*，June 2012，第22页。

据英国石油公司（BP）统计，截至2011年底，文莱已探明的天然气储量为3 000亿立方米，占全球已知天然气储量的0.1%，天然气储产比为22.5年。

在油气下游领域，文莱1972年建成了一座年生产能力为720万吨的液化天然气加工厂。1984年建成了首座炼油厂，日炼油能力为1万桶，主要供应国内的喷气燃料、汽油和柴油等。2011年7月，浙江恒逸集团获批在文莱大摩拉岛建设炼油厂和芳烃裂解项目一期工程，总项目预算为60亿美元。2011年8月，文莱苏丹批准日本三

① 数据来源：汪慕恒：《文莱独立后的经济发展》,《南洋问题研究》，1992年第1期，第27页。

井集团在双溪岭工业区投资28亿美元建设天然气下游综合产业基地项目。

（二）主要油气公司

石油的勘探与开发按照1963年制定的石油开采法案和1969年及1983年的修正案进行管理。此法规定，文莱政府在任何对石油、天然气和煤炭资源的商业开发中都占有百分之五十的股份。文莱政府与国外公司在石油天然气开发方面的合作方式过去一直采用授予外方特许权（Concession）的方式进行。2001年后，开始使用国际常用的PSC（Production Sharing Contract）方式进行，以此加强国家对其石油资源开发的参与和掌控。

1. 文莱国家石油公司

文莱国家石油公司（PB）是文莱政府在石油天然气领域的投资实体，履行制订石油天然气产业政策的政府职能，负责管理所有外资油气企业与文莱进行合作所成立的合资企业中在文莱名下的资产。

2. 文莱壳牌石油公司

文莱壳牌石油公司是文莱政府和壳牌集团各占50%股权的合资企业，曾多年占据该国唯一石油生产商的地位。文莱壳牌石油公司旗下设立了文莱壳牌石油公司（BSP）、文莱液化天然气公司、文莱冷媒公司、文莱壳牌油轮公司、文莱石油销售公司和文莱天然气油轮公司等子公司。

文莱壳牌石油公司也是参与文莱油气工业时间最长、影响最大的公司。其前身英国马来亚石油公司在1929年就取得了诗里亚油田的开采权。1963年，文莱政府和文莱壳牌石油公司签署了40年的陆地石油开采权协议和第一份大陆架石油开采权协议；1986年又签署了第二份大陆架石油开采权协议。2003年，双方将两份大陆架石油开采权协议均延长到2022年末。

文莱壳牌石油公司涉及的业务包括石油和天然气的勘探、开采、加工、销售和运输。它拥有近万平方千米区块的石油和天然气勘探开采权、原油的精炼权和销售权，并拥有一家小型炼油厂。文莱壳牌石油公司为文莱油气工业和整个国民经济的发展作出了很大的贡献。

3. 道达尔公司

道达尔公司1986年开始涉足文莱油气领域。1989年获得了岸外B区块的石油开采权，占37.5%的股份。2002年初，道达尔公司又获得了深海J区块的勘探许可，拥有60%的股权。

（三）油气出口

文莱的油气主要出口到日本、韩国、中国、印度、澳大利亚、新西兰及部分东盟国家。

早在1973年，文莱和日本就签署了为期20年的液化气出口合同，文莱每年为日本提供500万吨液化天然气。1993年合同到期后，两国又续签了20年购气合同。文莱与韩国签订了20年的液化气购销合同，年采购量为70万吨。该协议将于2013年到期，但韩国有意延续长期采购合约，并可能增加采购量。2011年，文莱和印度的双边贸易额达到5亿美元，其中90%为文莱对印度的石油出口额。2012年2月，越南国营PV石油公司与文莱壳牌石油公司签署了采购协议。越南2012年内将从文莱购买120万桶原油用于炼化。

中国从20世纪80年代末开始陆续从文莱进口少量石油，到2000年，进口量大幅上升，达28万吨，金额达6 135万美元。从2001年初开始，中国从文莱的原油进口量从每日1万桶增加到每日2万桶，约占文莱石油产量的10%，成为文莱石油的主要出口市场之一。[①]2011年11月，温家宝总理访问文莱期间，两国签署了包括海上油气田勘探在内的油气上下游合作。同时，浙江恒逸集团还与文莱壳牌石油公司签署了原油供应谅解备忘录。

表5-5 2004—2011年文莱原油和天然气出口统计

年份	2004	2005	2006	2007	2008	2009	2010	2011
原油（千吨）	9 552	9 554	10 030	8 609	7 614	7 380	7 733	7 750
天然气（兆焦耳）	9 952	9 695	9 557	10 221	9 051	8 852	7 658	——

数据来源：亚行，*Key Indicators for Asia and the Pacific 2012*，*Brunei.*

注：天然气换算：1立方米=35.314 7立方英尺；1立方英尺=1.055兆焦耳。

（四）文莱能源发展战略目标

为保证文莱能源产业健康、可持续发展，同时促进本地中小企业成长，文莱能源部2012年7月公布了国家能源发展战略目标及十大关键核心指标、5项扶持措施和5项基本保证。[②]

能源发展战略目标是：大力发展油气上下游产业；确保能源的安全、可靠及有效供应；促进能源产业衍生行业发展。十大关键指标为：石油日产能翻番，达到80万桶；储量接替率超过1；下游产能突破50亿文元；降低能耗45%；减少断电事故数量6倍，保持“零”重大断电事故；建造5万千瓦可再生能源发电能力；扶持5家本土企业参与区域和国际竞争；能源领域创造5万个就业机会；员工本地化80%，雇佣5 000名专业人才；本土能源物资和服务支出增加10倍，达到60%。

① 聂德宁：《中国与文莱经贸关系发展的现状及前景》，《南洋问题研究》，2008年第4期，第35页。

② 参见《文莱宣布能源发展战略目标和十大关键指标》，中国驻文莱大使馆经商处，http://bn.mofcom.gov.cn/aarticle/ztdy/201207/20120708229092.html.

5项扶持措施，分别是：拟定资金支持计划；提供员工培训、企业家精神和领导力等能力建设培训项目；借助商业机构提供咨询服务，推动企业国际化；建立“桥梁办公室”，帮企业建立关系网络，提供知识和支持；启动制度改革，创造有益于企业产业整合、程序改进、发展国际贸易的良好环境。

为实现上述目标，要充分做好5项基本保证，分别是：公平且公开的竞争环境；良好的HSE体系（健康、安全和环境）和商业环境以及高素质的本地劳动队伍；硬件投资能力、劳动者培训和内外网络建设；稳定金融结构和遵约守纪；良好的制度、严格的操作和优质的执行。

二、其他工业

1. 建筑业

大量的市政建设、社会福利房和交通改善项目使文莱的建筑业发展迅猛，目前已成为仅次于油气产业的第二大工业。2011年，文莱建筑业产值为5.5亿文元。文莱的建筑承包工程市场由政府主导，以低收入者住房和基础设施为重点。大型项目主要由政府投资，采用对外招标方式进行。以前文莱建筑业的技术工人主要来自泰国，现在新进的印度尼西亚、越南和印度劳工大多经验不足。当前，文莱的建筑市场面临着技术工人短缺的挑战。

2012年6月，文莱发展部将10个市政项目的咨询和施工任务交由当地公司承担，合同总额为1.07亿文元，约合8 500万美元。包括建设污水处理厂、高架桥支路、排水工程改造等。当前，文莱正在施工或计划施工的重点工程主要有：

（1）大摩拉岛综合开发项目

大摩拉岛位于摩拉港出海口，占地面积955公顷。大摩拉岛综合开发是文莱经济多元化重点项目之一。根据最初的设计蓝图，大摩拉岛一期工程将包括大规模清淤、回填和岛上基础设施建设，以及一座连接陆地的2.7千米长的跨海桥梁。二期将包括建设集装箱码头、石化基地、出口加工区等设施。

（2）机场改扩建项目

为将文莱打造成东盟东部区域客流和物流中心，文莱政府在不影响国际机场运营的同时实施机场改扩建工程，并委托新加坡樟宜国际机场公司提供咨询和工程建设管理。该项目造价预算为1.3亿文元，经过改扩建后机场的年客流接待量将从150万人次翻番到300万人次。马来西亚Trans-Resource公司与文莱Swee公司组成的联合体获得了一期项目。

（3）路桥建设

文莱政府拟在第十个五年国家经济发展计划期间（2013—2017年）拨款1.23亿文元（约合1亿美元）用于8个路桥项目建设。

2. 制造业

文莱的加工制造业比较落后，主要有服装纺织、食品加工、工艺品制作等。其中服装纺织发展情况较好。

服装是文莱除油气及油气加工品外的主要出口产品，主要经新加坡转口到欧美。自20世纪80年代末以来，文莱的服装纺织业得到较快的发展，但并没有形成完整体系。1989年，文莱设立了首家服装厂。由于欧美市场对文莱服装和纺织品没有配额限制，服装制造业成为外国直接投资热点。投资文莱服装业的多为新加坡、马来西亚、香港和台湾的商人，产品主要是休闲服、针织运动衫、童装等。2004年，文莱的服装出口额曾达3.09亿文元。2005年，《纺织品与服装协议》被废除后，文莱的服装业受到波及。到2009年，文莱共有17家服装厂，其中从事服装加工出口的有13家，工人总数约2万人，主要来自印度尼西亚、菲律宾、马来西亚、孟加拉国等国家。

第四节　旅游业

旅游业是文莱近年来大力发展的产业，将其作为促进经济多元化的重要内容。浓郁的伊斯兰风情、历史悠久的水村、令人神往的热带雨林，这些独特的旅游资源让文莱成为众多游客的向往地。

一、旅游业发展概况

前往文莱的游客主要来自东盟国家，其次是亚太地区和欧洲。2009年入境文莱的旅客已达15.7万人次。2011年，旅游业对文莱国民经济生产总值的贡献率为5.8%，并带来了1.4万个就业机会。自2004年文莱斯里巴加湾市首次参展中国—东盟博览会“魅力之城”专题以来，文莱独特的传统文化及自然景观吸引了众多中国游客前往文莱旅游。据统计，2010年，前往文莱旅游的中国游客达2.2万人次，2011年约3万人次。中国成为文莱第一大游客入境市场和仅次于马来西亚的第二大人员入境市场。

文莱政府将旅游业视为新的经济增长点，积极采取多项措施对外进行宣传，吸引海外游客赴文莱旅游。为了加快旅游业的发展，文莱政府将2001年定为“旅游年”，于2005年7月，成立了旅游管理委员会，由工业和初级资源部副部长出任该委员会的主席。2006年，文莱举办了“文莱旅游观光年”活动，海外游客增长迅速。2012年9月，第9届中国—东盟博览会期间，文莱政府又举办了旅游专场推介会，向参会各方深度介绍文莱的旅游资源。

根据2012年世界经济论坛公布的旅游竞争力指数，文莱在全球

139个国家和地区中排名第67位，被定性为“优势和不足均十分明显”。这份榜单根据14项指标评定，包括：政策规定、环境可持续性、安全、卫生、旅游业地位、航空设施、陆地交通设施、旅游设施、信息通讯产业设施、价格、人力资源、旅游亲和力、自然资源和文化资源。新加坡（第10位）、马来西亚（第35位）和泰国（第41位）的旅游竞争力均超过文莱。由此可见，文莱的旅游业发展还面临着诸多障碍，包括来自区域内其他东南亚国家的竞争。

二、文莱的主要景点

文莱虽小，但风情独特，主要旅游景点有独具民族特色的水村、王室陈列馆、国家博物馆、赛里夫汀清真寺、淡布伦国家森林公园等。

1. 水村

文莱水村，位于斯里巴加湾市区旁，面积约2.6平方千米，素有“东方威尼斯”的美誉。各种由石柱支撑、木材搭建而成的水上房屋布满了文莱河的两岸。不同的房屋之间以木桥连接，蜿蜒曲折，别有风情。水村的房屋虽然外表简陋，但内部装修非常现代化。自来水、供电、天然气、彩电、冰箱、空调等基础设施和高档家电一应俱全。村中还设有水上学校、邮局、警察局、清真寺等。被称为“水上的士”的小木船是居民往返陆地和水村之间的主要交通工具。

鼎盛时期，文莱水村居民近10万人。从20世纪80年代开始，文莱政府鼓励水村居民迁徙到陆地上居住，并为迁居的家庭提供土地和补助。一些人移居到了陆地上，水村规模因此骤减。但有的却坚守着他们的传统居住习惯。目前，水村共有4 000多栋建筑和3万左右的居民，主要是马来人。

2009年文莱旅游局投资兴建了一座水村文化馆，耗资300万文元，旨在系统展示文莱独具地方特色的水村文化（包括历史、风俗、生活及手工艺术等)。水村文化馆共设有5个展厅，分别展出10世纪以来水村发展的历史，如古渤泥王国盛况、王室活动、国际商贸集散和淳朴民风等。水村文化馆完美地运用了现代声光技术来展现水村历史文化。馆内设有传统文化演出厅和可以看到斯里巴加湾市貌的3层瞭望塔。

2. 王室陈列馆

王室陈列馆坐落在文莱首都斯里巴加湾市中心，是一座具有浓郁伊斯兰风格的双层白色建筑。原址为28世苏丹赛里夫汀下令建造的、世界上唯一的丘吉尔纪念馆，入口处有丘吉尔的塑像，馆内还陈列着丘吉尔的一双鞋和演讲录音带。为庆祝现任苏丹博尔基亚登基25周年，1992年改建为王室礼仪陈列馆，旨在让臣民了解王室礼仪的庄严和神圣。

陈列馆一楼分为中央大厅和后侧厅两部分，二楼则分为左、右两个展厅，展厅共有四大主题：即王室礼仪(苏丹博尔基亚1968年加冕礼)、苏丹登基银禧(1992年)纪念、宪法发展与历史、王室历史和御用物品。

王室礼仪陈列馆的中央大厅笼罩在状如王冠的穹隆屋顶下，这一设计蕴涵了苏丹至高无上的权力的象征意义。白色屋顶外饰以金色方格和太阳花纹，在蓝天晴空的映衬下分外醒目，流露着一种大气。中央大厅四周以29根圆柱支撑，代表现任苏丹为第29世苏丹。大厅内陈列着苏丹1968年登基大典中的各种御用品，其中最显眼的莫过于苏丹登基时乘坐游街的龙辇。龙辇全长10多米，通体黑底金饰，沉稳而不失华贵。车头为鱼鳞和卷云状装饰，主车体由7个等分方格和1个大方格及御座组成，方格上布满了跳跃活泼的卷草纹，御座周边则用谷穗、花朵和王室徽章装饰。在2005年第2届中国—东盟博览会上，文莱政府将该龙辇的仿真品当作贺礼赠与博览会组委会，成为中、文友谊的象征。

苏丹登基银禧纪念展厅位于一楼后侧，以仿真模型、照片、文物和纪录片真实地展现了1992年10月5日现任苏丹登基25周年的一系列庆祝活动。按1:1的比例制作的人物模型，再现了苏丹乘坐龙辇走上街头，千万国民空巷迎接的盛大场面。除此之外，展厅中还设有当时王宫庆典、国宴的缩微模型、外国政府和名人、文莱本国人士赠送苏丹的礼品，以及文莱王室与其他国家王室交往的照片等。

二楼左侧的宪法发展史展厅以大量的资料、图片、录像与录音再现了文莱1847年与英国签订第一个《文莱英国友好合作条约》、1959年文莱第一部宪法成文、1984年举行独立庆典的历史过程。

二楼右侧的王室历史和御用物品展厅，主要以图片、实物和录像展示了苏丹的家谱和生平，介绍了苏丹受教育情况、喜好的运动、赴麦加朝圣以及被立为王储、结婚和登基仪式等。主要展品包括登基大典御座、苏丹与皇后的王冠、礼服、登基诰文和祷文等。[①]

王室陈列馆从建成至今，一直免费对外开放，供人们了解并走近王室，现已成为文莱王室博物馆，是文莱著名的旅游景点之一。游客进入王室陈列馆前须先脱鞋。重要访问团入内参观，只要事先获得许可也可以不脱鞋。除中央大厅外，其他的大厅不允许拍照。王室陈列馆周一至周日上午10点至下午4点半对外开放，但周五下午闭馆。

3. 文莱国家博物馆

文莱国家博物馆建于1965年，坐落在距首都斯里巴加湾市6.5千米处的一座小山的半山腰，外观为白色，共有两层。1972年，英国女王伊丽莎白二世为文莱国家博物馆主持了对外开放仪式。馆内

① 参见:《文莱王室礼仪陈列馆》,http://www.fmprc.gov.cn/chn/gxh/tyb/ywcf/t337459.htm.

珍藏有大量的经书、文件、手抄资料等，还有精致的陶器、古代玻璃饰品、具有纪念性和历史意义的地毯等。2005年，文莱政府对该馆进行了维修、改建并于次年再度对外免费开放。走入文莱国家博物馆，文莱的人文、历史和风俗，一览无余。

馆内的展品分为伊斯兰艺术、文莱石油发展史、马来习俗及传统手工艺、考古发现与文莱历史、沉船宝藏等五大主题。“伊斯兰艺术”展厅的展品为苏丹私人收藏艺术品，包括10~17世纪的中亚玻璃器皿、11~13世纪的中亚陶器、来自中亚和北非不同时期的《古兰经》手抄本、中国的铜器、印度饰品和法国玻璃花瓶等。“文莱石油发展史”展厅展示了大量关于文莱石油业发展的图片，介绍了文莱石油的发现、开采和发展以及主要产地的地质构造和石油产品。“传统文化及手工艺品”展厅以图片、雕塑和实物相结合的方式呈现包括妇女产后“做月子”、穆斯林男孩割礼、学习《古兰经》、马来族婚礼等日常生活场景，形象地展示了文莱的传统文化和民俗。展出的手工艺品包括马来民族服饰、手工布匹、刀剑、弹弓和藤球等。“考古与文莱历史”展厅的展品主要有早期人类使用的石器和从中国流入的明代陶器。“沉船宝藏”展厅展示了20世纪末在文莱附近水域打捞出的中国明代陶器和瓷器。参观文莱国家博物馆的展品可以体悟到其强烈的伊斯兰文化和马来传统，并对文莱的石油发展史和考古情况有了大致了解。

文莱国家博物馆内禁止拍照，入馆前需要寄存像机和背包(免费)。文莱国家博物馆周日至周四开放，时间为上午9点至下午5点；周五为上午9点至11点半，下午两点半至5点；星期六为上午9点45至下午5点。闭馆前半小时不再允许游客入内。

4. 赛里夫汀清真寺

赛里夫汀清真寺位于斯里巴加湾市中心，是文莱最大的清真寺，也是东南亚最大的清真寺之一。它始建于1958年，由一位意大利建筑师设计，并以文莱第28世苏丹的名字命名。

这是一座用金子、花岗石、雪花石、大理石、五彩水晶石筑成的宗教建筑物，耗资500万美元。建筑材料均属上乘，花岗石来自中国，大理石来自意大利，五彩水晶来自英国。赛里夫汀清真寺位于文莱河畔的一个人工湖上，通过一座长桥和水村相连。它大部分寺基在湖水环绕之中，寺身高大巍峨，周围有群塔簇拥，使清真寺就像一艘漂浮在碧波中的古舟。寺内的花岗石柱子，犹如一株株挺拔而立的树干，使游客恍如置身于高耸入云的花岗石森林之中。赛里夫汀清真寺的主拱顶高达52米，镀有纯金，在斯里巴加湾市任何地方都可以望见。在阳光照耀下，巨大的圆形金顶和镂空乳白色尖塔，与清真寺周围清澈见底、水平如镜的湖水交相辉映，如同银海泛金，构成一幅极为美丽的天然画卷。赛里夫汀清真寺内建有现代化的高速电梯，可以直达塔的顶部。清真寺内部主要用作祈祷，里面有精美的花窗玻璃、拱门、半圆顶和大理石柱子。

赛里夫汀清真寺集历代伊斯兰文明于一身，体现了多种文明融和的特点。这座清真寺不仅是文莱伊斯兰教建筑艺术的高峰，也是文莱最大的会礼场所，曾用来举行官方庆典。它在文莱的宗教生活中占有重要的地位。

赛里夫汀清真寺周六至周三分时段免费对外开放，具体为下午14~15点，17~18点，20~21点。进入清真寺内需要脱鞋，不得拍照。女性及穿短裤的男性需要穿上寺内提供的黑袍。

5. 淡布伦国家森林公园

淡布伦国家森林公园位于巴都阿波伊森林保护区内，是文莱最大的天然森林公园，已开发的旅游景区面积约100公顷。这里可以漂流、登山，尽享原始热带雨林的风情。

从斯里巴加湾市出发，需要先搭乘快艇经文莱河到淡布伦的首府邦加镇，再转车才能到达国家森林公园。大约半个小时，游客将抵达一个小渡口，乘上小铁皮船漂流，正式开始淡布伦森林公园之旅。小河的水格外清凉，两岸景色幽僻，如连绵不绝的画廊。除了低矮的灌木，很多树木都有30~40米高。文莱政府花巨资修建了一条穿越热带雨林的栈道。拾级而上，每隔几百米会有一个供游人休息的地方。登上顶部后，眼前豁然开朗，一片葱茏。两个山峰间架有长达100多米的吊桥，遇上有雾的天气，仿佛置身仙境。

淡布伦国家森林公园内有180多种树木、200多种鸟类、400多种不同类型的甲虫。得天独厚的热带雨林生态系统吸引的不只是游客，还有研究机构。文莱大学在壳牌石油公司的资助下在森林公园内设立了贝拉隆野外研究中心。目前，它已成为文莱与国外研究机构的培训和科研基地。

为保护森林，文莱政府限制到淡布伦参观的游客数量，不允许自助游，只有几个旅行社有带领游客入内的资格。

第五节　交通通信

文莱的交通和通信在东南亚国家中发展水平较高。《2007—2012年国家发展计划》提出要进一步健全交通运输和邮政通讯基础设施，增加它们对国民经济的贡献率。政府拟在此期间拨款10.67亿文元（占总额的11.2%），完成包括道路、港口、民航、广播、电信、邮电在内的98个计划和项目。

一、交通运输

文莱国土面积狭小，但交通便利，已建构起通畅的水陆空交通网络。文莱的交通运输主要依靠公路、水运和空运。诗里亚至巴达斯间有一小段长约13千米的窄轨铁路，属于文莱壳牌石油公司专用。“十五”期间，文莱政府拟拨款1.23亿文元发展道路。

(一)公路

文莱的公路设施优良，十分便捷。截至2008年，文莱的公路总长为3 650千米，其中柏油路2 819千米。其中，连接穆阿拉港和西部的石油生产中心白拉奕的沿海高速公路长达60多千米。文莱的对外公路仅有一条，可以通往马来西亚沙捞越的米里(Miri)。文莱约60%的公路属于国道，由公共工程局管理；其余的则由地方政府或私人企业管理。

截至2012年3月中旬，文莱已登记车辆达204 250辆，并以年均4%的速度增长。因为大部分人都有私家车，文莱的公共交通运输并不发达。公交车没有固定班次，需要等待很长时间，而且大部分公交车没到傍晚就停止发车了。文莱的出租车也很少，而且价格较贵。

文莱的淡布伦与其他三个区被林梦分割成互不相连的两个区块。为使淡布伦与其他区之间的交往更加便捷，2012年7月，文莱苏丹在66岁生日之际宣布将建设全长22千米、连接淡布伦与首都地区的跨海大桥。该项目总投资预计超过20亿美元，将于2013年动工，计划在5年内完工。目前连接大桥的公路修建已在施工中。

(二)水运

水运是文莱重要的运输渠道，主要用来运输文莱出口国外的石油和液化天然气。穆阿拉深水港是文莱最大的港口，此外还有斯里巴加湾港、白拉奕港、诗里亚港和卢穆港等。文莱与新加坡、马来西亚、中国香港、泰国、菲律宾、印度尼西亚和中国台湾有定期货运航班。文莱河、白拉奕河和都东河均可以航运。截至2008年，文莱共有各类注册船只339艘，各港口共装卸货物104.6万吨。

穆阿拉深水港位于文莱湾西岸入口处，濒临南海的东南侧。于1973年建成，它占地20多公顷，码头长611米，吃水深8米，可停靠万吨以上的海轮。穆阿拉港码头设有5个泊位，包括集装箱泊位和杂货泊位。该港的保税货物仓库面积达3 500平方米，并设有冷冻库。斯里巴加湾港的码头长220多米，宽22.5米；客运码头长38米，宽20米。因文莱湾航道水深较浅，只有吃水6.5米以下的中小型船只才能进入斯里巴加湾港。

文莱政府计划在大摩拉岛兴建深水港，目前已经完成可行性研究。大摩拉岛海港开发项目总投资预计为15亿美元，以联营方式进行。文莱政府提供70%的资金，剩余的30%来自国际财团。大摩拉岛是一个面积为955公顷的岛屿，文莱政府希望将其发展成世界级的集装箱转运港口。由韩国Pyunghwa 工程公司（PEC）和文莱Jurutera OMC咨询公司组成的联合体近期中标文莱大摩拉岛大桥咨询项目，并同文莱经济发展局签署了合同。该桥全长约2.8千米，负责连接文莱内陆和大摩拉岛。

（三）空运

文莱国际机场于1974年建成，距离首都斯里巴加湾市约12千米。它集民用和军用为一体，既是文莱对外交往的枢纽，也是文莱皇家空军的基地。

机场一楼为到达大厅，二楼是出发大厅。候机厅设备齐全，有免税商店和分别为穆斯林和非穆斯林开设的餐馆。文莱国际机场有6条登机通道直达机舱外，使乘客登机更为便捷。目前，该机场有前往新加坡、雅加达、马尼拉、吉隆坡、曼谷、胡志明市、台北、香港、上海、迪拜、法兰克福、苏黎世等地的定期国际航班。2008年，文莱国际机场的客运量为155.4万人次，货运量为1 959.3吨，空运邮件量为313.5吨。

为增加航班班次和旅游流量，文莱从2012年3月开始对国际机场进行扩建。马来西亚Trans-Resource公司与文莱Swee公司组成的联合体获得了这个总金额为1.3亿文元的机场扩建项目。工程预计在2014年11月完工。文莱政府期望竣工后该机场的年接待游客能力从目前的150万人提高到300万人。

文莱皇家航空公司（Royal Brunei Airlines，简称文莱航空）创建于1974年11月，属于国有，是东南亚最小的航空公司之一。1975年4月，文莱航空首航飞往新加坡。建立之初，文莱航空只有两架波音737。目前，文莱航空共有10架客机，包括2架空客A319-132、2架空客A320-232和6架波音777-212ER，另有预订的5架全新波音787-8梦幻客机将于2014年到货。

过去20多年来，文莱航空为乘客提供了优越的乘机环境和热情周到的服务，在本地区有着良好的口碑，并获得诸多殊荣。2007年，文莱航空在Skytrax星级评估中获评为四星级航空公司，但在2011年被降为三星级。因竞争激烈、经营成本过高，文莱航空正在推行旨在促成公司转亏为盈的计划。在该计划下，文莱航空裁减了25%的员工，并停飞一些不赚钱的航线，如奥克兰、布里斯本、胡志明市、古晋和柏斯。文莱航空将继续经营和巩固效益最好的航线，如中东的迪拜和吉达航线、伦敦和墨尔本航线、东北亚和东南亚航线，并继续保持与马来西亚航空、港龙、印尼鹰航和泰航已经签署的共享航班号安排。此外，文莱航空还开通了网上办理登机手续的服务。目前除迪拜、吉达和泗水之外，其他航线都可办理网上登机业务。伦敦和墨尔本航线的客机起飞前24小时至3小时内办理，其他航线则是客机起飞前24小时至1小时内办理。

二、邮电通信

文莱拥有良好的邮政服务系统，提供各种相关服务项目，如投递信件、邮寄包裹、出售邮票、缴纳水电费等。文莱邮政局在斯里巴加湾市、都东、邦古尔、白拉奕、诗里亚和穆阿拉均设有分支机构，在拉比则有一个邮电代理处。全国共有23个邮局，分布在4个地区。穆阿拉区14个，都东区3个，白拉奕区5个，淡布伦区1个。[①]邮局星期日休息，正常营业时间为周一至周四及周六上午8点到下午4点半；星期五为上午8点到11点，下午2点到4点。

文莱于1995年9月开通互联网业务。目前，共有两个网络服务站，分别是Brunei（www.burnet.bn）和 Simpur.net（www.simpu.net.bn）。据文莱信息科技与通信业监管局统计，截至2011年12月31日，文莱国内移动电话用户达443 161户。其中，377 425户为预付费，但固定电话用户略降至79 839户，互联网用户增至50 457户。[②]这也就意味着文莱的手机普及率已经超过100%。更为重要的是，新购入的手机中50%以上为智能手机，对高速移动网络需求较大。

文莱的通信服务主要由三家公司提供，DST、TelBru（Telekom Brunei Darussalam，文莱电信）和B-Mobile（文莱移动）。2005年4月，中国华为技术有限公司（简称华为）与文莱B-Mobile签署了WCDMA商用合同，使B-Mobile成为第一个在文莱启动3G网络的无线运营商。但文莱最大的国有电信运营商DST正在和爱立信合作，预计在2012年底或2013年初开始部署4G网络。

TelBru于2006年由JTB（文莱交通部下属的电信局）改组而成，是文莱唯一的固定网络运营商，为全国提供语言、宽带、传输、

---

① 马金案，黄斗：《文莱国情与中国—文莱关系》，世界知识出版社，2008年版，第107–108页。

② 《文莱移动电话用户已逾44万》，中国驻文莱大使馆，http://bn.china-embassy.org/chn/jmwl/t910317.htm.

ISP等业务。随着信息技术的发展，文莱的现有网络已经不能满足客户对超宽带业务的需求。为此，2010年TelBru启动了“光纤到户”（FTTH）项目。这个国家级通讯项目覆盖了文莱4个主要地区，将为全国范围内的用户提供最高150M的宽带速度。华为是BruTel的合作商，将采用端到端“交钥匙（Turnkey）”的方式提供包括有源设备、无源设备、ODN网络总体设计、施工管理等方面的服务。2012年7月，文莱苏丹宣布将再拨2.3亿文元（约合2亿美元）款项用于扩建“光纤到户”工程。

国际通信方面，通过地面卫星通信站和海底电缆、光纤，文莱与全球绝大部分国家已经实现了电话和传真直通。

第六节 财政金融

一、财政

文莱的财政年始于4月1日，止于次年3月31日。文莱不收取个人所得税和出口税，其财政收入主要来自油气产业，通过收取油气矿区租金和油气企业的公司税获得；第二大来源为政府在国内外的投资收益；另外文莱政府还收取少量进口关税、印花税、货物税和房地产税，但税率都很低。文莱第二财长拉赫曼预计2012/2013财年，文莱87.8%的财政收入将来自油气产业。

表5-6 文莱财政收支情况 单位：百万文莱元

年份	04/05	05/06	06/07	07/08	08/09	09/10	10/11	11/12
税收收入	3 685	5 252	5 514	6 347	7 434	3 740	532	336
非税收收入	2 717	3 190	3 673	3 299	3 935	2 653	8 634	9 475
总财政收入	6 402	8 441	9 188	9 646	11 359	6 393	9 166	9 811

数据来源：亚行，*Key Indicators for Asia and the Pacific 2012*，*Brunei.*

据亚行统计数据，2004/2005—2011/2012财年间，文莱的财政收入受2008年金融危机影响出现反复。2008/2009财年的财政收入曾超过113亿文元，但受金融危机打击，次年下跌至63.93亿文元。目前，文莱的财政收入仍未回升到金融危机前的水平。需要注意的是，文莱在金融危机之后的税收收入大幅减少，而非税收收入在2009/2010财年下滑后出现剧增。这说明文莱政府采取了措施，最大程度减少金融危机对文莱经济的打击。

文莱坚持为国民提供高福利，财政支出主要用于教育、医疗、国防、促进各产业发展、日常公共服务和公民住房补贴。文莱2011/2012财年的支出为38.7亿文元，2012/2013财年的支出预算为59亿文元。

二、金融

文莱的货币称为文莱元，简称文元。在英国统治下，文莱曾长期没有本国货币，先后使用英国、新加坡和马来西亚的货币。1967年6月，文莱设立了本国的货币局，首次发行了面额为1、5、10、50和100文元的纸币(1979年后又发行了面额为500和1000的纸币；2006年为纪念苏丹60华诞新发行了500和1万的新纸钞)。同时，文莱和马来西亚、新加坡签署了货币互换协议，三国货币等值并可通用。1973年，文莱与马来西亚的货币互换协议被废除。目前文元与新加坡元(新元)仍实行1:1的汇率挂钩，对美元则实行浮动汇率。

目前，文莱已经加入国际货币基金组织、世行、亚行、伊斯兰发展银行组织等国际金融机构。2009年12月，文莱政府新修订的《2000年反洗钱法》正式生效，赋予政府更大权力，防止国际毒贩利用文莱金融机构进行洗钱。

（一）金融监管机构

文莱曾长期没有中央银行，金融职能由财政部及其下属的货币与金融委员会及金融机构部行使。为促进金融业的健康、可持续发展，2011年元旦，文莱正式设立了国家金融管理局，负责执行国家货币政策，监督金融体制运作。比拉王储出任金融管理局主席。

成立于2000年7月的国际金融中心在文莱的国际金融业务监管中也扮演着重要角色。1997年亚洲金融危机的爆发促使文莱加快了建立本国金融中心的步伐。该机构提供的服务内容包括：注册和组建离岸公司；注册和组建国际合伙公司；信托行政管理；申请国际银行业执照；申请国际保险业执照；申请国际伊斯兰银行业执照；注册代理和委托许可。文莱国际金融中心的主要目标包括六个方面：

（1）提供金融增值服务，推动文莱及亚太地区经济多样化；

（2）为地区和国际的法人及个人提供安全、低耗和调控灵敏的国际金融服务；

（3）为文莱提供就业计划及培养高素质金融专业人才；

（4）吸引国际专业人才，帮助提高文莱国际金融中心的运作水平；

（5）带动文莱相关产业，如中介、法律、咨询、运输等服务业及旅游等产业的发展，从而带动文莱经济的整体增长；

（6）推动文莱以平等身份参与全球经济活动，扩大文莱与其他国家经济的交流与融合。①

在文莱金融中心注册的离岸公司包括银行、基金管理公司、信托基金和信托公司。

① 何劲松：《2007年的文莱政治经济形势》，《东南亚》，2008年第3-4期，第30页。

（二）主要金融机构

文莱的首家银行——海岛银行诞生于20世纪80年代，此前文莱的票据交换业务基本上在新加坡进行。目前，文莱的本国金融机构有：文莱达鲁萨兰伊斯兰银行（IBBD）、佰都利银行（Baiduri Bank Berhad）和文莱伊斯兰信托基金（Perbadanan Tabung Amanah Islam Brunei）；外资银行有花旗银行（Citibank N.A.）、渣打银行（Standard Chartered Bank）、汇丰银行（HSBC）、新加坡大华银行（UOB Bank）、马来亚银行（Maybank）、马来西亚银行（RHB Bank）。

文莱政府近年来一直努力加强伊斯兰银行和保险机构的发展，希望它们能提供更有效率和竞争力的服务。为此，文莱采取了两次大规模的机构合并。

2006年，政府将文莱伊斯兰银行（IBB，由海岛银行发展演变而来）和文莱伊斯兰发展银行（IDBB）合并为文莱达鲁萨兰伊斯兰银行（IBBD）。文莱达鲁萨兰伊斯兰银行在文莱有14个分支机构，占国内50%以上的资产和融资业务，储户存款占全国金融市场客户存款的25%。2012年6月，文莱达鲁萨兰伊斯兰银行成功发行了第75次短期伊斯兰债券，金额为1亿文元。迄今，该银行发展的短期伊斯兰债券已超过43亿文元。2011年，文莱达鲁萨兰伊斯兰银行税后实现盈利8 680万文元。目前，它的总资产已经超过61亿文元。2012年，文莱达鲁萨兰伊斯兰银行在新评选出的全球回教机构500强中排名第69位。

为加强伊斯兰保险业务，进一步扩大服务领域，完善伊斯兰金融体系，2010年11月，文莱政府又将经营伊斯兰保险的两家企业（Takaful IBB和Takaful BIBD）正式合并为文莱伊斯兰保险公司

（Takaful Brunei Darussalam Sdn Bhd）。

据亚行统计，文莱近年的外汇储备增长迅速。2004年为4.89亿美元；2006年增加到6.67亿美元；2008年为7.51亿美元；2009年猛增至13.5亿美元。到2010年，文莱的外汇储备已达15.63亿美元。

2010年3月，中国银联与佰都利银行合作，开通了银联卡在文莱的刷卡支付。2011年4月，佰都利银行开始发行银联卡。汇丰银行（文莱）从2011年1月开始办理人民币存款业务，是文莱首家开展该业务的银行。

第七节　对外经济关系

一、进出口贸易

对外贸易是文莱财政和外汇收入的主要来源。政府制定了全面的进出口贸易政策，涉及禁止进口物品、进口许可制度、贸易技术要求、出口限制和贸易补贴等内容。在此贸易政策的指导下，文莱的对外贸易发展平稳。常年贸易顺差为文莱政府提供优厚的社会福利奠定了经济基础。

（一）贸易政策①

稳定的政局为文莱开展对外贸易提供了良好的环境。总体上讲，文莱实行的是自由贸易政策。文莱的贸易政策的制定和实施主要由文莱工业和初级资源部负责，财政部和其他有关部门参与协调。

1. 禁止进口物品

文莱禁止进口鸦片、海洛因、吗啡、淫秽品、印有钞票式样的

① 参见：中国驻文莱大使馆经商处，http://bn.mofcom.gov.cn/aarticle/ddfg/waimao/200304/20030400082061.html.

印刷品、烟花爆竹等。此外，政府还会对某些商品实行临时禁止进口，如水泥、锌皮瓦片等。

2. 进口许可制度

出于环境、健康、安全和宗教等方面的原因，文莱海关对少数进口商品实行进口许可制度，不同种类商品的进口许可由相关部门签发。植物、农作物和牲畜须由农业局签发进口许可证（植物不能带土）；军火由皇家警察局发证；印刷品由皇家警察局、宗教部和内务部发证；木材由森林局发证；大米、食糖、盐由信息技术和国家仓库局发证；二手车由皇家海关发证；电话装置、无线电由通信局发证；药品和毒药由卫生部发证；鲜、冷和冻的鸡肉、牛肉由宗教部、卫生部和农业局发证。除了以上商品进口时需要由有关部门发放进口许可证之外，机动车、农产品、药品与药品相关的产品进口还须提供相关的原产地证书和检查证明。

没有商业价值的样品可免税进口，但有商业价值的样品进口，需要交抵押金。如果样品在3个月内出境，可退还抵押金。

3. 贸易中技术性要求

文莱公共卫生（食品）条例规定所有的食品，无论是进口货物还是本地产品都安全可靠，具有良好的品质，符合回教清真食品的要求。由于文莱属于穆斯林国家，因此对肉类的进口实行严格的穆斯林检验。另外对酒类的进口也严加控制，对于某些动、植物产品，如牛肉、家禽须提交卫生检疫证书。进口可食用油不能有异味、不含任何矿物油，动物脂肪须来自在屠宰时身体健康的牲畜并适合人类食用，动物脂肪和食用油须是单一形式而不能将两种或多种脂肪和食用油混合。食用脂肪和食用油的包装标签上不得有“多不饱和的”字眼或其他相似的字。非食用的动物脂肪须出具消毒证明。进口活动物和动物制品须有兽医证明。大豆奶应是从优质大豆中提取的液体食品，可包括糖、无害的植物物质，除了允许的稳定剂、氧化剂和化学防腐剂，不含其他物质。此外，其蛋白质含量应不少于2%。

该食品卫生条例分5个部分，对食品添加剂、包装以及肉类产品、鱼类品、动物脂肪和油、奶产品、冰激凌、糖、酱油和调味品、干果、水果、茶、咖啡、果酱、无酒饮料、盐、香料、粮食等，都有相应的技术标准。该技术标准对食品的生产日期、有效期、食品容器以及农药最大残留量、稳定剂、氧化剂、防腐剂等都有明确的规定。

食品卫生检查包括物理的、微生物、化学、血清、放射性检查等。

4. 服务贸易中的政府工程项目

文莱政府工程项目的招标通告刊登在马来文的政府周报《Petita Brunei》(文莱明灯)上。文莱对政府工程项目规定如下：金额在50万文元以下的项目，一般而言仅限于文莱本国公司有投标资格。对于50亿文元以上的项目，外国公司与当地公司合资注册的公司可投标。外国公司不可以单独投标。

5. 出口限制

文莱政府除了对石油天然气出口实施控制以外，对动物、植物、木材、大米、食糖、食盐、文物、军火等少数物品实行出口许可证管理制度，对其他商品出口的管制很少。

6. 贸易补贴

由于国内粮食和果蔬产量远不能满足需求，文莱政府对水稻等农作物的本国生产者在土地、化肥、信贷和农业基础设施方面给与一定的支持和补贴。

（二）贸易现状

自文莱发现油气后，对外贸易在国家经济中一直占有重要地位。20世纪70年代后期至20世纪80年代前期，文莱对世界各国的出口额逐渐增加，出口额占国民生产总值之比，从1.5%增至17.9%，同期，进口额占国民生产总值之比，则从95%降至85.8%。[①]巨大的贸易顺差是文莱政府为国民提供高福利的物质基础。文莱主要出口的商品有原油、液化天然气和石油产品；主要出口对象国有日本、韩国、印度尼西亚、澳大利亚、中国、印度、新加坡、新西兰、泰国和美国。以2009年为例，各国在文莱出口贸易中所占比值分别为：日本45.6%、韩国12%、澳大利亚11.9%、印度尼西亚7.4%、中国7.1%、印度5.8%、新西兰5.1%。文莱的主要进口商品有食品、药品、机器和运输设备等。新加坡、马来西亚、中国、韩国、日本、德国、美国、英国、泰国和印度尼西亚等国是文莱的主要进口物资来源国。

表5-7 2004—2011年文莱进出口统计 单位：百万美元

年份	2004	2005	2006	2007	2008	2009	2010	2011
出口额	5 057	6 249	7 608	7 668	10 544	7 172	9 340	12 428
进口额	1 422	1 491	1 669	2 101	2 573	2 400	2 456	2 937
贸易总额	6 479	7 740	9 277	9 769	13 117	9 572	11 796	15 365
贸易顺差	3 635	4 758	5 939	5 567	7 971	4 772	6 884	9 491

数据来源：根据亚行，*Key Indicators for Asia and the Pacific 2012*，*Brunei* 整理所得。

① 肖三华（节译）：《过渡时期的文莱经济》，《东南亚研究》，1997年第4期，第14页。

从文莱2004—2011年的进出口统计可以看出，在2008年全球经济危机爆发前，文莱的进出口额保持双向增长。受经济危机影响，2009年的进出口额和贸易顺差都出现大幅下降。2010年，文莱的进出口贸易开始复苏；到2011年，已经超过经济危机前的水平。

2012年第一季度，文莱进出口总额达56.521亿文元（约合44.86亿美元），环比增长5.4%。其中出口和进口分别为45.786亿和10.735亿文元。出口方面，液化天然气和甲醇分别增长5.9%和85.4%，非油气产品增长26.7%，但原油出口减少1.3%。[①]日本继续保持文莱第一大出口市场，所占比重为39.7%，其次为东盟（19.3%）、韩国（18%）、印度（8.3%）、澳大利亚（7.5%）和新西兰（6.4%）。进口方面，东盟为文莱最大进口商品来源地，占54.5%的比重（其中新加坡占29.5%），欧盟（9.8%）排在其后。中国和美国各占8.7%，日本为7.6%。从进口商品来看，机械设备和交通工具占26.8%，工业制成品占23.5%。

二、外资

独立后，文莱采取了积极措施吸引和利用外资。政府努力创造宽松的投资环境，为外资企业提供优惠的税收条件和快捷的投资申请服务。进入文莱的外资呈逐年增长之势，但在各个领域分布不均，大部分都流向了油气开采领域。同时，文莱也对外进行投资，主要是购买发达国家的债券，近年来也涉足少量基础设施建设项目。

（一）外国对文莱投资

1. 投资政策

文莱的投资环境竞争优势较为明显：政治稳定，国家富裕；市

① 《中国继续保持文莱第三大进口来源地》，中国—东盟自贸区门户网，http://www.cn-asean.org/Item/5406.aspx.

场化程度高，税率低；地理位置优越，辐射面较广；投资风险低。文莱政府也欢迎外资在共同分享利益的前提下，参与文莱的经济活动。政府为改善投资环境、提高办事效率做了许多努力。

为鼓励外商到文莱投资，政府1975年颁布了投资促进法，并在此基础上于2001年颁布了新的投资法令。按照法令规定，企业根据投资项目可能带来的实际利益，可享受适当的税务优惠。文莱工业与初级资源部依据该法令，划定了“先锋产业”和“先锋产品”。

“先锋产业”同时需满足三个条件：符合公众利益；该产业在文莱未达到饱和程度；具有良好的发展前景，且产品在该行业具有领先性。具体包括：实验、顾问和研发的工程技术服务；计算机信息服务和其他相关服务；工业设计的开发和生产；休闲和娱乐服务；出版和教育产业；医疗服务；有关农业技术的服务；有关提供仓储设备的服务；组织展览和会议的服务；金融服务；商业顾问、管理和职业服务；风险资本基金业务；物流运作和管理；运作管理私人博物馆；部长指定的其他服务和业务等。

文莱政府已公布的“先锋工业产品”包括：航空食品，搅拌混凝土，制药，铝材板，轧钢设备，化工，造船，纸巾，纺织品，听装、瓶装和其他包装食品，家具，玻璃，陶瓷，胶合板，塑料及合成材料，肥料和杀虫剂，玩具，工业用气体，金属板材，工业电气设备，供水设备，屠宰加工清真食品，废品处理工业等。

投资“先锋产业”项目的有限公司，按照投资金额，从生产之日起，可享受不同程度的免税优惠：金额在50万~250万文元的，可5年内免税；投资总额在250万文元以上的企业，8年内免税。企业可申请免税期延长，每次3年，总共不超过11年。在政府建设的高科技园内进行投资的企业可享受11年的免税期，企业同样可以申请每次5年的免税期延长，总共不超过20年。[①]同时，投资“先锋产业”的公司，建厂所需的材料、机械及文莱本地没有的生产原料，在进口时都可以免交关税。文莱政府还会为这些外商投资企业优先在工业区安排场地。

为吸引更多外资，文莱政府近年来连续下调公司税。从2008年起，公司税由30%减至27.5%；2009年再减为25.5%；2010年公司税已降至23.5%。自2011年起，公司税又从23.5%下调至22%。同时，政府还将调整税制，为新成立企业和利润低于25万的小企业提供更多税收优惠。

外国在文莱投资事务由文莱工业和初级资源部发展局管理。为加快外来投资者申报投资项目的审批手续，在文莱工业与初级资源部内设立了“一条龙服务办公室”（One Stop Agency）。

2. 利用外资情况

尽管文莱政府鼓励外来投资，但长期以来，国家收入过分依赖石油、天然气的开采；人口少而人均国民产值高，人民生活安逸；本地发展马来化倾向的限制；劳动力匮乏等因素，阻碍和影响了外资的进入。而且，外来投资主要集中在石油、天然气产业。只有少数新加坡、马来西亚、中国台湾的厂家利用文莱对欧美纺织品出口无配额限制的优势，在文莱开设成衣厂，加工服装出口。

2007年，文莱吸引的外资共有3.921亿文元。受全球经济不景气影响，2008年，进入文莱的外资下降到3.353 9亿文元，与2007年相比减少了14.8%。欧盟对文莱的投资为3.240 5亿文元，占96.6%。其中，英国的投资为2.205 1亿文元，占65.7%；挪威

① 参见：中国驻文莱大使馆经商处。

1.035 2亿文元，占30.9%。东盟国家1 290万文元，占0.4%。[①]据统计2011年，文莱共吸引外资15.199 8亿文元。其中，第一季度3.899 3亿文元，第二季度2.734 8亿文元，第三季度4.836 4亿文元，第四季度3.729 3亿文元。

从外资来源看，英国、挪威、德国、日本、新加坡、中国、美国是文莱的主要外资来源国。其中，英国和挪威占很大比例。从外资流入领域看，油气产业吸纳了绝大部分外资，其次是加工业和零售业。

（二）文莱对外投资

在吸引外资的同时，文莱也积极对外投资。其主要对外投资机构有两个。一个是成立于1982年的QAFK控股公司。该公司由穆罕默德亲王管理。另一个是1983成立的投资署（Brunei Investment Agency）。

文莱在对外投资时比较谨慎，主要购买西方发达国家的政府债券，同时也对现金、黄金、股票和房地产进行了有限投资。2011年6月，文莱首相署副部长在第七届亚洲资产管理圆桌会议上表示，将把人民币列为投资对象，以减少文莱资产受美元汇率波动的影响。

近年来，文莱也开始投资区域内其他国家的基础设施建设。截至2010年3月，文莱对中国的直接投资项目达1 540个，合同外资额为52.32亿美元。2011年，文莱已在越南的94个投资国中排名第12位，投资领域涉及酒店、度假村、工厂和工业品等。

① 数据来源：文莱首相署经济计划和发展局：*Brunei Darussalam Foreign Direct Investment Inflows*（2008）。

三、区域经济合作

文莱积极与区域内国家开展多边合作，发展外向型经济，目前已参加的区域合作主要有东盟东部增长区和中国—东盟自贸区。

（一）东盟东部增长区

东盟东部增长区是东盟内部三个次区域合作之一，1994年3月在菲律宾达沃市正式形成。东部增长区覆盖了文莱全国、马来西亚沙捞越州、沙巴州和纳闽岛，印度尼西亚东部的加里曼丹、苏拉威西、伊利安查亚和马鲁古群岛，以及菲律宾的棉兰老岛和巴拉望岛，总面积约156万平方千米。除文莱外，其他均为偏远和不发达地区，拥有丰富的自然资源和人力资源。

东盟东部增长区设立了高官会和部长级会议，并在文莱有常设秘书处。其远期目标是改变次区域资源消耗型经济模式为非资源消耗的、高水平生产型的经济模式，最终达到缩小成员国乃至东盟老六国之间发展差距的目的。直接目标是刺激本区域的贸易、投资和旅游业增长，包括促进人员、货物和服务的流动；共同享有基础设施和自然资源；实现经济互补。通过经济互补以及资源和市场共享，促进欠发达和地缘相近地区的发展。2005年12月，增长区批准实施10年经济发展的路线图，确定了四大合作领域：交通、基础设施和信息产业、农业产业和自然资源、旅游和中小城市企业发展。2012年6月，在文莱召开了第九届东盟东部经济增长区运输、基础设施和信息技术发展大会。与会代表团一致同意采取措施推动贸易、投资、旅游、农业、渔业、能源、交通、通信以及其他工业基础设施的发展，促进区域一体化。2012年9月，印度尼西亚、马来西亚、菲律宾和文莱交通部长在文莱就加强东盟东部增长区互连互通基础设施建设进行讨论。他们在会后发表联合声明，表示未来将加大对该次区域交通建设的投入，并建立项目实施监管机制，加强区域内物流及客运能力建设。根据东盟东部增长区实施蓝图，该次区域的发展目标是成为东盟的旅游中心、粮食基地和外商投资优选目的地。

自东盟东部增长区成立以来，文莱为促进区域内贸易和投资便利化，推动本区域经济增长方面做了很多努力。1995年11月，文莱主办了首届东部增长区博览会。文莱政府为东部增长区常设秘书处免费提供办公大楼，并承担了其一半的活动经费。2006年，文莱与马来西亚、印度尼西亚和菲律宾签署了民航领域全面开放的备忘录。目前，东盟东部增长区内开通了空中和航海线路，跨境游客逐渐增多，内部商贸和社会联系也得到扩大。但除旅游外，其他领域的合作还有待加深，要实现成立之初设立的预定目标还需要长期努力。

东盟东部增长区得到了亚行的支持，并与中国、澳大利亚、新西兰、印度、日本及韩国等发展了伙伴关系。

（二）中国—东盟自由贸易区

中国—东盟自由贸易区（CAFTA）由中国和包括文莱在内的东盟10国共同组成。这是一个拥有19亿人口、国内生产总值近6万亿美元、贸易总额达4.5亿美元的自由贸易区，也是东亚最大的自由贸易区。

中国—东盟自由贸易区包括货物贸易、服务贸易、投资和经济合作等内容。2002年11月，在第六次中国—东盟领导人会议上，中国与东盟国家签署了《中国与东盟全面经济合作框架协议》，决定到2010年建成中国—东盟自由贸易区。2004年11月，《货物贸易协议》签署，规定自2005年7月起，除2004年已实施降税的早期收获产品和少量敏感产品外，双方将对其他约7 000个税目的产品实施降税。2007年1月，双方签署了服务贸易协议，承诺在60多个服务部门相互提供高于世界贸易组织水平的市场开放。2009年8月，双方签署了投资协议，相互开放投资市场。2010年1月1日，中国—东盟自由贸易区正式建成。

中国—东盟自贸区建成以来，文莱和中国的经济合作更加紧密。2011年，文莱和中国之间的经贸合作进一步得到拓展，双边贸易额突破10亿美元大关，达到了13.1亿美元，同比增长27.1%。2012年第一季度，中国继续保持文莱第三大进口商品来源地的地位，仅次于东盟和欧盟。旅游方面，2011年中国前往文莱的游客约3万人次，同比增长了26%。中国成为文莱第一大游客入境市场和仅次于马来西亚的第二大人员入境市场。

第八节　文莱的宏观经济政策

一、积极促进经济多元化

文莱的整体经济和油气产业都存在很多弊端。多年来，文莱的经济结构都面临着单一和过分依赖石油及天然气的问题。油气产业的上下游领域发展也处于失衡状态。为实现经济可持续、健康发展，政府将继续推进经济多元化。

丰富的油气资源是上天对文莱的馈赠，使文莱国民过上了富裕的生活。但油气是不可再生资源，总会有耗尽的一天。目前文莱的经济严重依赖油气产业的支持，这是不健康、不可持续的。油气工业的繁荣并没有带动其他产业的发展。同时，文莱的油气收入主要是依赖原油和液化气出口，下游领域并没有拓展开来，油气产品缺乏附加值。此外，文莱油气产业提供了约2万个就业岗位，但文莱本地人仅占其中37%的岗位。

经过长期努力，非油气产业对文莱GDP的贡献率逐渐上升。但文莱经济结构性问题依然存在，过度依赖石油和天然气的问题未能得到根本解决。今后很长一段时间内，促进经济多元化仍将是文莱经济发展的重中之重。政府将不断推出新政策，大力发展制造业、旅游业、农业、水产养殖、清真食品等具有较大空间的产业。

二、大力发展中小企业

尽管近年文莱的中小企业数量增长较快，但许多企业并没有获得ISO22000等国际认证。为鼓励支持中小企业发展，文莱政府首先提出要实施三项改革：一是加强行政体制改革，提高政府运转效率和官员责任心；二是改善投资环境，包括提供商业注册便利、修改现有土地政策等，吸引跨国企业投资；三是改变人力资源结构，大力发展职业教育，积极引进国外优秀人才。另外，文莱政府还采取了一系列具体措施。文莱设立了战略发展资本基金，并成立专门委员会，负责重新审查和推介相关政策，以吸引更多外国投资。在这方面，文莱工业与初级资源部和经济发展理事会互为补充，前者提供投资优惠政策，如免税、提供工业用地等，后者负责招商引资并为投资活动提供便利。文莱工业与初级资源部为中小企业制定了投资优惠政策，并在工业区及配套设施、中小企业培训服务、财务等方面提供了大力支持和保障。文莱经济发展理事会专门为中小企业建立了企业孵化园和信息中心。[1]文莱工业与初级资源部计划与亚洲企业论坛合作，推出本地商业计划，促进当地中小企业的发展。通过论坛、讲座和培训等途径，提高中小企业的竞争力，加速私营企业的发展。

2012年2月，文莱首届全国中小企业颁奖典礼在比拉王储出席及工业和初级资源部长叶海亚的见证下举行。共有7家企业分别获得银奖和铜奖，但金奖空缺。该奖项将每两年颁发一次，以鼓励中小企业发展。2012年9月，文莱工业与初级资源部副常务秘书哈斯娜发表讲话高度评价了中小企业在文莱经济发展中的重要作用。她说，文莱国内98%商业机构均为中小企业，是文莱推动经济多元化和实现2035年宏愿的强大基石。她还援引叶海亚部长在2011年文莱商业论坛的讲话，即2010—2020年是该部大力推动中小型企业发展的年代。

三、继续发展油气产业，加快油气产业本地化

油气产业在较长时期内仍将是文莱的支柱产业，文莱政府在开展经济多元化的同时会采取各种措施继续发展油气产业，并加快油气产业的本地化。

为解决石油天然气行业中小企业工业用地短缺问题，文莱政府计划在白拉奕双溪七渡港新辟500公顷土地用于发展油气产业。2012年6月，文莱国家石油公司同俄罗斯国有Zarubezhneft油气公司签署全面合作备忘录。双方将开展油气领域的商业合作，探讨在能源领域建立合资企业，并与世界最大的天然气公司——俄罗斯天

① 《文莱大力扶持中小企业发展》，中国驻文莱大使馆经商处，http://bn.mofcom.gov.cn/aarticle/ztdy/201107/20110707667931.html.

然气公司加强天然气勘探开采合作。

预计到2030年，文莱油气产业的支出将达到88亿文元（约合70亿美元），本地成分力争达到60%，以便将更多资金留在本地经济系统内。目前，文莱油气产业的本地成分仅为3亿美元，不足15%。要实现该目标，本地支出须在18年间增加10倍，其中上游增加25亿文元，下游增加48亿文元。同时，文莱能源局希望到2035年，文莱油气产业的本地就业率可从目前的37%上升至80%。

第六章　军事与安全

第一节　建军历史和国防部

一、文莱建军历史

1961年5月31日，文莱正式组建了自己的武装力量。其最初被称为“文莱马来兵团”。4年之后，“文莱马来兵团”被改为“文莱皇家马来军团”。当时的文莱武装力量的最大作用仅仅是作为皇家仪仗队。1959年，文莱与英国签署协定，文莱的国家安全交由英国负责，因此“文莱皇家马来军团”的指挥权也处于英国人的控制之下。

随着文莱独立意识的增强，通过与英国不间断的谈判，文莱获得了国防自主权。1971年，经过和英国谈判，文莱恢复行使全部内部主权的权力。在此背景下，文莱依托“文莱皇家马来军团”，逐步建立起了一支包括海、陆、空三军的武装部队。当然，由于英国仍然没有放弃对文莱的国防自主权，因此文莱的军队直到1984年才获得了真正的独立。

1984年1月1日，英国彻底放弃了对文莱外交和国防的控制，文莱国防部正式成立。“文莱皇家马来军团”也更名为“文莱皇家武装部队”，一直沿用至今。“文莱皇家武装部队”隶属于国防部，是文莱最主要的国防力量，最高统帅为国防大臣。国防部首任大臣为苏丹奥马尔·阿里·赛里夫汀。1986年，奥马尔·阿里·赛里夫汀逝世后，国家元首哈吉·哈桑纳尔·博尔基亚·穆伊扎丁·瓦达乌拉兼任国防大臣至今。1991年9月，哈吉·哈桑纳尔·博尔基亚·穆伊扎丁·瓦达乌拉对“文莱皇家武装部队”进行了改组，改组后由陆军、空军、海军、后勤部队和军事训练中心五部分组成，各部都有自己的司令部，但都要直接对武装部队总部负责。文莱苏丹希望通过改组，把文莱武装部队建设成为一支职业化的军队，更好地保护国家利益，维护国家的和平与稳定。因此，他为军队训练定下的座右铭是“与其战时多流血，不如平时多流汗”[①]。

二、文莱兵役制度和武装力量的角色

文莱目前实行志愿兵役制，所有的步兵、海军和空军作战部队都由志愿兵组成。《兵役法》规定男子的服役年龄为18岁至32岁。直到2007年，文莱只有马来族（原住民）的文莱公民可以争取在文莱皇家武装部队服役。目前，由于生活富足，对年轻人来说，到部队服役是一件痛苦的事情。因此，文莱军队兵源不足，军队的发展受到了限制（见表6-1所示）。

表6-1　2010年度文莱军事人口资料

最低服役年龄	18周岁
全国人口	40.6万人（2011年）
可获得军事人力资源（16~49岁）	男性：112 688人
	女性：117 536人
兵役适龄人口（16~49岁）	男性：95 141人
	女性：99 386人
年度达到服役年龄人口	男性：3 572人
	女性：3 465人

资料来源：https://www.cia.gov/library/publications/the-world-factbook/geos/bx.html

① 刘新生、潘正秀：《列国志·文莱》，社会科学文献出版社，2005年版，第167页。

“文莱皇家武装部队”的任务和扮演的角色主要包括四个方面：第一，阻止任何国外势力直接或间接危害文莱国家的主权和领土完整，防止国内现实的或潜在的破坏分子颠覆国家政权；第二，采取行动抵御外来侵略、恐怖主义或叛乱；第三，根据请求，协助警察部门和民事部门维护公共秩序；第四，可以充当政府和文职人员维持社区秩序。[①]

三、文莱的国防部[②]

文莱的国防由国防部全权负责。国防部分为军事部门和文职部门两部分，除国家元首兼任国防大臣外，国防部还设有一名副大臣、一名皇家武装部队司令和一名常务秘书。现任副大臣是乌玛（Mohammad Yasmin bin Haji Umar），其1981年起在“文莱皇家武装部队”任职，2005年5月24日被任命为国防部副大臣。武装部队司令是阿米努丁少将（Major General Haji Aminuddin Ihsan bin Pehin Orang Kaya Saiful Mulok Dato Seri Paduka Haji Abidin），他于2009年12月31日接任哈比尔少将。现任常务秘书是阿朴度（Dato Paduka Haji Abdul Majid），他2008年1月17日，被任命为国防部常务秘书。

（一）文莱国防部的军事部门

国防部的军事部门共分为6个局，各个局的职能如下：

1. 国防大臣办公室与战略策划局（Defence's Minister Office & Directorate of Strategic Planning）。其职责主要有：在秘书处的权限范围内，为国防大臣提供行政服务；为国防大臣提供及时的国防和

① The Role of Royal Brunei Armed Forces, http://www.mindef.gov.bn/mindefweb/main/e_armforceshistory.html.

② 编译自文莱国防部网站，http://www.mindef.gov.bn/mindefweb/main/e_armforceshistory.html.

有关国防的分析报告；为国防大臣提供客观的、有可操作性的、与国防政策有关的建议；负责处理国防大臣与公众往来的信件。

2. 作战局（Directorate of Operations）。其职责是协助武装部队司令执行适合文莱国防的防卫和作战计划；负责执行军队战斗力提升的计划，管理部队的休整和管理特遣部队；协调军队，帮助其他政府机构应对各种非传统威胁。

3. 情报局（Directorate of Intelligence）。负责向国防部和“文莱皇家武装部队”提供及时、准确、客观而有价值的情报；保障内部安全审查；作为军队的外事部门，负责外国的国防部门与军事组织和文莱国防部和武装部队的联络；在情报与安全活动中，负责对国防部和武装部队人员提供培训和指导。

4. 作战能力管理局（Directorate of Force Capability Development）。负责通过科技研发提升部队的作战能力。

5. 人事局（Directorate of Personnel）。负责军事人员管理、礼仪和重大活动、招聘人员、纪律、待遇、福利、医疗、任职和任命等事务。

6. 后勤保障局（Directorate of Logistics）。后勤保障局成立于1986年，负责武装部队的供应、装备支援、协调部队的换防和住房问题。

（二）文莱国防部的文职部门

文莱国防部的文职部门下设5个局，各个局的职能分别如下：

1. 发展与工程服务局（Directorate of Development & Works Services）。发展与工程服务局由三个部门组成：管理与财政部、项目发展部、维护与工程服务部。其职责主要为：负责制定并管理国防部的工程建设，包括工程设计、工程造价预算；负责管理和维护国防部所属的所有建筑，包括国防部对外出租的民用建筑物；负责保存国防部工程建设的所有档案；对国防部所有建设工程进行监理；为国防部所有工程建设项目提供专项资金或提出资金申请。

2. 财政与军需局（Directorate of Finance and Acquisition）。其职责是负责申请、管理专项资金。监督专项资金的使用；负责满足国防部、文莱皇家武装部队和廓尔喀步兵营所需要的物质、文化条件；支付所有的军需费用；负责和协调国防部、文莱皇家武装部队和廓尔喀步兵营的军需采购。

3. 行政和人力资源局（Directorate of Administration and Manpower）。其职责是为平时的一般人员编制配置提供帮助和支持；评价和研究财政年度内国防部内所有机构及其人员的配置及工作情况；负责财政年度内衔级调配并监督本局内的财政收支情况；领导训练委员会、人事委员会和后续工作委员会；监督国防部的日常纪律性事务和宗教事务；领导退伍军人的安置工作。

4. 国防政策局（Directorate of Defence Policy）。其使命是“为国防政策提供建议、信息和支持”；其作用是“加强与友好国家双边、地区、多边的防务合作”。国防政策局由三个部门组成：行政处、科研处和法律处。

5. 公众关系局（Public Relations Unit）。公众关系局的职责是：信息发布；使公众理解国防政策、提高公众的国防意识；和利益相关者沟通，使其了解国防部；推进国防部与其他部委之间合作的便利化。

第二节　军种和兵种

文莱皇家武装部队由现役部队和预备役组织构成，现役部队包括文莱皇家陆军、文莱皇家海军、文莱皇家空军，总兵力大约

7 000人。[①]预备役组织主要包括后勤服务部队和培训部队。

一、文莱皇家陆军

文莱皇家陆军是文莱最早的军种，其战斗力最强、人数最多，是武装部队的中坚力量，是文莱国防的主要力量，具有大约4 900人的规模。目前，文莱皇家陆军司令是优素福陆军准将。

文莱皇家陆军是一个旅级规模的部队，总部下设3个作战营和1个支援营。3个作战营为步兵营，编制序列分别为第一营、第二营和第三营。第一营于1962年在马来西亚的波德申成立。驻防地在Berakas，下设有Marka连和5个（A、B、C、D和E）步枪连。第二营成立于1975年1月。驻防地在1976年5月迁移至都东。第三营成立于1994年5月。驻防地在2007年6月迁移至白拉奕区。支援营，原本设有5个单位，在1990年1月进行整编，目前下辖装甲侦察连、战斗工兵队和营部支援连3个单位，驻防地在白拉奕区。支援营最早由5个中队组成，目前的支援营改组于1990年1月，由装甲侦察连队、战斗工兵连队、总部支援连队组成。

文莱皇家陆军的角色是维护国家安全和捍卫国家主权，其主要职责是：反对任何来自国内外的威胁，维持国家的和平与安全；实施反叛乱、反恐、反暴动行动；随时待命帮助文莱皇家警察部队维护国内安全；负责陆地和河上巡逻；开展搜救行动；参加各种仪式性行动；实施各种“心灵”工程和慈善事业。

文莱皇家陆军的装备大部分依靠从国外进口，最大的供货商是英国。长期以来，文莱皇家陆军以轻型装备为主，如“蝎子”式轻型坦克、轻型装甲运兵车、反坦克武器、81毫米迫击炮、“轻剑”式

① 《文莱军事》，http://zh.wikipedia.org/zh-cn/%E6%B1%B6%E8%90%8A%E8%BB%8D%E4%BA%8B.

地对空导弹等。

二、文莱皇家海军

文莱皇家海军成立于1965年6月14日，原属于文莱皇家马来军团，最早被称为船队，由一定数量的铝制船组成。随着经济发展，船队得到了很大的支持。1966年，船队成为一个连队编制。1974年，文莱海军转移到新的驻扎基地——文莱麻拉区的穆阿拉（Muara）。1991年10月1日，文莱海军正式成为独立的武装部队。

文莱海军是文莱皇家武装部队成立的第二个军种。由四个部分组成：作战舰队、行政单位、训练中心、后勤支援部队。

文莱海军的主要使命是捍卫文莱的领土完整和海域主权；其主要责任是进行搜索和救援任务，以遏制和捍卫文莱水域的海上打击部队；其任务主要是作为展开海上攻击的威慑力量，保护国家的近海资源，维护南海的通信线路（SLOC），监测200海里专属经济区，进行海上搜寻与救援行动，对文莱皇家陆军提供任务支援，提供其他安全机构和文莱国防部的任务支援。

文莱海军数量较少，大约1 000人。文莱海军是一支小而装备精良的部队。为了早日实现武装部队现代化，适应维护国家安全的需要，文莱海军制定了以购置新舰船、改良旧装备和扩大基地为内容的现代化发展计划。[①]目前拥有3艘F2000级护卫舰、3艘Waspada级导弹巡逻舰、3艘Perwira级近海巡逻艇、2艘两栖突击载具、2艘登陆艇、17只内河用小型武装船只（特种作战中队所使用）、1艘动力船、23艘水警巡逻艇。[②]

① 刘新生、潘正秀：《列国志·文莱》，社会科学文献出版社，2005年版，第172页。
② 《文莱军事》，http://zh.wikipedia.org/zh-cn/文莱军事，2012年6月15日。

三、文莱皇家空军

文莱皇家空军最早组建于1965年。1967年，该军事单位被称为直升机连。1980年，文莱创建了飞行员培训学校。1981年、1982年，文莱空中军事力量第二中队、第三中队分别成立。1991年，征得苏丹的同意，文莱空中军事力量被正式命名为文莱皇家空军。

文莱皇家空军分为5个部分：作战部队、防空团、后勤部队、训练部和行政部。作战部队由第1飞行中队、第2飞行中队、第4飞行中队、第5飞行中队、战术空降部署部队、消防部队组成；防空团由第33中队、第38中队、基地防卫中队、技术培训学校组成；后勤部队由工程中队、勤务支援中队、技术设备维修部组成；训练部由飞行训练学校、空军技术培训学校、标准及评价中队组成；行政部由体能训练科、收费处、宪兵团、军事运输和文职办事处构成。

文莱皇家空军的责任是负责保卫国家领空和提供由空中监控陆地和海上边界。

文莱空军大约1 100人，装备基本都来源于国外。其中作战部队第一中队配备有贝尔212型和贝尔214ST型直升机，第二飞行中队配备MBB Bo 105直升机，第四飞行中队配备S-70直升机，第五飞行中队配备CN-235运输机；防空团第33中队配备剑杆便携式防空导弹，第38中队配备Mistral missile便携式防空导弹；训练部配备PC-7和贝尔206型教练机。

四、后勤服务部队

文莱后勤服务部队是文莱军事力量最早形成的部分，早在文莱皇家武装部队成立前40年，后勤服务部队的各个下属单位就已经陆续成立。具体如表6-2所示：

表6-2 文莱后勤服务部队机构及其成立时间

机构	成立时间
乐队	1963
医疗机构	1964
消防部队	1971
仓储管理	1971
牙科服务	1972
运输系统	1976
总部公司	1979
宪兵队	1979
博物馆	1979
女兵俱乐部	1981
信号中队	1982

来源：*Brief History about Support Services Royal Brunei Armed Forces*, http://www.mindef.gov.bn/mindefweb/serviceforce/e_history.html

在1991年之前，文莱后勤服务部队是被合并或分散到文莱皇家武装部队的各个服务部门中的。1991年10月1日，随着文莱皇家武装部队的改组，文莱后勤服务部队也正式成为一个独立的部分。1992年1月28日，文莱后勤服务部队正式运行。

文莱后勤服务部门是文莱皇家武装部队最大的组成部分之一，担负着为文莱皇家武装部队的其他组成部分提供管理、安全、健康、后勤、通信、运输、技术支持等服务的责任。目前，文莱后勤服务部队下辖15个分支机构，分别如表6-3所示：

表6-3　文莱后勤部门机构概况

机构名称	主要职责
总部公司和加里森（Garison）副官局	在基亚加里森地区协调人事工作和福利待遇，为皇家武装部队其他机构的军事训练、宗教仪式和体育活动提供协调支持
仓储管理部门	为皇家武装部队提供各种装备
陆地工程指挥部	为陆地工作提供技术建议
基亚/澎南（Penanjong）工厂	负责提供修理服务，修理陆地装备和向前线派遣修理队
信号中队	提供通讯便利
运输系统	提供运输服务
乐队	为皇家武装部队和各种国家庆典活动提供音乐服务
女兵俱乐部	对女兵的训练进行管理
博物馆	负责保存和展出文莱皇家武装部队的历史史料
医疗服务	为军人、军属和需要紧急治疗的公众提供医疗服务，为部队人员紧急救援提供培训，参与联合军演
牙科服务	为军人和军属提供牙科检查、治疗服务
宪兵队	协调地区安全、交通管理，执行军事法，为军演提供支持
陆地装备技术培训学校	为学员提供陆地装备修复的课程和实践活动，优秀的学员可以到苏丹技术学院深造
储备局	负责安置后备军人和退休军人
消防机构	负责火灾的防备和消防

来源：http://www.mindef.gov.bn/mindefweb/serviceforce/e_org.html

五、文莱皇家武装部队培训学院

文莱皇家武装部队培训学院是文莱的军校，负责为部队提供合格的军事人才，成立于1969年4月7日。目前，文莱皇家武装培训学院共分为8个部分。学院负责对军人提供各种层次的培训课程，除了培训新兵，学院还负责提升老兵的技术和文化。

第三节　文莱的准军事力量——皇家警察部队

文莱的正规警察部队于1905年创建，当时被称为海峡租界警察分遣队，在1921年改为文莱皇家警察部队，1965年被正式命名为文莱皇家警察。1984年文莱独立后，皇家警察部队归首相署领导，其主要职责是根据国家宪法所赋予的权力维护法制，目前约有4 400人。[①]在文莱的军事力量中，皇家警察部队的任务为[②]：最大限度减少违反法律的事件；全力侦察犯罪活动和确定罪犯；时刻准备对公共安全与社会需求做出反应；在发生破坏性事件后立即恢复公共秩序与安全；通过对官员和人员的适当培训提高警察的专业技能；在反对犯罪和反对违反国家法律方面增强群体参与率；树立一个友好、有爱心和易于接近的形象；最大限度通过教育让公众了解交通规则和条例；坚持和实施东盟警察会议和国际警察大会通过的各项决议；与其他法律机构和政府部门保持良好的联系。

文莱警察部队按照地域分为两个警区：文莱警区和白拉奕警区。警力按照职能分为武装警察、公安行政警察和刑事警察。在机构设置上，全国所属的机构有普通警务处、刑侦处、海上警务处、机场

① http://www.interpol.int/Member-countries/Asia-South-Pacific/Brunei.

② 刘新生、潘正秀：《列国志·文莱》，社会科学文献出版社，2005年版，第173-174页。

警务处、皇家卫队。刑侦处设有专门负责国内安全的特科，它与安全情报局协作搜集国内外的情报。

皇家警察部队在芒吉斯设有一个警察训练中心。除了正规警察，文莱还有一个志愿警察兵团，担负油田守卫的工作。

第四节　对外军事关系

由于自身军力有限，为了缓解国家安全的脆弱性，文莱一直重视与其他国家，尤其是五国联防成员国英国、澳大利亚、新西兰、马来西亚和新加坡保持紧密的军事合作。正如文莱2004年发布的《国防政策白皮书》所说的“文莱的国防能力通过与欧洲、北美、澳大利亚和新西兰、北亚和南亚的技术合作和培训合作得以加强”①。

一、文莱与英国的军事关系

文莱独立以前，一直处于英国的殖民统治之下。尽管“二战”后文莱为了自身的独立多次与英国进行谈判和交涉，逐步取得了不同领域的自治权。但是文莱外交和军事的独立是1984年完全独立后才得以实现的。因此，独立后的文莱和英国仍然保持着非常紧密的军事联系。1994年12月，文莱同英国签订了国防合作谅解备忘录，英国在国防工业和军事人员训练方面给予文莱援助，文莱的大部分武器装备都从英国购买。

除了帮助文莱培训高级军官、提供武器装备，为文莱派驻军事顾问，英国在很长时间里还在文莱驻扎有军事力量——廓尔喀禁卫

① Brunei Darussalam Defense White Paper 2004, http://www.mindef.gov.bn/mindefweb/home/e_defensewhitepaper.pdf, p.24.

军和廓尔喀步兵营。

廓尔喀禁卫军由文莱苏丹负责招募，其人员基本都是退役的英军廓尔喀人，指挥权也由退役英国军官负责，禁卫军的开支由文莱负责。廓尔喀禁卫军的主要职责是负责文莱首都苏丹王宫和主要政府机构的安保工作。

廓尔喀步兵营驻扎在诗里亚，负责保卫石油城的安全，其薪金和各种支出由文莱负责，处于英国政府指挥之下。早在1983年9月，文莱就和英国达成协议，约定在文莱独立后，原先驻守在文莱的英国军队继续驻留。1997年2月，英国国防大臣波蒂洛访问文莱，同文莱苏丹和外交大臣进行会谈，双方就文莱购买英国武器和英国廓尔喀部队留驻文莱达成协议。4月，两国举行历史上规模最大的联合军事演习，参加的部队约1万人。1998年文莱和英国的协议到期，但文莱政府主动要求与英国签署新的驻军协定，延长了廓尔喀营在文莱诗里亚的驻扎时间。

由于两国特殊的关系，近年来双方军事合作仍然比较密切。在合作机制方面，2002年文莱和英国依据两国签署的防务合作联合委员会谅解备忘录建立了联合防务委员会（Joint Defense Commission）。联防委员会是两国防务高官开展深度合作和深度交流的一个军事合作机制。联防委员会每年召开一次联合会议，最近的一次联防委员会会议于2012年6月召开。

二、文莱与澳大利亚的军事关系

由于同属英联邦国家，文莱和澳大利亚的军事关系也比较密切。在合作机制方面，两国每年都举行双边防务会谈，相互通报各自的长期防务计划。1985年，两国签署了军事合作协定，表示要加强训练、演习之间的合作。1987年12月，澳大利亚国防大臣访问文莱，两国表示要进一步加强军事合作，每两年举行一次海上联合军事演习。1999年5月，文莱和澳大利亚签订了两国军事合作备忘录，9月两国举行了双边军事合作对话。

近年来，文莱与澳大利亚的军事合作更加深入。2005年2月，文莱苏丹访问澳大利亚时，两国签署了合作打击国际恐怖主义谅解备忘录，双方将在海关、财政、移民、情报、执法、安全和运输方面加强合作。2012年2月，文莱国防部副部长穆斯塔帕访问澳大利亚，他与澳国防部长史密斯举行了双边会谈，双方表示将进一步提升两军协同行动能力，加强在军事演习和培训领域的合作，并开展在军事科技领域的合作。澳方表示支持文莱2013年举办东盟国防部长扩大会议。

三、文莱与马来西亚的军事关系

政治、经济关系不断推进的同时，文莱和马来西亚在军事领域也保持着良好的合作关系。1987年7月，马来西亚武装部队司令加扎利访问文莱，两国军方领导人表示要加强防务合作。1992年2月，文莱和马来西亚签订了成立两国“防务委员会”协议，双方军事合作领域包括训练、军事演习、人员交流、侦察、后勤支援和海事研究。自1993年起，文莱和马来西亚每年都举行一次海军联合演习。在2006年8月举行的双边第10届年度磋商中，文莱同意联同马来西亚派遣约100人的维和部队，参与联合国组织的临时维和部队，在黎巴嫩进行维和工作。

2010年3月，马来西亚国防部长访问了文莱，与文莱国防部副部长就两国之间的防务合作问题进行了商谈。2011年11月，马来西亚和文莱共同召开了防务委员会第14次联合工作会议。两国会议代表表示将继续加强两国之间的防务合作，双方还就军事演习、培训、后勤合作、情报交流等事宜进行了讨论。

四、文莱与新加坡的军事关系

早在文莱独立前，文莱和新加坡就具有军事合作关系。新加坡的步兵和炮兵在文莱的淡布伦地区进行丛林循环训练。1984年后，文莱和新加坡的军事合作随着两国政治、经济关系的加强也更加紧密。除了淡布伦设有新加坡的军事训练基地外，新加坡还在穆阿拉地区有驻军。新加坡还为文莱训练军事人才，文莱每年大概有300多名官兵在新加坡参加70多个军事项目的训练，相当于文莱派驻海外受训官兵的一半，因此文莱和新加坡在军事方面有着“特殊联系”①。此外，文莱和新加坡两国海军自1997年起就把海军联合演习作为常态化的一种机制。

近年来，文莱和新加坡的军事合作更加密切。文莱皇家武装部队国防学院和新加坡武装部队军训学院之间具有密切的合作；双方之间的联合军事演习，如代号“共同迈进”、“塘鹅”和“空中守卫”等更加频繁；两国间军事人员培训计划等专业交流更加频繁。正是为两国部队防务合作作出了卓越的贡献，文莱皇家武装部队总司令阿米努丁少将于2012年4月13日获得了新加坡总统陈庆炎博士颁发的特殊军事勋章。

五、文莱与美国的军事关系

1994年11月，文莱和美国签署了防务合作谅解备忘录，为两国间的军事、防务合作构筑了基本框架。在此框架下，文莱和美国构建了联合防务工作会议机制，定期就两国间的防务合作进行沟通和交流。近年来，文莱和美国之间的军事合作更加密切。文莱为美

① 刘新生、潘正秀：《列国志·文莱》，社会科学文献出版社，2005年版，第218页。

国提供港口使用的权力，同意美国军舰不定期停泊并为其提供维修补给。此外，两国间的军事演习也比较频繁，美国每年都在文莱举行代号为“翠鸟”的军事演习。2000年1月，美国海军少将罗夫勒访问文莱；8月，文美联合举行海上备战和训练合作军事演习。2001年6月，美国第七舰队司令梅格尔中将访文莱，并拜会了文莱外交大臣穆罕默德亲王等人；7月，美海军和海军陆战队联合小组与文莱皇家海军、空军及武装部队进行了联合军演。2002年5月，美国海军与文莱皇家武装部队举行了代号为“克拉”的联合军事演习。2002年12月，文莱苏丹访问了五角大楼，为两国间的防务合作奠定了基础。2004年9月，文莱国防部副部长亚斯敏率团访问美国。2006年5月，美国国防部副政务次长里查劳勒斯访问了文莱，与文莱高官就两国关系、本地区及国际的安全问题、两国间未来的合作方向及资讯进行了交流。2010年7月，文莱和美国签署了美国为文莱提供更多后勤、补给和军事服务的协议。双方还表示美国对文莱的军事援助将通过联合军事演习、人员培训等方式实施。

第七章　科教文卫

第一节　教　育

一、文莱的教育简史和政策

（一）教育简史

20世纪初，英国殖民主义者开启了文莱的现代教育，主要是培养满足其殖民需求的人才。英国人通过对文莱原有的私立学校注入资金控制了学校的管理权，并引入西式教育方式。20世纪50年代，文莱壳牌石油公司在诗里亚开办了一所石油技术学校。文莱政府随后又制订了短期教育发展计划，并创办了师范专科学校，培养教师队伍。1984年独立之后，文莱收回了教育主管权，并开始创办高等教育学校。

文莱教育部是全国教育的主管部门，致力于培养学生全面能力，使其成为具备能力、创造性和思想，并能为家庭、社区和社会作出贡献的公民。

优越的经济基础为文莱提供了发展教育的资金保障，使其逐步建立起了一个适合其本国文化、传统和经济发展状况的教育体系。据联合国教科文组织公布的数据显示，目前文莱教育发展程度居全球127个国家的第34位。

（二）教育政策

1. 制定教育长期发展战略

2008年发布的《文莱长期发展规划》提出要实施教育战略，并制订了相应的8个政策方向：实施早期儿童教育；吸取国际先进教学经验；采纳一流的中等教育和高等教育体制，包括发展工商业所需的职业教育、专才教育、技术教育等；加强发展信息产业所需的人才培养和课程；发展终身教育课程，拓宽接受高等教育人群；促进科研和创新；提高教育效率；增进教育机构管理能力。

为配合实施2035年远景教育战略，文莱教育部制定了《教育部2012—2017年战略规划》(Ministry of Education Strategic Plan 2012—2017)。该战略规划的远景是提供促进祖国发达、和平、繁荣的优质教育(Quality Education Towards a Developed, Peaceful and Prosperous Nation)。[①]这里的“优质教育”具备的特征包括：促进学生全面发展；培养学生的个性(如审美观、领导能力、企业家精神、美德等)；培育具有团队精神、同情心、良好沟通能力、可靠和负责的公民；符合国际标准、鼓励终身教育、有利于社会和政治稳定的教育体系；为知识性经济打下基础；提高学生的学习效率。

2. 提供各种奖学金

文莱政府向全体公民提供学龄前到高等教育阶段的一切费用。对那些到国外留学、接受国内没有设立专业教育的学生，政府提供涵盖学费、食宿和来往路费在内的奖学金。就读文莱大学的走读文莱学生每月都能从政府得到相当于1 800元人民币的生活补助。如果住校，则补助减少至1 500元人民币左右。但非公民不能享受免费教育，需通过申请才能到政府公立学校就学，且要缴纳各种费用。选择就读华文学校的学生需要自己负担学习费用。

同时，文莱还专门设置了技术职业奖学金，旨在培育技术人员队伍，为奖学金申请者提供继续深造的第二次机会。一旦申请成功，无正当理由无故退学者须退还政府提供的奖学金。截至2012年3月，

① *Ministry of Education Strategic Plan 2012—2017*，第6页，参见文莱教育部网站，http://www.moe.edu.bn/web/moe/resources/strategicplan.

约有1 000人获得该奖学金。

二、文莱各类教育概况

文莱的常规教育可分为初等教育、中等教育、职业技术教育和高等教育，各类学校数量见表7-1。此外，文莱还有与常规教育略有不同的创业教育和华文教育。现行的教育学制是7—3—2—2，即小学7年，初中3年，高中2年和大学预科2年。文莱10岁以上居民的识字率位居世界前列，其中10岁以上男性的识字率为97.7%，10岁以上女性的识字率为95.4%。世界经济论坛全球竞争力报告涉及的142个国家中，文莱的初等教育质量排名第20位，技术培训和高等教育质量为第28名。[①]此外，文莱的初等教育入学率几乎为100%，但接受高等教育的居民仅为17%，低于东盟30%的平均水平。

表7-1　文莱各类学校数量统计

学校类别	初等教育机构	中等教育机构	职业技术学校	高等教育机构
学校数量（所）	120	37	8	3

数据来源：根据文莱教育部数据统计，http://www.moe.edu.bn/web/moe/institution/government

（一）初等教育

初等教育包括学前教育、初小和高小，学习年限为7年。文莱人一般从5岁开始接受初等教育。初等教育开设的课程包括马来语、英语、伊斯兰教知识、算数、体育、音乐、手工、历史、地理、科学等，目的是给学生打好听、说、读、写、算的基础，并向其传授伊斯兰教义。通过小学证书考试的学生可继续接受中等教育。

① 《文莱识字率位居世界前列》，中国驻文莱大使馆经商处，http://bn.mofcom.gov.cn/aarticle/jmxw/201206/20120608167151.html.

（二）中等教育

文莱的中等教育由普通中学（包括初中和高中）和职业技术教育构成。

初中学习年限为3年，必修课有马来语、英语、伊斯兰教知识、数学、历史、地理和科学，选修课有家政、美术、音乐、计算机等。除伊斯兰教知识外的其他必修课和选修课均需要进行考试。通过初中学习考评的学生可选择升入高中、就读职业技术学校或者参加工作。

高中学制为2~3年，马来语、英语和数学为必修科目。读文科的学生可从农业科学、综合科学和人文生态学中选读第4门必修课，并从地理、历史、经济、计算机、伊斯兰教知识、马来文学、英国文学、会计原理等课程中挑选3~4门选修课；学理科的学生可从生物、化学、物理、几何、经济和会计原理中挑选至少2门必修课，并从历史、马来文学、英国文学、美术、伊斯兰教知识等课程中选1门选修课。高中结束时，成绩优秀者可参加文莱—剑桥GCE“O”级考试（Brunei-Cambridge General Certificate of Education Ordinary Level Examination），成绩稍差的学生可参加文莱—剑桥GCE“N”级考试。在“N”级考试中取得好成绩的学生一年后也有机会参加“O”级考试。通过“O”级考试者学习两年大学预科课程后，可参加剑桥“A”级教育证书考试。[①]

（三）职业技术教育

文莱的职业技术教育通常为1~3年。作为综合教育的一部分，技术教育的培训包括到工业部门的6个月实习，商业教育的实习为3~6个月，毕业时学生可获得文莱职业和技术教育委员会认证的水

① 刘新生、潘正秀：《列国志·文莱》，社会科学文献出版社，2005年版，第180页。

平证书。[1]职业技术教育由职业技术学校（院）和培训中心提供，开设的专业非常广，涉及机械、建筑、设计、医疗卫生、电工、计算机、商贸、旅游管理等领域。

文莱主要的职业教育学校（院）包括拉希达护理学院（Pengiran Anak Puteri Rashidah College of Nursing）、苏丹塞夫尔·瑞贾尔技术学院（Sultan Saiful Rijal Technical Collоge）、杰里弗·博尔基亚工程学院（Jefri Bolkiah College of Engineering）、诺克达·罗根职业学校（Nakhoda Ragam Vocational School）、机械培训中心（Mechanic Training Centre）和苏丹博尔基亚职业学校（Sultan Bolkiah Vocational School）等。其中，拉希达护理学院是知名度最高的职业技术学校。它成立于1986年，以苏丹长公主的名字命名。该学院成立的目的是为了满足文莱对医护人员的需求。它提供护理和妇产专业课程，并为取得护理文凭的学生提供各类进修课程。拉希达护理学院与新加坡、马来西亚、澳大利亚、美国、英国等国家的医护学校存在交流合作。

（四）高等教育

文莱的高等教育起步较晚，1985年才创建了首个高等学府——文莱大学。目前，文莱有3所高等教育机构：文莱大学、文莱理工学院和文莱古兰经学院。

1. 文莱大学

文莱大学（Universiti Brunei Darussalam，UBD）创建于1985年10月，坐落在首都斯里巴加湾市以北，紧邻南中国海，是文莱最大的综合性大学。苏丹是文莱大学的校长，会在毕业典礼上亲自为毕业生颁发毕业证书。文莱大学通过教学、科研和社会服务为国家提供人力资源和智力支持。

---

① 彭运锋:《文莱教育简介》,《东盟教育之窗》，2008年第7期，第52页。

文莱大学旨在根据国家指导方针，在知识、技能、仪态、道德和价值观等方面培养学生，使其成为适合国家需要的人才。文莱大学成立之初只有4个院系，目前已增至7个，即艺术与社会科学学院，商学、经济和政策研究学院，伊斯兰学研究院，自然科学学院，教育学院，文莱研究学院和医学院。现有学生3 500人左右，大部分教师来自英国、澳大利亚、新加坡和马来西亚。文莱大学设有10种学士学位，教育和教育管理两种硕士学位及石油专业的博士学位。文莱大学学士课程是4年制，硕士课程是1~2年。每个学年分为2个学期，8月至12月为第一个学期，次年1月至5月为第二个学期。文莱大学不向学生提供固定的教科书，由任课老师列出所教课程的参考书目。文莱大学实行学分制，修完一门课程可获2~4个学分，总成绩由平时表现、出勤率、作业完成情况和期末考试综合决定。

文莱大学校园环境幽美，有教学行政区、体育区和宿舍区，每个区均设有停车场，方便教师和学生停车。体育区包括田径场、橄榄球场、曲棍球场、网球场及一座设有室内篮球场和健身房的体育馆。宿舍区旁有一座清真寺，方便伊斯兰学生做礼拜。

文莱大学与国外的高等教育机构保持了良好的合作关系。2012年7月5日，浙江大学与文莱大学签署了合作备忘录。根据备忘录的相关规定，浙江大学将从2012年开始帮助文莱大学开设石化专业课程，为文莱培养油气领域的专业人才。

2. 文莱理工学院

文莱理工学院（Institut Teknoloqi Brunei，ITB）成立于1986年，是以专业技术教育为主的高等院校。文莱理工学院分为工程学院和商业管理与信息技术学院。该校同时还提供商务、计算机、工程等领域的国家高级毕业文凭课程（HND）。该校凭借以实践为导向、以工业为基础的课程设置及广泛的研发活动在国内外赢得了良好的声誉。2008年10月18日，苏丹下令将文莱理工学院升格为大学，但保留了原名。

3. 文莱古兰经学院

文莱古兰经学院，即苏丹哈桑纳尔·博尔基亚古兰经学院（Institut Tahfiz Al-Quran Sultan Hassnnal Bolkiah），成立于1993年元旦，是一所研习《古兰经》和伊斯兰文化的宗教学府。学习成绩优异者有机会被派送到埃及、约旦等中东伊斯兰国家留学。

此外，文莱还有拉克萨马纳商学院（Laksmana College of Business）、文莱地球空间信息学专科学校（The Brunei Institute of Geomatics）等学校。拉克萨马纳商学院成立于2002年3月，和英国肯辛顿商学院联合办学。它提供大学预科、本科学位和专业课程，包括会计、商学、法律、信息科技、旅游、雅思考试以及其他方面的证书和文凭。文莱地球空间信息学专科学校成立于2003年9月。学校开设的学科包括测量、测绘、遥感、地理信息系统（GIS）和全球定位系统（GPS）等。①

（四）创业教育

由于中小企业可以为更多层次的人群提供生存和发展空间，创业教育从20世纪60年代开始受到各国的重视。文莱政府从20世纪90年代开始大力倡导创业教育和培训。在第六个（1991—1997年）和第七个（1996—2000年）国家发展计划中，文莱政府再次强调了创业教育和培训对于发展中小企业的重要性，积极鼓励一些组织机构提供创业教育和培训，促进中小企业的发展。②

教育机构、政府部门和私企为发展文莱创业教育、培训创业者

---

① 郭元兵：《文莱高等教育述评》，《郧阳师范高等专科学校学报》，2009年4月，第143页。

② 廖为海：《略谈文莱创业教育与培训》，《职业圈》，2007年第7期，第143页。

进行了通力合作。文莱大学是创业教育的先行者，提供商业管理课程，并设立了创业发展中心；文莱工业和初级产品资源部负责全国的创业教育和培训，组织召开中小企业家研讨会和培训会；文化、青年和体育部为不能继续高等教育的青年提供包括小型企业管理和创业教育在内的个人发展培训；包括文莱壳牌石油公司在内的一些文莱企业也参与到创业教育中。在发展创业教育的过程中，文莱非常注重学习环境、设施环境和创业文化三要素的结合，强调前期培训和后期跟踪支持。

（五）华文教育

华文教育是文莱教育体系的重要组成部分。文莱的华文学校开办历史悠久，在20世纪50年代的鼎盛时期一度达到126所之多。英国殖民时期，文莱政府就允许华校存在，在加强管理的同时提供部分资助，后逐步取消。早期的华文学校以中文为教学语言。1984年2月，文莱颁布了《文莱1984年教育政策》，规定华文小学必须将马来语和英语作为必修课，但可以用中文作为教学语言；中学大部分课程须以英语作为教学语言。此外，就读华文学校的学生在高中毕业后必须通过全国统考才能获得政府认可。尽管如此，华文学校因拥有合法地位而不断发展，到20世纪80年代，已经形成从幼儿园到小学、初中、高中的较完整的华文教育体系。①

文莱华校的师资以华人为主，也有部分外籍教员；学生也以华人子女为主。为遵循政府规定，同时也是适应时代发展的需求，目前华文学校同时教授中文、马来语和英语，注重学生德育、智育、群育、体育和美育的全面均衡发展。文莱的华文学校主要有中华中学、培英学苑、中正中学、都东中华学校、九汀中华学校等。

① 廖小健：《文莱政府的华侨华人政策》，《东南亚研究》，1996年第4期，第45页。

1. 中华中学

文莱中华中学（Chung Hwa Middle School）成立于1922年，是文莱成立最早、规模最大的非营利性私立华文学校，现有在校生3 200余人，教职员工240余人。[①]学校设有幼儿园、小学部和中学部，校内配备了图书馆、多媒体教室、电脑室、体育馆等教学设施。三岁以上儿童可报名入幼儿园小班，四岁以上孩童可报名入幼儿园大班。其他年龄的学生需要看此前的就学情况而定。中华中学的授课时间为周一至周四及周六，周五和周日休息。学校采用中文、英语和马来语三种语言进行教学，有多位中国来的中文老师，中文教学环境较好。中华中学通过开展一系列的教学活动来提高学生学习中文的兴趣，如书法比赛、中文歌唱比赛、猜字谜等。

为加强校友间的交流，共同关注和推动中华中学的发展，1992年中华中学专门成立了校友会。已有90年建校历史的文莱中华中学已是桃李满天下，为推广华文教育、传承中华文化发挥了积极作用。

2. 培英学苑

培英学苑创办于1992年，目前已经发展为拥有幼儿园、小学、中学及国际学校在内的知名华文学校。培英学苑目前有3 500多名学生，近250名教职员工。建校20年来，培英学苑为普及华文教育和弘扬中华文化作出了不懈努力。学校重视培养学生的华文意识，以丰富的课程和活动促进学生对中华文化的喜爱，并取得了可喜的成就。

2012年9月12日，中国驻文莱大使、文莱教育部官员和来自苏丹基金会学校的代表出席了由培英学苑主办的“中国—华夏杯书画大赛”颁奖典礼。

① 《文莱生活指南——医疗与教育篇》，中国驻文莱大使馆，http：//bn.mofcom.gov.cn/aarticle/slfw/201208/20120808315402.html.

第二节　文化艺术

文莱人在生产和生活中，用勤劳和智慧创造了多姿多彩且颇具民族特色的文化艺术，丰富了各民族的精神生活。文莱的文化、青年和体育部（简称文青部）是主管文化艺术事业的部门。

一、文学

文青体部下属的语言文学局负责推动文学和文化的发展，不定期举办马来文学和诗歌研讨会。2000年5月起，文莱开始实施《著作权紧急法令》。该法令规定，任何未经作者同意非法使用其作品及复制、传播或用其他方法向大众传播音像制品等的行为，均被视为违法行为，将处以最高两年监禁或罚款或两者并施。[①]文莱打击盗版、保护知识产权取得了一定成效。2012年4月，美国将文莱从国际盗版名单重点观察国家中移除。

文莱的华文文学也有所发展。20世纪50年代前，华文作品只能向国外报纸期刊投稿。1989年3月，“文莱留台同学会写作组”成立，是文莱的第一个华文文学组织。2004年3月，文莱华文作家协会成立，其成员包括教师、律师、媒体从业者和商人等，多为文学业余爱好者。这些华文写作社团的成立在相当大程度上促进和提升了文莱的华文文学爱好者的创作热情。社团成员发表的作品以诗歌、散文居多，小说较少，主要发表在《美里日报》、《诗华日报》等报刊的文艺版面，此外还集结出版了一些诗歌集和散文集。文莱的国泰民安和丰衣足食，使文华文学（文莱华文文学）鲜有忧国忧民的社会意识，更少对人生、人性的探讨；作家们关注的创作主题多是成长过程中的体悟、生活的感受、恋爱与家庭，以及对自然的

① 刘新生、潘正秀：《列国志·文莱》，社会科学文献出版社，2005年版，第189页。

思索。因而较重视形式而忽略内涵的丰富性。[①]1990年，华文作者组团参加了在泰国举行的第四届亚洲华文作家会议。这是文莱作家首次以团体形象参与国际性文学活动。

为发展国内多媒体产业，2012年3月，文莱决定与加拿大一家公司合作，在国家知识中心大厦设立文化创意制作中心。加拿大公司将为文莱多媒体从业者提供制作3D动画和视觉特效的软件工具。

二、歌舞艺术

文莱的歌舞大多取材于各地的民间文化和生活习俗，舞蹈形式与日常生活场景息息相关。丰收、婚庆、宗教庆典都是文莱舞蹈的主要素材。浓郁的民族风情、绚丽多彩的服饰和欢乐轻快的旋律给观众一种身临其境的感受。

（一）传统歌舞

文莱马来人的传统舞蹈表现了他们对生活的热爱和赞美，欢乐的舞步和精彩的伴奏更增添了节日的气氛。随着时间的变化，一些传统的民间舞蹈已经不再拘于创作之初的用途，而是被广泛地用到了其他场合。民间舞蹈以集体舞为主要形式，包括以下几种[②]：

1. 莎玛林当舞

舞蹈根据歌曲《西蒂·莎玛林当》创作而成，塑造了莎玛林当姑娘美丽、贤惠、孝顺的形象，深受广大文莱马来人喜爱。

2. 安丁舞

安丁舞分为巴安丁舞、南榜安丁舞和普通的安丁舞3种。以前表演安丁舞是为了敬鬼求神、除灾祛病。节目到达高潮时，舞蹈表演者表演失去自我控制的状态，与鬼神直接对话，动作奇特，语言

① 赵联：《文莱的华文文学概貌》，http://www.8dou.net/html/article_cpml_33106.shtml.

② 刘新生、潘正秀：《列国志·文莱》，社会科学文献出版社，2005年版，第189-190页。

难懂。现在安丁舞仅在喜庆或娱乐时表演，通常有歌曲伴唱。

3. 阿都—阿都舞

阿都—阿都舞是达扬克人的传统民间舞蹈，一般在庆典中演出；也常在收获后表演，表达人们丰收后的喜悦和对来年丰收的祈望。舞者多为衣着艳丽、威武潇洒的青年男子。他们每人两手各持半个椰壳，交相碰击，发出清脆的声音，使观众沉浸在欢快、轻松的氛围中。

4. 吉宾舞

吉宾舞一般在庆典、仪式上演出，偶尔也在舞台上表演。舞者由6对男女组成，有几首固定乐曲伴奏。所用乐器因伴奏的歌曲不同而有所差异，一般是小手鼓、阿拉伯式六弦琵琶和提琴等。

5. 阿代—阿代舞

阿代—阿代舞是根据文莱渔民最喜爱的歌曲《阿代—阿代》编成的。演员扮作渔民，一边摇橹，一边唱歌，表达他们对生活和劳动的热爱以及对真主的感激之情。歌词通常是传统的马来板顿诗，表演者多为成对的男女。

6. 波纳里舞

波纳里舞常在喜庆或向神灵还愿时演出，是赞美爱情的舞蹈。演员为3对青年男女，有时也只由男青年或女青年组成，以提琴、手鼓、大鼓伴奏。表演时，男女演员互对诗歌，在嬉笑欢乐中展露真挚的爱情。

7. 色卡普舞

色卡普舞与菲律宾的竹竿舞基本相同，只是不用竹竿，而用木杆。最初跳色卡普舞是为了安慰死了部族首领的家庭，后来只在娱乐或举行婚庆时演出。色卡普舞没有歌曲伴唱，只用被称作“沙比高图”的大鼓伴奏。

（二）现代歌舞

传统舞蹈得到传承和发扬的同时，文莱的现代歌舞也有所发展。文莱歌舞艺术团体踊跃走出国门，向世界人民展示其具有民族特色的歌舞魅力。

成立于2000年的D' TITANS乐队由5名小伙子组成，是文莱最具影响力的乐队之一。2004年11月在广西南宁举办的“风情东南亚”晚会上，该乐队演唱了《缤纷梦想》，大意是告诉人民远离毒品。[①]他们的演出体现了现代文化艺术与文莱传统艺术的相互交融。隶属于文莱青年文化体育部的“丝南顿达鲁萨兰”艺术团是文莱最负盛名的艺术团。2010年5月上海世博会的文莱国家馆日上，文莱艺术团为游客献上了一场美轮美奂的视听盛宴。演员们身着文莱传统服饰，用马来语演唱了多首脍炙人口的歌曲，身着纯手工制作的马来结婚礼服的演员还为现场观众表演了一系列马来族的传统祝福仪式。

三、手工艺

文莱有着制作各种手工艺品的能工巧匠，他们打造的竹器、藤器、金银器具各具特色。文莱传统的手工艺品在追求色彩和图案美感的同时做工精细。

文莱河畔原文体部办公楼设有“艺术和手工艺中心”（Arts and Handicrafts Centre），每天向公众免费开放并销售各种文莱传统手工艺品，是游客购置文莱手工艺品的最佳去处。“艺术和手工艺中心”展示了用不同材料精心制作的手工艺品：有篾条编制并被染上艳丽色彩的手袋、钱夹、笔筒、杯垫、座垫；刻有花纹的木制棋盘、信箱、门楣和镜框；精雕细琢的各种银器，如乐器、匕首、杯、碗等；

① 马金案、黄斗：《文莱国情与中国—文莱关系》，世界知识出版社，2008年版，第173页。

纺织品既有用金银线织成的华美马来服饰，也有绣着《古兰经》的大幅壁画，以及桌布、靠垫、手巾等日常用品和装饰品。

四、博物馆

每个国家都有其独特的历史和文化，参观当地的博物馆是外来者了解它们最为便捷和直接的方法。文莱知名的博物馆有国家博物馆、王室陈列馆和马来科技馆。

（一）文莱国家博物馆

文莱国家博物馆建于1965年，坐落在首都斯里巴加湾市郊区，是一栋两层的小白楼。馆内珍藏有大量的经书、文件、手抄资料等，还有精致的陶器、古代玻璃饰品、具有纪念性和历史意义的地毯等。1972年，文莱国家博物馆正式对外开放。2005年，文莱政府对该馆进行了维修和改建。

馆内的展品分为伊斯兰艺术、文莱石油发展史、马来习俗及传统手工艺、考古发现与文莱历史、沉船宝藏等五大主题。展出的收藏品包括大量具有伊斯兰色彩的宗教用品和经书、手工艺品、古代瓷器等。文莱国家博物馆通过工艺品、图片和雕塑展现了伊斯兰文化、文莱石油发展历史和马来传统习俗。它既记载了文莱本国历史和文明的进程，也是向外人展现本国历史文化的橱窗。

（二）王室陈列馆

王室陈列馆坐落在文莱首都斯里巴加湾市中心，是一座具有浓郁伊斯兰风格的双层白色建筑。其前身是丘吉尔纪念馆，1992年改建为王室礼仪陈列馆，旨在让臣民了解王室礼仪的庄严和神圣。

王室陈列馆的展厅共有四大主题：即王室礼仪（苏丹博尔基亚1968年加冕礼）、苏丹登基银禧（1992年）纪念、宪法发展与历史、王室历史和御用物品。

王室礼仪陈列馆的中央大厅内陈列着现任苏丹1968年登基大典中的各种御用品，包括苏丹登基时乘坐游街、长达10多米的龙辇。苏丹登基银禧纪念展厅以仿真模型、照片、文物和纪录片等形式真实地展现了苏丹登基25周年的一系列庆祝活动。宪法发展史展厅以大量的资料、图片、录像与录音再现了文莱19世纪后半期以来的重大事件。王室历史和御用物品展厅，主要以图片、实物和录像等形式展示了苏丹的家谱和生平。

（三）马来科技博物馆

马来科技博物馆于1990年启用，是一座花园中的红屋顶建筑，位于文莱国家博物馆后的文莱河畔。有三个不同主题的展览馆：一号展览馆建立在水上村落的建筑中，介绍这些房屋如何能维持150年之久；二号展览馆展出手工艺品和钓鱼技术，由水上村落的居民现场示范；三号展览馆的主题是原住民用来觅食、耕作和狩猎的工具和技巧，可了解当地居民的生活与历史。①

马来科技博物馆免费对外开放，周日至周四开放时间为上午9点至下午5点；周五为上午9点至11点半，下午两点半至5点；星期六为上午9点45至下午5点。闭馆前半小时不再允许游客入内。

五、娱乐设施

（一）游乐场

杰鲁东公园（Jerudong Park）又称水晶公园，1994年正式对外开放。这座耗资13亿文元的公园有众多现代化的游乐设施，集美丽的自然景色和花样繁多的游乐项目于一体，是文莱乃至东南亚最大

① 《文莱生活指南——旅游休闲篇》，中国驻文莱大使馆，http://bn.mofcom.gov.cn/aarticle/slfw/201208/20120808315538.html.

的游乐场。

在文莱苏丹48岁生日时，王妃送上一颗重达4 500千克的超级大水晶作为礼物。苏丹便修建了这座公园摆放水晶，与国民共享。这颗美轮美奂的水晶就矗立在杰鲁东公园门口，由4根镶金拱柱托起，夜晚在激光照射下异常璀璨。公园内有碰碰车、溜冰场、射击场、过山车、跳楼机、飞天滑水车、360度摩天轮、动感影院、高空旋转观光塔等数十项游乐项目，适合各种年龄阶段的游客。

杰鲁东公园平时都是下午5点才对外开放，星期五和星期天提前到下午两点开放。公园免门票，但娱乐项目须收费。游人进入公园须衣着得体，不能穿背心、短裤、迷你裙和拖鞋。

（二）电影院

看电影是文莱最主要的业余休闲活动之一。文莱电影院虽然不多，但观影条件好，票价便宜，好莱坞影片上映速度快，广受文莱人和旅居文莱的外国人的欢迎。文莱最大的电影院位于加东商场（Gadong Mall）三层，有8个放映厅，可以放映3D电影，登录电影院网站（www.themallcineplex.com）可以查询电影放映时间，通常提前半个小时前去购票就能买到好位置。除加东商场电影院外，帝国酒店也设有小型电影院。[①]作为宗教色彩浓厚的伊斯兰君主制国家，外国影片需要经过严格审查才能放映，严禁出现带有色情镜头或侮辱伊斯兰教的影片上映。2012年9月，文莱首相府发表声明，对诋毁穆斯林先知穆罕默德的影片《穆斯林的无知》表示强烈谴责。

第三节　新闻与出版

文莱的新闻媒介是维护国家统一和稳定、宣扬马来伊斯兰君主

① 《文莱生活指南——旅游休闲篇》，中国驻文莱大使馆，http://bn.mofcom.gov.cn/aarticle/slfw/201208/20120808315538.html.

制和民族文化传统的工具，在国家政治生活中的积极作用非常明显。文莱政府在认可新闻自由的同时对新闻出版采取了较为严格的管理。

文莱政府认为，新闻工作者对社会、民族和国家负有重大的义务和责任，必须坚持“马来伊斯兰君主制”的原则，要有强烈的责任感、良好的品质和职业道德，要为促进文莱社会的和谐和对苏丹陛下、文莱人民、伊斯兰教和国家的主权的忠诚作出贡献。[①]

一、新闻社与广播电台

文莱新闻社创建于1959年，是文莱唯一的官方新闻机构。

文莱广播电视台创建于1957年5月，电视台成立于1975年，直属文莱首相府管理，设有节目制作部、新闻中心等部门，负责报道文莱与各国的新闻时事。

文莱广播电台是文莱唯一的广播电台。广播电台拥有两个广播网，一个用马来语和方言进行广播，另一个用英语和中文进行广播。2007年文莱中文电台与易华网联合主办了“全国华语歌唱大赛”选秀活动。这是文莱首个结合电台与网络的歌唱比赛。此外，文莱在白拉奕区还设有一个专门为英国廓尔喀部队广播的英国军队广播服务台。

文莱电视台从1975年开始设立彩色电视频道，播放马来语和英语节目。文莱电视台设有两个电视转播站，发射覆盖了全国及周边国家。1994年之后，文莱放松了对外国电视剧的控制，目前只要安装必要的译码器便可收看马来西亚和中国香港地区的部分电视节目。晚上收看电视节目，已经成为文莱居民主要的娱乐方式。[②]

① 刘新生、潘正秀:《列国志·文莱》，社会科学文献出版社，2005年版，第199页。
② 刘新生、潘正秀:《列国志·文莱》，社会科学文献出版社，2005年版，第202页。

二、报刊

1948年，文莱出版了第一份印刷品。这是英国殖民统治总督为其下属出版、用于沟通信息的官方新闻信。1954年，文莱又出版了一份《文莱新闻》，但只到1958年就停刊了。另一份短期出版过的报纸是《每日星报》，这份报纸从1966年开始发行，只出版了4年。1954年，一家私人发行的周报——《婆罗洲公报》在文莱问世。①

目前，文莱的主要报纸有：以马来文和英文同时发行的日报《婆罗洲报》，日发行量为7万份；以马来文发行的周报《文莱灯塔报》，每周三出版，发行量为4.5万份。马来西亚的中文日报《国际时报》和《星洲日报》设有文莱新闻版面，也在文莱发行。

文莱于2001年制定了新的报业法。新的报业法规定，文莱本国的报业每年进行一次审核，取得许可证才允许经营；报业公司的负责人必须是文莱公民或文莱永久居民；本地报业有关从业人员，不经内务部批准，不得从国外接受资助；要取得报纸营业执照，必须交纳一定的保证金；如违反法律，最高罚款可达4万文元和判3年监禁；内务部长有权拒绝发放、撤回执照或暂停报纸出版，或撤销进口报纸，而当事人不得起诉。②可见，文莱对出版业的管理相当严格。

第四节 医疗卫生

一、医疗卫生概况

（一）发展现状

文莱的医疗卫生在东南亚国家中属于先进水平。据文莱卫生部2012年9月发布的《卫生信息手册2011》(Health Information Booklet

① 潘玉鹏：《文莱：一个小国的新闻体制》，《新闻业管理》，1996年第3期，第79页。
② 马金案、黄斗：《文莱国情与中国—文莱关系》，世界知识出版社，2008年版，第191页。

2011）数据显示，2011年，文莱共有6所医院（包括4家公立医院和2家私立医院）、9所军事医疗中心、6所透析中心、39家牙医诊所（其中22家公立，11家私立，6所归军队所有）；保健服务方面，有16所保健中心（其中15家公立，1家私立）、15所妇幼保健中心、3家流动保健所和4家“飞行保健所”（专门为偏远地区服务）。

截至2011年，文莱共有608名医生、2 628名护士、95位牙医、48位药剂师、504名助产士和理疗师20人（见表7-2）。除了助产士外，其他各类型医护人员均有部分来自国外，其中医生一半以上是外籍人士。

表7-2　2011年文莱医护人员及其构成统计

种类	男性	女性	总计	外籍人士
医生	347	261	608	395
护士	555	2 073	2 628	373
牙医	46	49	95	43
药剂师	8	40	48	8
助产士	0	504	504	0
理疗师	7	13	20	7

数据来源：文莱卫生部，*Health Information Booklet 2011*，2012年9月，第24–25页。

（二）医疗福利优越

文莱拥有较完善的医疗保障体系，但实行多轨医疗福利。政府向其公民提供免费医疗，仅需要1文元挂号费；如果国内无法治疗，到国外就医产生的费用也由政府埋单。但永久居民不能享受同等待遇。永久居民只能享受国内的免费医疗（同样也需要缴纳1文元挂号费）；如果出境治疗则需要自己承担费用。为文莱政府和事业部门工作的外国人可以享受常见疾病的免费医疗。每年有95%以上的5岁以内儿童从文莱推行的国家免疫接种计划中获益。此外，文莱政府不断扩大医疗服务，将学校卫生、妇儿科以及以社区医疗服务为基础的精神科、牙科及眼科服务纳入主要保健医疗项目，确保民众获得优质医疗服务。

文莱在医疗卫生方面取得了较大成就，境内没有百日咳、痢疾、霍乱、天花等严重传染性疾病。婴幼儿死亡率不断降低，人口平均寿命也在不断延长。据文莱卫生部公布的数据显示，2011年文莱的婴幼儿死亡率为8.3‰，而1966年高达42.3‰。孕产妇死亡率从1980年的22.7‰下降到10‰。[①]与此同时，文莱男性的平均寿命已从30年前的70.1岁延长至2011年的76.5岁，女性的平均寿命从72.7岁延长至79.8岁。

（三）本土医务人员匮乏

文莱并没有足够的专业医护人员，相当部分的医生和护理人员都是外籍人士。因此，一些需要特别护理的病号需要送到新加坡就医。发展中国家医生与人口比率是1比170~300人，而文莱为1比647人；发展中国家牙医比例是1比600~1 300人，而文莱比率为1比4 139；药剂师方面，发展中国家比率是1比730~1 200人，文莱比率是1比8 191人；文莱每150个人才能分到1个护士；每771个人有1个助产士。此外，文莱听觉、临床心理学家、验光师、视觉矫正师、足科医生、义肢师、矫形师等专业人才都很少。

（四）医疗卫生规划与对外合作

卫生部负责管理和规范文莱的医疗卫生服务。其下属的医疗服务司负责医院、护士、国家医学实验室、制药和牙科；卫生服务司则负责社区保健、环境卫生和卫生科学。2000年6月，文莱卫生

① 文莱卫生部：*Health Information Booklet 2011*，2012年9月，第9页。

部出台了《国家医疗保健计划2000—2010年》(National Health Care Plan 2000—2010)。该计划提出文莱医疗卫生服务应基于四大原则：确保优质医疗保健的普遍性；确保全面健康服务的公平性；促进公众参与全民高效医疗卫生合作；确保医疗卫生服务体系在机构能力和财力范围内的可持续性。同时，该计划还制定了五大战略目标：促进初级卫生保健；重点关注优先级慢性疾病；追求优质保健服务；实现健康多样性服务基金公平分配，寻找医疗融资新途径；改善特定区域的卫生服务。①

为减少和防止烟草对公民健康的危害，文莱于2004年签署《烟草控制框架公约》，成为全球第18个批准该公约的国家。政府将包括公共游泳池、运动场所、公园、剧院、公交车站、医院、公用建筑物楼梯间等地点列为全面禁烟区。全国烟草控制委员会禁止烟草公司刊登广告、举办宣传和赞助活动，并为戒烟者提供援助。为进一步加大控烟力度，文莱从2012年9月1日开始实施新的烟盒保障与宣传法令，将烟盒上健康警语所占面积从50%提高到70%。文莱从2010年7月1日开始执行新的《医药管理条例》和《药品标签管理条例》。《医药管理条例》规定政府将通过审核与颁发执照来对药品、进口商、批发商和药品生产厂家进行监管，并制定了有关收费标准；《药品标签管理条例》明确规定了给病人开具的药品标签必须标注的细节。

近3年文莱政府对医疗卫生的投入不断加大。2009—2010财年，医疗财政预算超过2.86亿文元，实际投入大于3.17亿文元，占财政支出的7.07%；2010—2011财年，医疗预算超过2.95亿文元，实际投入超过3.32亿文元，占财政支出的8.12%；2011—2012财年，文

① 文莱卫生部, *National Health Care Plan 2000—2010*, http://www.moh.gov.bn/about/healthcareplan.html.

莱的医疗卫生预算为30.68亿文元。

2007年7月，文莱卫生部邀请中国卫生部副部长、国家中医药管理局局长王国强率团访问文莱。访问期间，中文签署了两国2007—2009年卫生合作行动计划。该计划内容包括加强两国卫生官员之间的交流互访、双方医疗机构合作、分享卫生医药信息、分享医药科研成果、医务人员培训和聘用、支持传统医药等。

二、主要医疗机构

在文莱就医，一般要先到社区诊所。社区诊所经过初诊，认为有必要则会推荐去医院就诊。社区诊所和医院就医的人较多，排队现象非常普遍。如遇急诊可直接去医院，填写个人资料后即可就诊，治疗费和药费全免。常见病也可选择去华人私人诊所，效率较高，收费也适中。目前文莱的主要医疗机构有以下几家：

（一）苏丹后医院（RIPAS）

苏丹后医院建于1983年，以苏丹后的名字命名，是文莱最大的医院。苏丹后科室较齐全，设24小时急诊。苏丹后医院现有288名医生和1 089名护士。[①]

（二）杰鲁东医疗中心（JPMC）

杰鲁东医疗中心位于杰鲁东公园内，是文莱医疗水平和硬件设备最好的私立医院，设有24小时急诊。这里可进行全面体检、各种化验，且服务极佳，护士全程陪同，只是收费较高，根据检查项目价格由200~800文元不等。该医院的“Gleneagles JPMC”由新加坡人承包经营，心血管内科水平很高，心脏搭桥等手术都能处理。

① 《文莱生活指南——医疗与教育篇》，中国驻文莱大使馆，http://bn.mofcom.gov.cn/aarticle/slfw/201208/20120808315402.html.

第五节　体　育

文莱非常重视发展体育，提高国民体质。政府不仅投入巨额资金在全国修建了大量体育设施，还积极参与国际赛事。虽然获奖不多，但参与热情可嘉。由于人口少，文莱的体育事业并不发达，小球类运动发展相对较好。

一、体育发展概况

文莱的国家体育事业是独立后才慢慢发展起来的。为发展体育事业，文莱政府兴修了大量体育设施。斯里巴加湾市的多功能体育馆中心是文莱最大的体育场所，包括一个能容纳3.5万人的体育场。场内设施先进，配套齐全，跑道等均按照国际标准设置。该体育场内配备了大屏幕电子显示器，能即时播报赛事得分情况。1999年文莱主办的东南亚运动会就在该馆举行开幕式。国家游泳馆坐落在文莱国际会议中心（ICC）对面，是文莱最大的游泳馆。这是一个按照国际标准建造的露天游泳馆，游泳一次收费2文币，而且不限时间。另外文莱还建有国家体育馆、网球场、曲棍球场、马球场、杰鲁东射击场、塞拉萨水上运动场等体育设施。

截至2010年底，文莱共有34个体育项目联盟（类似国家队），均为非政府组织，隶属于文莱奥委会管理。这34个体育联盟的国家队运动员只有150多个，因此文莱派出的参赛代表团人数都很少，常常是技术官人数超过运动员人数。文莱的国家队运动员的训练管理都很松散。在备赛集训前，队员每天的训练时间很少。因此，文莱在国际赛事中很难获得好成绩。但文莱对参赛选手的选拔还是较为严格的，不仅要求两年内曾在国内外比赛中获得奖牌，还要身体健康，具有潜能，并每天坚持训练。

文莱与他国在体育上也有不少交流。譬如，文莱聘请了多名来自中国的羽毛球、乒乓球和武术教练。2007年文莱正式成立了国家武术队，由中国派出的专业教练员指导。2010年，文莱运动员在世界青少年武术竞标赛中获得女子南拳冠军。在参与国际赛事前，文莱也会派出运动员到国外进行专门的训练。

二、国际赛事参与情况

文莱人的体育思想被认为是一种享乐主义思想，参与比赛时没有多大的国家荣誉压力。1990年，文莱首度参与国际体育赛事，派团参加了在北京举行的亚运会和在奥克兰举行的英联邦运动会。2002年的釜山亚运会上，文莱空手道选手在75公斤级比赛中获得一枚铜牌。这是文莱在国际体育赛事中获得的首枚奖牌。文莱王子穆赫塔迪·比拉是个台球迷，也参加了釜山亚运会。他2010年也曾到广州备战亚运会，但最终临时退赛。当时文莱共派出了9名运动员参加广州亚运会(包括比拉王子)，是该届亚运会人数最少的代表团，但却是文莱有史以来最庞大的体育代表团。迄今为止，文莱在亚运会上共获得了4枚铜牌。

1996年，文莱参加了亚特兰大奥运会，此后积极参与了除2008年北京奥运会外的历届奥运会。2008年，因为文莱奥委会没能及时为该国准备参加奥运会的运动员报名注册，国际奥委会取消了文莱的参赛资格。文莱文青体部向国民发表了致歉声明，时任部长也被解职。2012年伦敦奥运会上，文莱派出了历史上首位出战奥运会的女子运动员——马兹亚·马胡辛。她是一位田径运动员，虽然在伦敦奥运会上并没有夺得奖牌，但在女子400米预赛中却以59秒28的成绩打破了文莱的全国纪录。2012年，文莱还首次派出了运动员参与残奥会。唯一参赛的运动员阿旺·夏里·哈吉·朱马是东南亚残运会轮椅F55标枪的纪录保持者。

1999年，文莱主办了东南亚运动会，并获得了4枚金牌、12枚银牌和31枚铜牌的好成绩。东南亚运动会每2年举办一次，仅限于东南亚11国参加，且对比赛项目的设置没有官方限制，组委会可根据当地条件自行决定并向东南亚运动会联合会申报，只要获得批准就可设立比赛项目。按计划，文莱将主办2019年东南亚运动会。

三、休闲体育

生活舒适的文莱人日常喜欢的体育项目有羽毛球、高尔夫、藤球、马球、曲棍球、武术等。文莱尤其以顶级高尔夫球场而广为人知。

高尔夫球在文莱非常流行，无论是政商名流还是寻常百姓，都热衷于这个既娱乐又休闲的运动。在文莱，最让人意想不到的奢华之一就是它各种各样的世界锦标赛级别的高尔夫球场。无论是高尔夫爱好者还是初学者都将在文莱令人惊异的各种球场上得到快乐感受。[①]作为文莱推广生态旅游的最大卖点，文莱有多个世界级的高尔夫球场。帝国饭店高尔夫俱乐部有一个18洞高尔夫球场。该球场由著名高尔夫球员Jack Nicklaus设计，坐落于美丽的南中国海畔，夜间有灯光照明，是文莱最受欢迎的高尔夫球场。杰鲁东公园高尔夫球场也是一个18洞高尔夫球场，由Ronald Fream设计，据称是文莱最难打的高尔夫球场，同样十分受欢迎，前去打球一般须提前预订。另外还有RBA高尔夫球场，位于文莱机场旁边，由文莱皇家航空公司管理，是一个18洞球场，并设有练习场。[②]

① 亚洲——文莱旅游局，http://www.visitbrunei.cn/golf.htm.

② 《文莱生活指南——旅游休闲篇》，中国驻文莱大使馆，http://bn.mofcom.gov.cn/aarticle/slfw/201208/20120808315538.html.

第八章　外　交

独立前，文莱的安全和对外事务基本都由英国负责。争取完全独立的外交也一直是文莱孜孜以求的目标。1984年1月1日，苏丹在独立庆典时阐明了文莱的外交政策：国家之间相互尊重领土、主权与独立；维护与促进地区和平、安全与稳定。[①]因此，文莱自独立以来一直奉行独立自主、不结盟的外交政策。由于本身是一个小国，因此文莱积极倡导国家不分大小、强弱，都应该互相尊重。

当前，文莱把自身外交政策分为国家利益、外交原则、外交政策实施的手段三个方面。其中，外交政策就是要捍卫文莱的国家利益，文莱的国家利益包括：维护主权独立和领土完整；维护国家的政治、文化和宗教认同；帮助推进地区和全球的和平、安全、稳定和繁荣；推进国家的繁荣、经济发展和提高社会福利。为了追求上述利益，文莱坚持以下外交原则：所有国家应该相互尊重领土完整，相互尊重主权、独立和民族认同；国家不分大小，一律平等；国家之间不相互干涉内政；国家间应该和平解决争端；国家之间应该以合作谋取互惠互利。具体来说，文莱通过以下手段推行自己的外交政策：和一些友好国家建立外交关系；加入各次地区、地区和国际组织，推进和加强在各领域的双边、多边合作；为推进地区和平、安全、稳定与繁荣作贡献，尤其注重国家间的相互理解；遵守联合国宪章、东盟宪章和国际法，普遍承认有关主权、尊重人权和基本自由的原则。[②]

① 刘新生、潘正秀：《列国志·文莱》，社会科学文献出版社，2005年版，第203页。

② Foreign Policy of Brunei Darussalam, http://www.mofat.gov.bn/index.php?option=com_k2&view=item&layout=item&id=48&Itemid=178.

总的来看，在具体的实践中，文莱开展全方位外交，把与邻国，包括东盟的关系作为文莱外交的基石；积极发展与世界各国和各种国际组织的关系，构建文莱立体式外交网络，为自身赢得最大的国际生存和发展空间。截至2012年底，文莱已经与163个国家建立了正式的外交关系。[①]

第一节　文莱与东盟及其成员国的关系

一、文莱与东盟组织的关系

1. 文莱成功加入东盟

1967年8月，东盟正式成立，最早的成员国有印度尼西亚、马来西亚、泰国、新加坡和菲律宾。经过10多年的发展，东盟在维护地区和平与稳定方面崭露头角。因此，文莱把与东盟及其成员国的关系作为自身外交关系的基石和立足点。早在独立前，文莱就向东盟传达了独立后想加入东盟的信息。[②]因为自身国土面积狭小，在军事上缺少战略防御纵深，难以抗击各种打击，所以文莱把东盟作为缓解自身不安全感的“避风港”。1981年6月，文莱首次作为观察员国被邀请参加第四届东盟外长会议，苏丹的弟弟穆罕默德·博尔基亚亲王作为代表应邀参加会议。在会上，他表达了“希望文莱一独立就马上能加入东盟”的愿望。[③]1982年、1983年，文莱继续作为观察员国参加了第五届、第九届东盟外长会议，文莱加入东盟的愿望得到了更直接和深入的传达。通过连续3年作为观察员国参加东盟

① http：//www.mofat.gov.bn/index.php?option=com_k2&view=item&layout=item&id=60&Itemid=188.

② 王子昌、郭又新：《国家利益还是地区利益——东盟合作》，世界知识出版社，2005年版，第21页。

③ The full text of Prince Mohammed's speech is given in Pelita Brunei，June 24，1981.转引自Donald E.Weatherbee，Brunei：the ASEAN Connection，Asian Survey，Vol.23，No.6，June 1983，P.723.

外长会议，文莱对东盟的了解更加深入，对东盟在东南亚地区安全、和平和发展中的作用更加肯定，加入东盟的愿望也更加强烈。正是基于以上原因，文莱才义无反顾地在独立后就立即加入了东盟，穆罕默德·博尔基亚在文莱加入东盟接纳仪式上的话很明白地表达了文莱加入东盟的动机，他说“我们很自信……这是一个相互平等、相互尊重我们的独立、主权和领土完整的新世纪。文莱在这个扩大的国际大家庭中能够继续追求其经济进步和人民的幸福”[①]。

对于东盟本身来说，文莱加入东盟，是对东盟在缓解成员国矛盾、维护地区安全与稳定方面的国际声望承认的表现，因此东盟也希望文莱加入东盟，尤其是非常重视文莱加入东盟的过程。对于东盟成员国来说，在印度尼西亚和马来西亚的安全观里，文莱是当时东南亚马来西亚—印度尼西亚核心区的一部分，是东南亚地区安全和稳定不可或缺的一部分。[②]印度尼西亚总统苏哈托早在1978年6月就通过新加坡首相李光耀向文莱苏丹传达了希望文莱独立后加入东盟的消息。[③]1981年4月，文莱苏丹对印度尼西亚进行了非正式访问。其间，印度尼西亚高官认为“文莱苏丹对印度尼西亚的访问对营造地区和平、安全、稳定和和谐意义深远”[④]，并再次向苏丹承诺印度尼西亚支持文莱加入东盟。此外，1980年至1982年间，文莱与马来西亚的关系也取得了一定的进展，双方在经济、社会、文化方面的交流不断加强。对于泰国来说，文莱的市场和丰富的资源是其积极接纳文莱加入东盟的重要原因，这得以在泰国外长的一番话中得

① HRH Prince Mohamed Bolkiah, Minister For Foreign Affairs of Brunei Darussalam, Address at the Ceremony of Admission of Brunei Darussalam to ASEAN, Jakarta, Indonesia, 7 January 1984，转引自Ralf Emmers, Cooperative Security and the Balance of Power in ASEAN and the ARF, London and New York, Routledge Curzon，2003, p.77.

② Donald E. Weatherbee, Brunei：the ASEAN Connection, Asian Survey, Vol.23, No.6, June 1983, P.723.

③ Donald E. Weatherbee, Brunei：the ASEAN Connection, Asian Survey, Vol.23, No.6, June 1983, P.730.

④ Borneo Bulletin, April 18，1981，转引自Donald E. Weatherbee, Brunei：the ASEAN Connection, Asian Survey, Vol.23, No.6, June 1983, P.730.

以体现，他说“文莱是泰国出口商品的一个潜在市场……石油和天然气工程的投资者”[①]。

从自身条件来看，文莱在文化上与马来西亚和印度尼西亚同源，具有天然的亲近性。因此，不管是从内部还是外部条件来看，文莱独立后加入东盟已经是“水到渠成”的事情。

1984年1月7日，在印度尼西亚雅加达召开的东盟外长会议上，东盟各国签署了《关于接纳文莱加入东盟的宣言》。宣言称：考虑到文莱达鲁萨兰国表示加入东盟的愿望和兴趣，根据1967年签署的《曼谷宣言》所规定的联盟对赞成东盟的目标、原则和目的的所有东南亚国家开放并欢迎参加的原则，根据1976年的《东盟协调一致宣言》的原则，根据东盟成员国同意接纳文莱成为东盟一员的一致意见，文莱外交大臣代表文莱接受加入东盟的条件，并同意签署和赞成东盟的一切宣言和条约。[②]

加入东盟后，文莱成为了东盟的第六个成员国。文莱加入东盟对东盟也具有重要意义。首先，标志着东盟在东南亚地区具有感召力，提高了东盟的国际威望；其次，壮大了东盟的队伍，标志着东盟向《曼谷宣言》提出的大东盟的目标迈进了具有历史意义的一步。文莱的加入不仅从地域上壮大了东盟，也提升了东盟的经济实力；文莱加入东盟为其他东南亚国家树立了榜样，一定程度上产生了模仿效应，加快了大东盟的形成进程。

2. 文莱积极参与东盟事务，推动东盟发展

加入东盟成为第六个东盟成员国后，文莱高度重视与东盟组织的关系。1984年1月7日，在文莱加入东盟的欢迎仪式上，文莱外

① Hans H.Indorf, Impediments to Regionalism in Southeast Asia, Singapore, Institute of Southeast Asian Studies, 1984, p.14.

② Declaration of the Admission of Brunei Darussalam Into ASEAN, Jakarta, 7 January 1984, http://www.aseansec.org/1219.htm.

长表示“作为东盟的一个成员国，文莱将根据自己的能力承担相应的责任和义务。作为东盟成员国中人口最少的国家，文莱在东盟中承担的角色和发挥的作用将受到各种条件，如人力资源短缺的限制。(尽管如此)，我们期望和各个成员国一起努力，为东南亚地区的和平、进步和繁荣作出应有的贡献”①。

加入东盟后，文莱在经济、政治、安全方面全面推进与东盟组织和东盟成员国的关系，与其他东盟成员国一起推动东盟共同体的建设，经常以东盟成员国的身份参与国际事务，支持东盟一体化进程。由于文莱在推进东南亚一体化建设中的突出贡献，东盟秘书长素林于2011 年5月3日接受媒体采访时表示，文莱为东盟发展作出了许多贡献，是东盟值得信赖的主要成员。②2012年9月19日，东盟副秘书长也表示，文莱在协助柬、老、缅、越等东盟国家加强培训和能力建设方面作出巨大贡献，有助于缩小东盟成员国之间的差距。③

(1)文莱与东盟的政治和安全关系

加入东盟，就意味着文莱已经承认东盟先前的宣言和条约，以及这些宣言和条约所规定的内容和所宣扬的精神，其主要包括1967年的《东南亚国家联盟宣言》、1971年的《和平、自由和中立宣言》、1976年的《东南亚友好与合作条约》和《东盟第一协调一致宣言》。

1984年9月，博尔基亚苏丹率领文莱代表团首次参加第39届联大会议。在会上发表演讲时，博尔基亚表示文莱将不遗余力地加强

① Prince Mohamed Bolkiah, at the admission ceremony of Brunei Darussalam, Jakarta, 7 January 1984, cited in Ministry of Foreign Affairs, Brunei Darussalam Foreign Affairs 1984, Vol.1, No.1(October 1986), p.4.

② 马静、马金案:《文莱：2011—2012年回顾与展望》,《东南亚纵横》, 2012年第3期，第11页。

③ 《东盟秘书长盛赞文莱对东盟的贡献》，中华人民共和国驻文莱达鲁萨兰国大使馆，2012年9月21日, http : / / bn.chineseembassy.org / chn / wlxw / t972041.htm.

东盟成员国间的团结和合作，防止域外势力对东南亚地区事务的干涉和地区内部的冲突，积极推进东南亚区域一体化。

除了舆论上支持东盟在东南亚地区和平与稳定中发挥的作用外，文莱积极参加东盟的各种会议机制，并为东盟的发展献计献策，支持其他成员国提出的动议。之后，东盟全过程参与到东盟政治与安全共同体建设中，积极参加各个层次的会议，成为东盟政治与安全共同体建设的主体之一；在相关文件的起草、相关议题的决议中，文莱都发挥了作为一个成员国的重要作用。2007年11月，在第13届东盟首脑会议上，东盟成员国签署了在东盟历史上具有里程碑意义的《东盟宪章》，2008年1月31日，文莱成为继新加坡和老挝之后第三个批准《东盟宪章》的成员国。随着《东盟宪章》的签署，文莱已经和东盟紧密地联系在了一起，与东盟在政治和安全方面的关系已经上升到了更高的层次。

（2）文莱与东盟的经济合作关系

加入东盟后，文莱积极参与、融入东盟经济合作大潮中。1991年2月，文莱外交大臣对东盟成员国菲律宾提出的建立一个“东盟东部成长区”表示支持。在东盟提出建设东盟自由贸易区战略后，文莱不仅表示赞成并给与大力支持，而且在实际行动中积极推动。1992年1月，文莱苏丹博尔基亚出席了在新加坡举办的第四届国家首脑会议，在会议发言中，他对东盟政治、经济合作给予了肯定，并倡议签订关于经济合作的协定和建立自由贸易区的协定，并提议东盟和域外大国举行的对话会议升级为地区安全论坛机制[①]。

1995年7月，第28届东盟外长会召开，博尔基亚在主持开幕式时呼吁在越南加入东盟后，东盟应该加快东盟自由贸易区的建设步伐。尽管博尔基亚的倡议没有得到太多的支持，但其倡议在客观上

① 俞亚克、黄敏：《当代文莱》，四川人民出版社，1994年版，第133页。

促进了东盟自贸区的建设进程。同年12月，在第5届东盟首脑会上，与会代表对博尔基亚提出的加快东盟自由贸易区建设进程的建议给予了充分肯定。会议通过的声明阐明："东盟将加速朝着2000年前实现东盟自由贸易区的目标前进，到2000年东盟成员国不但将增加关税降至零的商品数量，并且要将关税降至零到5%的商品数量增加到最大限度"[①]。

之后，文莱全方位加入到东盟东部增长区、东盟自由贸易区、中国—东盟自由贸易区的建设中，成为东盟经济共同体建设的重要力量和积极参与者。

（3）参与或主办东盟活动，推动东盟发展[②]

加入东盟以来，文莱积极参与或主办东盟活动，与其他成员国一起推动东盟的发展。2001年，东盟作为东盟轮值主席国，成功主办了第7次东盟领导人会议和东盟"10+3"领导人会议。2002年，成功主办了第九次东盟地区论坛外长会议。2003年又担任东盟轮值主席国。

2004年，文莱参与东盟活动的主要事件有：外交大臣穆罕默德·博尔基亚亲王于3月4日出席在越南下龙湾举行的东盟外长非正式会议；6月21日出席在中国青岛举行的中国—东盟10国外长非正式会议；6月30日出席在印度尼西亚雅加达举行的第37届东盟会议；7月1日和2日分别出席在印度尼西亚雅加达举行的东盟和中、日、韩外长会议和第11届东盟地区论坛外长会议。文莱政府还派出有关经济部门的大臣们参加年内在新加坡举行的东盟财长会议和9月3日在印度尼西亚举行的东盟经济部长会议。

① 王士录、王国平：《从东盟到大东盟——东盟30年发展研究》，世界知识出版社，1997年版，第328–329页。

② 根据《东南亚纵横》历年文莱国情报告、文莱外交部、中华人民共和国驻文莱大使馆网站、中华人民共和国驻文莱大使馆经商处网站整理。

2005年度，文莱参与东盟的活动主要有：1月6日，文莱苏丹出席在印度尼西亚举行的东盟地震和海啸灾后问题领导人特别会议；1月25日至26日，文莱派高官和专家参加在北京召开的中国—东盟地震和海啸灾后研讨会；4月29日，文莱派官员参加在上海举办的第11次中国—东盟高官磋商会议；5月6日，文莱外交和贸易大臣穆罕默德·博尔基亚亲王赴日本参加东盟与中、日、韩外长会议；5月17至19日，文莱国家警察局局长参加在印度尼西亚巴厘岛举行的第25届东盟国家警察局长会议；5月18至20日，文莱派高官参加在老挝举行的第2届东盟地区论坛安全政策会议、第12届东盟地区论坛高官会议；7月26至27日，文莱外交与贸易部长穆罕默德·博尔基亚亲王参加在老挝万象举行的第38届东盟外长会议、东盟与中、日、韩外长会议；8月3日，文莱文化青年体育部长参加在泰国曼谷举行的第2届东盟与中、日、韩文化部长会议；8月18日，文莱首都斯里巴加湾市警察局长参加在北京举办的东盟与中、日、韩13国警察局长会议；9月19日，文莱派观察员参加在老挝万象举行的第26届东盟议会联盟会议；10月19日至22日，文莱工业和初级资源部部长佩欣·达图·哈吉·阿卜杜勒·拉赫曼率领文莱政府代表团出席第2届中国—东盟博览会和中国—东盟商务和投资峰会；10月30日，文莱警察高官参加在马来西亚首都吉隆坡会议中心举行的中国—东盟高官会议；12月12日，文莱外交与贸易大臣穆罕默德·博尔基亚亲王参加在吉隆坡分别举行的第9次中国—东盟领导人会议，第9次东盟与中、日、韩领导人会议，首届东盟与俄罗斯领导人会议和首届东亚峰会。

2006年，文莱参加东盟的活动主要有：4月21日，文莱信息通信部门高官出席在马来西亚举行的第2届中国—东盟电信周信息部长论坛及中国—东盟电信周活动；5月29至30日，文莱外交和贸易部副部长出席在柬埔寨暹粒举行的第12届中国—东盟高官会议；6月5日至6日，文莱政府主持召开第1届东盟东部增长区交通部长会议；13日，文莱工业与初级资源部高官出席在中国广西南宁召开的第3届中国—东盟博览会高官会议；7月22日至28日，文莱外交与贸易部部长穆罕默德·博尔基亚亲王分别出席了在马来西亚首都吉隆坡举行的东盟高官磋商会议，第30届东盟地区论坛外长会议，东盟与中、日、韩外长会议和东亚峰会外长午餐会等一系列会议；8月10日，文莱武装部队哈比尔少将到印度尼西亚雅加达与马来西亚武装部队司令和印度尼西亚武装部队司令举行会谈，三国表示将向黎巴嫩派遣维和部队；8月22日至25日，文莱有关经济部长参加在马来西亚吉隆坡举行的第38届东盟经济部长会议；11月2日，文莱出入境部门官员参加在中国南宁举办的首届中国—东盟出入境检验检疫合作论坛。

2007年，文莱参与东盟的活动主要有：1月8日至11日，文莱苏丹率团参加了在菲律宾宿务举行的第12届东盟首脑峰会等11个系列会议和讨论《东盟宪章》及签署一系列重要文件，共同参与东盟安全、经济和社会文化三大共同体建设；3月14日至15日，文莱外交和贸易部长穆罕默德亲王出席在德国纽伦堡召开的第16届东盟—欧盟部长会议和纪念东盟和欧盟建立对话关系30周年；4月11日至12日，文莱总检察长参加在中国澳门举行的第4次中国与东盟成员国总检察长会议，会议的主题为“直接合作打击跨国跨地区犯罪”；4月26日至27日，文莱首都斯里巴加湾市领导出席了在中国广西北海市举行的首届“泛北部湾区域经济合作市长论坛”；5月24日，文莱新闻部官员参加了在印度尼西亚首都雅加达举行的首次中国—东盟新闻部长会议；6月4日，文莱警察领导人参加了在新加坡举行的第27届东盟国家警察首脑会议；6月23日至28日，文莱派高官参加在老挝首都万象举行的“东盟第7次高官会议暨10+6(东盟+中国、日本、韩国、俄罗斯、澳大利亚、巴基斯坦)安全对话会议”；7月26日至27日，文莱政府官员参加了在广西南宁举行的“2007年泛北部湾经济合作论坛”，就“共建中国—东盟新增长极：新平台、新机遇、新发展”进行研讨；7月30日至31日，文莱外交与贸易部长穆罕默德参加了在菲律宾首都马尼拉举行的第40届东盟外长会议、第八次东盟与中国、日本、韩国（10+3）外长会议和第14届东盟地区论坛；8月2日，文莱武装部队首脑出席了在新加坡举行的第5届东盟国家武装部队首脑非正式会议。与会代表决定共同应对在海事安全、人道主义援助、反恐、传染病控制及维和等领域面临的挑战，还决定通过信息分享、情报合作、演习和研讨会等活动加强军事合作；8月13日，文莱驻华大使阿卜杜勒·哈密德出席了在北京由东盟北京委员会和中国东盟协会共同举办的纪念东盟成立40周年招待会；8月14日至22日，文莱海军参加了在新加坡举行的有美国、印度尼西亚、马来西亚、菲律宾和泰国海军参加的联合军事演习，分享海事信息及加强海事安全的协调；8月20日，文莱派高官参加了在新加坡举行的第41届东盟高官会议；8月20日至23日，文莱议会官员参加了在马来西亚首都吉隆坡举行的第28届东盟议会联盟会议；8月21日至23日，文莱媒体负责人出席了在中国天津举行的东盟10国和中国、日本、韩国（10+3）首届媒体合作研讨会；8月23日，文莱工业和初级资源部长出席了在新加坡举行的第4届东盟与中国、日本、韩国（10+3）能源部长会议；8月25日，文莱外交与贸易部长穆罕默德出席了在菲律宾首都马尼拉举行的第39届东盟经济部长会议，与东盟各国经济部长制订东盟共同体发展蓝图，提交到11月在新加坡举行的第12届东盟首脑会议批准；8月25日至26日，文莱外交与贸易部长穆罕默德参加了在菲律宾首都马尼拉举行的第6次中国—东盟（10+1）和第10次东盟与中国、日本、韩国（10+3）经贸会议；9月19日至21日，文莱派禁毒官员参加在中国西安举行的东盟地区禁毒研讨会；9月28日，文莱媒体官员参加了在广西南宁举行的根据中国国务院总理温家宝倡议的“第3届中国—东盟媒体合作高层研讨会”。11月17日至22日，苏丹再次率团出席在新加坡举行的第13届东盟首脑峰会，与东盟各国领导人就国际和地区形势、投资环境、气候变化、能源开发与环保等深入交换意见，并讨论和签署了《东盟宪章》和《东盟经济共同体蓝图宣言》等文件，与东盟各国领导制订共同体发展蓝图、设定具体目标，并计划在2015年前建设东盟单一市场和生产基地。接着出席第11次中国—东盟领导人会议，第11次东盟与中国、日本、韩国领导人会议，第13届东盟首脑会议和第3届东亚峰会以及东盟与欧盟建立对话关系30周年纪念会等一系列会议。

此外，2007年文莱还承办了第6次东盟公安部部长会议，重点讨论加强东盟成员国之间在打击贩毒、人口贩卖、恐怖活动及网络经济犯罪方面的合作。

2008年，文莱参与东盟活动的主要事件有：5月，文莱承办了东盟第28届警察大会；4月6日，文莱承办了第5届东盟东部经济成长区运输设施与资讯通讯科技发展小组会议，代表团成员在会议中同意加速运输基础设施的发展；4月23日至25日，文莱交通部长出席在泰国曼谷举行的第7届亚太经合组织的电信及资讯业部长级会议；6月19日，文莱承办了第3届中国—东盟东部经济成长区高官会，会议讨论了中国—东盟增长区框架合作协议草案、2008年中国—东盟博览会和泛北部湾经济合作等议题；8月7日，文莱承办了第39届东盟经济高官会第4次会议。

2009年，文莱参加东盟活动的主要事件有：5月27日至28日，文莱外交与贸易部长穆罕默德亲王出席在柬埔寨金边举行的第17

届东盟—欧盟外长会议；8 月23日，文莱外交与贸易部无任所大使玛斯娜公主出席在泰国举行的第1届东盟社会文化共同体理事会会议；9月18日至20日，文莱内政部国家灾害管理中心的两名官员出席在中国青岛举行的东盟区域论坛第6次灾害援助会议；9月23日至29日，文莱内政部国家灾害管理中心、消防及拯救局救难队的8名官员赴柬埔寨，参加东盟区域灾害紧急应变演习，并派代表出席演习评估会议及第8届东盟灾害管理委员会会议；10月15日至16 日，文莱交通部部长阿布·巴卡尔出席在越南举行的第9届东盟电信与信息技术部长会议；11月6日，文莱首相府能源部长出席在老挝万象举行的第10届东盟信息部长会议；11 月13日至15 日，文莱苏丹出席在新加坡举行的亚太经合组织（APEC）第17次领导人非正式会议和首次东盟—美国领导人会议以及各成员国领导人与APEC工商咨询理事会代表的对话会。11月17日至18日，文莱内政部长阿德南出席在柬埔寨举行的打击跨国犯罪第7届东盟部长级会议、首届东盟与中国（10+1）部长级会议和第4届东盟与中日韩（10+3）部长级会议。

2010年，文莱参加东盟活动的主要事件有：文莱苏丹出席第16、17届东盟领导人（4月8日至9日和10月28日至30日）及第13次中国与东盟（10+1）领导人会议、第13次东盟与中日韩（10+3）领导人会议、第5届东亚峰会；文莱外交与贸易部长穆罕默德亲王出席第43届东盟外长会议和东盟—中日韩（10+3）外长会议、中国—东盟（10+1）外长会议、东盟地区论坛等东盟部长级系列会议（7月20日至23日），以及第9次中国—东盟（10+1）经贸部长会议、第13次东盟和中日韩（10+3）经贸部长会议（8月26日）。其他部长还出席了在越南举行的东盟10国以及中国、日本和韩国（10＋3）财政部副部长和央行副行长会议（4月6日）、第16届中国与东盟高官磋商会议

(4月26日至27日)、第4届东盟国防部长会议(5月11日)、第7次东盟国家空军司令会议(8月20日)。

此外，文莱还主办了一系列会议：1月21日至28日，文莱主办东盟旅游论坛，着重讨论金融危机给旅游业带来的挑战以及共同促进旅游业发展等问题。其间，第13届东盟旅游部长会和第9届10+3旅游部长会在文莱举行。与会各方表示，旅游业是促进经济复苏的重要力量，各国迫切需要加强旅游合作，共同应对经济挑战；6月21日，主办了东盟渔业咨询论坛第2次会议；10月13日，文莱主办了跨界烟雾污染有关各方会议和第12届东盟环境部长非正式会议；11月11日至12日，文莱主办了第16届东盟交通部长会议；11月24日，文莱主办了第7届东盟社会福利与发展部长会议。此外，文莱还继续在文莱—印度尼西亚—马来西亚—菲律宾东盟东部增长区次区域合作中保持活力，支持将次区域提升为名为“赤道亚洲”的单一旅游地。

2011年，文莱参与东盟活动的主要事件有：苏丹哈桑纳尔·博尔基亚参加了一系列东盟会议，如2011年5月7日至8日，文莱苏丹出席在雅加达举办的第18届东盟峰会；11月17日至19日，苏丹出席在印度尼西亚巴厘岛举行的第19届东盟领导人会议、第14次中国—东盟(10+1)领导人会议暨中国—东盟建立对话关系20周年纪念峰会、第14次东盟与中日韩(10+3)领导人会议、第6届东亚峰会(11月17日19日)等东盟领导人系列会议。

2011年，文莱各部部长代表文莱政府参加了一系列东盟举办的系列会议和活动。如第44届东盟外长会议、东盟与中国(10+1)外长会议、东盟与中日韩(10+3)外长会议、东亚峰会外长磋商和第18届东盟地区论坛(7月19日至23日)、第11届东盟电信及信息技术部长级会议(1月13日至14日)、在柬埔寨召开的第14届东盟旅游部长会议、在越南河内举行的第14届东盟与中日韩（10+3）财长会议（5月4日）、第5届东盟国防部长会议（5月19日）、在中国广西北海召开的第8届中国—东盟博览会高官会议（6月2日至3 日）、在中国广西南宁举行的第8届中国—东盟博览会和第8届中国—东盟商务与投资峰会（10月21日至26日）等。

2012年，文莱参与东盟活动的主要事件有：2012年1月10日，外交与贸易大臣穆罕默德·博尔基亚赴柬埔寨参加东盟外长退休会议；7月6日，穆罕默德·博尔基亚赴柬埔寨参加第45届东盟外长会议、第19届东盟地区论坛、第2届东亚峰会外长会议。

二、文莱与东盟成员国的双边关系

文莱不仅尽力推进与东盟组织的关系，还积极发展与东盟成员国家的关系。

（一）文莱与马来西亚的关系

马来西亚是文莱的唯一陆上邻国，两国山水相连，双方在民族构成、宗教信仰和文化传统方面有着很强的同源性。但文莱与马来西亚的关系在文莱独立前的很长一段时间里起伏不定；直到1980年后，两国关系才开始改善。文莱独立后，马来西亚很快就与文莱建立了正式的外交关系。尽管两国关系的发展存在一些问题，但文莱与马来西亚的关系总体趋势是向前发展的。

1. 20世纪六七十年代的文莱与马来西亚关系

马来亚独立之初，与文莱的关系比较密切。1958年10月，文莱苏丹在接受采访时说，大多数受过教育的文莱人都赞成文莱与已独立的马来亚建立紧密的关系。①同年11月，文莱借巨款给马来亚，

① Graham Saunders, *A History of Brunei*, Routledge Curzon, 2002, pp.135-136.

双边来往更加密切。马来亚总理拉赫曼访问了文莱，双方认为两个穆斯林国家之间有必要建立更为密切的关系。马来亚随后派遣了大批官员和教师支援文莱。

20世纪60年代，文莱与马来西亚因文莱是否加入马来西亚联邦问题开始交恶。该问题引发了其他问题，使双方之间存在的老问题也一度发酵，导致双方关系紧张。

1961年5月27日，马来西亚总理东姑·阿布杜·拉赫曼宣布将建立一个包括马来亚、新加坡、沙捞越、文莱和北婆罗洲在内的马来西亚联邦。他认为，该设想不仅是合适的，而且是可行的。[①]拉赫曼的主张在文莱一石激起千层浪，导致了文莱内部的政治纷争和分裂。

在是否赞成拉赫曼的主张，加入马来西亚联邦的问题上，文莱内部分成了两派。文莱苏丹丹西尔·奥马尔·阿里·赛里夫汀极其赞成拉赫曼的主张，他提议文莱在1962年7月加入马来西亚联邦。然而，文莱人民党却不赞成文莱加入马来西亚联邦。1962年8月，文莱人民党在文莱部分立法机构的选举中获得大量支持，12月，人民党内部武装分子组织发动了起义。起义最终被驻扎在新加坡的英国军队镇压。

1963年2月，文莱和马来西亚联邦政府举行第一轮加入马来西亚联邦的谈判。文莱对谈判非常满意，对加入马来西亚联邦心怀希望。1963年6月，文莱和马来西亚就文莱加入马来西亚联邦进行了第二轮谈判。然而，文莱和马来西亚在石油收入分配问题和各州苏丹担任马来西亚国家元首的轮换次序问题上产生了分歧，难以达成一致，双方谈判破裂。文莱拒绝签署马来西亚协议对马来西亚联邦

① Robert O.Tilman, Malaysia: the Problem of Federation, The Western Political Quarterly, Vol.16, No.4, December 1963, p.897.

的建立是一个挫折，但马来西亚认为文莱拒绝加入联邦只是暂时的，与文莱之间的谈判在不久的将来会重新开启。但是，谈判失败在文莱和马来西亚之间埋下了不信任的种子，双边关系开始持续恶化。1964年年初，马来西亚总理拉赫曼召回了借调到文莱工作的教师和政府官员。1966年，马来西亚对1962年起义失败的8个文莱人民党人提供政治庇护，并允许他们在吉隆坡开设一个办事处。马来西亚对文莱人民党的态度与1962年派出警察部队帮助文莱镇压人民党叛乱形成巨大的反差。马来西亚还明确表示支持文莱人民党，谴责文莱的专制统治，要求英国给予文莱完全独立，在文莱建立民主制度。1975年，马来西亚支持文莱人民党代表团向联合国非殖民化委员会提交文莱独立的议案。

文莱认为马来西亚的举动干涉了文莱的内政，继而提起双方之间存在的林梦地区的领土争端。文莱要求马来西亚归还1890年被沙捞越兼并的林梦地区，林梦地区的人民也纷纷响应文莱，不仅举行游行示威，有的民众还举家搬迁到文莱。文莱和林梦地区人民的举动彻底激怒了马来西亚，双方关系不断恶化。马来西亚在国内发起了一系列反文莱的游行示威；文莱政府则禁止马来西亚官方车辆通过文莱领土，还召回了在马来西亚学习的留学生。

1977年11月，文莱人民党代表团1975年向联合国非殖民化委员会提交的议案在联合国大会通过，成为正式决议，决议要求文莱举行民主选举。由于文莱人民党代表团到联合国非殖民化委员会提交决议得到了马来西亚的支持和帮助，该决议的通过直接导致了文莱与马来西亚关系的继续恶化。

2. 1978年至1984年的文莱与马来西亚关系

主权国家领导人或决策者的变化是影响国家间关系的重要因素。如果国家间关系一直处于敌对状态，领导人或决策者的变化很可能会使国家间关系出现转机；同理，如果国家间关系长期处于友好状态，但是国家领导人或决策者的变化也有可能使国家间关系受损。文莱和马来西亚敌对关系的转机就和马来西亚总理的变化息息相关。

1976年，侯赛因·奥恩上台担任马来西亚总理。侯赛因·奥恩认为，文莱的独立即将成为现实，目前要解决的是文莱的主权问题和将来如何通过与文莱合作从文莱丰富的油气资源中获益的问题。所以，他意识到必须尽快结束与文莱的敌对状态。在实践上，侯赛因·奥恩首先派沙巴首席部长前往文莱传达马来西亚的善意，接着他本人也亲自参加文莱王室成员的婚礼，并毅然决定中止对文莱人民党的支持。马来西亚向文莱抛出的橄榄枝得到了文莱的积极响应，两国恢复了文化和体育方面的交流与合作。

接着，随着文莱独立趋势的明显及其加入东盟愿望的传达，马来西亚与文莱的关系获得了巨大进展，双方高层互访频繁。1980年3月，马来西亚国王访问了文莱。1981年7月，马哈蒂尔继任总理后继续推行对文莱友好的政策。1981年9月，文莱苏丹也第一次正式访问了马来西亚。1982年3月，马来西亚副总理穆萨·希塔姆访问了文莱，还表示支持文莱独立后加入东盟。1983年，马哈蒂尔总理亲自出访文莱。马来西亚恢复了对文莱的技术援助和教育培训项目；两国决定互派大使，建立正式的外交关系，恢复两国首都之间的航空运输，谋求通过谈判解决相互间的陆地领土和海域争议。

3. 1984年以来的文莱与马来西亚关系

随着文莱的独立和加入东盟，文莱与马来西亚的关系也步入了正常发展的轨道。1984年，两国建立了正式的外交关系，双边往来不断增多，两国关系越发密切。尤其是近年来两国间的政治、经济关系持续地取得了进展。束缚双方关系发展的领土争端问题也得到了解决。

(1)政治关系不断推进

1984年以来，文莱和马来西亚的双边关系继续推进，两国及时地处理双边关系中存在的问题。1984年2月，马来西亚国家元首苏丹·艾哈迈德·沙阿和总理马哈蒂尔一同抵达文莱首都斯里巴加湾市，出席文莱的独立庆典活动。同年3月，文莱国家元首苏丹·哈桑·博尔基亚访问马来西亚，两国领导人同意在技术、行政管理等方面进行合作，并加强部长级官员的互访。1985年4月，马来西亚外长里陶丁访问文莱。1986年3月，文莱外交大臣穆罕默德亲王访问马来西亚；同年10月文莱苏丹·哈桑·博尔基亚再次抵达吉隆坡访问。1987年3月，马哈蒂尔总理再次访问文莱，两国领导人在会谈后决定在交通、通讯、贸易和投资方面加强合作，双方还讨论了扩大航空服务合作和建设连接文莱和沙巴、沙捞越的婆罗高速公路等问题。1987年4月，马来西亚最高元首到文莱访问，文莱苏丹向来访的马来西亚国家元首表示，两国必须解决关系到双方共同利益的问题，包括陆地和海上定界问题。1990年10月，马来西亚最高元首又一次访问了文莱；同年11月，文莱苏丹也对马来西亚作了回访。

20世纪90年代以来，文莱和马来西亚的政治关系发展比较顺利。1993年，马来西亚总理马哈蒂尔访问了文莱，与文莱苏丹讨论设立“两国联合委员会”。1994年4月24日，联合委员会正式成立。自1997年起，两国建立了年度高层磋商机制。进入21世纪以来，两国的政治关系得到飞速发展，双方高层互访频繁，及时地解决了相互之间的摩擦，为两国关系的发展扫清了障碍。2005年文莱苏丹夫妇对马来西亚进行了国事访问。在2006年8月举行的第10届年度磋商中，文莱和马来西亚就彼此关心的地区和安全问题进行了坦诚的交流，双方还就两国公务员的相互交流进行了机制设计。2007年6月，马来西亚总理巴达维和副总理纳吉布出席文莱公主玛吉达的婚礼。7月，马来西亚最高元首米赞·扎伊纳尔·阿比丁访问文莱。8月，马来西亚总理巴达维访问文莱，并与文莱苏丹博尔基亚共同主持第11届马文双边年度磋商。2008年5月，文莱苏丹博尔基亚访马。8月，文莱苏丹哈桑纳尔赴马出席第12届马来西亚—文莱年度领导人磋商。2009年8月，马来西亚总理纳吉布对文莱进行了国事访问，与文莱苏丹博尔基亚举行了第13轮年度磋商。在磋商过程中，双方均表示要加强双边关系和合作，还指出两国在促进地区与国际和平、安全、稳定及繁荣方面保持密切的伙伴关系。2010年5月，文莱苏丹借出席在吉隆坡举行的第六届世界穆斯林论坛之机访问了马来西亚；2010年9月，文莱苏丹到吉隆坡参加与马来西亚的年度磋商。2011年9月，马来西亚总理纳吉布访问了文莱，与文莱苏丹进行第15次年度双边磋商。双方在会后签署了关于经济与科技、投资、油气开发三项谅解备忘录。

(2)经济合作不断增强

随着双边政治关系的加强，文莱和马来西亚的经济联系水平也不断提高。在1997年的亚洲金融危机中，文莱向马来西亚提供了10亿美元的援助。从近年来两国间双边贸易来看，从2006年至2009年文莱与马来西亚的国际贸易额一直呈增长状态，2006年双边贸易额达6.4亿文莱元，2007年至2009年分别为6.9亿、7.24亿、8.4亿文莱元，①2011年，双边贸易额达到了18亿文莱元②。在投资方面，目前约有45家文莱—马来西亚联合经营的公司处于文莱工业发展部的管理和控制之下，总投资额达到9.8亿文莱元。

① http://www.mofat.gov.bn/index.php?option=com_k2&view=item&id=259: malaysia.

② Bilateral Diplomacy, http://www.kln.gov.my/web/guest/bd-south_east_asia.

从政策方面看，文莱和马来西亚都重视与对方全面的经济合作。在2009年的第13轮双边年度磋商会议上，纳吉布和博尔基亚一致同意，双方将进一步加强经贸与投资合作，鼓励两国开拓新的合作领域，包括共同投资第三国。2011年，在年度磋商会议上，马来西亚总理纳吉布表示计划与化工巨头巴斯夫公司合作投资16亿美元在文莱建设一个综合炼化厂。

为了加强双方的经济联系，为两国经济往来提供便利，文莱和马来西亚也非常注重两国间互联互通基础设施的建设。在2006年的年度磋商会议上，文莱和马来西亚双方商定为加强文莱与马来西亚沙捞越州和沙巴州的联系，合作建设一条穿越北加里曼丹（北婆罗洲）的“婆罗洲公路”。这条公路将从沙捞越古晋开始，经过文莱，再通往沙巴，衔接东马两个州和文莱。在双方对林梦地区领土争端得以妥善解决后，为了从陆路上将文莱淡武廊县与马来西亚林梦省连接起来，经过2006年和2010年文莱和马来西亚双方领导人谈判之后，两国决定修建双溪班达鲁安大桥，以增强两地在经济、贸易与旅游业之间的合作关系。2011年，文莱派出代表团前往马来西亚，就两国共同兴建大桥有关事宜进行了讨论，随后两国在文莱汝鲁依曼皇宫签署了合作兴建大桥的协议。2012年6月10日，双溪班达鲁安大桥正式动工，预计2013年8月竣工并投入服务。在电讯合作方面，2008年1月10日，文莱电信局与马来西亚沙巴州天地通移动通信公司和SACOFA公司签署合作协议，开展东马沙捞越州、沙巴州和文莱3地间移动通信和信息技术发展合作项目。该合作项目内容包括铺设从古晋开始至文莱、林梦、老越和哥打基纳巴卢之间的陆上电缆，以及连接和提升各地之间的通信网络。此项目将铺设总长3 815千米的陆上电缆，其中SACOFA公司负责2 800千米，文莱电讯局建410千米，沙巴州天地通移动通信公司建605千米。

此外，马来西亚是当前文莱最主要的旅游人口来源国。据统计，2010年1月至7月，到文莱旅游的马来西亚人一共达到27 736人。[①]同样，文莱也是马来西亚外来旅游人口的“重镇”。2011年，到马来西亚旅游的人数达到了1 239 404人。[②]

（3）妥善解决了陆地领土和海域争端问题

独立以来，尽管与马来西亚的关系取得了进展，但领土争端和互信不足一直是文莱与马来西亚两国关系中的不利因素，阻碍着两国关系的深化。[③]早在独立之前，文莱和马来西亚两国就对林梦地区的主权存在争议。但林梦地区总面积3 879平方千米，人口逾4万，地处文莱东西两部分国土之间。两国对林梦地区的主权争端源于英国的殖民统治。1888年9月17日，文莱和英国签署了保护协定，文莱沦为了英国的保护国。但是，文莱的领土主权完整并没有得到英国的保护，林梦地区就是英国殖民者最先肢解的目标。林梦地区是当时文莱最富裕、人口最稠密的地区。然而，1890年，林梦地区发生了反政府叛乱行为，叛乱活动给当时的沙捞越兼并林梦地区提供了机会。沙捞越州的查理士·布鲁克乘机吞并了该地区，自此，文莱被林梦地区分成了两个部分，林梦西部为文莱—穆阿拉区、都东区和白拉奕区，林梦东部为淡布伦区。

此外，文莱和马来西亚两国200海里专属经济区的主张在中国南沙海域产生了重叠，导致他们不仅与中国存在海域争议，相互之间也存在分歧。其中南通礁就位于两国专属经济区主张重叠海域，目前由马来西亚控制；重叠海域内还有两个产油区：CA-1和CA-2产油区。马来西亚称CA-1产油区为L油区，称CA-2产油区为M油

① http://www.mofat.gov.bn/index.php?option=com_k2&view=item&id=259：malaysia.

② Bilateral Diplomacy, http://www.kln.gov.my/web/guest/bd-south_east_asia.

③ Christopher Roberts, Brunei Darussalam Consolidating the Foundations of Its Future, in Daljit Singh edited, Southeast Asian Affairs 2011, ISEAS publishing，2011, P.43.

区，文莱分别称之为K油区和J油区。2002年，文莱将两个产油区块的开发权承包给了英国皇家荷兰壳牌公司和法国的石油巨头道达尔公司；2003年，马来西亚国家石油和天然气公司Petronas又将两个产油区块的开发权授予了总部位于美国的墨菲石油公司。随后，文莱和马来西亚双方军舰互相阻止对方的承包商进入该区域勘探油气资源，英国皇家荷兰壳牌公司和法国的石油巨头道达尔公司不得不停止在此区内的油气勘探。

为了解决陆地领土和海域争议，文莱和马来西亚一直对该问题进行着谈判。在1994年举行的首次“两国联合委员会”会议上，两国同意重新讨论林梦领土争端问题，通过谈判找出可以解决的办法；两国还决定不通过第三方仲裁解决争端；建立一个陆地与海上边界联委会和一个临时委员会，研究加强两国在各个领域的合作。经过长达20年多达39轮的政治谈判，文莱和马来西亚最终通过了“一揽子”方案，解决了林梦地区的主权争端和两国在中国南沙海域的海域争端。尽管他们私自绕开中国签署的有关南通礁附近海域油气资源的开采协议是非法的，但是仅从文莱和马来西亚在该海域的海域争端来看，的确已经得到了解决。

2006年，文莱和马来西亚同意通过互换书讨论解决两国的陆地和海上边界问题，并根据相关的5个历史性协议划分两国的边界线，其中的两个协议直接关系到两国在林梦地区的边界线。经过艰难的谈判，2009年3月16日，马来西亚总理巴达维和文莱苏丹哈桑纳尔·博尔基亚在文莱首都斯里巴加湾市签署互换书，根据这份互换文本，文莱正式放弃对东马来西亚沙捞越州林梦地区的领土要求。[①]作为交换，马来西亚则向文莱让渡了对南通礁附近两个产油区块的开采权。

尽管文莱和马来西亚之间的互换书是闭门签署的，其内容不得

① 《马来西亚和文莱就解决边界争端达成一致》，新华网，2009年3月18日。

而知。但从互换书引起的争议和两国日后的互动过程可以看出互换书内容的一些端倪。首先，互换书的签署在马来西亚引起了政治风波，前总理马哈蒂尔抨击巴达维把两块位于中国南沙海域的产油区交给了文莱，换取马来西亚对林梦地区的主权，导致马来西亚损失至少1 000亿美元。巴达维反驳了马哈蒂尔的指责，他说，马来西亚和文莱2009年3月16日同意最终划定两国领海边界，并展开联合勘察行动划定永久陆地边界，他并没有把有关产油区"割让"给文莱，虽然当前文莱拥有有关产油区的主权，但马来西亚获准参与其中的商业活动，联合开发石油和天然气，为期40年。

互换书签署后，马来西亚媒体对外宣称"马来西亚和文莱之间的领土问题已经得到解决，马来西亚对林梦拥有无可置疑的主权"①。文莱马上做出反驳"文莱和马来西亚并没有在信件往来中讨论林梦问题"②，林梦问题仍然没有解决。马来西亚政府也积极地对文莱的反驳做出了回应"林梦问题将在两国边界调查和划界工作结束后得到解决"③。目前，从文莱和马来西亚两国决定修建双溪班达鲁安大桥一事来看，两国的确已经解决了林梦地区的主权归属，因为双溪班达鲁安大桥是为了连接"文莱淡武廊县与马来西亚林梦省"而修建的。因此，诸多媒体报道文莱2009年3月16日与马来西亚签署"石油换领土"的协议是有一定根据的。马来西亚也于2010年5月3日发表了正式的新闻公报，对2009年3月16日与文莱签署的互换书进行了说明，公报认为"互换书的关键内容是划定了两国

① Hafizah Kamaruddin,"*Brunei Drops Territorial Claim Over Limbang*",Bernama,March 16, 2009. http://www.bernama.com/bernama/v5/newsgeneral.php?id=396573.

② "Claims On Limbang Not Discussed,Says Brunei Foreign Minister".Bernama.March 19, 2009. http://www.bernama.com.my/bernama/v3/news.php?id=397265.

③ Nurbaiti Hamdan,Limbang border to be set,http://thestar.com.my/news/story.asp?file=/2009/3/20/nation/3518846&sec=nation.

的领海、大陆架和专属经济区界线”，马来西亚“在CA-1和CA-2产油区问题上做出了让步”①。

林梦地区主权争端和两国在中国南沙群岛海域争端的解决为文莱和马来西亚关系的推进扫除了最大的障碍。马来西亚和文莱两国都认为两国双边关系与合作将进入一个新纪元。2012年3月，据文莱媒体报道，文莱和马来西亚签署了联合勘测和划定陆地边界谅解备忘录，以进一步落实两国元首于2009年签署的解决边界争议的换文。双方一致同意遵守现有的五个陆地边界协议，在现有协议未涵盖区域，则完全依据分水岭原则进行划界。马外交部声明称，此举是文、马进一步加强双边互惠合作伙伴关系的又一里程碑。②

（二）文莱与新加坡的关系

在所有东盟成员国中，文莱与新加坡的关系最为密切。③新加坡1965年8月脱离马来西亚独立后，因为与文莱具有相似的历史和国情，双方关系从1965年开始就一直处于不断发展的状态。文莱独立并加入东盟以后，与新加坡的关系走向了正常、健康的发展轨道，双边政治、经济、军事合作水平都不断提高。

1. 1984年以前的文莱与新加坡关系

20世纪六七十年代，文莱与邻国的关系受到文莱人民党问题、加入马来西亚联邦问题的困扰，但只有新加坡没有牵涉到这两个与文莱有冲突的议题中。因此，文莱与新加坡的关系发展几乎没有任

---

① Press Statement, http://www.kln.gov.my/web/guest/pr2010/-/asset_publisher/X9Nx/content/press-release-:-the-exchange-of-letters-between-yab-dato%E2%80%99-seri-abdullah-haji-ahmad-badawi-prime-minister-of-malaysia-and-his-majesty-sultan-haji-hassanal-bolkiah-mu%E2%80%99izzaddin-waddaulah-english-version-only?redirect=%2Fweb%2Fguest%2Fpr2010.

② 《文莱与马来西亚签署联合勘界谅解备忘录》, http://bn.chineseembassy.org/chn/wlxw/t916187.htm，2012年3月22日。

③ 刘新生：《文莱与东盟关系刍议》，梁志明等：《东盟发展进程研究——东盟四十年回顾与展望》，香港社会科学出版社有限公司，2008年版，第145页。

何阻碍因素。新加坡获得完全独立后，因为自身经历过与文莱相似的历史，且和文莱一样都面临着捍卫国家主权和独立的任务，文莱和新加坡保持了天然的亲近性。尤其是在文莱加入东盟的问题上，新加坡一直持支持态度，并积极呼吁，不断奔走。有学者这样描述文莱与新加坡的关系："如果说英国带领文莱看世界的话，新加坡则为文莱的成长提供了一扇地区性的窗口。"①

1975年，联合国大会对流亡在外的文莱人民党代表团向联合国非殖民化委员会提交的"文莱独立"的议案进行表决时，当时的东盟成员国只有新加坡支持文莱，没有投赞成票。

在文莱加入东盟问题上，新加坡可谓尽心尽力。1978年6月，新加坡总理李光耀和印度尼西亚总统苏哈托在雅加达举行会晤时，李光耀就提议向文莱苏丹传达入盟邀请。1979年，新加坡总理李光耀继续在不同的场合与其他东盟成员国讨论文莱独立后加入东盟的事宜；同年3月，李光耀向文莱苏丹传达了东盟邀请其独立后"入盟"的集体倡议。1981年9月，新加坡专门组织了一个特别会议讨论文莱加入东盟的事宜。

在经贸关系上，在文莱独立前，新加坡与文莱的经贸联系就非常紧密。文莱具有丰富的油气资源，双方的经济合作为新加坡提供了原料。1980年，文莱的总出口额达到了97亿文莱元，其中油气资源出口额的比例达到99%，其中出口到新加坡的油气资源占总出口量的10.5%，位居第二。②1981年，新加坡首次超过日本，成为文莱油气资源的最大进口国。

---

① Donald E.Weatherbee, *Brunei*：*The ASEAN Connection*, *Asian Survey*, VOL.XXIII, NO.6, June 1983, p.732.

② Brunei's Statistics of External Trade, prepared All trade statistics are derived from Brunei's Statistics of External Trade, prepared annually by the Statistics Section, Economic Planning Unit, Brunei State Secretariat.转引自Donald E.Weatherbee, Brunei：The ASEAN Connection, Asian Survey, VOL. XXIII, NO.6, June 1983, p.726.

1962年底文莱人民党政变时得到了苏加诺政府提供的35万美元资助。[①]起义失败后，阿扎哈尼逃往印度尼西亚，印度尼西亚政府为他提供了避难权。苏加诺等人还发起成立了一个“印度尼西亚支持北加里曼丹人民革命全国委员会”，共有印度尼西亚的160个政党和团体参加了这个委员会，准备在物质上和道义上大力支持文莱人民党再次进行夺权斗争。尽管文莱人民党的政变最终被镇压，但是印度尼西亚对人民党的支持使文莱对印度尼西亚产生了不信任。

2. 1965年至1984年的文莱与印度尼西亚关系

1965年，印度尼西亚总统苏哈托上台执政。苏哈托改变了苏加诺时期的外交“对抗政策”，停止了对文莱人民党的支持，舆论上也取消了对文莱的攻击性宣传，还把文莱人民党武装分子领袖阿扎哈尼进行软禁。

1967年东盟成立后，印度尼西亚在很长一段时间里扮演着东盟驾驶员和领头羊的角色。为了避免文莱独立后成为对抗印度尼西亚的一个基地，印度尼西亚希望文莱独立后能被纳入东南亚地区性机制——即加入东盟。在1978年5月举行的一次印度尼西亚与马来西亚政府首脑非正式会议上，印度尼西亚表示希望在地区安全和稳定的背景下讨论文莱问题。尽管印度尼西亚表示自己并非要干涉文莱的内政，自己只是要对东盟地区，包括文莱的安全负责。此后，印度尼西亚积极为文莱加入东盟而奔走。1978年6月，苏哈托总统通过新加坡总理李光耀向文莱苏丹传达了希望文莱独立后加入东盟的信息。1981年4月，文莱苏丹对印尼进行了非正式访问，开启了两国官方之间的正式往来，双方互派了首任大使，还开辟了两国首都之间的航空航线。博尔基亚出席1981年东盟外长会议发表演说时特别提及苏哈托总统支持文莱独立后加入东盟。1982年，印度尼西亚

① 《文莱与印尼关系》，全国科技信息服务网云南节点，http：//yunnan.stis.cn/xnjw/dmkjjj/200411/t20041102_234864.htm，2011年2月18日发布。

外长访问了文莱。1983年独立前夕，文莱苏丹再次对印度尼西亚进行了非正式访问。正是在印度尼西亚、马来西亚和新加坡的协调下，文莱才得以在独立后一周就加入了东盟。

3. 1984年以来的文莱与印度尼西亚关系

1984年两国建立正式外交关系后，文莱和印度尼西亚的关系在各个领域都不断推进。在政治外交领域，双方高层互访不断，文莱苏丹多次出访印度尼西亚，苏哈托总统在任期间也两次访问文莱。1998年2月，文莱苏丹赴印度尼西亚出席不结盟运动“南南技术合作中心”揭幕仪式，该中心由文莱和印度尼西亚合作建成，大部分由文莱捐献，耗资1 060万美元。苏哈托1998年5月下台后，瓦希德总统于2000年2月访问了文莱；梅加瓦蒂总统也于2001年8月和2003年8月两次访问了文莱；2006年2月，印度尼西亚苏西洛总统访问了文莱；4 月 22日至24 日，文莱苏丹率领外交与贸易部长、体育与青年文化部长等28人对印度尼西亚进行访问。访问期间，两国签署了谅解备忘录，就旅游文化、国防、情报交换、信息交换以及救灾联合演习等领域合作进行了磋商。印度尼西亚政府向文莱苏丹颁发了“空军徽章”和“荣誉公民”，以表彰文莱苏丹为发展印度尼西亚和文莱关系作出的贡献。2008年11月，文莱苏丹再次访问了印度尼西亚。2010年8月至2011年3月，文莱与印度尼西亚的高层互访高达10次，有力地推动了两国关系的发展。

在经济领域，文莱与印度尼西亚的合作也非常紧密。在经贸方面，由于两国长时期无海运相通，两国的商品贸易只能通过新加坡转口，因此贸易额相对较小。1999年4月，在两国共同努力下，文莱穆阿拉港与印度尼西亚的泗水港才正式通航。为了推进两国相互投资便利化，文莱和印度尼西亚于2000年5月同意在婆罗洲的边界地区设立一个投资中心。两国还签署过《经济贸易合作备忘录》和《避免双重征税协定》。

在多重政策效应下，文莱和印度尼西亚之间的贸易额在2003年实现了突破，达到了2.58亿文莱元。[①]2006年至2009年，文莱和印度尼西亚之间的贸易额分别为2.48亿、2.885亿、3.084亿、1.207亿文莱元。在双边贸易结构中，文莱处于顺差地位，其向印度尼西亚的出口额远远高于进口额。2006年，文莱对印度尼西亚的出口额是从印度尼西亚进口额的32.51倍；2007年为30.2倍；2008年为30.79倍；2009年为13.40倍。[②]2009年，印度尼西亚成为文莱第三大贸易伙伴，两国高度重视双边关系中的经济合作。在经济援助方面，1997年亚洲经济危机期间，文莱允诺向印度尼西亚提供12亿美元的备用贷款，帮助印度尼西亚克服金融危机带来的困难。在人力资源互补方面，印度尼西亚约有3万人在文莱当劳工，占文莱外籍劳工人数的第二位。

在社会文化合作方面，为了推进两国社会文化的相互理解和合作，2003年7月，在印尼—文莱联合委员会第一次会议上，双方同意成立友好协会。友好协会的宗旨是为两国关系的推进提供一个“二轨外交”的平台和渠道，继而促进两国经济、贸易、旅游、社会、教育和文化的合作。2008年4月22日，印度尼西亚和文莱签署了有关文化合作的谅解备忘录。2009年3月24日，文莱—印尼友好协会举办官方庆典。

此外，文莱和印度尼西亚在军事领域的合作也取得了进展。2012年3月19日至23日，文莱、印度尼西亚两国海军举行了联合军演，旨在进一步完善两军联合行动准则、程序和战术。双方各派出两艘军舰参加演习，演习项目包括夜间遭遇战、海上拦截训练等。

（四）文莱与泰国的关系

早在文莱独立前，文莱和泰国就有经贸和高层往来。文莱每年

① 刘新生、潘正秀：《列国志·文莱》，社会科学文献出版社，2005年版，第219页。

② 以上数据来自文莱外交部网站。http://www.mofat.gov.bn/index.php?option=com_k2&view=item&id=247：republic-of-indonesia.

都要从泰国购买大量的大米。在文莱加入东盟问题上，泰国也持赞成和欢迎态度。1981年4月，泰国副外长访问了文莱，表示“泰国乐见文莱独立后加入东盟”[①]。1983年10月，文莱就在曼谷成立了官方外交机构，文莱独立后，该机构直接升级为泰国驻文莱大使馆。

1984年后，文莱与泰国的关系发展顺利，两国在政治、经济、投资、贸易、教育等领域都保持了紧密的合作关系。在政治领域，文莱和泰国高层互访频繁。2002年，文莱苏丹访问了泰国；2003年4月，文莱苏丹赴泰国参加“中国—东盟领导人有关非典问题的特别会议”；同月，文莱外交大臣又前往泰国参加两国双边合作委员会首次会议。2010年3月至2011年1月，文莱和泰国的高层互访更是多达6次。2012年6月29日至7月2日，文莱苏丹访问了泰国。双方就农业、清真产品、能源和教育等领域合作广泛交换意见。博尔基亚和英拉表示，两国争取8月份签署有关开展水稻种植、渔业、畜牧业、土地开发和水资源管理等合作的备忘录。两国还初步讨论共同建立合资公司，使用文莱清真品牌，将泰国发展成为出口基地。泰方提出两国加强在再生能源方面的合作。

在经贸关系领域，文莱是泰国大米的重要出口国，而泰国则是文莱石油的重要出口对象。2002年，文莱与泰国间的贸易额达到了历史最高值，为9.809亿文莱元；随后，2003年至2008年，文莱与泰国的贸易额逐年下降，分别为8.201亿、7.0124亿、4.16亿、3.16亿、3.05亿文莱元；2009年，双边贸易额为3.38亿文莱元，尽管比2008年有所增长，但只有2002年1/3左右。[②]

在其他领域，文莱与泰国也具有广泛的合作。泰国对文莱军人、

① New Straits Times, March 20, 1982.转引自Donald E.Weatherbee, Brunei：The ASEAN Connection, Asian Survey, VOL.XXIII, NO.6, June 1983, p.732.

② http：//www.mofat.gov.bn/index.php?option=com_k2&view=item&id=232：thailand.

医学院学生提供培训，还外聘泰国医生到文莱医院工作。在1997年的亚洲金融危机中，文莱提供5亿美元参加了国际货币基金组织对泰国的救援。目前，文莱每年向泰国穆斯林学生提供10个奖学金名额，到文莱学习宗教、医护、石化工程和电脑管理等课程。泰国每年也会为文莱学生提供一些课程培训的机会。2001年8月16日，文莱与泰国签署了《信息与广播合作谅解备忘录》；2010年3月29日，文莱与泰国签署了《卫生合作谅解备忘录》。

（五）文莱与菲律宾的关系

文莱和菲律宾1984年建交，多年来两国间合作的领域主要集中于防务、农业、教育和贸易。

1987年8月24日，文莱和菲律宾签署了《航空服务合作谅解备忘录》。1988年8月，菲律宾总统阿基诺夫人访问了文莱，双方发表联合公报希望加强两国间关系，鼓励私营部门的商人促进两国贸易和投资的发展。1991年8月，文莱苏丹也访问了菲律宾。1994年8月，菲律宾拉莫斯总统对文莱进行了访问，双方对两国间存在的巨额贸易逆差问题进行了讨论。1998年3月，文莱苏丹对菲律宾进行了访问。拉莫斯高度赞扬了文莱苏丹为两国关系发展作出的贡献，称文莱苏丹是菲律宾真正的朋友。1999年8月，菲律宾总统埃斯特拉达访问了文莱，双方签署了关于建立《文莱菲律宾双边合作委员会谅解备忘录》，双方将加强在海空运输、捕鱼、贸易和投资、劳务与人力资源开发等领域的合作。在该协议指导下，文莱航空公司和菲律宾巴拉望省的合作航空公司签订了航空合作议定书，议定书规定从1999年10月起，菲律宾合作航空公司将开通从普林赛萨港至斯里巴加湾之间的航线。2000年11月，文莱和菲律宾签署了《技术贸易和渔业合作谅解备忘录》。2001年8月，菲律宾总统阿罗约访问了文莱，两国签署了《防务合作谅解备忘录》。2003年1月，文莱苏丹访问了菲律宾，双方签署了两国海域合作协定，并启动了两国2001年签署的防务合作协定，两国还举行了代号为“海鸥1号”的联合军演。2005年3月7日，文莱和菲律宾签署了《高等教育学术合作谅解备忘录》。2008年10月 5日，菲律宾国际货柜码头公司受文莱经济发展局委托接管摩拉港货柜码头。据报道，菲律宾公司将协助文莱设计和建造大摩拉岛长约660米的货柜码头，并获得文莱政府特许经营权，接手储放、进出口处理等港口业务。2009年4月27日，两国签署了《农业合作谅解备忘录》。

在贸易方面，文莱和菲律宾的贸易额呈不稳定状态，波动和起伏比较大。2006年为996万文莱元；2007年为1 120万文莱元；2008年激增到23 990万文莱元；2009年又回落到4 220万文莱元。从贸易结构来看，文莱长期处于顺差地位，如2008年，文莱对菲律宾的出口额达到21 500万文莱元，进口额却只有2 490万文莱元，[①]造成这种局面的原因是双方贸易商品品种单一，菲律宾需要从文莱进口大量的石油。

（六）文莱与越南的关系

1984年文莱独立时，越南就宣布承认文莱，并表达了愿意与文莱建立正式外交关系的愿望。然而当时的越南谋求做印度支那地区的霸主，正在入侵柬埔寨。由于文莱是一个小国，对自身安全脆弱性的认知根深蒂固，因此对越南的霸权行为深感不安。直到20世纪90年代初，文莱才开始与越南交往。1991年11月，文莱交通大臣访问了越南，越南总理武文杰接见了文莱交通大臣，两国签署了一项航空运输协定。

1992年2月，越南总理武文杰对文莱进行了正式的国事访问，

① 以上数据来源于http://www.mofat.gov.bn/index.php?option=com_k2&view=item&id=265: philippines.

文莱苏丹与武文杰达成了两国建立正式外交关系的协议。同年6月，文莱副外交大臣率团访问了越南，两国官员讨论了双方建交后扩大合作的途径。越南武文杰表示希望更多的文莱商人到越南进行投资。随着两国正式外交关系的建立，文莱和越南在贸易、旅游、国防和交通领域开展了合作。

1998年5月，文莱苏丹访问了越南，两国领导人就地区形势、亚洲金融危机和双边关系交换了意见。文莱表示愿意继续向越南提供援助，加强人员交流；越南对文莱的支持表示感谢。1999年9月，越南航空公司和文莱皇家航空公司签署了《航空合作谅解备忘录》。2000年6月，越南外长访问了文莱，两国签署了《关于成立双边贸易联合委员会的协议》。2001年11月，越南国家主席陈德良访问了文莱，两国签署了《旅游合作谅解备忘录》。2005年11月，文莱和越南签署了《防务合作谅解备忘录》；2007年8月，文莱和越南签署了《体育合作谅解备忘录》，文莱石油公司和越南石油公司签署了《油气资源合作谅解备忘录》；2008年6月2日，文莱和越南签署了《审计合作谅解备忘录》。2012年是文莱和越南建交20周年纪念。2月，越南外长范平明7日起开始对文莱进行正式访问，双方将就双边关系和其他共同关心的问题进行讨论

在贸易往来方面，随着2000年两国双边贸易委员会的成立和运行，当年两国的双方贸易额达到了206万美元，比1999年增加了150%。[①]2004年至2009年，文莱与越南的贸易额一直呈持续增长状态，分别为153万文莱元、230万文莱元、252万文莱元、396万文莱元、410万文莱元、604万文莱元。2010年1月至6月，文莱与越南双边贸易额达到360万文莱元。[②]

① 刘新生、潘正秀：《列国志·文莱》，社会科学文献出版社，2005年版，第223页。

② http://www.mofat.gov.bn/index.php?option=com_k2&view=item&id=229：vietnam.

此外，文莱在越南的投资业非常引人注目。据越南计划投资部提供的数据，在2008年年度，文莱以16个投资项目，43.8亿美元投资总额居越南外来投资的第四位（马来西亚49个项目，注册资金149亿美元，居第一位；中国台湾省127个项目，注册资金86亿美元，居第二位；日本95个项目，注册资金72亿美元，居第三位）。

（七）文莱与缅甸的关系

文莱和缅甸1993年9月21日正式建立外交关系。建交以来，文莱和缅甸的双边关系波澜不惊，一直处于平稳发展状态。文莱和其他东盟成员国一样坚持对缅甸“建设性接触”。1995年6月，文莱主办第28届东盟外长会议，缅甸被邀请作为文莱政府的客人出席开幕式和闭幕式；7月，昂山素季在缅甸获释，文莱对此发表了表示欢迎的声明，并表示希望昂山素季获释能够成为推动缅甸民族和解和经济发展的重要步骤；8月，文莱交通大臣访问缅甸，两国签署了航空服务协定。1997年2月，文莱开始在仰光设立文莱驻缅甸大使馆并派驻缅大使；同年5月，缅甸也在文莱首都斯里巴加湾市设立驻文莱大使馆并派驻大使。随后，两国高层保持着密切的往来。

1998年4月，缅甸国家和平与发展委员会主席丹瑞将军访问了文莱，与文莱苏丹就地区问题和两国关系交换了意见。文莱苏丹表示缅甸为文莱的经济发展作出了贡献，希望两国间继续加强商贸往来，共同致力于东盟自由贸易区的发展；加强在东盟地区论坛中的合作，共同应对金融危机。丹瑞大将对文莱支持缅甸加入东盟表示感谢，希望两国在各个方面加强合作。同年5月，文莱苏丹访问了缅甸，双方达成了互免外交、公务签证的协议，两国还同意成立经济、贸易、社会和文化联合委员会。1999年5月，文莱苏丹特别顾问兼内政大臣伊萨出席在仰光举办的第13届东盟劳工部长会议并访问了缅甸，双方签署了《信息和广播领域合作谅解备忘录》。

2001年4月，东盟外长退休会在缅甸召开，文莱穆罕默德·博尔基亚亲王应邀出席，顺访缅甸。2006年11月，缅甸副外长吴觉都访问了文莱；2008年1月，缅甸总理吴登盛访问文莱；据《缅甸时代周刊》2008年3月20日报道，缅甸工商联合会与文莱就如何促进两国间的贸易，特别是缅甸的宝石、玉石和珠宝贸易，达成了谅解备忘录。2008年8月，缅甸外长吴年温访问文莱。

在双边贸易方面，2005年文莱和缅甸的贸易额为259.6万文莱元，2006年实现了巨大的突破，达到了415.4万文莱元，比2005年增长了37.5%。2007年至2009年，文莱和缅甸的贸易额出现了逐年递减的情况，2007年为305万文莱元、2008年为259.717万文莱元，2009年仅有20.589 4万文莱元。[①]

（八）文莱与柬埔寨的关系

文莱与柬埔寨1992年6月建交。建交后，文莱和其他东盟国家一起支持柬埔寨的和平进程，支持柬埔寨加入东盟，积极融入地区一体化进程。1995年1月，柬埔寨外长访问文莱。1996年10月，文莱外交部无任所大使玛斯娜公主到柬埔寨参加关于《柬埔寨问题巴黎协定》签署5周年纪念活动。1997年7月，文莱对柬埔寨联合执政党与奉新比克党发生军事冲突一事发表声明，希望柬埔寨各方保持克制，和平解决分歧，维护地区和平与稳定。对此，文莱对东盟其他成员国倡议无限期推迟柬埔寨加入东盟的提议表示支持。

1998年7月26日，柬埔寨举行大选。文莱派代表参加联合国国际联合观察团对柬埔寨的大选进行监督。1999年柬埔寨加入东盟后，文莱对柬埔寨表示祝贺，认为柬埔寨的加入进一步壮大了东盟的实力。

① http://www.mofat.gov.bn/index.php?option=com_k2&view=item&id=261: the-republic-of-the-union-of-myanmar.

此后，文莱和柬埔寨的关系得到了平稳发展。2000年8月，柬埔寨首相洪森访问了文莱，两国领导人就如何推进双边关系交换了意见，双方还签署了一项航空协定。2003年2月，文莱成立了一个专门资助柬埔寨贫困穆斯林的基金会。2006年7月15日，柬埔寨首相洪森参加了文莱苏丹60岁生日庆典。2007年4月4日至7日，文莱苏丹对柬埔寨进行了国事访问。2008年3月24日至25日，柬埔寨国王西哈莫尼访问了柬埔寨。2009年5月27日至28日，文莱外长博尔基亚出席了在柬埔寨举行的第17届东盟—欧盟部长会议。2012年4月2日，文莱苏丹哈桑纳尔·博尔基亚率团参加了在柬埔寨金边举行的第20届东盟峰会。

从双边经贸往来来看，文莱和柬埔寨之间的贸易额一直处于波动状态。2003年至2009年，文莱和柬埔寨之间贸易额如表8-1所示。2010年1月至6月，文莱和柬埔寨之间的贸易额为52 040文莱元。

表8-1　2003—2009年文莱与柬埔寨贸易情况　单位：文莱元

年份	2003	2004	2005	2006	2007	2008	2009
出口额	212 498	13 083	16 807	91 424	13 464	37 719	84 238
进口额	254 094	4 587	161 165	70 763	330	152	134 263
总额	466 592	17 670	177 972	162 187	13 794	37 871	218 501

来源：http://www.mofat.gov.bn/index.php?option=com_k2&view=item&id=239：kingdom-of-cambodia

（九）文莱与老挝的关系

文莱和老挝1993年7月建交，但两国直到1997年才互设使馆、互派大使。1997年5月，老挝国防部长对文莱进行了访问；7月，文莱外交大臣博尔基亚亲王前往吉隆坡参加第30届东盟外长会议，对老挝加入东盟表示祝贺。1998年4月，老挝国家主席坎代·西潘敦访问了文莱，两国领导人就共同关心的地区问题和双边关系进行了交流。文莱苏丹表示，将继续与老挝保持各个方面的合作；坎代也表示愿意加强与老挝在各个领域的合作。同年5月，文莱苏丹回访了老挝，表示将继续帮助老挝进行人力资源开发，同意成立一个双边委员会，促进两国在各个领域的合作。1999年4月，文莱外长穆罕默德·博尔基亚亲王对柬埔寨进行了工作访问；2005年3月，本扬·沃拉吉对文莱进行了国事访问；2006年3月，文莱哈吉·比拉王储访问了老挝；2007年1月，老挝总理布阿索内访问了文莱；2010年11月，老挝国家主席朱马利访问了文莱。密切的高层互访极大地推动了文莱与老挝之间的关系。

从双边贸易来看，由于双边贸易结构不稳定，两国之间的贸易额也一直处于波动状态。两国2004年至2009年的双边贸易如表8-2所示。2010年，两国贸易额为12361文莱元。

表8-2　2004—2009年文莱与老挝贸易情况　单位：文莱元

年份	2004	2005	2006	2007	2008	2009
出口额	12 846	19 249	13 453	9 895	14 103	1 204
进口额	55 137	3 417	184 987	51 450	-	53 185
总额	67 983	22 666	198 440	61 345	14 103	54 389

来源：http://www.mofat.gov.bn/index.php?option=com_k2&view=item&id=258：lao-peoples-democratic-republic

第二节　文莱与西方主要国家的关系

一、文莱与英国的关系

英国是与文莱关系最为密切的西方国家，也是对文莱影响最大、最深远的国家。从1847年沦为英国的“半殖民地”到1984年完全独立，除了1941年底至1946年7月处于日本控制之下，英国对文莱不同程度的殖民统治长达130多年。在“二战”结束前约100年时间里，文莱的内政外交被英国全方位控制；“二战”后，在全球非殖民化浪潮席卷下，文莱逐渐地从英国手中获得了自治权，1946年至1984年，文莱的内政外交权力逐渐得到了独立；1984年完全独立后，文莱和英国继续保持着特殊的关系。

1984年独立以来，文莱与英国在政治、经济、司法方面仍然保持着紧密的联系。在政治层面，两国王室之间的往来和联系非常频繁。1985年3月，英国首相撒切尔夫人访问了文莱，与苏丹就英国军队的去留问题进行了会谈。1992年11月文莱苏丹应邀对英国进行独立以来的首次国事访问。英国女王授予苏丹英国最高荣誉勋章——大十字骑士勋章。此外，牛津大学和英国皇家空军还分别授予苏丹民法荣誉博士学位和荣誉元帅头衔。1998年4月，文莱苏丹在伦敦出席第二次亚欧首脑会议期间会见了英国首相布莱尔。9月，英国女王伊丽莎白二世对文莱进行国事访问。双方高度评价了两国王室和政府间的亲密友谊，表示将继续努力，加强两国间的关系。文莱苏丹对英国长期以来的支持和帮助表示感谢；希望英国继续在本地区的安全和稳定中发挥作用。英国女王也表示愿意加强两国间的关系。1999年2月，英外交国务大臣德里克·法切特访问文莱。2008年，威尔士王子访问了文莱。2011年5月，文莱苏丹访问英国，会见了英国首相卡梅伦。

在司法合作方面，1995年1月，文英双方签署了新的司法安排协议，规定自1995年1月31日以后，文莱上诉法庭将成为刑事案件的终审庭，但仍允许民事案件上诉到英国枢密院。

在经济合作方面，英国是文莱主要的贸易伙伴。为了促进双边贸易，两国于2000年6月成立了“商业论坛”，通过举办讲座、研讨会等活动为两国商人提供商业信息、寻找合作伙伴搭建平台。2005年至2010年，文莱与英国的贸易额如表8-3所示。

表8-3　2004—2009年文莱与英国贸易情况　单位：文莱元

年份	2005	2006	2007	2008	2009	2010（1—6月）
出口额	95 858 901	73 068 090	117 206 344	92 799 432	95 805 047	85 526 652
进口额	20 763 198	15 959 039	12 902 595	15 663 531	8 612 354	6 560 675

来源：http://www.mofat.gov.bn/index.php?option=com_k2&view=item&id=230：the-united-kingdom

此外，教育合作在文莱与英国的合作关系中一直占据着重要地位，英国一直是文莱学生留学的理想之地。目前，大约有1700名文莱人在英国学习。

二、文莱与美国的关系

文莱与美国的关系源远流长。早在1964年3月，美国克拉克石油采炼公司就和文莱政府签署了在都东地区勘探石油的合同，该公司在都东一处面积约1 125平方千米的区域勘探石油，开启了文莱和美国石油资源勘探合作的大门。

文莱独立后，非常重视与美国的关系。文莱独立当天，美国就在文莱设立了大使馆；文莱也于1984年3月在美国设立了大使馆。1986年6月24日，美国国务卿舒尔茨访问文莱，与苏丹就共同关心的问题进行了商讨。1994年，文莱和美国开始互免签证。2001年9月，美国东亚及亚太事务助理秘书凯利访问了文莱。近年来，文莱和美国的双边关系通过频繁的往来得以加强。

文莱和美国的经贸关系也非常密切。1988年，文莱政府就给予了美国3家石油公司特许权，准许他们勘探文莱近海一处约9万公顷海域的石油。美国不仅是文莱石油的主要出口市场，同时也是文莱进口商品的主要供应国。因此，文莱和美国的双边贸易额不菲。2005年至2010年，文莱对美国的进出口额如表8-4所示：

表8-4　2004—2009年文莱与美国贸易情况　单位：文莱元

年份	2005	2006	2007	2008	2009	2010（1—6月）
出口额	597 090 093	776 317 899	815 170 457	582 444 905	95 200 000	65 163 961
进口额	266 039 943	240 642 288	240 131 935	403 720 617	501 200 000	453 870 551

来源：http://www.mofat.gov.bn/index.php?option=com_k2&view=item&id=395：the-united-states-of-america

文莱和美国在航天航空、高新技术方面的合作非常引人注目。1995年3月，文莱和美国签署了《民航服务与训练合作备忘录》。1997年2月，两国签署了《文莱和美国航空开放协议》，规定：两国航空公司将不受限制地开辟航线，同时能自由载客和货物；协议国政府不能以经济原因限制对方民航班机来往的次数，也不能限制民航班机的票价和飞行路线。1998年9月，文莱和美国的朗讯全球技术服务公司签订合同，该公司投资5 500万文莱元用于文莱电讯服务系统的改造。

在卫生领域，文莱卫生部于2012年9月22日与美国Innova公司正式签约，指定该公司为文莱医疗体系建设总体规划单位，为文莱卫生体系发展制定计划，并提出财政及公私合作方面的建议。

三、文莱与法国的关系

文莱和法国1984年建交。1986年，法国在文莱设立大使馆。1989年7月，文莱在巴黎设立大使馆，1991年开始派驻驻所大使。1996年12月，文莱苏丹首次对法国进行了国事访问。2006年6月，文莱王储对法国进行了工作访问。1999年、2001年、2008年，文莱苏丹三次对法国进行了工作访问。在访问期间，文莱王室和法国就共同关心的地区和国际问题交换了意见。

文莱和法国在经济领域的合作内容也比较丰富。1997年，文莱在法国设立了投资基金办事处，推动双方投资。文莱苏丹1996年访问法国时，两国还就法国在文莱与文莱石油公司合作出售天然气达成了协议。1998年，法国的ELF石油公司参与文莱的天然气生产。在贸易领域，文莱向法国的进口额比较大。2006年至2010年，文莱与法国进出口额如表8-5所示：

表8-5　2004—2009年文莱与美国贸易情况　单位：文莱元

年份	2006	2007	2008	2009	2010（1—6月）
出口额	26 963 000	34 216 118	36 029 346	58 876 251	8 605 831
进口额	1 575 000	689 789	622 561	494 989	245 081

四、文莱与德国的关系

文莱和德国1984年建交。1985年3月，德国在斯里巴加湾市设立了大使馆；1991年，文莱在德国波恩设立了大使馆，1999年迁到柏林。建交以来，文莱和德国的关系发展平稳。1987年4月，文莱外交大臣访问德国，德国总理科尔和外长根舍接见了文莱外交大臣。1997年5月，德国总理科尔访问了文莱，双方就两国关系和亚欧地区形势交换了看法。2002年6月，文莱苏丹再次访问德国，双方就共同关心的恐怖主义问题、亚洲安全问题进行了交流。2008年6月30日，文莱初级资源与工业部长出席在德国波恩举行的第9届生态多样性公约（CBD）部长会议时宣布，文莱将自2008 年7月 27日开始履行“婆罗洲之心”计划（Heart of Borneo）。该计划是由文莱、印度尼西亚、马来西亚3国政府为保护婆罗洲热带雨林和生物多样性而共同推出的一项绿色环保计划。文莱涉及热带生物多样性中心、海上公园、海上生物系统和环境管理等19项环境计划。2009年6月，文莱苏丹访问了德国。同年11月，德国驻文莱新任大使马克斯·莫拉斯特（Max Morast）对文莱苏丹6月份的出访给予了高度评价，他说“文莱苏丹的此次访问显示了文莱与德国高质量的双边关系，也进一步推动了两国关系的深化和发展”。此外，他还高度评价了文莱在欧盟—东盟关系中的协调作用，认为“文莱在欧盟—东盟外长机制中发挥着积极的作用”①。

文莱和德国的经济联系非常紧密。1987年，文莱外交大臣访问德国时，文莱就同意德国的西门子公司承包文莱一项价值3 500万文莱元的电信工程。1997年德国总理访问文莱期间，双方签署了有关经济合作的三个文件：（1）文莱石油与天然气局与德国IAB公司签署了在文莱建立炼油厂可行性调查谅解备忘录。该炼油厂耗资12亿文莱元，每日提炼12万桶原油。该厂的技术由德国提供，文莱人参与策划、设计和建筑。该厂的建成将把文莱从原油出口国变为石油产品出口国。（2）签订了双方投资促进与保护协议。（3）文莱工商会与德国贸易工商理事会签署谅解备忘录，加强双方合作。2009年11月，德国经济技术部副部长德劳茨、劳工和社会事务部副部长希勒布兰德率团访文莱，两国就卫生医疗领域的合作进行了商谈。其间，代表团分别拜会了文莱工业与初级资源部长叶海亚和卫生部长苏约伊，听取了有关文莱卫生医疗体系的介绍，并参观了健康促进中心等卫生医疗机构。德方并邀文莱参加2011年斯图加特旅游贸易展览会。

文莱与德国的贸易额在文莱的对外贸易中占有重要地位，文莱从德国进口的商品主要有汽车、机械和电子产品。2004年至2009年，文莱与德国的进出口额见表8-6：

① Brunei, Germany ties making progress, The Brunei Times, November 9，2011.

表8-6　2004—2009年文莱与德国贸易情况　单位：文元

年份	2004	2005	2006	2007	2008	2009
出口额	7 473 000	5 472 000	6 107 880	6 606 713	2 570 260	1 672 437
进口额	102 872 000	54 552 000	62 891 137	88 449 878	107 900 539	81 400 948

来源：http://www.mofat.gov.bn/index.php?option=com_k2&view=item&id=244：the-federal-republic-of-germany

第三节　文莱与中国的关系

文莱与中国的关系源远流长，两国人民间有长期友好交往的历史。从两国关系发展脉络来看，两国在古代的关系非常紧密；"二战"结束后，由于中国对文莱人民党的起义进行声援，对两国关系的发展造成了一定的影响；1984年后，文莱和中国的关系得以正常化。目前，两国关系发展顺畅，除了存在南沙海域争端问题，文莱和中国的关系发展不利因素较少。

一、文莱与中国关系源远流长①

中国古籍对文莱和两国的友好往来进行了详细的记载。因此，很多研究文莱古代历史的史学家都将中文古籍相关记载作为最重要的史料。

中国最早对文莱进行记载的历史可以追溯到汉朝。《汉书》卷二八下，《地理志》粤地条末记载，"自日南障塞、徐闻、合浦船行五月，有都元国；又船行可四月，有邑卢没国；又船行可二十余日，有湛离国；步行可十余日，有夫甘都卢国。自夫甘都卢国船行可二

① 参见刘新生：《中国与文莱关系史料汇编》，世界知识出版社，2006年版；王青：《历代中国与文莱的友好交往》，《东南亚》，1998年第2期，第51-53页；季士家：《中国文莱交往史考略》，《史学月刊》，1987年第2期，第87-89页。

月余，有黄支国，民俗略与珠崖相类，其州广大，户口多，多异物，自武帝以来皆献物”。据东南亚史学家许云樵教授的考证，《汉书》上提到的都元国位于加里曼丹岛的北部，为古代文莱国所在地。后来的中国古代史籍称文莱为“婆利”、“婆罗”、“浡泥”、“佛泥”等。

公元5世纪中叶起，中国和文莱开始有了正式的官方往来。南北朝《高僧传》卷七《慧严传》中有婆利国派遣使者来中国访问的记载。《宋书》卷九本纪也有类似记载，“元徽元年三月丙申（公元473年5月2日）婆利国遣使献方物”。

公元6世纪后，中国古籍对中国和文莱之间往来的记载更为详尽。《梁书》卷五四和《南史》卷七八都有婆利国传，两书对文莱的记述内容相同。“婆利国，在广州东南海中洲上，去广州二月行。国界东西五十日行，南北二十日行，有一百三十六聚。土气暑热，如中国之盛夏。谷一岁再熟，草木常荣。海出文螺紫贝。有石名蜡贝罗，初采之柔软，及刻削为物干之，遂大坚强，其国人披吉贝如帊，及为都缦。王乃用班丝布，以缨珞绕身，头着金冠高尺余，形如弁，缀以七宝之饰。带金装剑，偏坐金高座，以银蹬支足。侍女皆为金花杂宝之饰，或持白毦拂及孔雀扇。王出以象驾舆，舆以杂香为之，上施羽盖、珠帘。其导从吹螺击鼓。天监十六年（公元517年）与普通三年（公元522年），婆利国王遣使奉献方物。……”《梁书》还详细记述了婆利国王致中国皇帝的奉表。

隋唐时期，文莱和中国的往来更为频繁和密切。《隋书》卷八二，列传四七《婆利传》曰：“婆利国，自交趾浮海，南过赤土、丹丹，乃至其国。国界东西四月行，南北四十五日行。王姓刹利耶伽，名护滥那婆。国人善投轮刀，其大如镜，中有窍，外锋如锯，远以投人，无不中。其余兵器与中国略同。俗类真腊，物产同于林邑。……大业十二年（公元616年），遣使朝贡，后遂绝。”

《新唐书》卷二二二，列传一四七《南蛮下》云：“ 婆利者，直环王东南，自交州泛海，历赤土、丹丹诸国乃至。地大洲多马，亦号马礼。袤长数千里。多火珠，大者如鸡卵，圆白，照数尺，日中以艾藉珠，辄火出。产袱帽、文螺、石柑。……”

《唐会要》卷九九《婆利传》云：“婆利者，南荒之国也，在林邑东南，海行可万里，地延袤数千里，暑热恒如中国盛夏，谷一岁熟。……贞观四年四月，使至婆利界。……”

唐朝灭亡后，中国一度陷入四分五裂状态，与文莱的往来也暂时中断。宋朝统一中国后，与文莱的往来也开始恢复。当时的文莱对与中国开展贸易非常重视。

据《宋史》卷四八九，列传二四八《渤泥传》记载：太平兴国二年（公元977年），渤泥国曾遣使来华朝贡，希望与中国通商。宋朝赵汝适在《诸蕃志》中对当时文莱国情与中国—文莱交往情况进行了详细描述：“渤泥在泉之东南，去阇婆四十五日程，去三佛齐四十日程，去占城与麻逸各三十日程，皆以顺风为则。其国以板为城，城中居民万余人，所统十四州。王居覆以贝多叶，民舍覆以草。王之服式，略仿中国。……番舶抵岸三日，其王与眷属率大人到船问劳。船人用锦籍跳板迎肃，款以酒水。用金银器皿、椽席凉伞等分献有差。商贾日以中国饮食献其王，故船往渤泥必挟善庖者一二辈与俱。朔望并讲贺礼，几月余，方请其王与大人论定物价，定价后，鸣鼓以召远近之人，听其贸易，价未定而私贸者罚。俗重商贾，有罪抵死者罚而不杀。船归日，其王亦醛酒椎牛祖席，醉以脑子番布等，称其所施。……”

宋朝灭亡后，元朝继续与文莱保持联系。明代开始，中国古籍开始出现文莱这个名称，两国关系发展到了顶峰。据《明成祖实录》记载，洪武三年八月，明朝廷遣使持诏往谕三佛齐、渤泥、真腊等国。赵述等使三佛齐，张敬之等使渤泥，祁微等使真腊。洪武四年七月，渤泥国王马合漠沙遣使亦思麻逸进表，贡方物。自明永乐三年到十九年(1405—1422年),文莱和中国两国官方互访竟多达十几次,其中最重要的是:1408年8月,渤泥国王麻那惹加那亲率王妃、弟妹、子女、亲戚、陪臣等150余人来访,明王朝给予隆重接待。同年11月,渤泥国王麻那惹加那不幸病故于南京会同馆。《明史·渤泥传》进行了记载,“帝哀悼,辍朝三日,遣官致祭,赙以缯帛。东宫亲王皆遣祭。有司具棺椁、明器,葬于安德门外石子冈,树碑神道。又建祠墓侧,有司春秋祀以少牢,谥曰恭顺”。安德门石子冈在南京雨花台,成为中国—文莱友好往来的历史见证。1413年,新继渤泥国王的遐旺偕同其母再次来华访问,并祭扫其父之墓。自此两国使臣商贾往来不断,直到明朝后期。

二、20世纪60年代的文莱与中国关系

1962年文莱人民党的起义得到了中国的声援,中国对文莱人民党起义的态度对文莱与中国关系造成了影响。1962年12月15日,中国亚非团结委员会发表声明说:“中国亚非团结委员会对文莱人民为了反对英帝国主义、争取完全的民族独立而进行的武装起义,表示深切同情和坚决的支持,并对英国镇压和屠杀文莱人民的血腥暴行表示强烈的谴责。”“中国人民一贯深切同情和坚决支持亚洲、非洲和全世界各国人民反对帝国主义、殖民主义,争取民族独立的正义斗争。帝国主义和殖民主义无论采取武力镇压或任何其他手段,都不能阻挡各国被压迫人民争取独立自由的历史洪流。我们深信,文莱人民最后一定能够彻底消除殖民压迫,实现完全独立的民族愿望。”[①]。

尽管中国当时的矛头是指向英国,反对英国的殖民统治和镇压,但当时文莱苏丹与人民党的矛盾也非常尖锐。因此中国的声援一定程度上给文莱与中国的关系蒙上了阴影。

① 《中国亚非团结委员会发表声明 坚决支持文莱人民的武装起义》,《人民日报》,1962年12月16日。

三、1984年以来的文莱与中国关系

1984年独立以来，文莱和中国的双边关系开启了新的历程。1984年1月1日，中华人民共和国主席李先念致电文莱苏丹国苏丹哈桑纳尔·博尔基亚，热烈祝贺文莱苏丹国获得全面独立。国务院总理赵紫阳也给文莱苏丹国苏丹哈桑纳尔·博尔基亚电报，热烈祝贺文莱苏丹国宣布全面独立，并宣布中国政府决定承认文莱苏丹国政府。电文为："在文莱苏丹国宣布全面独立之际，我谨代表中华人民共和国政府和人民，向殿下、贵国政府和人民致以热烈的祝贺。我愿借此机会愉快地通知殿下，中华人民共和国政府决定承认文莱苏丹国政府。我衷心希望，我国同贵国悠久的历史交往和两国人民之间的传统友谊，在新的历史条件下，将得到发展和加强。祝贵国政府和人民在维护民族独立和建设自己国家的事业中，不断取得新的成就。"①

1988年联合大会期间，中国外长钱其琛会见了文莱外交大臣。1989年9月，应文莱政府工业暨主要原产业部的邀请，中国对外经济贸易部部长助理谷永江率领的中国官方经济贸易代表团对文莱进行首次正式访问。代表团这次访问旨在与文莱就建立双边直接贸易关系、开展多种形式的互利合作问题交换意见。1991年4月，中国外交部副部长徐敦信率团访问文莱。他与文莱副外交大臣达图·穆罕默德·阿里和外交部常务秘书林卓辛举行了会谈，双方就包括两国建交在内的双边关系问题以及共同关心的地区和国际问题交换了意见，取得了广泛的共识。双方表达了在和平共处五项原则和联合国宪章基础上进一步发展两国关系的愿望。穆罕默德·博尔基亚表示，虽然文莱同中国尚未正式建立外交关系，但两国之间不存在任何问题，文莱方面正在考虑同中国建交的问题，并愿意与中方进行

① 《李先念赵紫阳分别电贺文莱独立 中国政府决定承认文莱苏丹国政府》,《人民日报》，1984年1月2日。

经济、文化等方面的交往。[1] 1991年7月，钱其琛外长会见了文莱外交大臣穆罕默德·博尔基亚，双方就两国建交和领导人互访问题进行了交流。钱其琛说，“中国对中文两国之间的关系逐步发展感到高兴，随着中国同文莱关系的不断发展以及中国同东盟关系的密切，中文两国建交的时机已经到来。”博尔基亚外长也对文中两国关系的发展表示满意。他说：“文莱对文、中建立外交关系持积极态度，文中两国往来历史悠久，文莱对中国发生的水灾深表同情，并将对中国灾民提供援助。”[2]9月，文莱外交部常务秘书达图·林玉成一行访华，双方签署了《建交联合公报》和《谅解备忘录》，文莱政府还向中国遭受水灾的灾区人民捐赠5万美元。1991年9月30日，中国外交部长钱其琛和文莱达鲁萨兰国外交大臣穆罕默德·博尔基亚亲王在联合国总部签署了《中华人民共和国政府和文莱达鲁萨兰国苏丹陛下政府关于两国建立外交关系的联合公报》。公报称文莱和中国根据两国人民的利益和愿望，决定自本联合公报签字之日起两国建立大使级外交关系。两国政府同意在和平共处五项原则和联合国宪章的基础上发展两国之间的友好合作关系。大使级外交关系的建立掀开了文莱和中国关系新篇章，钱其琛外长和博尔基亚大臣都一致认为中国和文莱建交意义重大。钱其琛当时把与文莱的关系放在中国—东盟关系大背景下考察，他说，“现在所有东南亚联盟（简称东盟）六国都同中国建立了正式关系，今年东盟外长会议在吉隆坡举行，还邀请中国参加，同他们进行对话。明年还要继续这种对话，这对这个地区的和平与稳定是非常重要的。”文莱外交大臣博尔基亚亲王则说，文、中两国建交是一个“历史性的事件”。“现在两国的历史性联系已建立起来”。希望这次正式建交“能增进两国

① 《文莱外交大臣等会见徐敦信 双方就进一步发展两国关系等问题取得广泛共识》，《人民日报》，1991年4月13日。

② 戚德良、丁宝忠：《钱其琛会见苏联副总理 文莱巴新外长》，《人民日报》，1991年7月21日。

的关系”。[1]

建交后，文莱和中国在政治、经济、文化、教育等领域的合作和交流都取得了长足进展。两国在地区事务和国际问题中相互合作，相互支持，双边关系在平稳中发展深化。

（一）高层往来频繁，政治关系稳定

建交以来，文莱和中国高层互访频繁，两国政治关系平稳发展。

1992年7月，中国国务委员兼外交部长钱其琛访问了文莱。在机场发表的书面讲话中，钱其琛说：“这次访问将使我有机会同文莱领导人就共同关心的双边关系和国际问题交换意见，探讨加强和扩大两国经济、贸易等各个领域合作的途径。中文两国是友好国家，两国人民的友好交往源远流长。去年两国正式建交，两国友好关系从此进入了全面发展的新时期。我相信，在双方共同努力下，两国友好关系必将进一步巩固和发展。”[2]文莱外交大臣与钱其琛就双边关系和共同关心的问题进行了深入交流。文莱苏丹对中国的“国家不分大小，都应和睦相处，特别是互不干涉内政”政策表示赞赏。认为钱其琛的访问“开辟了两国密切合作的道路”。[3]文莱工业暨主要原产业部长阿卜杜勒·拉赫曼·塔伊卜和内政部长兼总理特别顾问达图·伊萨也分别会见了钱其琛。在接受文莱媒体采访时，钱其琛说两国虽然建交不久，但关系发展很好，不存在任何问题。中国和文莱关系是世界上人口很多的大国与人口很少的小国平等友好合作的典范。在谈到两国贸易时，钱其琛说文莱和中国“可进行直接贸易，这不会影响到目前经香港和新加坡的贸易，而是一种补充；中国具有一定的科技力量，双方可以进行技术合作；中国在发展中、小型企业方面有些经验，可以同文莱进行交流”[4]。

① 《钱其琛外长和博尔基亚大臣一致认为中国文莱建交意义重大》,《人民日报》，1991年10月2日。

② 丁宝忠：《钱其琛外长抵文莱访问》,《人民日报》，1992年7月18日。

③ 丁宝忠：《文莱苏丹和元首会见钱其琛　博尔基亚外交大臣同钱外长会谈》,《人民日报》，1992年7月19日。

④ 丁宝忠：《钱其琛在文莱接受记者采访强调　东南亚应保持和平稳定》,《人民日报》，1992年7月20日。

1993年6月，文莱外交大臣穆罕默德·博尔基亚亲王访问中国，与钱其琛外长进行了会谈。双方同意两国将在对方首都互设常驻使馆，以便于两国间的交流与合作。钱其琛外长对文莱和中国的关系进行了简短的评论，他表示："中国政府重视发展同文莱的友好关系，希望并相信中、文两国建立在联合国宪章和和平共处五项原则基础上的友好合作关系一定会得到不断的巩固和发展。"他说："中国同文莱是一海相隔的友好邻邦，两国有着上千年的友好交往历史；只是由于近代殖民主义的入侵，两国关系才中断了。中、文两国于1991年建交以来，两国互派了大使，开始了高层互访，增加了经贸往来。1993年3月，文莱政府又宣布取消对公民访华的限制；5月，中、文两国签署了民航协定。这些使双边关系有了良好的开端，展示了广阔的前景。"[①]博尔基亚亲王完全赞同钱其琛对两国关系的评论。他表示相信在双方的共同努力下，文、中两国友好关系和两国人民的传统友谊将会继续得到加强和发展。双方还对中国—东盟关系、柬埔寨问题、两国经贸关系问题展开了讨论。

1993年6月外交大臣穆罕默德·博尔基亚亲王再次访华，国家副主席荣毅仁接见并与之进行了会谈。荣毅仁表示，中国、文莱是近邻，两国人民之间有着悠久的传统友谊。两国可以在各个领域，尤其是在经济、贸易领域，发展互利合作，把两国关系推向一个新的水平。博尔基亚亲王对两国关系的发展表示满意。认为双方可以在经济领域，特别是在石油化工方面加强彼此间的合作。

1993年8月，文莱外交部常务秘书林玉成访华；11月，苏丹哈桑纳尔·博尔基亚对中国进行国事访问。11月4日，哈桑纳尔·博尔基亚与江泽民主席就两国关系、共同关心的问题进行了商谈。在谈到双边关系时，江泽民主席说："中文两国是隔海相望的友好邻邦，自古以来两国人民之间就有着传统的友好往来，结下了深厚的

① 陈永红：《中国文莱外长举行会谈 文莱苏丹陛下将于年内访华》，《人民日报》，1993年6月11日。

情谊。中国重视同文莱发展友好合作关系，对建交以来双方在各个领域的合作感到满意。苏丹陛下此次访华对进一步推动两国关系的发展非常重要。”江泽民主席表示，中国愿意与文莱共同努力，使两国友谊更加发扬光大，使两国经贸合作关系在平等互利的基础上进一步得到发展。哈桑纳尔对自古以来两国间的友好交往和传统友谊表示赞赏。他说，“此次访华的目的是进一步密切同中国的关系，相信在这之后会有更多的文莱商人来访，进一步促进两国经贸关系的发展。”他表示很高兴看到中国与东盟国家之间有着友好合作关系，并对中国独立自主的和平外交政策表示欣赏。他认为，各国应该和平共处并为之做出努力，世界才能实现真正的和平。①11月5日，国务院总理李鹏接见了哈桑纳尔·博尔基亚，李鹏总理对文莱在经济建设方面所取得的成就表示赞赏，并希望两国在平等互利的基础上加强经贸往来。哈桑纳尔则说，文莱作为一个小国非常赞赏中国在国际事务中坚持大小国家一律平等的立场，中国经济的发展只会对本地区有利，而不会对邻国构成威胁。②

1994年11月，文莱苏丹胞妹、文莱外交部无任所大使哈贾·玛斯娜公主和由她率领的文莱外交部代表团访问了中国。1995年1月，中国国务委员兼国务院秘书长访问了文莱。1999年8月，文莱苏丹访问了中国，双方就两国关系的发展签署了《联合公报》。两国同意根据中国—东盟首脑会议联合声明的精神进一步发展两国间关系；双方确认，《联合国宪章》、《东南亚友好合作条约》所确定的原则、和平共处五项原则及其他公认的国际法原则应成为指导两国关系的基本准则。双方强调，国家不分大小，一律平等；在相互尊重主权和领土完整、互不侵犯、互不干涉内政、平等互利及和平共

① 吴绮敏:《文莱苏丹哈桑纳尔来我国访问 江泽民主席主持仪式热烈欢迎 宾主在会谈中就两国关系和双方感兴趣的问题交换意见》,《人民日报》，1993年11月5日。

② 吴绮敏、吕岩松:《李鹏会见文莱苏丹哈桑纳尔》,《人民日报》，1993年11月6日。

处原则的基础上，各国有权选择自己的社会制度和发展模式；双方同意继续保持高层接触和交往，继续开展政府各部门及各级官员之间的交流。双方将继续保持两国外交部之间的年度磋商，讨论双边关系和共同关心的国际及地区问题；双方认为，经贸合作是两国关系的重要组成部分。两国政府将继续提供便利，推动两国间的贸易和投资，并鼓励两国商业部门或企业在平等互利的基础上加强在旅游、石油化工、农业、渔业、制造业及其他感兴趣的领域的合作。双方希望两国关于鼓励和保护相互投资的协定能够尽早得到签署；双方认为，两国尚有潜力扩大现有水平上的合作。双方同意进一步促进教育、卫生、文化领域的合作。为此，双方欢迎文化合作谅解备忘录的签署。双方还表示有兴趣探讨在科技和防务领域进行双边合作的可能性；双方对中国与东盟国家间友好关系的发展感到满意，认为中文合作推动了中国和东盟在各领域的关系。他们认为，进一步巩固和发展上述关系符合有关各国的共同利益，有利于亚太地区的和平、稳定与繁荣。双方愿在联合国、东亚领导人非正式会晤、东盟地区论坛、亚欧会议、亚太经合组织会议等多边场合加强磋商与配合；双方认为，国际形势正经历着深刻变化，世界多极化和经济全球化正在发展。双方认为，这既带来了挑战，也提供了机遇。双方决心进一步加强合作，为维护国际和平、稳定及繁荣作出共同努力；文方按照其一个中国的政策，重申承认中华人民共和国政府是中国的唯一合法政府，台湾是中华人民共和国领土不可分割的一部分。[①]《联合公报》的签署为文莱与中国关系的发展指明了方向。

2000年11月，江泽民主席对文莱进行了国事访问，与文莱苏丹就两国关系的深化发展进行了深入交流，提出了进一步发展两国关系的“四项建议”：双方继续保持高层交往，进一步增进彼此之间的了解和友谊；积极拓展各领域的互利合作，将拓展石油化工、

① 《中国和文莱发表联合公报》,《人民日报》，1999年8月24日。

旅游和农业领域的合作作为两国合作的重点；鼓励多种形式的民间交流，包括两国青年、文化、教育等各个领域的交流；加强在国际和地区事务中的合作。博尔基亚对江泽民主席提出的四点建议表示赞同。他说，自去年他访华双方发表《联合公报》以来，两国确立的合作项目已取得明显进展，文方对此感到满意和高兴。他还强调文莱愿努力扩大和加强同中国在各个领域的友好合作。他还希望双方加强民间交往。[①]会见中，博尔基亚苏丹向江泽民主席授予了“最珍贵的王室勋章”。勋章体现了江泽民主席和中国人民在文莱享有的崇高威望，也是对江泽民主席个人成就的肯定，体现了中文两国的悠久友谊与良好合作。2001年5月，文莱苏丹博尔基亚再次访问中国，与江泽民主席和李鹏委员长就两国关系和共同关心的问题进行了交流，双方回顾了建交10年来两国关系的发展历程和经验。

文莱和中国频繁的高层互访对增进两国友好关系、增进两国间的信任与合作发挥了重要作用。近年来，文莱和中国继续保持着高层互访的传统。2004年9月，文莱苏丹哈桑纳尔·博尔基亚访华，胡锦涛主席和吴邦国委员长先后接见了哈桑纳尔·博尔基亚，双方就两国关系和地区问题进行了交流。胡锦涛主席称：“中国和文莱的关系堪称不同社会制度和大小国家和睦相处、平等相待、互利合作的典范。”中国愿本着“与邻为善、以邻为伴”的方针，与文莱高层保持交往，增进政治互信；完善经贸合作机制，为扩大贸易和投资创造更加有利的条件。中国政府还鼓励中国公司积极参与文莱油气资源勘探开发和基础设施建设，希望深化两国在这些领域的合作，支持文莱正在实施的经济多元化战略，也欢迎更多的文莱企业来华投资兴业。胡锦涛主席还表示，希望扩大两国各部门、各层次的交流与合作，继承和发扬两国人民的传统友谊，共同维护和促进本

① 吴绮敏：《江泽民主席与文莱苏丹会谈 就加强两国在新世纪的双边关系等问题交换了意见和看法并取得一致》，《人民日报》，2000年11月18日。

地区的和平与繁荣。哈桑纳尔则对两国关系的发展现状表示满意，并承认中国的完全市场经济地位，重申文莱坚持奉行一个中国政策。他还高度评价中国积极维护亚太地区稳定及在和平解决地区热点问题中发挥的重要作用。[①]9月22日，文莱和中国共同发表了《联合公报》，主要内容为[②]：双方对两国建交13年来在政治、经贸、文化、教育、卫生、司法、防务等领域合作取得的进展表示满意。双方一致认为发展中、文友好合作符合两国和两国人民的根本利益，表示愿共同推动双边关系迈上一个新台阶；双方强调1991年《建交公报》和1999年《联合公报》所确定的原则，包括相互尊重主权和领土完整以及互不干涉内政等原则，对两国友好关系发展具有重要指导意义。文方重申将继续坚定坚持一个中国政策，认为台湾是中华人民共和国不可分割的一部分；双方同意继续保持两国领导人经常交往，推动两国各层次官员交流。双方还一致同意拓展全方位合作，以增进相互了解与信任。为鼓励两国民间交往，双方对"中国与文莱友好协会"的成立表示欢迎；双方注意到两国签署《高等教育合作谅解备忘录》和《最高法院合作谅解备忘录》，表明双方有关部门希望建立更加密切联系的意愿正不断加强；双方同意加强经贸联系，扩大贸易和双向投资，争取2010年双边贸易额达到10亿美元。文莱承认中国的完全市场经济地位；双方还一致认为两国有关部门签署《促进贸易、投资和经济合作谅解备忘录》将有利于两国政府加强和扩大农业、能源、旅游、交通、通信和基础设施建设等领域的双边合作。双方对两国有关部门签署《避免双重征税和防止偷漏税的协定》表示欢迎；鉴于工商界对经济发展的重要贡献，双方鼓励两国企业在已经确定的合作领域进行投资。双方欢迎中国企业参与文莱油气资源的勘探开发；关于地区合作，双方赞赏中国与

① 马剑:《胡锦涛与文莱苏丹会谈》,《人民日报》，2004年9月22日。

② 《中国和文莱发表联合公报》,《人民日报》，2004年9月23日。

东盟关系近年来取得的显著进展，一致同意密切合作，共同推动中国东盟战略伙伴关系的发展。双方重申致力于中国—东盟自贸区的建设。双方同意通过现有的东盟与中、日、韩（10+3）合作机制进一步推动东亚合作。中方重申将支持东盟在东亚合作进程中继续发挥主导作用。在次区域合作方面，文方欢迎中方支持并参与地跨文莱、印度尼西亚、马来西亚和菲律宾的东盟东部增长区建设；双方表示将继续致力于维护南海地区的和平与稳定，与东盟其他国家一道落实《南海各方行为宣言》后续行动。双方还表示愿探讨在南海开展合作的途径。关于东北亚局势，文方赞赏中方在六方会谈中发挥的重要作用，认为会谈有助于维护地区和平、安全与稳定；双方同意加强两国在联合国、东盟地区论坛、亚太经合组织、亚欧会议、世界贸易组织以及其他国际和地区组织中的协调与配合，以进一步促进和平、稳定与发展；双方重申致力于打击一切形式的恐怖主义，主张反恐应采取综合措施，包括应设法解决产生恐怖主义的根源问题。双方还表示反对将恐怖主义与特定的民族或宗教相联系，并呼吁加强国际反恐合作。《联合公报》是对文莱和中国建交以来关系的一次总结，也是1999年《联合公报》的深化和发展，进一步为中国和文莱的关系发展指明了更加具体的方向。

2005年4月，胡锦涛主席访问了文莱，与文莱苏丹就双方关心的共同问题进行了讨论。博尔基亚说，中国和文莱两国近年来在经贸、教育、卫生、能源、旅游等领域的合作成绩斐然，相信“胡锦涛主席的访问将会有力推动两国关系进一步发展”。胡锦涛主席说，中国和文莱两国永做好邻居、好朋友、好伙伴。此外，为了进一步推进两国关系，胡锦涛主席提出了六点想法和建议[①]：（1）利用2006年两国建交15周年，双方共同举办庆祝活动，进一步弘扬两国人

① 王恬：《离京出访东南亚三国首抵斯里巴加湾市开始对文莱进行国事访问 胡锦涛同文莱苏丹博尔基亚会谈》，《人民日报》，2005年4月21日。

民的传统友谊，兴起两国友好的新高潮。(2)中文两国经济具有较强的互补性。中国在人力资源、市场、技术方面具有优势，文莱资金雄厚、油气资源丰富，双方经贸合作具有较大潜力，可结合各自的发展战略进一步拓展经贸合作领域，实现互利双赢。(3)双方在能源领域合作密切，原油贸易已成为双方经贸合作的支柱，两国企业可进一步加强交流和合作。(4)中方高度重视同文莱发展旅游和航空合作，将继续鼓励中国游客赴文莱旅游。(5)双方可继续加强在军队人员交流、培训等领域的合作，推动两军关系取得更大进展。(6)中方欢迎文莱在香港和上海开设总领事馆。6点建议为中国和文莱关系的深化发展指明了具体的方向，具有非常强的可操作性，得到了文莱苏丹的肯定和赞扬。

2005年以来，文莱和中国之间高层往来一直不断。主要有：2005年9月，中国国务院副总理吴仪访问文莱；10月，文莱国防部副部长亚斯敏一行访华。2006年4月，文莱外交和贸易部无任所大使玛斯娜公主访华；6月，文莱外交和贸易部第二部长林玉成访华；9月，文莱外交和贸易大臣穆罕默德亲王访华。2007年5月，中共中央政治局常委、中央纪委书记吴官正访问文莱；6月，中国全国人大常委会副委员长、中国东盟协会会长顾秀莲访问文莱。2008年1月，中华人民共和国中央军委副主席、国务委员兼国防部长曹刚川上将访问文莱；2月，外交部长杨洁篪访问文莱；11月，中共中央政治局常委、中央政法委书记周永康访问文莱。2011年3月，全国人大常委会副委员长华建敏访文；5月，全国政协副主席陈宗兴访文；6月，玛斯娜公主访华；9月，国务院副总理回良玉过境文莱；10月，全国政协副主席兼全国工商联主席黄孟复访文；11月20日，温家宝总理在中文两国建交20周年之际访问了文莱。温家宝总理与苏丹文莱苏丹哈桑纳尔就两国关系、地区合作等问题进行了磋商。谈及两国双边关系时，温家宝总理说“中文两国是传统友好邻邦。建交20年来，两国始终相互尊重，平等相待，友好相处，为双边关系发展不断注入动力和活力，共同致力于促进地区和平、稳定与繁荣。中文关系是大小国家和谐共处、共同发展的典范。”温家宝总理表示，“中方愿与文方保持高层交往，就重大问题加强沟通协调，增进政治互信，推动双边关系取得新进展。中方支持文莱推进经济多元化发展的努力，双方要利用经贸磋商机制，加强贸易和投资合作。中方愿积极参与文方基础设施建设，推动两国在能源领域合作从油气贸易向上下游产业合作方向发展，扩大在农业、渔业、新能源、可再生能源等领域合作。双方要以中文友好年为契机，弘扬传统友谊，进一步密切在教育、旅游、新闻媒体、青年等领域交流合作。”哈桑纳尔表示，“文中建交20年来，两国关系取得长足发展，双方在各领域的合作富有成效。文方高度重视对华关系，坚定奉行一个中国政策，愿与中方一道，在相互尊重、和平共处原则基础上，全面推进务实合作，把双边关系提升到更高水平，造福两国人民。”①2012年4月，全国政协主席贾庆林对文莱进行正式友好访问。

频繁的高层互访既是文莱和中国政治关系不断深化的表现，也为文莱和中国关系的发展保驾护航，双方领导人的互访及时地对两国关系和共同关心的问题进行沟通，有效地维护了两国关系的健康发展。

（二）文莱与中国的经济关系

1. 文莱与中国的贸易往来

在文莱独立以前乃至独立后相当长一段时期内，文莱与中国之间基本上没有直接的贸易通商往来，而是通过中国香港、新加坡等第三地进行转口。②2000年前双边贸易额非常小，如表8-7所示：

---

① 《温家宝在文莱王宫同文莱苏丹哈桑纳尔举行会谈》，中央政府门户网站，2011年11月21日，http://www.gov.cn/ldhd/2011-11/21/content_1999549.htm.

② 聂德宁：《中国与文莱经贸关系发展的现状及前景》，《南洋问题研究》，2008年第4期，第33页。

表8-7 1983—1999年文莱和中国历年贸易额 单位：万美元

年份	对文出口	从文进口	进出口总额
1983	381	0	381
1984	336	0	336
1985	294	0.8	294.8
1986	276	1.2	277.2
1987	201	0	201
1988	313	588	901
1989	354	837	1 191
1990	813	371	1 184
1991	1 077	234	1 311
1992	1 027	513	1 540
1993	1 064	0	1 064
1994	1 626	0	1 626
1995	3 448	2.5	3 450.5
1996	3 886	1.6	3 887.6
1997	3 331	0.1	3 331.1
1998	914	1.4	915.4
1999	810	0	810

资料来源：http://bn.mofcom.gov.cn/aarticle/zxhz/tjsj/200404/20040400207390.html

从表中可以看出，1983年至1999年，文莱与中国的双边贸易额非常小。在大部分年份，中国对文莱的出口额远远大于向文莱的进口额。尤其是1993年至1999年，文莱对中国的出口额微乎其微。受亚洲金融危机的影响，1998年和1999年，中国和文莱之间的贸易额与1996年和1997年相比急剧下降。

2000年，中国开始从文莱进口石油原油，石油贸易成为两国贸易的主要商品，大大提升了双方的贸易额。2000年至2009年，文莱和中国的贸易额如表8-8、8-9所示：

表8-8　2000—2005年文莱和中国历年贸易额　单位：万美元

年份	对文出口	从文进口	进出口总额
2000	1 302	6 135	7 437
2001	1 716	14 824	16 540
2002	2 106	24 181	26 287
2003	3 400	31 200	34 600
2004	4 800	25 100	29 900
2005	10 000	21 500	31 500

资料来源：http://bn.mofcom.gov.cn/aarticle/zxhz/tjsj/200404/20040400207390.html

表8-9　2006—2009年文莱和中国历年贸易额　单位：百万文莱元

年份	对文出口	从文进口	进出口总额
2006	208.9	280.5	489.4
2007	237.9	303.4	541.3
2008	252.1	56.4	308.5
2009	204.0	421.5	625.5

资料来源：http://www.mofat.gov.bn/index.php?option=com_k2&view=item&id=241：china

从上述两个表中可以看出，自2000年以来，文莱和中国之间的贸易额就不断攀升。2001年超过了1亿美元，达到1.65亿美元，同比增长了122.4%。2003年10月，中国国际石油化工联合公司与文莱壳牌石油公司签订了《钱皮恩原油长期合同》，每年从文莱进口石油130万吨，两国之间贸易额在当年达到了3.46亿美元。从双方贸易结构来看，从2000年以来，文莱对中国的出口额除了2008年低于进口额外，其余每年都处于顺差地位。2010年1月至10月，中文双边贸易额达到了6.93亿美元，同比增长184.3%，其中中方对文出口1.57亿美元，增长44.6%，进口5.36亿美元，增长296.9%，贸易逆差3.79亿美元。2011年，文莱和中国之间的经贸合作进一步得到拓展，双边贸易额突破10亿美元大关，达到了13.1亿美元，同比增长27.1%。

从文莱和中国贸易商品的种类来看，文莱主要从中国进口纺织品和服装、钢材、金属制品、机械设备、家具、塑料制品、电子产品、运输工具、铝材、蓄电池、自行车、灯具、肉制品、蔬菜和水果。文莱向中国出口的商品主要是石油原油。

2. 文莱和中国的投资合作①

2000年11月，文莱和中国签署了《相互鼓励和相互保护投资协定》，为两国相互投资提供了保障。2002年，文莱在中国的投资额实现了突破。一年中，文莱对华投资项目达到67个，是两国建交10年来总计投资项目数的5倍。2004年9月，文莱和中国签署了《促进贸易、投资和经济合作的谅解备忘录》，有力地推进了两国的经济合作。至2005年6月底，文莱对华投资项目总和就达到了562个，实际利用外资金额2.46亿美元，合同外资额12.77亿美元。2008年文莱新增在华投资180项，实际利用外资3.40亿美元；截至2010年3月，文莱对华直接投资项目1 540个，合同外资额52.32亿美元。近年来，随着中国经济腾飞，中国在文莱的投资也开始起步。2008

① 数据来源于中华人民共和国驻文莱达鲁萨兰国大使馆经济商务参赞处网站，http://bn.mofcom.gov.cn/index.shtml.

年，中国企业在文莱签署承包工程、劳务合作、设计咨询合同总额66万美元，完成营业额72万美元。2009年下半年以来，陆续有文莱都东水坝、德里塞—鲁木高速公路和365套政府住房项目由中国和当地联营企业中标，将由中国公司承建。目前，越来越多的中国企业关注文莱市场，到文莱访问经贸团组日益增多，在文莱注册公司并正常开展业务的中资企业已有10家，业务范围包括电信服务、房地产开发、地质勘探、中医药、渔业、农业、水电和道路施工等。

（三）文莱与中国在其他领域的合作

文莱和中国在航空、文化、卫生、教育、体育、旅游等领域的交流与合作也不断拓宽和深化。两国先后签署了《民航运输协定》（1993年5月）、《卫生合作谅解备忘录》（1996年10月）、《文化领域合作谅解备忘录》（1999年8月）、《中华人民共和国国家旅游局和文莱达鲁萨兰国工业与初级资源部关于中国公民自费赴文莱旅游实施方案的谅解备忘录》（2000年11月），上述协议的签署为文莱和中国在各个领域的合作奠定了基础。

为了进一步促进两国人员的往来，中国政府宣布，自2003年7月1日起，持普通护照到中国经商、旅游观光、探亲访友或过境的文莱公民，在中国停留时间自入境之日起不超过15天出境者，均可以免办签证，并可以从中国对外国人开放的口岸入境。此外，文莱和中国之间的团组往来非常密切。

四、文莱的华人

（一）文莱的华人概况

公元6世纪左右，中国商人就开始陆续到文莱经商。明朝时期，随着两国关系的发展，到文莱谋生和经商的中国人多了起来。在清政府解除海禁之后，很多华人移居文莱，从事香料和水稻的种植和淘金业。20世纪30年代，大量的中国人开始移居文莱。1931年至1947年是文莱华人数量增长最快的时期。1931年，文莱华人人口为2 683人，占当时文莱总人口的8.9%；1947年增长到8 300人，占文莱当时总人口的20.4%。1960年，文莱的华人达到了21 975人，占文莱人口的26%，当时是华人人口占文莱人口比例最大的时期。20世纪70年代，文莱华人人口数量增速减缓。据2004年统计，文莱华人占文莱总人口的11.2%。[①]文莱的华人按照其在文莱的地位和享受的待遇可以分为3个层次：一是已经入籍，享受文莱国民待遇、持"黄卡"的文莱公民，据2004年统计，这一类华人占文莱华人总数的23%；第二类是没有入籍的永久性居民，占华人总人口的29%；第三类是临时性居民，占华人总人数的48%。[②]在文莱，公民权的授予很严格，1984 年文莱独立后，新政府对国籍法和公民权进行修改，获得公民身份的条件由原来规定的在25 年内连续在文莱居住20年，改为在30年内在文莱连续居住25年以上。到1986 年，获得文莱国籍的华人总共才8 400人，占文莱华侨华人总数的20%。到1991年，文莱的华人总数为40 621人，有公民权的有9 393人，占23%，另有11 893人为永久居民，19 335人为临时居民。[③]永久居民的护照为无国籍，他们不能像公民一样拥有房屋、土地，不能享受免费教育和免费医疗。他们的下一代虽然在文莱出生，但如果想获得文莱公民的资格必须经过特别申请和通过严格的马来文及马来风俗习惯知识的考试。

文莱大部分华人祖籍是福建、广东和海南。文莱华人的城镇化水平非常高，大部分华人都居住在城市里，是文莱城市化水平最高

① https://www.cia.gov/library/publications/the-world-factbook/geos/bx.html.

② 张铭：《文莱华人现状讲座综述》，《华侨华人历史研究》，2004年第6期，第78页。

③ 吴崇伯：《文莱的华侨华人经济》，《华侨华人历史研究》，1994年第3期，第27页。

的族群。据1989年文莱人口统计资料，文莱华人人口为44 400人，其中80%居住在城市，只有20%居住在农村。从地理分布上来看，约94%的华人居住在斯里巴加湾市所在地摩拉县和石油产区白拉奕县，其中摩拉县华人最多，占华人总数的61.4%。①

文莱是一个马来人居上的国家，1984年独立以来苏丹一直奉行“马来化、伊斯兰化和君主制”的立国哲学，在各个领域实施马来人优先的政策。尽管政府在经济上刻意扶持马来人并致力于国家伊斯兰化并鼓励异教徒皈依伊斯兰教，华人在经济领域仍然有相当大的发展空间，华人也可以保持原有宗教和发展华文教育，维持和发展华人意识和华族认同。文莱华人基本上能与当地政府和土著居民和睦相处，并能在经济领域维持相对优势地位。在现实生活中，文莱首都斯里巴加湾街头到处都可以见到中文招牌；华人大部分都还保留自己的宗教信仰，供奉自己的传统神位和庙宇。总体而言，华人在文莱生活的社会环境比较宽松，华人和马来人能够比较和睦地相处。

（二）华人社团

文莱华人和其他国家华人一样建立了会馆和社团“联络乡谊”。文莱最早的华人社会形成于20世纪初期，当时的英荷壳牌石油公司在白拉奕县发现了石油，大批华人开始迁移到白拉奕县从事石油开采业，因此白拉奕县成为华人社会的诞生地。

由于经历了人民党起义的深刻教训，1984年独立以来，文莱严格限制政党的发展，因此文莱没有华人政党。但是文莱政府允许与政治无关的华人社团的存在。目前，文莱大概有数十个华人社团，每个社团会员数量不一，多者上千人，少则数十人。从其特点来看，文莱华人社团不存在宗亲会和以姓氏为纽带的社团，也不存在政治

① 万晓宏：《文莱华人现状分析》，《东南亚研究》，2004年第5期，第80页。

团体。目前文莱的华人社团主要是以地缘和业缘为纽带，其他还有宗教、福利、互助、文化和娱乐等性质的社团。几乎所有的华人社团都是独立于政府之外的非营利性组织，成员都是自愿加入。

目前，文莱的华人社团中地缘性社团有：白拉奕琼侨公会、白拉奕福州公会、客属公会、琼州公会、广惠肇公会、大埔同乡会、福建会馆；业缘性社团有：斯里巴加湾市中华商会、马诗中华商会、马诗华人机器公会、文莱建筑商公会；学缘性社团有：文莱留台同学会、汶中校友会、中正校友会宗教团体、腾云阁文学团体、文莱留台同学会写作组文化与娱乐会社、文莱群声音乐社、斯市广惠互助社；体育团体有：文莱篮球总会。其中斯里巴加湾市中华商会是文莱最大的华人社团，与马来商会和国际商会并列为文莱三大商界组织。

华人社团的宗旨是为华人之间联络提供平台，增进团结。华人社团一般每年都会举行几次大的庆典活动，如周年庆典、新年与春节晚会等。

（三）华文教育

文莱华人开办华文教育的历史较早，现在的斯里巴加湾市中华中学开办于1916年。1931年1月，白拉奕县华人倡办了中华学校；至1938年诗里亚华社创办了中正学校。20世纪50年代是文莱华文教育发展的鼎盛时期，华文学校一度达到了126所，文莱目前现存的华校前身大部分都成立于这个时期。英国殖民统治时期，殖民政府对华文教育持宽容态度，允许其合法存在，并在经费上给予部分资助，但华校一般都必须在教育部门管辖之下。1956年，华文学校获得政府的最高资助为学校年度经费的一半。1969年8月20日，文莱政府停止了对华校的资助，该政策导致部分华校停办。

1984年后，文莱新政府颁布了《文莱1984年教育政策》，规定华校必须进行三语教学。必须把马来语和英语作为必修课，而中文只可以作为教学媒介语言。华校毕业的高中生必须参加全国高中毕业统一考试，马来文为必考科目。文莱华校的中文教师主要由文莱留学中国台湾地区的毕业生担任，此外也聘请亚细安成员国之合格专业教师执教，而其中以马来西亚教师居多。华人子女高中毕业后，大部分都能到英国、澳大利亚、新加坡、中国台湾地区接受高等教育，已经获得文莱国籍的华人子弟出国留学可以获得政府津贴支持。

目前，文莱的华文学校还有8所，3所中学、5所小学，分别为婆罗洲中华中学（斯里巴加湾市）、白拉奕中华中学、诗里亚中正中学；都东中华学校、九汀中华学校、那威中华学校、淡布伦培育小学、双溪岭中岭小学。华文中学一般设有高中部、初中部、小学部和幼儿部。学制一般实行幼儿园3年、小学6年、初中3年、高中2年。文莱华校皆属私立性质，经费之来源除依靠学生学费外，尚需社会各界每年的慷慨捐献。因为文莱华人热心教育，经费一般还充裕。文莱华校教学质量好、管理有序，目前也吸引了大量的非华人子女，当地很多马来人都把子女送到华文学校上学。在有的学校非华人子弟所占的比例已经超过华裔学生，如据2002年统计，淡布伦培育小学非华裔学生占学生总数的71%，九汀中华学校有64%的非华裔学生。[①]

（四）华人经济

文莱经济结构比较单一，石油和天然气是国家的经济支柱，华人经济是文莱国家经济的重要补充。早在13世纪末，就有华人开始到文莱从事农业垦殖。“二战”后，文莱经济的迅猛发展吸引了大量的华人到文莱经商，加之文莱政府对华人实施比较宽松的政策，华人经济的发展也比较顺利。从行业分布来看，华人经济几乎涉及

① 《文莱国之社会经贸发展》，斯里巴加湾中华商会2003年印行，第15页，转引自万晓宏：《文莱华人现状分析》，《东南亚研究》，2004年第5期，第83页。

文莱所有的行业，主要以零售业为主。近年来，随着文莱经济的发展，华人企业也逐渐走向了现代化和专业化。

工业是文莱华人经济中的重要行业，除了不能涉足石油、天然气、橡胶等关乎文莱国计民生的大型工业外，文莱70%的中小型工业多由华人经营，主要有锯木厂、碾米业、食品加工、家具制造等。20世纪80年代后期，华人经营的新行业也涉及化工、电子、印刷等。此外、机械、运输也是文莱华人经济的主项，与运输业相关的行业几乎都被华人包揽。近年来，随着文莱建筑业的兴旺，华人几乎垄断了大型建筑项目的建设。

农业是华人到文莱后最早从事的行业，目前仍然是华人经济的保留行业。至20世纪50年代，文莱华人经营的农业仍然以种植胡椒、橡胶和谷物为主。随着文莱经济的发展、需求的多元化，华人从事的农业也开始向蔬菜种植、禽畜饲养等转变。

总体来说，由于文莱长期以来实行马来人优先的经济政策，一定程度地限制了华人经济，因此文莱的华人经济不像新加坡、马来西亚、菲律宾和印度尼西亚一样经济实力雄厚，影响大。少有的佼佼者几乎都是早期就到文莱定居并有较好经济基础和产业。

五、文莱和中国关系中的南沙争端问题

友好合作是文莱与中国关系的主流，文莱和中国仅存的问题是两国在南沙海域存在岛礁主权和海域管辖争端。1984年独立后，文莱对中国南沙群岛西南端海域的“南通礁”提出了主权要求。文莱还以南通礁为基础向外延伸了相关海域的范围。随后，文莱也以国内法的形式宣布文莱实行200海里专属经济区制度，以此侵占了中国“九断线”内大约5万平方千米的海域，并且开发出了两个高产油田。然而，文莱不仅与中国在该海域存在争议，其主张也与马来西

亚的主张产生了重叠。

由于南沙争端涉及“六国七方”，其中越南、菲律宾、马来西亚是侵占中国权益最多，在南沙举动最为频繁的三个国家，他们与中国之间的争端吸引着国际社会的眼球。在此背景下，文莱和中国的争端几乎没有发酵。而且，在两国和平友好大局下，两国领导人对双方在南沙海域的争端都比较克制，南沙海域的争端并没有对两国关系造成明显的影响。2004年，文莱苏丹访华期间，两国共同发表的《联合公报》提及了南海问题，双方表示“将继续致力于维护南海地区的和平与稳定，与东盟其他国家一道落实《南海各方行为宣言》后续行动。双方还表示愿探讨在南海开展合作的途径。”①

第四节　文莱与其他国家的关系

一、文莱与巴基斯坦的关系

文莱和巴基斯坦同属伊斯兰国家，1984年以前两国就有往来，巴基斯坦曾经派遣顾问到文莱的财政部协助工作。1984年2月，巴基斯坦总统应文莱苏丹之邀参加文莱的独立庆典，当时两国就决定建立正式的外交关系。1985年3月，巴基斯坦在文莱斯里巴加湾开设了大使馆；1992年，文莱也在伊斯兰堡设立了大使馆。

建交以来，文莱和巴基斯坦的友好关系一直得以保持。1992年9月，文莱苏丹访问了巴基斯坦，双方表示将在教育和农业方面展开合作，并由巴基斯坦向文莱提供劳动力。1996年3月，为了巩固和发展两国经济、商业、教育、科学、技术和文化合作，两国同意成立“双边合作联合委员会”，并于当年下半年举行了第一次会议。

① 《中国和文莱发表联合公报》,《人民日报》，2004年9月23日。

1999年5月，巴基斯坦总理谢里夫应邀访问文莱，两国领导人就双边关系、地区问题交换了意见。文莱苏丹对巴基斯坦派遣医生、护士、教师和商业人员支持文莱经济建设表示感谢。谢里夫表示，巴基斯坦将继续加强同文莱在各个领域的合作和两国人民的友好关系，并对文莱积极支持巴基斯坦成为东盟对话国表示感谢。两国领导人还讨论了伊斯兰团结、南亚安全与稳定等问题，强调促进伊斯兰国家的团结一致。访问结束后，两国发表了《联合公报》，表示将扩大并加强两国在教育、技术、人力资源开发和国防等领域的合作。

2000年4月，巴基斯坦首席执行官穆沙拉夫对文莱进行了工作访问，两国决定成立贸易联合委员会，加强双方的经济合作。同年，文莱和巴基斯坦"双边合作联合委员会"召开了第二次会议。2004年5月，文莱苏丹再次访问巴基斯坦，文莱苏丹高度评价了文莱与巴基斯坦的关系，他表示文莱和巴基斯坦的特殊友好关系是建立在对国际事务有共同的价值观和原则的基础之上的，并在广度和深度上得到继续发展。他希望两国进一步提高合作水平，拓宽合作领域。2006年3月，文莱和巴基斯坦"双边合作联合委员会"召开了第三次会议。2008年3月，由杰出商人组成的文莱—巴基斯坦友协开始就推动两国贸易、商业和文化合作展开工作。

1984年以来，文莱和巴基斯坦为了推进两国在各个领域的合作，签署了一系列协议，主要有《航空服务合作协定》(1987年)、《防务合作谅解备忘录》(2004年5月)、《文化合作谅解备忘录》(2005年)、《文莱投资机构和巴基斯坦投资机构合作谅解备忘录》(2005年)、《成立联合投资公司的协定》(2006年11月)、《避免双重征税协定》(2008年11月)。

在经贸合作方面，两国2006年至2010年的贸易情况如表8-10所示：

表8-10　2006—2010年文莱和巴基斯坦贸易概况　单位：文莱元

年份	2006	2007	2008	2009	2010（1-6月）
文莱进口额	859 316	575 609	612 039	588 026	298 477
文莱出口额	215 228	222 524	19 050	36 687	20 981

数据来源：http://www.mofat.gov.bn/index.php?option=com_k2&view=item&id=264：the-islamic-republic-of-pakistan

二、文莱与印度的关系

文莱和印度1984年5月10日正式建立外交关系。1992年9月，文莱苏丹访问印度，印度总统夏尔玛在为文莱苏丹举行的宴会上说，印度与东盟的对话伙伴国关系将为印度与文莱发展紧密的关系提供更多的机会。印度愿意为文莱提供科学和工业技术方面的帮助。

1993年，文莱和印度在对方首都开设了大使馆。1995年2月，文莱和印度成立了双边联合会议机制，加强两国间的合作。1995年1月，文莱和印度签署了航空服务合作协议。2004年，印度石油公司和文莱壳牌石油公司签署合约，印度计划当年从文莱进口原油360万桶。

三、文莱与日本的关系

1984年，文莱与日本正式建交，同年文莱苏丹访问日本。1991年5月，日本首相访问了文莱。2002年3月，文莱比拉王储访问日本，同年12月，文莱苏丹赴日本出席“日本—东盟特别峰会”，顺访日本，拜会了天皇和首相小泉纯一郎。

文莱和日本的经济关系最引人瞩目。在贸易方面，日本是文莱最大的贸易伙伴国。2008年，文莱和日本的双边贸易额达到了

4 731.11百万美元，与2007年相比，增长了64%[①]；2009年，文莱与日本的贸易额占文莱对外贸易总额的46.1%[②]。在文莱与日本贸易中，文莱处于优势顺差地位。如在2008年，文莱对日本的出口额达到了4 514.68百万美元，而进口额仅为216.43百万美元[③]。文莱主要从日本进口汽车和机械产品；向日本出口石油和液化天然气。自1972年开始，文莱就向日本出口液化天然气，两国签订了为期20年的向日本出口液化天然气的合同，1993年又续签了20年。从1994年起，文莱每年向日本供应600万吨液化天然气。1999年3月，文莱液化气油轮公司与日本三菱公司签订一项合同，三菱公司为文莱建造一艘容积为13.5万立方米的液化气货轮，造价为1.18亿文莱元，于2002年完工。

此外，1994年8月，文莱和日本签署了航空合作协议，同年12月，文莱斯里巴加湾市与日本大阪的航线正式开通。2007年6月，文莱和日本签署了《经济伙伴关系协定》；2009年1月，两国签署了《避免双重税收协定》。

四、文莱与韩国的关系

1983年，韩国在文莱建立了领事馆。1984年，文莱和韩国建立了正式外交关系。1986年7月，文莱外长访问韩国。两国外长就发展和加强双边关系进行了交流，文莱答应让韩国公司参与文莱1986—1990年五年计划中的建筑和农业开发项目。1987年2月，文莱在汉城开设了大使馆。2000年11月，韩国总统金大中访问文

① 2008年文莱对外贸易统计，中华人民共和国驻文莱达鲁萨兰国大使馆经济商务参赞处网站，http://bn.mofcom.gov.cn/aarticle/ztdy/200907/20090706419077.html.

② 2009年文莱对外贸易情况，中华人民共和国驻文莱达鲁萨兰国大使馆经济商务参赞处网站，http://bn.mofcom.gov.cn/aarticle/ztdy/201007/20100707007202.html.

③ 2008年文莱对外贸易统计，中华人民共和国驻文莱达鲁萨兰国大使馆经济商务参赞处网站，http://bn.mofcom.gov.cn/aarticle/ztdy/200907/20090706419077.html.

莱。为了加强两国关系，文莱和韩国2004年成立了“文莱—韩国友好协会”。

文莱和韩国之间的贸易发展迅速，1981年两国的贸易额仅为340万美元，到20世纪80年代末就激增到3亿多美元。1988年6月，韩国贸易促进会在文莱首都斯里巴加湾市举办了韩国贸易博览会。目前，韩国是文莱重要的贸易伙伴和油气资源出口国。从1994年开始，文莱开始向韩国出口液化天然气，双方签订了为期20年的合同，文莱每年向韩国供应70万吨液化天然气。文莱主要向韩国进口电子、电器、汽车和消费品。

近年来，文莱和韩国在科技、教育方面的合作也开始崭露头角。2012年6月28日，文莱大学与韩国京畿道科技推广研究所签订谅解备忘录，双方将进行商用医药和健康产品研发合作。

参考文献

一、中文文献

[1] 刘新生，潘正秀. 列国志·文莱[M]. 北京：社会科学文献出版社，2005.

[2] 马金案，黄斗. 文莱国情与中国—文莱关系[M]. 北京：世界知识出版社，2008.

[3] 俞亚克，黄敏. 当代文莱[M]. 成都：四川人民出版社，1994.

[4] 刘新生. 中国与文莱关系史料汇编[M]. 北京：世界知识出版社，2006.

[5] 鞠海龙. 文莱海洋安全政策与实践[J]. 世界经济与政治论坛，2011(5).

[6] 马静，马金案. 文莱：2009年回顾与2010年展望[J]. 东南亚纵横，2010(3).

[7] 邵波. 试析文莱对外关系的特点[J]. 东南亚纵横，2010(12).

[8] 马金案. 文莱：2008年回顾与2009年展望[J]. 东南亚纵横，2009(2).

[9] 马金案. 文莱：2007年回顾与2008年展望[J]. 东南亚纵横，2008(3).

[10] 范若兰. 伊斯兰教与东南亚国家现代化刍议[J]. 东南亚研究，2008(4).

[11] 聂德宁. 中国与文莱经贸关系发展的现状及前景[J]. 南洋问题研究，2008(4).

[12] 唐文琳，胡鹏，郁燕萍. 中国—东盟自由贸易区贸易发展路径研究——以对文莱贸易为例[J]. 东南亚纵横，2008(12).

[13]马金案. 文莱：政局稳定 经济持续发展[J]. 东南亚纵横，2004(3).
[14]廖小健. 中国与文莱石油贸易与对策思考[J]. 国际论坛，2005(9).
[15]庄礼伟. 文莱经贸状况概述[J]. 东南亚研究，1996(6).
[16]赵光. "亚洲首富之国"——文莱[J]. 当代世界，2007(2).
[17]骆莉. 冷战后文莱的对外关系与对策[J]. 东南亚研究，2000(4).
[18]吴向红. 文莱君主政体的合法性分析[J]. 东南亚，2006(1).
[19]黄云静. 伊斯兰教与当代文莱政治发展[J]. 当代亚太，2007(4)
[20]张学刚. 文莱民族宗教概况[J]. 国际资料信息，2003(12).
[21]万晓宏. 文莱华人现状分析[J]. 东南亚研究，2004(5).
[22]庄国土. "马来化、伊斯兰化和君主制度"下文莱华人的社会地位[J]. 东南亚研究，2003(5).
[23]吴崇伯. 文莱的华侨、华人经济[J]. 华侨华人历史研究，1994(3).
[24]廖小健. 文莱政府的华侨华人政策[J]. 东南亚研究，1996(4).
[25]张铭. "文莱华人现状"讲座综述[J]. 华侨华人历史研究，2004(2).
[26]汪诗明. 论文莱多元经济发展之路[J]. 东南亚研究，2004(5).
[27]孙德安. 文莱华教之现状[J]. 暨南大学华文学院学报，2003(4).
[28]王云娇. 对文莱能长期保持政治社会稳定的几点看法[J]. 东南亚纵横，2005(5).
[29]王青. 历代中国与文莱的友好交往[J]. 东南亚，1998(2).
[30]汪诗明，王艳芬. 论文莱独特的君主政体[J]. 东南亚研究，2006(1).

[31]季士家. 中国文莱交往史考略[J]. 史学月刊，1987(2).
[32]黄云静. 文莱：在低迷中前进[J]. 东南亚研究，2002(1).
[33]黄云静. 文莱的立国哲学[J]. 东南亚研究，1995(6).
[34]马宁. 文莱经济及与我国的经贸关系[J]. 东南亚纵横，1991(4).
[35]何劲松. 2007年的文莱政治经济形势[J]. 东南亚，2008(3—4).
[36]郭品. 产业转型：文莱经济新举措[J]. 世界知识，1995(21).
[37]郭品. 文莱加速产业转型[J]. 国际展望，1995(17).
[38]肖三华. 过渡时期的文莱经济[J]. 东南亚研究，1997(4).
[39]汪诗明. 论文莱多元经济发展之路[J]. 东南亚研究，2004(5).
[40]日本贸易振兴会新加坡中心. 文莱经济的现状及其展望[J]. 南洋译丛，1986(1).
[41]马金案. 文莱：2006年回顾与2007年展望[J]. 东南亚纵横，2007(2).
[42]汪慕恒. 文莱独立后的经济发展[J]. 南洋问题研究，1992(1).
[43]马静，马金案. 文莱：2010—2011年回顾与展望[J]. 东南亚纵横，2011(3).
[44]马静，马金案. 文莱：2011—2012年回顾与展望[J]. 东南亚纵横，2012(3).

二、英文文献

[1] B. A. Hamzah. Oil and Economic Development Issues in Brunei. Institute of Southeast Asian Studies，1980.
[2] Graham Saunders. A History of Brunei. Routledge Curzon，2002.
[3] Oleynik, Igor S., Alexander, Natasha. Brunei Foreign Policy & Government Guide. International Business Publications, USA, 2003.

[4] Leake, David. Brunei : The Modern Southeast-Asian Islamic Sultanate. Mcfarland & Company, Inc. , Publishers, 1989.

[5] Haji Zaini Haji Ahmad, M. A. the People' Party of Brunei, Selected Documents. the Institute of Social Analysis, 1987.

[6] Azman Ahmad. Brunei Darussalam : Towards Reform and Sustainable Progress. Southeast Asian Affairs, Volume 2005.

[7] Hj Mohd Yusop Hj Damit. Brunei Darussalam : Towards a New Era. Southeast Asian Affairs, Volume 2007.

[8] Hamzah Sulaiman. Negara Brunei Darussalam : Socio-Economic Concerns Amid Stability and Plenty. Southeast Asian Affairs, Volume 2003.

[9] Hj Md. Yusop Hj Damit. Brunei Darussalam : Steady Ahead. Southeast Asian Affairs, Volume 2004.

[10] Pushpa Thambipillai. Brunei Darussalam : Consolidating the Polity. Southeast Asian Affairs, Volume 2006.

[11] Kwabena A. Anaman, Tuty H. Mahmod, Determinants of Supply of Non-Oil Exports in Brunei Darussalam, ASEAN Economic Bulletin, Volume 20, Number 2, August 2003.

[12] Kwabena A. Anaman, Lujaina H. S. Al-Kharusi. An Analysis of Trade Flows between Brunei Darussalam and the European Union. ASEAN Economic Bulletin, Volume 20, Number 1, April 2003.

[13] Pushpa Thambipillai. Brunei Darussalam : Making a Concerted Effort. Southeast Asian Affairs, Volume 2008.

[14] Pushpa Thambipillai. Brunei Darussalam in 2009: Addressing the Multiple Challenges. Southeast Asian Affairs, Volume 2010.

[15] Christopher Roberts, Lee Poh Onn. Brunei Darussalam : Cautious

on Political Reform Comfortable in ASEAN, Pushing for Economic Diversification. Southeast Asian Affairs, Volume 2009.

[16] Burra Srinivas : Political Economy of Transition of Brunei Darussalam : Towards Retardation or Development?. Global Economic Review, Vol. 26, No. 4, Winter 1997.

[17] Rina Hayane Sumardi & Kwabena Asomanin Anaman. Aggregate Efficiency Aanalysis of Resource Use and Demand for Labour by the Construction Industry in Brunei Darussalam. Construction Management and Economics, September 2004

[18] Simon Francis. Drunei Darussalam : Stresses and Uncertainty 50 Years on from the 1959 Agreement with Britain, Asian Affairs, Vol. XL, No. II, July 2009.

[19] Roger Kershaw. Partners in Realism : Britainand Brunei amid Recent Turbulence, Asian Affairs. Vol. XAXIV, No. I, 2003.

[20] Roger Kershaw. Challenges of Historiography : Interpreting the Decolonisation of Brunei, Asian Affairs, Volume3, Number1, 2000.

[21] Roger Kershaw. Constraints of History : the Eliciting of Modern Brunei. Asian Affairs, Volume29, Number3, 1998.

[22] Pushpa Thambipillai. Brunei Darussalam and ASEAN : Regionalism for a Small State. Asian Journal of Political Science, Volume 6, Number1, 1998.

[23] Minh Quang Dao. Brunei : An Economy in Transition, Journal of Contemporary Asia, Volume 26, Number 4, 1996.

[24] S. J. Fulton. Brunei : Past and Present, Asian Affairs, Volume15, Number1, 1984.

[25] Brunei and the Commonwealth, Commonwealth Law Bulletin, Volume7, Number2, 1981.

[26] Leonard Rayner. Brunei and Britain, the Round Table. The Commonwealth Journal of International Affairs, Volume73, Number 290, 1984.

[27] John R. Minnis. Brunei's Seventh National Development Plan 1996—2000: Implications for Education Policy and Practice. Asia Pacific Journal of Education, Vulume18, Number1, 1998.

[28] Clem Tisdell. Brunei's Quest for Sustainable Development : Diversification and Other Strategies. Journal of the Asia Pacific Economy, Volume3, Number3, 1998.

[29] Hans C. Blomqvist. Brunei's Strategic Dilemmas. The Pacific Review, Vulume6, Number2, 1993.

[30] Hans C. Blomqvist. The Endogenous State of Brunei Darussalam : The Traditional Society Versus Economic Development, The Pacific Review, Volume11, Number4, 1998.

[31] Srikant Dutt. Brunei : The Forgotten State of South-East Asia, China Report, Volume17, Number33, 1981.

[32] Muhammad Asad Sadi, Frank L. Bartels. Brunei Bids for International Tourism. Cornell Hotel and Restaurant Administration Quarterly, Volume39, Number 80, 1998.

[33] Robert O. Tilman. Association Malaysia : The Problems of Federation. The Western Political Quarterly, Vol. 16, No. 4, Dec. , 1963.

[34] C. N. Crisswell. The Origins of the Limbang Claim. Journal of Southeast Asian Studies, Vol. 2, No. 2, Sep. , 1971.

[35] Will Lissner. Brunei's Superior Tax System. American Journal of Economics and Sociology, Vol. 43, No. 3, Jul. , 1984.

[36] William Case. Brunei Darussalam in 1996: Business as Usual in the "Abode of Peace". Asian Survey, Vol. 37, No. 2, a Survey of Asia in 1996: Part II, Feb. , 1997.

[37] A. J. Stockwell. Britain and Brunei, 1945-1963: Imperial Retreat and Royal Ascendancy. Modern Asian Studies, Vol. 38, No. 4, Oct. , 2004.

[38] Bruce Burton. Brunei Darussalam in 1989: Coming of Age within ASEAN. Asian Survey, Vol. 30, No. 2, A Survey of Asia in 1989: Part II, Feb. , 1990.

[39] Michael Leifer. Decolonisation and International Status : The Experience of Brunei. International Affairs (Royal Institute of International Affairs 1944-), Vol. 54, No. 2, Apr. , 1978.

[40] K. Mulliner. Brunei in 1984: Business as Usual after the Gala, Asian Survey, Vol. 25, No. 2, A Survey of Asia in 1984: Part II, Feb. , 1985.

[41] An Observer, Brunei Darussalam in 1992: Monarchy, Islam, and Oil. Asian Survey, Vol. 33, No. 2, A Survey of Asia in 1992: Part II, Feb. , 1993.

[42] K. U. Menon. Brunei Darussalam in 1988: Aging in the Wood. Asian Survey, Vol. 29, No. 2, A Survey of Asia in 1988: Part, Feb., 1989.

[43] William Case. Brunei Darussalam in 1995: New Party Politics and Diplomatic Presence. Asian Survey, Vol. 36, No. 2, A Survey of Asia in 1995: Part II, Feb. , 1996.

[44]D. S. Ranjit Singh. Brunei in 1985: Domestic Factors, Political and Economic Externalities. Asian Survey, Vol. 26, No. 2, A Survey of Asia in 1985: Part II, Feb., 1986.

[45]Geoffrey C. Gunn. Brunei Darussalam in 1994: The Triumph of Regionalism. Asian Survey, Vol. 35, No. 2, A Survey of Asia in 1994: Part II, Feb., 1995.

[46]Robert Nicholl. Brunei Rediscovered : A Survey of Early Times. Journal of Southeast Asian Studies, Vol. 14, No. 1, Mar., 1983.

[47]A. V. M. Horton. British Administrationin Brunei 1906—1959. Modern Asian Studies, Vol. 20, No. 2, 1986.

[48]From an Observer, Negara Brunei Darussalm in 1991: Relegitimizing Tradition. Asian Survey, Vol. 32, No. 2, A Survey of Asia in 1991: Part II, Feb., 1992.

[49]K. U. Menon. Brunei Darussalam in 1987: Modernizing Autocracy. Asian Survey, Vol. 28, No. 2, A Survey of Asia in 1987: Part II, Feb., 1988.

[50]D. E. Brown. Brunei on The Morrow of Independence. Asian Survey, Vol. 24, No. 2, A Survey of Asia in 1983: Part II, Feb., 1984.

[51]Donald E. Weatherbee. Brunei : The Asean Connection, Asian Survey, Vol. 23, No. 6, Jun., 1983.

[52]A. V. M. Horton. Brunei in 2004 Window-Dressing an Islamizing Sultanate. Asian Survey, Vol. 45, Issue 1, January/February 2005.

[53] Warwick Neville. Economy and Employment in Brunei. Geographical Review, Vol. 75, No. 4, Oct., 1985.

[54]William Case. Brunei in 2006: Not a Bad Year. Asian Survey, Vol. 47, Issue 1, January/February 2007.

[55]文莱卫生部. Health Information Booklet 2011. 2012年9月.
[56]文莱卫生部. National Health Care Plan 2000—2010.
[57]亚洲开发银行. Key Indicators for Asia and the Pacific 2012 (Brunei).
[58]BP Statistical Review of World Energy, June 2012.

三、主要网站

[1] 中华人民共和国驻文莱大使馆（及经商处）网站http://bn.chineseembassy.org/chn/wlxw/
[2] 中华人民共和国驻文莱大使馆经商处网站 http://bn.mofcom.gov.cn/index.shtml
[3] 中华人民共和国商务部网站 http://www.mofcom.gov.cn/
[4] 中华人民共和国外交部网站http://www.fmprc.gov.cn/chn/pds/ziliao/
[5] 文莱外交部网站 http://www.mofat.gov.bn/
[6] 文莱国防部网站 http://www.mindef.gov.bn/
[7] 新华网 http://www.xinhuanet.com/
[8] 人民网 http://www.people.com.cn/
[9] 南博网 http://www.caexpo.com/
[10]文莱首相署网站 http://www.pmo.gov.bn/

后　记

文莱与中国的交往源远流长，早在公元6世纪，中国文献就有了两国友好交往的详尽记载。自1984年文莱独立以来，中国与文莱的关系不断取得进展，成为大国与小国关系的典范。为了更好地了解文莱，进一步发展中国—文莱关系，编者应中国出版集团世界图书出版广东有限公司的邀请和资助，编著了此书。此书在借鉴前人的研究成果基础上，吸收了国内外新近研究成果，并介绍了文莱的最新情况。本书一共分为八章，系统介绍了文莱的自然地理、民族、宗教和习俗、历史、政治、经济、军事与安全、科教文卫、外交。

本书由邵建平、杨祥章负责编写，其中，邵建平负责全书框架的拟定，并编写了第一、三、四、六、八章；杨祥章编写了第二、五、七章。

本书在编写过程中得到了云南大学人文学院副院长李晨阳教授的悉心指导和中国出版集团世界图书出版广东有限公司的资助。在编写过程中，我们大量参考和借鉴了前人的成果，在此一并致以最诚挚的感谢！

由于编者水平有限，不妥和错误之处在所难免，恳请学界同仁、各位专家不吝批评指正。

编　者

二〇一二年十一月

暗夜莲心

陈雄 著

广东省出版集团
花城出版社
中国·广州

图书在版编目（CIP）数据

暗夜莲心 / 陈雄著. -- 广州 : 花城出版社, 2012.1
ISBN 978-7-5360-6342-6

Ⅰ. ①暗… Ⅱ. ①陈… Ⅲ. ①长篇小说—中国—当代 Ⅳ. ①I247.5

中国版本图书馆CIP数据核字(2011)第273619号

出 版 人：詹秀敏
责任编辑：揭莉琳
技术编辑：易 平
装帧设计：刘 萌

出版发行 花城出版社
（广州市环市东路水荫路 11 号）
经　　销 全国新华书店
印　　刷 广东新华印刷有限公司
（广东省佛山市南海区盐步河东中心路 23 号）
开　　本 880 毫米×1230 毫米 32 开
印　　张 11.25　1 插页
字　　数 350,000 字
版　　次 2012 年 1 月第 1 版 2012 年 1 月第 1 次印刷
定　　价 26.00 元

如发现印装质量问题，请直接与印刷厂联系调换。
购书热线：020—37604658 37602954
欢迎登陆花城出版社网站：http://www.fcph.com.cn

目录

第一章　初遇

（1）

莲城人都认识这是田九，五短身材，惯穿一身黑衣，走路极像鸭母八字开，人称“黑矮子”。黑矮子摇摇晃晃往城东而来。路人避之惟恐不及，要知道被这家伙逮住，绝无好事，不是逼债就是收租。

黑矮子效劳的东家周四新，原为一好勇斗狠的无赖，靠武力发家，以掠夺和鱼肉百姓为生，劣迹累累，人呼“周老虎”。年纪轻轻，就拥有了良田千亩，房屋百间，同时还在城内开了十多家鸦片馆，几家大赌馆，专门诱人赌博放高利贷。

开皮货铺的余阳春输得最惨。

余阳春本来有店铺五间，雇了四个伙计，将熟皮加工成木屐、皮带、皮靴等，经营多年，颇积攒了一些钱财。

哪知，两年之前，余阳春经不起周四新花言巧语的诱惑，踏进了赌馆。先前他倒尝了一些甜头，大多时候都能赢一些，后来也不知这周四新耍了什么诡计，他是越输越多，渐渐就如一头老牛深陷泥潭，想拔脚真是难上加难了。不多久，他就输掉了所有积蓄和五间店铺，并欠下了周四新一万多元的高利贷，然后上吊自杀了。

周四新看上了余阳春的老婆王氏，打着“夫债妻还”的招牌，让管家黑矮子找王氏逼债。自丈夫死后，王寡妇就租住在城内一间小屋内，为人洗衣度日。黑矮子哪管这些，隔几天就上门催逼。

黑矮子拍开街角那间低矮的小屋，王寡妇探出脑袋，那张脸像风雨中被吹打的树叶，她苦苦哀求：“田管家，饶了我吧！这利息太高，我实在是还不了啊！”

黑矮子凶神恶煞：“哼！要想免了这笔债，除非你给我们周爷做小！”

王寡妇年近三十，一张脸很是端庄，只因营养不良，面色苍白，她含泪摇头：“不，这，这我做不到……”

黑矮子满脸不屑："这可是民国了啊，么家[①]年代了，哎呀呀，还守着贞节牌坊，把自己当黄花闺女啊?"

王寡妇仍是坚定摇头。

黑矮子狠狠地说："那你今天可别怪我狠心!"

说罢，他冲进房内，卷起她唯一一床棉被，提了她的铁锅和饭碗，转身就走。

王寡妇赶出小屋，扯住黑矮子哀哭不已，她的声音在风中呜咽，如凄凉的二胡奏响，引得街人鼻子发酸，前来围观。

人群中有一个女孩，十二三岁的样子，脸如满月，明眸皓齿，扎着两根乌油油的辫子。她同情地看着王寡妇，摇了摇身边一位少年的手，抬眼望他："哥，她真可怜，这个黑矮子，也太欺负人了吧!"

哥哥说："黑矮子敢这样，还不是后面有周老虎撑腰?"

几个上了年纪的人，实在看不过去，一边劝解，一边小声嘀咕：这周老虎太过分了，俗语说，"踢寡妇门，挖绝户坟"，现在把寡妇逼上绝路，天理难容!

突然，从人群中挤出一个少年来，他只有十三四岁的样子，身形略为单薄，但不乏刚挺，面孔白皙，却并不显文弱，尚为稚嫩的眉目中间流露一股英气。

他怒目而视黑矮子，一把夺下对方手中的棉被、铁锅、饭碗，交给了王寡妇。

黑矮子始料未及，见东西被夺，就恶狠狠地瞪着少年，好像要把他一口吃下去，说："老子认得你，你是永正裁缝店的贺家老二!身上的毛都没有长齐，就来管闲事，我看你是不想活了!"

说罢，他挥拳打来，少年轻轻一避，一脚踢在他的屁股上，他倒在地上叫唤开了，众人哄笑起来。那个脸如满月的女孩，眼中满是欣赏，使劲地鼓掌。

少年抬眼望她，四目相对，只是惊鸿一闪，她的脸红了。

黑矮子对少年放出狠话："狗日的小杂种，你要是有种，就在这里等着，看我怎么收拾你!"

---

① 么家：什么。

少年丝毫不惧："好！黑矮子，我不走，你不来，是小狗！"

黑矮子的脸上露出一丝坏笑："好，你也不要走啊，走了，你是小王八蛋！"

在众人的嗤笑中，黑矮子一瘸一拐地走了。

王寡妇满面泪痕，抽噎着对少年说："小兄弟，你好心帮我，我真的好感谢你！但周老虎你惹不起，还是快走吧！"

众人也都围上来，七嘴八舌地说开了。

有认得少年的，说："贺家老二啊，好汉不吃眼前亏，先跑了再说吧！"

有人说："是啊，小裁缝，留在这里等他，不正上了他的当吗？你练过几天拳脚，一个黑矮子，还能对付，要是来了周老虎，你就麻烦了啊！"

少年满不在乎："一人做事一人当，我又没做亏心事，为什么要跑呢？我倒要看看周老虎到底有多大能耐！"

一个花白胡须的老者摇头叹息："不听老人言，吃亏在眼前啊！"

少年叫贺修民，父亲是永正裁缝店的贺裁缝。

贺修民六岁发蒙，读书过目不忘，诵读《笠翁对韵》，只用了半天时间，莲城人为之惊叹，称之为奇才。他读完五年私塾，唐诗宋词背得滚瓜烂熟，跟私塾门前的清清的小河一样，哗啦哗啦地流淌。然后，他升入城里书院的高等小学，以"修身立志，储才养望"的座右铭来激励自己。先生们都看好他将来必成一番事业，对他格外关注。

虽然读私塾读高小，但他并非手无杀鸡之力的文弱书生，幼时一有空闲，就跟着隔壁的武师章师傅练拳术，现在又成了普善堂卢介康的关门弟子，颇得其真传。

此时，贺修民凭着习来的功夫，加上少年气盛，对即将到来的危险，丝毫不惧。

(2)

女孩又拉了拉哥哥的手，问："他就叫贺修民？就是那个读书很厉害的小裁缝？"

哥哥点点头："是啊，不过，我现在看这个小裁缝有点苕①，不晓得是不是读书读迂了？"

她眉头轻蹙，隐隐有些担忧，忍不住与哥哥争辩，声音清脆而天真："我倒觉得他不苕！"

哥哥诧异地看她："亦莲，这还不苕啊……"

这个叫亦莲的女孩正与哥哥斗嘴，忽听人声嘈杂，循声望去，只见黑矮子气喘吁吁跑在前面，后面跟着几条气势嚣张的大汉。

黑矮子一见贺修民，得意地叫道："哈哈，小裁缝！果然苕得可爱，老子还以为你跑了呢！"

这时，一个三十左右的男子，昂首走上前来。

黑矮子低声下气地对他说："周爷，就是这个小家伙！"

周四新生一副扁脸削腮，疏眉小眼，他自小练功习武，身子不高，但腰圆膀粗，看上去颇为壮实。他斜了一眼贺修民，笑道："管家，就这个乳臭未干的毛头小子，你都搞不赢啊！未免……"

黑矮子难堪地搔了搔脑袋："这个小家伙，会两手拳脚……"

周四新上上下下打量贺修民："你敢和我的管家作对，就是和我作对！我吐口唾沫能淹死你！念你年纪小不懂事！现在只要从我胯下爬过去，再叫我两声爷爷，磕三个响头，就饶你性命！不然，今天不卸你一只胳膊，我绝不姓周！"

说着，他张开两腿，夸张地叫道："小家伙，磕头叫爷爷啊！"

贺修民清秀英朗的脸涨得通红："姓周的，你，你好无耻！想得美！"

周四新打了一下响指，后面三个汉子一齐走上来，一个长着蒜头鼻的家伙怪笑道："周爷，您发话，卸这个小家伙的左胳膊，还是右胳膊啊！"

周四新说："就你修理他就够了，免得别人说我们合伙欺负一个小伢！"

蒜头鼻跃上半空，使出一招乌云盖顶，朝贺修民头顶拍下来，贺修民趁他落地之际，微蹲身躯一个横扫，蒜头鼻闪晚了一步，"哎呀"一声跌倒在地。另外两个汉子见此情景，如饿虎一般扑向贺修

---

① 苕：傻。

民。贺修民左躲右闪，穿插于二人之间，以右手手肘猛击一人下巴，那人捂住下巴，腾空而倒。另一个则被他用掌外侧砍伤腰部，蹲在地上，再也直不起身来。

围观者欢呼："贺家老二，好样的！"

亦莲眸子里燃烧着热烈的敬慕，再次鼓起掌来。

周四新狠狠地剜了亦莲一眼："小丫头片子，鼓个屁的掌？老子马上就来收拾他！"

亦莲瞪了他一眼，吐了一下舌头。

他对那三个家伙骂道："废物，几个废物，一个小毛孩都制不住！"

然后，他冷笑几声，对贺修民说："小毛孩，现在就让你尝一下老子的手段！老子不卸你一只胳膊，誓不为人！"

贺修民一脸凛然："那你就放马过来吧！"

周四新眼中杀机毕露，出手凌厉，一记鹰爪，直锁贺修民的咽喉，贺修民左手一拨，右脚就踢向他的裆部，他吃一惊，侧身避过，以掌直击贺修民的肩胛。两人你来我往，斗了一二十回合，贺修民终究年小力弱，被步步逼得后退，脚下一不留神，跌倒在地。

亦莲发出一声惊呼，咬住嘴唇，紧紧抓住哥哥的手。

周四新抢步上前，一脚将贺修民踏在脚下，哈哈笑道："小毛孩，今天你可是死定了！"

黑矮子则在一旁大声叫好："周爷，卸他一只胳膊！"

亦莲看着这一切，眼里含满泪水。

"住手！"一声断喝，人群中飘出一个身影。那人向周四新拍出一掌，周四新被震出好远，一个趔趄差点摔倒。

那人扶起贺修民："修民，师傅来晚了！"

贺修民满怀感激地看着他，然后，怒视周四新，不服气地抹去嘴角流出的鲜血，打算冲过去。

那人暗暗扯住他："修民，别过去！"

他穿一件灰青色长袍，年过而立，中等身材，微胖，双眼射出两道精光。

周四新一看，拱手作揖："哎呀，我当是谁呢？原来是卢老板啊！怪不得这一掌劲道这样大！哎哟，我算是领教了这个'莲花掌'！厉害啊！"

这人正是城东普善堂药店的老板卢介康。

卢介康正色道："周老板，我是听人报信后，匆匆赶来，不说贺修民是我的徒弟，就说他只是一个普通人家的孩子，你们这几个大人，联手欺负一个十三四岁的孩子，算哪回事啊？说出去，不丢脸吗？"

周四新笑着说："卢老板，您不晓得，您这爱徒啊，厉害着呢，三四个人都被他打趴下了，我才无奈出手……"

卢介康打断他的话："周老板，我听说，你们是在欺负一个寡妇，我徒弟路见不平，才出手相助的！"

周四新再次拱手道："卢老板，我先前不晓得他是你的徒弟，多有冒犯了，得罪！得罪！"

说罢，他一挥手，向黑矮子等人使了一个眼色，走了。

走不多远，黑矮子不甘心地问："周爷，为么家①要怕这个家伙？"

周四新说："你懂个屁，他的功夫好着呢，光是那套'莲花掌'，我暂时还对付不了！"

卢介康与贺修民离开后，人群渐渐散去。

亦莲一步三回头，看见贺修民的背影慢慢远去。

(3)

这一天，正是农历大年初一，天蒙蒙亮，除夕守了一夜的周四新，打着呵欠准备打开大门。

据说，初一这天，谁家第一个打开大门，就会讨一个"开门大吉"的好彩头，这个开门的人，这一年都会好运当头，福星高照。所以这样的机会周四新绝不留给下人，他要亲自打开大门。然而，等他一将门打开，只听"哐当"一声，门上面就有一盆臭烘烘的东西泼下来，他急向后躲，还是被从头到脚浇了一身。

待他滑倒在地，才知是一盆粪便。大门前面还贴了两张纸，左边是"坏得透顶抬头见鬼"，右边是"报应不爽开门招灾"。

① 为么家：为什么。

弄了一身晦气，周四新暴跳如雷。后来有人向他密报，大过年大清早整他的不是别人，正是毛小子贺修民！只因这贺修民有普善堂卢介康罩着，周四新暂时不敢下手，于是又忍下一口气，从此，二人结下怨仇，这是后话。

再说，周四新平时嚣张惯了，这次被少年贺修民修理了一番，这事很快在莲城传开了，那些被他欺压的人奔走相告。连天天在弹花店忙碌的亦莲也听说了，贺修民在她心目中成了不折不扣的少年英雄，时不时地，会想起他。

亦莲还记得十五岁那年正月十五“请七姐”的事。

“请七姐”是莲城的旧俗。

有人说“七姐”就是传说嫁给董永的七仙女，但也有人说“七姐”是未成年女子的魂灵，把她们从天上请下来，可以预知许多事情。

亦莲开始不太相信这个，她只觉得有些好玩。那次“请七姐”是在隔壁的竹货店，竹货店的小青还有几个年纪相仿的女孩，将沥米汤的竹箧箕用红绳绑上两支筷子，上盖一块红布，然后，又找来一个茶盘，往茶盘里薄薄覆一层细沙，烧过纸钱之后，姑娘们端着竹箧箕一起唱：

> 正月正，百草青，请七姐，问年成。一问年成真或假，二问年成假和真。正月十五闹花灯，花灯闹的梭罗转，邀请七姐你来看。去也梭，来也梭，梭得七姐笑呵呵。一请求，二请求，真心实意来请求。一炷香，二炷香，杀黑猪，宰白羊，年年请我七姐。七姐要来早早来，不等深更半夜来，深更半夜桥难过，五更半夜锁难开。大门的来，大花鞋；后门的来，破草鞋。来得早，披丝袄；来得迟，披蓑衣……

不知是端竹箧箕的姑娘手在抖，还是那“七姐”真的下凡显灵了，旁边的人问什么，那筷子就在茶盘上沙沙响地写字作答。问了年成之后，大姑娘们开始问婚嫁，都说亦莲长得漂亮，就让亦莲先问。亦莲就羞羞怯怯问了“七姐”一句话：“七姐，你说我将来的夫君姓么家?”

筷子停在半空中，“七姐”好像也在思索在推算，不一会儿，两只筷子在茶盘的沙子画出一个小小的字，众姑娘借着灯光一看，是个“贺”字！

“姓贺！”

她们都叽喳开了。

“莲城哪个姓贺的，能配得上亦莲啊？”

“说的莫不是裁缝铺的贺家老二？”

“对，贺家老二！”

“七姐，你好灵验哦！”

“七姐”认定自己未来的另一半姓贺，亦莲也马上想到了贺修民，让姐妹们这样一打趣，只觉得脸更烫了。她嗔道：“你们再瞎说，我可要打你们了！”姐妹们连忙说：“好，我们不说了，再吵，七姐一生气，要走了咧！”

莲城出美女，大概与莲城的水土有关。

莲城这块鄂中宝地，是古云梦泽的一部分，位于江汉平原的腹地，汉水之南，是著名的鱼米之乡，为“南风”的发源地。汉水又是长江的支流，古时又叫沧浪，屈原流放时，遇了沧浪渔父，渔父吟道：沧浪之水清兮，可以濯我缨；沧浪之水浊兮，可以濯我足。总之，这里湖河沟渠四通八达，星布网织，内有通顺河、通州河、东荆河流经，清清的水，缠绵的水，千种风情万种流韵的水，再加上气候适宜，滋养出一个个如花似玉的佳人，就不足为怪了。

亦莲当然是美女。

这一年，她刚满十六岁。

满了十六岁的亦莲，成了永丰弹絮店的一朵金花，莲城人送给她一个外号——弹絮西施。

亦莲脸如满月圆润，只是下巴稍尖，勾出一个好看的弧形，她的眼睛常年含着一汪秋水，顾盼之间，妩媚得紧。两道柳眉，更添一种古典之美。

最为特别的是她梳了一条辫子，长及腰肢。每逢拿木盘将花絮摩压的时候，她拱臀扭腰转臂，衬着那雪白的絮面，活脱脱一条美人鱼穿梭跳跃在浪花里。

回过头，再说这家永丰弹絮店，它坐落在城东丁字街，规模很小，老板和伙计都是一个人，那就是关仁松。关仁松继承父业做弹花匠，挣的是一份辛苦钱，他生有一男一女，儿子关旭女儿关亦莲，是他的左膀右臂。

一家养女百家求，何况亦莲这样的倾城之色？

亦莲还是个娃娃的时候，上门提亲的人就络绎不绝了，等她一过十四岁，媒婆就如过江之鲫拥入关家，可关仁松一个都没答应。他视女儿为待价而沽的奇珍异宝，似乎在耐心地等待一条送上门来的大鱼。用莲城人的话来说，他要把女婿当作篓子里的猪伢——捡肥壮的捉。

弹花匠关仁松不忙的时候，喜欢到魏老幺的茶馆喝茶。

魏老幺茶馆是莲城最大最热闹的茶馆。“金茶银茶甘露茶，赶不上魏家的盖碗茶”，这是老一辈人传下的古话。金边瓷花的茶具小巧玲珑，上有盖子下有托盘，茶叶则以龙井毛尖为主，有时加几枚红枣或者核桃。此外茶馆还供应花生、瓜子、烧饼、春卷、水晶包子、发糕、烧卖等等，茶客随点随吃。

平常茶馆人声鼎沸，吃茶的吃茶，聊天的聊天，讲评书的讲评书，演皮影戏的演皮影戏，各得其乐。

每当几个老茶客问起关仁松那个宝贝女儿时，他都会慢慢啜一口茶，谈起他的嫁女原则，说嫁出的女儿泼出去的水，他家亦莲既然是一盆要泼出去的水，就应该泼在大海里，而不应该泼在小江小河里，只有这样才不会干啊。

关仁松的这番理论惹得众人起哄，杏林堂药店老板邵大海，论年纪比关仁松还大上七八岁，于是有人就起哄：“那嫁给邵大海最好！”这邵大海也在座，于是茶馆里常常上演这一幕：邵大海涎一张脸，双手捧一杯盖碗茶，走到关仁松面前作揖请安：“老丈人请！”关仁松抬腿欲踢，邵大海连躲带闪，回到座位上。

（4）

自从那年“请七姐”之后，亦莲暗暗期待贺修民来弹棉絮。

但是，经常来弹棉絮的是贺家的老大贺金水。金水来得非常勤，每次来弹絮都好像有很多话和她说。他东扯西拉磨磨蹭蹭，无话找话，实际上是想多看她几眼。

其实，借故弹絮来看亦莲的男人很多，金水只是其中一个。

那次，弹絮店里只有金水和亦莲。金水死死盯她俊俏的脸，说了一句话："亦莲，我今生要是能娶你做老婆，就是让我明天去死也值得了！"

亦莲被这句话和他的样子吓住了，红着脸说："金水，你莫瞎说！听说你都是快要结婚的人了！"

这让金水很泄气，她的话没错，前不久，家中为了他订了一门亲事，女方姓田，他至今都没有见过面。

金水说话有点过火，但从来不动手动脚，亦莲也不想怠慢金水，金水是贺修民的哥哥，有时，她假装不经意地向他问起贺修民。

金水不是傻瓜，晓得城里好多女孩子喜欢弟弟。

金水父母开的这家夫妻裁缝店，名字叫"永正裁缝店"，对两个儿子的培养方向，夫妻俩早就规划好了：大儿子金水得过小儿麻痹症腿脚不灵，正可以继承裁缝技艺；二儿子修民读书聪慧，将来必有大出息，只是让他安心求学。

正因为金水是个跛子，所以他常常有些嫉恨地看着父母偏执地将爱心施予贺修民。贺修民读私塾上高小后来又到省城念中学，成绩优异，经常得到各种表彰，相貌也出落得日益英俊。

前不久，他刚从省城回来，穿一件白色对襟竹布褂子，和一个剪短发的女学生在莲花池边有说有笑的样子，令一些花白的脑袋摇晃着发出了世风日下的叹息，而一个年轻的教书先生则很在行地说那是"五四"运动的结果，莲城的女子们都不知道"五四"运动，只是直勾勾地盯着他们美丽的背影发痴。

金水单思的亦莲就是其中一个，他看见亦莲曲线曼妙的身子在他们背后伫立了很久，然后一把扯住池边一枝纷繁的桃花，将花朵一瓣瓣揪得满地绯红。他多想跑过去，让那花洒在他的衣服上他的头发里，但是他瞅着自己的跛腿没有动。

不过，在外人面前，金水对这个弟弟还是颇为自豪的。

有一次他对亦莲说走了嘴："我那个弟弟以后是要做大事的，莲城的姑娘，包括普善堂卢老板的独生千金，他都未必看得上！卢老板有意收他做上门女婿，派人跟我娘提了几回呢！"

亦莲手里正拿着棕杆弹絮，这时候停了动作："你娘答应了吗？"

金水说："要说别人高攀下这门亲，可能喜得做梦都要笑醒，但我娘琢磨着他在省城读书，以后未必会回来，所以只说娃儿小，也没答应，也没推辞！"

亦莲心中一动，开玩笑似地说："金水，我想到你家做件旗袍，你欢迎吗?"

金水喜得骨头都酥了，他眉开眼笑地说："你来了，我一定叫我爸亲自给你做，用最好的布料，做最新的式样，不收你一个子!"

亦莲到金水家来做衣服的那天，金水就像过节一样兴奋，把自己收拾得很精神，头发上了不少发油，穿一件黑色铁线纱马褂，有些不伦不类。

金水将一把藤椅用布擦了又擦，请亦莲坐了，然后双手奉上一杯碧螺春给她。

在弥漫着轻微的浆糊味的空气里，亦莲轻轻地抿，低头看纤细的茶叶，蜷曲成绿色螺状，就像隐秘的心事无声地在如水的年华中漫流。她抬头打量裁缝店的陈设，一张大大的裁剪桌，零乱地放着一些布料，成品挂得倒是整齐。成品后面用一块花布隔开，想必那就是他们一家的生活区。

贺修民就是在这样的环境里长大的吗?

金水的父亲脖子上挂着软尺，微笑着向亦莲征询意见，对旗袍使用什么纽扣，十分慎重，一下子拿出了蝴蝶纽、琵琶纽、蝙蝠纽、双盘香、单盘香等十多种纽扣式样，供她选择。对于旗袍哪里用双滚边，哪里用单滚边，哪里用镶嵌条，也一一问了亦莲。金水则在一旁痴痴地看着亦莲，好像这寒酸的裁缝店，多了一个亦莲，就光芒四射起来。

亦莲喝完两杯茶的时候，想走了，但她又舍不得走，因为贺修民还没有来。

金水脸上堆满了笑容，不停地给她续茶，等他差不多是续第八次茶的时候，贺修民进来了，看见亦莲坐在店子里，蓦地红了脸。

金水为弟弟介绍："这是永丰弹絮店的亦莲，来做衣服的。"

亦莲不敢正视贺修民，又忍不住和他目光交接，如电光火石，双方都不由眼睛一亮，她的脸上瞬时腾起红云。

贺修民长身玉面，一双眸子清亮有神，两道眉毛浓密整齐，英气逼人，一件白色熟罗长衫衬得他英姿勃发，又不乏温文尔雅。

亦莲这天穿一件粉色衣服，四周镶着银边，袖口在肘弯处变宽，下面配一件黑裤。她头插一对双顶银簪，两条长辫及胸，端庄的脸上杏眼低垂。她又飞快地看了一眼贺修民，眼波流动如一泓清水轻漾。

贺修民早就听说，城东丁字街有一位“弹絮西施”叫关亦莲，现在亲眼所见，才知人如其名，清丽脱俗恰似夏日里一朵粉色莲花。

他似有所思：“我好像见过亦莲姑娘！”

金水嗤笑道：“弟弟，想不到在省城读了几天书，学得油嘴滑舌起来了，在哪里见过啊，梦里吧！”

贺修民搔搔脑袋：“哥，别笑我，我真见过她。”

亦莲低声说：“前几年，你为王寡妇打抱不平，和周老虎那帮坏人过招，我一直在边上呢！”

贺修民笑着说：“我也说，怎么面熟呢！”

他有一口白白的牙齿，像亦莲儿时玩过的小石头。

她微微颔首，浅浅一笑，脸颊现出两个小酒窝，问道：“修民哥，你在省城读书吧？”

这婉转清越如黄莺出谷的一声“修民哥”，让他一怔，脸也红了。

她提议道：“能讲一下在省城的见闻吗？”

他讲述起自己在省城的所见所闻，什么易服饰、改称谓、废跪拜、禁缠足，他讲得绘声绘色，她听得如痴如醉，金水见插不上话，便一声不响地走到父亲跟前，帮父亲做活去了。

不知不觉天快黑了，贺家一家人盛情挽留亦莲吃晚饭，特别是金水，非常希望亦莲留下来，但她极力推辞，起身要走。

贺修民说：“我过几天要回省城，差一床棉絮，我可以到你家找你弹吗？”

亦莲一边往外走，一边回眸笑道：“这有么家不可以的呀，直接来就是了！”

（5）

弹花匠就像一位魔术师，只要舞动弹弓，一床又硬又黑的旧棉被，就能脱胎换骨变得又软又白。所以，这天，贺修民抱着一床旧棉被去找亦莲。

只有亦莲在家，最近城里生意清淡，乡下有人接她的父亲弹棉花，父亲就和哥哥关旭一起下乡去了。

她正拿着棉盘将一床蓬松的棉花压紧，定型，再用棉纱飞线，口里一直哼着一首歌：

> 絮成长方，棕杆在来往。
> 绣字在中央，绣的状元榜眼探花郎。
> 絮成长方，棕杆在来往。
> ……

看到贺修民，她急忙停下活计，接过旧棉被，调皮地问他：“修民哥，给你弹的这床棉絮，我就绣上状元郎吧？”

贺修民一笑：“大清朝完蛋了，现在是民国，不兴状元郎了啊！”

亦莲黑眸熠熠生辉，深深地看他一眼，低了头，用手轻理胸前的长辫：“不管怎样，反正，你是我心中的状元郎！”

接着，她又叹了口气：“我们女人连私塾都不能读，更不能参加科考，不然，出个女状元不是难事啊！”

亦莲没读过什么书。哥哥关旭倒是上过两年私塾，她也跟关旭学会了几个字。

贺修民宽慰她：“现在不同了，女人都可以理直气壮地去读书了，像鉴湖女侠秋瑾，结婚后自费到日本留学，积极参加革命，回国后计划起义，被捕后从容就义，成为巾帼英雄，垂名青史，不是一例吗？”

亦莲打趣道：“看来，修民哥是秋瑾女侠的崇拜者啊！哎，我问你，以后你娶老婆，会娶秋瑾这样的吗？”

贺修民微挑眉头，笑道：“在我看来，秋瑾这样的人适合做朋友或者战友，至于做老婆，恐怕……再说，我娶妻生子，不知是哪年哪月的事！”

一时，两人都静默。屋檐下的几只小麻雀却叽叽喳喳叫个不停。

贺修民忽然看到亦莲一双小脚，眼睛一亮：“你还是小脚啊，为什么不放开？省城的女同胞早就提倡‘天足’了！”

亦莲脸上飞起红云：“我一个乡下姑娘，放么家小脚啊！”

贺修民不好意思就这个话题再说什么，他拿起一把挂在墙上的长弓，敲了敲弓弦，对亦莲说：“我拜你为师，你能教我弹棉花吗？”

他脸上一片赤诚，眼神专注宛如天真的孩子。

亦莲扑哧一笑，露出一口整齐的银牙，极像刚剥出的莲子米：“大学生要做弹花匠，不折煞我啊！不过权当是锻炼身体，我教你！”

亦莲教贺修民背着弓，“将将就、将将就”地弹起了棉花，她告诉他如何沾棉、弹棉，前两声是“沾”，后一声是“弹”。很快，他弹得像那么回事了，随着悠悠的节奏，一床平板结实的棉絮，在他的手下，听话地变成一堆松松散散的白花。这让他很有成就感。

亦莲在弹好的棉絮上绣字，她细碎的刘海刚好搭到眉毛上边，自然而柔靓。粉红沉静的脸，被白色的棉絮衬着，好像一小片红霞被一大片白云托浮着。她双眸如宝石又如寒星，红线头在她灵巧的手指下穿织，就像变戏法似的，不一会，就在棉絮上变出了一朵红莲、一只彩凤，一个“福”字或者“喜”字。

贺修民看得呆了，那是一双白皙纤细的手，有一种古典的优雅，应该去学一门乐器，比如弹琵琶或者古筝；当然，专门学一门刺绣，以后开个绣庄也不错。

他把这些想法说出来，她叹口气，说这些都是遥不可及的，一个弹絮匠的女儿，只是父亲的临时帮手，迟早都要嫁人，未来是什么？从某种程度上说，一个女人的未来就是那个会娶她的人。

他冲动地一把抓住她的手，恳切地说：“亦莲，你能跟我走吗？我带你到省城，到女子学堂读书！”

长这么大，她第一次近距离地感受一个男人的气息和力量，只觉脸上发烧，她想抽脱自己的手，但被他抓得紧紧的，手心出着汗，那是一种隐秘地交杂着甜蜜和紧张的感觉，她任由他抓着自己的手，苦笑道：“我们家哪里供得起学费哦！我听说那些新潮女学生，家里都有钱得很哪！”

他慢慢松开她的手。她说得没错，就是他自己在省城读书，学费和生活费，都是一笔不小的开支，如果没有恩师卢介康暗中帮助，他恐怕很难完成学业。

（6）

贺修民回到家中，金水酸溜溜地说：“你到亦莲姑娘那里，弹棉絮弹得倒好，弹了一整天，怕不是在弹棉絮，是在谈情说爱吧！”

贺修民一笑：“哥，你不要瞎说，我们只是聊了一下天，我觉得弹棉花很好玩，跟亦莲学了一会手艺。”

金水不依不饶：“我提醒你啊，不要脚踏两只船啊！”

贺修民瞪他一眼：“你越说越离谱，我越听越糊涂！”

金水这才告诉他，他师傅两次让人带话来，让他今天务必去一趟。

“有要紧事？”贺修民问。

“不晓得，应该还是为你做上门女婿的事吧？”金水像是在开玩笑。

贺修民吃了晚饭，就直往普善堂走去。

这次从省城回到莲城，他没有同任何亲人商量，做出了人生之中的一个重要抉择，加入了共产党。但这件事极为隐秘，当时他们一共八人，在莲城的一家小寺庙里，成立了一个党小组，他是成员之一。

恩师应该不会知道这件事情，否则，情况就大大严重了。

一路上，贺修民心潮起伏，这么多年来恩师把他当儿子看，该不该主动说起这事呢？

往事历历在目。

那一年贺修民刚十岁，做裁缝的父亲突然犯病，卧躺在床，每天都是他去普善堂为父亲抓药。

他个子不及柜台高，柜台里面密布黑色抽斗的药橱，他只能看到上面一半。

卢介康看他每天都来抓药，就问他是谁家的孩子。

他说是永正裁缝店贺家的老二。

贺修民自小读书聪颖，过目不忘。在私塾时，别的小孩背不了书，都会被先生体罚，挨板子、跪石头，甚至被先生打得头破血流，唯独他没有吃过先生的苦头。

这些，卢介康显然已经听说过，他表现出很有兴趣的样子，问贺修民读过哪些书。当贺修民说喜欢读医学书，看过《千金方》、《本草纲目》的时候，卢介康更惊异了，亲自拿了一把椅子请他坐下，说要出几个与中药材有关的上联，看他是否能对得上。

药店里抓药的客人围过来，你一言我一语地议论开了。

卢介康开口先来“白头翁”，小修民随口就答“红娘子”。

卢介康又来一联：八角七叶莲。

这“八角”和“七叶莲”都是草药。

贺修民略加思索：“六神九里香！”

众人鼓掌叫绝。

卢介康频频颔首：“你知道我开药店是为什么吗？但愿世上无人病啊！”

小修民来了一句“宁可架上药生尘”，这一句是他不知从哪里听来的，卢介康见他小小年纪文才敏捷，见多识广，就当场对着众人宣布，他父亲今后的药费全免。

贺修民父亲的病好之后，身体还比较虚弱，卢介康特别赠送了一瓶“保生丸”给他服用。

要说这个“保生丸”，可是普善堂祖传的“看家神药”，属卢家的祖传秘方，一般不赠外人。

俗语说虚不受补，但服此药滋补强身，不会增加消化负担，出现不良症状。即使是身体至弱之人，只要服上一二十丸，就会筋骨强壮，精神与体力倍增。

坊间流传，卢家制作此药时，使用了别人不敢使用的一门药引，说出来令人掩鼻，甚至恶心，那就是活蛆。卢家有一口专门喂养活蛆的池子，每日有专人喂养。活蛆从池子里捞出后，就会放到一口缸中吐垢排污，一直要过七天，才能放到第二缸里去，然后又呆七天，再放到第三缸里去，这样的缸卢家共有七只。也就是说七七四十九天之后，被饿得通体透明白白瘦瘦的蛆虫才从最后一口缸里捞出，然后暴晒成吹弹即碎的蛆尸，碾碎成粉末后加入其他几十种中药，搓成药丸，是为“保生丸”。

这是传闻，至于真假，无人知晓，但卢家靠“保生丸”发家倒是事实。卢家前几代人丁兴旺，传到卢介康这一代时，他又将“保生丸”行销到国外，较之祖辈，在财富的积聚上更胜一筹了。卢介康只有一个宝贝女儿，外人都说这是他的缺憾，但卢介康对此并不在意，他十分钟爱此女，也没有再生儿子的打算。

而且正如他药店的名字一样，这卢介康十年如一日坚持做善事，对于孤苦贫困者无钱买药者，卢介康施药不取分文。他每年还会在家门口施粥，特别是遇到灾年，饥民在卢家门前排队吃“大锅饭”几乎成了莲城一景。

（7）

贺修民成为卢介康的关门弟子，是在他十二岁那年。卢介康精通医术，武术造诣也极高，只是他不喜张扬，知晓的人并不多。

据传，卢介康少年时，得到甘肃一位回族武师的亲授，这位回族武师，将一种名为“莲花掌”的稀世掌法传给了他，这种掌法以内劲为主，即便练习一整天也不会觉得累。

那天，卢介康把贺修民叫到内室，抚着他的头说：“时局动荡，国运衰微，学点防身之术，总没坏处，听说你跟隔壁的章师傅学过拳脚，但那终究是皮毛功夫，要想独当一面，还得学点真功夫啊！”

说罢，他马步半蹲，深吸一口气，让贺修民运足力气朝他肚子打一拳，贺修民犹豫了一会，在他眼神的鼓励下，攒足力气一拳捣去，竟像捣在一团棉花上，等收回拳头时，手臂好像被卸了一个什么关节，软绵绵地抬不起来。

然后，卢介康又泼了一碗水在内室的地上，那地面经年累月被人踩得坚实黝黑如石板，水泼在上面，都不能很快吸收，只是留下一道稍深的水印。卢介康顺手拿起一根三四尺的竹竿，看似轻轻一插，竹竿已没入地面一半！

贺修民彻底心服口服，当天正式拜了卢介康为师，一有闲暇就来到卢家学练武功，卢介康先教他螳螂梅花拳，后来又教他“莲花掌”。

卢介康的宝贝女儿卢皓月生性顽皮，从小就像男孩子一样泼野，爬树掏鸟蛋打鼓泅①无所不为。卢皓月五岁时，卢介康在家中设馆，请了一位死板的老先生教她读书，老先生管她甚严，她就隔三差五地捉弄他，有一次竟偷偷放了巴豆在老先生的茶杯里，害得他一天跑了十几次厕所。

卢皓月六岁就跟随父练习“莲花掌”，经过十年坚持不懈的练习，她掌法的纯熟已不亚于父亲：表面舒缓圆柔，内在深沉坚刚，又不失飘逸神动，转掌如行云，移步似流水。后来，卢介康又从杭

① 打鼓泅：游泳。

州请来武师专门教她太极拳与剑术，不消两年时间，她又将一柄绕指柔剑舞得只见剑光不见人了。

卢皓月比贺修民小两岁，算是他的小师妹，有时候，师妹要和师兄切磋武艺，师兄就和她过上几招，多数时候，他都会在她的娇叱下败下阵来。

不得不承认，卢皓月在武术上很有天分。

贺修民走进普善堂后院的时候，正遇到师母张氏，她拉着他上下看了个遍，怜爱地叹道："修民啊，你真是长成大人了！"

他有些腼腆地低下头，师母告诉他，师傅卢介康已在内室等候多时了。

他一进内室，就给卢介康躬身行礼，歉疚地说："师傅，对不起，我这次是从省城回来，本来早该来看您的，只是让一件事情耽误了。"

卢介康和气地打趣："是不是家里要给你娶媳妇了啊！"

贺修民连忙说："哪有的事啊，我现在根本没想这个！"

卢介康一直想把这个关门弟子变为上门女婿，这事他征求过女儿的意见，女儿只说让父亲做主，父亲就明白了她的心思。

卢皓月已经不算太小，今年已有十六岁，莲城与她同年的女子好多都出阁了。普善堂在莲城算是大户人家，卢介康也算是名流了，做了他家的上门女婿，光继承财产这一桩就够人眼馋的，再加上，卢皓月人美如花，所以提亲的人很多。

卢介康一心要让女儿嫁给贺修民，婉拒了不少提亲者。

原先，贺修民回家，第一件事就是来看他，这次回来了两三天，也没到他这里来。听人说，省城的女学生很大胆，不但放了小脚，还剪了短发，与男人并肩而行亲昵说笑。贺修民如果与女学生自由恋爱上了，可就苦了他的宝贝千金卢皓月了。

于是，这次他拿定主意，要和贺修民郑重地谈谈，看他对卢皓月是否有意。

谈了一会在省城读书的事情，卢介康才问他："修民，我一直把你当儿子看，月儿呢，是我这一生最爱的人，思来想去，我唯有把她托付给你才放心！你是怎么想的，能跟我谈谈吗？"

对于卢皓月，贺修民感情复杂，几年相处，他与她情同兄妹，两人常在一起追逐打闹，畅诉心曲，然而，真正要娶她，又觉得这中间有道什么坎，一下子还难以跨过。

再说，前几天的那件事，他也许应该对师傅说一说。不过，不能说得太明白，那是组织纪律绝不允许的。

于是，他对师傅卢介康说，前几天，他参加了一个组织，加入这个组织的人，都是提着脑袋玩命，都是在刀尖上跳舞，说不定哪天会坐牢，会牺牲，皓月跟着他，恐怕没有安逸的日子过。

卢介康问这个组织是干什么的，他只能笼统地说，是为穷人打天下，为中国人争自由的。

卢介康沉默了一会，说："你不说，我也不好细问，但凭这些年我对你的了解，我相信，你做的事情是好事情，也是大事情，为师也不能说什么。只不过，我当时教你习武，并不希望你在社会上打打杀杀，我原本打算送你到国外留学，再让你回国经营实业，现在看来，是指望不上啰！"

贺修民又施一礼："请恕弟子愚钝，有愧恩师教诲与栽培！"

卢介康叹息了一声，说："你的信仰和事业我都不干涉，只是我年老体衰，月儿一个弱女子，逢此乱世，对她的归宿，我实是放心不下。我和你师母早就商量好了，让她等你四年，四年之后，如果你不能娶她，她就另嫁别人了！"

师傅把话说到如此分上，贺修民觉得再推辞就真是伤师傅的心了，他百感交集地点了点头。

临走时，卢介康要他第二天来吃饭。

(8)

一大早，贺修民就来到了卢介康的家。师傅昨天的一番话，让他彻夜难眠，皓月等他四年，这样高的礼遇让他惶惑，对她也不公平！他昨天之所以答应师傅，只是不忍心让师傅失望。

他想找个机会与皓月谈谈心，他要说服皓月，不要傻傻地等他。

庭院里，兰草青翠，空气清新，凉爽晨风里吹来淡雅的芬芳，白兰花静静地躲在绿叶之中，含苞待放，像白色羊毛做成的笔头。卢皓月一袭白衣，正在专心练剑，她身材颀长，体形轻盈，一招一式都极见功力，剑走灵蛇，剑锋如雪又如电。

贺修民静立一旁，像欣赏一幅极品美图，看得入神了。

一个漂亮的收势，卢皓月持剑而立，深深地吐出一口气，见到他，便快步跑过来，欣喜地叫道："修民哥，你来了！"

她细润如脂的鹅蛋脸因为运动染上红晕，格外娇媚，煞是好看。

贺修民还未开口，小师妹就叽叽喳喳说开了："修民哥，你晓得吗？几天前城里又遭了土匪，是湖匪柴云飞带的人马，烧了十多间民房，抢了好几家老店，裕源槽坊的掌柜还挨了一枪！"

贺修民问："柴云飞这家伙，还不敢来我们普善堂捣乱吧？"

卢皓月凝眸沉思，忧心忡忡地说："现在他还不敢来，因为普善堂有家丁护院，再说，我爸也不是好惹的。但我担心，以后他的势力越来越大，肯定会对普善堂下手！"

顿一顿，她又说："修民哥，我想成立一支女子护卫队，专招贫苦人家的女子学武防身保家卫族，你看怎样？"

"好啊！"贺修民觉得小师妹长大了，喜爱而欣赏地望着她，她的目光热烈地迎上去，既有信赖又有崇拜。

他把目光移到一棵柳树上："皓月，能……问你一个问题吗？"

她粲然一笑："能啊，么家都可以问。"

他吞吞吐吐："将来，想嫁……嫁一个怎样的……夫婿啊？"

她咯咯一笑，朝前跳跃着跑了几步："当然是像修民哥这样的啊！"

"我有什么好啊！"

她跑过来，撒着娇捶打他结实的胸膛："你就是好，就是好嘛！"

他还想说什么，她用手刮了一下他的鼻子："你呀，老实交待，是不是在外面有意中人了！"

他苦笑摇头，她一个剑步跳上一座假山，哼了一声："你要真有意中人了，我也不怕，我们公平竞争，决斗！"

说罢，她在虚空中劈出一掌。

他突发奇想，鉴湖秋瑾做少女时也是这个样子吧？勇敢、尚武，只是没有机会走出去，豪情万丈地做一番大事。

他问她："想听鉴湖女侠秋瑾的故事吗？"

她拉着他的手淘气地说："想听啊，想听，你讲的故事我都想听！"

这时候，她在假山上摆了金鸡独立的姿势，故意装作脚下不稳，要从假山上摔下来。他急奔上前，本欲将她扶住，她却主动跌在他的怀里，猝不及防的软玉温香，伴着娇美花靥及如兰的呼吸，让他轻微地发晕。

她双眼微闭，似乎在等他吻她一下。

他轻轻把她放在地上，对她说："我们还是讲故事吧！秋瑾留学日本，在回国前的一次欢送会上说：'归国后，若有人投降满虏，吃我一刀！'然后从长筒靴里抽出一把短刀，'嗖'的一声插在演讲台上！"

她鼓掌道："痛快！这才是真女子！"

当他讲到秋瑾被施以酷刑，罹难后当街横尸之时，她双眼通红，摩拳擦掌，恨不得立马去为女英雄装殓遗体。

谈着谈着，她忽然问："修民哥，你还没过早吧！"

他这才感觉肚中有些饥饿，她牵起他的手，向院子外面走，边走边撒娇："修民哥，你今天请我到街上过早吧，我好久没有到外面过早了！"

两人来到街上，看临街的早点铺子一个挨一个，不晓得走到哪家吃早餐才好。莲城这个地方早点特别丰富，光是小吃就有欢喜陀、洋糖酥、米发糕、藕饼、虾饼、苕饼、米粑、冲担锅奎、泡面锅奎、糍粑、锅烙粑、面窝、炕饺、水心包子等几十种之多。另外，牛肉牛杂汤粉、鳝鱼粉汤、凉面、包面、碱水面、炒面、细粉、宽粉、苕粉、炒粉、蛋酒、汤圆、莲子粥等都非常美味可口，如果一个月三十天每天吃一样，可以天天不重样。

贺修民与卢皓月要了两碗牛杂面，这种面要放红尖椒，他吃得鼻子冒汗，她掏出手帕为他擦，他脸一红，拿过来自己擦起来。看着他笨拙的样子，她开心地笑了。

(9)

中午，张氏准备了一桌地道的莲城菜肴。有莲城咸蛋、红烧麻鸭、清炒莲米、清炒藕带、香煎刁子鱼、干煸泥鳅、黄古鱼汤、鳜鱼汤、牛肉丸子、鱼肉丸子，再加上好几种色香味俱佳的蒸菜，分别是蒸鲇鱼、蒸青鱼、蒸猪肉、蒸藕、蒸豆角、蒸芋头等。

卢介康一家三口再加上贺修民，也只有四个人。贺修民心内的感觉很复杂，这一桌可能吃掉了穷人家好多天的生活费，然而这又是卢家的真心实意。

卢皓月晓得贺修民最喜欢吃鱼，就夹了一块鲇鱼肚皮放到他碗中，父母亲相视一笑，贺修民脸上发烧，也不敢看她灼灼的眼，只低头说了声“谢谢”。他吃了一块鱼肉，鲇鱼那糯软微带清甜的滋味，一点也不腻人，入口即化。

卢介康笑吟吟地说：“修民啊，你记住，鲇鱼肉不能和牛肝一起吃，两物相克，吃了伤身！”

卢皓月佯嗔道：“爸，你又来了，吃饭嘛，讲那些大道理搞么家①？”

贺修民说：“今天桌上蒸菜好多，这应该是地道的‘莲城三蒸’吧，师傅能不能讲一下‘三蒸’的来历啊？”

卢介康呷了一口白酒，停箸道：“所谓‘三蒸’，就是指蒸鱼、蒸肉、蒸菜，看似普通，但的确是莲城人在饮食方面的首创。不过追根溯源，还要提到农民起义军领袖陈友谅的夫人。元朝末年，渔家子弟陈友谅揭竿而起。莲城是个水乡泽国，俗语说，一年雨水鱼当粮，螺虾蚌蛤填肚肠。陈友谅的士兵常以鱼虾螺蚌代粮充饥。但鱼虾螺蚌腥味重，吃多了对肠胃也不好。友谅之妻张凤道发明了一种蒸食法，她将肉、鱼、藕等拌上大米粉，配以佐料，上甑猛火蒸熟。这样蒸出的菜味道极其鲜美，士兵们啧啧称奇，久吃不厌。自从他们吃上这样的蒸菜后，体质增强，士气大振，常打胜仗。从此，‘莲城三蒸’在民间流传开来，莲城人以‘三蒸’款待上宾，喜庆佳节，成了不成文的规矩。”

贺修民频频点头，卢皓月一边吃，一边哼起一首莲城民谣：

> 蒸菜大王，独数莲城，
> 如若不信，请来一尝！

张氏训道：“小丫头，吃不言，睡不语，你忘了，你还唱起歌来了！”

卢皓月撅起小嘴道：“妈，刚才爸啰里啰嗦讲了一箩筐，你怎么

---

① 搞么家：做什么。

不说说他啊！”

张氏笑道：“你倒反驳起我来了！你看修民多文静啊，像个姑娘伢，跟他多学点！”

贺修民不好意思地笑，卢皓月像记起什么：“修民哥，说起‘莲城三蒸’，说起陈友谅，就要说起他的故居元庙观，我长这么大，还一次也没到那里看过呢，今天能不能带我去看看？”

张氏阻止道：“月儿，别胡闹，修民哥马上要回省城，他还有事，你就别缠着他了！”

卢皓月嘟着嘴说：“不嘛，我偏要他带我去！等他回到省城，我再见到他，怕要等半年，好漫长啊！”

贺修民说：“师父师母，我今天下午有时间，元庙观里有我一个道士朋友，既然皓月想去，我就和她去走走吧！”

卢皓月高兴地拿起一个空酒杯，把她爸喝的“莲城小曲”倒了一小杯，跟贺修民碰了一下：“修民哥，你真好，我们干一杯！”说完，一饮而尽，张氏惊叹一声，站起来道：“你这个小丫头，几时学会喝酒了！”卢皓月皱着眉头口里直吸气，叫道：“好辣，好辣！”然后用调羹舀了两粒鱼丸，放进嘴里，才觉得好受些。

张氏还在指责，卢介康却是一脸宽厚慈祥的笑。贺修民看着她可爱的样子，也笑出声来。

（10）

元庙观清幽庄严，古意盎然，观内遍植苍松翠柏，还夹有不少白果树、桂花树、香椿树，青翠满目，树影婆娑。分散在道观四周的有雷祖殿、三清殿、救苦殿、观音殿、斗母殿、龙神祠、玉虚阁、妙佬阁……

卢皓月一进来，就似乎喜欢上了这里。

她走到一口水井旁边，停住了脚步，向下探望，井水如一面圆镜，照出她的姣美面庞。她从井里打了一小桶水，用手掬捧着喝了几口，叫道：“咦，这水怎么有点甜啊？”

贺修民笑道：“这叫玉泉井，当年陈友谅住在这里，就经常喝这口井的水，传说他二十年戎马生涯一直精力充沛，不生一病，与喝这水有关呢！”

卢皓月忙捧了一把井水到他口边：“修民哥，那你多喝点！”

贺修民略一迟疑，还是将嘴对准她的手心，喝了几口水。

不知什么时候，一位年轻道士站到了他们身边，发出两声咳嗽。贺修民一看，正是清虚道长，随即抱拳同他招呼。

清虚道长拱手回礼，他二十七八岁，瘦高个，一身灰色道袍，挽一个高高的道髻，颧骨高突，双目炯炯，下巴蓄一小撮山羊胡须，显得很特别。卢皓月盯着他看，看得他都不好意思了，他问贺修民道：“这位是……”

“我师妹卢皓月。”贺修民又向卢皓月介绍道，“这位是清虚道长。”

清虚道长面露笑容：“哦，原来是卢老板的千金！令尊每年对观里的支助很多，今天和修民来这里，是来敬香还是求卦啊？”

卢皓月看这个道士年纪不大，就与他逗嘴：“除了敬香、求卦，就不能来玩啊！今天我们就是专门来玩的！”

清虚道长和贺修民交换眼色：“你这个师妹挺厉害的啊，好，我今天就为你当回向导！”

卢皓月笑了：“这还差不多！我先问你一个问题，这里既然是陈友谅的故居，为何又叫元庙观，难道陈友谅当过道士吗？”

“说起来，不得不提到陈友谅的夫人张凤道，她不但是位美食学家，发明了‘莲城三蒸’，还是位女建筑学家，把自家原先的房子——一座四进三天井的建筑，按照诸葛亮的八卦阵形加以改造，建起一座‘迷宫’。后来，陈友谅兵败身亡，气量狭小又有些心虚的朱元璋，为了消除陈友谅在百姓中的影响，派人将陈友谅故居改成了道观。”

接着清虚道长又说：“不管正史上怎样评价陈友谅，在我心中，陈友谅，永远是一方英豪一代枭雄！”

贺修民点头赞成：“是啊，成王败寇，在朱元璋眼里，陈友谅是草寇；在莲城百姓心中，陈友谅是正义的化身呢！对了，那口刑锅还在吧？”

“在！”清虚道长带领他们穿过一条小路，来到一片杂草坪上，指着地上一口生了锈的铁锅说，“喏，这就是刑锅！”

这口刑锅，直径在三尺开外，深度也有两尺，经历了六百多年的风雨侵蚀，原先厚重的锅底已经锈蚀脱落了。

卢皓月不晓得这口破锅为什么叫刑锅。

贺修民告诉她，刑锅，就是用来行刑的锅，对于欺压百姓的官吏，陈友谅最拿手的做法，就是把他们一煮了之。这种酷刑让贪官污吏闻风丧胆，至今莲城还流传着一首古老的歌谣："蒸人的甑，煮人的锅，狗不快活，我快活！"这里的"狗"，就是指那些狗官吧！

"狗不快活，我快活！真好玩，真好玩！"卢皓月蹦蹦跳跳，围着铁锅转了一圈又一圈，鼓掌笑道。

清虚道长将两人请到他的静室小坐，三人仍在热烈地谈论陈友谅。

"听你们这一说，我都有些崇拜陈友谅了，不过，我更崇拜他的那位张夫人！"卢皓月说。

"这位张夫人，还真是了不得！她是我们莲城张员外的独生女，聪明漂亮，既喜读书吟诗，又会拳脚刀枪，十五六岁时，在门前搭了一个擂台，要比文招亲！"清虚道长说。

"怎么个比文招亲？"卢皓月很感兴趣。

"那天，擂台下面人头攒动一片喧闹，张道凤即兴挥毫写了一个上联：黑白相间，此去不分南北。台下男子交头接耳，但没有一个对出的。三天过后，陈友谅装成一个青年乞丐，续出下联：青黄不接，特来讨点东西。张道凤见此联对得工整，但是不大气啊，于是又出一联：一杆银枪能挡雄兵百万。陈友谅挥了挥手中的打狗棍：半截竹竿可驱恶狗千只……"

清虚道长在讲故事，卢皓月听得入神。

"其实这个故事是瞧不起陈友谅的人编的，没啥意思，无非是说他是个成不了大器的叫花子命，听说陈友谅与朱元璋决斗前，就藏了一批财宝在莲城，真有这事吗？"贺修民问。

"听老一辈的人讲，陈友谅并非鼠目寸光之人，他预料到与朱元璋争天下可能会落败，所以他在莲城挖地道，埋藏了大量的金银珠宝，为自己留条后路，后来他兵败身死，金银珠宝埋在何方，就成了一个谜了！"清虚道长理了理山羊胡须。

"如果能找到那份财宝，可做多少大事啊！"贺修民叹道。

"有人说财宝埋在莲花池里，有人说埋在十字街下面，反正，多年以前，有人费心挖掘过，但都一无所获。说不定，莲花池里有个古墓群。"清虚道长说。

卢皓月站起来，指着贺修民说："哎，你这个大男人，几时成财迷啦？多俗啊！道长别理他，还是继续给我讲一讲友谅之妻张道凤招亲的故事吧！"

贺修民像惊奇地发现了什么，又像在逗她："我发现师妹还真和张道凤有点像呢，都是富贵人家的独生女，又能文能武！"

卢皓月说："是啊，张道凤是'比文招亲'，我以后要来个'比武招亲'，修民哥，你可不能扮乞丐啊！"

她美目生情，一语双关，清虚道长看在眼里："皓月小姐怕是早有意中人吧，还招什么亲啊？万一招来的那个不是意中人，怎么办啊！"

她杏眼圆瞪，大声说："那，那我就出家算了，到你的道观里来做道姑！"

此言一出，观内忽有钟声响起，白果树上几只野鸽子受了惊，扑展着翅膀"哗啦啦"冲入云霄，三人都是一怔。

钟声响了三下，清虚道长解释，这是香客撞钟，撞三下分别代表"福"、"禄"、"寿"。

听他这么一说，卢皓月也要去撞钟祈福，并硬要拉着贺修民一道去。卢皓月在神像面前上了三支香，叩拜之后，也撞了三下钟，浑厚的钟声再次响起，在袅袅升起的香烟中，她望着贺修民，眼光盈盈如水，满含祝福与深情。

（11）

贺修民到亦莲那里拿弹好的棉絮，也是和亦莲告别的。

亦莲一见他，脸上就绽出了笑靥，眼里也跳跃着快乐的光芒，她将贺修民拿来的旧棉絮改造一新，还在上面用黄线绣了一条龙一只凤。那龙凤栩栩如生，仿佛在广阔的天空腾云驾雾。龙凤下面是用红线绣的"状元郎"三个大字，介于行楷之间，飘逸秀丽。

贺修民只觉亦莲没有机会读书，十分可惜。

亦莲今天特意穿了在贺家做的那件旗袍，湖蓝色新绸的料子，高领窄肩无袖，勾勒出饱满窈窕的身姿，旗袍上绣的几支含苞欲放的荷花，浮现出一种清新优雅的圆润，这与陈旧的弹絮店是如此不协调。

"这件衣服你穿起来真好看！"

"真的吗？"

"真的，你穿什么衣服都好看！"

"修民哥，你真会说话。"

"你人长得好看！"

"有省城的女学生好看吗？"

"比她们好看多了！"

"修民哥，你骗人！"

她佯装生气的样子，他急了："不信，我带你到省城去看看！"

很奇怪，以前有好多人都夸她好看，她听得多了，也就麻木了，甚至有些反感，现在他夸她好看，她从心里溢出甜蜜。

她故意逗他："我才不跟你到省城去呢！要是别的女学生喜欢你，那不要跟我打架呀！"

他说："不会的，那些女学生很文明的！"

她说："有不少女学生喜欢你吧！"

他的脸红了，结结巴巴地说："没……没……没有！"

她问："那你喜欢她们吗？"

他摆摆手，很坚定的样子："不喜欢！"

她扑哧一声笑了："你呀，不老实，鬼才信你！"

他有些傻气地笑了，然后，低低地说了一句："我只喜欢你这样的！"

声音很小，却像巨雷一般在她耳边轰响，她耳根发烧，坐立不安，说："修民哥，你坐一会，我给你倒茶去！"

她感觉到心跳的声音，如夏日急促的雨点打在荷叶上，深吸一口气，过了好久，也没压抑住内心的波澜。她递给他茶的时候，都不敢看他。

说出了那句话，他也忐忑不安，手接茶杯时有些颤抖，一下子，没接住，茶杯掉在他身上，水溅了他一身。

她惊叫一声："修民哥，烫着没有？"

他扯了扯衣服，说："没事！"

她手忙脚乱，连忙拿毛巾为他擦："修民哥，不要紧吧！"

他突然捏住她的小手，仿佛一道电流击中了她的身体，她全身颤栗，对于接下来要发生的事情，茫然又紧张。

门口传来一声咳嗽声，有人进来了。

她连忙抽出手，朝门口望去，是街东的王伯进来了。

王伯要加工棉絮。

贺修民觉得自己要走了，虽然他很舍不得走，告别亦莲时，一丝惆怅夹杂着好奇泛上心头：要是能让亦莲去省城读书，她会脱胎换骨变成一个什么样的人呢？

他走出弹絮店的时候，她送他到门口："修民哥，你到省城后，我，可以给你写信吗？"

他连忙点头："当然可以啊！我期待你的来信！要不，我给你写信！不知为什么，我有些担心你，亦莲，世道太乱了，有什么事，可以找我的小师妹卢皓月，她会帮你的！"

她低着头，抚着斜倚肩前的长辫："你要好好读书啊，别担心我，我不会有事的。"

然后，她抬起头，目光里有柳絮一样的东西飘出来，他有些措不及防又有些迷醉。

他走的时候，轻轻拍了拍她的肩："走了，你要照顾好自己啊！"

她点点头，有一种想靠在他怀里的冲动，她倚在门边看他背影渐渐远去，屋内，王伯叫她，她好像从梦幻中回过神来。

第二章　歧途

（1）

亦莲的娘病死那年，亦莲七岁。关仁松没有续娶，含辛茹苦拉扯两个儿女长大。儿子关旭长相俊朗，关仁松看准了几户人家，涎着老脸央了媒婆去提亲，都碰了钉子，没别的，就是嫌他家穷。更让关仁松烦心的是，关旭最近迷上了一个外号叫“白菜心”的女戏子，常常往戏园里跑。

关旭从小喜欢看花鼓戏。

“楚人好乐，楚地多歌”，地处楚地的莲城，也不例外，莲城这个歌谣之乡，正是个“坡上唱樵歌，湖中唱渔歌，田中唱劳歌，月下唱情歌”的地方，花鼓戏就起源于本地民歌、小曲，歌谣唱词通俗，唱腔欢快，道白上多用莲城方言、歇后语。

莲城有四五个花鼓戏班。关旭常去看的这家叫民众花鼓戏班，班主是“戏夫子”陈老幺，他曾带班到大汉口唱花鼓戏，据说当时的楚剧名家看了演出之后，忧心忡忡地大发感慨：“今后要夺楚剧饭碗的，恐怕就是莲城花鼓了！”

关旭对花鼓戏似乎有一种天生的好感。

有一个戏叫《王瞎子闹店》，他看了十几遍，都没有生厌，反而是越看越过瘾，那个王瞎子一上场就念数字绕口令：“一呀二呀三哪，三哪二呀一呀，一呀二呀三哪四呀五啊六啊七呀！七六五四三二一四三二啊一呀！”念得抑扬顿挫回肠荡气，令人听了，只觉得像是夏日里每个汗毛孔灌了凉风那般舒坦。王瞎子投店，每次都故意将小店门口的对联念错，对联横批是“四季发财”，他偏念成“四季发火”，他对别人吹牛，说他有一个兄弟手拿银枪管千军万马，别人再三询问，方知他兄弟是拿着麻秆放鸭子的。

至于白菜心的演出，和王瞎子相比，又是一路，演王瞎子靠方言与幽默取胜，白菜心靠的是综合实力，从长相、唱腔、扮相到肢体的一招一式，都无可挑剔。

白菜心真名白小翠，“白菜心”这个绰号，是戏迷们对她的昵称，是说她那张脸如白菜心嫩得能滴出水来，用莲城人的话说，她很“水色”。

小翠的父母都是邻县新阳人。由于年年水灾，“堤溃无人管，穷人饿肚肠，眼望洪水泪汪汪，携儿带女逃水荒”。新阳人长年逃荒卖艺为生，打三棒鼓是灾民乞讨的一种手艺，灾民们走到哪，唱到哪，被称为“中国的吉卜赛人”。

所谓三棒鼓，就是三根棒子一面鼓，抛耍者以三根鼓棒击鼓伴唱，鼓棒眼花缭乱地上下翻飞，落鼓合拍成音，鼓棒绝不能落地，否则，就讨不到赏钱。

小翠十一二岁时跟随父母打三棒鼓流落到了莲城，跟父母抛捧学唱，鼓声“锵锵锵”响起来，她便唱：

身背三棒鼓，流浪走四方。
鼓儿咚咚锣儿锵锵，怎不叫人痛断肠。
老天爷，年纪大，耳朵聋，眼睛花，
杀人放火的享荣华，吃斋念佛的却饿煞……

戏班班主陈老幺见这小女孩模样周正可爱，唱腔珠圆玉润，是个不可多得的花鼓戏苗子，就与她父母商量，要收她为徒。父母正愁女儿不好养活，于是顺水推舟，让小翠认了陈老幺为干爹，跟他学戏。

小翠的父母四海为家，一走多年，音讯全无，不知生死。而小翠也从十一二岁的小女孩变成了亭亭玉立的大姑娘。

（2）

关旭最喜欢看白菜心在《站花墙》中扮王美蓉，只要她袅袅娜娜地一出场，咿咿呀呀地一开腔：“风吹杨柳条条线，雨洒桃花朵朵鲜，春风不入珠帘里，美容何日转笑颜……”他的魂就不在自己身上了。他常常想起一句戏文：此女只应天上有，人间哪得几回见。

白菜心口齿伶俐，吐字清楚，特别是莲城花鼓调里的“咿呀喂子哟”，由她甜丝丝唱出来，别有一种娇媚勾人的韵味。

当她唱到“花开花谢红颜老，瘦了红颜有谁怜”的时候，春情荡漾的媚眼一扫，又露出无限哀婉凄怨的样子。每次戏演完了，关旭还呆呆地坐在板凳上，不肯离开。

让关旭沮丧的是捧白菜心的男人，或者说打她主意的男人太多。她一台戏唱下来，男人们比起赛来往台上抛银元或者绸缎，整个戏园嘘声四起。

他不晓得，漂亮女人就是一朵鲜花，既然绽放了，群蜂乱蝶不来骚扰，那才不正常。

周四新早就对白菜心垂涎欲滴。他出手阔绰，并公开说想纳白菜心做小老婆。

关旭一个寒家子弟，按说不敢和有钱有势的人竞争，但他似乎心存幻想，想那白菜心，应该和她演的《站花墙》中的王美蓉一样，不是一个嫌贫爱富的主，如果自己精诚所至，没准，她的芳心会对一个穷小伙子“金石为开”。

有一次白菜心演完戏后，他鼓足勇气去后台找她。

拉胡琴的张琴师是他爸的老朋友，晓得他的心思，有心成全他，就把他带到白菜心面前说：“小白，我给你介绍一位戏迷，他叫关旭，几乎天天来看你的戏呢！”

白菜心看到这个青年男子，愣了一下，关旭虽然出身于小小弹絮店，但和妹妹亦莲一样，都是一流标致的人物。他脸上棱角分明，尤其是两道浓眉，一个高挺的鼻子十分醒目，真是个帅气的小伙！白菜心在心里微叹，说了声“谢谢”。

卸了妆的白菜心，比起舞台上的扮相，多了一种不施脂粉的清丽，如果把纷乱的后台比作一个大菜园，她就是一株碧绿养眼的小白菜。

他只看了她一眼，便将目光闪开了。来之前，他准备了好多话，到了眼前却一句也说不出，过了半天，才来了一句：“你的戏唱得真好，是我听到的最好的戏！”

白菜心故意逗他：“我们民众戏班，哪个唱得不好呀！”

关旭结结巴巴地说：“那当……当然，不……不过，你真的唱……唱得很好！”

“那你就每天来看我的戏哦！”白菜心说这句话时，眼波湿淋淋地溢出柔媚，把关旭定在那里，过了半天，他才忙不迭地说：“好，好好，好，好！”

这一夜，关旭失眠了，白菜心水灵灵的眼神老在眼前一闪一闪，还有她唱的《站花墙》，也莺歌燕语地在耳边婉转萦绕，现在他总算明白了余音绕梁是多么美妙的滋味。

《站花墙》这出戏，剧情很简单。公子杨玉春和小姐王美蓉订了亲，杨玉春父母双亡，王美蓉嫌贫爱富的父亲就变了卦，毁了婚约不说，还将杨玉春责打四十大板逐出门外，王美蓉不满其父所为，到花墙与杨玉春约会，二人互诉衷情，交换信物，订下婚约，再结同心之好。

白菜心扮演的王美蓉巧笑倩兮美目盼兮，唱得好感人：

公子呀你且放宽心，终身自有我担承，
一更鼓二更静，三更来到花园门，
赠你的金子十六两，赠你的银子两半斤，
金子拿回去买田种，银子拿回去攻书文；
大官小官求一个，来年迎娶王美蓉。
纵然科场不得中，海角天涯我随行。

关旭也把自己想成了多情的杨玉春，在被窝里哼开了：

美蓉说罢真情话，墙外喜坏了杨玉春。
先前是我错怪你，水落石出见真情，
墙外打躬赔不是，白头到老结同心，
忙在胸前摸一把，素珠落在手中心。
此物不是无价宝，聊表玉春一片心。

(3)

从此，只要有白菜心的戏，关旭差不多天天去看，找机会和她说上一两句话。白菜心呢，也不讨厌他，一来二往，倒是感动于他的痴情，对他有了几分好感。

看到周四新等人往台上丢银元和绸缎，关旭心里不是滋味，他没钱给白菜心买什么，只觉得自己做男人做得有些失败。

有一天，他偷偷地摸到后台，找到她，惴惴地拿出一支麻花玉簪，要送给她。

白菜心倒很喜欢，她双目含情，笑着接过，端详了一会，将玉簪插进如墨的秀发，偏过头问他好看吗。关旭激动地说，好看，好看！

白菜心与关旭站在一起，还真得很相配，男的俊朗出众，女的端庄秀丽，张琴师看在眼里，喜在心上，便有意撮合他们。过后，他跟班主陈老幺提起这事，陈老幺虽对关旭的家境不太满意，但对关旭这个人印象还比较好，觉得他是个能扎扎实实过日子的人。周四新之流捧白菜心，无非是想在她身上捞点便宜，不光不能做指望，还得好好提防。陈老幺同意张琴师去找关仁松，让关家来提亲。

然而，等张琴师对关仁松一说，关仁松脸就沉下来。

他像一个有头有脸的人物，背着手在弹絮店里走了一圈，然后摇着手对老朋友张琴师说："找一个戏子去提亲？荒唐，决不可能！"

这话也打击了张琴师，他是个琴师，算是半个戏子，无端受到这样的歧视，脸上就有些挂不住。

在关仁松眼里，戏子属于下九流，比他这个弹絮的工匠还不如，而且，他还有一种看法，认为戏子作风轻浮，在台上与人眉来眼去惯了，台下也好不到哪去。不管怎样，他都不同意儿子娶一个戏子进门。

张琴师讪讪地走了。关仁松叫来关旭，问他和白菜心的事情。关旭最先不说话，后来被问得急了，就说："是的，我就是喜欢她！"

关仁松教训道："我承认，白菜心的确是漂亮，即使她真的愿意嫁给你，你守得住她吗？十个戏子九个'流'，还有，我听人讲周老虎在想她的心思，他想弄到手的女人，哪个逃得了？"

关旭不服气："按你这么说，唱戏的就没好人了？真是一篙子打翻一船人，白菜心就不是那样的人，只要她心甘情愿嫁给我，就是想安分过日子的人，反正，我喜欢她，谁也拦不住！"

关仁松生了气："你还反了？我说不行就不行！"

亦莲在旁边听父子你来我往，吵得不可开交，就对父亲说："爸，你就让哥自己选择吧，如果你不让他娶白菜心，他可能一辈子都会怨你，如果娶白菜心，是他自己做的主，以后幸福不幸福，他都会自己承受！"

关仁松不耐烦地说："去，去！小孩子家，晓得么家！"

亦莲笑了笑，走到一边去了。

关旭打定主意，如果父亲死活不同意这门亲事，他就自己找人到戏班来提亲。

过了几天，关旭又去戏园找白菜心，没想到在后台遇到了周四新。

（4）

这几天，周四新连几家赌馆的生意，也不怎么管了，天天来捧白菜心的场。白菜心刚唱了一段《思凡》，他赏了五块银洋。等白菜心一下场，他就像一只寻着腥味的猫跟到了后台。

都晓得周四新不好惹，戏班里的人全是笑脸相迎。白菜心瞥了周四新一眼，没有说话。他凑到她跟前，说："小白的《思凡》唱得我春心大动啊！"

白菜心淡淡地说："谢谢周爷打赏，让您破费了！"

他的小眼睛盯牢了白菜心的脸，用花鼓调唱了一句："小尼姑正青春年方二八，恨师傅坑留我庵堂出家，每天天在禅堂烧香化水，余外还要我拜菩萨……"

白菜心应付道："周爷的花鼓戏还唱得不赖。"

他顿时来了精神，目光锁在她鼓起的胸上："那我就唱一段给你听听啊！"

我有个好情妹，近在眼跟前，
情妹真好看，秋波丹凤眼。
不用胭脂和水粉，水色好得很，
银牙红嘴唇，实在爱煞人。
不长又不矮，一对莲蓬奶，
天天想情妹，想起眼掉泪，
想与情妹一头睡，何日有机会？

唱到此处，他就去拉白菜心的手。听到这流里流气的小调，白菜心的脸早就红了，她挣脱他的手："周爷，别这样！"

周四新又唱道：“牵起情妹手，手像白莲藕，好比春笋刚出土，一弹水直流！”

他抓住她的手：“乖乖小白，就让周爷摸摸你的手，你又不会丢一块肉！”

小白菜想用力挣脱，周四新的手却如钳子越捏越紧。小白菜越是气喘吁吁挣扎，他越是笑得开心。这时候，关旭进来了，一眼看到一个年过四十的男人对白菜心动手动脚，就火冒三丈冲过去，扯开他：“光天化日之下，这是搞么家！”

周四新从上到下打量关旭：“呵呵，哪里蹦出来的毛小子，敢管老子的闲事！”

小白菜对周四新赔笑说：“这是我的朋友关旭，他不懂事，您多包涵。”

周四新哼了一声：“关旭？不就是那个弹絮店的小弹匠吗？怎么，几时成了你的小白脸啊，今天要吃干醋？”

关旭挺了挺胸，说：“我是个小弹匠，比不上你姓周的财大气粗，但是，你有钱，也不能这样欺负人啊！”

周四新斜了他一眼，不屑地说：“我就要欺负她！看你这个穷小子能把我怎样！”

说着，周四新摆出一副色迷迷的样子，要去捏小白菜的脸蛋，小白菜一步步往后退。关旭怒不可遏，对着周四新就是一拳。周四新身子轻轻一避，关旭拳头落空、站立不稳。周四新顺势一腿弹出，踢中他的腰部，关旭倒在台上，周四新踩着他的胸，骂道：“臭小子，想和我斗，门都没有，我看你是活得不耐烦了！”

关旭乱踢乱打，但身体就是不得动弹，张琴师、陈老幺还有其他艺人，都赶过来劝架求情，周四新又踢了他一脚，悻悻地说：“看在这些前辈的分上，老子就饶了你！”

关旭爬起来，用足气力朝周四新的面门打去一拳，周四新反手一格，一把揪住他的衣领，一拳捣在他的脸上，他的鼻子被打破了，鲜血直流，他用脚去踢周四新，但那只是徒劳，只是一瞬间，周四新的拳脚如雨点一样倾泻在他身上，他倒在地上，头一歪，晕了过去。

周四新毕竟还是怕出人命，丢下一句“找死”，故作潇洒地弹了弹衣服，走了。

白菜心花容失色，众艺人手忙脚乱把关旭送到诊所急救。

（5）

周四新下手狠，关旭被打得浑身青肿，断了一根肋骨不说，肾脏也被踢伤，尿血不止。在医院住了三天，才慢慢缓过气来。

亦莲一直陪护在哥哥身边，关仁松却没来医院看儿子，他在弹絮店里自言自语发牢骚："不听老人言，吃亏在眼前！"有时，他还会拉住顾客大倒苦水："你看，你看，这个儿子不听我的，喜欢上了一个戏子，这不，让人打得在医院躺了三天还起不来，这不是活该吗？"

顾客听得起劲，他讲得更起劲："这周老虎能惹吗？谁不晓得他红黑两道通吃，就是杀一个人，也是睁眼闭眼的功夫，现在，这臭小子得罪了他，我们家算是没好日子过啦！"

然后，他就连连叹息，"唉，白菜心，白菜心，我看是一个害人精！"

自关旭被打后，白菜心天天往医院里跑。

关旭醒过来后，看见了白菜心，她似乎哭过，眼皮微肿，水汪汪的眼睛里满是担忧。

关旭捉住她白皙凉滑的手，她没动，疼惜地看着他。他忽然发现她手上的那只翠绿色玉镯不见了。

"你的玉镯呢？"他问。

她低头不语，拿出随身带来的小包裹，一层层打开，露出一沓银元。她小声说："关旭哥，你看病缺钱，我当了一些饰品，希望能救一下急！"

关旭想一下子坐起来，腰间一阵剧痛，让他龇牙咧嘴动弹不得。白菜心连忙按住他："关旭哥，你别动！"

关旭长长喘一口气，对白菜心说："你，你真好！"

白菜心几乎天天来看关旭，关旭的身体恢复得很快，到第五天的时候，他已完全能从病床上坐起来，上半身活动自如了，只是还不能下地走路。

白菜心熬了鸡汤带到医院来，她紧挨着关旭，喂汤给关旭喝。

亦莲进病房的时候，正看到这一幕，她知趣地退出来，无端地想起贺修民，他那一口小白石似的牙，他清清爽爽的样子，他对自己说过的那些话。

关旭一口一口地喝着鸡汤，心里美滋滋的，他火辣辣地盯着俏美的白菜心：“你炖的汤好鲜啊！娶了你真要幸福死了！”

白菜心红了脸低头不语，关旭一把将她揽到怀里。以前，在戏台上，看她娇美的扮相，只觉戏美，人更美，现在软玉温香在怀，一下子有些眩晕。他情不自禁，低头向她吻去，她略一挣扎，便回吻起他来……

（6）

关旭从医院出来后，回家静养。关仁松对关旭自然没有好脸色，这次关旭住院，花掉了他大半辈子的积蓄，他心疼得要命，一想起那些钱打了水漂，他的嘴角就不由抽搐起来。而且，花了这么多钱看病，只能自认倒霉，还不能说人家周老虎半个“不”字。

这事在莲城传开后，普善堂的卢介康派人送来了十块大洋，还有专治跌打损伤的“卢氏活血丹”，这“卢氏活血丹”和“保生丸”一样，都是普善堂的祖传秘方。

关旭服用了“卢氏活血丹”，体力迅速恢复，不消几天，病就完全好了。

亦莲见哥哥病愈如此神速，心下对普善堂十分感激。关家一个小小的弹絮店素来不敢高攀普善堂这样的大户人家，所以两家从无任何来往。虽然济弱救贫、扶危助困，对卢介康来说，已是常事。但亦莲觉得受此恩惠，不论怎样，都要上门感谢一下。

这天，她挎着一个竹篮径直向普善堂走来，篮子里装的是她积攒的几十枚鸡蛋，鸡蛋上面盖了一块蓝花布。

卢家门口，一位头戴礼帽身体微胖的男子要上一辆轿子。此人四十五六岁模样，面孔白皙，穿一件灰色长袍，足蹬一双小圆口千层底鞋，既和善又气度不凡。亦莲上前微微鞠躬，颔首道：“请问，您是卢老板吗？”

卢介康疑惑地看着亦莲：“你是？”

亦莲说：“我是弹絮店关旭的妹妹关亦莲，前段时间我哥被人打伤，多亏了先生的神药，还让先生破费，现在他已经完全康复了，我是来感谢您的！”

亦莲穿一件蓝布碎花布衣，梳着两条黑油油的长辫，犹如古画中走出的一尘不染的仕女。

“哎呀，原来是亦莲姑娘，快快请进！”卢介康顿添好感，忙将她引进门，“只不过做了件很小的事情，算不上什么，你哥哥病好了就行，快别说感谢的话！”

早有一个女子迎上来，脸似羊脂美玉，发丝轻束于脑后，穿一件嫩黄色衣衫，婀娜身段漾出饱满的青春活力，她扯住卢介康的手，看亦莲时，既有几分好奇，又有一丝敌意：“爸，这，这是谁啊！”

“这是弹絮店的亦莲姑娘！”卢介康笑道，然后又对亦莲说，“这是小女卢皓月！”

卢皓月仔细端详亦莲，仿佛看不够似的，惊呼道：“真不愧是莲城第一美人啊！”

亦莲粉面羞红。放下鸡蛋要走，被卢皓月拉住。她挣扎了几下，竟是纹丝不动，想不到对方一个妙龄少女，手上的力道是如此之大。

卢皓月对父亲扮个鬼脸，催他出门，等他一走，就对亦莲说：“亦莲，既然来了，就陪我说一下话嘛！等下，我还有节目表演给你看呢！”

亦莲很好奇：“节目？”

卢皓月调皮地眨眨眼：“暂且保密，你先听我的，别走！”

就这样，亦莲被卢皓月拖着，在后院石凳上坐下。

卢皓月气愤地说：“周四新这个坏蛋，胡作非为，殴打无辜，真是可恨，总有一天要遭报应！”

见亦莲不语，卢皓月又说：“我师兄贺修民，早就不满周四新的所作所为，迟早会收拾他的！”

“贺修民？”听她提到他，亦莲突然念出声来。

“是啊，怎么，你认识我师兄？”

亦莲的脸又红了：“是的，算是认识，他来我家打过一床棉絮。”

卢皓月讲起了贺修民，在她陶醉般的叙述中，贺修民被描绘成一个文武双全、智勇兼备的翩翩才俊。亦莲心情复杂地望着美丽的卢皓月，脑中浮现出贺修民的面孔，仿佛看到这是金童玉女的一对，心里又生出一丝酸涩的自卑。

这时，一名年轻侍女来向卢皓月请示：“队员们都到了，请小姐指示！”

卢皓月拍了几下巴掌，进来一队少女，约十五六个，一律短发，白衣白裤，系黑色腰带。

她们齐声向卢皓月鞠躬问候：“小姐好！”

卢皓月对亦莲说：“这就是我的女子自卫队，够精神吧！你先坐一会，看我们练习。”

自从母亲死后，都是姑妈给亦莲灌输那些传统观念，似乎只要你是女人，不管是大家闺秀还是小家碧玉，都应该大门不出二门不迈，整天躲在闺房绣花绣朵，学习三从四德。

“女子自卫队”对亦莲来说无疑是个新名词，她隐隐有些盼望，又有些好奇，不知将要上演什么节目。

卢皓月发出几声号令，白衣女子们如纺纱织线一般疾走穿梭。从远处看，如一朵怒放的白莲花，每个人就是一叶洁白的花瓣。身穿嫩黄色衣衫的卢皓月娇叱一声，跳入“白莲花”的中心，几个女子伸手托起她，极像一只嫩黄的初生的莲蓬。

接下来，白衣女子们打起了太极拳，一招一式整齐划一，有急有缓潇洒飘逸。然后是女子剑术，卢皓月先做示范，她剑似飞凤，刺、劈、点、削，舞得人眼花缭乱，不光是亦莲惊叹不已，就是那些女子也都屏气凝声，看得一眼不眨。过后，她们琢磨着卢皓月的剑法，练起剑来，白衣飘飘，剑光闪闪，娇叱声声，飒爽英姿之外又添一份妖娆。

卢皓月问亦莲：“好看吗？”

亦莲激动地点点头。

卢皓月说：“这些女队员，都是我从贫苦人家招来的，她们学习武术，只为防身健体，保家卫族，当然，如果学有余力，路见不平，惩恶扬善也未尝不可！”

亦莲问：“我可以参加吗？”

卢皓月笑道：“当然可以啦，你要是早点加入，前段日子，那个坏蛋周四新欺负你哥时，你就可以出手相助，帮得上忙啦！”

亦莲低着头，用小脚在地上划了一个小圈，说：“我，我怕自己不行，没那个天赋。”

卢皓月说：“这是哪里话，我看得出来，你一定行的！”

女队员们练习了拳法，后来还练了枪法，卢皓月有一把短枪，她告诉亦莲那叫盒子炮，她用盒子炮打靶，枪枪打在靶心，博得女队员们的阵阵掌声。她将盒子炮递给亦莲，让亦莲试试，但亦莲不敢试，心想，自己要是有卢皓月本领的十分之一，就可以找周四新报仇了！

回到家里，亦莲把参加女子自卫队的想法跟关仁松一说，关仁松就摇头："一个女孩子舞刀弄枪搞么家？吃饱饭没事做了吗？"

亦莲不服气："人家卢老板的千金卢皓月不是女孩子吗？"

关仁松生了气："你还和别人卢老板的千金比，这不是癞蛤蟆跟着鱼打浑吗？人家有多少钱？她学枪练剑，是好玩，人家玩得起，我们穷家小户可玩不起啊！"

亦莲一听爸将她比作癞蛤蟆，也生了气，走到一边，不理他了。

（7）

一个月之后，亦莲家里来了一个媒婆。媒婆一进门，就天上地下狠夸了亦莲一顿，那些泛滥的溢美之词，关仁松听得多了，他懒洋洋地应付着，只等媒婆亮出那张牌来，好去定夺。

当媒婆吐出"举人老爷王师璧"这几个时，关仁松有些紧张，这是以前从未有过的。

他以前常说嫁出的女儿泼出去的水，要把亦莲这盆水泼在大海里，现在他所认同的"大海"找上门来了，他又有些犹豫了。

举人老爷是何人？

他姓王，名师璧，字玉明。其家为官宦世家，出过几位进士，王师璧的父亲就做过知州。

王师璧当年到省城参加乡试已经三十八岁，好不容易中了个举人，满以为可以贡士、进士一路考下去，然后做官发财平步青云光宗耀祖的，辛亥革命一声炮响，让他美梦成幻。

王师璧心灰意冷，在家潜心休养，不复出仕。

凭着殷实的家产和官宦世家的威望，王家在莲城无疑属于望族之列。莲城的大小纠纷诉讼，还是少不了王师璧的。对此，他也很热心，常常摆出一副乡绅族老的派头，说青道黄，指东划西。

再加上一桩，前不久，这王师璧的大儿子王京甫在邻县新阳当上了知事，统管一县的大小事务，这让王师璧脸上更有光了。

从五岁起读四书五经，或许是一种压抑的爆发，或许是一种偏执的热爱。王师璧日渐一日迷上了春宫画册和所谓的淫书，沉浸在《金瓶梅》、《痴婆子》、《肉蒲团》、《绣榻野史》、《如意君传》之类的艳情小说中赏玩不已，似乎获得了一种隐秘的快感，采阴补阳之类的枕席之术，是他最为热衷的。

与理论配套的实际行动，是王师璧的纳小计划。从四十岁起，他每隔几年都要纳一房小妾，实践他的御女之术，幻想消除百病，益寿延年。

让关仁松担忧的是，王师璧有钱有势，但已有几房小老婆，女儿嫁给他只能做小，关键是他年过六十了，比自己的年纪都大，而亦莲还只有十七岁，会同意吗？

媒婆看出他的顾虑，说："自古婚姻大事，都是'父母之命，媒妁之言'，亦莲肯不肯，还不是你说了算！再说嫁到举人老爷家里，吃香喝辣，用度不愁，你们家里也得实惠啊！这不，举人老爷说了，今天算是初次登门，不管你同不同意嫁女儿，让我带来一百块大洋作见面礼！"

说罢，媒婆把大洋整整齐齐码在桌上。

媒婆又说："举人老爷说了，只要你同意嫁女儿，彩礼最少三千大洋！"

三千大洋，在旁人看来，似乎很不少了，但是关仁松心里自有比较。莲城物产极为丰富，但地势地平，饱受洪涝之苦。辛亥革命后，莲城又发了几场大水，饥荒蔓延，老百姓背井离乡讨饭的极多，乡下人活不下去卖儿卖女更是常见。关仁松记得，前不久，茂元布店的老板在乡下买了个黄花姑娘，只花了三十块大洋。

三千大洋，他在心里掂量着，不算少，可离他心中的那个数字还有距离，他不好意思明码实价狮子大张口，就在口里念叨着："三千，好像……"

媒婆晓得他的意思，就说："钱的事都好说，我来的时候，举人老爷说了，彩礼他可以出到五千大洋！哎哟，您生了这亦莲姑娘，真是天大的福气啊！"

这实在不是一个小数字。他好像已经看到了一大堆银元亮闪诱人地码在面前，他脸上有了笑容，点了点头。

送走媒婆后，关仁松琢磨着怎样跟亦莲开口。

关仁松心里盘算开了，五千大洋，的确不少。把女儿亦莲嫁给举人老爷，就可以给儿子说门好亲事了。“错过这个村，就没有那个店了”，媒人临走时说了这句话。是啊，如果这次错过，可能关旭一辈子都讨不上体面的媳妇了，他们关家可能就会世世代代穷下去。

而且，最近关旭被周四新打伤，也让他深深感到，像他们这种人家，太势单力薄了，不找个有头有脸的大户人家做靠山，以后免不了还要受欺负。

所以嫁女儿亦莲就不能马虎，说得不好听一点，为亦莲选婆家，是他生命中的最后一根稻草，也是他人生最后一笔可以动用的资本，是否能产生丰厚的回报，就看他眼光如何了。

（8）

关仁松下了决心，一定要跟亦莲说。

这天傍晚，关仁松还没到厨房，就闻到鱼肉飘香，他使劲地吸着鼻子，朝正在厨房忙碌的亦莲叫道：“做的么好菜，这么香啊!”

亦莲含笑不答，不一会，就端上了很多菜，在桌上排开，不多不少，正好是十碗。关仁松有点犯迷糊了，今天是什么好日子，亦莲要在家里隆重摆“十碗”?

“吃十碗”，是莲城的一种传统，“十”是十全十美的吉祥意思。民间娶媳妇嫁姑娘，小孩满月、过周岁，老人祝寿，乔迁新居，都要宴请亲友，上十碗菜肴。这十碗菜也有讲究，一般都固定不变，即四鱼、四肉、一鸡、一鸭。“四鱼”分别是滑鱼、蒸鱼、酥鱼、鱼丸子；“四肉”则是东坡肉、蒸肉、笋衣烧肉、肉丸子；“一鸡”是黄焖鸡块；“一鸭”是红烧野鸭或者家鸭。而且，上十碗菜还有吉利的说法，第一碗叫独占鳌头，第二碗叫双龙戏珠，第三碗叫三元及第，第四碗叫四喜发财，第五碗叫五子登科……

关旭提醒他：“爸，你不记得了吗?今天是你的生日啊!”

儿子给他斟了一杯“莲城小曲”，他这才想起来，今天是他四十八岁的生日，他笑盈盈地望着懂事的儿子和女儿，有些伤感地说：“哎，不是你提醒，我倒忘记了，穷人还过么家生日啊!”

亦莲责怪他：“爸，穷人富人可都是人啊，您操劳了半辈子，也该学会心疼自己哪!”

一家三口畅快地边聊边吃，亦莲忽然想起早逝的母亲，心情有些低落，夹菜的动作慢了很多。关仁松父子却欢快地对饮着，桌上十个菜碗空荡荡的时候，关仁松有些喝醉了，目光呆滞地看着亦莲说："女儿啊，爸给你找了个婆家，不但不要陪嫁，以后你嫁过去，吃穿不愁，荣华富贵享受不尽……"

听到找婆家，亦莲觉得很突然，她低了头，听父亲继续唠叨，当她听到"王举人"这三个字时，身子一下子跌入了冰窟。关旭惊叫起来："爸，你怎么能把妹妹嫁给那个老东西做小，这不是疯了吗！"

关仁松喝道："你懂个屁！人家举人老爷多好的条件，好多黄花闺女他还看不上呢！他能看上我们亦莲，是亦莲的福分！"

关旭说："是屁的福分，我看是灾难！"

关仁松将杯子朝地上一摔，骂道："龟儿子，这个家是你说了算，还是我说了算？"

亦莲眼前浮现出王举人佝偻衰老的身体，青筋暴露布满褐色老年斑的手背，她想哭，但哭不出声，捂着脸，跑进了自己的房间，关上了门。

亦莲哭了半夜，然后睡着了，她梦见自己变成了一只金色的蚕，使劲全身力气向外挤，好不容易挤破最后一丝茧，眼看变成一只蝴蝶要翩翩飞走了，忽然跑过来一只秃顶的又老又丑的杂毛鸡，将嘴一张，把她吞掉了！

她被吓醒了，觉得又老又丑的杂毛鸡就是王举人。

她又捂在被子里哭了。

她开始回忆贺修民的样子，他英气逼人的浓眉，还有白石头似的牙齿，企图赶走脑海中王举人佝偻衰老的身体。

天亮了，她忽然来了精神，觉得自己应该给贺修民写一封信，但她只认得有限的几个字。几次开头写了"修民哥"几个字，就写不下去了，一方面，她有滔天的委屈，一下子又不知从何说起；另一方面，她会写的字太少了，她变得很没有信心，信纸被撕掉了一张又一张。

仿佛下了好大的决心，她打开门，向贺家裁缝铺走来。

居然在路上就碰到了金水，金水一眼看到了亦莲，像以往一样，很热情。

她说："金水哥，我正要去找你！"

金水受宠若惊："你？找我？"

亦莲点点头，艰难地张了张嘴，欲言又止。

金水有些急了，将亦莲拉到街角，说："只要我能办到，一定帮忙！"

亦莲咬着嘴唇说："如果，如果我去省城找你弟弟，该怎么走？"

金水愣了一下："你找他做么家？"

亦莲的脸有些红，表情很不自然："有一件事，想让他帮我拿一下主意。"

金水很热心："他在省城读书很忙的，你就说给我听吧！"

亦莲摇摇头说："不，这事，我要当面给他说。"

金水怏怏地说："那你就去找他吧。"

她吱吱唔唔地问："金水哥，再问你个事，他，他有意中人了吗？"

"意中人"这个新词让金水有些不适应："不晓得，上次听他说有个女学生和他关系蛮好。"

这句话一出口，连金水自己都吃惊，不晓得自己为什么要骗她。

她果然变了脸色："你是说他，他早就有了意中人？"

金水说："也许是意中人，他这个人，我从小就琢磨不透！你说，人家普善堂的卢小姐多漂亮，人又能干，卢老板要把卢小姐许配给他，他一直拖着不表态。还说现在不想考虑儿女私情，他要做大事情，我看哪，他是有福不会享！"

亦莲喃喃自语："不考虑儿女私情，做大事情……"

金水装作和她开玩笑的样子问："亦莲，你该不是喜欢上他了吧！"

"不，不！没有的事！那我走了！"亦莲慌乱地转身就走。

金水在后面追："亦莲姑娘，你停一下，告诉你路线还有地址！"

亦莲极快地回过头说："不用了！"

望着亦莲离去的背影，金水打了自己一嘴巴："哎，贺金水，你他妈的骗她做么家？"

回家后，亦莲又把自己关进房间，不吃不喝。

关仁松让关旭去叫门，关旭瞪他一眼："爸，都是你，把妹妹逼成这样！"

关旭一边敲门一边听里面的动静："妹妹，你没事吧！快出来吃饭啊！"

里面什么声音也没有。

关仁松有些慌了："关旭，快叫你姑姑来，她最听你姑姑的！"

姑姑住在乡下，来的时候，已经到了夜晚。

听到是姑姑，亦莲才开门。

油灯下，亦莲双眼红肿，姑姑无论怎么问她，她都不说一句话。

姑姑劝她："你哥这些年一直娶不上媳妇，不就是因为'穷'吗？再说，你爸年纪大了，你看他瘦得那个样子啊，这么大年纪的人，还在艰难讨生活，哎，造孽啊！为家里着想，你就受点委屈吧！我们女人就是这个命，何况寒薄人家的女人，嫁给哪个，是由不得自己的啊！不过，你嫁到举人老爷那边去，也不算太吃亏，虽说是做小，但我听说，举人老爷是最宠新人的，肯定亏待不了你，到时候，你哥会娶上媳妇，你爸也不用勤扒苦做了，这样你妈在地下也安心了！"

姑姑的一番话，让她心里的排斥一点点瓦解了，想起早死的妈，她又忍不住嘤嘤地哭了。

第二天一清早，亦莲出了房门。她没有跟父亲搭话，关仁松赶忙指使关旭到街上端早点。不一会，关旭就端来了一碗鳝鱼米粉，一份鸡蛋豆皮，父子俩都讨好地看着她，希望她能动筷子。她已整整两天没有吃东西了。

亦莲叹口气，吃力地提起筷子，那筷子似乎有千斤重，她只吃了几片鳝鱼，喝了几口汤，就默默地去做事了。

关仁松连忙说："亦莲，你先放着，你以后就是举人太太了，哪能再让你做粗活呢！"

亦莲像没听见他的话，依旧用木盘摩压着花絮，她似乎下了某种决心，要用尽全身的力，好像要将那一床花絮压成一张薄薄的纸。

几天后，王师璧派人送来重礼，除了送来五千大洋的银票之外，又按莲城风俗，下了隆重的"茶礼"，所谓"茶礼"，就是聘礼，一般人家准备一些茶叶和点心，就够了。但王师璧差人浩浩荡荡送来了"八肉八鱼八斛酒"，即八大块猪肉，八条大青鱼，八坛好酒，这是很有面子的事。关仁松笑得合不拢嘴。

亦莲嫁给王师璧的日子定了，是在腊月十八。

（9）

新婚之夜，桌子上高烧着一双粗大的红烛，烛芯裂开，轻轻爆出“叭叭”的声响，火焰轻轻抖动起来，王师璧与亦莲坐在床上的影子也跟着抖动起来。亦莲既茫然又害怕，像面临一个不可知的黑洞，有一只怪兽拉扯着她往下坠，她想摆脱又毫无办法。

王师璧揭开了红色盖头，她头插金钗、珠翠，瑰姿艳逸如灿烂云霞，罩满了整个屋子，她的脸温婉如玉，睫毛又长又密往上微翘，她的眼睑低垂，盯着那双粉红色绸缎婚鞋，婚鞋做得很漂亮，牡丹鞋面上飞舞着一对凤凰。

永丰弹絮店的关亦莲是全城最美的女子，王师璧早听媒人说过无数次了，但现在还是被她的美震惊了，他情不自禁地背起了古人的诗：腰若流纨素，耳著明月当，指如削葱根，口如含朱丹，纤纤作细步，精妙世无双……

她不敢抬眼看他，似乎更增加了她的羞涩妩媚。其实，她非常害怕，他朝她靠过来，她向床角移过去。

绣着大红喜字和鸳鸯戏水的被子，显得如此刺眼。

她能移到哪里呢？她的手被他抓住。他不知从哪里拿出一幅明清春宫画，在她面前慢慢打开，她只是扫了一眼，见画上那些男男女女不穿衣服，展示着一些奇怪的动作，脸上的红晕便如涟漪散了开去。

他一把搂住她，言语变得格外温柔：“亦莲，不要怕，我会学这画上轻一点的！”

他解开她的衣服，从上到下，层层叠叠地打开，就像一艘小船误入水草深处挂满了水草，那些水草被一一扯下，显得极有耐心。

她的挣扎和退却反而让他更加兴味盎然，于是她停止了挣扎，把身体绷紧得像一支弓。这是从未经历的风雨，那种犹犹疑疑的试探让她很不舒服，也让她更加没底，像一只可怜巴巴的小船失去了船桨，好半天都只能在湖心打转，只能咬着嘴唇忍受，任泪水从眼角无声滑落。

他的亢奋还是半途而废，他有些泄气，陷于一下子无法攻入的尴尬，但他要找一个台阶下，对她耳语道：“我从来不强迫不情愿的女人!”

他留恋不已地望着她匀称水灵的身体，喘息着叹息着，欲罢不能，但又不得不偃旗息鼓。看到他停止了动作，她像得到赦令的囚犯，庆幸暂且逃过一切，以最快速度穿好了衣服。

自从新婚之夜，在床上遭遇挫折后，王师璧不敢轻易尝试了。两人之间好像达成了某种奇怪的协议，晚上他单独在另一间房间睡觉，他也不想到其他小老婆那里去，他似乎是害怕她们醋意十足的奚落，他几乎可以想见她们会怎么说了：“娶了新人，还到旧人这里磨蹭啊?”

但是，对于亦莲，他一点都不急。除了四书五经，他还喜欢读苏轼的诗，喜欢那点文人的小雅趣。

他忽然记起苏轼的一首《赠小鬟琵琶》：

> 琵琶绝艺。年纪都来十一二。拨弄幺弦。未解将心指下传。
> 主人嗔小。欲向东风先醉倒。已属君家，且更从容等待他。

这首词现在甚合他意，“已属君家，且更从容等待他”，他反复玩赏着这句词，对小莲的身体更多了一种期待，在他看来，有时候，酝酿突破和积蓄力量的过程也是享受。

亦莲坐在桌子旁发呆，新婚之夜那一幕，使她还有些惊魂未定，但又生起一点好奇，男人的身体不应该都像他那样吧？她想到了贺修民，长身玉面，除去衣衫后又是什么样子了，这大胆的想法使她的脸有些发烫。

听到“咳咳咳”的声音，她就晓得他进来了。她从桌边站起，侧身而立，不去看他。

“你的名字真好!”他无话找话，“亦莲，亦莲，楚楚可怜，莲者，怜也！周敦颐著有《爱莲说》，予独爱莲出污泥而不染，濯清涟而不妖……”

他背着手向她卖弄：宋朝的时候，有个文人叫苏轼，他有个小老婆叫朝云。她被苏轼买回家中的时候，只有十二岁，当时苏轼已经快四十岁了。

这个“买”字听起来十分刺耳，自己不正是被他“买”来的吗？她出嫁的时候，他给了她家五千块银洋做彩礼，关仁松就关了弹絮店，用这钱开了一家杂货铺。

见亦莲不说话，王师璧继续说："我就接着给你讲那个朝云的故事吧！朝云是苏轼的红颜知己。有一天，苏轼吃完饭。按着大肚子对周围的女人说：'你们知道这里面装的是什么吗？'一位婢女接口道：'都是文章。'苏轼不以为然。又一个小妾说：'满腹都是见识。'苏轼又摇摇头，走到朝云房里，问她，她说：'你肚子里啊，装的都是不合时宜！'苏轼捧腹大笑。"

王师璧也笑，但是亦莲没笑，他说："从今天起，我教你读书写字好不好？那个朝云当初做舞女时也不识字，后来苏轼天天教她，她还学会了作诗呢！"

亦莲心中一动，是啊，上次想给贺修民写个信，就是因为认字太少，不知如何下笔。想到这里，她点了点头。

他马上令人拿来笔墨纸砚，还有一本《上大人》红影纸。他说，他一天只教她十个字，凭她的聪慧，一年下来，她就是个才女了！

王师璧狭长的脸如刀斧削出，上面堆满了皱纹，头顶上一小撮花白头发，结成一根三四寸长的小辫，拖在脑后，下巴那几绺黄黑相间的胡子打理得倒是柔顺。

而且，他的背有些佝偻了，因为抽大烟的缘故，走路的时候，不住地咳嗽。

只有在他教自己认字和书写时，她才不那么厌恶他。

那天，他俯身握住她拿笔的手，教她写一个"碎"字："对，就这样！这一竖只出头一点点！"

他兴致勃勃地教她，不时赞叹："亦莲，你真聪明！一学就会！"

有王师璧辅导，亦莲进步很快，过了两月，她竟能读些浅显的文章了。

她在书柜上发现了一本发黄的线装书，书名叫《浮生六记》，是一个叫沈复的人写的。虽然书上还有很多字她不认识，她还是渐渐看入了迷。她喜欢上了里面那个叫芸娘的女人。

王师璧看她喜欢这本书，就给她讲起了芸娘。

芸娘四岁失父，家庭贫寒，小小年纪的她，以做针线活养家糊口，供弟弟读书，而她自己，竟以白居易的《琵琶行》做启蒙教材，学会了认字、写诗。

他恭维亦莲，说亦莲和芸娘一样，都是真正的极品美人。

“极品的美人是哪个样子？”亦莲冷冷地问。

王师璧摇头晃脑地背了一段文言文：“以花为貌，以鸟为声，以月为神，以柳为态，以玉为骨，以冰雪为肌，以秋水为姿，以诗词为心。”

亦莲摇摇头：“你太肉麻了。我还不晓得自己？”

相比芸娘，亦莲觉得自己差远了。

而且，芸娘和那个叫沈复的人的爱情，才是真正的爱情。

而自己呢？却根本不晓得爱情的滋味。她想起贺修民，心中更是一阵深深的隐痛，今生已为王师璧的小妾，只怕再没有机会走近这个人了。

她听到莲城人议论她出嫁的事，大多数人都指责她父亲关仁松，说他贪图富贵，见钱眼开，拿她的青春做交易，实在不值得。

但莲城人怎么议论，对她一点都不重要了。她想的是，贺修民会怎样看她，他会瞧不起她会可怜她吗？她在心底里设想重逢贺修民的难堪与难过，想着想着，她忽而为自己的想法吓了一跳，那就是永远不要看到这个人了！他即使什么也不说，只需轻轻瞥她一眼，她的心就会被刺得鲜血淋漓！

第三章　寻宝

(1)

那天，亦莲回娘家，发现已成了杂货店店老板的父亲面色红润，好像长胖了不少。吃饭的时候，他就着一碟花生米，抿着小酒，陶醉地哼起了一支小曲：

鸦雀子嘎几嘎，老鸦哇几哇，
人家的女婿多么大，我的女婿一滴卡（一点点大）。
说他一滴卡，他人小鬼还大，
我与别人说头话，他鼓眼翻绿花。
隔壁的王大妈，跑过来劝奴家，
一年小来两年大，好拐（坏）都不说他
站在踏板上，没得两尺长，
我说把他喂豺狼，他吓得像鬼叫。
……

这首诉说童养媳苦闷的民歌，说的是女大男小的不幸福。亦莲心情复杂，把她嫁给长她几十岁的王师璧，她的苦与童养媳相比，只怕是有过之而无不及！她有些不快地望了望父亲，他好像做了亏心事似的，马上噤声了。

亦莲问起哥哥，他一副恨铁不成钢的样子："这小子，也不帮我做事，一闲下来，就往花鼓戏班跑，还不是去找那个害人精白菜心？"

亦莲说："哥哥的婚事，老是这样吊着，也不是一个事，哪天，让他们把日子定下来……"

关仁松又来了气："你别提这事，我绝对不会让他娶个戏子进门！"

然后，他兴奋地告诉亦莲，自从她嫁到举人老爷家之后，他们家的地位在莲城一下子提高了好多。上门提亲的有张大姑、李大妈、蔡大嫂等，不下十多个，她们举荐的女孩子们都长得不错，家境也殷实。

亦莲问："那，他有没有看上哪个？"

关仁松神情沮丧："他是鬼迷心窍，心里装着白菜心，哪会看上别的人？"

接着，他又痛心疾首地说，前几天，关旭为了讨好白菜心，瞒着他从家中拿出一千大洋，在商贩手里换了一株翡翠白菜，这株白菜通体透明，菜心上伏着两只碧绿的蛐蛐。关旭把翡翠白菜送给了白菜心。

"真是个败家子！"关仁松重重地叹了口气，"我要从害人精手中要回那株翡翠白菜，不能让这个她败了我们关家！"

亦莲伤感地说："哥这一生，真正喜欢的可能就是这个女人了，你怎不成全他呢？你已经把我嫁给我不喜欢的人了，难道也要哥娶一个他不喜欢的人吗？"

关仁松脸上的表情僵住了。

亦莲继续说："我看，哥和白菜心的婚事，别再这样拖下去，哥的年纪也不小了，我回去后跟他说一下，操办婚事的钱，我们出！"

亦莲把那个"他"搬出来，关仁松忽然感到女儿身上平添了某种威严，他这个做父亲的不得不听她的了。

亦莲见父亲默许了，就告别了父亲，坐上轿子回王家。

（2）

真正使贺金水将寻宝付诸行动，就缘于这个春天晴朗的下午。

金水去街上打酱油。他来到一家杂货铺门口，没有立即迈进门去。他看见一乘朱红色大轿子在街心的阳光里荡悠而来，他猜度那上面坐着哪位旁若无人的少妇或者小姐。轿子小心翼翼地歇在一家气宇轩昂的宅子面前。他认得那是王举人的府第。

王举人是莲城有钱有势的大人物，别人说他四十岁起每隔四年纳一个小妾。现在六十多了吧，金水伸着手指算了一会。他眼前浮现起王举人空空洞洞的身子，驼背，梳着小辫，走路不停地咳咳咳，像从一个掏了籽的空葫芦里发出来的。隔很远别人听见了都晓得是举人老爷，都作好了恭迎的准备。

听人说王举人的小妾个个俊丽无比。金水就想看一看这个要从轿子里下来的人儿。

那人儿先是款款送出一双翠绿缎面的小鞋，像是一股清泉流进他的心间，他的喉头不争气地冒出一串混沌的响声。而后他便呆了，酱油瓶子落到街道的青石板上，迸发清脆的惊叹：那个人是亦莲！

亦莲的头发挽成髻。高高地盘得像一个倒立的大莲蓬，一身鹅黄旗袍曲线分明，在春天的风里宛若沾了嫩芽的柳枝，她飘飘摇摇上了台阶，她没有看到金水，她的脸十分严肃，平添了高贵的气质。

亦莲你几时成了这个样子呢？你为什么要嫁举人老爷呢？举人老爷有个儿子在新阳当知事，举人老爷很多钱么？举人老爷那身子咳咳咳实在不行呀，我要有钱，你也会答应我么？不过你跟了老头，老头就活不长了。亦莲亦莲你等着，我马上会发财的，等老头死了你就跟我吧！

金水一向对自己的婚姻很不满意。

他清楚地记得自己娶亲的日子在腊月初八。

那天，天气很冷，他蓦然感到自己的跛腿骤然缩短了几寸。他一拐一拐走进新房，看见了那个人火一样穿一身红，头上的纱巾也是红，他体内的酒精与血液被那团红烤得嗞嗞只冒热气。他与那个人行合卺坐帐礼，交换杯子喝茶，那个人喝茶的姿势太粗俗了，一点也不像亦莲喝水的姿势。

那次亦莲来他家做旗袍，他殷勤地给她端上一杯茶，那杯茶，他是仔细数了的，亦莲分了十二口才将它喝完。亦莲每喝几口就看一下四周的陈设，那双扑闪着的眼睛就像荷花上的晨露。而那个人喝起茶来是一口饮尽，还抹了一下嘴，简直就是在日头底下的谷田里喝水。

金水揭下红巾，是一张黑胖的扑满脂粉的脸，他觉得这是意料之中的事情，他一个跛子能娶个么样的女人呢？

女人笑了，笑得倒是体贴而妩媚，眼里升起袅袅雾气般的光彩。在颤栗中他们抱成一团，他灼热的酒气喷在她的脸上，使她的脸模糊了。她肥实的身子像一地丰厚的红花草，春天红花草茂盛了田野，他最喜欢在上面打滚了，他还喜欢掐那些红色的花朵。他那条跛腿始终放不好，觉得自己一会儿像一只猴子在树梢荡呀荡，一会儿像在河里打鼓泅，潜到了河底换不过气来。

贺裁缝虽将手艺毫无保留传给了金水，然而金水不感兴趣，接的活也就不多。

贺裁缝倒也不怪他，只想这个儿子先天就比别人差一截，就由他散漫。

金水要是不想做活了，就出门去逛。人们经常看见他眯着眼叼一根青色草茎，在街道下的阳光与阴影里一瘸一拐地游荡。

金水的女人田桂花则在一个染坊里很勤奋地做工。每天晚上两口子早早关门上了床。田桂花一向很有激情，金水的表现也不俗，但有一次大概有些累，金水在她肚皮上跳跃了几下，就被掀下来。

田桂花说："你做衣服赚不到钱，去学一个木匠或者篾匠手艺吧！"

金水冷笑道："学小手艺能赚么家钱，我家三代做裁缝，现在还是穷得叮当响！再说，老子其实有大手艺呢，只这手艺别人都不晓得，我也不让别人晓得。"

田桂花嗤笑一声："你只有床上的手艺！"

金水又爬上去一动一动地说："老子的手艺是找宝，找宝，你晓不晓得！这比那木匠手艺值钱一万倍。我十八岁那年，一个先祖几次托梦给我，说他做过兵部尚书的仆从，要找找他主子的藏宝……"

田桂花用手摸了摸金水的额头，说："金水，你莫不是发烧说胡话吧？"

金水拨开田桂花的手，又翻到了她的身上。

翻到她身上时，他的脑子里浮现的竟是亦莲的那张脸，他喘息着加快了动作。

（3）

莲城的阴雨季节漫长而沉闷。淅淅沥沥的雨声里，金水恭敬地坐在马秀才的旁边。马秀才戴一副老花眼镜捧一本黄皮书，那些书页残破不堪字迹模糊，都是一些古旧的风水知识，他自己都需要吃力指认，才能慢吞吞讲给金水听。马秀才念完书后，就在金水家吃一顿饭。

人们开始以为金水要改行，当风水先生帮人测坟地了。

恼人的阴雨彻底消散之时，金水就意气风发走出了家门，他频频出现在莲城的各个角落。即使到了冬天，人们依然看得见他戴一顶黑色狗钻洞帽到处乱走。一根杨树拐杖一把铁锹成了他忠实的陪伴。他这里掏掏，那里瞄瞄，又坐在地上现出冥思苦想的模样。

人们就晓得他在寻宝了，寻宝是莲城古旧的习俗。

莲城建治的时间可以推到南北朝，明清时，州署就一直设在莲城，所以莲城历史上达官显贵多，地下古墓多，一些人靠盗挖古墓成了古城隐秘的富户。

即使到现在，似乎只要搬上铁锹到城中旮旯里三挖两挖，说不定就能挖出块元朝的“天定”砖来。城附近的农民在耕地、挑塘泥、挖鱼池时，常能翻出芬芳依然的棺木，拆散了拖回家作柴烧或者做农具，白森森的骷髅则被野狗叼了乱跑，陪葬品如果是珠宝玉器金簪银镯都自己收了，如果是土陶铜镜青瓷，不是给小孩玩着摔破了，就是廉价地卖给走街串巷的文物商贩了。

那年冬天，金水每天跑到莲花池边，望着池心的珠子台沉思，不时有路人停下来与他打趣或者戏弄他，他都毫不理睬，马秀才讲的关于珠子台的传奇，一直萦绕在他脑际。

莲花池的原址是个大湖，据说很久以前连着八百里古洞庭湖，后来成了一片沼泽，长满了莲藕。明朝的时候，莲城建城取土烧砖，挖成深池，但莲藕照样生长，一到盛夏，绿荷遍布池子四周，红白莲花点缀其间，故名“莲花池”，而池子当中，天然留出几百亩的白水，每年五月十五大端午，莲城人就会在这里赛龙舟。

莲花池的藕是莲城一宝，此藕光洁如玉，肥壮硕大，生食如秋梨清甜，若是做菜，能变幻出几十道菜肴：蒸藕、炒藕、卤藕、撮藕、酥藕、藕饼、藕夹、藕丸子、凉拌藕丁、麻辣藕片……特别值得一提的是莲城的藕汤，汤呈鱼白色，藕像板栗那样粉酥。

莲花池的中心有一个土台。

传说，很久以前，有个白龙太子来莲花池闲逛，丢了一颗宝珠，这颗宝珠落水的地方，升起这座台子，人们把它叫做珠子台。

说来也怪，好多年洪水冲击，风雨侵蚀，珠子台没有塌陷或者消失，它倔强地突兀在池子中间，仿佛一种象征。

珠子台底下埋有财宝，不知是哪一年开始流传的。

传得有鼻子有眼，神乎其神，都说珠子台下有座金屋，金屋里面有个金库，金库里面有个金盘子，金盘子里面装有十二颗珍珠，每颗珍珠上都刻一个月份，按月份把珍珠在盘中滚动一下，金银财宝就滚滚而出。

马秀才讲，有一年，一个县太爷也信了这个传说，他升堂发令，让衙役抽干池水去找宝贝。珠子台金光闪闪，为独得宝物，他搬一把铁锹，来到淤泥之中的珠子台旁边，亲自开挖，使出全力，终于挖开了金屋，他一头拱进金屋，不知是否找到了金库，还有那十二颗珍珠，反正，他是再也没有走出来。

这更像是一个发人深省的寓言。

金水又记起童年时父亲给他和弟弟讲故事。故事里面也是两兄弟，自幼失去了双亲，以砍柴为生。有一天，弟弟救了一只受伤的神鸟，神鸟为了报答弟弟，就驮着他到东海太阳山上捡金子，神鸟叮嘱他："山上的金子随便捡，但必须在太阳出来之前离开，否则会被烤焦的！"满山都是金子，他捡了两块就和神鸟回家了。哥哥听说了这事，缠着弟弟让神鸟带他捡金子。到了太阳山，他疯狂地往麻袋里装金子，一袋又一袋，神鸟说太阳快出来了，快离开，他就是不听，最后太阳出来，一下子就把他烤焦了。

当时，听完这个故事。金水问贺修民："如果这个弟弟是你，会不会只捡两块金子？"

贺修民说："会啊，我就要两块金子，金子又不能吃，不能喝。"

金水笑他："弟弟你真苕！如果是我，就捡两麻袋回来！"

现在，金水当然不信什么神鸟了，但他认定在这个世界上，类似太阳山这样布满金银的地方肯定是有的，只是藏在某个角落没被发掘，就像他认定莲花池的珠子台藏了财宝没被发掘一样。

贺裁缝不支持儿子金水寻宝，他数落金水："老一辈人吃饱了饭没事做，就瞎编故事，能当得了真吗？你不跟我学手艺，专门想这些乱七八糟的事情，几时才能成器啊，你都是成了家的人了！"

金水的老婆田桂花也说："如果珠子台有财宝，整个莲花池不早就被翻成底朝天了，还等到你金水来挖？"

他们的话，金水都当耳边风。小时候，他最喜欢玩一种叫"躲猫蒙"的游戏了，他似乎具有一种寻找的天赋，虽然他腿脚不灵，但是小伙伴躲在再偏僻的旮旯里，他也能像猎犬一样循着气味很快揪出他们。

金水坚信自己可以在莲花池找到传说中的财宝。

(4)

为了捞鱼挖藕，几十个渔民在莲花池日夜车水。

十几台水车分布在池子四周。渔民们手扶横杆，脚踏木蹬，熟练地踩动。清澈的池水装在一个个方形槽格里，从下往上推动，被排到护城河里。

金水只盼他们能车得快些。

池水基本干涸，是在腊月二十七的上午。渔民们捡完鱼，开始挖藕。挖藕是个力气活又是个技术活，先要用木锹挖开淤泥，顺着枯荷铲下去，等找到藕后，再将双手插进泥里把横长着的藕拉出来，拉的时候力气要适中，力大了藕就会断，力小了又拉不出来。

金水看他们挖了一会藕，就用一根草绳系了棉袄，拿一把铁锹，赤脚跛入池中。

挖藕的渔民刚开始以为他是来挖藕的，看见他在珠子台附近执着地挥动铁锹，就喊道："金水，你要帮忙，就到这边来，不要将藕弄断了！"

金水摆摆手："你们不要管我！"

金水在挖一个大洞，不一会，旁边的淤泥堆得像一小堵墙，遮盖了他深陷泥中的身体。

渔民们就晓得他不是挖藕了，议论起来。

"他在找金银财宝呢！"

"怕是疯了，寒天腊月的，这个家伙！"

"听说，他专门请了马秀才讲风水，考察过呢！"

"那是老一辈人传下的鬼话，珠子台下真有财宝，还等他来挖啊！"

"也许真的有，传了几百年了，无风不起浪！"

……

田桂花听说男人在莲花池里挖财宝，就急匆匆赶来了。

其实，田桂花不算难看，虽然脸有些黑胖，但身材还算不错，不少男人遇见她，眼睛都忍不住往她胸脯那儿瞟。

田桂花看到金水几乎半裸着身子挖泥巴，就生了气，她在岸上一遍遍地跺脚，一遍遍地喊：“金水你不要命了吗，都快过年了！”

金水刚开始还在回应她。后来，她像泼妇一样，骂得越来越难听：“金水，你个狗日的，发了堂火病①吧，还不快给老娘死回来！”

她的脚在岸边跺起阵阵尘土，一对高耸的乳房随着骂声起伏跳荡，挖藕的渔民都盯着她的乳房，发出阵阵哄笑。

金水更加恼火，他“吭哧吭哧”头也不抬地挖泥，再也不去管田桂花如何叫骂了。

他忽然又一次想起亦莲，亦莲如果嫁给他做老婆，肯定不会像田桂花这样！

眼前又浮现出亦莲那张俊俏的脸，眼睛像湖水里的星光一闪一闪：“金水哥，你挖吧，不要管别人怎么说，我相信你，你一定能行的！”

在一种虚幻的鼓舞中，他手中的铁锹挥舞得更有力了，他先前冻得牙齿格格作响，现在好像有一股坚定的暖流，灌满了全身，田桂花在岸上的叫骂，他是一句也听不到了。

田桂花骂得口吐白沫，对金水的装聋作哑毫无办法。最后，她嘟哝道：“这个死砍脑壳的，怕真是疯了，看晚上老娘怎么收拾你！”

她朝金水挖泥的方向狠狠地吐了一口痰，又恶狠狠地瞪了几眼那些看热闹的渔民，就悻悻而回了。

当天色完全暗下来时，那些挖藕的渔民都收了工，金水才一跛一跛地回到家中。

他想打一盆热水洗洗身子，发现锅灶冷冷的，田桂花没有烧水，连晚饭也没有做。

她看到金水手臂和腿上沾满了泥，说：“空手回来的啊，你挖的金砖银砖呢？”

金水没好气地说：“你懂个屁，我的事不要你管！”

她本想与他大吵一架，无奈先在莲花池边骂他太狠，使完了力气，这时候，也懒得骂他了，就拎了一双胶鞋出了门，她要到小皮匠那里去补鞋。

金水自己烧了一大锅热水，他发现双脚乌如紫茄，泡在热气腾

---

① 堂火病：神经病。

腾的水中竟一点也感觉不到热度，过了好半天，乌紫才渐渐褪去，但双脚仍是木木的。

（5）

田桂花很晚才回家，金水不明白她补一双鞋子为何要这么久，但他懒得问她。她也懒得说话，背对着他，各自想着心事。

金水在想他的财宝。他今天差不多挖了一整天，发现珠子台附近的土壤结构很特别，上面是大片淤泥，下面却是实土，即使用铁锹也难以挖动，一种预感遍袭他的全身，实土下面一定有宝贝！他准备明天带一把镢头，这样就可以刨开那些实土了。

田桂花也睡不着，她刚从小皮匠的皮匠铺里回来。

小皮匠姓李，从浙江来到莲城做生意已经有三年多了。他只有十八岁，家乡闹水灾，他随伯父逃灾逃到这里，伯父生病不幸去世，他就留在这里了。

小皮匠在十字街租了个小门面做修鞋补鞋的生意，他白白净净，眉眼清秀，那双手，简直是一双女人的手，白皙修长。不过令田桂花最为着迷的是小皮匠的嘴，这张嘴也像女人的嘴，小巧红润，常常让人以为是涂了胭脂。

大概是在嫁给金水半年之后，田桂花隔三差五地往小皮匠这里跑，每次都有充足的理由，给木屐钉齿啊，上桐油啊，还有她出嫁时的那对新式皮鞋，她视若珍宝，只在走亲戚的日子才舍得穿一下，皮鞋保养得很好，还是经常拿去上油啊什么的。

不久，田桂花发现爱到这里来的还不止她，一些三四十岁的嫂子也分外喜欢照顾小皮匠的生意，连自己在家里可以缝补的布鞋，也拿来让他加工。

她发现嫂子们喜欢他，也不是正儿八经那种喜欢，是那种老牛吃嫩草调戏般的喜欢，她们看他腼腆脸红的样子，就像怀春一样格外兴奋。

那天，皮匠铺里几个嫂子在那里闲聊，田桂花也在里边。小皮匠是铺子里唯一的男人。

张嫂盯着小皮匠看，说有一个关于皮匠的笑话，问他想不想听。

小皮匠说：“张嫂你讲吧！”

张嫂干咳两声，对周围的女人们卖关子：“哎呀，我想了一想，还是不能讲，你还是童子伢哟！”

这话不说则已，一说出口，更激起其他一个嫂子的兴味：“小皮匠是不是童子伢，你怎么晓得啊，你又没试过！”

张嫂更来了劲，指着那个嫂子笑道：“我没有试过，你试过啊！”

她们叽叽喳喳地聒噪着，小皮匠只顾低头上鞋。

田桂花说：“张嫂你不要卖关子了，讲不讲拉倒！”

张嫂就讲开了：“以前呀，有个傻子皮匠，二十多了，还不懂得男女之事。他父母为他娶了一个媳妇。新婚之夜，皮匠脱了新娘的衣裳，新娘一丝不挂，羞羞答答地等他上床。哪知他飞跑到旁边屋里，拿来针线，新娘以为他还要补鞋呢，就红着脸说，今天是良辰吉日，你就不要操劳了，早点休息吧。皮匠摇着手说，不行啊，你身上有一道裂缝，我要缝好了才能睡得着啊！”

张嫂话音还未落，几个嫂子就前仰后合地笑开了。

田桂花开始也笑得肆无忌惮，但看到小皮匠的脸全红了，她就慢慢不笑了。小皮匠其实很可怜，流落异乡，无亲无故，她们拿他开涮，也不考虑一下他的感受。

她说话了：“这种笨人怕是几千年都不会出一个的，你们快别笑了，小皮匠的脸都红了！”

嫂子们都起哄：“田桂花，这么护着小皮匠，是不是喜欢他啊！”

这下轮到她脸红了，不过她可不是一个好惹的主，她反问道：“喜欢他又怎么样啊！你们不也喜欢他吗？”

（6）

田桂花喜欢找小皮匠聊天。

金水从莲花池里回来的那天晚上，她提了一双胶鞋去找小皮匠。小皮匠还在灯下赶活呢，见她来了，有些意外，平时，她和几个嫂子都是白天来玩，或者下雨天聚在这里闲聊。

看到她怏怏不乐，他关切地问她是不是哪里不舒服。

她说：“是啊，不舒服，心里不舒服！”

他不作声了，他早就看出她嫁了个跛子丈夫，心里很委屈，但又不好说什么。他忽然像记起什么，走进后面睡觉的小房，出来的时候，手里多了一个小盒子，他从盒子里拿出一个墨绿色玻璃瓶，有些结巴地说：“这个……是我的一个朋友从……从上海带来的，送……送给你！”

田桂花接在手里，看到瓶子上是一个打扮时髦的女孩子，穿着粉红色露肩洋装，双手拉开裙摆，翩然起舞。她不认识上面的字，但对这个女孩子看得入神。

小皮匠说：“这是上海的明星牌花露水，闻闻看！”

田桂花揭开瓶盖，使劲嗅了嗅，只觉这一种清香的味道，是从来没有闻过的。她撅着嘴说：“好香！还是你好，金水从来没有给我买过么家！”

她摸了一下他的脑袋：“你啊，真是个很会疼女人的小家伙！”

他笑着说：“我啊，不小了呢，今年都十八了，在家乡，我的同伴都抱了儿子呢！”

说到儿子，田桂花又有些闷闷不乐起来，她和金水结婚大半年，肚子还没有动静，金水倒没说什么，婆婆丁氏的脸色却有些不好看起来。

她问他：“你要找个么样的女人？嫂子我帮你物色一个，就在这里安家落户算了！”

他的眉眼闪动起来，瞥一眼田桂花高耸的胸，眼光移到门栓上，仿佛下了好大的决心，说：“我要是找个女人的话，就要找嫂子你这样的！”

她用手点了点他的鼻子，娇嗔道：“尽耍贫嘴！”

接下来，她向小皮匠诉苦，说金水鬼迷心窍，整天都想着寻宝的事，大冷天到莲花池挖泥巴，她怀疑他的神经出了问题，如果真是这样，那她下半辈子怎么办？

他来了一句：“我养你啊！”

她愣了一下，又嗔道：“小皮匠，你也学会了油嘴滑舌啊！”

她心里热烘烘的，看他的眼光又多了一些曲曲折折的内容。

第二天清晨，天下起了雨，金水想到昨天挖的那个大坑，一定盛满了水，他带上铁锹、镢头还有一个盆子出了门。

田桂花看着金水一瘸一拐穿着蓑衣远去的背影，嗤笑了两声，觉得他走火入魔快要疯了。她拿出小皮匠送给她的花露水，在手帕上洒了几滴，又往脖子后面洒了几滴，到镜子跟前照了半天，才出门。她要到小皮匠那里拿鞋子。

金水站在珠子台边，发现昨天挖坑的地方果然积了不少水。

他下到水坑之中，一盆盆地往外舀水，雨水顺着他的脸流到蓑衣里，蓑衣沉重得像一套铠甲，套在身上，箍得他喘不过气来。他恨天公不作美，在关键时刻来捣乱，但他下决心要与老天作斗争，又相信好事多磨，心想这可能是托梦的先祖对他的考验。

一连四天，莲城都在下雨，金水挖坑的进展十分缓慢，他在莲花池挖宝的消息却像长了翅膀，城里的人都说他着了魔发了疯，要财不要命了。

听别人这样一讲，金水的父亲贺裁缝再也坐不住了。他来到莲花池找儿子，先是站在岸边对金水喊："金水，你把我们贺家的脸丢光啦！快点上来吧！"

金水不理他。

他的语气几近哀求了："金水，你这个小祖宗，算我求求你了，快点上来吧！"

雨一直在下，似乎没有停的意思。金水一步步往岸上走，频频回望自己挖的这个大坑，十分留恋和可惜。他忽然记起愚公移山的故事，今年没有挖出什么名堂来，明年、后年再挖，他觉得自己变得高大起来，成了那个伟大的愚公。

他回家的时候，正遇到几个路人嘲笑的目光，他嘴里竟嘀咕出一句文绉绉的话：燕雀安知鸿鹄之志哉！这句话，是他在茶馆的说书先生那里听来的。

然而，正是从那天夜里开始，他惊讶地发现，为了挖宝，自己付出了一个惨重的代价。

那天夜里，他上床的时候，闻到田桂花身上有一种奇怪的气味，这种气味，他以前从来没有闻到过，是一种夹杂着香味的药水味道。

有好多天，他们俩没有亲热了，现在这种古怪的香水味，激起了他的好奇心。似乎只是好奇心，不是那种湿漉漉的蓬勃生长的欲望。

他搂住她："这是么味道？这么香啊！味有点怪。"

她的气还没有消："你还晓得香啊，我以为你只晓得那些金银财宝呢！"

他有点讨好似地在她胸前摸了几把，她就慢慢转过身子来，任他抚摸起来。然后，她主动抱紧了他，好多天的荒芜让她的身体鼓胀得有些难受，她期待他像往常一样将她压在身下，狠狠地揉捏她冲击她。

然而，他似乎显得有些力不从心，她摸索他的下体，才晓得热情已不能到达那个地方了。她揉搓挤压费了好大气力，但它就是不听使唤了。她说，废了废了，不如割下来炒一盘菜算了。

金水又羞又怒，双手肆意挤压田桂花丰满圆润的乳房，狠狠揉捏她的大腿，她闭着眼发出嗯嗯啊啊的呻吟，忍不住再一次去帮助他。一切努力都是徒劳，金水的动作更像一场虚张声势的表演。

成串的泪水从田桂花眼里喷涌而出，润湿了她肥硕的胸脯，她像掀一捆谷草把他掀到了床角。

（7）

亦莲对王师璧说起哥哥的婚事。王师璧表现出异乎寻常的热情，他说这次关旭结婚，要把全城有些声望的人物都请来，并且操办得热热闹闹，所需的一切费用，全由他包了。

第二天，他就把老丈人关仁松接到府里吃饭。

关仁松进来的时候，王师璧正惬意地斜躺在烟榻上过烟瘾，一手举着一支象牙镶金的烟枪吞云吐雾，一手抱着一把紫砂茶壶摩挲着，旁边还侍立着一个十五六岁的丫头，为他烧烟泡。

他见到关仁松这位“丈人”，也只是懒洋洋欠了欠身：“哦，您来了!”

这是关仁松第一次正儿八经见举人老爷，虽说对方是自己的女婿，但毕竟是有钱有势的“老爷”，看这抽大烟的派头和享受劲，自己便在心里矮了几分，有了几分惶恐。

所以，当王师璧同他一说起儿子的婚事，他原来坚决不让儿子娶戏子的豪言壮语就土崩瓦解了。

更重要一点，有这个“举人女婿”作经济后盾，他不但不出一两银子，还可白得一千块大洋，当然，这大洋，由这个女婿出，有这等美事，何不顺水推舟呢!

关旭娶白菜心这天，连知事肖方举也亲自到场祝贺，这当然是看在举人老爷的面子上。

周四新没接到举人老爷的请帖，但他也厚着脸皮来喝喜酒。他与王师璧打招呼，王师璧爱理不理，亦莲也是，倒是关仁松走上前说：“周爷来啦，招待不周，请多包涵!”

周四新满脸赔笑，向王师璧赔不是，说以前出手伤了关旭是误会，过后他一直在反省。今天，他就带来了五百块大洋，一是贺喜，二是赔罪。

亦莲在一旁冷笑，要把这五百块大洋扔出去，关仁松急忙拦住她：“我的好女儿，算了，那都是过去的事了，既然他真心来赔礼，我们就不要计较了，莲城有一句老话，叫做‘伸手不打笑脸人’嘛!”

周四新凑到王师璧跟前套近乎，问起他那个当知事的儿子王京甫的情况，他咳嗽几声，慢悠悠地对周四新说，虽然儿子管辖的范围在邻县新阳，但说不定以后会调到莲城来，再说他和现在的莲城知事肖方举是同窗，关系非同一般。

周四新连连点头，抱拳作揖，希望王师璧以后多关照。

这时，奏乐声起，炮仗轰鸣，凤冠霞帔的新娘子白菜心由轿中被人搀出，刚从高头大马下来的关旭披红挂彩，满脸喜气。

新郎新娘来到堂屋，司仪引导他们拜天地祖宗，拜高堂父母，夫妻对拜，随着一声声“升——拜——”，新郎新娘忙碌了好半天，才算完成了“三跪，九叩首，六升拜”的仪式。最后司仪唱：“礼毕，退班，入洞房!”

洞房的门一打开，就有人朝空中撒出红枣、花生、糖果，小孩立刻趴在地上争抢起来。接下来，就是闹洞房了。白菜心是莲城的花鼓名角，来婚礼上看热闹的人，自然不肯放过她。尤其那些小青年，这时候在她身上摸摸捏捏，是没有哪个出面干涉的。

有人把公公关仁松捉进洞房，非要他与白菜心对唱《新婚歌》。

白菜心羞红了脸，只说不会唱，那些人哪里肯信?

他们提出一个条件，如果白菜心不肯唱《新婚歌》，就要由关仁松背着她在新房转八圈。

白菜心拗不过，答应唱一段。

关仁松本来就对戏子轻浮有成见，这时众人要他与媳妇对唱，他便十分恼火，但大喜之日，也不便发作，只得强颜欢笑先唱一句：“芝……芝麻打麻油。”

白菜心唱："一对花枕头。"

关仁松结巴着："我……我到哪头睡？"

白菜心羞羞答答："就到我这头。"

众人的哄笑声几乎要掀翻了屋顶，白菜心捂着发红的脸谁都不敢看。

看热闹的男男女女听得过瘾，逮住白菜心不罢休，还要她继续往下唱。这时候，关旭的姑姑出来打圆场，给这些闹房的人说了几箩筐好话，他们才意犹未尽渐渐散去。

（8）

与王师璧回去之后，亦莲想着哥哥的婚事终于尘埃落定，心中舒了一口长气。

这天晚上，王师璧没回自己的房间睡觉，他在她跟前磨磨蹭蹭，像小狗一样讨好地在她身边转来转去。

他对她说："人生四大喜事，久旱逢甘雨，他乡遇故知，洞房花烛夜，金榜题名时，你哥今晚算是赶上了一场！晚上不知怎么快活呢！"

这话有摆功也有挑逗，亦莲不快，没有说话。

他问道："我刚才说的是四大喜，现在我考你一个问题，人生四大悲是什么？"

亦莲根本没兴趣搭理他的酸文假醋，摇摇头。

王师璧沾沾自喜地吟道："久旱逢甘雨——一滴，他乡遇故知——债主，金榜题名时——重名，洞房花烛夜——石女！"

吟罢，他一把将亦莲搂进怀里，舔了舔她的耳垂，在她耳边小声说："今天，我和你哥一样，也来个洞房花烛好不好？"

王师璧与亦莲真正的洞房花烛那一次，对自己的表现很不满意，所以一直耿耿于怀。

现在，他的胡子凑到她的脸上，她感觉到很不舒服，另外还有一种类似腐泥中死蚯蚓的气息，直往她鼻子里钻，让她恶心地想吐，更想马上挣脱，跑得越远越好。

她挣了几下，觉得这种挣扎没有底气，不是他的话，至少哥哥的婚事不会办得如此顺利，再说，她家里得了他那么多彩礼。

她渐渐不动了，任由王师璧慢慢解开衣扣。

红色的烛光下，她白嫩的裸体如新剥了树皮的树，他匍匐在上，口手并用，试探着他从古书上学到的那些古怪的采阴补阳之术。

他的动作有时像个小孩，古怪而变态。泪珠爬出了她的眼眶，他毫无知觉，他只知道她没有发出呻吟，这让他的动作少了许多鼓励。

他气喘吁吁地对她嘟哝道："心肝，你快叫啊，快叫啊！"

绸缎蚊帐上的丝丝金线有节奏地晃动起来……

她的手紧紧地抓着床沿，死死地咬着嘴唇，不让自己发出一点声音，她心里明白，今夜，她已经由一个姑娘彻底变成一个女人，整个人都好像被一枚锈迹斑斑的铁钉毫无章法地钉在那里，一动也不能动。

在疼痛中，她的眼前浮现起贺修民的面孔，那面孔好像远在云端，又近在咫尺，他一脸震惊一脸沉痛，疾言厉色地数落她："亦莲，你，你怎么会这样！"

第四章　再逢

（1）

亦莲再次见到贺修民，是在正月初九的庙会上。

民间认为正月初九是玉皇大帝的生日，这一天算是“玉皇诞”，又称“天公生”，近至四乡八里，远至县城之外方圆百里，上至高官下至平民百姓的善男信女，都要来赶庙会，向“玉皇上帝”叩头行礼，贡献祭品，祈福消灾。

每逢此时，民间艺人们就会云集莲城各显其能：舞龙灯、舞狮子、划彩船、踩高跷、骑竹马、扮蚌壳精、唱草台戏、看皮影戏、讲善书……可谓好戏连台。

这时候，城内的民众从家中抬出许多方桌，有的摆上香炉蜡烛，祭祀三牲；有的陈列各种贵重商品，药店拿出海龙海马，布店展出苏杭绸缎，瓷器店则摆出景德镇花瓶陶瓷。城内檀香缕缕，鞭炮声声，小孩大人前拥后挤，热闹非凡。

这一天，亦莲一早就和侍女腊梅出门看热闹。

腊梅引着她东穿西插，哪里人多，就往哪里钻。

在九贺门正街，亦莲先看到一只巨龙，长近十丈，被十几个汉子舞得风生水起。巨龙用竹篾铁丝扎成骨架，外张黄布，一人持竿领先，竿顶竖有一球作为引导。龙首作抢球状，龙身游走飞动，时而如蛟龙出水状翻卷跃腾，时而如金龙抱柱状舞爪张牙。

亦莲又看到十几张八仙桌叠得有三四层楼房那么高，一只狮子跳跃扑腾，在桌子之间游窜自如，搔痒、舔毛、打滚、抖毛，在人们的惊呼声中越攀越高，取下彩礼，一个后空翻，沿着桌子一层层跳下来。

相比舞龙与舞狮，亦莲最喜欢看划彩船，这是水乡特有的娱乐活动。“彩船”也是用铁丝竹篾扎成骨架，外面再裱五色纸，扎彩球，看上去，好似披红戴绿的一叶扁舟，只不过是在陆地行走。因莲城湖泊众多，莲花飘香，盛产莲藕，这种“彩船”又称“采莲船”。

随着锣鼓之声，小船轻盈荡出，一位渔民打扮的男子手持竹篙站在彩船前面，先唱一句“采莲船嘛，划得快嘛（呀嘿哟），恭喜老板，大发财嘛（呀嘿哟）”，然后作出撑船慢跑的样子。船中俊俏秀美的小女子，穿着古装艳服，一手扶船，一手执手帕，在撑篙男子的引导下移动纤纤碎步，扭动细腰翩翩起舞，好比在一碧万顷的绿荷中划小船采摘莲蓬。她情意绵绵唱出花鼓小调：“采莲船嘛呀哟，两头尖嘛呀嗬哟……青竹篙哟嘿呀，十八节嘛呀嗬嘿，换我的师傅歇一歇哟嗨子哟……”亦莲听得如痴如醉，更让她忍俊不禁的是，“采莲船”后还跟着一位扮相奇丑的“摆艄婆子”，一张脸化成“麻子妆”，耳上吊两根胡萝卜当耳环，手摇一把破扇忸怩作态、插科打诨，实在滑稽。

看过了采莲船，亦莲又和腊梅去看“蚌壳精”。“玩蚌壳精”是莲城民间的说法，可能叫“双人蚌舞”更合适。传说从前有位打鱼的青年下湖捕鱼，在湖边看到一只大河蚌一开一合惬意地晒太阳。青年满怀好奇悄悄走近，发现蚌壳之内藏着一位天姿国色的女子！他与女子逗趣谈情，最后娶了她。

扮“蚌壳精”的姑娘头上缀着小花，身穿红色紧身绸衣，扇动蚌壳，秋波频传，扮演渔民的青年则施展“矮子步”步步紧跟，然后以手肘撑地，双脚并拢横向移动，以示追随爱慕。一不留神，男了就被姑娘的蚌壳夹住了脖子，动弹不得，随着蚌壳时进时退，正当他往后用力时，姑娘忽然张开蚌壳，他一个后滚翻，却被姑娘用蚌壳夹住了屁股，一番拉锯似的相持之后，姑娘又将蚌壳打开，他一个前滚翻从蚌壳里“脱险”……

亦莲正看得入神，眼前忽然出现了一个熟悉的身影。

(2)

贺修民正和卢皓月并肩走在一起，边说边笑，卢皓月更是满脸灿若春花，时而兴奋地指指点点，时而亲热地望一眼贺修民。

一股巨大的失落和悲伤像狂飙一样袭击了亦莲的心，她身子微微有些发抖，想避开他，快点走掉。

贺修民一眼看到了她，喊道：“亦莲，亦莲！”

她假装没有听见，拉着侍女腊梅转身就走。

贺修民跟卢皓月说了一句什么，径自朝亦莲追过来。

贺修民站在亦莲面前，挡住了她的去路，她再也不能躲避，垂下眼睑，不敢看他。

他一把扯住她的衣袖，恳切地说："亦莲，我有好多话要对你说，你别走！"

她摆开他，不想让别人看见他俩拉拉扯扯，她让腊梅到前面等她。

她与他走到一处人少的地方停住，她穿一件粉绿色素缎立领夹袄，上面绣着并蒂的红莲与金黄的太阳菊，圆形的下摆收束她的细腰恰到好处。

他一下子觉得她丰韵成熟了许多，兴奋地说："亦莲，你，你，怎么在这？我正准备去找你呢！你怎么一直躲我啊？"

她扭头不去看他："你刚从省城回来？"

他急切地说："对啊，我昨天下午才回家，前段时间，我在学校病了一场，不然，我早回来看你了！"

她这才去看他的脸，他明显比以前消瘦了，颧骨凸出了好多。

她低下头，突然说："你不晓得吗，我嫁人了！"

"什么？"他怀疑自己听错了！

"我没骗你，半年前，我就嫁给了王师璧！"

"王师璧？亦莲，你……"他目瞪口呆，蓦然如遭冰雪，从头到脚。

他竭力压制着自己的震惊："为什么，一直没有人告诉我！为什么，你也不告诉我，为什么，你不给我写信！"

她的眼眶一下子涌出了泪水，她真想告诉他，每一页信纸，她刚写好他的名字，就将信纸撕掉。她还想告诉他，她去找过金水，金水说他可能有了意中人……但这些，她一句也说不出，这时候，她只是默默地流泪，说："一切都晚了！修民哥，你，你走吧！"

他痛心地摇摇头，喃喃自语道："我不能怪你，不能怪你，只怪我自己，我太疏忽了！我应该经常回来看你的！我在那边生了一场病……可是，可是，这不能成为理由！"

他捶打着自己的脑袋："我好恨我自己！"

她望着别处："以前的那个亦莲已经死了！现在的我，已经再也没有资格和你说话了！"

他睁圆了眼睛："亦莲，你这是说什么啊？你嫁给王师璧，我没有丝毫看不起你，你是被迫的，我知道！"

她轻轻吐出一句："不，是我自愿的。"

他摇头："不，我不相信！打死我也不信！"

她定定地看着他，眼里有无尽的苦楚与凄然。

好像有什么东西扎进了他的心："亦莲！"

她清澈的眼里交集蔓延着哀伤："修民哥，只怪上天弄人，你我今生有缘无分，注定只能擦身而过，唉，不说了，你走吧，我要回去了！"

他抓住她的手："不，亦莲，你不能听天由命，你现在过得一点都不好，是不是？"

她转身要走，他再次堵住去路："亦莲，现在是新时代了！你的婚姻明摆着不幸福，为什么要委屈自己呢？听我的，跳出这牢笼，好吗？"

她无力地摇摇头："谢谢你，修民哥，一切都太迟了！"

贺修民目光炯炯："我来帮你！幸福和自由都在自己手里，你和我一道争取，好吗？"

两人对视着，在这对视里，他仿佛要把自己身上的所有的力量，都注到她的体内。

她沉默，然而眸子里掠过了一丝隐秘的光亮。

他告诉她，明天，他会在药王庙搭台演讲，号召群众反对列强，抵制洋货。他问她明天能不能来听他演讲。

她看了看他，点了点头。

（3）

上午，亦莲就来到了药王庙。印象里，药王庙里供的是药王爷，城里居民生病时，就到这里上香祈祷。现在，药王庙前聚集了好多人，显然不是来求药王爷治病的。

用杉树条临时搭成的木台上，穿着一套深蓝色中山装的贺修民正激情昂扬地发表演讲，他时而振臂顿足，大声疾呼，时而严肃凝重，深情抒怀。

“辛亥革命推翻了封建帝制，但军阀割据的硝烟并没有散尽，列强的魔爪还在疯狂挥舞，他们倾销洋货、掠夺原料，我们的民族工商业举步维艰，‘五卅惨案’的场景犹在眼前，帝国主义的血腥罪行，我们永远不能忘！

“我们一年从早干到晚，做不完的工，交不完的税，却吃不饱穿不暖，处处受欺压，同胞们，团结起来吧！我们要同帝国主义斗争到底，不惜粉身碎骨，绝不后退，誓死不做亡国奴……”

一抹金色阳光打在他棱角分明的脸上，使他的脸平添了一种神圣的光辉，亦莲心弦振动。他“中山装”的领口扣得紧紧的，随着他有力的手势与激情的讲演，额头冒出密密的汗珠。她忽然有一种冲动，想走上台去，亲手帮他解开领上的纽扣，擦去他额上的汗珠。

台下掌声雷鸣，他领呼口号，群众跟着他振臂高呼：“经济绝交，一致对外，打倒帝国主义，把列强赶出中国！”口号声此起彼伏，震撼人心。

亦莲并不完全晓得这几句口号的意思，但群情滔滔，如火如荼的气氛感染了她，一种豪情从心底油然而生，她也情不自禁举起手臂喊起了口号。就在此时，她听到角落传来一阵清脆坚定的女声，循声望去，原来，卢皓月带着女子自卫队也来到了现场。女队员们仍然一身白衣，黑带束腰，精神飒爽，格外醒目。

忽然，一个学生模样的青年喊起来：“贺先生号召我们抵制洋货，但日新代销店公然销售洋烟，怎么办?”

日新代销店主营老刀牌、哈德门等洋烟的，实是周四新开办。周四新以贱价收购莲城的粮食、棉花运往省城，再将洋烟、煤油、肥皂运回来，他委托弟弟周维常担任代销店的经理。

青年话音刚落，就有人喊道：“烧掉日新店的洋烟，抓周四新和周维常游街!”

“走，我们现在就去!”

人们摩拳擦掌，要去焚烧日新店的洋烟。贺修民从台上跳下来，身边马上聚集了几个精神抖擞的年轻人。

贺修民一眼看见了亦莲，大步走过来：“亦莲!”

亦莲仰起笑靥如花的脸说：“修民哥，你讲得太好了！好像为我打开了另一扇窗户，一扇崭新的窗户!”

贺修民很惊喜：“真的吗？亦莲！很高兴你能这么说，如果莲城女子，不，如果中国女子都有你这样的觉悟，中国早就不是这个样子了！”

亦莲有些激动：“修民哥，你把我抬这么高！我佩服你，因为你不是为自己！”

贺修民点点头：“亦莲，我们现在去烧日新店的洋烟，你去吗？”

她语气温柔而坚定：“今天，无论你做任何事，我都会在你身边！”

他鼓励的目光似有一种魔力，使她不由自主地跟着他。

他深深地望她一眼：“亦莲，你应该早点参加革命的！”

她有些迷惑：“革命？”

“对，革命，现在就是革命，今天，就是你参加革命的第一天！”

这时候，卢皓月亲热地碰了一下亦莲的肩：“哎，亦莲，你也来啦！”

亦莲见卢皓月眉目如画，比先前出落得更加光彩照人，便说：“皓月，你越来越漂亮了！”

卢皓月说：“修民哥要带领民众做一件大事情！我的漂亮可派不上用场，不过，如果有谁敢为难修民哥，我的拳头可就管用了！”

她美目圆睁，扬了扬拳头。

亦莲贴在贺修民耳边小声说：“与皓月相比，我可么家都没有，拿什么支持你呀！”

贺修民说：“有你走在我身边，就足够！”

卢皓月见他们交头接耳，不满地说：“你们又在说悄悄话啊？”

亦莲与贺修民会心一笑，几乎同时说：“我们在说你漂亮呢！”

卢皓月娇嗔道：“好啊，修民哥，你与亦莲合伙欺负我！”

（4）

日新店门前，众人高呼：“支持国货，抵制洋货，打倒汉奸！”

几个伙计惊得手足无措，其中一个见势不妙，向后堂跑去。

不一会，周维常带着几条汉子从后面走出来，他咳嗽两声，故作镇定地环视一下人群，大声质问道：“光天化日之下，你们想搞么家？还有没有王法了？”

那四条汉子是他豢养的打手，也都横眉怒目扫视着人群。

贺修民大步上前，挺胸说道："现在全国上下都在抵制洋货，你却公然销售洋烟，如果你认为自己是个中国人的话，就主动销毁洋烟！"

周维常看了一眼贺修民，冷笑道："这不是贺家的小裁缝吗？到省城喝了几天墨水，就人模狗样开始指手画脚了？要晓得，我周维常吃的盐比你吃的米还多，过的桥比你走的路还多，想革你周爷的命，没门！"

说罢，他一努嘴，四个打手饿虎般朝贺修民扑来。他早有防备，脚步轻挪，避过一人，随后飞起一脚踢中另一人的鼻子，只听"哎呀"一声惨叫，那人鼻破血流倒在地上，再也爬不起来。

亦莲担心贺修民吃亏，焦急地看看身边的卢皓月，示意她上去帮他，卢皓月说："放心，就这几个家伙，修民哥完全对付得了！"

她的话音刚落，其中一人大喝一声，一跃而起，抬腿向贺修民背心踢去，他灵巧地转过身子，将对方的腿一拉，对方就失去重心，被甩出一丈开外。

另外两人合力攻上，他一个"顺手牵羊"，使一个绊子，绊倒一人，而与此同时，他的手掌也如流星击在另一人肩上，那人慢慢瘫软在地。

周维常见状，马上向他赔笑道："贺兄弟啊，大家都在一个城里头住着，抬头不见低头见的，你就放我一马吧！"

周围的群众嚷开了："贺家老二，别听他的鬼话，不能放过他！"

贺修民单刀直入："你如果配合我们的行动，主动烧毁那些洋烟，根据你的认错态度，我们自有分寸，绝不乱来！"

周维常一听要烧他的洋烟，马上又露出凶相："嘿嘿，你们也晓得。我哥哥周四新可不是好惹的，今天，谁要是烧了我的洋烟，那他以后恐怕没有好日子过！"

贺修民冷笑道："哈哈，这次，我正要找周四新算账呢，这下好，我一个接一个收拾，先收拾你，再收拾他！"

他一把扭住周维常的右手，对卢皓月使个眼色，卢皓月就带着两名女队员冲上前来，利索地绑住了周维常。

群众像潮水一般涌进店铺。他们抱出了一箱又一箱洋烟，堆放在地上。先前那个青年拿出一个黑铁打火机，"啪"地一按，点燃了洋烟。洋烟烧起了熊熊大火，群众鼓掌叫好起来。

周维常拼力挣扎，绝望地闭上眼睛，呼喊道："我的洋烟啊！我的洋烟啊！"

接着，贺修民将身边的群众分成两路，一路押着周维常去游街，一路由他带领去赌馆抓周四新。

亦莲和卢皓月几乎同时问："那我呢，跟着哪个？"

贺修民笑道："你们娘子军，都跟着我去抓周四新！"

亦莲既紧张又兴奋，想看看这个欺负她哥哥的恶霸，今天会受到怎样的惩罚。

周四新开了几家赌馆，最大的一家叫"泰安"赌馆，他平常都待在那。贺修民走进赌馆时，赌徒们吆五喝六玩得正起劲，有的在推牌九，有的在摇骰子，有的在弹钱宝。柜台后，一个伙计拆开一封封红纸，将里面的银洋倾下托盘，发出叮叮当当的撞击声。

贺修民大声喝道："周四新呢！"

几个打手模样的男子，冲到他的面前，一个脸黑如炭的家伙似乎早就认识贺修民："哟，好大的口气，这不是贺家老二吗？几年不见，越长越像小白脸了嘛，你找我们老板搞么家，是不是借钱啊！"

贺修民也认得他，这是赌馆里的打手武黑皮，就说："少废话，快叫周四新出来！"

武黑皮笑道："贺老二，周四新也是你叫的？今天我不修理你一下，你不晓得厉害！"

他抬手一拳，直击贺修民的面门，贺修民头一偏，手一拉，借力使力，他一个趔趄朝地上重重栽去。忽然，一人身形一闪，扶住了他。

来人正是赌馆总管马铁成，他卷起衣袖，露出粗壮的手臂，摸着下巴上的胡楂，调侃道："贺家小裁缝，老子听说过你，几年前，你还是个娃娃吧？自不量力和我们周爷交过手，那次，要不是卢介康来，你恐怕早就残废了吧？怎么，今天还想再试试？"

贺修民喝道："少废话！快说，周四新在哪里！"

马铁成说："周爷昨天出远门了，你想见他还见不到呢！"

贺修民扭头对身后的人群说："那我们走！"

马铁成跳到他面前，嬉皮笑脸地说："小裁缝，想走，哪那么容易啊！"

贺修民轻蔑一笑："你是不是铁匠开张——讲打？"

马铁成慢悠悠地说："小子，说得不错，我马铁成的手早就痒痒了，这样吧，你如果胜了我，就从这里走出去，败了呢，就从地上爬出去！"

赌客们睁大眼睛看着这场好戏如何上演。

亦莲暗暗捏了一把汗，她听人说马铁成是周四新的得力手下，自恃拳脚功夫了得，在莲城走路从来都是大摇大摆的，动不动就殴打百姓，寻衅滋事。

贺修民正想动手，卢皓月轻移脚步，一下子站到了马铁成面前："姓马的，小女子不才，想替师兄讨教几招！"

马铁成一愣："这不是卢老板的宝贝千金吗？你来凑么家热闹？一边凉快去！"

卢皓月从身边队员手中拿过一把剑，"唰"地拔剑出鞘："小女子使剑，姓马的你也别空着手！"

马铁成见她来真的，正色道："早听说卢小姐自小得父真传，并且拜了好几位师傅，想必有些来头，俗语说好男不同女斗，但你今天非要同我过招，马某人就只能奉陪了！"

接着，他又向围观的赌客一拱手，说："今天，诸位都看到了，是卢小姐主动要和我切磋武艺，所以还请诸位做个见证，刀枪不长眼睛，万一卢小姐有个三长两短，那也怪不得我了！"

卢皓月马上接话："刀剑无情，生死由命。少啰嗦！请吧！"

围观的人群自动退让，空出一个圆。

马铁成使个眼色，马上有人递给他一把大刀，他舞了几个刀花，将刀展臂横在面前。卢皓月的长剑先侧于身后，然后如长虹贯日，直指他的前胸，他来了个"拨云见雾"格开她的长剑。她又是一招"游龙戏凤"，速度奇快，他反手横劈，凶狠霸道。她剑法轻灵，不以力碰力，忽虚忽实。刀剑相击，火星碰溅，叮当之声不绝于耳。

他刀刀劈空，渐渐急躁起来。她使个虚招，他乘势而进，她脚下一勾，他便重重摔倒在地，他既恼又恨，一个鹞子翻身从地上跃起，再次挥刀砍来。

卢皓月似是变了风格，只见她手中的长剑不再飘忽躲避，而是招招挟风雷，步步紧相逼，她头上束着的青丝不知何时已经散开，随剑光在空中曼舞，马铁成步步后退。最后，卢皓月的长剑如一条银蛇，直刺他的咽喉，在他咽喉前几寸之处停下。马铁成吓得面如土色，大刀咣当一声掉落在地。

卢皓月收剑入鞘："姓马的，还要不要和我师兄比啊？我这一关你都过不了！"

马铁成又窘又怒："你们，你们走吧！"

这下轮到跟随的群众愤怒了："想叫我们走，没那么容易！"

不知谁在人群中喊了一声："砸了狗日的周四新的赌馆！"

人群像洪水一样冲进赌馆，掀赌台，砸桌椅，赌场一片狼藉。

（5）

离开赌馆，亦莲的心还跳得厉害，一种巨大的磁力牵引着她，让她不由自主地跟着贺修民往街上走。

"亦莲，好玩吧？你现在就跟我们去看周维常游街！"卢皓月连蹦带跳比她更兴奋。

走不多远，就看见游行的大队人马了，周维常头戴一顶用纸扎成的圆锥形高帽，手里提着一面铜锣，有气无力地喊一句"我是周维常，我贩卖洋烟有罪"，就"哐哐哐"敲几下铜锣给自己"伴奏"，样子十分滑稽。街道两边的群众纷纷向他吐唾沫扔石子。

被游了四条街后的周维常，再也走不动了。贺修民下令放人，周维常瘫软在地，好半天都站不起来。

"亦莲，今天你都看见了，这就是革命！"贺修民对亦莲说。

"革命"，对亦莲来说，这是一个崭新的名词，她很迷惘。按说，她早该回家了。但一想到举人老爷那咳咳咳的样子，心底就泛起一阵烦闷和酸涩，忽然，一个大胆的想法从脑子里蹦出来，她想对他说，几时革举人老爷的命呢？但说出口时，变成了：修民哥，天色不早了，我要走了。

"亦莲，你要回去吗？真不想你走！"他有些失落，"记住，亦莲，要想改变你的生活，革命是唯一道路！"

"真的可以改变吗？我以为自己这一辈子就算完了。"她梦呓般吐出一句。

"相信我，我一定要把你从不幸的婚姻中拯救出来！你要对自己有信心，对我有信心！"他眼神炽热而坚定。

"嗯！"她用力地点了点头。

“明天中午，你到元庙观找清虚道长，他会带你来见我，我有好多话要和你说！”他小声告诉她。

她深深地看了他一眼，再次点了点头。

望着她妩媚的背影一直消失在街角，如一只蝴蝶蹁跹飞远，贺修民怅然若失，连卢皓月来到身边也没发觉，卢皓月满含醋意地说：“怎么，说了这半天悄悄话，还舍不得大美人走啊！”

“唉，亦莲命也太苦了，嫁给一个比自己大几十岁的糟老头子！”他回过神来。

“这不是你能管得了的，谁叫她摊上一个爱财的父亲呢？你呀，就别管这么多闲事了，走吧！”她拉起他的手。

“这也叫多管闲事？”他有些意外，看着她，放开她的手。

他感到了和卢皓月的一点隔膜。

两人回到普善堂的时候，张氏几乎从椅子上弹起来，一只手抓住女儿，一只手抓住贺修民：“你们要急死我了，怎么这时候才回来？听说今天你们带着人烧了周维常的烟店，又砸了他哥哥的赌馆？”

贺修民点点头。

张氏很是不安：“周老虎这个地头蛇你们惹不起啊，听说他这次不在家，才没有和你们正面交手，我担心他会报复你们！”

贺修民皱了皱眉：“我自己倒没什么，早就想和他硬碰硬干一仗，灭灭他的气焰了！这次他不在家，实是走运。不过，听师母这样一说，我倒是有些担心，担心以后他报复师母一家。”

卢皓月马上接口道：“修民哥，你别担心，我有女子自卫队呢！还怕他不成！再说还有我爸！”

三人正说着，卢介康从外边进来，他打着哈哈说：“月儿啊，是不是在外面惹了祸，拿我做挡箭牌啊！”

卢皓月跑过去，抱住他的胳膊撒娇道：“爸，你天生就是来保护我的嘛！是不是？”

卢介康点着她的额头道：“你呀你，你这个小精怪！修民今天做了件大快人心的事啊！月儿呀，以后要跟着他多学学！”

张氏在一旁说：“我看啊，姑娘家，还是本分一点好，俗话说，人不犯我我不犯人嘛！”

卢皓月瞟了一眼贺修民：“我不管这些，也不懂那些大道理，但我认准了，凡是修民哥做的事，都是对的！”

“你这个倔丫头！”卢介康指着她笑道，“反正，不管发生什么，我都会给你们撑腰，不要怕周老虎！他现在还不敢动你们，但他一定会记这个仇。从长远打算，我们卢家家丁和女子自卫队，都要有枪。年底我准备派人到省城买枪买子弹，这样我们全副武装起来，他就更不敢轻举妄动了！”

卢皓月跳起来，抱着他的脖子，吊在他身上旋了一个圈：“爸，你真是太伟大了！我早就想学打枪了！”

接着，她做出打枪的样子，两手持枪，一眼微闭，口中模拟出“啪啪啪”的脆响。

卢介康朝四周看了一下，说：“你们两个，跟我到屋里来一下！”

卢皓月对贺修民一笑，调皮地吐了吐舌头：“爸，这样神秘？”

卢介康关上房门，从口袋里掏出一支银白色的小手枪，这支手枪只比巴掌略大。

“勃朗宁手枪！”贺修民惊讶地叫出声来。

“对，比利时生产的半自动勃朗宁手枪，我本来打算为你们各弄一支的，但费尽周折只弄到一支……”

卢介康的话还没说完，卢皓月就赶紧说：“爸，这支枪给修民哥，让他防身！”

卢介康笑着问：“月儿，你难道不想要吗？”

卢皓月深情地望一眼贺修民：“我嘛，当然想要，但是修民哥他做的是大事啊，危险也应该更大，再说我有盒子炮呢！这支勃朗宁我只摸一下，可以吗？”

贺修民不好意思地笑：“师傅，这枪太贵重，我不能要，还是留着师妹防身吧！”

卢介康责怪道：“修民，这是什么话？你知道，我一直把你当儿子看，你千万别把自己当外人！”

卢皓月从父亲手中拿过勃朗宁手枪，爱不释手，小心翼翼地摸了几下，然后递给贺修民。

卢介康说：“修民啊，你要像保护这支枪一样，保护月儿，好吗？”

卢皓月期待地看着贺修民，贺修民接过枪，迟疑着点了点头。

父女俩相视而笑。

（6）

王师璧面孔阴沉地问亦莲："今天你一天跑到哪里去了?"

亦莲轻描淡写地说："怎么啦，到外面逛了一下。"

王师璧咳嗽数声，不悦地说："有人看见你跟着……那伙人，疯疯癫癫跑了一天，你还和贺家老二，在……在一起说了不少话，是吗?"

亦莲冷冷笑道："这些人真无聊!"

王师璧继续咳嗽着："贺家老二是个……是个害群之马，你，你最好离他远……远一点！现在，他煽动群众烧……烧了周家的烟店，砸了他家的赌馆，下一步，他可能就要烧我们有……有钱人的房子了，真是和尚打伞无……无法无天，不过，周四新也……也不是好惹的，肯定不会放过他!"

亦莲一扭头走进房间。王师璧正想跟进去，亦莲"呯"地关上了门。他的额头撞在门上，起了一个小包，他恼恨地摸了摸，嘟哝了几句"世风日下"，摇着头走开了。

中午，亦莲不冷不热地告诉王师璧，她要到元庙观求香。他笑着说，是不是想为王家再续香火啊。她说你怎么想都行。

她在菱花铜镜跟前端详自己。镜中的人儿盘了一个比较低垂的发髻，斜插一枚长鎏金银錾花钗，辅着一只翡翠蝴蝶，清新而灵动。薄施粉黛，两颊散出润润的红晕，今天是怎么了？她只觉得脸上发烧，心跳得厉害，她在镜前换了几套衣服，最后才选定穿一件粉红撒花对襟小袄去见他。

到了元庙观，她上了香，默然祈祷。然后，向一位瘦高个的道士打听谁是清虚道长，那道士和颜悦色向她一揖："贫道就是。"

她说："我是贺修民的表妹，找他有点事。"

清虚道长面露微笑："请跟我来。"

穿过几处幽曲的回廊和数间阁楼，才到了一间空阔院子，院子里错落着小屋数间。清虚道长轻轻推开其中一间。

贺修民正看一本书，见到她，惊喜地站起身来。

她打趣道："表哥啊，看样子，你是在这里潜心修道啊?"

贺修民略一怔，忙说："是啊，表妹，这道观很清静，实在是个读书的地方!”

等清虚道长走后，亦莲问：“这是哪啊?”

贺修民说：“清虚道长的卧室，我临时的栖身之处。”

墙上挂着的一幅字，她看了一会，念道：“山中何所有，岭上多白云。只可自怡悦，不堪持赠君。”

他很惊喜：“亦莲，你现在能认这么多字，真了不起!”

她苦笑道：“这可是我嫁到王家的唯一收获。”

“唉，都怪我！自上次见你之后，我一去半年无音信，又病了一场……”

“修民哥，你别自责了！对了，刚才，我说你是我表哥，不生气吧?”

“呵呵，怎么会呢?”

“我真有你这样一个表哥就好了!”

“为什么呀?”

她随手翻动着一下桌子上的一本《玉皇经》，说：“保护我啊，心疼我啊!”

他抓住她的手：“现在，不一样可以吗，我来保护你……心疼你……”

“心疼你”这三个字，他忍了忍，终于还是轻轻地说出来。

她轻轻抽出手：“晚了，我现在可是嫁为人妇了!”

他望着她长睫毛下的深幽黑眸：“不晚！只要你愿意改变，一切都还不晚!”

她迎着他的目光：“真的不晚吗？说实话，昨天一天我过得很充实，很快乐！之前，我好像一直生活在一口黑井里，是你的演讲，你的行动，让我看到了一丝光亮！原来这个世上还有一种人，像你这样，为了大家幸福，将个人安危放到一边!”

“亦莲，你说得真好！还是你能理解我!”他激动地说，“昨天，我一回家，爸妈就开始数落我，说读书就读书，回来带头闹事干什么，还说枪打出头鸟，要我快快离开莲城。”

她说：“修民哥，我永远支持你！你做的事，是大家想做而不敢做的！我甚至有一个大胆的想法……”

他竖起一根食指：“嘘，你别说出来，让我猜猜!”

她点点头。

他兴奋地说："和你来个里应外合，革王师璧的命！他可是莲城最大的腐朽势力了！"

她的眼里闪着激动："你真聪明！"

他笑道："不是聪明，是我们心有灵犀啊！这次回家见你之后，我整天都在考虑，怎样把你从王家救出来！亦莲，跟我到省城去吧！我后天就动身，我们一起走！"

她像受惊的小兔，眼神慌乱无措："我能走得掉吗？"

"能，一定能，后天，五更时分，我在王家后院那棵老槐树下等你！然后，我们坐船到省城，到了省城，我送你到女子师范去读书！"他似乎早就想好了。

"我能行吗？"她还是惴惴不安。

"能行，你一定行！学费的问题，我也想好了，我先找几个朋友借，以后还他们。"

"我有一些金银首饰，可以拿去换钱。"

"这么说，亦莲，你真的愿意同我走！"他惊喜地握着她的手。

"嗯！"她点点头，脸上泛起桃红。

他拉近她，深情凝视她俏美的脸庞。

"女子师范的那些女学生好看吗？"她觉得手腕被他捏得有点痛，抽出手。

他好像找了一个借口，开始仔细地去看她。她穿粉红小袄，湖绿精绣镶滚的百褶裙子，脚上是银白色软缎尖口鞋。

"亦莲，你真美！像一朵出水的红莲花！那些女学生，和你比差得远哪！"

她的脸上升起两朵红晕，羞答答地看了他一眼，那眼波流转，像清纯欲滴的荷叶下的流水，脉脉含情，湿润荡漾。

"你瞎说，我怎么能跟她们比？"

"是真的，她们都比不上你！"

"她们长么样子？"

问出这句话，她觉得有些好笑。

果然，他笑了："哈哈，么样子？难道两个鼻子三个嘴巴不成？"

她抽出手来，捏成小拳，擂在他结实的胸膛上："你坏，不许笑人家！"

他便作出回忆的样子："嗯，好，让我想想，她们喜欢穿浅蓝色上衣、黑裙子，穿白袜黑布鞋，留齐耳短发！”

她脸上露出神往之色：“我要这么个打扮，是个么样子呢？”

他双手抱着她的两臂，端详她：“会是一个全新的你！”

她低下头，柔声说：“修民哥，你要教我文化，就我这底子，能跟得上女学生吗？”

他再次抓住她的手：“一切有我呢，别担心！”

这次，她任由他握着，他的双目熠熠生辉，令她几乎不敢直视，初春的阳光透过破旧的窗纸射过来，打在他瘦削的下巴上，使他坚毅的脸充满温情。

他将她搂进怀里，他的手臂强而有力，她双颊绯红，心中如无数个鼓点敲响。

他想吻住她柔柔的唇，她不断摆头躲避着，似乎不太适应这突来的风暴。

他锲而不舍地追逐，她不再回避，但她还没有完全向她开放那一腔温柔，只让他的舌头在自己唇边浅舐。

他身上干净、青春又夹杂着阳刚、野性的气息，让她想起湖边那一望无际的芦苇，那碧翠苇叶随风汹涌绿涛，竟比清清的湖水还要壮阔，铺天盖地，令她迷醉，于是她伸开环抱住他的腰，索性将舌头交给了他，相抵缠绵，甜蜜交织，她的舌头好像吐出娇嫩的花蕊，任由那贪嘴的蜜蜂吸吮。

他们的呼吸滚烫起来，一波波反复缠绕的激狂席卷了她，使她透不过气来。

这是她从未经历的吻，她像一朵娇弱的花朵承受不了雨露的滋润，全身微微地颤抖着，她的心底忽而升起一个念头：让他这么吻下去，再也不回王家！

他终于松开她，望着她的眼神充满爱怜：“莲，我要用一生一世来爱你！”

她突然流下泪来。

他一下子慌了神，手脚无措：“你怎么哭了？我决不敢欺负你，我是真的爱你！”

她泪眼朦胧，含情凝睇，欲说还休，真像一朵沾着晶莹露珠的荷花。

他吻干她的眼泪，像看着一个举世无双的宝贝：“等你读完女子师范，我就娶你！好吗?”

她将头靠在他的胸膛，听他有力的心跳，而后，她抬头看他，用手轻轻抚摸着他硬硬的胡楂，柔声说：“修民哥，我要走了!”

她离开他的怀抱，一步一回头，往门外走。他追过去，再次抱住她，她回转身，深吸一口气，给了他一个长长的吻，这个吻仿佛生离死别的最后一吻，她仿佛是为了弥补什么，忘情地吮吸翻卷，他只觉彼此混合的唾液是散发着醇香的玉液琼浆，只是后来微微觉着有点腥咸，是她的牙齿咬破了他一点点舌尖。

他对她说：“后天，五更时分，王家后院老槐树!”

她全身都软绵绵地，无力地点了点头。

他要送她，她不让，走的时候，她没有回头。他不知道，她的双眼又一次蓄满了泪水，唯恐一回头，让他看见自己的留恋和软弱。

(7)

贺修民这次从省城回家，父亲对他带头烧洋烟砸赌馆很是担心，说周老虎不好惹，要提防他报复，并说莲城不是久留之地，催他早点回省城。

说到哥哥金水，父亲又现出一副恨铁不成钢的样子。

对他鬼迷心窍地寻宝，老两口莫可奈何，整天在家里唉叹他不长进，金水早就不想看父母的脸色了，再加上老婆田桂花的鼓动，就向父母提出分家。

贺裁缝借钱为金水买了一所旧宅子，宅子的主人原和贺裁缝是好友，因全家迁到了省城，旧宅算是半卖半送。

贺修民安慰父亲，说哥哥哪天或许就真寻到宝贝了，因为清虚道长多次说莲花池内可能有个古墓群。父亲睁大眼睛问，古墓群?贺修民点点头，父亲叹口长气说，唉！如果真有么家古墓，被这小子撞上了，也未必是好事啊！发死人财，不光彩，也怕遭报应啊!

两人聊了一会，贺裁缝先回房休息了。贺修民还想再看一会书。他在油灯下刚翻了几页，就隐约听见一阵杂沓的脚步声，向他所在的房子迅疾奔来。然而，过了一会，这脚步声又消失了，好像是一群人，突然蹑手蹑脚地放轻了步子。他急忙吹灭了油灯。然后掏出那支勃朗宁，又拎起一床被子，悄然打开后门，轻轻一跃就上了不高的房顶。

没想到房屋年久失修，搁瓦片的某根檩条早已腐烂，被他一踩，“呀”的一声折断了。

“房上有人！”房下蹿动的黑影中有人叫道。

贺修民将手中的被子卷成一团，往房屋东头扔去。

下面的人看到一个黑乎乎的东西落地，都喊叫起来：“抓住贺修民！抓住贺修民！”

贺修民趁机从屋顶另一端纵身跳下，刚一落地，一条黑影撞了过来，他蓦然一惊，正打算举枪就射，那人说：“修民，别开枪！是我！”

是师傅卢介康的声音，他又惊又喜：“师傅，您，您怎么来了！”

卢介康拉着他就跑：“快跑！码头上有人等我们！”

两人箭步如飞，后面跟过来零零落落的枪声。

他们穿过几条街道，东拐西弯，就上了一条大道，大道最前方正是东荆河码头。

贺修民喘息着问卢介康：“师傅，今天逃跑得有点稀里糊涂，他们凭什么抓我啊？再说，这些人，我们两个人，也能对付啊！”

“他们有枪，警察所的，周四新到县知事肖方举那里告了一状，说你烧烟店、砸赌馆，要抓你治罪，我得到消息，怕你吃亏，就赶来了！”

“周四新？前几天砸他的赌馆时，他当了缩头乌龟，今天居然和我来这一手！”

两人边跑边说，已到了东荆河码头，早有一位中年男子驾着一只舢板船等在那里，见到卢介康，那人恭敬地问：“卢老板，可以走了吗？”

卢介康一挥手，说：“修民，快上船！”

贺修民记起了五更天和亦莲的约定，心下一沉，抓住卢介康的手说：“师傅，我不能走！”

卢介康一愣：“修民，怎么了？”

他皱着眉，咬着嘴唇，表情很痛苦：“师傅，我有一件非常重要的事，不能走！”

卢介康斥道：“修民，你好糊涂啊，此时不走，留下来做他们砧板上的肉吗？”

贺修民似有无限的难言隐痛："师傅，我真的，真的有件很重要的事要办！现在我不能离开莲城，不能……"

卢介康生气了："你小子是怎么回事，天大的事，再重要，有你的命重要吗？这样吧，你有什么事，交给我来办！"

贺修民一下子语塞。

大道上，几只火把的光亮越来越近，先前那些人追来了。

卢介康抓出一把银元，塞到那位中年男子手里，叮嘱道："你一定要把他送到汉口！耽误不得！"

男子双手捧了银元，放进衣兜，上了船，解开绳索准备启程，贺修民还在犹豫，卢介康倏地一掌，推他上了舢板船。

船缓慢而坚定地离开河岸，贺修民担忧地看着卢介康："师傅，你，你怎么办？"

"你别担心，我抄小路回去！到了省城，写信来！"

卢介康说罢，身形一闪，消失在夜色中。

随后，一队擎着火把的警察追来了，贺修民的船离码头已有十多丈之远，警察们举枪射击，子弹嗖嗖擦过船顶，小船加速前进，不久，河流向西拐了个弯，小船也跟着拐了个弯，再也看不见了。

(8)

这夜，王师璧要到亦莲房里睡，亦莲推说身体不舒服，没让他进房。

她已经想好了，这次跟贺修民一走，是永远不会回莲城了。

"私奔！"脑子里冒出的这两个字，充满了浪漫的诱惑，实际隐含着很大的风险。她听老一辈的人讲，辛亥革命前一年，莲城就抓到了几对私奔的男女，有的被押到家族的祠堂处死；有的被游街示众；有的被沉了潭。王家是莲城的大户，如果这事暴露……她不敢想下去，但她觉得自己这条命不算什么，只是绝不能牵连修民哥，为了他，她可以去死，她做好了最坏的打算。

一夜无眠，快到五更时，她披衣下床，收拾了细软和衣服，打成一个包裹，从后门出来了。

一出门，就看到了院子外那棵粗壮的老槐树，树干怕要三四个人才能合抱过来。她在树下抬头看天，透过纵横交错的狰狞的枯枝，见天上的星星鬼鬼祟祟闪着，枝丫间穿过一阵寒风，令她打了个冷颤。

等了好半天，都不见贺修民。这是她先前没有预料到的，她的第一个念头就是：他不可能改主意，一定是有要紧事不能脱身，或者遇到了大麻烦。

在冷风中，她双脚站得发麻，天已渐渐放亮，看来，他是不能来了。

她回到房里，放好了包裹，决定上贺家看个究竟，她隐隐觉得他那边一定有事发生。

还没有到贺修民的家门口，就看见那里围了一群人。亦莲的心立刻狂跳起来，她几乎想跑过去，但还是强迫自己镇定，快步走了过来。

“儿子惹的事，老子能逃脱？”

是周四新的声音。

亦莲连忙挤进人群。

周四新带着马铁成、武黑皮等一帮打手，指着贺裁缝老两口骂骂咧咧，贺裁缝满脸赔笑，跟他求情。

武黑皮刚开始假装扮好人，将贺裁缝拉到一边：“贺裁缝，我看你，这辈子老实得三棍子打不出个屁来，怎么生出这么个劣头（捣蛋）儿子？烧我们周爷弟弟的洋烟不说，还砸他的赌馆？依我说，你赔两千大洋算了！”

贺裁缝哭丧着脸说：“两千大洋？我这把老骨头再加上这个裁缝铺，都值不到二十块，你们要我赔两千，到哪里弄啊！”

周四新抬头看了一会天，又低头磨了磨鞋底，慢悠悠吐出一句：“你不赔也行！你的裁缝铺还有后面的两间房，你自己点一把火，给我烧了！”

贺裁缝的老伴丁氏一听，急了：“啊？这怎么行？这不是不让我们活吗？”

周四新乜斜着眼说：“你家的贺老二不是挺厉害的吗？现在躲哪里去了？让他出来，就这么点胆量，还搞么家革命哟，还，还怎么挽救民众于水火哟！哈哈，真是好笑！现在，我就是要他看看，他连自己家里的火都救不了！废话少说，你们不烧，我们动手烧，马铁成，点火！”

马铁成嘻嘻笑着，点燃了一只火把。

丁氏死死抱住马铁成，不让他移步。

武黑皮一把扯开丁氏："去你妈的，老家伙，再拦着，连你一起烧！"

围观的乡亲们都敢怒不敢言。

马铁成对着他们直嚷嚷："大家听好了，贺修民带人烧洋烟，砸赌馆，是犯罪！周爷已经报官，昨天晚上，贺修民畏罪潜逃，冤有头，债有主，我们今天烧贺家的房子，是一报还一报！这就叫跑了和尚跑不了庙！"

马铁成举起火把准备走进裁缝铺，忽然，一个女子轻盈一闪，已挡在裁缝铺的门口，她往那儿一站，众人立刻鸦雀无声，她双目圆睁瞪着马铁成："你们是男人吗？欺负两个老人家算么本事！"

马铁成一愣："咦，哪里蹦出来的一个女侠哟，我倒是想晓得，你有么家能耐不让我烧房子？"

武黑皮在一旁帮腔："哟，哪来的黄毛丫头，敢管大爷们的闲事！"

周四新从后面走上前来，笑道："哈哈，这位大美人可不是黄毛丫头，她呀，是我们王老爷的第七房太太呢！"

他上上下下打量了一番亦莲，又说："咦，今天真是怪，是哪阵风将我们的大美人吹到这里来了？"

亦莲迎上他的目光："怎么，这个地方我不能来吗？"

周四新露出一丝邪笑："能来啊，怎么不能来？不过，大美人可不能妨碍我们办事啊！"

亦莲冷哼一声："办事？说得好听，哼，是办缺德事吧！"

周四新笑道："你人长得美，话说得怎么这难听呢？这是我和贺家的私事，你就不要咸吃萝卜淡操心了！"

亦莲说："不是我话说得难听，而是你这事做得太缺德，这个裁缝铺，是两个老人家活命的地方，你放一把火，不是把他们逼上绝路吗？"

周围的乡亲见她这么一说，也都随声附和道："是啊，烧不得，烧不得啊！"

周四新狠狠地瞪了一下说话的人："谁说烧不得？老子今天偏偏就要烧给你们看看！"

亦莲听他这样一说，转身就走进了裁缝铺，拖了一把椅子，在屋内坐下来："姓周的，你点火吧，反正我今天不走了！"

周四新一愣，趋步向前，脸上赔着小心："哎哟，我的姑奶奶，您还真的跟我较上劲了？要是举人老爷晓得您管这闲事，他会不高兴的！"

亦莲的眼神无比坚定："你现在就可以把他叫来，我倒要看看他是怎样不高兴，对谁不高兴！"

周四新一下子哑口无言了，他又看了看这间简陋的裁缝铺，说："好吧，今天，看在大美人的面子上，这屋我就不烧了！不过，姓贺的这笔账，我都好好记着呢，到时候跟他一起算！"

他一挥手，说了声"走"，与众手下悻悻而去。

第五章　狼穴

(1)

长子王京甫是王师璧这辈子最大的骄傲。

他常对人发牢骚，说如果没有什么辛亥革命，他就可以考进士，甚至当上探花或者榜眼或者状元了，那出来做官，至少是个五品官。但说归说，他这一生连个七品芝麻官都没做过，倒是儿子王京甫，在京城一所法政学校毕业后，用钱打点，再利用祖辈的一些关系，当上了邻县新阳的知事。

王知事最近让人捎信来，说要回一趟家。虽然新阳离莲城不远，但他总说公务繁忙，好久没回来了。

好像逢年过节一般，王府里上上下下的人都显得特别兴奋，他们出出进进，打扫清洁，收拾屋子，准备菜肴，忙得不亦乐乎。

亦莲像个局外人，漠然地看着这一切。

王京甫回家，没带家属，也没有坐轿，是骑着高头大马回来的，他还带了几名侍卫。

王京甫下马进院，看到亦莲，愣住了。

他从来没有看见过这么美的女人。

这个女人穿着一件桃红洋绸棉袄，衣襟处绽放几点梅花，宽大的衣袖，细细的腰身，自有一份脱俗的古典与优雅。她站在那里，散发出一种独特的韵致，让人眼睛一亮的韵致。

王师璧为儿子介绍道："京甫，这是你七姨。"

王京甫四十岁左右，穿一件西装，头发梳得油亮，从中间分开，瘦长脸，下巴上长着一颗很大的黑痣，他手里拄着一支文明棍，一派西洋绅士的派头。

听了父亲的介绍，他紧走两步，去握亦莲的手，亦莲却把手抽回了，她还不习惯这种西洋礼节。

他有些尴尬地笑了笑，说："原来是七姨啊，失敬，失敬！"

亦莲矜持一笑，没有说话。

他还想跟亦莲说什么，亦莲转身进了屋。

王师璧无奈地给儿子解释："你七姨，就这脾气，别见怪！"

儿子悠悠地收回目光："没什么。对了，您刚才说了请客的事情，都请了哪些人？我不想太张扬，这次出公差，从家门口经过，回来住几天。"

在王京甫回家之前，王师璧早就拟了一份请客名单，都是他认为在莲城排得上号的人物。

他准备在家大宴宾客为儿子接风，为的是向人炫耀，他的儿子多么有出息，并且，他还要让最宠爱的小妾亦莲出席。以前，他从未让女人出现在家宴上，但这次不同，他觉得亦莲有资格更有必要出席这场盛宴。

请客当天，王师璧府中灯火辉煌，人马喧腾。前来赴宴的有莲城知事肖方举、商会会长柳臣尧，另有参议会议长、联防总局局长、储蓄会的董事长、各类议事会的负责人、"广泰福"、"和兴栈"、"永兴福"等几家大商号的老板。普善堂的卢介康也在被邀之列。

让亦莲意外与不快的是，周四新也来了。

她本不想见这么多所谓的"大人物"，但是王师璧执意让她出来"见见世面"，她不想显得那么小家子气，才答应出来。

这些人一边跟王师璧父子俩寒暄，一边转着眼睛贪婪地瞟她，这眼光让她很不自在。看到卢介康的时候，她才觉得很亲切，上前和卢介康打招呼："卢老板，怎么不将皓月带来玩啊？"

卢介康笑道："哎呀，皓月脾气不好，我怕她在家随便惯了，在这里胡闹，一不小心，得罪别人就不好了！"

亦莲说："怎么会呢？我最喜欢皓月的性格，我呀，还羡慕她有一身好武艺，人也长得漂亮！"

卢介康说："皓月也很喜欢你，她常常对我提起你，说她如果与你做好朋友，就是最大的福气了！"

亦莲说："是吗？我真的愿意和她做好朋友呀。以后，我会经常去找她的！"

两人正在说话，周四新慢慢走过来，横在两人中间，语含讥讽："哎呀，卢老板和我们的大美人聊得这样火热啊！"

亦莲斜他一眼，没说话。

"拉点家常。"卢介康说。

“卢老板啊，有件事我还要找你评评理!”周四新干笑两声，“你的宝贝徒弟贺修民与宝贝千金卢皓月带着人，又是烧我兄弟的洋烟，又是砸我的赌馆！你说这笔账我找谁算啊!”

“哈哈，要算账，你找我啊，本人愿意奉陪，你想怎么算!”卢介康直视着他，大声笑道。

一时气氛有些紧张，众人都停止了讲话，看着他俩。

王京甫走上前来打圆场：“都消消火，消消火！两位都是莲城有影响的人物，就不要为这事伤和气了，我看哪，这当中一定有误会，是吗?”

然后，他拍了拍周四新的肩，说：“四新，这件事啊，就看在我的面上，不要再追究了!”

周四新对他谄媚一笑：“哎哟，知事大人，这件小事，还劳您过问吗？您既然将话说到这分上，说明没将我当外人，这件事，我就不提了!”

王师璧此时也“咳咳咳”地走过来，对卢介康说：“卢老板啊，我说一句……你不喜欢听的话。那个贺家老二，就是你徒弟啊，你得好好……管管。今天烧这家，明天砸那家，不好啊！他尝到甜……甜头之后，说不定会烧砸抢……抢到各位头上来，这和湖匪柴云飞他……他们有何区别啊!”

说罢，他慢慢地环视了众人，众人纷纷点头，七嘴八舌地议论开了，差不多都是在说贺修民的不是。

卢介康的脸上有些挂不住了。

又是王京甫为卢介康解围：“这件事，大家就别讨论了，今天我们可不是来开卢老板的批斗会的!”说罢，他扶卢介康到桌边坐下，客人陆续入座。

(2)

亦莲很想站出来为贺修民说句公道话，几次，话都到嘴边了，又咽下。

酒宴非常丰盛。什么丹参蒸鱼翅、红烧熊掌、鹿茸鱼丸、燕窝乳鸽羹、义腿肾鞭等等，全是平常百姓见不到的菜。

王师璧觉得儿子给自己长了面子，他以老太爷自居，频频接受着各方的敬酒，大概是喝得有点多了，再加上咳嗽得厉害，他涨红了脸，说话也语无伦次起来。

这时候，周四新突然夹起一只麦穗似的牛鞭，放到王师璧的碗中，说："王老太爷，您现在要多吃这个，不然……"

周四新不怀好意地看着亦莲，他的下半句话就不说了。

除了卢介康，全桌人都心领神会地笑起来。

王师璧醉眼迷蒙地瞟了一眼周四新，说："你个龟儿子，是说我那方面不行了？哈哈，你问问她！"

说着他用手一指亦莲："你让她说说看！"

男人的目光齐刷刷如剑一般指向亦莲。亦莲好像在众人面前被剥光了衣服，只觉耳根发烧，难堪之极，几次站起来想走，都被王师璧按住了。

柳臣尧作出无限艳羡的样子："王老太爷，我看你还可以娶第八房姨太太啊！"

王师璧一笑，又咳起来："不要说第八房，就是第十八房，我也不怕啊！"

众人哄然大笑。

肖方举这时候拍了拍巴掌，说："大家静一静，要说起这吃牛鞭，我给你们讲个故事好不好！"

众人大声叫好，肖方举看了一眼亦莲，讲道："那天怡春院里的翠红小姐，和几个男客在一起吃花酒，酒桌上有一道菜，就叫甲鱼炖牛鞭。翠红用筷子夹起一块牛鞭，就往口里送，哪里晓得，这牛鞭没夹好，掉到她的裤裆上，别人都笑，她也笑，你猜她怎么说，她指着牛鞭咬牙切齿地说：'牛鞭啊，牛鞭，把你杀了剐了，你怎么还记得这条路啊！'"

满桌人都笑翻了，王京甫笑着说："方举兄，看来你常去吃花酒啊！有趣有趣！"

而王师璧笑得又咳嗽起来，他将一口菜喷出来，差点喷到亦莲的脸上。

只有亦莲没笑，她瞪了这些男人一眼，一时还没有反应过来，但晓得这肯定是个黄色笑话。

过了一会，王师璧站起身摇摇晃晃要去上厕所，亦莲上前扶住他，觉得坐在这一群大男人中间，听他们胡言乱语，看他们的暧昧眼色，十分难受，不如找个机会离开。

她搀着他走向房间。

她从房里拿出夜壶，给王师璧小便，王师璧的尿液溅了一地。亦莲出去洗手的时候，宴席刚散，王京甫送完客人，正看见她，叫道："亦莲！"

亦莲未料到他会这样叫她，脸红了。

王京甫走到她身边，装作不经意地碰了一下她的手："我父亲呢，不要紧吧？"

亦莲冷淡地说："你自己进去看吧！"

王京甫进去一看，王师璧已在床上鼾声大起，已经睡着了。他出门的时候，盯着亦莲的脸看了好一会，突然说："亦莲，你委屈了！"

这句话有点莫名其妙。

他盯着她好像还想说什么，她回避了他的目光，一转身进了房间。

她一夜无眠，忽然又想起贺修民。她隐隐地为他有了一些担忧。看宴席上那些人的嘴脸，好像都是极其仇恨他的。他曾对自己说过，以后会回莲城做事，这些人会打击报复他吗？

(3)

晚上翻来覆去睡不着，第二天早晨，亦莲很早就起床了，来到院子里的那个花园，园子内有凉亭、水池、假山，空气清新。气候乍暖乍寒，但园子里草木勃发的生气，已经弥漫在空气里了。天空灰中带蓝，几朵乳白色的云慢悠悠地移动，就像盛开的白莲花缓缓荡漾在水中。云朵那样飘渺、高不可及，又像一个远去的梦。

亦莲正看得出神，背后忽然响起一个声音："这么早啊！"

她被吓了一跳，回头一看，是王京甫。他穿着一件白色的对襟纺绸上衣，好像是出来锻炼身体的。他咬文嚼字地打趣道："任庭前花开花落，看天上云卷云舒，很有闲情逸致啊！"

亦莲不置可否地笑了笑。

王京甫做了一个挺胸收腹的动作，长长吐出一口气，摆了一个打太极拳的动作，对亦莲说："想不想学太极啊，我教你！"

亦莲摇了摇头。

王京甫又说："那你骑过马没有？"

亦莲又是摇头，王京甫凑过来："想不想骑一下我的那匹马？那可是一匹宝马！"

自从嫁到王师璧家里以后，她外出都是坐轿，说实话，她对女人骑马还不能完全接受，只是从一张月份牌画中，看到过大城市时髦女子骑马的样子。

不过，她突然想到一个人，那就是卢皓月，依她的个性，肯定喜欢骑马。平原上的马本来就不多，平常在莲城所见的多是拉车的瘦马，对那种奔驰如飞的骏马，她一定喜欢。

再说，她真的很想出去走走了。一个人关在家里，实在太闷，不知为什么，她虽和卢皓月没见过几面，但好像已经熟悉很久，喜欢和她在一起。

王京甫见她不做声，以为她有什么顾忌，就说："不要紧的，等一会，我让老爷子和我们一起去玩玩，体验体验！"

亦莲说："叫上普善堂的卢小姐，可以吗？"

王京甫连忙答应，满怀兴致地去张罗。

王师璧听说亦莲想去骑马，就说："这是你们年轻人的活动，你就跟京甫去玩吧，我让林三去请卢小姐！"

林三是王师璧的仆人。亦莲几次听林三说起，他有一个叫林森的表哥，好像也在省城读过书，并且认识贺修民。

林三一路小跑到普善堂去请卢皓月，卢皓月果然非常兴奋，换了一套轻便的衣服，就赶来了。

亦莲与卢皓月坐轿，侍女腊梅与林三步行。王京甫则骑着那匹枣红色骏马小步慢走，两名侍卫各骑一匹栗色骏马紧随其后。

他们来到城外东荆河堤边的一片草场。

时值早春，草场上的草，还只是刚刚萌芽。一片枯黄中星星点点地缀着些浅绿。

王京甫让亦莲骑他那匹枣红骏马，这马全身暗红，鬃毛鲜亮，长尾飘逸，体态劲健。亦莲走近它时，它竟举足腾跃，昂首嘶鸣起来，然后又将脖子靠近她，在她身上轻嗅，好像非常欢迎她的骑乘。

林三悄悄对腊梅说："这马也是匹色马，看到美人，就兴奋得不得了！"

腊梅正色道："林三，你这嘴怎么一点遮拦都没有？胡说八道，恶心！"

亦莲见这马双瞳如漆，竟像英俊的男子一样温柔，她忍不住摸了摸马脖子，却怎么也不敢骑。她让卢皓月骑。卢皓月先牵着马走了几步，就踩着马蹬跨了上去。这时，王京甫殷勤地跑来指点，卢皓月频频点头，扯了一下缰绳，枣红马飞驰向前，她既新奇又紧张，紧紧伏在马背上，生怕摔下来。

王京甫在后面喊："身子要直，腰要放松！"

只经过半个时辰的训练，卢皓月就适应了马背上的颠簸，用王京甫的话说，她似乎具有一种天生的"马感"。

枣红色的马鬃在风中飘逸，马蹄叩击大地发出"得得"声，卢皓月婀娜的身姿随马如波浪起伏，几个男人都好像看傻了一般。

卢皓月将马停在亦莲面前："简直是在和风比赛，感觉太好了！"

卢皓月汗滴云鬓面似桃花，亦莲觉得这时的她美极了。

亦莲羡慕地看着卢皓月，卢皓月下马，将缰绳递到她手里："亦莲，你来试试！"

这时，王京甫和林三、腊梅也围过来，极力怂恿她一试。

这马也怪，看到亦莲之后，又嘶鸣几声，好像发出郑重的邀请。亦莲经不起众人劝说，勉强答应上马走几圈。

她踩着马蹬，由于用力太小，一下子上不去。

王京甫和林三竟同时伸出手，想抱亦莲上马。

但林三马上缩回了手，因为王京甫出手快，竟将亦莲轻巧一抱，放在了马鞍上面。

亦莲的脸红如晚霞，没料到王京甫会这样做，又不能说他什么。

她根本不敢催马跑动，只叫卢皓月牵着缰绳，走了几圈，就要下马。

卢皓月不让她下来，只是叫她坐好，说自己带着她跑。亦莲还未答应，卢皓月就跳上马来，这马多承受了一个人的重量，立即展蹄嘶叫了一声。

卢皓月提一下缰绳，马便撒蹄奔跑起来，亦莲只觉腾云驾雾般耳边生风，河堤上的树木迅速向后退去，令她轻微地眩晕，她赶紧死死抱住卢皓月的腰，好像一松手，就会像一片叶子被风吹得无影无踪。

从马背上下来后，亦莲摸摸这马的头，又摸摸它的脖子，带着爱意和怜惜，她的心底忽然涌起一阵感伤，这马温情英俊，又有力量，像极了某个男子，不错，那就是贺修民，然而，他不属于她，永远不属于她。

（4）

回到家之后，王京甫又约亦莲打麻将，说已经约好了三姨和六姨，亦莲对麻将没兴趣，手艺也不精，但架不住他三请四接，最后决定给他一个面子，凑一回热闹。

牌桌上，王京甫坐在亦莲上家，他碰牌的次数比较多，明显是让她多拿牌。她胡了清一色、七对等几个大牌，接连坐庄自摸，面前的银钞渐渐叠高了。

王京甫摸牌的时候，装作不经意地摸了一下亦莲的手，他的脚也不安分，在桌子下轻轻踢她，这让她很反感。

三姨太和六姨太也不是傻瓜，几圈牌下来，她们见王京甫这样照顾她，说话就泛起了酸味。

三姨太说："哎呀，京甫这次回来，听说只是暂住几天，一晃一个星期过去了，还舍不得走啊！"

王京甫笑着说："三姨，你这是赶我走啊！"

三姨太说："哪敢啊，我倒想多留你住几天，只怕不是我能留得住的！"

六姨太更不是省油的灯，用手绢作势打了一下王京甫的脸，发嗲道："真是偏心，这么快就喜新厌旧了吗？真是只听新人笑，不闻旧人哭啊！"

六姨太今天好像刻意打扮了的，挽成的双髻上各插了一朵红花，细碎的刘海一缕缕贴在额前，耳边拖垂着两串长长的紫色耳坠。

亦莲一直觉得她看王京甫的眼神不对劲，现在她酸溜溜说出这话，就更不对劲了。王京甫倒是坦然自若，亦莲却立刻沉下脸来，这种暧昧的含沙射影，对亦莲是一种挑衅，她对他们是否有什么猫腻毫无兴趣，她只是绝不允许别人泼脏水。

亦莲冷冷地开了腔："六姐啊，这话亏你也说得出口！要说，我们是京甫的长辈啊，玩笑可不能乱开！"

六姨太嘲讽道："哟，你倒是正经得很啊，好了，好了，不说了，算我嘴贱……"

王京甫打断她的话："都是一家人，别说伤和气的话了，打牌，打牌！"

亦莲突然站起身，说："跟你们打牌真是累，算了，你们再找人玩吧，我先走了！"

说完，连面前的那一大叠银钞也不屑拿，扭头就走。

王京甫连忙劝道："别走啊，再玩玩吧！"

亦莲头也不回，隐约听到两个女人在后面叽叽咕咕，好像说了一句"么家东西"。

这场牌局将亦莲的心情搅坏了，坐在房里生闷气的时候，王京甫走进来了。

他手里拿着一叠银钞："亦莲，你手气真好！这都是你先打牌赢的，我给你拿来了！"

她看也没看："不必了！这些钱本是你的。"

王京甫将银钞放在桌上，转身掩上房门，用目光抚着她润玉般的脸，怜惜地叹道："亦莲，说真的，从我第一天见到你开始，就喜欢上你了！"

他突然抓住她的手，她吃惊地甩开他："王京甫！这种话，好像不是你这个晚辈应该说的吧？"

他一怔，不甘心地注视着她俏挺的胸，轻佻地说："亦莲，你这么美，这么年轻，要想长远点……"

"请你自重点！"她打开房门，伸手向外做了一个"请"的姿势。

（5）

傍晚，房子一角立着一个大木桶，上面雾气蒸腾，亦莲一件件解了衣衫，用手试试水温，下到桶里。窗格上的麻纸被慢慢捅破，一只眼睛透过小洞，贪婪地扫视着。

亦莲在木桶里，时而蹲下，时而站起，水气弥漫，白皙的身体光滑鲜嫩，勾勒出珠圆玉润的弧线，侧看过去，双峰如成熟诱人的果实，随着她轻撩的水流微微地颤动，更具一种销魂荡魄的诱惑。

外面窥视的这个人，喉咙间发出一种古怪的声音，似乎是如饥似渴吞咽口水的声音，那只眼睛快要喷出火来，好像要一口把她吞下去。

王京甫刚好从这里走过，这人偷看得太投入，竟毫无察觉。

王京甫叫了一声："小子，干什么呢！"

这人惊慌地回过头来，一看是王京甫，立即下跪求饶，磕头道："大少爷饶命，小人再也不敢了！"

是仆人林三，他也不等王京甫反应过来，竟头也不回地跑了。

王京甫瞅见纸窗上有个小洞，往里一看，就看到了亦莲洗澡的木桶。而亦莲听到了外面的响动，已经将身体全部浸泡在木桶中了。

王京甫立刻明白是什么回事了，但他又不能发出声音，如果出声了，那亦莲岂不以为偷窥的就是他了？没吃到鱼反惹一身腥太不划算。他的脸上浮现出一丝诡异的笑容，急步走开了。

王府的这次偷窥事件，使王师璧非常生气，他令人将亦莲房间的窗纸全换了新的。并打算来个掘地三尺，将偷窥者找出来，痛打一顿，然后再去报官。亦莲说，家丑不可外扬，如果报官，弄得满城风雨，对王家的声誉也没好处。他骂了几句，就慢慢消了气。侍女腊梅则偷偷告诉亦莲，说偷窥者可能是林三，她好几次看见他在亦莲房间周围转悠。还有，他嘴皮子和手脚都不老实，常常对她说些挑逗的话，动手动脚。

吃过晚饭后，王京甫一个人在院子里散步，忽然撞见了林三。

林三手里拿着一封信。看到王京甫，信掉到了地上。

王京甫向他走过去："看你怕成这样，我能吃了你啊？这是什么？"

林三低首小声回答："回大少爷，是……是商会柳会长请老爷赴宴的请帖。"

王京甫压低声音道："你小子老实告诉我，总共偷看了几回？"

林三嗫嚅道："就，就两回。"

王京甫不相信似的干笑两声："呵呵，就两回？不老实！"

林三哭丧着脸说："大少爷，是三回，只看了三回，第三回就被您逮住啦！"

"那，那你告诉我，你究竟看到了什么？"

这突兀的问题，一下子难住了林三："看到了……"

他说不出什么，最后来了一句："反正七奶奶的那个人啊，比画上的人还要美！”

王京甫咽了一口唾沫，好像沉浸在一种无边无际的意淫与遐想中，半天才回过神来：“你小子知道吗？这件事，我如果说出去的话，你还有命吗？老爷下起手来，还是蛮狠的，你不死也会被打残废！”

林三感激涕零：“感谢大少爷！感谢大少爷！我林三一辈子都会牢记大少爷的大恩大德，以后要是您用得着我林三，只要您开口，我随叫随到，上刀山下火海……”

王京甫挥挥手：“好啦，好啦，忙你的去吧！”

回到卧室之后，王京甫怎么也睡不着，他的眼前不断浮现出亦莲的脸，还有她诱人的身体，想象她洗澡的情景，体内焚烧起欲望的火焰，炽热得像一口要喷发的火山。

(6)

王师璧赴宴去了。亦莲在绣一双花鞋，宽袖下白皙的手腕套着一双水碧色玉镯，五彩斑斓的丝线随着她灵巧的手指弯来绕去，一只彩蝶就栩栩如生地在鞋面上飞舞起来。

门口传来了敲门声。她站起身来，叫了一声：“谁啊？”

她将门打开一道缝，是王京甫。

她正准备关上，王京甫已推门进来，背靠在门上，笑道：“怎么，亦莲，不欢迎我吗？”

他的嘴里喷出浓烈的酒气。

亦莲的脸冷冰冰的：“你是王家的大少爷，我哪有资格说不欢迎你啊！不过，我这间房，你还是少来为好，免得别人闲言碎语！”

王京甫突然擒住亦莲的手，用力拉近她：“亦莲，我真的是很喜欢你！”

亦莲飞快地抽回手，恼怒地说：“你好歹读过几天书，怎么不晓得礼义廉耻？”

王京甫干笑两声，带着醉意调笑道：“亦莲，你何必这么正经呢？要知道，我父亲那身体实在不行了啊，他能满足你吗？你还不如跟我好，这就叫，肥水不流外人田，你，你说，是吧？”

他摇摇晃晃逼过来，她本能地往后退。

他死死地盯着她，眼里流露哀求："莲，我可以这样叫你吗？说实话，如果你不是父亲的小妾，我一定会不顾一切地追求你！真的！我是那样爱你，每天夜晚一入睡就梦见你，早晨一睁眼就想到你，你的影子天天都在我眼前飘来飘去，我快疯了，没有你，我活不下去了，你可怜可怜我吧！"

说着他双腿一弯，跪下了！

亦莲吓了一跳："王京甫，你疯了吧？"

王京甫热切地仰望着她："是啊，我为你发疯，真的，你不答应我，我就不起来！"

亦莲说："你简直太荒唐了，要跪，你就在这里跪吧，你不走，我走！"

见她要走，他一下子从地上爬起来，又步步向她逼过来，她本能地往后退，竟然退到了床边。

那是一张老式雕花紫檀木的大床，挂着半透明的红纱罗帐，床上铺着大红镶金的床单。

王京甫一把将亦莲推倒在床上，整个身子压住了她。他试图去亲她的脸，刺鼻的酒气与口臭夹杂在一起，恶心得令她想吐，她扭头挣扎，叫道："放开我！我要叫人了！"

他笑着抬起头："你叫啊，叫啊，把人都叫来，我就说是你勾引我，看他们相信谁！"

她被激怒了，脸涨得通红，拼尽全力推开他："你这个卑鄙无耻的流氓！"

她芬芳的体香和娇喘，还有她的挣扎更进一步激起他体内的野性，他开始撕扯她的上衣，桃红抹胸下丰挺的乳房颤抖着，像两只成熟的果实，在风中的叶子里摇晃。他的脸狰狞可怕变了形，疯狂的手指企图扯下她的抹胸，她用手抵挡的时候，他的指甲在她胸前划过几道血痕。

他似乎不达目的不罢休，一只手扯下了她那抹胸衣，那对乳房晃悠着袒露在他眼前，浑圆高峰的顶端，两粒娇嫩的蓓蕾红艳欲滴。

他的眼睛充了血，似乎连下巴上那颗大黑痣也充了血。他扑过来时，她狠命在他手腕上一咬，他惨叫一声放开她。手腕处是一排深深的牙印，鲜血渗出。

她飞快从床头摸出一把剪刀，拉衣掩住上身，举着剪刀对着他，颤抖着厉声说："王京甫，你再过来，我就杀了你！"

王京甫的酒醒了大半，他边摇手，边往门口退："姑奶奶，你千万别乱来，别乱来，我走，我走！还不行吗？"

王京甫一走，亦莲就伏在床上嘤嘤地哭了起来。

（7）

王师璧赴宴回来以后，见她闷闷不乐，问她怎么了。

她只是说头疼，身体不舒服。

下午发生的那件事一直在她头脑里萦绕，但她什么也不想说。

王京甫，那可是他王师璧的宝贝儿子，也是他最后的骄傲，王家光宗耀祖的资本。亦莲说他想非礼自己，王师璧能信吗？

这夜，王师璧在亦莲房里歇息，熄灯之后，他在被子里蠢蠢欲动，摸摸索索，亦莲忽然想起他儿子那双手，就厌恶地推开他，一翻身，把背对着他，他便不再坚持，一会儿就睡着了。窗外的微光，照着王师璧那张皱纹纵横的瘦脸，一缕亮晶晶的涎丝顺着胡须挂下来，他似乎在做什么美梦，细脖颈上的喉结起伏着发出"咕咕"的声音。

她突然萌生了一种冲动，那就是扼住这只细瘦的脖子，就像捏住一只鸭子的脖子，然后一用力，什么都结束了。

"哐当"一声，外面有东西掉落在地上，或许是一只猫将屋脊上的瓦片蹬踏下来了，她被这声音吓了一跳，也被刚才这个想法吓了一跳，觉得自己很陌生，也许那是潜伏在体内的另一个我。

她轻叹一口气，看窗纸上的剪出的荷花，从一开始就被设计成无生命的装饰，从来没有鲜活过一天，直到纸色晦暗，被人揭下来丢弃。而那池塘里的荷花，经历了一夏的妖娆与蓬勃，虽最终逃脱不了萎谢的命运，但它们毕竟真实地盛开过。

她何尝不像这窗户上的纸荷？本来可以红灼灼地开在清波碧水里，却定格在苍白的现实里，直到被压成薄薄的一张纸。

这样想着，脸上就布满了泪水，咸咸的，直流进嘴里。

早上起床以后，她对王师璧说，要到普善堂买点药。他说这点小事，还是让腊梅去好了。她执意要亲自去，他就应允了。

在这座城里，如果说亦莲还有朋友的话，就只有卢皓月了。

卢皓月见到亦莲，亲热地将她拉进闺房，问长问短。见她双眼红肿，便关切地问："怎么了，亦莲？你哭过吗？"

亦莲低下头，咬了咬嘴唇，默不作声。

卢皓月抓住她的胳膊说："亦莲，出事了吗？快告诉我！"

亦莲流泪了："那个家，我再也呆不下去了！"她将洗澡被偷窥、被王京甫非礼说了一遍。

卢皓月听得柳眉倒竖，杏眼圆睁，她一拍桌子，既惊诧又愤怒："亦莲，你嫁给那个老家伙就已经够委屈了，没想到，又多出一个色鬼儿子！"

她摩拳擦掌："你放心好了，这个狗屁王知事让我来收拾他！"

亦莲摇摇头："皓月，我给你说这些事，是因为我心里堵得慌，其实，我不想张扬，毕竟，传出去名声不好！"

卢皓月叹息道："你这是软弱啊！这次他没有得逞，但并不保证以后不会纠缠你，你越是忍让，他越会得寸进尺。如果是我，早就嗖嗖两刀，把这一老一小结果了，远走高飞！"

卢皓月挥舞着手臂，做出用刀刺人的动作。

"远走高飞？"亦莲眼睛一亮，像从梦中惊醒，"好主意，但是我又能走到哪里去呢？"

卢皓月说："只要你想走，就不愁没地方去，我们家有不少亲戚在外省，湖南、江西、福建，你都可以去！"

亦莲忽然说："皓月，你说去修民哥读书的地方好不好？"

卢皓月一怔："你是说去省城？"

亦莲心内有些忐忑，也许是一种担心，担心卢皓月看出她与贺修民有了一种不寻常的接触，就迟疑着说："记得烧周维常的烟店那天，他曾对讲了好多道理，说要帮我……"

卢皓月眉眼里都是钦慕和神往："修民哥讲的不是大道理，他从来都是说话算话的人，他说会帮你就一定会帮你！"

然后，两人合计开了，卢皓月决心帮亦莲做一件大事，至于后果，她并没有考虑。

(8)

亦莲回到王家之后，一想到三天后的这件事，心里就抑制不住兴奋，但更多的是紧张与不安。

她心乱如麻，烦躁地在屋子里走来走去，侍女腊梅来叫她吃饭，她走出房间时，假装神色平静，但怎么也掩饰不住一丝慌乱。

吃饭之前，王师璧忽然说起一件事。

前天他在柳臣尧家吃饭，柳臣尧告诉他一件事。说“广泰福”胡老板的小老婆和乡下表弟私奔了，胡老板早有察觉，派人跟踪，两人还没出城，就被双双拿获。那个乡下表弟被打断了一条腿，他小老婆竟然上吊自杀了。

听到这里，亦莲的手一抖，汤匙差点掉在桌上。亦莲觉得王师璧鬼得很，自己还没有出逃，他就用这样的故事警告她，莫非他有什么预感？

满桌子丰盛的菜肴，有亦莲喜欢吃的红心盐蛋，但她提不起一丁点食欲。王师璧给她夹了一瓣红心盐蛋，她幽幽地说：“不由得人不往深处想，我看你啊，还是多提防一下身边的人吧，前几天偷看我洗澡的那个人，还没查出来呢？”

王师璧说：“我不是派林三去查了吗？”

“林三？”她冷笑道，“你就这么信任他！”

她将筷子“啪”地拍在桌子上，转身走了出去。

王师璧诧异地看着她的背影，无奈地摇了摇头。

亦莲刚走出几步，就在院子里遇见了王京甫。

王京甫一愣，装作若无其事地对她点了一下头，他眼神复杂，那里面既有心虚的怯意又有暧昧的挑逗，她迎着他的目光走上去，本不打算理他，他却主动凑过来，不无讨好地问：“想知道那天偷看的是谁吗？”

亦莲站住了，很是不屑：“这对我来说，有意义吗？反正，你们王家没一个好东西！”

王京甫嘿嘿一笑：“亦莲，别误会我啊，那天，我是真的喝多了！”

亦莲没理他，径自走了。

王京甫自讨没趣，走了几步，突然看见了林三，急忙招他过来。

林三小跑着过来了，一脸谄媚：“大少爷有何吩咐？”

王京甫在他耳边说了句什么，林三点头哈腰，连声说：“是，是！一定照办！”

王京甫望着他离开的背影，露出若有所思的样子。

（9）

五更过后，王师璧还在酣睡，亦莲轻手轻脚地从被子里溜出来，拿出昨晚收拾好的包裹。里面有换洗的衣服，还有几件首饰，几张银票。现在，她要走了，不想化妆，还是忍不住想照一下镜子，梳一下头发。她点亮蜡烛，发现拿梳子的手有些颤抖，镜子里的她脸色苍白，眼神空洞，她不想再看，吹灭蜡烛，提上包裹，掩上房门，蹑手蹑脚走了出去。

来到后院，亦莲抬头看天，天上是半弯残月，照得地上微明，她费了好大力气才拔开沉重的门栓，一只狗突然叫起来，亦莲的心呯呯直跳，她灵巧的腰身朝外一闪，出了门。

在路上走的时候，亦莲突然想起了从前唱的儿歌《摇摆手》：

摇摆手，家家的走，搭洋船，下汉口，搭不到洋船步路走。

来到东荆河码头，天色已蒙蒙亮，到汉口码头的第一班船就要起锚了，但是卢皓月还没有来。她焦急地张望着路口，欣喜地看到一个女人的身影，朝码头这边过来了，等走近一看，并非卢皓月。亦莲正在失望，路上快步如飞走来一个青年男子，男子身材高挑，头戴黑色礼帽，穿一件灰色长衫，脖子上系着一条褐色围巾，背着一个黑色皮箱。

亦莲看他的脸生得白嫩秀气，眉眼似在哪见过，只是两撇八字胡和全身的儒雅有些不协调。亦莲打量他的时候，他一拍她的肩："关小姐，是不是要下汉口啊？"

亦莲退后几步，惊异地看着他，只见他嘻嘻一笑："亦莲，连你都看不出来，本小姐女扮男装水平一流吧！"

是卢皓月！亦莲嗔怪道："哎呀，吓死我了，我是觉得有点不对劲，但一下子还没认出是你！"

卢皓月得意地笑笑："扮成书生模样，与你这样的绝美女子，私奔的感觉一定很好，我就是想体验一下，对不对？不过，因为化妆，我来迟了些，你不怪我吧！"

亦莲忙说："不怪你呀！"

她们手挽手走向码头台阶，卢皓月用花鼓戏的腔调半唱半念："娘子，请上船！"

要在平时，亦莲肯定会来一句："是，相公大人，小女子遵命！"然而此时她哪有心思唱和？她有一种说不上来的预感，一种节外生枝要发生点什么的预感。她希望坐上这船后，这船能长出翅膀，一下子飞到省城，飞到贺修民那里。

突然，岸边传来几声马儿的嘶鸣，亦莲和卢皓月惊异地回头，只见三匹马出现在眼前，当中的枣红马正是卢皓月骑过的那一匹，王京甫在马上叫道："关亦莲，往哪里走！"

说着，王京甫就与两名侍卫翻身下马，朝她们追过来。

卢皓月急忙拉着亦莲向客船跑去，等上了船，卢皓月一弯腰，敏捷地抽掉了船板，客船与码头就隔了好几尺水面。

卢皓月抓住船老大的衣襟，厉声命令道："快，快开船！"

众乘客被眼前的情景弄呆了，船老大过了半天才反应过来，正欲开动客船，王京甫掏出一支盒子炮，对着空中放了一枪："你，你敢开船，老子一枪崩了你！"

两名侍卫也对船老大叫道："你这个家伙，像个苕！快把船板放下来，这是我们的王知事！"

船老大吓得发抖，赶忙放下船板。

王京甫与两名侍卫神气活现地走上船来。

这几天，他都派林三跟踪亦莲。今天早晨，林三发现亦莲出了门，就马上报告了他。他还来不及向父亲禀告，就带着侍卫追来了。

卢皓月用手搂着亦莲的肩膀，俨然一对情侣。王京甫上下打量亦莲，又斜眼瞄一下旁边的卢皓月，蹙眉道："哟，这是要往哪私奔哪，怪亲热的呀！"

亦莲的脸扭向一边，不理他。

他又说："关亦莲，你还真有能耐，什么时候勾搭上的小白脸，连我都不知道啊！可惜腿脚慢了点！"

亦莲冷笑道："我去走亲戚，还犯了王法啊？再说，我到哪里去，是我的自由，你管得着吗，现在王家好像还轮不到你来发话吧！"

王京甫抚掌大笑："哈哈，你以为你偷着逃跑，老爷子他不知道吗？告诉你！就是他要我来的！再说，你就是跑到天涯海角，我也一样能抓你回来!”

正说着，岸边又响起一阵杂乱的脚步声，林三带着另外几个男仆气喘吁吁地赶来了。

林三跟王京甫递了个眼色，叫道：“大少爷，老爷让你赶快把七奶奶带回去!”

王京甫斜一眼卢皓月，对侍卫说：“对了，还有这个小白脸，也一起带回去，也算是捉奸拿双!”

两名侍卫来拉卢皓月，卢皓月手一扬，他们几乎跌倒。

卢皓月取下礼帽，将束着的长发扯开，长发披散下来，她又撕下嘴边两撇小胡子，一个英姿中不失娇俏的美人出现在众人面前，王京甫目瞪口呆。

卢皓月慢悠悠地说：“王知事，刚才是谁说捉奸拿双、人赃俱获啊？说得这么难听！我和关小姐不过是结伴走亲戚，又拿枪，又拿刀的，用得着吗?”

王京甫缓过神来，诡笑道：“原来是普善堂的卢大千金啊，记得你上次还骑过我的马呢！和她走亲戚？哈哈，说得真轻巧啊，哪有走亲戚走得悄无声息的？她出来的时候，我们王家上上下下都不知晓呢!”

卢皓月反问道：“既然都不知晓，那你王知事又是怎么追到这里来的?”

王京甫一愣，恼怒道：“这是我们王家的家事，你卢小姐就不要管了，今天，她，我是非要带回去不可的!”

卢皓月还要与他们论理，亦莲说：“你就让我跟他们回去吧！不会有事的。”

卢皓月担忧地看着她：“亦莲……”

她镇定地拉了拉卢皓月的手：“皓月，别担心，他们不敢把我怎样!”

卢皓月无奈地点点头。

那两个侍卫又来拉亦莲，亦莲甩开他们的手：“别碰我，我自己会走!”

卢皓月落寞地跟着上岸，紧追几步，对着王京甫的背影说：“要是亦莲有个三长两短，你就仔细点!”

王京甫和林三对视一眼，发出得意的笑。

（10）

亦莲被带回来。林三将她要逃离王家，大少爷又怎样抓住她的细节说了一遍，王师璧脸色铁青，呼呼喘气，胡子一抖一抖。他走了几圈，坐在一把榉木雕花大椅上，用枯瘦的手拍着椅子的扶手，龇着被烟茶染黑的牙，对亦莲吼道：“你啊你，我哪点对你不好，对你家不好！你想想，我娶的这几个人当中，谁比得上你！在你身上，我可是花足了代价！”

亦莲反唇相讥：“我晓得，我们关家欠你们王家的，我呢，是被你花大价钱买来的，就像你上街买一只鸟，关在笼子里，给它吃，给它喝，它应该感激不尽，如果有一天它想飞出笼子，那就是莫大的罪过了，是不是？”

王师璧一听这话，气血上涌，又接连咳起来。

林三连忙跑上前，为他捶背：“老爷，别生气，有话慢慢讲。”

王师璧缓过一口气：“亦莲啊，这几个人当中，我是最疼你的！不过，你这个头带得很坏，要知道，国有国法，家有家规，你私自出逃，按老祖宗的规矩，是要跪青石板打三十皮鞭的！”

亦莲冷眉往上一挑：“好啊，好啊，你最好打三百皮鞭，将我打死了，这样我也就解脱了！”

王师璧更为生气，再次剧烈咳嗽起来：“你，你……”

王京甫意味深长地看了一眼亦莲，低声说：“父亲，我看家法就免了吧，七姨她这次出走，主要是受了普善堂那个野丫头的挑拨和煽动，七姨年纪轻，就原谅她这一次吧！”

亦莲冷冷地说：“王知事，你就不要为我费心了，还是管好你自己吧！”

王京甫知她话中有话，就说：“七姨，你不要误解我，我去码头把你追回来，实在是担心你出事啊，再说，这事传出去，有损家父颜面啊！”

亦莲嘴角流露讥讽：“王知事，你就别在这里充好人了，我要走的原因，你其实最清楚！”

王京甫脸上红一阵白一阵，很怕亦莲当众说出什么来，额上直冒冷汗。

他走到王师璧跟前，说："父亲，孩儿我公务在身，打算明天回新阳。"

王师璧脸上露出一丝不快的表情："你呀，早该回去办正事了！"

他挥手让林三与王京甫都退下。

屋子里只剩下王师璧与亦莲时，王师璧走到她跟前小声说："亦莲，是我不好，你先回房消消气……"

他去抚她的肩，她一侧肩，他的手落了空。

亦莲走向自己的房间，王师璧跟在后面。等她在桌旁气鼓鼓地坐下后，他给她倒了一杯茶，像犯了错的孩子一样，弓着虾米腰站在一旁。

亦莲冷笑："怎么，不是说要打我三十皮鞭家法的吗？"

王师璧将手搭在亦莲的肩上，叹口气道："唉，亦莲，我怎么舍得打你呢？那不过是在别人面前装装样子！"

过了一会，又说："我知道你是受了委屈，才想离开这个家的，是不是王京甫他……我知道了！这个逆子啊，在打你的主意？"

他捶了一下自己的胸膛，又咳嗽起来，他突然双手扶着亦莲，盯着她问："亦莲，告诉我，他对你，对你做过什么没有？我今天，今天就……就赶这个逆子出门，气死我了！"

亦莲将他的手推开，闭上眼，摇摇头。

他又长叹一口气："唉，家门不幸啊，你不说，我也猜得到，他肯定对你不安好心，对你动手动脚，我原先感到奇怪，这次，他为何要在家呆……呆这么久，原来，他是对你……那次偷看你洗澡，说不定就……就是他！唉，这个孽种！"

然后他在亦莲身边坐下，拉过她的手轻抚道："亦莲，唉，都是我粗心，林三曾告诉我这个孽种与……与老六有染，我还不信，特地叮嘱他……不要乱讲，现在看来真……真有这么回事，唉！"

他说的"老六"就是六姨太，六姨太原是三姨太的侍女，眉目间总现出几分狐媚味道。亦莲回想那天打麻将，六姨太说的几句话，里面有什么"新人旧人"的，就觉得这个六姨太话里有话。

亦莲不由得有些同情王师璧了，儿子在眼皮底下和自己的小老婆偷情，自己还不愿意相信，真是悲哀。不过，这话她没有说出口，她说："这是你的家事，我不感兴趣！"

王师璧又一次叹息道："唉，唉，亦莲，我知道，你是个好女子，我老了，但我会永远对你好的！现在我向你保证，在我死后，王家的财产，他一个子也……也得不到，我都留给你！”

亦莲哼了一声：“你王家的家产，我可是从来都没指望过，等你一死，不马上将我扫地出门就不错了！”

王师璧迫切地说：“亦莲，要我写遗嘱吗？我现在就写！”

亦莲淡然一笑：“不用了，王大老爷，你这样做，好像是我在逼你，我受不起！”

王师璧见她好像不那么生气了，就将脸凑过去，耳语道：“亦莲，今天晚上早点上床啊，我想和你……”

亦莲推开他：“今夜，我想一个人安静一下，你走吧！”

他苦笑几声，摇摇头，不甘地走出房门。

第二天，王京甫果然带着侍从离开了王家大院，这么多年，王师璧第一次没有给儿子送行。他不知道，这是最后见儿子一面。如果他早知自己时日不多，或许不会这么绝情。

第六章　虎口

(1)

一个月以后，王师璧竟一命呜呼，死在了亦莲的床上。

消息很快传遍了全城。

不少大概看过那部天下第一淫书的人列举西门庆的铁证，猜测举人暧昧的死因。

魏老幺的茶馆生意更兴隆了，比平时热闹了许多。

邵大海一走进茶馆，就看见几张熟面孔，他环顾了一下四周，故作失落地说："老弹匠关仁松没来？"

关仁松这一生除了泡茶馆别无爱好，原先他几乎每天会在茶馆叫一壶茶，听听评书，和人天南地北侃一气。他们称关仁松为"老弹匠"，一语双关，一是因他原先一直是弹花匠，二是说他每次在茶馆"谈"兴极浓。

有人挤眉弄眼地接话："老弹匠能来吗？出了这事，他哪有心情来坐茶馆啊？"

"那也是！呵呵，俗语说，丑妻是宝，美妻是惹祸的根苗，这话没错啊！"邵大海颇为自得，好像是发现真理。

邵大海年轻时在杏林堂帮着洗药、炒药、制药，老板看他勤快能干，就把女儿许给了他，后来干脆又把家业交给了他，让他当上了杏林堂的老板。

邵大海的老婆正属于有点丑的女人。他一直想讨个年轻漂亮的小老婆，无奈丑妻不许，有几次小老婆都买到了家里，被丑妻一顿棍棒打了出去。

所以，他这话一出口，就引来一阵心照不宣的笑声。

纸花店的谢九生摸摸胡子，笑道："邵大海啊，你的话我不赞成，本人倒是相信那句老话，'牡丹花下死，做鬼也风流'！让我老谢这么死一回，做鬼也快活啊！"

他的话赢得满堂喝彩。接着，他对槽坊老板刘金堂说："举人老爷死在关亦莲的床上，关亦莲怕是脱不了干系啊？”

刘金堂说：“这还用说？听说举人老爷的大儿子刚从新阳赶回来，一切都要等他定夺呢！”

茶客们说得不错，王京甫得到消息，就从新阳往莲城赶了。

走近家门时，他就已感到了一片愁云惨雾的气息。家门口，高大的灵棚早就搭起，上面挂满柏枝与白花，正中吊着三个白色大孝球。

他一眼看见林三蹲在一口大铁锅前烧黄表纸，这是为死者烧“落气纸”。林三看见了他，赶忙站起身来行礼，向灵棚里面叫道：“大太太，大少爷回来啦！”

刘氏颤颤巍巍走出来，一把抱住儿子，老泪流淌：“京甫啊，这个家没有你不行啊，都等着你回来主事呢！”

王京甫安慰了她几句，与她一同向灵堂走去。

灵堂上方，高挂着一幅王师璧生前的画像，下面写着一个斗大的“奠”字，旁边已经挂了一些挽联。灵床左边摆着香案，灵床下燃着一盏长明灯，火苗飘来飘去，仿佛人死后若即若离的灵魂。

王京甫叩拜上香后，揭开父亲脸上的白布。父亲眼睛凹陷、下颌紧闭，嘴角像被什么用力拉扯过，可怖地歪向一边。两只枯瘦的手都搁在“四书”上，手心各掐一只饼子，据说这是“儿孙满堂，福寿全归”的意思。

灵床旁的蒲团上已坐了王师璧生前的几位姨太太，都身穿白色孝服，或小声抽泣，或偷眼瞧他，脸上都不见真正的哀伤之色。

王京甫匆匆盖上白布，在她们当中搜寻亦莲，问：“七姨呢！”

六姨太站起来不满地说：“怎么一回来就问她，不是她，老爷就不会死，你呀，是不是应该派人把她看起来，别让她又跑了！”

其他几位也七嘴八舌地说开了。她们分成两派，一派坚持把亦莲送官；一派坚持就在家里设堂审问。

大太太刘氏听得皱起了眉头。在她印象里，亦莲一直很本分，这次老爷为何会死在她床上，她也单独对自己说了经过，有些话，真的难以启齿，她还不方便马上对儿子王京甫说。

她咳了一声，示意众人安静，然后她宣布家里一切事务交给王京甫处理，其他人不得插手。

王京甫拿出知事的派头，打着官腔说：“老爷子的死因，我这两天肯定会搞清楚，给众位姨一个圆满的交待。目前，最紧要的是筹办老爷子的丧事，众位姨放心，我会把葬礼办得风光体面的!”

他吩咐林三去请商会会长柳臣尧，打算让柳臣尧牵头弄一个治丧委员会。

(2)

王京甫换了一套孝服，六姨太不知从哪里闪出来，拉了拉他的衣袖：“京甫，我想和你单独说个事!”

他被她拉到回廊尽头，她媚眼如丝，神采兴奋：“京甫，你这次要是主持分遗产，可要照顾我!”

他很是不快：“太急了吧，老爷子尸骨未寒，你就想到分遗产!”

她怨道：“你这个没良心的，是谁和我好的时候，说王家的财产，我得三成啊!”

他忙看看四周：“小声点，我的姑奶奶，别让人听见了！现在最要紧的是办丧事，提这事早了点，这事，我心里有数，亏谁也不能亏你啊!”

她向他飞个媚眼：“我就等着你这句话，不过，我要提醒你，你呀，千万别被小七那个骚货迷花了眼，该治她的罪，就治她的罪，这次不能轻饶她，老爷死得不明不白，她是元凶!”

见他不语，她坏坏地笑着地凑过来：“听说小骚货那晚让老爷吃了不少那种药……”

“什么药?”

“春药啊，你这个家伙，跟我装苕……”

两人正在调笑，一位仆人向这边走来，王京甫咳嗽两声，一脸严肃正经，六姨太装作神色平静地走开了。

仆人是来找王京甫的，说赌馆的周四新来了，一定要见他。

周四新带着两个随从，一人手里拿着挽联与祭奠礼品，一人手里拿着一个大白纸包，上用黑字写了“帛金”二字。

周四新见到王京甫，老远就拱手作礼：“王兄，小弟来迟了，请恕罪！请节哀!”

王京甫回礼道：“周老弟，你客气了!”

周四新呈上礼金两千大洋，见管账收礼的是个耳聋眼花行动迟缓的老先生，就对王京甫说："王兄，你如果不嫌弃，我就当个司命先生吧！"

王京甫说："那是太好了，不过，就是委屈周老弟了！"

两人又客套几句，林三带着商会会长柳臣尧赶来了，接着，城里有些身份的人物都到了。

王京甫应酬到晚上八九点钟时，猛然记起了亦莲。他今天忙昏了头，本是早就准备去见她的。

走到亦莲房前，看到纸窗透出灯光，他上前敲门，里面传出一个女声："这么晚了？是谁啊？"

他听出是侍女腊梅的声音，就说："我是大少爷，找七奶奶问点事！"

门打开了。亦莲坐在灯下，居然在看一本书。他进来时，她连头也没有抬一下。这个时候，她竟然还有心情看书？他走过去，她仍没抬头，腊梅垂手站立一旁，他对腊梅说："我要单独和七姨谈点事，你先去睡吧！"

腊梅很不放心地望着亦莲，亦莲这才抬起头来，看看腊梅："你去吧！"

腊梅很不情愿地离开了。

王京甫将她拿书的手盖上："看的什么书啊？"

她抽出手，懒得说话，合上封面：浮生六记。

"这个时候，还在看这么高雅的书啊，真有雅兴啊！"

"有话直说，不要拐弯抹角了！"

"不要误会，我今晚来，纯粹是想了解一下老爷子当晚猝死的经过。"

"你是不是怀疑我害死了你父亲？"

他连忙摆手："没有，没有，我只是问一问，如果你不便说，也没什么！"

见她不语，他诡笑着盯着她胸部的弧线，心里痒痒的，说："他年纪大了，身体也不好，听说那天，他吃了不少药……"

她说："他自己要吃，我没逼他。他在房里过世的经过，我已经详细跟你母亲说了，如果你要知道，去问她吧！"

王京甫显得有些尴尬，但马上调整了情绪："这次老爷子意外仙逝，母亲已将王家的大小事务交我管理，所以我有责任把有些事情搞清楚，也算是对王家上上下下有个交待啊！”

亦莲轻扬眉梢，目光丝毫不惧：“王大知事是苦口婆心呢还是威胁我啊，你这话的意思，是不是说你在王家已掌握了生杀大权啊！你想怎么做？要将我捆起来送官吗？如果是这样，你早说，不用你拿绳子，我自己去衙门辩个清白。”

他直勾勾地看着亦莲：“你呀，不用说得这么难听，老爷子的身体我是知道的，常年咳啊咳的，再加上六十几岁的人了，突然死在床上，也很正常，所以呢，这事可大可小，我呢，当然，是想将这事化小的，只要，只要你对我亲热点就行了！”

他凑过来，手搭上了她的肩。

她拿掉他的手，双眸冷冽如霜：“别动手动脚！你这样轻浮，不晓得你父亲泉下有知，会怎么想？”

他一怔，一把抱住她：“亦莲，你何必假装正经，就不能对我好点吗？”

她挣脱他的双手：“你这样死缠烂打，不觉得羞耻吗？”

他涎着笑，说：“只要你答应和我好，就什么都没有了，我会好好待你的，马上我们王家就会由我主持分遗产，保证你得最大的一份！”

她很干脆：“呸，别在我面前提遗产，我不稀罕！”

他像是换了一个人，突然拉下温情脉脉的面纱，语气中含着冰冷的杀机：“那，你想过没有，如果我这次追根究底，你就会坐牢？”

她鄙夷地一笑：“好一个王京甫，你的算盘也打得太绝了！如果和你苟且，我不但没事，还能得一大笔遗产，如果不呢，我就要坐牢，要是换了别的女人，或许会让你随心所愿。不过，我关亦莲永远都不会，你要怎么办，随便你！”

他沉思了一会，似乎下了某种决心：“我让你考虑几天，如果你改主意了，随时告诉我。否则，嘿嘿，别怪我无情！”

他向门口走去，开门时好像记起什么：“这次，可别想跑，还记得吧，上次你都没跑成！”

她在鼻子里哼了一声，等他一出门，就“砰”地关上了门。

过了一会，腊梅惴惴不安地进来了，迟疑了半天，她才告诉亦莲，刚才在门外偷听了他们的谈话，王京甫衣冠禽兽的嘴脸，让她恶心又担忧，她极力怂恿亦莲再次出逃。

“逃到哪里去呢！”亦莲淡淡苦笑。

她又一次想起在省城读书的贺修民，心底泛起一丝温暖，又有一丝苦涩，如果他晓得自己现在的处境，一定会帮她吧？但他是那样遥远。凶多吉少的预感如河里的水草缠绕着她，她感觉到自己陷入了无边的沼泽，很想哭，又没有眼泪。

这时候，腊梅又压低声音说，刚才她看见王京甫出来后去找林三。她偷偷地跟了去，发现两人说话的声音极小，她只听到什么“监视”、“逃跑”之类的话。好像是王京甫要林三做一件事，林三先是不肯，王京甫就逼他，又用好话哄他，林三就肯了，她隐约地听到了“一千块”、“周四新”这几个字。

腊梅还告诉亦莲，林三这人有些变态。她说，前不久，她刚刚为亦莲晒完衣服，迎面就看到了林三。她与他擦身而过，忽然记起洗衣盆忘在晾衣服的地方，就折回来去拿。走到假山附近的时候，看见林三鬼鬼祟祟出现在晾衣架下，竟然将脸贴在亦莲的内衣上使劲嗅着。她咳了一声，林三慌忙跑掉了。

亦莲也吃了一惊，一想到那内衣被林三嗅过，感觉像吃青菜吞了几只虫子。

腊梅忧虑地对亦莲说，那次偷看你洗澡，一定是林三！林三倒不是特别可怕，可怕的是王京甫，他拉拢林三，一定在策划一个阴谋，我去找普善堂的卢小姐，她一定会帮你！

亦莲摇摇头说，不用了，唉，现在谁也帮不了我，该来的总是要来！我倒要看看，他王京甫能将我怎样？我就不信，这天底下就没有讲理的地方了！

(3)

几天之后，王师璧出殡。

为了弥补王师璧生前没有机会考进士的遗憾，死后的他穿上了一套清制官服，头戴乌纱，身穿朝服，腰束玉带，足蹬粉底朝靴，被装入一口黑漆大棺。棺材里里外外都用石灰浆刮得不留纹丝缝隙，连尸水也滴漏不出。棺木四角又各钉一颗大铁钉，每个钉头上都盖一个酒杯。

四个壮汉缓缓将棺木抬入祭棚，小心翼翼地放在红漆木凳上。

鼓乐齐鸣，主祭人是商会会长柳臣尧。他端坐祭桌前，清了清嗓子，开始高声朗诵祭文。

灵棚旁边站着一对纸扎的“金童玉女”，称为“站棚人”，据说“金童玉女”被焚化之后，可以做死者的佣人。祭文诵读完毕，便由和尚诵经超度，棺柩由两副大杠从灵棚抬出，每杠下面都站了八名轿夫。

长子王京甫跪于地上，以酒洒地。之后，他又头顶丧盆，待灵柩启动之时，他用力摔碎丧盆。这时，有一穿黑衣的老人，手拿火铳，举向天空，点燃引线，随着“轰”的一声巨响，鼓乐齐鸣，哭声大作。

高大的纸幡飘舞在风中，纸人、纸马引路，吹鼓手紧紧跟上，孝子孝孙披白戴黑手拿“哭丧棒”，哭泣跟随，王府的女眷则坐四轮马车殿后。来自元庙观的道士击打法器走在中间，和尚手执铛、铪、鼓等“素打七星”依后而行。连全城的乞丐们也穿着孝袍来凑热闹，因为这天的打赏自然是比别家丰厚。送葬的队伍绵延数百尺，如长龙蜿蜒而行。

送葬的队伍出九贺门正街西行，至古柏门，又至建兴门，穿十字街。等过了司马桥后，王家的人焚化了纸宅、纸扎官轿，纸做的金山银山，还有纸糊的金童玉女、烟床、牌桌、戏台等等。另外，王师璧生前穿过的绸缎、皮服，用过的锦缎被褥、蚊帐坐垫也都被付之一炬，最为可笑的，是怕王师璧九泉之下太寂寞，还专门烧了几个纸扎的女人。

和王家沾亲带故或者有往来的人家，都在街道旁边设了祭桌，这称为“路祭”，祭桌上摆放着香烛金纸，送葬队伍遇到祭桌，立即停柩接受祭者跪拜，孝子跪下回谢。祭毕，继续起棺行走，这样走走停停，从早晨到中午，送葬队伍几乎是将莲城绕了一周。

观者如云，围观者指指点点窃窃私语，羡慕者有之，表情诡秘说东道西者有之。

王师璧下葬的第二天。王府就来了两个背长枪的司法警察，他们抓走亦莲的时候，天下起了小雨，亦莲神色平静，雨丝将她的头发一绺绺地贴在前额，那张被雨水洗过的脸干净而纯洁。

街边挤满了围观者，金水那天也在人群之中，他突然想起那次在王举人门口亦莲下轿的情景，心里咯噔了一下，自己怎猜得这样准呢，王举人果然没活长！

他踮起脚尖，看亦莲婀娜的背影越走越远，心便燥热起来，全城有多少男人正在打亦莲的主意啊，王举人一死，这如花似玉的美娇娥到底会便宜谁呢？

金水又一次在心中激励自己，别慌，我马上会发财的，等我找到那些财宝，我就有了钱，亦莲你就跟我吧！

事实上，一直以来，莲城衙门都有个不成文的规矩，那就是出足够多的赎金，犯人是可以赎出来的。

亦莲被关进司法公署后，好多人都在等候呈堂供审的结果，因为判决的结果不一样，赎金也不一样。

自王师璧死后，关仁松满腹心事一病不起了。他听到亦莲被抓并未感到突然，只是抹了几把老泪，在病床上不断地絮叨：“莲儿啊，都是我害了你，害了你一辈子啊，我对不起你啊！”

关旭打断了父亲的絮叨：“现在不是唉声叹气的时候，快想办法筹钱去赎妹妹！”

“要多少钱啊！”

“现在怎么能晓得？要等判决结果下来再说，您给我交个实底，我们家能拿多少钱出来，不够的话，我就去找人借！”

“莲儿出嫁，得了王家五千大洋，买了这间杂货铺，再加上其他一些开支，就剩下一千五百块了，够不够？”关仁松闭目盘算着。

“县衙门那帮狗官黑得很，这些钱未必够，我到外面借一点，如果还不够，就把这间杂货铺卖掉，您说行不行？”

一行老泪又从关仁松的眼角流下，他犹豫着，没有出声。

白菜心暗暗扯了扯关旭的衣袖，说：“这样做，代价是不是太大了？”

关旭一下子就火了：“你，你怎么能说这种话？当初，如果不是妹妹拉拢我们的婚事，我们能走到今天吗？再说，我是她哥，我不帮她，谁帮她？我能忍心看着她出了虎口，又落狼窝吗？”

白菜心不说话了。

关仁松无力地点了点头。

（4）

堂审会上，主审人是知事肖方举和另一位承审官，另有书记官、检验官各一人。

亦莲被带出来，押进被告席上的一个圆形铁栏中，这时，已有原告在一旁等候了。旁听席就在身后，约两百个座位，早已座无虚席，关旭、白菜心、卢皓月，还有金水都在其间。来迟了的人，只好站在过道上。

让亦莲有点意外的是，原告并非王京甫，而是他的弟弟王京兆，这王京兆为三姨太所生，常年在外做生意，三年两载才回来一次。

但亦莲马上明白了，王京甫很狡猾，因为主审肖方举和他关系非同一般，他才让弟弟王京兆出面当原告，自以为这样就可以掩人耳目了。那天，待安葬完王师璧后，王京甫问她想好没有，俨然是下最后通牒，如果不委身于他，就打算坐牢。亦莲哼了一声，没理他。

现在，承审官先问王京兆："你告关亦莲，所为何事？"

王京兆回答："那天晚上，先父与关亦莲就寝，次日凌晨，先父不幸身亡，我们认为先父死于谋杀，关亦莲有重大嫌疑！在先父就寝之前，她曾给先父吃过一种药，她狡辩是春药，其实是毒药！"

一听"春药"二字，承审官像打了鸡血一样来了精神，对亦莲叱道："被告关亦莲，你可知罪！"

亦莲一声冷笑："审判官大人，我何罪之有？"

承审官有些心虚地望一眼肖方举，肖方举脸色镇静，示意他继续问下去。承审官拉长腔调："大胆民女，明明是下毒谋杀亲夫，还不承认！"

亦莲反唇相讥："说我谋杀亲夫，要有人证、物证不说，还要有谋杀动机啊！我在王家虽然过得不顺心，但我一个小女子也不至于狠毒到亲手杀夫啊！"

承审官装模作样问王京兆："原告王京兆，有没有物证？"

王京兆连忙从口袋里摸出一个瓶子，法警接过，递给承审官。

承审官接过瓶子瞧了一下："这是什么？"

王京兆："回审判官，这就是在关亦莲房中搜出的砒霜！"

旁听席上一片惊叹。

亦莲吃惊地抬头，对王京兆怒目而视："王京兆！你好卑鄙！好！既然你说我用毒药害死了你老子，那你们当天怎么不验尸？不过，现在也不晚，如果这里还有一丁点公理在，你们官老爷的天良还没有丧尽，就去开棺验尸吧，如果验尸证明是被毒死的，我关亦莲甘心伏罪！"

王京兆冷笑道："笑话！你关亦莲说得轻巧，先父已长眠于地下，哪有将他老人家从地下起出之理？这不是对我父亲的大不敬吗？是要遭神灵报应的啊！不要说我不答应，王家老老小小上上小小，绝没有一个人会答应！"

话音刚落，旁听席上传出几声嘘声。金水在下面叫起来："这是么话？应该开棺验尸就开棺验尸！"

亦莲仰面笑道："哈哈，报应，报应，你也晓得这两个字啊！究竟谁要遭报应！我倒要好好问问你！三番五次逼我和他行苟且之事，达不到目的，就伪造证据，加害于我，就不怕遭报应了吗！"

王京兆摇头道："关亦莲，你在说什么，我听不懂！"

亦莲厉声说："别装糊涂，今天谁指使你来的？是王京甫王大知事吧！他没将自己做的那些龌龊事告诉你这个做弟弟的吧？一个禽兽不如的人，竟然也晓得有些话，连自己也说不出口啊！"

先前一直沉默的肖方举喝斥道："被告人，请你就事论事，不要提及与本案无关的人！"

亦莲更生气了："与本案无关？哼，我就晓得你们会官官相护！一个嘛，是新阳县的知事，一个嘛，是莲城县的知事，你们早就串通好了吧，要将我一个弱女子往死里整！"

肖方举一怔，喝道："请被告人不要胡乱猜疑，本知事自会秉公执法，依法行事！现在，请将另一个被告人押上来！"

(5)

"传林三！"

林三被法警押上来，送进另一个圆形铁栏中。他眯着眼睛，好像没睡醒。

承审官问完林三姓名、籍贯、住所，便问王京兆："你要告林三，所为何事？”

王京兆与林三换了一个眼神，说：“林三本是先父的仆人，此人品行恶劣，他早就与小妾关亦莲勾搭成奸，之后，为了达到分家产再私奔的目的，他又与关亦莲合谋毒死了先父，请审判官明察！”

亦莲惊异地望着王京兆，气得说不出话来，双手紧紧地攥住面前的铁栏杆。

承审官慢条斯理地问林三：“林三！王京兆刚才所述，是否属实？”

林三这时才打起精神来，跪在地上磕头讨饶：“小人知罪……小人该死……主人待我不薄，小人千不该万不该背叛主人！”

承审官喝道：“少说废话！你知道此罪已是死罪吗？你要坦白交待，将那晚与关亦莲合谋杀人的经过如实陈述，如你认罪态度好，可酌情减罪！”

林三连连点头：“谢谢大人，我说，我说！我在王家做仆人已有五年，本来我是忠于举人老爷的，为老爷鞍前马后从无怨言，关亦莲嫁给老爷后，我常到老爷房中端茶递水，一来二去，就和她熟了。一天，老爷不在家，她躺在床上，一见到我进来，就对我说，‘林三，我浑身酸软，能帮我揉揉吗？’我一走过去，她一抱住我……”

亦莲听到此处眼睛冒火，攥住铁栏的手剧烈颤抖起来，指着林三骂道：“林三，你，你，你胡说八道，无耻之极！你！你……”

旁听席上的一帮闲汉起哄道：“这个故事好香艳啊，讲得好啊，爷们喜欢听！”

卢皓月与关旭对闲汉们怒目而视，几乎同时喊道：“林三胡说八道，真不要脸！”

肖方举拍了拍桌子：“旁听席上的群众，请安静！被告关亦莲不要激动，林三，继续陈述！”

林三犹疑了片刻，继续说：“自从她与我好上之后，就天天缠着我下老爷的毒手，她说等老爷一死，她就可以分得一份家产，然后与我远走高飞。她要我买好砒霜，由她放进老爷常喝的补药中，老爷对她深信不疑，喝了补药……”

亦莲厉声喝骂：“林三，这一套，是王京甫教你的吧！他还让你怎样编故事，全说出来吧！”

“王京甫”三个字让林三打了个寒噤，他不敢看亦莲，结结巴巴地说："你……你说的……我……我不晓得……"

亦莲轻蔑地笑道："你不要狗头上长角——装羊（装佯），王京甫给了你不少好处吧？你昧着良心，信口雌黄，颠倒黑白，陷害于我，置我于死地，要遭天谴的……"

肖方举敲了敲桌子："请被告人不要涉及与本案无关的问题！刚才林三所述事实清楚，又有物证砒霜在此，本知事决定予以采信，关亦莲，你还有何话说！"

亦莲指着肖方举大声说："肖大知事，肖大审判官，你真英明！你和王京甫既然早就打算合谋害我，我一个无钱无势的女子，又怎么躲得过你们的算计！不过，我不能受这不白之冤，更不能让卑劣小人往我身上泼脏水，我就是死，也要死得清清白白！"

金水又在下面叫道："亦莲，不要怕他们，我支持你！"

承审官装腔作势："是谁在下面乱叫，扰乱秩序？法警，把他轰出去！"

亦莲理了理额前的发丝，面向旁听席的观众，极力抑制着心中的悲愤："大家都看到了，他们联手演出得真精彩！把我往死路上逼，我有几句话不说出来，死也不瞑目！那王京甫说起来是新阳知事，实际上是个人面兽心的狗官，他不顾人伦与羞耻，几次将我逼奸不成，便怀恨在心，收买林三来诬告我谋杀亲夫！"

旁听席上一片哗然。

"王京甫真无耻啊！"

"哪里还有天理啊！"

"官官相护，还装模作样审个屁啊！"

……

承审官慌了神，气急败坏地喝道："安静！安静！"

旁听席上骚动起来，周四新的几个手下也混到其间，跟人群唱反调："这个小骚货也在编故事呢！别信她！"关旭红了眼，与这几个人扭打起来，卢皓月也在一旁帮他，场面乱作一团。

四个背着长枪的法警冲到旁听席上，拉开斗殴者，庭上慢慢安静下来。

王京兆本来想跟他哥辩解几句，但嘴只动了动，什么也没有说出来。

肖方举脸上红一阵，白一阵，咳嗽几声，故作威严地宣布："本案因案情复杂，现在我宣布休庭，改日宣判！”

旁听席上又是大哗。

“这是审的么家鬼案！”

“这个审判真荒唐！”

“王家真卑鄙！”

“欺负一个弱女子，可耻啊！”

……

亦莲和林三被法警带走，关旭与白菜心追上去想跟亦莲说话，被法警隔开。金水怜惜地望着亦莲的背影，摇了摇头。

（6）

几天后案件宣判，亦莲以谋杀罪被判处死刑，林三作为从犯判处二十年有期徒刑。

关旭想去探望亦莲，得知妹妹已被打入死牢，任何人都不得探望。正是一筹莫展，马铁成来找关旭，他说，周爷发话，说只要他出钱，就帮他赎人。

一提周四新，关旭就变了脸，他像赶苍蝇一样驱赶着马铁成，马铁成顿了顿脚，抬腿就往外走：“唉，我们周爷是一番好意，你是狗咬吕洞宾，不识好人心哪，其实呢，只要周爷愿意帮忙，你妹妹马上就能放出来！”

白菜心满脸赔笑拦住他：“马哥，您别急着走，只要周爷把我家亦莲搭救出来，我们肯定不会亏待他！”

马铁成向她使了个眼色，对她耳语了几句，她吃了一惊：“要这么多？”

他点点头：“这个数目，还是肖知事看周爷的面子定下的，否则，要别人去赎，可能要价更高啊。你要晓得，亦莲长得美，打她主意的人多得很，听说莲城有几个大老板准备出大价钱赎人，如果去迟了，恐怕要被别人赎走呢！”

关旭走过来：“要多少？”

白菜心伸出四个手指。

四千大洋，关旭心里一沉，手里哪有这么多钱？

马铁成说：“不过，我们周爷说了，如果你亲自去找他赎人呢，价钱减半，也就是说只要两千就够了！时间很紧，过了这个村，就没有那个店了，要想好啊！”

说完，他走了。

关旭骂道：“狗日的周四新，还是对你贼心不死，要你去单独找他，就是要乘人之危吃你的豆腐！”

白菜心有点不以为然：“哎，你别说得那样难听，我们手中钱不多，为了你妹妹，我倒真想去找一下他，说不定管用！”

关旭很是担心：“万一他对你使坏怎么办？”

白菜心想了想，有了主意：“我想到了一个人，她或者能陪我去！”

“谁？”

“普善堂的卢小姐啊，她武功好，又是你妹妹的朋友，一定肯帮我们！”

“这……”

“这，这个鬼啊，你这个人就是有点婆婆妈妈，我现在就去找她！”

白菜心来到普善堂找到卢皓月，讲了自己的想法，卢皓月二话不说，就和白菜心去了周家。

周四新见到白菜心，上上下下将她饱览一番，语气轻佻：“小白啊，没想到你嫁人了，比以前更水灵了啊！”

见一旁的卢皓月横眉冷目，他便戏谑道：“怎么？小白，来见我还带女保镖啊，普善堂的卢小姐，可不是一般人请得起的啊！”

卢皓月冷冷地说：“周四新，闲话少说，你到底能不能把亦莲放出来？钱我们今天都带来了！”

周四新打了个哈哈：“不要急嘛，钱的事都是次要的，关键是感情，感情！小白，你说是吗？尽管你嫁人了，我还是像以前一样，喜欢听你的戏！这次，你妹妹遭此大难，我有责任帮你的忙！”

白菜心拿出一张银票，递给周四新：“这是两千大洋的支票。”

周四新接过来随手放在桌上，说：“小白啊，你要明白，我周四新不会收你一个子，这点钱啊，我是用来打点的，不打点，你妹妹哪能放出来？”

白菜心满脸赔笑：“那是，那是，这事让周爷费心了！等我妹妹放出来了，我一定单独唱场好戏您听！”

周四新的脑袋向前一伸，盯着白菜心的俏脸一眨不眨，手指在桌上得意洋洋地敲打着："此话当真？好，我今天晚上就去找肖方举，保证你明天就能见到人！"

白菜心微微欠身，说："谢谢周爷！我与卢小姐就告辞了！"

周四新站起身："我送送你！"

白菜心连声说"不用"，与卢皓月一道离开。

周四新望着白菜心的背影消失在门口，脸上浮现出一丝别有深意的笑容。

（7）

关旭与白菜心正在家中苦等消息，马铁成来了，一进门就大嚷："哎，运气不好，运气不好！"

他将支票拍在白菜心的手中："我们周爷没帮上忙，钱退给你！"

白菜心满脸疑惑。

"唉，不怪我们周爷没能耐，只怪你们找周爷太迟了！"他说，"周爷今天上午去找肖知事赎人，哪知别人已经赎走了你妹妹！"

"是谁？"夫妻俩都惊异不已。

"据说是新阳的一个富商，出了三千大洋呢！"

"狗日的肖方举，贪赃枉法见钱眼开，老子要告他！"关旭吼道。

白菜心给马铁成倒了一杯茶，让他坐下慢慢说。他一口将茶喝去大半，神神秘秘地说："听说，富商带着你妹妹会在今晚启程，从莲城到新阳，步行不过三四个时辰，你们要是有更多的钱的话，赶快去找那个富商，他觉得有利可图，说不定会把人再卖给你们。"

关旭激动地说："'卖'？有你这样说话的吗！"

马铁成也觉得"卖"字有些不妥："好，好，不是'卖'，是把人交给你们。"

关旭问："我妹妹真的在那个富商手里？"

马铁成瞟了他一眼："不相信啊？我呀，可以告诉你，她现在住哪个客栈呢！"

关旭十分急切："哪个客栈，快说！"

马铁成呷了一口茶，不说话。

白菜心赶紧掏出几块银元，塞在他手里。他嘿嘿一笑："他们歇在悦来客栈，你们要去就赶早，晚了，人家就走了！”

说罢，他捏着银元，哼着小曲大摇大摆出了门。

关旭急着要去客栈找妹妹，白菜心认为单枪匹马去根本没用，人家出了大价钱赎了人出来，岂肯轻易放人？但现在要一下子凑够三千大洋，实在无法。两人正是一筹莫展，卢皓月来了，父亲卢介康让她来探听消息。两人急忙将情况说了。卢皓月一听就拍手叫道：“这还不好说，我带几个女队员，到悦来客栈，把亦莲救出来！”

关旭与白菜心喜出望外。卢皓月叫他们在家等好消息，然后匆匆离去。

卢皓月带着几名女队员直奔城西悦来客栈。一进客栈，就推开一间间房门查看起来，老板一看这阵势，吃了一惊，他认识卢皓月，忙问她找谁。

卢皓月问：“新阳的富商呢！”

老板说：“已经走了，卢小姐……”

卢皓月问：“是不是还带着一个女的？”

老板连连点头：“是啊，他们蒙住了她的脸，我没看清楚。”

卢皓月不耐烦地说：“快给我备马车！”

老板急忙去找马车。

（8）

新阳的富商叫赵刚，为何要以高价赎出亦莲呢？并不是他看中了亦莲的美色，他只是奉命行事，奉的是新阳知事王京甫的命令。

正如亦莲所料，王京甫见亦莲不肯就范，就与林三勾结，让林三充当亦莲的“奸夫”，诬告亦莲谋杀亲夫。林三起初不敢答应，因为既是“奸夫”，那也得坐牢。王京甫给他吃定心丸，说肖方举那边已打点好了，只要他在堂上作个假证，等风头一过，周四新就会派人接他出来。这些许诺不算，王京甫还可以给他一千大洋，这么多钱，抵得上他做好多年工了。他就答应了。

再说，这位新阳富商赵刚，这两年在王京甫的关照下赚了不少银子，现在王京甫发了话，他也知道回报的时候到了。所以，一听说要拿三千大洋去赎人，当天就提了现洋，赶到莲城来。王京甫再三叮嘱他，这个女人，谁也不能动，等他王京甫一回新阳，他就得原封不动地交人。

赵刚交了钱给肖方举，从司法公署领了亦莲出来，才知道亦莲是真美，而且性格还很烈。

亦莲挣扎着不停地喊道："你们这帮砍脑壳的强盗，放开我！"

她的声音已经嘶哑，眼睛里燃烧着屈辱与愤怒的光焰。

赵刚带的四个汉子先用绸巾堵了她的嘴巴，又捆了她的手脚，把她弄上一顶轿子，抬到悦来客栈，只等天色一黑，就上路。

天黑下来后，他们找了一辆马车出发了，其中一人赶车，赵刚和另外三个坐在车里。

亦莲依然被他们捆绑着，已经整整一天拒绝吃东西，粒米未进的她饿得昏昏沉沉，马车的颠簸更让她头晕目眩。她闭着眼睛，不想看这些人一眼，也不晓得这帮混蛋要带她到哪里去，一阵阵冷风灌进车厢，此时的她，心里也寒冷之极，不过，她已没有了多少恐惧，慢慢渗进血液的是一种冰凉的麻木。

一轮皎洁的弯月孤独地挂在天际。月光之下的平原，从远处看去，汹涌澎湃着铺天盖地的油菜花。"莲城十年九不收，有了一年收，狗子不吃糯米粥"，莲城这个地方，土地肥沃，可惜十年九水，但只要有一年没发水，那庄稼就铆足了劲疯长，老百姓有了好收成，连狗的口味都变刁了。这一年，莲城难得没有发大水，田野里肥厚的油菜花像燃烧的沙漠，壮观的金黄一直绵延到了天边。

赵刚把头探出车外，他当然无心欣赏这美景，只希望快点到新阳，之所以选在夜晚从莲城走，就是怕白天人多眼杂，生出什么变故。他不断催促车夫将车赶得快一些，更快一些，车夫不停地扬起马鞭，"驾驾"的声音回荡在苍凉的夜空，车轮在油菜花中间的土道上碾起阵阵尘土。

突然，一声尖利的唿哨响过，油菜地里蹿出几个人来，其中一个对着天空开了一枪，惊得两匹马同时扬蹄嘶鸣，几乎要将车厢里的人掀下来。

赶车的惊恐不已，勒住马，车子打了一个旋，戛然停住。

从油菜田里又走出来几个人，为首的三十来岁，径直走到马车后面，对里面的人叫道："赵老板，本人已等候您多时了，下车吧！"

半天没有动静，这人用枪挑开一角车帘。车内，四个大男人面对乌洞洞的枪口，挤在一起瑟瑟发抖，叫道："好汉爷饶命！"

亦莲本是昏昏沉沉快要睡去了，现在也被震醒了，她略为惊异地观察着突来的变化，一双清澈的眸子，在夜色里熠熠生辉，与拿枪的这人对视的一刹那，这人目光里闪现出一丝惊喜。

外面的几个人叫道：“识相的，赶快下来，再不下来，爷爷们就不客气了！”

赵刚和三个男人下了车。为首的走过去，喝问：“喂，哪个是赵刚？”

赵刚的衣着明显比其他人讲究些，他自知躲不过，说：“我……我是……”

这人走近赵刚，嘲弄道：“赵刚，看来你有钱得很，赎这个女人花了多少大洋啊！”

月光下，赵刚近距离地看这人，身体壮硕，长脸短须，左眼下有个弯月形的伤疤。他手中的枪口朝上一扬，赵刚不由打了个哆嗦：“大，大爷，我做点小本买卖，放了我吧！”

这人身后的几名男子，拿枪的拿枪，拿刀的拿刀，将赵刚围在中间，有一个打了赵刚一嘴巴：“狗东西，还不老实，在我们三爷面前说瞎话！”

赵刚拭了拭嘴角流出的鲜血，惊惧地望着这帮人：“请问朋……朋友，你……你们是哪路的？”

这位被称为三爷的人，姓陆，是湖匪柴云飞手下的三当家，因为脸上有一处弯月形的伤疤，被人称为“陆月亮”，叫来叫去，就成了“六月亮”。

六月亮对赵刚说：“明人不做暗事，我们老大叫柴云飞，我是他的兄弟，车上的女人，你留下！身上的银洋，也留下！”

赵刚还在犹豫，一颗子弹打在他脚边，蹿起一注尘土，他急忙跪下磕头：“好汉饶命，好汉饶命！”

赵刚解下了腰间的布褡裢。六月亮一把抢在手中掂了掂，一脚踢向他：“狗日的，快滚吧！”

赵刚爬起来就跑，六月亮冷笑一声，对准他的背影开了一枪，赵刚扑倒在地。

六月亮又是一声唿哨，就有一名矮个子土匪，跳上马车，拉住了受惊的马。

矮个土匪正要扬鞭催动马车，忽然，一阵马蹄声夹着马儿的嘶鸣，从身后传来。

众匪朝后面望去，只见夜色中，两辆马车，一先一后，朝这边疾驰而来。

“三爷，有情况!”一名土匪提醒道。

六月亮脑袋一歪，手一挥，众匪放弃马车，迅速潜入路两旁的油菜花中。

马车上的人正是卢皓月和她的几名女队员。

卢皓月在不远处见一辆马车横在路当中，周围影影绰绰似有不少人在晃动。等再近时，却发现人都不见了，那辆马车还在原处。

她连忙叫两辆马车停下，拔出短枪下了车。其他几名女子也都拿着剑，跟在她身后，她们慢慢向马车靠近，只距离一丈多远时，停了下来。

卢皓月猜想亦莲就在那车里，她小声叫道：“亦莲，亦莲!”

亦莲听到了卢皓月的声音，既惊喜又担心，她的口被绸巾堵着，否则她就要大声喊出来了：“不要过来!”但是，她现在连“唔唔”的声音也不敢发出，更不敢动弹，她怕卢皓月过来救自己，中了土匪们的埋伏。

这时，周遭静极了，只听见小虫此起彼伏的鸣叫声。

卢皓月朝菜花田里打了一枪，一个土匪惨叫一声。凑巧，这一枪正打在这个土匪的腿上。

“这娘们有枪!”土匪们狂叫起来，朝卢皓月开枪，卢皓月急忙匍匐在地，伺机还击。

那个矮个土匪最先从菜花田里冲出来，卢皓月瞄准打了一枪，他应声倒地。

土匪们一齐朝卢皓月射击，子弹密集如蝗飞过来，她就地几个滚身，已在一丈开外。

六月亮叫道：“抢到一个美人，又送上门来好几个美人，弟兄们冲啊，捉了做老婆去!”

土匪们拿着枪冲出来，卢皓月扣动扳机，撂倒了一个。但土匪对她已呈包围之势，子弹从四面八方向她扑来。这时，一名女队员驾着马车从后面直冲过来，迅速将她拉上马车，两辆马车掉了个头，向来路飞奔。

土匪们在后面狂追，卢皓月举枪连连还击着，她不甘心这样窝囊地撤退，但众匪持枪者甚多，火力太猛，一名女队员哎哟一声，被一颗子弹击中了手臂。

卢皓月见无法硬拼，恼恨地打了几枪，马车拐了一个弯，双方都已不在射程之内。

卢皓月看身后已无动静，晓得土匪们并未追远。她查看了一下那个女队员的伤势，懊丧地说："唉，只怪我们枪少，否则，亦莲就被救出来了！"

几个女队员说："刚才好险，要不是卢小姐你身手快……"

卢皓月淡淡一笑："唉，我自己倒不怕这些土匪，只是担心亦莲，这次被土匪劫走，肯定凶多吉少！"

"是哪路土匪呢？"

"估计是柴云飞手下的，别的土匪没有这么多枪！"

次日上午，卢皓月来到关旭家中，说亦莲可能被柴云飞的手下劫走了，关旭大惊："亦莲被土匪抢走了？"

白菜心神色惊慌，示意他说话小声点。

房里响起一阵急促的咳嗽，几声衰老的呻吟飘出来："哎哟，哎哟……我的莲儿，被谁……抢走了哇！"

"爸，亦莲她没事，您放心。"白菜心在外面安慰着。

"咳，咳，我刚才，明明听……听你们说，柴……柴云飞抢走了亦莲，你……你们别骗我！"关仁松的声音猛然提高了八度，他挣扎着要从床上坐起来，由于用力，引来一阵更加猛烈的咳嗽与喘息。

关旭与白菜心急忙进去扶他，卢皓月跟进来，待他喘息稍定，叫了声"关伯"。

"这位大……大姑娘是……"关仁松睁大昏花的老眼，看了半天。

"是普善堂卢老板的千金卢小姐。"白菜心说。

"卢小姐，你……你爸，是个大好人哪！那次关旭受伤，要……要不是……你们送来……活血丹和保生丸……"关仁松激动地说。

"关伯，别客气，那是我父亲的一点心意，也是普善堂应该做的。"卢皓月说。

"卢小姐啊，我不把……把你当外人，莲儿是被我害……成这样的啊！我就是死了也……也有愧于她啊！你们刚才说她……她被土匪抢走了，我听得清清楚楚，这伢造孽，都是……我害的啊，这该怎么办啊!”关仁松又说。

他消瘦的脸上老泪纵横。

没能救出亦莲，卢皓月心里也很愧疚，对这一家人，她又安慰了几句，就心情沉重地离开了。

几天以后，关仁松就死了，卢皓月去参加了冷冷清清的丧礼。白菜心告诉她，自从父亲得知亦莲被土匪抢走以后，病情就加剧了，不过几天，就不能进食了，临死时，他还不能闭眼，口中一直在念叨:“莲儿，爸对不起你啊!”

(9)

提起柴云飞，莲城百姓恨得牙痒痒又无可奈何。

柴云飞，本名不叫云飞，因其会几手拳脚，且身手敏捷、步行如飞，自称“柴云飞”，取云上飞之意。此人原是一猎户，靠打野物为生，枪法颇准。据说，隔着几丈远，有一个人抽烟，他抬手一枪，就打灭了对方的烟头，胡子一根不断。他还跑得奇快，有一次，一只野鸡在柴草林子里被打断了翅膀，在地上飞跑，连猎狗也撵不上，柴云飞发力猛追，一把就将野鸡抓在手里，面不改色，大气不喘。

当土匪之前，柴云飞喜欢赌博，且胆子极大，钱输光了，就“揭飞碗”，只因为他体力胜人一等，下手又狠，赌徒们都不敢惹他。

后来，他落草为匪，起初也只是网罗到几个二流子，弄了几杆土铳，东抢西夺，不大成气候，但莲城水灾连连，政府又救济不力，好多灾民难觅活路，就投靠了他。还有一些好吃懒做的家伙，见做土匪可以吃香喝辣，也纷纷加入。这样，他渐渐壮大了势力。不过几年时间，他的这支土匪，就成了莲城周边最大的一支。

还有一桩，他舍得出钱买枪，一二百人的队伍，就有四五十支枪，在几支土匪里面，他的装备是最硬的，连县里的警察署都忌惮柴云飞三分。他也精明，从不与官府硬碰，也不敢骚扰那些有实力的大户，周四新开赌馆，俗语说，赌匪一家，他从不惊扰，而对于莲城那些中等家世的富商，他就无所顾忌了，“下条子”、“绑肉票”是他惯用的手法。

莲城周围湖泊众多，面积宽广，春夏水潦时各湖相连，大者数百里，小者数十里，柴云飞的匪窝在阳湖的最深处，与阳湖前后相连的有千金湖沙、官港蝴、小沙湖、白螺湖，从莲城要到阳湖里来，即使熟悉地形，划船也要老半天。

官府也曾围剿过柴云飞，但无一不是虚张声势无功而返，仗着天然湖泊的地利和几十支枪，他放下狂言：捉我的人还没出生呢！

他还编了一首谣曲，无事的时候，十分自得地哼一下：

老子本姓天，家住阳湖边，有人来捉我，除非是神仙。枪口对枪口，刀尖对刀尖，有你就无我，你死我上天！

亦莲被六月亮劫持后，送往柴云飞的匪窝。

一路上，她昏昏沉沉，被土匪们弄到船上，弯弯绕绕，不知走了多少里的水路，可是湖的前方，仍然是湖。她只觉得这股土匪好像遍布了湖泊芦林，只需几声口哨，就有人前来接应，她想起评书里讲的《水浒传》，那里有个梁山泊，一群好汉啸山林、杀富济贫。可这些土匪根本不像好汉，他们色眉色眼，讲着黄色笑话，在她身边挨挨擦擦，但还不敢动手动脚，她隐约听他们在讲什么“老板的女人”之类。好像要把她送到一个地方，这个地方，有一个重要的人在等她。

等她的人是柴云飞。

柴云飞对亦莲的美色早有所闻，如果不是她十七岁嫁给王师璧做小老婆，他就准备下手了。

劫走一个弹絮匠的女儿，对他来说是小菜一碟。

他柴云飞在莲城劫财顺带劫色也不是头一回了。

三年前的一个深夜，他带人闯进“金龙”典当铺，当铺老板黄金龙正和老婆吴四娘抱着睡觉呢，两人被惊起，黄金龙惊恐地去拿银洋，吴四娘也一脸惊慌，她穿着红色小肚兜，乳沟深深，一片炫目的雪白与两团诱人的丰满，一下子就让柴云飞看呆了。旁边的六月亮是个明白人，向众匪发令：“弟兄们，把老板娘带走！”

柴云飞满意地点了点头。吴四娘惊叫了几声，徒劳地挣扎了几下，像一只从鸡笼里抓出来的鸡，被土匪们用毛巾堵了嘴巴，带走了。

吴四娘哭哭啼啼了几天，后来就从了柴云飞，一晃三年过去了，她也是怪，真的把自己当“压寨夫人”了，死心塌地服侍着柴云飞，乐不思蜀，日子一长，竟不肯回莲城了。

有一回，是柴云飞主动提起，让她回莲城探亲。她一回莲城，正好碰见丈夫黄金龙，黄金龙以为她是被柴云飞放出来的，喜出望外迎她进了门，好饭好菜地招待，给她压惊，吃完饭，还拿出一对翡翠镯子送给她。哪知，她根本不念夫妻情分，当天就回了匪窝。黄金龙气得恨不得吐血，放话出去，说吴四娘已死，他要找个人做填房。几天之后，人贩子从乡下拐来一个十七八岁的小丫头，他连价也没讲，以五百大洋买了下来。

柴云飞占有了吴四娘之后，仍不时劫些女人供自己玩乐，玩厌了就向女人的家属“下条子”，等家属送来赎金，他才放女人回去。让柴云飞十分满意的是，这吴四娘对他玩女人从不吃醋，相反，她常对人说：“一生不娶三个妻，死了阎王都不依！”这话说得男人们心里又痒又舒服，其实，土匪们也经常说这句话，不过用词更糙些。

亦莲被劫到土匪窝时，第一个来见她的不是柴云飞，竟是吴四娘。

（10）

吴四娘来的时候，天刚擦黑。

这是湖中的一个小洲，柴云飞让人在上面建了七八排草屋和几间砖房，这些草屋，并非狂风一吹就倒的那种，墙壁用麻梗掺了黄泥砌成，犹如土砖一般结实。

亦莲被关在一间砖房里。

吴四娘见里面黑灯瞎火，就在门口叫道：“亦莲妹妹，亦莲妹妹！”没有回音，她推开门，移着马灯进去，才看见亦莲呆呆地坐着。

借着灯光，亦莲冷冷地扫了一眼这个女人。她在二十七八岁的样子，衣着十分讲究，外穿湖绿色窄袖小衫，内着暗花抹胸，丝绵云缎长裙逶迤于地，走起路来一步三摇。

吴四娘见亦莲在看她，惊叹一声：“亦莲妹妹，你受惊了！”连忙张罗着倒了一杯热茶，端给亦莲。

亦莲只是冷眼看她，这的确是一个很有风韵的女人，蓦然出现在这土匪窝里，令亦莲也感到了一丝诧异。

见亦莲没接自己倒的茶，她微微一笑，将茶放到桌子上。她脸上浮现出哀伤之色，长叹一声对亦莲说：“妹妹，我们女人都命苦！你还没来到这里之前，我就听柴大哥讲了你的事。”

见亦莲不做声，她又说：“你好冤！明明是王京甫逼奸不成，反诬你谋杀亲夫！太无耻了！他对你贼心不死，这次要不是柴大哥出手，你又要落到这个狗东西手里！赎你的那个富商，就是王京甫指使的啊！”

亦莲有些弄不明白：“哪个柴大哥？”

见亦莲开口说话了，吴四娘很高兴：“柴大哥就是这儿的老大柴云飞，一位很仗义的大哥！”

“柴云飞？”亦莲总算明白了，这次她没落到虎口里，却掉进了狼窝。

“对，对！我们柴大哥一直关注妹妹你，他晓得了你的案子后，肺都气炸了，这不，一打听到你被赎出来了，就半路上先下手为强，将你接到这里来了！你不会怪他吧？”

亦莲语含讥讽：“人家是为了救我，我怎么能怪人家？”

“柴大哥真的是为了救你，为了避免你误会，才让我来陪你！”吴四娘说，“柴大哥有令，任何人都不能惊扰你，你放心，他手下的人很粗野，但都是些顶天立地的汉子，不会乱来的！”

“看来我是享受特殊待遇啊，不过，现在我很累，要睡了。”亦莲表情仍是淡淡的。

“好吧，妹妹，你睡吧！”吴四娘蹑手蹑脚走了出去，悄悄反掩好门。

吴四娘磕磕碰碰走了一段路，就有一人从树后闪出，拦腰抱住她，她挣扎着，见是柴云飞，就作娇发嗔地在他胸前擂了一拳：“死鬼，吓死我了！”

柴云飞亲了她一口：“心肝，那个小娘们怎么样，绝色美人吧！”

吴四娘朝四周看看，手在他额上一点：“急色鬼，先进屋，我再说给你听！”

进屋后，点亮灯，吴四娘娇娇地偎在他的胸前，用手剥着花生，一粒粒地喂他。

柴云飞掏出一串金灿灿的项链，给她戴上：“这是六月亮前些日子弄来的！”

她在他脸上亲了一口："你真好！爱死你了！"

接着，她就问："是想来武的，还是来文的？"

他不明白："武的怎样，文的又怎样？"

她扑哧一笑："武的嘛，当然是你的强项，霸王硬上弓，生米煮成熟饭；文的嘛，就是不急着下手，先笼住她的心，让她晓得你是个知冷疼热的人。"

他似乎没听她说话，只顾在她丰满的胸上摸来摸去，坏笑道："四娘，那小娘们的奶子有没有你的大？"

她轻轻一掌掴在他脸上，似掴实抚。她故作吃醋的样子，说："你这个花心大萝卜，一天到晚只想着干这事！"

他笑起来："好好好，反正这小娘们是坛子里的乌龟——我要怎样捉就怎样捉，你说吧，我是来文的好呢，还是来武的好呢？"

她说："依我看哪，你还是先来文的好，得到了她的心，还愁得不到她的身？我今天见了她一面，我看她还真不同于你以前抢来的那些女人，她不光是漂亮，身上还有一种说不出的气质，就像一支玫瑰，带着刺，冷艳着呢，这样的女人，值得放长线钓大鱼。你说呢？"

他问："乖乖，那我么时候才能得到她的心呢？"

被他的两只手摸得浑身躁动，她在他怀里扭动撒娇："死鬼！心急吃不得热豆腐，我先陪她一段时间，等她放松戒备了，你再慢慢接近她成全好事！晓得不？"

他坏笑道："我现在就要吃你的豆腐！"

他的手探进她的抹胸里面，揉捏起那一团丰软滑腻来，在他忽轻忽重的捻弄下，她的呼吸急促起来，她哼哼唧唧脸色潮红，他再也按捺不住，一声低吼，将她抱在怀里，扔到了床上。

(11)

接下来几天，都是吴四娘给亦莲送饭菜，几乎天天是野味河鲜，变化着花样做。前天是野鸭烧莲藕，昨天又是干烧野兔，今天则是银耳桂鱼汤，亦莲虽然只是象征性吃一点点，体力也恢复得很快，苍白的面色日渐红润。吴四娘对她说，这些菜都是柴大哥特别叮嘱做的，等你养好了身子，他会来见你的。她只是“哦”了一声，什么感激的话也不想说。

她现在虽然身陷土匪窝，不知为什么，并不很想逃出去。在这个小洲上，没有船是逃不出去的，何况，能逃到哪里去呢？哪里才是她的归宿呢？

土匪们并没有完全限制她，她在屋里闷久了，就外出走走。奇怪的是，冷不丁地，吴四娘就会出现在她面前。

不过，她对吴四娘并不反感，她看到土匪窝里，现在好像只有吴四娘这个女人，吴四娘也许闷得慌，只想找个伴。

每天吴四娘都要来亦莲房里坐一坐，沏一壶茶，说说话。

有一天，吴四娘忽然在亦莲面前哭了，这令亦莲有些意外。

吴四娘说莲城人现在都看不起她，说她是个淫妇、贱货，放着好好的当铺老板娘不做，却要做土匪头子的情妇。但莲城人哪里晓得她的苦。黄金龙做生意精明能干，长得白白净净，看上去像是斯文人，打起老婆来却是一把好手！

吴四娘流着泪说，黄金龙稍不顺意，就拿她出气，扯她的头发抽她的脸。有一次他抓起手边一把椅子，劈头盖脸砸过来，她被砸晕了，头破血流。最可恶的是，她怀孕的时候，他也打，她的第一个孩子就是被他打掉的，他在她的小腹踹了几脚，鲜血流了一地，她昏死过去，差点见了阎王。

说到这里，吴四娘抽抽搭搭哭得更伤心了，她说，她恨黄金龙，和黄金龙过日子生不如死，即使柴云飞不把她抢到这里来，她也会找个机会跑掉的。

她又叹息说，莲城她是回不去了，她是无家可归的人了。弄得亦莲也有沦落之感，不由对这个女人添了一些同情，增了几分亲近。

所以，当天晚上，当吴四娘要陪亦莲过夜时，亦莲没有拒绝。

起床后，吴四娘帮亦莲梳头发，她想把亦莲的头发盘起来，打成一个髻。亦莲止住了她，自己将头发放下来，披在两边，有一种凄凉的美。

吴四娘看着镜子里亦莲的脸，说："你真美！我要是个男人，都忍不住要喜欢你，疼你！"

接着，她告诉亦莲柴云飞可能今天要来，让她不要怕。她说柴云飞是个真男人，有血性，会疼人，比莲城的那些男人强多了，还说他早就听说了亦莲的美貌，喜欢她，希望她能做压寨夫人。不过，他不会强人所难，如果她觉得这里不好，他可以放她走。

亦莲面无表情地听着，到后来，还是忍不住反问了一句："他能放我走？"

吴四娘说："当然，这是柴大哥亲口跟我说的，他说喜欢你，不想强迫你，如果要强迫你，他第一天就可以把你……"

亦莲冷笑道："你是说，他还是对我手下留情了？对别的女人，就不会这样客气了？"

吴四娘连忙赔笑道："我的妹妹，你别乱想，柴大哥不是乱来的人，他的队伍有一条规定——不采花，就是不作践女人，不过，他手下还是有不听规矩的，被他发现，就要挖眼珠，割脚筋！"

亦莲摇摇头："四娘，你别骗我了，世上哪有这么好的土匪？"

吴四娘还在念叨着柴云飞的好，但是亦莲一点心情也没有，也懒得听。

这时，有人敲门。吴四娘打开门，是柴云飞。吴四娘嗔怪一声："说曹操，曹操到！"她殷勤地扶他坐下，又倒了一杯热茶。柴云飞跷着二郎腿，喝着茶，目不转睛盯着亦莲看，亦莲被他看得有些不自在，就走到窗前看风景。

吴四娘去拉亦莲的手，笑着对她说："好妹妹，陪柴大哥说说话，拉拉家常，啊？"亦莲不答，她双手推着亦莲的肩膀，将亦莲推到柴云飞面前坐下。

亦莲低首垂眼，柴云飞以为她是害羞，觉得她更媚了，目光就攫进她的身体，不愿拔出来了。

吴四娘咳嗽一声，柴云飞才缓缓收回目光，心不在焉地问："亦莲姑娘，你兄弟姊妹几人啊？"

亦莲仍不看他，冷冷答道："一个哥哥。"

柴云飞"哦"了一声，一时无话。

吴四娘走过，笑盈盈地说："哎呀，你们慢慢聊，我呀，有事先走了！"

柴云飞点点头，吴四娘扭腰摆臀走了出去，掩上了门。

柴云飞看见亦莲的一只手如藕一样雪白，便将手伸过去，搭在她的手上。

亦莲抽回手。

他自我解嘲地笑笑："都说你是莲城第一美人，闻名不如见面啊!”

亦莲仍不理他，他又说：“四娘应该对你说了吧，我啊，早就喜欢你，这次我接你到这里来，手段粗暴了些，但那也是没办法，你要是让那个商人得了手，弄到新阳去，就会落到王京甫手里，王京甫，你是晓得的，他一直对你不死心……”

亦莲仍冷冷地：“那，我要感谢你啊！要不是你，我说不定早就抛尸荒野了!”

柴云飞站起身，走到亦莲的身边，手搭上她的肩膀。

她拿下他的手。

他叹口气：“唉，亦莲，你不晓得我的心思吗？这么多年来我都是孤家寡人，因为没遇到一个真正看得上的女人，但从见到你的第一眼起，我就想娶你，用八抬大轿娶你……”

她打断他：“你别再说了，我们是两条道上的人，永远不可能走到一起!”

他仰头哈哈大笑：“你错了！其实，我们是一路人！我们都是回不去的人，都是被莲城抛弃的人!”

她喃喃道：“被莲城抛弃的人?”

他把头探到她的面前，死死地盯着她的脸，好像有什么触动了他痛苦的记忆，有点咬牙切齿的样子：“对，你以为你是谁？你就是一个被莲城抛弃的人!”

接着，他对她说：“只要你嫁给我，其他都好说。王京甫，他现在是新阳的县长，又怎样？我一样可以要他的小命，至于林三，我弄死他，比捏死一只蚂蚁还容易!”

她淡淡地说：“不劳你大驾，这是我自己的事。你走吧，我想一个人静一静!”

他斜她一眼，故作体贴之中掩饰不住得意与轻佻：“那，那好吧，我再给你几天时间考虑考虑？想好了，就跟四娘说啊!”

柴云飞一走，亦莲的身躯便沉重地靠在门上，泪水顺着她光洁的脸无声地淌进了夜色。

第七章　激战

(1)

1926 年的莲城，正处于第一次国共合作时期。

贺修民从省城大学毕业后，受上级委派，在县里担任农民部长。他在莲城成立了第一个农民协会，协会挂牌成立那天，鞭炮齐鸣，鼓乐喧天，群众像过节似的上街游行，舞狮舞龙灯，高呼口号：打倒土豪劣绅！打倒贪官污吏！解除民众痛苦！

贺修民再次发表演讲，号召民众起来与土豪劣绅、贪官污吏作斗争。

不过几天，农协会员达到近万人。

农民运动在他的领导下开展得如火如荼，民众联合起来惩办土豪劣绅的热情空前高涨：贫苦农民拿着扁担、镐头冲进大土豪的院内，搜出田契债约，付之一炬，又打开粮仓，分发粮食。

不久，莲城百姓向贺修民递交了一份请愿书，上面列举了周四新的二十多条罪状，比如假借名义派捐派费、淫人妻女残害无辜、勾结盗匪蹂躏地方、贩运鸦片放高利贷、掳人勒赎等等，他们希望贺修民主持公道，将周四新绳之以法。

贺修民将请愿书拿给组织部长王金山看。

这王金山比贺修民大几岁，是个红脸膛的汉子，与贺修民同年在莲城加入共产党。他分析，周四新的团练队武器装备过硬，如果发动赤卫队去硬拼，不可胜算，对付周四新，还得县政府出面，县政府的警卫团，光枪支就有近百条。

两人合计了一下，立刻去找肖方举。

已从莲城知事变成莲城县长的肖方举，此时正在办公室闪着二郎腿，一边喝茶，一边翻报纸。

贺修民递上那份请愿书，肖方举扫了一下放到了一边，哼哼哈哈摆起了官腔："我说，贺部长啊，你还很年轻，这事不能光听一面之词啊，莲城的情况复杂得很！凭一份请愿书，能判定谁是好人谁是坏人？据我了解，周四新还是不错的，可能是这些年他得罪了一些人，有人要报复他。”

贺修民一听就冒了火：“什么，他还算不错！你这个县长真有眼光啊！俗语说，公道自在人心，他周四新是好人还是坏人，我说了不算，你说了，也不算！”

肖方举脸上露出不快的表情：“那，那你说，谁说了算？”

贺修民回答得很干脆：“莲城的老百姓说了算！”

肖方举依旧慢条斯理地说：“贺部长，我知道，早年你和周四新有些过节，但那都是过去的事了，现在国共两党亲密合作，希望你放下个人恩怨，以大局为重啊！”

贺修民嘴角一扬，笑道：“哈哈，个人恩怨，我与周四新之间，怎么会有个人恩怨？他为非作歹，不是一年两年了，多少人深受其害啊！我是凭着一颗良心，为民除害，也希望你能主持正义，扬善惩恶，留个好名声！”

肖方举站起来：“你，你这是什么意思，想威胁我吗？”

贺修民针锋相对地说：“说威胁我倒不敢，我只是提醒你，惩治周四新，是民心所向，全城百姓的眼睛都盯着你，你身为父母官，要为民做主！”

肖方举有些不耐烦了：“知道了，知道了，周四新的事，让我先调查一下吧，我还有事，恕不远送！”

贺修民见肖方举下了逐客令，正要发作，王金山将他扯住，往外推。贺修民回头狠狠瞪了肖方举一眼，出了门。

下楼梯时，一位穿着马裤呢军装的青年军官，正要上楼来，贺修民一时觉得眼熟，但忽然想不起名字了。倒是那位青年军官，快步赶上前来，一把握住他的手叫道：“修民！”

贺修民这才记起，此人正是少年时的玩伴黄心安，连忙叫道：“心安，怎么是你？”

黄心安拍了拍他的肩膀道：“修民，你越来越壮实，也越来越潇洒了！”

两人手拉着手，一时有好多话要说。

黄心安诚恳地说：“修民，我见一下肖县长，和他说几句话，就来找你，我们一起喝酒去！”

（2）

中午，望湖酒楼上，贺修民、黄心安、王金山三人要了个包间，点了酒菜，正准备动筷子。

忽然，包间的门帘被哗啦挑开，一位白衣女子走了进来。她刚站定，就吐出一串银铃似的笑声：“哈哈哈，找得我好苦，你们三个，是在这里桃园三结义吗？”

来人正是卢皓月，她美目含情，嗔了贺修民一眼，撅着嘴道：“哼，回来以后，到普善堂就来了一次，还说是来看师傅的，是不是当上了什么部长，就连我这个师妹也不想理了！”

贺修民点着她的额头一笑：“你呀你，嘴还是那么厉害，千万别叫我什么部长，我呀，还是你的师哥，可别瞎猜！”

说罢，贺修民将卢皓月向黄心安、王金山二人介绍。

王金山抱拳道：“幸会，幸会！”

黄心安定定地看着卢皓月说：“哎呀，还是小时候见过你，一晃多年，没想到你长得这样漂亮了！”

卢皓月对这样的夸奖不以为然，她扬了扬脖子，盯着黄心安说：“难道只是漂亮，我可不是花瓶！”

黄心安笑道：“我当然晓得，皓月小姐有一身好武艺，十几个小伙子也未必能近身，本人十分敬慕啊！”

卢皓月细眉一挑：“你又不认识我，怎么晓得？”

贺修民说：“皓月，他是我从小玩大的好朋友黄心安，他哥就是‘金龙’典当铺的黄老板。小时候，他与我同在章师傅家学拳脚，后来，他外出读书，我们好长时间没联系，现在他回莲城任职，这不，今天他刚刚到县政府报到，就遇到我了！他马上就要出任警卫团团长了。”

卢皓月伸出手与黄心安相握：“幸会，幸会！黄大团长，年轻有为啊！以后还请多多关照我们这些小民哦！”

黄心安又笑道：“能与皓月小姐成为朋友，非常荣幸，谈不上关照，我也是混口饭吃！”

王金山插话道：“黄兄为党国尽忠，怎能说混饭吃呢？前途无量，前途无量啊！”

黄心安说："贺兄、王兄信仰共产主义，我信仰三民主义，虽然信仰不同，也是各为其主，但这并不妨碍合作，就说周四新这个家伙，我们就可以联手治他！"

"怎么治法？"贺修民问。

黄心安喝了一口酒，说："你们在肖方举那里碰了钉子，但别忘记了，你们都是县党部委员，在党务会上，如果多数党部委员赞成抓周四新，肖方举就不好搞一言堂了！另外几位党部委员，由我去做工作，到时少数服从多数，并不难！"

卢皓月说："如果肖方举再次阻挠，我们就揭发他！以前他当知事时，与王京甫狼狈为奸，诬陷亦莲谋杀亲夫，后来又收受贿赂，将亦莲私自卖给一个商人……"

贺修民的脸色一变，内心似乎因此掀起了巨大的波澜，他打断她的话："皓月，别说了，提到亦莲，我心里就特别难受，她现在落到那帮土匪手里，不知怎样了！她真是世界上最苦命的女子，我，我，真是太无能了！"

王金山看贺修民心里难受，忙举杯道："来，来，喝酒，喝酒！"

贺修民端起一杯酒，一饮而尽。

卢皓月在旁边扯了扯他的衣摆："修民哥，少喝点啊。"

贺修民的脸色慢慢恢复了平静，他给黄心安斟了一杯酒，说："心安，这次收拾周四新，我的赤卫队打头阵，重头戏还要靠你的警卫团来唱！"

黄心安一仰脖子，喝干了酒，涨红着脸大声说："没问题！"

(3)

在贺修民、王金山、黄心安的敦促下，肖方举召开党务会议讨论是否逮捕周四新。会上，超过半数的党部委员投了赞成票，肖方举无奈，很不情愿地签署了逮捕令。

为了防止走漏消息，他们三人连夜召集了赤卫队与警卫团，直扑周四新的住处。

天色暗淡，天上没有星星也没有月亮，好像一张灰蒙蒙的网。

周四新家的房子很大，光是大门楼就有一丈多宽，高高悬挂着用隶书写的"周宅"二字。院内房屋几十间，占地二十多亩，有七进六院，五个天井，宅前宅后都建有花园。

贺修民派人摸清了，周四新和团练队都住在中间院子里。

一群拿着大刀长矛的农家子弟，飞快地守住了中间院墙的各个角落。两列荷枪实弹的士兵跑步前来，在后门停下。几个士兵合起来撞门，门开了。

士兵从后门冲进来，穿过后院，几只狗狂吠起来。一个士兵撞倒了廊上的一盆花，花盆从高处落下，“啪”地掉在地上，摔得粉碎。

听到响动，中间院内十几间平房的灯亮了，几十人的团练队就住在平房里面，这时乱成一锅粥，这些人手忙脚乱地穿衣服、穿鞋、找枪。

警卫团冲进来的时候，他们胡乱地朝院子里放起了枪。

黑夜中，双方交起了火。

院子里的警卫团在暗处，因为有灯，右厢房里的团练队就落在了明处，明处看暗处是一片漆黑，而暗处看明处却尽收眼底，团练队的人影子在窗格子上晃动，黄心安单腿跪地，举枪射击，一瞄一个准。

周四新住在左厢房，听到枪响，一骨碌从床上爬起来，从枕下摸出一支盒子炮，滚到墙根，侧耳倾听外面的动静。

等枪声稍停，黄心安身边的副官伏在地上大声喊道：“你们听好了，我们是县警卫团，奉命来抓周四新，放下武器的，一律可以活命！”

周四新猫着腰用枪慢慢拨开窗户，看见右厢房里还亮着灯，急忙叫道：“弟兄们，快熄灯！”

右厢房里灯立刻灭了。黄心安正打得过瘾，一下子失去了目标，匍匐在地的他，不由骂道：“老狐狸！”

周四新继续在那里叫：“弟兄们，不管是么家团，都给老子狠命地打，打死打伤，老子都重重有赏！”

黄心安随手一枪，打在周四新的窗户上，周四新连忙蹲下，然后拉开房门冲出去，边跑边开枪，离左厢房五六丈处有一座假山，他认定假山那边没人，朝假山跑去。

警卫团一齐朝周四新射击，光线太暗，子弹从他头上呼啸而过，他来了个就地十八滚，一下子滚到了假山背后。子弹嗖嗖击中假山上的石头，火星直冒。

马铁成带着十几个团练队员，冲出房屋，边打边跑，也躲到了假山后边。

马铁成与周四新撞个满怀，周四新叫道："快，快往后门撤!"

他们撤到后门，几个团练队员刚冲出去，就被守在后门的赤卫队员撂倒、擒住。

一弯新月，不知何时从云朵里悄悄钻出来，洒下一片淡淡的光辉。

周四新翻身跳上围墙，就往下跳，刚刚落地，就见一个人已站在面前。

借着微光，凭感觉，他猜想此人就是贺修民。

周四新也不多说话，举拳就打，直击他的下巴，速度极快，对方左手一格，右掌闪电般劈出，周四新闪身急避，两人辗转腾挪，转眼之间就斗了二十几个回合，周四新渐落下风，不敢恋战，要个虚招，抬腿就跑。

一声枪响，周四新跌倒在地，赤卫队员一拥而上，拿住他。

贺修民提着枪走上前："周四新，我等这一天，已经很久了!"

周四新恶狠狠地瞪着他："姓贺的，老子今天认栽了！你给老子记住了，以后你落在老子手里，老子要千刀万剐你!"

他轻蔑一笑："周四新，你还这样嚣张！我也给你说清楚了，本人今天枪下留情，是等着开你的公审大会！你就等着吧!"

院内，团练队在警卫团凌厉的攻势下，象征性地抵抗了一下，很快就缴械投降了。

(4)

周四新被抓以后，几家赌馆也关闭了。

与赌馆隔不多远的魏老幺茶馆倒是生意兴隆。茶客们人手一杯盖碗茶，有滋有味地品着。莲城百姓根本没想到有人敢动周四新，周四新被抓自然成了莲城的头号新闻。

一个茶客小声嘀咕："听说周老虎挨了枪子?"

槽坊老板刘金堂问："据说是打在腿上，不晓得是哪个打的枪?"

药店老板邵大海摆出一副万事通的样子，接过话茬说："谁打的？还不是贺家老二开的枪！”

纸花店的谢九生凑过来：“周老虎这回肯定要没好日子过，听说被关到县城监狱里了，县政府要公审呢！”

邵大海不屑一顾：“你晓得个屁？这里头的水深得很，你敢不敢和我打赌，过些日子，周老虎就会放出来？”

谢九生连忙摇手笑道：“不敢，不敢，我可不敢冒这个险，周老虎的脾气和手段我是晓得的，要是他真的从里面出来了，还不找我算账啊！不过，我看贺家老二这回也是动了真格，他和周老虎斗起来，那是两虎相争必有一伤啊！”

邵大海抓了几颗红枣放在茶杯里，又故作神秘地说：“昨天夜里，还发生了一件大事，诸位晓得吗？”

茶客们纷纷凑上前来：“不晓得，邵老板快说说！”

邵大海抿了一口茶：“王二毛的绸缎店遭匪了！”

提到土匪，谢九生就很不自在，他迟疑着问：“莫非又是柴云飞？”

邵大海说：“当然，不过，这回，他们翻了船，正撞上了县警卫团的巡逻队，柴云飞的三当家六月亮被抓走了！”

两年前，谢九生的纸花店也被六月亮打过劫，他不光损失了几百块银洋，还被六月亮打折过一条腿，所以，他激动地拍了一下巴掌，叫道：“抓得好！这个狗日的六月亮要枪毙，才解我心头之恨！”

众茶客都望着谢九生笑，好像枪不枪毙六月亮与他们关系不大，那是谢九生一个人的事。

(5)

六月亮这回的确栽了跟头，这是他打劫以来第一次栽跟头。他带着人从王二毛的绸缎店出来的时候，黄心安的巡逻队正好巡查到那里。

“凛勾子①来啦！”几个土匪大叫着四散逃窜，巡逻队开枪放倒了几个，六月亮不敢再跑，举手投降，被活捉了。

① 凛勾子：土匪行话，暗指兵。

贺修民急忙找到黄心安，他希望亲审六月亮。他在心里系挂着亦莲的安危，很希望从六月亮那里得到亦莲的消息，哪怕是一星半点也好。

黄心安告诉贺修民，六月亮是个软蛋，刚开始还嚎叫着“要杀要剐，随你们的便”，等刚一上刑，他就什么都招了，还说如果要打柴云飞，他愿意带路，将功赎罪。

贺修民对六月亮的表现有些狐疑，他提醒黄心安，这帮土匪十分狡猾，要防止他们耍花招、设圈套。

黄心安不以为然：“一撮土匪，能翻起多大的浪！只要贺兄一个字，我马上就把他们的匪窝夷为平地！”

贺修民沉吟了一会，说：“还是让我会会六月亮，心里有底！”

贺修民让人押来六月亮。他看着六月亮不说话，犀利的目光好像要穿透六月亮的五脏六腑，六月亮身子一软，跪倒在地：“长官饶命，长官饶命！我愿意戴罪立功！”

“哦？”贺修民饶有兴趣地问，“怎么个立功法？”

“我带你们找到柴云飞的老窝，一锅端了他们！”

“哈哈，好一个一锅端，你小子想得倒美，是不是想下套子，让我们往里面钻啊？”

六月亮脸色煞白，连连磕头：“长官，就是借我十个胆子也不敢啊！我是真想将功赎罪，以后能到你们的队伍里来混啊！”

“什么是‘混’啊！你小子想得美！”贺修民斥道。

“我掌嘴，掌嘴！”六月亮抽了自己两嘴巴，“我该死，不是混，是光荣加入你们的队伍，长官，跟您说句心里话，干我们这行就是在刀尖上舔血，被正法还不是早晚的事？哎，我早就不想干了。我只想到您手下当一个兵，弄口正正经经的饭吃！”

“道上的规矩你忘了？你这叫出卖江湖，柴云飞知道了，那就不仅仅是挨三刀六眼了，你想好没有？”贺修民问。

“想好了，长官，你们是政府正规军，枪多人多，再加上有我带路，吃掉他，还不是坛子里乌龟——十拿九稳！”六月亮胁肩谄笑。

“前段时间，柴云飞劫了个叫关亦莲的姑娘，是不是你干的？”贺修民又问。

“我该死，我有罪！关亦莲是我弄到柴云飞那里的，是他指使我干的！”六月亮又往自己的脸上打了两巴掌。

贺修民鄙视地看了他一眼。

“关亦莲还真美！不愧莲城第一美人！不过，我没动她一指头，柴云飞好像也没动她一指头。”他小心地赔笑。

“哦，这么说，柴云飞还是个不近女色的正人君子？”贺修民冷笑道。

“哪里是这样？他是想放长线钓大鱼，想和这个女人培养感情，将她发展成为压寨夫人哩！”六月亮诡秘地笑着。

“长官，您和她很熟吗？是不是要去救她？要去就赶早啊，去迟了，我怕柴云飞等不及了，要和她生米煮成熟饭哩！”他偷偷观察着贺修民的脸色，问道。

“少废话，我要怎样做，还用得着你来教？你小子先给我老老实实地待着，如果耍花招，死路一条！”贺修民喝道。

“不敢，不敢，小人随时听候差遣！”六月亮伏在地上磕头。

由六月亮带人突袭柴云飞，贺修民怎么都不放心，但他又是那么担心亦莲，他一闭上眼，亦莲楚楚可怜的样子就浮现在面前，他甚至想做一个深入虎穴的孤胆英雄，与柴云飞拼个你死我活，成也好，败也罢，不连累任何人。然而，他又在内心提醒了自己的身份，否定了自己的幼稚。

黄心安也有私虑。他嫂子吴四娘被柴云飞占为己有，一直是黄家的奇耻大辱。当时，他年纪轻，还在外地读书，就发誓一定要报这个仇。

黄心安坚决要去打柴云飞，贺修民也要跟着去，这正合县长肖方举心意。

周四新受了枪伤后，在监狱治疗，这几天，周四新的家人不断活动，给他送了重礼，新阳县长王京甫也派人来求情，希望对周四新网开一面。

肖方举也知道，周四新是贺修民与黄心安抓来的，两人都盯得紧。他要搞小动作，十分困难。

他暗暗希望二人这次出师不利，最好都被柴云飞干掉，这样，他就可以偷偷放周四新出来了。

这个心思，他当然不会表现在脸上，他对黄心安打起了官腔：“剿匪嘛，当然是件大好事，莲城百姓深受匪祸多年，苦不堪言！如果你们这次能灭掉柴云飞，也算是为莲城百姓做了件大好事啊！我这个做县长的，脸上也有光啊！不过嘛，这伙土匪也不是那么好对付的，你要有心理准备啊。如果剿匪成功，我会上报到省城，为你请功，如果有什么闪失，你要负责！”

黄心安语气果决：“如果有闪失，我愿意负全责，接受处罚！”

肖方举拍手道：“好，好！我在莲城等你凯旋，为你摆庆功酒！”

黄心安淡然一笑：“谢了，不必了！”说罢，他转身就走。

肖方举望着他的背影，脸上浮起一抹冷笑。

（6）

自从那次柴云飞在亦莲面前碰了软钉子后，他又来了几次，亦莲都显得十分冷淡。

这天，他实在是等不及了，踹开门，喘着粗气抱住了亦莲：“他娘的，老子真是没有那么好的耐心了，老子不信就治不了你！”

他凶蛮地去扯她的衣服，她挣扎着，惊骇地去咬他的手，他哎哟一声，跳开了，嬉皮笑脸地说：“别这么凶啊！小美人，做我的压寨夫人吧，我决不会亏待你！”

她冷冷地说：“你，你出去！”

他哈哈大笑：“出去？哈哈，你说要我出去？整个阳湖都是老子的！老子想待在哪就待在哪，想要和你成亲，就能和你成亲！”

她衣衫不整的样子更加撩动了他的情欲，他的目光肆意抚摸着她的全身。

她顺手拿起一条板凳，护卫着自己。

他轻蔑地一笑，夺过那条板凳，单手一劈，那条板凳竟断成两截。

他眼里闪着攫夺的暴戾的光，步步逼近：“老子就喜欢骑你这样的烈马，看老子怎么降服你！”

她惊恐无助地往后退，快要抵住后面那面墙的时候，她盯着他恨恨地说：“好，你不滚开，我就一头撞死在这墙上！”

她一扭头真的要往墙上撞。

这时，吴四娘进来了，眼前的情景惊住了她，她大叫一声：“亦莲妹子！使不得！”

她冲过去，抱住亦莲。

柴云飞正好顺水推舟："四娘，你来得正好，这小娘们想不开，你开导开导她，啊，要她快快从了老子，免得老子费老大的劲！"

柴云飞出门后，亦莲一下子觉得身体虚弱到了极致，坐在地上，泪水从眼里瞬间涌出。

吴四娘轻抚着她的背，喃喃地说："看来，狗改不了吃屎，没想到，他还真的要用强！"

亦莲吃力地扶着墙站起来，一阵头晕目眩，吴四娘急忙扶住她："亦莲，你没事吧？"

亦莲摇摇头："没事，四娘，你走吧，我想一个人安静一下！"

吴四娘觉得没趣，就直接去了柴云飞那里。

当吴四娘款款扭动着细腰走进来时，柴云飞上前搂住她，亲她的嘴。很快，两个纠缠在一起，他将她按在一张椅子，手伸进她的胸衣，粗鲁地揉搓着，她脸儿通红，媚眼如丝："柴哥，大白天的！羞死人了，你今天怎么这样猛啊！"

柴云飞的动作没有停："骚娘们，大哥我哪天不猛！"

"门，门关上！"吴四娘无力地呻吟着。

关上门后，柴云飞抱着吴四娘在椅子上快活起来，他今天特别用力，似乎身体里那股无名火，都化作狂情欲焰发泄出来才舒服，有一会，他似乎把身下的吴四娘想象成了亦莲，他的动作幅度更大了，吴四娘的手紧紧地攥着椅子，椅子也和她一样发出有节奏的呻吟。

完事后，柴云飞从她身上爬起来，用手抬起她的下巴说："要是那个小娘们也像你这样骚，老子该有多爽啊！"

吴四娘酸酸地说："吃着碗里，看着锅里！你们这些男人哪！"

"碗里锅里？她和你一样，都是我碗里的肉！"柴云飞拍拍她的脸，"本来，我是想哪天吃，就哪天吃的，是你要我先笼络她的心，我才没来硬的，现在看来，她是软硬不吃啊！"

吴四娘认真地说："这个关亦莲是个烈性子，刚才你也看见了，你要真逼她，她就会寻短见！这不是鸡飞蛋打了吗？"

柴云飞捏了捏她的脸："老子可不想养个姑奶奶，供她吃供她喝，还汗毛都不能动一下！"

吴四娘摸着他下巴的短胡子："你真的等不得了？你想要她，那也不难，今晚我和她睡，你来，我给你开门！"

柴云飞惊喜地抓住她的手："当真?"

吴四娘说："我还骗你不成?不过，亦莲是个烈性子，等她睡熟了，你才好下手。弄得大呼小叫的，都晓得你是强奸了她，不好吧?"

柴云飞眼里露出淫邪的向往，笑着说："好吧，心肝，就听你的!"

忽然像记起什么，他又说："四娘，最近我这里会有大事发生，这大事与你有关呢！现在暂时不告诉你!"

吴四娘仰着脸微闭着眼，杏眼中一片波光艳媚，娇嗔地打了他一下："好啊，老是卖关子，你真坏!"

(7)

傍晚，吴四娘给亦莲端来饭菜，亦莲没胃口，不怎么想吃。吴四娘又转身给她端来一碗红枣莲子羹，她只是吃了几口，就觉得脑袋昏昏沉沉，身上一点力气也没有了，只想睡觉。原来，这吴四娘在红枣莲子羹中加了蒙汗药。

吴四娘连连唤了几声"亦莲"，亦莲都没有动静，她架起亦莲，将亦莲搀到床上躺下。

夜里，门"吱呀"一声开了，一条人影悄无声息地蹿进来，还没立稳，就一把抱住了开门的女人，在她脸上啄了一口。

女人小声嗔骂道："死鬼，等不及了?"

那人问："那小娘们呢!"

女人说："不是在床上吗?"

他迫不及待地放开女人，径直向床走去。借着窗户外面透进来的微光，可以看见亦莲还在深睡，黑亮的长发散乱地铺开，脸如玉般光洁温润，她圆润的肩有一只露在被子外面，一下子便勾起他蓬勃的欲念。

他坐在床边，在亦莲的脸上亲了一下，回头嘿嘿笑道："嗯，好香！四娘，你真好!"

吴四娘醋意十足："柴大官人，恭喜您今天做新郎官啊!"

柴云飞又用手捏了捏亦莲的耳垂，得意地说："哈哈，今晚小娘们是我的了！不过，四娘，如果你有兴趣，我们来个三人同眠怎样？”

吴四娘打了他一下，幽幽地说：“你真不知足，自己快活吧，我要走了，等下，她醒了，肯定要用刀劈了我！”

吴四娘带上门出去。天上一轮月亮，好似涂了黄色的颜料，嵌在一片死寂的夜空中，好像一只香蕉，又像女人笑的时候露出的一弯糯米细牙，还像人乜着的一双耐人寻味的斜眼。

吴四娘突然觉得，这样的月亮这样的夜空，好像在梦里见到过，月亮是夜的眼睛，这眼睛在看着她做坏事，不知为什么，她突然感到有些害怕，她想到了“报应”两个字，浑身打了一个冷战。

第二天早晨，亦莲醒来的时候，柴云飞还没有走。

亦莲就是他的猎物，昨晚他俘获了亦莲，现在他心满意足地靠在床头，以一个猎人的姿态，欣赏这头刚刚苏醒的小兽。

亦莲动了动身子，只觉浑身酸痛，仿佛做了一场噩梦，当看到柴云飞的时候，立刻明白了一切。

她翻身坐起，用被子捂住上身，眼里放出仇恨的光芒：“你……畜生！”

他一手掐住她的下颌：“不要说得那么难听啊，我们昨夜已做了夫妻，一日夫妻百日恩啊！”

她低头去咬他的手，他躲开了。

他觍着脸笑着说：“小美人，做我的压寨夫人，好不好，我不会亏待你的！”

她强忍着即将夺眶而出的泪水，对他吼道：“你，你滚！”

他依旧嬉笑着说：“小美人，我偏不滚，哈哈！”

她盯着他恨恨地说：“好，你不滚开，我就一头撞死在这墙上！”

他连忙拉住她：“好，好！我走，我走，不行吗？”

他出门后，她一下子瘫在床上，泪水在瞬间涌出，她生生感觉到了心的疼痛，就像无数只利钩生生地钩得心尖流血。

中午，吴四娘又送来饭菜，她低头不敢看亦莲，以为亦莲会狂风暴雨骂她一顿，骂她无耻，骂她不要脸。

但是，亦莲没有，她对吴四娘怒目而视，当然，那眼光里还有鄙夷，似针一样刺得吴四娘不敢看她。

她将送来的饭菜都丢了出去，只对吴四娘说了一句：“从今以后，我再也不想看到你！”

亦莲现在只觉得自己就像一枚生锈的铜钱，浑身都布满了发霉的绿斑点，她又觉得自己很脏，突然渴望看到那碧绿清澈的湖水了。

傍晚的时候，她出了门，她站在湖边，只见历经一冬的枯白色芦苇开始返青，秆尖虽还缠着一些白絮，但幼芽已抽出，马上就可以铺成淡绿的云朵，绵延到视野的尽头了。她想，人要是芦苇该多好，即使被火烧过，被刀砍过，又劫后重生脱胎换骨，绽出新的生命！

不远处的芦苇上，立着一对白鸟，一只正殷勤地用尖尖的喙为另一只梳理着羽毛。一阵风过，叶子与芦秆碰撞，发出窸窸窣窣的声音，像昵喃，又像梦呓。放眼望去，湖水烟波浩淼，水天相连，远处，夕阳如血，更像红色的车轮，随风滚动在银白色的芦苇之上。

这种苍凉壮阔的美，震撼了她，她突然想到了贺修民，短短几月，她经历了这么多变故，他是不晓得的。她又想，他最终会晓得这一切，因为他曾说，从学校毕业了，他肯定会回莲城。

但莲城，她是真的回不去了。不光是莲城，是这个世界，她都回不去了。

想到这里，她便又流下泪来。

微风吹过，湖水泛起粼粼金光，水是那样那样深邃那样纯净而且冰冷，小鱼三五成群，在绿色的水草中悠游嬉戏，它们不怕冷吗？

但晶莹剔透的湖水，似乎是一种诱惑，是一种召唤，一种强烈跳进去的冲动攫住了她：只有湖水可以洗涤她身体被侵入的污秽，她将在湖水里获得新生，那是另一个世界。

儿时听父亲讲龙女和柳毅的故事，也许湖底真的有一个纯洁的水晶宫，她只要纵身一跳，就有传说中的神仙接她回水晶宫。但谁是柳毅呢？对了，只有修民哥。

她的脸上浮现出一丝胜利的微笑。她纵身一跃，跳进湖中，湖水发出“泼剌剌”地响声，芦苇中的两只绿头鸭，“扑楞楞”展翅腾空，飞向远处如血的夕阳……

（8）

黄心安带着四十多名警卫队员，与贺修民分乘五艘船，押着六月亮，渐渐划到湖中心来。

黄心安与贺修民都生在莲城，对于包围着莲城之外的这些湖泊，并不陌生。小时候，他们经常和小伙伴到湖边上玩。一到夏天，他们就打鼓泅、摸蚌螺、捞鱼虾、摘莲蓬、摘菱角，真是好玩得不得了。

湖里盛产一种野生的茭白，剥去层层绿衣，将嫩白的芯洗净，切成丝，放进锅里清炒，那是极美味的菜肴。还有一种叫鸡头米的植物，和荷叶有点相像，荷叶是撑出水面的，鸡头米的叶子则皱巴巴地铺在水上，就像一件揉皱的绿衣服，它开暗红色的花，花谢后结出的果带尖刺，像鸡头昂着，剥出的米跟珍珠一样白，可以直接生吃，有一种清甜的滋味。

莲城闹过几次饥荒，如果没有这些天然的湖泊，不知会饿死多少人，湖泊就是最大的粮仓，它全身是宝，这湖里的东西什么不能吃啊？不说那天上飞的沙雁、白额雁、金珠雁、狗头雁，也不说水里游的赤麻鸭、八鸭、金眼鸭、琵嘴鸭，还有那数不清的鱼虾蚌螺，就说那湖边的各种野菜、湖心的荷叶、莲藕、荻笋、水草，哪一样不能填饱肚子？

可以说，对于湖边的风景，贺修民熟悉得不能再熟悉，就是闭上眼睛都能数出每一根水草的位置。但是越往湖里面行进，他心中越发没底了。湖水是如此浩淼深邃，像天上的星空，让他捉摸不定。不安的情绪慢慢滋长，又像湖里青青的扁担草纠缠着他，他的一颗心，也如被船桨打乱的湖水起起伏伏。

这些警卫队员，有一些根本不是莲城本地人，不谙水性，是典型的旱鸭子，一旦发生意外，掉进湖中，后果不堪设想。

此时，已近中午，开阔的湖面上竟然还笼罩着一层薄薄的雾霭，湿雾扑面，使人看不清远处，抬头望天，那一轮毫无威力的太阳，就像是一轮满月，被裹在雾中，这更让贺修民觉得此行成败难料，甚至凶机暗藏，但他并不后悔这次行动的鲁莽。这次，他跟随黄心安去打柴云飞，并不代表组织，所以他没带一个赤卫队员，连王金山要一同前来，他也婉拒了。

他要去救亦莲，他认定了，这是他自己的事。

六月亮被两个警卫押着，他的手指了指前方，又在空中画了两个圈，讨好地对黄心安说：“黄团长，再往前面划半里路，转几个弯就到柴云飞的老窝了！”

黄心安喝道："你小子老实点，要是耍花招，老子立马毙了你!"

五艘船，黄心安的船在前面，后面四艘船，相隔一丈左右，两两并行，船在湖面驶过，留下道道水痕。

黄心安这时候倒是不大担心什么，看见手下人划桨笨手笨脚，就接过双桨，有节奏地划起来，船一下子轻快了许多。

又行进了三四里水路之后，雾气才渐渐散去，碧悠悠的湖水清粼粼的，映出了蓝蓝天空上的白色云朵。

五只船呈品字形划到一个汊口，湖面像一只麻袋，被无形的手一捏，突然收窄了，只留一条约三丈宽的水道向前伸展，水里漂着一些水葫芦草、猪耳朵草。水道两边，是苇叶密密织成的墙壁，刚刚泛青的苇叶上挂着露珠，此时显得如此静谧诡秘。船过之处，许多小土蛙相继从苇丛跳入湖水，"咕咚"、"咕咚"之声不时响起。几只受了惊的黑水鸡，则慌张地伸缩着脖子，从湖中逃窜到苇林里。

水道太窄，五艘船只好排成一字队形，依次慢慢前行，船桨荡起哗啦哗啦的响声。

黄心安的船在最前面，刚刚进入水道，就惊起一大群"青庄"。"青庄"学名苍鹭，脖长腿细，体长近三尺，它们腾空飞起，起飞的那一瞬间真如一架架小型飞机，发出震耳的呼啸之声，天空乌压压一片，然后，它们再次降落，又如一架架小小飞机滑翔下来，歇在远处。

一时，气氛有些紧张。扭着六月亮胳膊的两个士兵，不由警惕起来，加足了手上的劲。六月亮皱着眉，夸张地叫道："兄弟，放松点。疼死我了!"

黄心安厌恶地看了他一眼："叫什么叫?"

贺修民的船在后面，他见这条水道狭长诡异，随即掏出盒子枪，打开保险。他下意识地按了按腰间别着的那圈子弹，他还想提醒前面的黄心安，让黄心安退出来。

可是已经来不及了!

一声尖利的唿哨仿佛从半空中传来，黄心安与六月亮的那只小船，突然被卡在水道当中，水下有什么东西，像镣铐一样将船生生绊住了。

船舷两边冒出七八个人来，这几个人头上还顶着水草，不等船上的人反应过来，他们就一阵猛摇，然后一齐用力，一下子就将船掀翻了！船上好几个士兵根本不会水，伸出双手在水里胡乱折腾了一会儿，就沉了下去。

贺修民失声大叫：“不好！”

芦苇丛里人影绰绰，冷不丁冒出几只黑洞洞的枪口，有人大叫：“水涨了①，弟兄们，狠狠地打啊！”

噼噼啪啪，枪声四起。

坏了，中了土匪埋伏！贺修民对身边的人嘀咕了一声。

他连忙趴在船舷，举枪点射，撂倒了两个土匪后，就再也没有击中目标了，这些芦苇是天然的掩体，人藏在里面，就像是兔子藏在草中，很难打中。

贺修民一边还击，一边心焦地在水面上寻找黄心安。黄心安和他从小一起长大，水性不错，但他还是担心。

警卫团士兵举枪朝芦苇丛射击，苇秆齐刷刷地折断。对方火力也很猛，几位士兵被子弹击中，身子一歪，落进湖中。

一个人的脑袋在贺修民的船边冒出来，他惊喜地叫道：“心安，快上来！”

黄心安被他拖到船上来，由于重量倾向一边，小船差点翻了！

黄心安抹了一把脸上的水，咬牙叫道：“可恨，中了土匪的奸计了！狗日的六月亮，我要把你碎尸万段！”

土匪们在苇丛里面跳窜自如，一个小头目歪着脑袋，嬉笑叫嚣道：“船上的人听着，你们被包围了，放下武器，投降吧！”

黄心安拿起汉阳造，狠狠地朝喊话的家伙打了几枪，这家伙往芦苇丛中一钻，不见了。

这时候，贺修民忽然看见前方驶过来三只小船，每只小船的船头，都架着一尊油光发亮的土炮。以前，他听人说过，这土炮威力极大，土匪们常用它打野鸭，一炮过后，水面上的野鸭就灰蒙蒙地浮了一大片。

贺修民碰了碰黄心安的胳膊：“不好！快撤，土匪们的土炮来了！”

黄心安抬头向前一看，打头阵的那艘船，船头放着一尊土炮，

---

① 水涨了：黑话，官兵来了。

土炮旁，正是六月亮与柴云飞，此时，六月亮挥舞着一支短枪，神气活现地指挥着，俨然大功臣。

黄心安操起手边上的汉阳造，朝六月亮射击，可惜射程稍远，没有打中，六月亮慌忙趴下。柴云飞挥手，示意开炮。

黄心安再次射击，只听“轰隆”一声，一发炮弹落在旁边的船上，一大片铁砂、碎铁屑呈扇面状散开，随着几声惨叫，几位战士挂了彩，在船上滚动呻吟。

又有一颗炮弹落在船边，铁屑四散飞开，贺修民觉得额头一麻，连忙用手去摸，摸了热乎乎的一手鲜血。不一会，他的脸上就满是鲜血了。黄心安连忙扯了一条绷带，绑在他的额头。

一个手下从船尾移过来，伏在黄心安身边，问：“团长，弟兄们支撑不住了，要不要撤?”

黄心安不甘心地一挥手，发出命令：“撤!”

四艘船边打边往回划，速度很快，出了这条狭窄的水道，土匪们的优势也没多少了，见占不到多少便宜，他们也未远追。枪声渐稀，硝烟散去，湖面慢慢恢复了平静。

(9)

次日中午，柴云飞在匪窝大摆庆功宴。

十几个大小头目坐了两张桌子，其他众匪或围坐于地，或就着简陋的桌椅，狂呼乱喝，恣意纵酒吃肉，一片喧闹。

柴云飞的左边坐着三当家六月亮，右边坐着吴四娘。六月亮今天特别兴奋，他给自己倒了满满一碗野莲酒，两碗酒下肚后，他有些醉了，脸上那处弯月形的伤疤红得要滴出血来。

六月亮讨好地对柴云飞说：“大哥，你真厉害，要不是你派人跟我通信息，我怕早死在黄心安那个杂种手里了!”

柴云飞对吴四娘说：“快，快给三当家满上，昨天一战，他可是头功!”

六月亮谦逊着：“大哥过……过奖了!”

柴云飞与六月亮碗碰碗，一仰头，将酒一饮而尽，碗底朝下，众头目都一起大叫道：“大哥爽快，好酒量!”

柴云飞这时又对吴四娘说：“四娘，你再给我们的朱军师满上，昨天一战，他的功劳也不小！”

朱军师三十有余，文质彬彬，一副书生模样。他本名朱文锡，读过私塾，又读过高小，是土匪里文化最高的，写得一手好字，而且精通天文地理、周易八卦。平时就待在匪窝，负责替土匪写敲诈信出谋划策。土匪们外出之前，他会推算时间和方位之吉凶宜忌，比如哪天是“黄道吉日”，走哪条道最安全，等等。有了几次误打误撞瞎猫碰死老鼠的应验之后，众匪就都慢慢服了他。

吴四娘倒酒，朱军师推辞道：“我，我不胜酒力，四娘就饶了我吧！”

吴四娘往朱军师身上靠了靠：“哎呀，我最喜欢读书人了，足智多谋啊，都是诸葛亮一般的人物，你要不喝，就是瞧不起我这个没念过书的人了！”

朱军师就收回遮住酒碗的手，任由吴四娘倒了一满碗。

柴云飞也有点喝醉了，对小头目们说：“当初，朱军师为我出了一个妙计，让我分三步走。第一步，先收买警卫团看守三当家的那个家伙，这一点不难，我花了一百大洋就搞定了；第二步，诱敌深入，让三当家把他们引进来；第三步嘛，就是关门打狗，这场精彩的戏，昨天你们都看到了！黄心安那黄毛小子，妄想跟我作对，真是癞蛤蟆跳秤盘——不晓得自己有几斤几两！”

众头目都大笑起来。

柴云飞用筷子敲打着酒杯地给自己伴奏：“老子本姓天，家住阳湖边，有人来捉我，除非是神仙。枪口对枪口，刀尖对刀尖，有你就无我，你死我上天！”

唱罢，他搂了搂旁边的吴四娘：“四娘，你这个小叔子是不是喜欢上你了啊？或者说，还蛮记仇的啊，几年前，我把你从黄金龙那里接过来，他还一直记挂着呢！要不是他特别想报这个仇，也不会让三当家骗进来啊！哈哈！”

吴四娘也喝了一点酒，双颊绯红，半个娇躯往柴云飞怀里靠：“你真坏，明明是‘抢’，却说是‘接’！再说，这个黄心安，现在早不是我的小叔子了，我前脚刚走，他哥黄金龙后脚就买了个乡下丫头，我和黄金龙早就没夫妻名分了！”

这时，朱军师举起酒碗，对柴云飞说：“老大，我敬你一碗酒，有句话不知当说不当说？”

柴云飞一挥手："朱军师，有屁就放！你们这些迂腐砣子，就喜欢拐弯抹角！"

朱军师瞄了一眼吴四娘说："老大，这么多年来，你闯荡江湖，有哪个女人对你知冷疼热？我看只有四娘。要我说，四娘这几年跟着老大，早该给她一个名分了，就让她做我们的嫂子！大伙说，好不好？"

话音一落，小头目们都大声应和："好啊！好啊！我们早巴望着喝老大的喜酒呢！"

柴云飞在吴四娘的脸上亲一口，说："我柴云飞早就把四娘当婆娘了呢！还在乎么家狗屁仪式？四娘你说，是不是？"

吴四娘酸酸地说："现在怕不同了吧？我们这里来了莲城第一美人关亦莲，我看你的心思，早就不在我身上了吧？"

柴云飞大笑："这是么话？那小娘们又臭又硬，怎能和你比呢？"

六月亮结结巴巴地说："就是！那小娘们怎能和……和四娘比？我刚回来，就听说她……她前几天跳到湖里自杀，还……还是四娘救了她？"

吴四娘说："可不是！她当时跳了湖，是我喊人捞她起来的，要不，早就喂鱼了！"

柴云飞像记起什么，对六月亮说："这小娘们现在还不能让她死，你不是说那个狗屁农民部长贺修民，问起过这个女人吗？反正，这个女人，我得留着。"

然后又对吴四娘说："四娘，你现在替我把她看好，说不定以后会有用处！"

吴四娘撇撇嘴："我上次帮你成了好事，人家是要杀我的心都有，不过，我这个人脸皮厚，每天给她送饭送菜，希望她能晓得我一片好心！"

柴云飞哈哈大笑："四娘，你辛苦了，来，我和你喝一碗！"

他举碗欲和吴四娘碰，头目们叫起来："不行！要喝交杯酒！"

"这有何难？"柴云飞与吴四娘双目相接，将酒碗端到对方唇边。柴云飞喝了个干净，吴四娘喝了一口，忍不住咳嗽起来。

柴云飞拿过吴四娘的碗一饮而尽。

第八章　折磨

（1）

1927 年是个多事之秋。这一年的莲城发生了好多事情。

蒋介石发动了“四·一二”政变，汪精卫也在 1927 年 7 月 15 日宣布反共。国共合作彻底失败，一夜之间，小小的莲城也笼罩在一片血雨腥风之中。

莲城县长肖方举调到省城做官，新阳县长王京甫调到莲城当县长，他刚一上任，就从大牢里放出来周四新，并任命他为保安团团长。

共产党人和农会会员成了保安团清剿的对象。

王京甫与周四新联手，在莲城实行“梅花桩”式的反复清乡，一口气杀了两百多人。

这两百多人，有多少被冤杀的，谁也不晓得。据说连贺修民、王金山在内的十多个共产党骨干，一个也没漏网，贺修民是被乱刀砍死的，王金山是被乱枪打死的，其他被杀头的则是农会会员。

在东荆河堤上放牛的老汉们，目睹过几场恐怖的杀人惨景。几十个人，都用铁丝穿手连在一起，排成队，枪打过去或者刀砍过去，人就像被收割的庄稼成排地倒下。趁着死人还有体温，行刑的人，用刀剖腹挖心掏肝，送到莲城的酒楼去做爆炒人心或者爆炒人肝。死尸则被抛到东荆河里，大片的血水在河里泛起，很快，湍急的流水就洗刷了一切。

接着，莲城，又发生了几件小事。

第一件事小得不能再小，但对金水不是小事，那就是金水的老婆田桂花跟人私奔了。

春天的那个夜晚，猫子们在房顶叫春，婴孩啼哭似的嚎叫此起彼伏哀婉凄怨，猫们在屋顶上追逐，不断有瓦片从屋顶摔到地上，发出噼啪脆响。

金水彻夜不眠，田桂花下落不明已整整三天了。

他昏昏沉沉地睡到中午出门时，街上到处流传着她跟那个浙江的小皮匠私奔的艳闻。他尤为愤怒的是，他们知道得竟比他早。

金水完全记不起小皮匠长得什么样子，只记得那个家伙的手，比一般女人的手都白皙。

现在这个小家伙拐走了他老婆，他们肯定像屋顶上发情的猫搞在一起，叫唤开了。

他不清楚，田桂花是什么时候和这个小皮匠好上的，是自己在床上彻底不行的那一天吗?

她走了，连柜子里的几件像样的衣服也没有拿，他们仅有的一点积蓄，她也没有拿。

金水在街上遇到几个熟人，都极力怂恿金水把田桂花找回来。

“找回来，一顿打，看她还敢不敢跑!”

“抓住小皮匠，把他碎尸喂鱼!”

不知为什么，只过了一天，金水的气就消了，他摇摇头：“算了，算了，天要下雨，娘要嫁人，由她去吧!”

莲城人在背后都说金水窝囊，被戴了绿帽子也无所谓。

现在，金水又将精力放在挖宝上来了。

这个季节，莲花池的水很小。金水把家中能当的东西都当了，雇了五个劳力。五个劳力都是穷苦人，冬天和春天，靠挖藕为生。

金水开出的工钱，居然比挖藕的工钱高一些，所以，他们都乐意为金水做事。

金水现在锁定的地点，依然是珠子台附近。

天刚刚亮。劳力们就开始在金水的指挥下挖泥了。原先是金水自己挖，现在是请人挖，人们都说这下金水是真的疯了，猜测是他老婆跟人跑了，受了刺激。

劳力们才不管这些，只要金水给钱，就听他的。

几天以后，他们几乎在珠子台附近挖出了一个小池。挖着，挖着，就有一只大龟冒出来。这不是一只普通的龟，而且不能叫做“乌龟”。因为这只大龟，全身像涂了金粉一样，黄亮亮得晃人眼睛!

金龟个头不小，足足有洗脸盆那么大。它的全身散发出一股逼人的骚气，刺激着几个人同时打了一个喷嚏，这些喷嚏打得惊天动地，惊走了池边一群在树上歇了好久的黑斑鸠，但是金龟蹲在一块刻字的青石板上，一动不动。它的小圆眼射出愤怒的光芒，寒气逼人，如鹰隼般犀利，又如针尖麦芒刺得众人打了一个冷噤。

“怕是成精了！”一个劳力说。

“这莫不是传说的‘金龟婿’？”一个劳力说。

“你们晓得个鬼！”金水不屑。

他用钱打发走了那些劳力，余下的工作他得自己完成了。

夜幕降临，金水提着一盏夜壶灯，一跛一跛地去了珠子台，他来到白天挖泥巴的小坑，抡起镢头忙活起来。

夜里起来小便的人，老远看见珠子台附近鬼火一样飘着一星灯火，他们不晓得，那是金水点的夜壶灯，麻丝做成的粗捻子叭叭叭烧得正旺。

金水是什么时候回去的，没人晓得。只晓得这天早晨，莲城的集市里就开始传言他挖到金龟的消息了。

传来传去，消息变了样，说是金水挖到一只黄金做的龟，重十多斤！传得活灵活现有鼻子有眼，茶馆里的人谈得热火朝天。

“狗日的金水跑了老婆，却因祸得福，挖到了一只黄金龟！”

“他老婆晓得了，怕是肠子要悔青！跟那个小皮匠跑了，真是瞎了眼！”

“有了这只黄金龟，够他几辈子吃喝了！”

……

（2）

纸花店的谢九生第一个来找金水。

谢九生走进院子，金水正蹲在地上，用一根树枝逗弄着木盆里的金黄色大龟。

谢九生笑起来：“都说你挖了一只黄金龟！原来是个大活物啊！我还真以为是黄金做的呢！”

金水瞄了一眼谢九生，不满地说：“哪个狗日的说我挖到了黄金？不就是一只龟吗？”

谢九生讪笑着从地上拾了一根小树枝，也去拨弄那只大龟，它一口咬住小树枝，他用力抽树枝，竟没有抽出来，他神色大异：“这个狗日的还真有劲！”

然后，他盯着金水说：“金水，想不想卖？我出个好价钱！”

金水说："不卖。"

谢九生笑道："都说你老婆跟人跑了，你做了缩头乌龟，你还真打算把这只龟收在家里，天天看啊！"

在他的磨缠与激将下，金水终于松了口。

谢九生用十块大洋买回了大金龟，女人埋怨他乱花钱，谢九生不耐烦地喝斥道："头发长见识短，你懂个屁？"

一时间，来谢九生家里参观黄金龟的人络绎不绝，有人说这是千年神物，全身金黄，暗示发财吉兆；有人说，这龟怕有千年了，最好是放生，说不定，能图个好报。

元庙观的清虚道长也来看这只龟。他说这只龟身上的阴气很重，要出二十块大洋买这只龟。

谢九生问清虚道长买这只龟是不是熬汤喝，他笑了笑，说是让它从哪里来，就回到哪里去。

谢九生当然不卖。

清虚道长走的时候，甩甩道袍说："这只龟，你可千万别吃！千年老龟，恐怕也不好吃了！"

刚开始，谢九生也是不打算吃这只大龟的。但杏林堂药店的邵大海来了一趟后，一切就变了。

邵大海端详着这只大龟，不住地赞叹："好东西，好东西！"

同来看龟的另一个人说："就是身上太骚了！"

谢九生其实先也嫌这龟骚气大，他从井里打了七八桶水，给龟洗了好几次澡，还用洗鞋子的硬毛刷仔细刷了几遍，但它身上的那股骚味，没有半点减轻。更可笑的是，自从谢九生摸了这只龟之后，他的手也开始萦绕一种刺鼻的骚气了，他洗完了两块肥皂，骚气就是阴魂不散。他晚上和女人亲热时，刚把手伸到女人的胸前，女人就捂着鼻子尖叫起来："骚，真骚！"

现在，谢九生又将手移到邵大海的鼻子跟前，邵大海皱了皱眉，点头说："真是骚！不过，你晓得吗？这龟骚气越大，越补人，尤其是补肾阴，补精血，你要吃了这只龟，我保证你在床上可以精神三年！"

"真的吗？"谢九生张望四周，凑到邵大海耳边说，"不瞒老兄，我这几年，在那方面，确实有点力不从心！"然后，他又大声说："这不，几年前，就落下个耳鸣的病根，我的一只耳朵里面，好像蹲了一只知了，整天不停地叫，叫得我心烦，吃了多少药也不见好，医生说是肾虚，莫非这只大龟可以治我的病?”

邵大海一拍谢九生的肩膀：“九生，你算说对了，这龟啊，对眩晕耳鸣最有效！我还告诉你一个小偏方，把这龟尿滴到耳朵里，过段时间耳鸣就没有了，我开了这么多年药店，不会错的！”

(3)

三天后，谢九生杀了这只大黄金龟，熬了一大锅汤。

他烧掉了两大捆干柴，才慢慢煮熟这只大龟，奇怪的是，随着龟肉慢慢炖烂，那种逼人的骚气也慢慢消失了，袅袅地从锅中飘出的是一股奇怪的香气。他使劲地吸着鼻子，吞了几下口水。

他倒了一杯酒，用大海碗盛了一碗龟肉。半杯酒喝完，一碗龟肉便下了肚。他又盛了一碗，一边惬意地打着饱嗝，一边吃着就想大笑。他刚笑了两下，就觉得不对劲了，一块坚硬的龟骨卡住了他的气管，他脸红脖子粗地挣扎着，想叫人来救自己，但是一个字也叫不出，片刻，他就捏着自己的喉咙，倒在地上，死了！

有人说那龟成了精，谢九生不该吃的，吃了果然就遭了报应。

办丧事那天，谢九生的女人哭得很伤心。

有人怂恿女人去找金水算账，说金水千不该将那龟卖给谢九生，是金水害死了谢九生。女人听了这话，真的去找金水了。

她到了金水门口，口口声声要金水还丈夫。

金水觉得这很荒诞，就像一个人卖了一把菜刀给另一个人，另一个人用这菜刀杀了人，要找那个卖刀的人算账一样。

女人这次好像早就拿定了主意，不管金水讲什么道理，她就是不听，她胡搅蛮缠，撒起了泼，金水赔不出人，那就赔钱吧。

女人开价一百块大洋，金水哭笑不得地看着围观的街坊，说：“你们评评理，评评理！你这不是敲竹杠吗?”

然后，他拍了拍打着补丁的衣服，说：“你来搜，你搜出一块大洋，我就赔你一百块！”

女人只是哭。

金水这时候显出几分无赖相：“老子就是这一个光人，要钱没有，要命有一条，你要感兴趣，就带我走！”

看热闹的人都哄笑着挤眉弄眼："刚好！这正是一个锅要补，一个要补祸！你的老婆跟人跑了，她的男人刚伸腿，你们两个不正好配一绝对吗！"

女人哭着大骂："金水，你这个流氓！"

然后又指着说这闲话的人骂："你们，都是些流氓！"

接着，她往地上一坐，双手拍地，一把鼻涕一把泪哭起亡夫来："我的九生，我的夫啊，你死得好惨……"

围观的人笑得心照不宣，仿佛这中间藏着一个不能说破的秘密。

金水看这些人的笑，明白了，他想将女人从地上拉起来，但是又怕碰她的手，他说："九生嫂，你是不是听人说我在珠子台挖到了财宝？"

女人怔住，止住了哭声，但马上又拍地大哭起来："我的九生，我的夫啊，你死得好惨……"

金水笑得很无辜："你们大伙给说说，她也信了谣言，不晓得哪个狗日的造谣，说我在珠子台挖到了宝贝，我日他先人！我就是挖到了这只倒霉的大金龟，卖给谢九生，赚了十块大洋。他买金龟的时候，我嘱咐过他，要他不要吃，结果他不听我的，搞出了人命，你们说我冤不冤？"

这时候，总算有几个人开始为金水帮腔了。

"元庙观的清虚道长，也说这只金龟不能吃，他偏不听！"

"是啊，千年的王八万年的龟，而且是只黄金龟，积了万年的阴气，也是万年的福气，可惜，这福气太大，九生命薄，哪里消受得起啊！"

"要不，金水，你把那十块大洋拿出来，还给她就是了，就当是折财免灾！"

"是啊，那十块大洋还给她！"

金水摸了摸脑袋，有点心动："这也不难，我还给她就是了，就是不晓得她依不依？"

女人一边哭一边摇头。

金水恼火了："现在我心情好，答应给十块大洋，天一黑，不说十块大洋，就是半块也没有了！你慢慢哭吧，我睡觉去了！"

说罢，他进了房，关上了门。

快到天黑的时候，谢九生的女人嗓子哭哑了，坐在地上抽泣。

围观的人也慢慢散了。金水打着呵欠打开门：“嫂子，我真是没有挖到么家财宝，别听那些人胡说，你回家吧！”

女人可怜巴巴地看着金水，他放了一个沉沉的小布袋在她手里，小声说：“这是二十块大洋，你走吧，算是我对九生大哥的一点歉意！”

（4）

金水从莲花池挖到财宝的消息并非空穴来风。

消息的发源地是十字街的杏林堂药店。

莲城到处抓共产党，县警卫团早就没有精力搞治安巡逻了，再说，上次黄心安带着人马打柴云飞，中了埋伏，警卫团损兵折将，死了十多个人，黄心安受了处分，虽然还是团长，但心已灰了，警卫团的人，也好像有点怕柴云飞的这股土匪了。

土匪们于是趁乱打劫肆无忌惮，搞得莲城人心惶惶，天刚刚黑，商店就纷纷把门关严实了。

半夜时分，土匪们围住了杏林堂邵大海的屋子。

听到动静后，邵大海从房里摸出一把刀，慢慢移到门口。他以为对方会把门栓弄开，那时候，进来一个，他就一刀结果一个！

但是，人家根本不想偷偷进来，在外面使劲拍门：“邵老板，买药，快开门啊，快开门啊！”

邵大海见躲是躲不过了的，磨蹭着刚把门一打开，土匪们像一股风卷进来，为首的又是六月亮。

火把照亮了整个房间，邵大海的老婆惊恐地缩在被子里，一个土匪掀开被子，瑟瑟发抖的女人尖叫了一声，土匪喝道：“再叫，老子宰了你！”

六月亮眼尖，一眼瞥见了邵大海丢在桌上的刀，就将刀拿在手里，掂了掂，用刀尖对着他的脖子，说：“狗日的，你还想拿刀砍我们啊！胆子大得很啊！”

邵大海仰着头惊慌地说：“不敢，不敢，爷爷们饶命！”

六月亮喝道：“识相点，把好东西交出来！”

邵大海找出几块大洋，点头弯腰地双手捧上：“就这么多了，大爷！”

六月亮一手打落大洋：“狗日的，就拿这点东西糊弄老子？”

邵大海哭丧着脸说：“不骗大爷，我的店是小本经营，一家老小勉强糊口，哪有积蓄啊！”

六月亮举着火把，走到床前，火苗快要舔燃蚊帐了，邵大海的老婆又尖叫起来。

六月亮哈哈一笑：“想不想看一场大火从你这里烧起啊！”

邵大海给六月亮跪下：“求求你，大爷，别烧我房子！我告诉你们莲城一个真正发了大财的人！”

六月亮兴味盎然地盯着邵大海：“哦？你说说，莲城有谁发了大财？”

邵大海吐出三个字：“贺金水！”

土匪们一起笑起来，六月亮将火把移到邵大海面前，一束火苗烧焦了他的头发，空气中飘荡起糊臭味。他连忙去摸头发，土匪们又放肆地大笑起来。

六月亮突然收住笑：“贺金水？就是那个挖宝挖出堂火病①的家伙？你个龟儿子哄爷们！”

邵大海说：“各位爷，要说我刚开始也不信。那天，他到我的店里来，说腊月里下塘挖藕受了寒，那东西也受了冻，要买壮阳药。我说真正有效的壮阳药很贵呢，他说只要能治好病，你尽管开。他拿出一块玉珮几只银锭，嘱咐我不要叫外人晓得，我就卖给他三条虎鞭两只鹿茸。”

六月亮又惊又喜：“还真有这事？你狗日的怎么先拿几块破大洋糊弄爷们，不把玉珮银锭拿出来孝敬呢！”

邵大海连忙说：“我去拿，这就去拿！”

他从床下拖出一个土黄色的小瓷坛子，摸出一块绿色的玉珮、几只船形银锭。

六月亮抱起坛子往青砖上一砸，里面又滚出几块银锭，他拿在手里掂了掂：“小子，别耍花招，这些都是好东西！算是送给爷们的见面礼！”

然后，他将东西递给旁边的土匪：“拿回去，柴老大一定喜欢！”

---

① 堂火病：神经病。

柴云飞虽是打猎出身，但对古玩有一种偏好，这缘于他有一个当过盗墓贼的外公。小时候，外公很喜欢他，常给他讲盗墓的故事，他听得毛骨悚然又觉得很过瘾，外公还时不时送他一些从墓里挖出的小玩意，有人说，那些小玩意鬼气太重，小孩不能随便玩，但柴云飞拿在手里玩，也没出什么事。慢慢地，他对这些重见天日的宝贝有了兴趣，收集了不少。

土匪们也晓得他好这一口，在外面如果抢了金银玉器或者别的古玩宝贝，都会马上交给他。

柴云飞对邵大海的话很感兴趣。

他端详着那块淡绿色的玉珮，摩挲着那几只灰色的银锭，对六月亮说："看来这个金水，还真是找到了一座古墓，挖到真家伙了！这样，让朱军师先去看看风水，然后，你和朱军师去会一会他！"

（5）

月明星稀的夜晚，军师朱文锡在金水的院子外观察了好长时间，他好像看见院子的上空时不时闪过一些光，这光有点像闪电，他认定这是地下的宝光折射到空中形成的。他还告诉六月亮，隔金水院子不远的一口大井溢水不止，漫了好几家屋子的地面。可能也与院子的藏宝有关。

这么一说，六月亮就更加心痒痒了。

进到金水的房间里来时，金水还在死睡。火把举到他的跟前，他也没有醒，他似乎在做一个美梦，脸上露出很渴望很急切的表情，嘴唇不时翕动着，白亮亮的口水从嘴角蜿蜒而下。

他的确在做一个梦，一个奇怪的梦，他梦见了亦莲。梦境里，那是一片很大很大的湖，湖里的荷叶一望无边，荷花开了满满一湖，亦莲竟然站在一张大大的荷叶上。她的脸如荷花一样妩媚，白皙无瑕的皮肤透出淡淡粉红，一双眸子如湖水一般清亮，一袭淡绿长裙随风轻舞，她像仙女一样在水上漂啊漂，他想抓住亦莲，但总是一抓一个空，他急得叫起来："亦莲！亦莲！"

这样，他就醒了，只见眼前一片火光，连忙惊得坐起来。

面前的人有的拿刀有的拿枪，恶狠狠地带着嘲弄的表情看他，他一时觉得这也是在做梦。六月亮没听清金水在梦里叫什么，只晓得他是在叫一个人的名字，这个人，多半是一个女人，他就拍了拍金水的脸，说："金水，刚才大呼小叫地在叫谁啊？你的老相好啊？"

金水使劲地睁了睁眼睛，不由打了个寒战，他根本不认识六月亮，坐着没动。

一个土匪他拉下床："跪下！狗日的，见到我们的三爷，一点规矩也没有！"

金水踉踉跄跄地单腿跪在六月亮面前，六月亮瞅了瞅金水的空被窝，问："你老婆呢？"

金水低着头答道："跑了，跟人跑了！"

六月亮在房里转了一圈，说："你这个老婆，真他妈没脑子，你现在发了财，她倒沉不住气，跟别人跑了！这女人，真他妈的生得贱！"

金水嗫嚅道："不怪她，是，是我不行，我也没发财。"

六月亮走到金水跟前，从地上揪起他："你这狗日的，说一半真话，说一半假话，你说你不行，我晓得，就是你那玩艺不行了，哈哈，要不，你也不会拿着好东西找邵大海买壮阳药，是不是？"

几个土匪发出怪笑，像猫头鹰夜叫。

金水小声分辩道："那几样东西，是我祖上传下来的，我没有发财，真的没有发财！"

六月亮扇了金水一耳光："你还不老实！你跟我交实话，你在莲花池是不是挖到了一座古墓？把墓里的金银财宝都搬回了家？"

金水非常委屈："我，我，就就挖到了一只黄金龟，卖给谢九生，他吃了就死了，他老婆找我胡搅蛮缠，我退了那十块大洋，才脱身！"

六月亮一挥手，土匪们乒乒乓乓翻箱倒柜折腾开了。六月亮指着金水说："最好给老子老实点，朱军师在你房前屋后观察好半天了，他看出你家里藏着宝贝，那还假得了！"

朱军师装模作样咳嗽两声，晃了晃手中的罗盘，又摸了摸下巴上的短胡子，说："嗯，你不要再骗我们了，我早就用罗盘给你测了一个卦，所谓无极生太极，太极生两仪，两仪生四象，四象生八卦，宝物自有天相，再说，这财你也罩不住，如果你不拿出来，怕有血光之灾！"

金水一头雾水："你，你在说天书？我不懂。"

过了一会，土匪们向六月亮报告，什么也没找到。

朱军师跟六月亮耳语了几句。六月亮对土匪们发令："到院子里去挖挖看，我就不信找不到东西！"

土匪们找出铁锹、镢头，在院子里挖开了。院子不大，不到半炷香功夫，差不多被翻了个底朝天，除了挖出两个腌菜坛子，一无所得。

朱军师在院子里走来走去，一会儿望天掐指，一会儿皱眉长嘘。突然，他一指院子里那口大水缸，叫道："把水缸搬开！"

三四个人过去，费了老大劲，才移开水缸。

"挖，从放缸的位置一直往下挖！"朱军师说。

几个人轮番挖土，挖到快三尺深的时候，下面除了几块碎砖，仍然什么都没有。

朱军师又摆弄了一下罗盘，皱着眉说："老三，这宝明明在这屋子周围，怎么就是挖不到呢？"

六月亮一把捏住金水的脖子，命令手下："给他耕耕田！看来，他是不见棺材不掉泪！"

"耕田"是莲城土匪逼供用刑的一种方式。土匪们按住金水，在他的两条腿上各绑了一只木杠，两个土匪各拉一条腿，金水几乎被竖立起来，只能用手撑在地上爬行，就像一头牛在耕田。土匪一扬木杠，金水的腿就钻心地疼，尤其是那只跛腿，快要被折断了，汗水很快湿透了单衣，他咬着牙，硬是一声不吭。

"狗日的，我要你硬撑！"六月亮骂道，对土匪们说，"给他放血！"

土匪放下金水，金水疼得瘫坐在地上。土匪们将他架上了一条高板凳，一个土匪拿出一把杀猪刀，在他的面前晃了一下："说还是不说？老子早年杀过猪，想不想领教一下老子的刀功啊！"

他一挽袖子，在金水的手臂上割起肉来，金水哀号着拼力挣脱，身子被另三个土匪死死按着，动弹不得，鲜血顺着手臂流淌下来，不断滴在板凳上。

金水快要昏死过去了，朱军师又凑过来对六月亮说了几句。

六月亮向土匪们一挥手："弟兄们，撤！今天就放过这狗日的，改天找他算账！"

（6）

这回柴云飞是亲自出马，和朱军师一起来找金水。

金水手臂上的伤还没痊愈，虽是到了夏天，仍然包裹着一层纱布。油灯之下，放着一个土黄色的小钵里，盛着黑色的糊状物，他正用一支竹签搅拌着，准备给自己敷药。

金水首先看到了朱军师，立刻变了脸色，他强作镇定，坐着没动。

朱军师走过来，用手轻拍金水的肩膀，怜惜地说："啧啧，这伤，不是十天半月能好的，都怪六月亮！"

柴云飞问："朱军师，那药带来没有？"

朱军师摸出一瓶黑色药粉，递给金水："这是专治刀伤的金疮药，你试试！"

金水漫不经心地接过来，放在桌上。

朱军师给金水介绍："这是我们的老大柴云飞。"

金水看柴云飞身材偏瘦，脸也偏瘦，但看上去很精神，长脸上两只小眼里透出精光。他一时拿不准柴云飞想干什么，又低头去拌他的药。

柴云飞开了腔："金水兄弟，手下不懂事，冒犯了你，我敬佩你是条汉子，专门过来看看你！"

金水懒懒地说："受不起啊，柴爷。"

朱军师关切地问："金水兄弟，吃过晚饭了吗？"

金水说："我孤家寡人的，也没人做饭，用开水泡了一碗炒米。"

柴云飞说："这哪能填饱肚子？跟我一样，没老婆的人，造孽啊！朱军师，快把卤菜拿出来！"

朱军师打开一个黑色布袋，从里面拿出不少卤菜还有两瓶野莲酒。

金水本不想拿筷子，但架不住朱军师的劝，坐在桌子边了。

柴云飞将酒举在金水面前："兄弟，这第一杯酒是我给你赔礼的！"

不等金水答话，他一饮而尽。

金水仍然不动筷子，朱军师夹了一块卤狗肉放到他碗里。

金水慢吞吞地说："你们就别再相信外面那些传言了，我真的是没有挖到财宝！"

柴云飞说："金水兄弟，今天我们不谈这个，我呢，是真心想和你交朋友？来，来，喝，喝酒！"

金水苦笑道："柴爷，我一穷二白，连老婆也跟人跑了，哪配得上跟您做朋友啊？"

柴云飞说："说远了，说远了，我柴云飞交朋友从来不看他是穷还是富，只看他是不是条汉子！兄弟你要是不嫌弃，就跟我到湖里混吧，保证你有酒有肉有女人！"

金水喝了一口酒，拍着他的那条跛腿说："柴爷，您看我这腿！怎么能跟您混哪！"

柴云飞说："你帮我守个窝，放个哨，总可以吧！"

金水叹口气："柴爷的好意我领了！我现在一个人过，活一天算两个半天，就这样了！说实话，我不怕死，古话说得好，早死早托生！"

柴云飞说："金水兄弟，你还年轻，怎能说这种话呢，不打算再续个女人？"

"女人？"金水的目光有些茫然，"女人，有与没有，其实一个样！"

柴云飞笑道："胡扯！哪能一样啊？兄弟的话我懂，你说的是前年腊月，在莲花池挖宝时，出了点意外。不过，这种事，吃点药就好了！"

金水的脸上有了些许难堪，他岔开话题："柴爷，问句不该问的话，听……听说，那个关亦莲在您手里？"

柴云飞盯着金水问："怎么，兄弟你和她熟？有兴趣？"

几杯酒下肚，金水的脸红起来，几根青筋在额头饱绽，他的胆好像大了些，说话也随便了些："那女人，天仙一样，我这只癞蛤蟆，还想吃天鹅肉啊？"

柴云飞的筷子往桌上一拍："金水，那我就把她送给你吃！"

金水一时没反应过来："送给我吃？"

柴云飞打着酒嗝说："呃！对，送给你吃，就是送给你做老婆！"

金水惊喜不已又不相信似的盯着他："送给我做老婆？真的啊！"

柴云飞猛地出手，扫落了桌上的小酒盅："拿大碗来，我与你用碗喝！”

两人干了两大碗酒。柴云飞瞪着布满血丝的眼，扶着金水的肩说：“我的军师在……在这里可以作证，我柴云飞说话算数，把关亦莲，送给你贺金水做老婆！”

现在金水有点搞糊涂了：“柴……柴爷，您对我这样好，是想，想……哎，我真没挖到宝贝！”

柴云飞眼睛一瞪：“不要跟老子……提这个，老子就是……就是喜欢你这个人！我愿意，哈哈，愿意！”

最后，他扶着朱军师互相出了门，出门的那一刻，回过头对金水说：“兄弟，你就……就等着娶美人吧！”

(7)

金水以为柴云飞一时心血来潮，说的是酒话。没想到，几天之后，亦莲真的回到了莲城。

亦莲回来的时候，是在傍晚，她刚好经过金水的家，走得有点急。她不想被熟人看到，但经过金水门口的时候，她还是被金水看到了，金水声音里满是惊讶和喜悦：“亦莲！你回来啦！”

由于走得急，她呼吸急促，红扑扑的脸上布满细密的汗珠，高耸的胸脯在花布衫子里剧烈起伏。金水定定地看她，发现她比以前更丰满滋润了。她的美有一种光华，金水突然觉得自己在这光华面前，慢慢缩小成了一个壳，他搓着手，没头没脑冒出来一句：“亦莲，前段时间我梦见你了！”

见她不做声，金水又说：“天晚了，我送你回家吧！”

她淡淡一笑：“不用了，我自己回。”

金水又说：“亦莲，我明天去看你！”

她低了头，继续往前走。

她会回哪里？金水突然问自己，她肯定不会回王府了，他突然担心起她来，他一瘸一拐跟在她身后，他走走停停，和她保持着一段距离，直到她进了哥哥关旭的家，他才离开。

父亲死了，亦莲回来之后才晓得。说不上有多么悲伤，也说不上有多么淡漠。久别重逢，哥哥关旭和嫂嫂对她很亲热，但现在，她实际是没有家了。

吃饭的时候，关旭见亦莲老是走神，面前摆了她最喜欢吃的蒸鱼，她也不怎么动筷子，便问她是不是有心事。她连忙吱唔着说没有。

哪能没有呢？

她很想向哥哥打听贺修民的消息，又觉得问不出口。

回莲城前，柴云飞就给了她两条路，让她选：一条路，是做他柴云飞的老婆，给他生儿育女，繁衍土匪后代；另一条路，嫁给跛子金水，摸清金水的藏宝地点，再报告给柴云飞。

亦莲梗着脖子说，你让我死吧！

柴云飞冷笑着说，你不要再想投湖自杀了，没这样的机会了！我会把你锁在黑屋里，让你一辈子见不得天日，让你生不如死！

亦莲说，你威胁我？好吧，那你让我走，嫁给金水就嫁给金水！

柴云飞慢悠悠地说，这可不是赌气。你要想好，回到莲城，千万别耍花样，你的一举一动我都掌控着呢！反正，这个金水，不由得你不嫁，他家里藏的宝贝，你要给我摸清楚，给你半年时间，时间到了，你还没动静，哼，你们两个，都得死！

卑鄙！亦莲骂道。

柴云飞哈哈大笑，洋洋得意地转身离去。

现在亦莲一想起柴云飞的话，心里就堵得慌，她觉得自己无论走到哪里，背后都有一双眼睛盯着，浑身就像扎了刺一样不自在。

卢皓月听说亦莲回来了，连忙来看她。

说起往事，卢皓月不胜感叹：“那次，怪我迟了一步，如果早一点追上富商的马车，就能救下你，你就不会……”

亦莲叹息着说：“唉，怎么能怪你呢？这也许是我命中的劫数，逃不掉的。”

卢皓月还告诉亦莲，贺修民与黄心安去打土匪，中了土匪六月亮的奸计，损失了十多号人。

亦莲紧张地问：“那，修民哥呢，他，他没事吧？”

沉默半晌，卢皓月才说话：“没事，那次他没事，只是受了点伤。”

见卢皓月神色有些异样，亦莲追问道：“伤得重吗？修民哥他现在好吗？”

卢皓月眼圈泛红，突然双手掩面，低头哭了起来。

亦莲连忙抓住她的手问："修民哥，他，他怎么了？"

她啜泣着说："他们说……说修民哥，死了！"

亦莲脑袋里嗡的响了一声，这个"死"字像一记闷棍，一下子把她打懵了。

半天后她才颤抖着嘴唇，失魂落魄地说："不，不……不会吧，这……这是谁说的？"

"一个月前，有人亲眼见到，在东荆河边，周四新那个畜生，叫人开的枪，修民哥浑身是血，被丢进了东荆河……"卢皓月抬起头时，双眼仍积聚着泪水。

贺修民中弹倒地，满身是血，被抛进河中，河水打了一个漩，冲走了他的身体……亦莲眼前摇晃着这一连串的场景，心中的哀恸如山洪一般涌动着，一道乱石堆砌的堤坝拦住了去路，山洪只能在里面打转，这种想哭而哭不出来的感觉，难受极了。

她几乎要晕过去了。

缓了好久，她才镇定了自己，脸色苍白，像害了一场大病。

"皓月，别哭了，现在莲城这么乱，谁的话也不能信，这些传闻更不能信。"她疲累不堪地搂着卢皓月的肩，无力地轻拍着，安慰着对方，也是安慰自己。

卢皓月的目光里凝聚着仇恨："但愿修民哥还活着，否则，我一定饶不了周四新！"

卢皓月走后，亦莲将自己关进房里，捂在被子里痛痛快快地哭开了，山洪一般的哀恸化成了飞流直下的泥石流，放肆地冲刷着她伤痕累累的心，将她的心冲到一个无底深渊里。

她觉得自己空荡荡只剩下一个躯壳了。

原先，柴云飞让她作出选择时，她选了回莲城，虽然，她在心底认为自己再也配不上贺修民，但心底还是很希望能在莲城遇到贺修民，哪怕只是远远地、远远地看上他一眼，就好。

现在，卢皓月说贺修民死了，就像她心底刚刚长出了一株小草，还没沐浴到阳光，也没沐浴到雨露，有人就拿着一把锋利的铁铲过来，将小草连根挖掉了。

（8）

“你个狗日的还有脸找上门来，我杀你的心都有！”

亦莲听到门口传出哥哥的叱骂声。

“关大哥，您别发脾气啊，我和亦莲妹子说几句话就走。”

她听出来是林三。

哥哥又骂道：“呸，下流胚，住口！哪个要你叫她的名字，你把她的名字都叫脏了！滚！”

“关大哥，您别骂得这么难听，求求您，让我见她一面！”

双眼微肿的亦莲走了出来。关旭正捋起袖子，要揍林三。

亦莲制止了关旭：“哥，别跟他一般见识，你打他不是脏了手吗？”

她鄙视地看着林三：“林三，你有话就直说吧！”

林三嬉笑着说：“七奶奶……”

亦莲瞪眼喝道：“谁是你的七奶奶，我和王家早就没关系了！”

林三说：“我们家大少爷现在调到莲城当县长，一直记挂着您呢。说以前的事全是误会，他想让您再回我们家……”

亦莲听着就来气：“哼，误会？有那样精心设计的误会吗？不说县长，就是省长，我也不稀罕，他当他的官，我过我的日子！你带句话给他，王家用八抬大轿请我，我也不去！”

亦莲转身就要进屋，林三屁颠屁颠跑过来：“王县长吩咐小的，一定要把您接回去住！”

亦莲怒目而视：“告诉他，以后别再来纠缠我，我要嫁人了！”

“嫁人？嫁谁？”林三糊涂了。

“贺金水！”亦莲冷冷地吐出三个字，进了屋，只留下林三站在门外发呆。

“你刚才说要嫁给金水？”林三走后，关旭惊讶地问亦莲。

“是的，嫁给金水。”亦莲撩了撩头发，目光平静。

“不会搞错吧，妹妹，金水的腿有问题，前段时间，老婆还跟人跑了，你这是何苦！现在你照样能选个好人家，怎么要嫁给他啊？”关旭大惑不解。

“哥，别说了，这是我自己的事，你不要拦我。”亦莲的语气有一种绝望的坚决。

白菜心联想起这段时间莲城都在疯传金水挖到了财宝，就关切地拉着亦莲的手问："妹妹，你想好了，真的要嫁金水？"

亦莲点点头。

白菜心又问："你呀，是不是听说这金水在莲花池里挖到了财宝？那怎么能当真？都是传言。"

"嫂子，他发不发财，与我无关，我的心早就死了，嫁给谁都一样！"亦莲的眸子里不见一丝波澜。

白菜心看着亦莲，摇了摇头，觉得亦莲自从回莲城之后，好像变了个人。

过了几天，金水就托了媒婆，带着礼物，上关家提亲来了。

关旭和白菜心觉得有些蹊跷，亦莲刚说嫁金水，金水就上门来了，难道两个人在哪里私下约好了？但这又似乎不可能，亦莲不可能看上金水。

媒婆带来的礼不薄，除了两百大洋的定金，还送来了两筐喜饼与各种饰物，这饰物包括一对玉手镯、一对金耳环、两只翡翠戒指、两只金护指、两枚长玉簪。两口子都在犯嘀咕：难道金水真的发财了？不过，两口子对媒婆仍然很冷淡，也不请她坐，也不倒茶。

亦莲出来之后，媒婆脸上笑出了一朵花，逮住亦莲一顿狠夸，她听着听着就有点不耐烦了，淡淡地对媒婆说："让他定日子吧！"

媒婆试探着举起三根手指："金水说，就在三天后。"

白菜心一听就反对："抢人啊，这么急？这哪行！"

亦莲却说："三天后就三天后吧！"

媒人喜滋滋地走了。

莲城的人都在议论，柴云飞玩腻了亦莲，把她撵回来了，金水捡了只"露鸭子"①。

金水暗暗地骂，这些没见识的家伙，晓得个屁！亦莲怎么可能是"露鸭子"？他心里想，柴云飞说话还真算数！不过，他金水也不是傻瓜，他也晓得柴云飞打的什么主意。放着天大的一个美人，柴云飞自己不要，会拱手送给他金水？世界上没有无缘无故的爱，天

① 露鸭子：掉队的鸭子。

上掉馅饼的好事从来没有，掉美人的事更没有！金水心里冒出三个字：美人计！管他娘的什么计，先娶了美人把美人弄进洞房再说！

(9)

三天后，金水迎娶亦莲，他怕夜长梦多。

唢呐声声，鼓手斜挎着长鼓，卖力地敲打着，乐声震天，路人纷纷驻足观看。

金水穿一件红色绸褂，胸前戴一朵大红花，骑一匹枣红大马，走在娶亲的队伍中。由于以前没怎么骑过马，现在金水有些不习惯，特别是那只跛腿，不知放哪里才好。忽然想起与田桂花的新婚之夜，他觉得现在骑在马上，有点像是那次在床上和田桂花办事，那条跛腿始终放不好。

但金水用力将胸挺得很高，他昨天在剃头店里仔细刮了脸，看上去年轻了好几岁。不晓得是出发前喝了点酒，还是人逢喜事精神爽，他红光满面，意气风发。

娶亲的排场，算不上太铺张，但绝对不寒酸，至少比起他第一次娶田桂花要气派多了，特别是接亦莲的那顶木雕大花轿，朱漆流金，金碧辉煌，是大户人家娶亲用的轿子。

金水要向莲城人证明，他金水至少作为男人还是有魅力的，跑了一个丑老婆，却娶了莲城最俊的女人，他要气死那些眼红的家伙。他听见路边有人恶毒地说，亦莲嫁给金水了，是残花败柳插在牛粪上倒蛮配，还有人说这是武大郎娶潘金莲——福祸难说。

金水觉得好笑，这些人真是嫉妒得要发疯了！不过，这也难怪，要是把他们家的黄脸婆拉出来和亦莲一比，黄脸婆恐怕马上要找地缝钻。再说亦莲是残花败柳吗？她嫁过举人老爷王师璧、被土匪柴云飞抢走过又怎样？她照样是一朵怒放的鲜花，永远开不败，令人魂酥骨软！

然而，不到最后一刻，金水始终还是有点不放心，只到看见亦莲被人扶着上了那顶朱漆大花轿，他的心才稍稍安定下来。四个男子抬着这顶大花轿，小孩子们追着花轿蹦跳着，一边歪着脑袋拍着手，一边齐齐唱道：

新姑娘，咚咚锵，到婆家，喝米汤，米汤喝足了，养的儿子胖嘟啪哒！新姑娘，咚咚锵，到婆家，喝米汤……

听着小孩们这样唱，金水这边的亲戚笑骂道："这些伢，人小鬼大！"

原来，此"米汤"在大人们的眼中另有所指，并非小孩们以为的煮饭沥出的米汤。

大花轿颤颤悠悠，金水的心也颤颤悠悠，他骑马走在前面，不时回过头来瞅一眼大花轿，好像生怕这大花轿跟不上，走散了，路旁边有人起哄："金水，好好看前面的路，不要总想着新姑娘，晚上你可以通宵看个够！"

金水家里张灯结彩，喜气洋洋，房门上贴着"鸳鸯戏水"、"金鱼闹莲"的剪纸，堂屋正中悬挂着鲜红的喜字。仪式即将举行，堂屋里差点要被人挤暴了，一些青年人亢奋地叫喊着，在新娘与伴娘身边挨挨擦擦，算是预练热身，准备等一下闹洞房时大显身手。小孩们则在大人们的胯下钻来钻去，好找一个有利的地形来抢喜糖。

亦莲的伴娘是原先的侍女腊梅，自从亦莲离开王家之后，腊梅换了一户人家做侍女，今天她也打扮得很漂亮，不过，她脸上看不出多少喜悦，好像也在为亦莲抱屈。她紧紧地护着亦莲，挡住了几只想摸亦莲的手。这时，一个声音在后边响起："还是你们年轻人好，等一下可以到洞房里去快活，新姑娘身子又软又嫩，别忘了多捏几下啊！"腊梅回过头一看，说这话的是杏林堂老板邵大海，口水都恨不得流出来。

司仪站在前面，大声宣布结婚仪式开始，鞭炮炸响，乐手们鼓着腮帮子奏起了《龙凤呈祥》，大把大把的喜糖凌空而降，连大人们也弓下身子加入了小孩抢喜糖的行列。

忽然，鼓乐声戛然而止，继而，门口一阵骚乱，涌进来十多个持枪的团丁，他们推搡着人群："贺金水！哪个是贺金水？"

听到叫声，贺金水脸上的笑容顿时凝固，他茫然失措地望着这些人，一时呆住了。两个团丁走过来，一把抓住金水，一个笑道："嘿嘿，贺金水，今天你是做不成新郎官了！"

金水挣扎着叫道："你们凭么家抓我！"

人群也都跟着吼起来："今天是么家日子？你们凭么家抓人，太缺德了!”

这时候，周四新从团丁后面慢慢踱出来，他昂着头说：“凭么家？就凭他里通赤匪！谁再嚷嚷，我一起抓!”

人群一下子不出声了。

“带走!”周四新手一挥，几个团丁架起金水就走。

金水的母亲丁氏冲出来，拦在团丁前面，一个团丁拿起枪托往她背上撞去，她被重重一击，倒在地上。金水大叫：“妈!”

丁氏在地上哭着骂开了：“周老虎，你真是一只吃人不吐骨头的老虎！你害死了我家老二，又来害我家老大，你要我们贺家绝子绝孙啊！你损阴丧德不得好死！你这个畜生!”

贺裁缝左腿一弯，拉着的周四新的手，几乎跪下：“周爷，看在乡里乡亲的分上，请您高抬贵手，就饶了我这个儿子吧，我就这么个儿子了，求求您了!”

周四新瞟了他一眼，慢条斯理地说：“说实话，你这个老大嘛，还算老实，不像你家老二，从小不安分，处处和我作对，后来还加入了赤匪，带头胡闹!”

贺裁缝苦笑着说：“我家老二是不像话，不是说他已经死在您周爷的手里了吗？哎！那是他自找的啊！我这个老大，老实得很，从小与老二搞不到一起，说他通共，是天大的冤枉啊!”

周四新脸上掠过一丝诡笑：“这个抓人嘛，说实话，也不是我周四新非要抓不可，我也是奉命行事，我们王县长……”

当他刚说出“王县长”几个字时，一个女声冷冷地从身后响起：“周四新，姓王的要抓的是我吧!”

众人闻声望去，只见说话者正是新娘子亦莲，她扯去了红色头巾，盛装下的她艳美绝伦，因为愤怒和激动，脸上灿若云霞，眼睛里燃烧着火焰，光艳逼人。

现场死一般的沉寂，金水嘴巴半张，呆呆地看着即将成为自己老婆的新娘子。

周四新走到亦莲跟前，目光像剔肉的刀子上上下下把她剔了一个透：“诺，到土匪窝里走了一遭，还真是比以前更勾人了！土匪们是怎么滋养你的呀!”

亦莲鄙夷地看着他，不理他。

周四新捏着自己的下巴，点点头：“对了，你刚才说了，要抓就抓你！好啊，你谋杀王县长父亲那个案子，恐怕得再审审了！”

“呸，么家东西，不过就是王京甫养的一条狗！”亦莲骂道，“走就走，你以为我怕啊！”

金水突然挣脱扭住他的团丁，向亦莲跪下了：“亦莲，我求求你，千万别跟他们走，有事情，我扛着，你在家等我，等我啊！”

亦莲说：“贺金水，站起来，你要像个顶天立地的男人……”

周四新从鼻子里哼出一句：“把贺金水带走！”

丁氏抱住周四新的腿不让走，周四新一脚踢中她的脑门，她发出一声惨叫，脑袋一歪，白眼一翻，不省人事了。

人们乱成一团，亦莲忙叫人救丁氏。

（10）

身着红色绸褂的金水一跛一跛地消失在众人的视线里，众人怔怔地发呆，没想到一场婚礼这么快就被搅黄了。后来，人们就纷纷议论开了，有的说金水的二弟贺修民是个惹事的家伙，死了还连累当哥的；有的说是王县长贼心不死，还在打亦莲的主意；有的说王县长也听信了那些传言，以为金水家里真的藏着财宝。

再说丁氏，金水被抓走以后，她被周四新踢中脑门，加上急火攻心，不到几天，竟撒手去了。

与此同时，王京甫的母亲刘氏被人绑架了。

那天下午，刘氏一出门，就见门口停着一辆马车，她正想问一下旁边的女仆马车是谁的，马车上跳下三个彪形大汉，架起她就往车上拖，她刚喊出“救命”二字，口里就被塞了一块破布。

女仆只来得及发出半声惊呼，马车已绝尘而去。

谁敢绑架县长的母亲？真是吃了熊心豹胆了。

王京甫又气又恼，坐在宽大的办公桌前生闷气。卫兵来报，有一封加急信件，需要他亲自过目。王京甫接过信，见上面的字还写得挺漂亮：京甫县长亲启。打开信，信纸上只有一句话：速放贺金水，否则，令堂性命难保！落款为：路见不平拔刀相助。

王京甫腾地站起来：“狗屁路见不平拔刀相助！竟敢在老子头上动土，活得不耐烦了！”

他对侍卫说：“快，叫周团长来一趟！”

周四新进来，拿起那封信看了一遍："这事八成是柴云飞干的？"

王京甫一愣："柴云飞？何以见得！"

周四新说："我也是猜，不能肯定，这字像是出自他手下的朱军师之手，那秀才会写一手好字。"

王京甫一拍桌子："狗娘养的柴云飞，我看他是茅坑里荡桨——翘屎（死）！你带保安团到阳湖荡平他！"

周四新有些为难："县长，阳湖湖广苇子深，要想找到土匪的行踪，不是一时半会的事。好汉不吃眼前亏，令堂的安全要紧，我看还是先答应他，放了金水！"

王京甫陷入沉思："你说，这个柴云飞，凭什么敢和我叫板？他把关亦莲送给跛子金水做老婆，为的是哪般？难道，金水真的挖到了什么财宝，柴云飞要用美人计套金水的财宝？"

周四新点头道："有这个可能，县长也看到了，这几天，我派人给金水上了几次刑，但他就是不说，或许，这柴云飞也对他来过硬的，金水不吃这一套，柴云飞就来软的，使了这招美人计！"

王京甫来回踱了几步，问道："金水的嘴现在还没撬开？"

周四新趋步向前："没有！他已经昏死过几回了。妈的，这个王八蛋，不怕打，嘴紧得很，跟那些赤匪一样了！"

王京甫脸上浮现诡笑，在周四新耳边说了几句，他频频点头："听您的，按您的吩咐办，叫她守活寡！"

审讯室里，马铁成喝问着金水："你个狗日的，到底把东西藏哪了？"

金水有气无力："东西？"

马铁成打了他一耳光："你给老子装洋①？快说，从珠子台挖到的东西！"

金水断断续续地说："那……那是……别人瞎传的……"

"狗日的还不老实！"

打手们把金水吊在半空，鞭子如雨点落下，他被打晕过去，又被冷水浇醒。一块烧得通红的烙铁，举到了他的跟前。

"说，还是不说！"马铁成又问。

---

① 装洋：装蒜。

金水摇摇头，绝望地闭了眼，似乎开始想象，烙铁烙在他瘦骨嶙峋的前胸，皮肉嗞嗞作响，焦味与青烟一道散开……

“慢！”一声断喝，打手们住了手。

从门外走进来周四新。他狡黠地一笑，招过马铁成，说了几句。

金水只听到一句“让他做不成男人”，他以为他们要把自己变成太监，这时候，他想到了亦莲，两腿颤栗起来。

他差点要说：“好，我告诉你们！”

然而，他又听见亦莲在一旁一遍又一遍地说：“贺金水，你要像个顶天立地的男人！贺金水，你要像个顶天立地的男人……”

他的两腿停止了颤栗，打手们用细铁丝猛勒他的下部，他再一次失去了知觉……

(11)

金水被放出来的时候，已经不能走路，他是被人抬回家的。他遍体鳞伤已奄奄一息。亦莲没有哭也没有说话，她请来了一名中医，中医看了伤势，又把了脉，说无大碍，一两个月就可以恢复，不过……中医有些古怪地看了她一眼，顿了顿，说，他以后恐怕不能生娃了。

亦莲按照医生的吩咐，先用酒精为他身上的伤口消了毒，然后，又烧了一大锅热水，为他擦洗身子，为他涂药，他忍着痛，竭力不喊出声来。

过后，她开始煎药，中药的香味弥漫了金水的院子，又飘到路上，金水门口走过几个人，闻到了那些药味，一个啧啧称赞：“金水啊，这是哪辈子修的福，娶了个这么美貌又贤惠的女人！”另一个人酸酸地说：“恐怕还不能算作是金水的老婆吧，他们还没有正经拜过堂呢！”

这话被金水的父亲贺裁缝听到了。自从老伴丁氏死后，贺裁缝苍老了许多。他走进屋来的时候，见亦莲正将一碗热气腾腾的中药端给金水。

他嘱咐道：“亦莲，把这药渣倒在门口，让千人踏，万人踩，把金水的病带些走，他也好得快些！”

亦莲一笑：“您也相信这样的迷信？”

贺裁缝感叹：“亦莲，你和金水一样，心都太善，要吃亏！”

他扫视着屋子的陈设，见金水的床后面隔了一道帘子，就走过去挑开帘子，看到了另一张床上放着女人的衣物，一看就晓得，这是亦莲在这里睡。

他又说：“我刚才听过路人闲言碎语，说你们不是真正的夫妻，因为没有拜过堂。所以，我就在想，还是要补个拜堂的仪式，这是老祖宗传下来的规矩，按老祖宗的规矩办了，看谁再敢说东道西？我这个做父亲的，心里也安稳些！”

亦莲又是一笑：“这不难，等他病好了，您说哪天补办仪式都行！”

贺裁缝喜笑颜开，接过亦莲手中的药渣，拿到门口的路上倒了。

在亦莲的精心照料下，金水的病日益好转起来，一个月后，他已能外出散步了。

这天晚上，吃过晚饭。金水说想跟亦莲谈谈。

两人隔桌相望，油灯如豆，光焰在桌上摇曳跳荡，橘红的灯光，洇出亦莲脸上胭脂般的妩媚，金水望着这个青葱般湿润鲜嫩的女人，言不由衷地叹了口气：“亦莲，委屈你了！你要嫌我是个废人，你就走吧！”

亦莲低下头，轻轻地说：“我要是嫌弃你，不早走了吗？”

金水说：“亦莲，你晓得吗？当初我寻宝，就是为了娶你！”

亦莲诧异地抬起头：“娶我？”

金水点点头：“说来，你不信，我很早就喜欢你！可我这条件，哪配得上你？我就想等我有了钱，一定娶你！”

亦莲柔声细语地说：“我是那种贪财的人吗？”

金水说：“你不贪财，但你爸贪，不然，就不会把你往火坑里推了！”

亦莲有些伤心：“别提我爸了，老人家走了，走的时候，他说对不住我！”

金水突然很冲动地伸过手来，将亦莲的手盖住：“亦莲，你信不信我挖到了宝？”

亦莲摇摇头：“我不晓得，这对我来说，不重要。”

“不重要？”金水一愣，“你真的不想晓得？”

“不想，一点也不想，真的！”亦莲注视着金水，眼光清澈如水。

金水有点颓丧："那，那你为么家要嫁给我？"

亦莲抽回手，一丝不快浮现在她脸上："金水，能不能不谈这个？"

金水不自然地摸了一下脑袋，说："亦莲我晓得你有苦衷，但我愿意！"

"你愿意？"亦莲淡淡地问。

金水突然站起身，走到门口朝外面看了看，然后掩上房门，折回身，来到亦莲身边，在她耳边说道："将那个地方告诉你！"

亦莲也站起来，脸上平添了严肃的神情："金水，我真不是骗你，我一点也不想晓得么家秘密！我要睡了，你也早点休息吧！"

说完，亦莲朝后面那张床走去。

"你……"金水还想说什么，亦莲袅娜的腰肢一闪，就闪进了那道蓝色的布帘，就像一条鱼儿撩起一道漂亮的水花，消失在幽蓝的湖面，他张着嘴巴，半天没合拢。

第九章　惊喜

（1）

莲城周边忽然来了大批驻军。

驻军的头领叫闵成杰，此人原在大军阀杨森手下任团长，后投降武汉国民政府，反升为旅长。他的部队驻扎在莲城外围，说的是保卫莲城，实际上是将莲城捏在手心，任他左右。

县长王京甫对闵成杰迎进迎出，开口闭口都是“闵大旅长”，对他执下属之礼。

王京甫清楚得很，他这个县长，说的是一县之长，手下就是一个“保安团”、一个“警卫团”，两个团的人马加起来，不过两三百号人，哪抵得上闵成杰一个旅三四千人。

王京甫清楚莲城的生死都是闵成杰说了算，所以对他分外客气。

闵成杰刚一进城，他就派人送了一份大礼，除了一万大洋之外，还另有珠宝金银、古玩玉器之类，然后他又请了莲城最好的厨师做了最高档的酒席，为他接风洗尘。闵成杰饱餐一顿，对“莲城三蒸”赞不绝口，当晚，闵成杰在县府住下，说是要听莲城花鼓戏。

原来，这闵成杰老家是湖南永州，自小就喜欢听家乡的花鼓戏长大，对花鼓戏情有独钟，后来竟到了上瘾的地步，即使白天带兵打仗，晚上非得听上一段花鼓戏才能入睡。为此，他专门娶了一个会唱花鼓戏的小老婆随身携带。哪知，这个小老婆和戏台子上的一个英俊小生对上了眼，一来二去好上了，相约私奔，但刚刚跑了一半的路，就被闵成杰派的人追了回来，闵成杰扬手两枪，毙了一对野鸳鸯。

王京甫投闵成杰所好，要周四新去找人来唱花鼓戏，周四新第一个想到了水灵灵的白菜心，他亲自到白菜心的戏园子里去请。白菜心还记着以前周四新打丈夫关旭的事，就推说生了病不能去。周四新很没面子，末了，他只好找了另两个女戏子，去应付闵成杰。

闵成杰等了半天，不见唱戏的人来，便拍桌打椅发起了脾气：

“妈的个×，说起来，这是什么花鼓之乡，现在人影都不见一个，这些戏子都死绝了吗?”

王京甫奉上一杯热茶，满脸赔笑：“闵大旅长，息怒，息怒！人马上到，马上到!”

两名女戏子总算到了，等她们咿咿呀呀地唱起花鼓戏时，闵成杰的怒气才慢慢消了。

戏唱完后，周四新给闵成杰点烟，说，只要闵旅长高兴，过几天他就找一群唱戏的美女来，周四新弯腰屈膝，一脸谄媚，想象着美女们鱼贯而入的样子，哼唱起一段《韩湘子上寿》：

> 美女一个个都是芙蓉面，面似桃花三月鲜，鲜红一点樱桃口，口内就把银牙含，寒（含）闪闪一对杏子眼，眼似秋波柳眉弯。

闵成杰一拍椅子，笑道：“唱得有点味！有点味！哈哈，看来，莲城是个美女窝，老子真舍不得走了呢!”

周四新忙说：“闵旅长，那您就不走了啊，在莲城住下来，好好享受一下!”

王京甫脸色一沉，不满地瞥了周四新一眼。

原来，这闵成杰正有长住莲城的打算，住哪里呢？整个莲城就数王京甫家的房子最气派了，闵成杰还没开口，如果一开口要住他家，他能推吗？而一旦住进去，这座宅子以后是姓王还是姓闵，还真是很难说。

再者，听人讲，这闵成杰十分好色。王师璧死后，留下的几房姨太太，只有老四、老五改了嫁，老二、老三、老六都没走。特别是那个老六每天打扮得花枝招展的，还和自己暗度陈仓，如果闵成杰住进去，难保不打她们的主意，这不是引狼入室吗?

闵成杰听周四新说这话，拿眼瞟了一下王京甫：“我倒是早就想在莲城住下啊，只怕王县长不欢迎啊!”

王京甫强作笑脸：“哪里，哪里，我是举双手欢迎啊，只是莲城住房寒酸，就怕委屈了闵大旅长啊!”

闵成杰又是哈哈一笑：“王县长，你真会说话！要知道，我在你这里住下，对你是大有好处啊！现在共党活动猖獗，你以为那个县政府就那么安稳？如果他们来个暴动，你这个县长……”

这话正击中王京甫的痛处。前不久，周四新抓了十几个共党，关在县府后面的莲城监狱里，据说共党要派人来劫狱，他打算将前来劫狱的共党一网打尽，却担心自己兵力不够，无法掌控，有点想快刀斩乱麻，把这十几个人都杀了，以绝后患。

王京甫讲了这件事及自己的顾虑，闵成杰摇摇头说：“大错特错，王县长啊，你以为杀了这十几个赤匪，就没有麻烦了吗？麻烦更大！报仇！知道吗？他们会找你报仇的！”

说罢，闵成杰走到王京甫身后，如扬起一把刀扬起手掌，往他后面的脖子上方凌空劈了一掌，王京甫顿觉冷风飕飕，不由打一个寒颤。

周四新频频点头：“闵旅长说得有理啊，闵旅长就是一尊大神，我们只有请他在莲城住下，才镇得住那些小鬼啊！”

这话让闵成杰听着受用：“我调一个连的兵力，帮你们守莲城，不少吧！你们尽管放手抓人，抓了就往牢里送，谁敢来劫狱，正好一起抓，我就不信莲城还遍地赤匪了呢！”

“有闵大旅长这句话，我就放心了！我这莲城，就是您的家，您想住哪就住哪！您说，您想住哪？”王京甫话是这么说，但还是满怀忐忑，生怕闵成杰点名要住他家。

哪知闵成杰还未开口，周四新已经抢到前面说话了：“闵旅长，您要是不嫌弃我那房子小，可以住我那！”

王京甫如释重负，顺势说：“是啊，周团长那幢房子，在我们莲城是数一数二的气派，您住进去，保证舒坦！”

闵成杰假意客套：“周团长，这怎么好意思打扰呢？你那里是私宅，我住进去，不成扰民了吗？”

周四新笑道：“闵旅长，您是贵人啊，能住我家，那是我八辈子修来的福！好多人请您，还请不到呢！我看，您明天就来，明天，我派人来给您搬东西！”

闵成杰拍了一下周四新的肩：“兄弟，痛快！我就喜欢你这种性格！那我就不客气了！”

（2）

闵成杰带着一个警卫排搬进了周四新的家。

一大早，周四新就将中间的院子腾了出来，重新摆了许多崭亮如新的家具，添了不少花草盆景。至于给闵成杰的那间大卧房，更是布置得花团锦簇。闵成杰开玩笑说，是不是想让他当新郎官啊，周四新笑着说，不晓得哪个女人有这个福气，能当新娘子。然后，他关心地问起闵成杰的女眷。

闵成杰叹口气，告诉他，夫人一年前不幸去世，三房姨太太呢，在省城，这次未能随军，他倒想在莲城续娶一位新人。周四新拍胸保证，这事包在他身上，他一定会为闵旅长娶一个天仙般的人。

现在，周四新家的大门楼上虽然还挂着“周宅”二字，但俨然已是闵成杰的地盘，一对威风凛凛的大石狮分卧大门两旁，笔直站立着两名荷枪实弹的士兵。

晚餐十分丰盛，这是周四新专为闵成杰设的酒宴，请了县长王京甫以及本地一些所谓名流相陪。

闵成杰大赞莲城美食，说桌上有两道菜他最喜欢：一道是莲城的煨藕；一道是粉蒸南瓜。他说咬一口煨藕，粉扑扑直掉粉子，像吃板栗，含一口蒸南瓜，跟吃蟹黄的滋味差不多。

商会会长柳臣尧拿了一只绿壳熟盐蛋，磕破后放到闵成杰的盘子里，说：“您尝尝这个，看这个鸭蛋和您以前吃的有什么不同?”

闵成杰饶有兴味地剥开蛋壳，只见蛋白光滑如凝脂，蛋黄黄里透红，红里耀金，有油慢慢流出，像一粒玛瑙似的小红丸。

闵成杰将“红丸”夹入口中，连声赞道：“好蛋，好蛋啊!”

王京甫说：“这就是我们莲城有名的腌盐蛋，有人曾将这蛋送给慈禧，慈禧尝后龙颜大悦，封此蛋为‘一点珠’，而这个送蛋的人，还得了一个御前近侍的官呢!”

柳臣尧接着说：“王县长说得不假，我们这里现在还流传着一句打油诗：莲城盐蛋一点珠，一个赛过一头猪。家有五个一点珠，胜读寒窗十年书!”

闵成杰大叫：“有趣，有趣！这都要感谢周团长啊！来，周团长，和你喝一杯!”

周四新连忙端起杯子，一仰而尽，然后说："只要您闵旅长瞧得起，这里就是您的富贵温柔之乡，我呀，为您请了莲城最好的厨师，天天给您做饭，包您三餐满意！"

柳臣尧打趣道："周团长啊，这富贵那是没说的，至于温柔嘛，我们还没见到啊！"

周四新说："柳会长这么一说，我还差点忘了，我们闵旅长啊，一年前不幸丧偶，也就是说这旅长夫人的位置，还空着呢。最近呢，他正想在莲城务色一位美女做太太，哪位有合适的，不妨推荐推荐啊！"

众人你看看我，我看看你，小声议论开了。

柳臣尧伸长脖子问闵成杰："哎呀，不晓得谁家女儿有这个福气啊！闵旅长，您想找个哪样的？"

闵成杰四十出头，脖子粗，脑袋大，这时候，他摸了摸自己的平头："这个嘛，本旅长倒是还没想好，不过，有一条，人一定要好看！"

柳臣尧捋了一下胡子，沉吟片刻，说："按我说，我们莲城有三大美女，第一当数关亦莲，可惜前不久嫁了跛子金水，已是残花败柳之身！第二嘛，当数关亦莲的嫂嫂白菜心，人长得美，花鼓戏更是一绝，莲城有句话，'拆了屋了卖了梁，也要看小白菜的《站花墙》；第三嘛，要数普善堂卢介康的宝贝千金卢……"

闵成杰打断他的话："什么白菜心，花鼓戏是一绝？几时让我见识见识？"

周四新赶紧说："白菜心是艺名，是莲城唱花鼓戏的头块牌哩！改天，我把她叫来，给您来个专场演出！"

闵成杰频频点头，对王京甫说："王县长啊，你们莲城真是个宝地啊，资源丰富，又出美女啊！你这个县长当得还真舒服啊！"

今天，在宴席上王京甫有点沉默，他觉得自己的风头被周四新抢了，有点窝火，又莫可奈何，和周四新一比，他就有点小家子气，周四新敢请闵成杰进门，他为什么不敢呢？现在，听闵成杰的口气有点酸，他有点后悔了，后悔没有抢先邀请闵成杰住到自己家，万一今后闵成杰使点绊子……想到这里，他脸上立即堆满了笑："小小莲城，弹丸之地，只要大旅长不嫌弃这座破庙，莲城就是您的家，您有什么需要，我王京甫可以随时效劳，当然，今后，还要请您多多关照啊！”

周四新给二人斟酒，说：“闵旅长与王县长，一个是莲城的守护神，一个是莲城的父母官，都是我最敬重的大人物！能到这里来，就是瞧得起我周四新啊！”

（3）

日子转瞬就进了初夏。

卢皓月这天早晨起来，集中女队员练了一会拳脚和剑术，就觉得累了，这是以前没有过的。

一个少女，对什么有了期盼，也就多了一份等待的乐趣，但这期盼突然夭折，她还真的什么也没有准备好。自从听说贺修民遇难之后，卢皓月就觉得生命中有什么东西被抽去了，做什么事都提不起精神来。生命中少了一个人的时候，她才意识这个世界一点都不可爱。

队员们散去之后，她坐在院子里的一张石椅上，仰望天空发呆，湛蓝的天空浮着朵朵白云，想这人的一生也像浮云，只在天空中留下一道轻痕，风一吹，就什么都没有了。

她叹口气，见石椅上一队蚂蚁忙忙碌碌地来回奔跑着，它们有滋有味地生活，因为它们从不抬头看天吗？不看天上变幻莫测的云，不看夜空闪闪烁烁的星……

正在沉思，“叭叭”，远处传来几声清脆的枪响，树上的几只灰色野鸽受到惊吓，振翅朝天空飞去。接着，她又听到院子外面一阵脚步声响起，由远而近，突然停下。她惊讶地站起身时，院子的围墙上，已多出一个黑衣人，那人敏捷地从墙头一跃而下。

卢皓月抽出长剑，双脚一点，已飘到黑衣人前面，长剑已抵他的前胸。

黑衣人抬起头。

“修民哥！”

“皓月！”

卢皓月连忙收了剑，惊喜不已差点要扑在贺修民怀里，她紧紧抓住他的手：“修民哥，你没……”

他牵住她的手疾走：“皓月，有人追我，快，快，帮我找个地方!”

她急了，拉着他在院子里转了一圈，没找到躲藏的好地方。忽然，她一拍脑袋，说“有了”，她打开了一间小屋的门锁，拉他进去。屋子里赫然立着七口大水缸，一字排开。

他来卢家这么多年，从没进过这间小屋，更不知这七口大水缸是做什么的，就问：“这是什么地方，怎么这么多水缸?”

她小声说：“我爸炼‘保生丸’的地方，外人不准进来的!”

他犹疑不决：“那，我……”

她将他往里面推：“我什么我？再说，你又不是外人……”

她揭开一口水缸上木板，水缸里面，漂满了一层白花花的蛆，她抬起询问的眼光：“躲在这口缸里最安全，但是太脏……”

她还未说完，就听见院子里已经脚步杂乱，人声嘈杂。先是卢介康的声音：“周团长，贺修民怎么会跑到我这里来？不是说他被你们枪毙了吗?”然后是周四新的声音：“这小子命硬，不过，他是猫嘴里的老鼠——跑不了，今天要是让我逮到他，旧账新账一起算!”

贺修民这时再也顾不得那么多了，他爬进布满蛆虫的大水缸，将整个人都蹲下去，只留脑袋在外，卢皓月盖上木板，稍微留了一段缝隙，她真怕憋坏了他。

卢介康还在与周四新理论，不让他带人搜查。

周四新语气强硬：“卢老板就不要说了，我这是公事公办，耽搁了抓赤匪，你也担当不起啊!”说着，他一挥手，马铁成带着团丁就要往里面闯。

这时候，又有一队人马赶过来，带头的是警卫团团长黄心安。

周四新一见黄心安，就来了气：“咦，黄团长，你的嗅觉真灵啊！我前脚到你后脚就跟来了，是不是想和我抢功啊!”

黄心安笑道：“抢功？哈哈，周团长，你把我黄某人想成什么人了？抓赤匪，不光是你保安团的事，我们警卫团也有责任！既然你对黄某人不放心，那好吧，今天如果能抓到大鱼，功劳都记在你身上，行了吧!”

周四新笑道：“黄老弟，我们之间的事，好说，好说，现在我们怀疑赤匪贺修民进了院子，卢老板就是不让搜，你说怎办啊?”

黄心安走到卢介康跟前，温和地说：“卢伯伯，还认得我吗？我是‘典当铺’黄金龙的弟弟黄心安，您一向行善积德助危扶难，小时候，我就极为仰慕！”

卢介康抱拳说：“哪里，哪里，小兄弟你抬举我了，你哥哥我倒认得！”

黄心安说：“您放心，今天我们只是例行搜查，不会乱来的！”

卢介康犹豫了一下，点了点头：“那，好吧！”

两队人马相继进入院子。

卢皓月刚刚将小屋的门锁好，走出来时，正与前面的马铁成等人撞了一个正着。

马铁成粗暴地拨开她，往里闯。

她怒道：“你们这是……”

她正欲动手，周四新按住她的胳膊：“卢小姐，你别冲动啊！你们家里进了赤匪，我们要好好搜查！”

卢皓月一见是周四新，更为生气了：“周四新，你有证据吗？你这是私闯民宅，非法搜查！再说，我一大清早就在这里练剑，根本没见到么家赤匪，你这不是诬陷人吗？”

这时候黄心安走过来：“皓月小姐，请不要误会，我们只是来看一看，不会有事的！”

卢皓月见是黄心安，怒气稍退，但嘴上可不饶他：“黄心安！你也跟着兴师动众的，好像我们家真是藏了赤匪！”

黄心安笑笑，给她递了个眼色：“卢小姐，例行公事，例行公事！”

马铁成带着人搜了几间房屋，一无所获。周四新转悠到那间炼药房前停住了，他见房门紧锁，便用力拍了几下门，对卢介康说：“这是什么屋子，锁着搞么家，打开，打开！”

卢皓月往门前一站：“这是我爸炼‘保生丸’的地方，外人不能进去！”

她持剑挡住周四新，周四新扬了扬短枪：“卢小姐，我晓得你武艺高，但我想问问你，是你的剑快，还是我的子弹快？”

卢介康走上前说：“月儿，这屋子里就几口破缸，让他进去！”

卢皓月还在犹豫，卢介康已用钥匙打开了门：“周团长，请吧！”

周四新进屋，扫视一番，唯见七口大水缸。他扬起手臂，一路拂过去，七口水缸上面的木板，应声而落。

有的水缸里装着一缸清水，有的水缸中漂着白色的蛆虫，那些蛆就像一颗颗经水发泡了的炒米，懒洋洋地蠕动着。

周四新连忙掩起了鼻子，朝门边退去："卢老板，原来你的'保生丸'真是用蛆做的啊？"

卢介康这时跟过来，笑道："周团长，这是鄙人的祖传秘方，千万别到外面说啊！"

说罢，他又锁好了门。

里面发出轻微的响声，周四新有点警觉："有声音！"

卢皓月心里一惊，生怕他要再进去。这时候，黄心安说："没什么，是老鼠吧！"

黄心安推着周四新往外走。出门时，周四新对卢介康打官腔："卢老板，今天跑了贺修民，我得给你提个醒，他原来是你的徒弟，现在是我们要抓的头号赤匪。记住，窝藏赤匪，可是死罪一条！"

卢介康不以为然："周团长，你说话，不要棺材头上放鞭炮——吓死人，也别冤枉好人！"

（4）

周四新一走，卢皓月急忙打开锁，推门而进，不由发出一声尖叫：贺修民从蛆缸里出来，头发上、脸上、脖子上都爬满了蛆虫，他满不在乎地将那些蛆虫拈下来甩掉。

卢皓月心疼地催促："快，快去洗个热水澡！这些蛆虫太恶心了！"

贺修民浑身打颤，他歪着头，倒出耳朵里的水："蛆虫没什么，冷死我了，也憋死我了，周四新再多呆一会，我就受不了了！"

卢皓月拉着贺修民往外急走："幸亏黄心安把周四新支走了，要不然真有点麻烦！你呀，以前不是说水性好，可以潜水一炷香的时间不换气吗？"

贺修民搔搔脑袋，笑着说："哪有那么厉害？我那是吹牛啊！"

洗完澡，贺修民换了一套干净衣服出来，卢介康才知道贺修民躲在蛆缸里，不由皱眉责怪起卢皓月："你这小丫头，把修民藏哪里不好，非要让他钻蛆缸，多脏啊！"

卢皓月嘴撅老高："情况那么急，只有那里才最安全嘛！"

贺修民说："师傅，别责怪皓月，事实证明，那里的确最保险！"

父女俩关切地问贺修民为什么被追到这里，贺修民说，王京甫和周四新又抓了一批共产党员，今天凌晨，他带人前往县府查探情况，被周四新发现，他掩护同伴脱了险，自己差点没走脱，幸亏遇到师妹，否则就危险了。

卢介康又问了几句话，就借故走开了，只留下两个年轻人说话。

“修民哥，他们都说你……”卢皓月担忧地凝视着贺修民，滴下泪来：“我也以为再也见不到你了！”

贺修民拍拍她的肩：“那都是周四新他们放的烟幕弹，你看，我这不是好好的吗？”

卢皓月仰起泪脸，破涕为笑：“怎么好长时间不见你啊！再怎么忙，也该来看看我嘛！”

贺修民笑着问：“我现在是危险人物，你不怕？”

卢皓月嘟着嘴：“哼，我才不怕呢！死，也要跟你在一起！”

贺修民脸一红，将食指压在她唇边：“皓月，不许说这个不吉利的字！”

她抱着他的肩膀，撒起了娇：“修民哥，我就是要和你在一起，以后不管你走到哪里，可不准再丢下我！”

她玉颜明媚，美目流转，秀发带着少女特有的体香，垂落在他的脸上，让他心跳，他向后退，她娇喘吁吁，胸脯起伏，她依偎着他，眼角眉梢都是深情：“修民哥，我喜欢你！”

他抱着她柔软苗条的身体，呼吸一下子急促起来，有点手足无措，她突然仰起脸来，吻住他的唇，一股似乎带着青涩苹果芬芳的气息，牵动了他身体最隐秘的欲望，他禁不住伸出舌头响应，然而，只是瞬间，他就推开了她：“皓月，我们不能！”

她愣住了，扭转身子，装作生气地说：“怎么？你不喜欢我？”

他转过去，轻轻拍拍她的肩，软软地叫她：“师妹——我的好师妹——”

她转怒为喜，娇嗔一笑，忽然，她注意到他的前额添了一道小小的伤疤，像蚕蛹，并不明显，不仔细还看不出来，就惊讶地问：“这道伤疤是怎么回事？”

他淡淡一笑：“没什么，子弹刮破了一点皮！”

然后，他跟她解释，前段时间，他为避风头，另外为组织筹集经费，在省城呆了几个月，最近，他回莲城，是为了策划一件大事。

卢皓月深情款款注视着他："修民哥，你做的都是利国利民的大事，我虽然不太懂，但我永远支持你，你们的组织差多少钱？让我爸帮你一把！"

贺修民结巴着说："不，不，不差了。"

他突然想起前几天，书记林森问普善堂的卢介康是不是他师傅，能不能由他出面找卢介康借点钱，去省城买枪。他摇头拒绝了，在省城读书一直是师傅资助，再说师傅早就有意让他娶卢皓月，现在他仍不能说服自己，说不定一辈子就要辜负师傅的苦心了，他实在无颜张口借钱。

卢皓月认真地看着他："修民哥，真的不差钱吗？任何时候，都别把我当外人，好吗？"

贺修民回过神来，点点头。

在卢家吃过简单的晚饭，师傅与师母又拉住贺修民殷殷地叮咛了几句，才让他出门，卢皓月把他送到后院，打开后门，见他要走，很是不舍，问道："修民哥，如果想找你，到哪去找？"他告诉她一个位置，又叮嘱了一句，"记住，别告诉任何人！"

他身影一晃，便像一只鸟一样闪进了夜色。

(5)

和贺修民的那一吻，虽然短暂得只是一瞬，但那甜蜜和向往久久萦绕在卢皓月心间。晚上，她差不多一夜没睡。修民哥没有死！这件大喜事，她要找一个要好的又守得住秘密的人一起分享。只有亦莲！对，只有可怜的亦莲！天仙一般的人，为什么要嫁给跛子金水呢？难道真像人们传言的，这是土匪柴云飞施的美人计，为的是打探金水的财宝。可她觉得亦莲不是这样的人，不管怎样，得去看看亦莲了，顺便带点药给那个金水，据说金水被周四新抓去之后打得不轻。

这样想着，卢皓月一大早就出了门，带了一盒"保生丸"和一些其他药，朝金水家走来了。

卢皓月刚刚叫了一声"亦莲"，亦莲就从后院出来了，见到她，又惊又喜，一把抓住她的手，叫了一声"皓月"，就再也说不出话来。

亦莲的脸色有些苍白，消瘦了不少，卢皓月关切地问："亦莲，是不是病了？"

亦莲摇摇头，要给卢皓月去倒茶，卢皓月拉住她："你和我还客气？我给金水哥带了一些药，他人呢？"

亦莲朝院子里喊了一声："金水哥！你来一下。"

卢皓月笑着说："你怎么也叫起金水哥来了？这么客气？"

亦莲低下头，脸一红，未说话。

金水从后面一跛一跛地出来了："哟，是卢小姐啊！真是稀客！快，快，请坐！"

卢皓月拿出药递给金水，告诉他服用的剂量和方法。

金水很感动："这'保生丸'太贵重了，我受不起啊！"

卢皓月说："算不上么家，只是我们普善堂的一点心意！对了，你的病怎样了？"

金水活动了一下胳膊，说："基本上快好了！"

卢皓月开玩笑："都是你的宝贝招的灾？"

"宝贝？"金水佯装不解，朝亦莲瞄了一眼，说："你说的宝贝是不是她啊？"

这句话一出，亦莲与卢皓月的脸都红了。

卢皓月说："嗨，金水大哥啊，你想哪去了，我是说你在莲花池挖到的宝贝！"

金水嘿嘿一笑："卢大小姐，你也听信了那些谣言？哎呀，这谣言害我不浅，你还别说，他们抓我进去，里通赤匪的话，一句都没有说，问的都是，那些东西藏哪了，真好笑！"

卢皓月说："俗语说，强盗见钱起杀心，官人见钱露贪心。不管发财是真是假，你现在是莲城的名人了，得事事小心啊！"

金水笑道："哈哈，我算么名人？你真的不要相信那些鬼话，不过，还是要谢谢你提醒我！"

两人又说了几句，金水说想到外面走一走，亦莲叮嘱道："路上注意点，别走远，早点回来！"

金水回头看亦莲，眼里流转着柔情。

"金水大哥这辈子能娶你真是天大的福气！"金水走后，卢皓月对亦莲说。

亦莲低头不语。

“唉！亦莲，我晓得你心里委屈！”卢皓月拉着她的手说。

“皓月，别说这个了，说点高兴的事吧！”亦莲仰起脸，笑得勉强。

“我还真有一件天大的好事告诉你！”卢皓月跳起来，看看门口，压低声音，“走，我们屋里说！”

“小丫头，么事搞得神神秘秘的呀？”亦莲嗔怪道。

“修民哥没有死！”进了屋，卢皓月在亦莲耳边说。

“没——有——死？”亦莲脸上的表情像冰一样凝住了，眼睛迷茫地看着前方，一字一顿地说。

“是呀，没有死！亦莲，你怎么了，像中了邪一样？”卢皓月推了亦莲一把。

“哦，没事。”亦莲的嘴角勾起一抹苦笑，摇摇头，问：“你怎么晓得修民哥没死！”

“嗨，就在昨天，他在我家待了一天！”卢皓月说。

“啊，在你家待了一天？”亦莲睁大眼睛。

“是啊，是啊，他被周四新带着人追到我家院子里，是我把他藏进了水缸，救了他！”卢皓月很是骄傲。

亦莲这时候才彻底回过神来，拉她坐下：“皓月，快说说，怎么救的他？”

卢皓月彻头彻尾讲了一遍，亦莲生怕漏掉一个字。

“那他现在在哪？”亦莲担忧地问。

“这可是个秘密！”卢皓月更加神秘，嫣然一笑，“不过，我也不晓得啊！”

“你这丫头！”亦莲点了点她的鼻子。

“我是真的不晓得，修民哥是个神秘人物，也是个危险人物。我盼望着有一天，他能带着我杀富济贫、惩奸除恶，那该多好啊！”卢皓月一脸向往。

“你这话也不对，富人也不都是坏人，像你爸，不算穷人吧，却是好人一个！”亦莲说。

“是啊，我爸真的是大好人，昨天和修民哥谈话，我感觉他们的组织差钱，如果我跟我爸讲，他一定会资助他们！但是，我又感觉修民哥不会要我家的钱！”卢皓月笑了。

“为么家？”亦莲问。

“我也不晓得，只是一种感觉。”卢皓月有点失落。

两人聊着聊着，已到了中午，亦莲要留卢皓月吃午饭，卢皓月说什么都要回家，正在这时，金水回来了。

亦莲瞅了金水一眼，金水忽然挪开了目光，他有了心事，她想。

（6）

等卢皓月一走，亦莲就问：“你刚才去哪了？”

“魏老幺茶馆。”金水回答。

“你去那搞么家？那里闲人多，是不是有人在嚼舌头？”亦莲又问。

“我就是坐了会，听茶馆的老先生唱了几句皮影戏。”金水说。

亦莲不做声了。

金水喝了口水，润了润嗓子，哼起了一段皮影戏，亦莲小时候没少看皮影戏，听得出来，他唱的是《程咬金》：

恨这徐三哥，他的心眼多，万岁面前瞎拨唆，把我像整铊，做的好缺德，理该天诛地灭……结拜在贾柳店，情面毫不念，抽了吊桥还放箭，叫人喊黄天……

亦莲打断他：“你在骂哪个，哪个缺德，该天诛地灭啊……”

金水朝地上吐了口唾沫：“骂哪个，还用说？不是王京甫和周四新使坏，我不就早和你拜堂成亲了吗？”

亦莲说：“原来你心里一直惦记这事啊？”

金水定定地看着亦莲，她腕白腮红，朱唇冰肌，越看越像画中人，他大胆地拿起她的手说：“亦莲，几时再举行个仪式，把这堂补拜了，我心里才踏实，你不能再跟我睡两张床了！”

她想抽出手来，用了用力，没有抽出，任由他握着，然后低头轻声说：“仪式真的那样重要吗？现在这个样子其实也很好啊！”

金水趁势将她拥住，他惊喜地说：“亦莲，你是说不办仪式，只要实实在在地和我做夫妻就行了？那今晚……”

他期待地凝视着她，她却摆脱他，走到一边说：“金水哥，这件事不急，等你身体好了再说好吗？”

他失望地说："亦莲，你好像有心事？"

她摇摇头。他走过去，再次抓住她的手："亦莲，你别骗我了，其实柴云飞的心思，路人皆知！"

"路人皆知？"她来了兴趣，"金水哥，这怎么说？我们坐下好好谈谈！"

她给他倒了一杯水："说一说，金水哥，你今天在茶馆里听到了么家？"

他说："都劝我休了你！"

"休了我？"

"是啊，都说你是柴云飞的人，你嫁给我，是他施的美人计，为的是套我的财宝。"

"那，要真是这样呢，你就不怕？你就休了我吧！"

"我和你还没成夫妻，怎么休啊？"

"那你怎么回答他们？"

"我说，不管是么家计，这一生能中了你的美人计，死了也值！他们是眼红啊，我晓得的！"

"美人计？你信这种话吗？"

"又信又不信？"

"怎么又信又不信？"

"柴云飞肚子里的小九九，我一清二楚，在他眼里，你是让我吞钩的诱饵，但在我眼里，你只是我喜欢的人，而且，你绝不会受他摆布，即使有一天，我把藏东西的地方告诉了你，你也不会告诉他！"

"你就这么相信我？凭么家？"

"我也不晓得，反正，不管怎么说，我都认为你是一个好人，不可能出卖我！"

"那我可不敢保证！所以呢，你要是真的挖到了宝贝，千万不要告诉我！"

"你不相信我挖到了宝贝？"他立即站起身来，"对了，我有一件小宝贝，早就想送给你了！"

他从床下木盆里找出一个小木盒，打开，里面躺着一只精美绝伦的金色蝴蝶！

他小心翼翼地从盒中拈起蝴蝶，摊在手心，蝴蝶的翅膀用极薄的金片镂刻而成，薄如蝉翼，其触角细如毫发，以金丝编缀，繁密纤细，栩栩如生，似乎随时都可以展翅飞起。

她惊叹道："好精致的蝴蝶！"

他将金蝴蝶捧给她："送给你！只有你才配得上它！"

她摇摇头："不，这太珍贵，我受不起！"

他将金蝴蝶放进盒子里盖好，强行塞给她："亦莲，我可是没把你当外人啊，你再不收下就是瞧不起我！"

她只好接住。

"这才是好亦莲嘛！"他笑道，向窗户外边瞅了瞅，凑到她耳边，压低声音说，"我还有好些宝贝呢！要不，我都拿出来你看看？"

她连连摆手："别拿出来，我信你了！"

(7)

晚上，亦莲睡下后，听到金水在另一张床上翻来覆去，其实她自己也睡不着。上午，卢皓月告诉她贺修民还活着，令她欣喜又莫名的有些慌乱，眼前老是晃动着他的样子，英气逼人的脸，清亮有神的眼睛带点忧郁，咧嘴笑时那一排整齐的白牙，像洗过的星星那样干净，像儿时玩的小白石头……

窗外的几棵刺槐树刚刚进入花期，怡人的芳香透过窗户沁进来，弥散了整个屋子，不知名的虫儿不甘寂寞地鸣叫着，时低时高，时急时缓，时独唱时合鸣，连绵起伏出夜的激情，像是在思念谁。

亦莲想，金水身上的伤也好得差不多了，明天得跟他说说，她到另一间房里去睡。

金水这时说话了："亦莲，睡不着吧？我给你讲故事吧？"

亦莲说："好，你讲吧！"

金水："我给你讲徐苟三的故事，你听不听？"

徐苟三，传说生活在元末明初，为人诙谐，爱打抱不平，也爱捉弄人，称得上莲城家喻户晓的机智人物。小时候，亦莲听老一辈人讲过他的故事，说他捉弄起人来，六亲不认，从财主老爷、恶霸到自己的亲姑姑、亲舅舅，一个都不放过。

金水就讲起了徐苟三的故事：

有个薅草的姑娘长得蛮好看，众人都想和这姑娘套近乎，可是没机会，就逗徐苟三："你如果和那个姑娘亲个嘴，就算你狠！"徐苟三说："没问题啊，赌么家啊？"众人说："就赌一颗糖！"徐苟三说："老子又不是三岁小伢，你们用一颗糖就哄得我团团转啊，不过这事我乐意，你们看好了啊！"说完，他拿了一壶酒，走到薅草的姑娘面前说："姑娘，我到前边办点事，这壶酒你帮我照看一下，好吗？"姑娘答应了。徐苟三转了一圈回来，说姑娘偷喝了他的酒，姑娘不承认，他就说，那我闻闻你的嘴巴！姑娘没多想，张开樱桃小嘴，让他闻。那些和他打赌的人，站得远，只看到两个人在田里脸对脸，都以为是在亲嘴！

亦莲说："这个徐苟三，也太缺德了，薅草的那个姑娘亏大了，名声让他毁了啊！"

没听到金水回应，一侧身，看见一道影子在眼前一晃，原来是金水，穿着单衣的他不知什么时候到了她的床前，她吓了一跳，连忙坐起来："不声不响地，吓死我了！"

油灯的微光下，亦莲的一头青丝遮住小半张脸，像流水倾泻在圆润的肩上，凌乱而柔媚，她胸前那道神秘的乳沟，引导着金水的目光往下走，只到那颤挺挺地凸凹有致的两座小山峰，金水的目光像是被吸住了。

金水坐到了她的床上，她害怕地往床角缩："金水哥，你别乱来！"

金水觉得全身发飘，完全忘记了自己是个跛子，伤情还未完全痊愈，他纵身压住了她，一阵女性特有的芳香令他迷醉，他狂热地亲她的唇、耳朵和脖子。她极力摇晃着脑袋摆脱着他的进攻："放开我，金水……"

他的唾沫，还有身上的汗味、药味混杂在一起的古怪气味让她直想呕吐。他的手如蛇般游向她的胸衣，她用力推开，但他压得更紧，并且捏痛了她，她发出一声尖叫，小床的木板也咯吱咯吱，仿佛随时都有可能散架。

刚刚触摸到那梦寐以求的软玉温香，她柔弱无骨的身子一扭，他就捉了个空，看得出来，她并不想强硬地拒绝他。他脸上筋脉暴涨，但下面并没有跟着生机勃勃地呼应，欲望如潮水般地退去，他从她身上爬起来，沮丧地抱头蹲在地上，咻咻地喘气。

她惊魂渐定，说："金水，我有一个请求……"

他有气无力地点点头："说吧！"

"我想做你的妹妹！"她说。

"做我的妹妹？"他感到有些突然，疑问里夹杂着些许恼怒，"你以为我不是个正……正常的男人？"

"不，金水哥，你想多了，我想，我们先不急着在一起……"她说。

"你要考验我？"他打断她的话。

"谈不上考验，我的脑子里乱得很，你给点时间让我静一静，好吗？"她抱着脑袋好像很烦恼的样子，然后说："我想明天搬到你隔壁房间住！"

"不行！"他摇摇头。

"你真的要逼我，我就走了。"她的语气里透出决绝的忧伤。

"好亦莲，不要离开我！我答应你！"他近乎乞求地望着她，自虐似地捶打着自己的大腿，"亦莲，你千万别瞧不起我！我这个病可以治好，不骗你！"

"金水哥，你不要这样，这样让我心里很难受！"

他的手举在半空，望着她的目光仍是痴痴的。

"金水哥，我要睡觉了，你也早点歇息吧！"她轻柔地说。

金水听话地站起来，拉开布帘，在另一张床上睡下了。

一夜无话，只听见金水像烙饼一样在床上左翻右覆。

（8）

一大早，亦莲就起床给自己搬东西，她在另一间房里支起一张小床，把自己安顿下来。

东边的天空捧出一轮鲜活的太阳，金灿灿的晨光从窗子透进来，她的心情也渐渐敞亮起来，她洗着床单和床套，心底在想，能有一个新的开始吗？

她打算把东西晾晒在院子里，她喜欢闻晒了一天的衣物的太阳味，很清新的味道里面有一股醇烈。她在晾衣绳上打开床单，用手抻了抻，然后将手搭个凉棚瞭望天空，发现时间已快到中午了。她没想到，正在她看太阳的时候，门外有个戴草帽的人，在走进金水家门之前，也抬头看了一下太阳。

这个人将草帽压得很低，眉目被遮掩起来。

金水看到这顶草帽的时候，心突突地跳起来，土匪柴云飞那边来人了！

他早就晓得柴云飞会派人来，只是没想到这么快！

那人揭下草帽，叫道：“哥！”

金水惊住了，半天才说出话来：“修民，是……是你？你，你没……没有死？”

贺修民咧开嘴笑了，露出一口整齐的白牙：“怎么都以为我死了呢？我倒想早点到阎王爷那里投胎，可是阎王爷不收我呀！”

金水连忙走出大门，朝外张望了一下，又紧张地折回来：“修民，你现在可是危险人物，没被人盯着吧？”

贺修民稍稍一愣：“哥，你怕了？”

金水掩上大门，引贺修民到堂屋中坐下：“修民，狗日的周四新说我里通赤匪，我是吃了他的苦头的！”

贺修民的浓眉一拧，眉心里有了皱褶：“又是周四新！妈就是他害死的，总有一天，我要他血债血还！”

金水问：“你回家见了爸没有，他一直担心着你呢！”

贺修民歉疚地说：“还没呢，我刚回莲城没几天，哥，你先悄悄捎个信给爸，就说我一切都好！叫他放心。”

金水又问：“你这样忙？今天到我这里来，有事啊？”

贺修民问：“哥，听说你在莲花池找到了不少宝贝？”

金水用空洞茫然的眼光对着他。由瓦缝漏进一缕阳光，满含预兆的灰尘跳动游离。金水就手指那个瓦缝说：“你看我屋上的瓦破了好几处，我都没有钱修，你也听信了那些鬼话？”

“哥，不是我要那些东西。”贺修民贴着金水的耳朵说，“我是代表组织找你借几件……”

金水打断他的话：“别提你的么家组织了，我没兴趣，再说，我是真的没有挖到么家宝贝，你别听人乱说！”

贺修民自己找了张椅子坐下来：“哥，你对我们这个组织不了解，这个组织……”

金水再次打断他：“唉，弟弟，你晓得我没读多少书，不像你，从小到大，家里都只供你一个人念书，你喝的墨水比我喝的茶还多，就别跟我讲大道理了！”

贺修民听出哥哥这话里面有牢骚，他正要说话，忽然呆住了。

他看见了亦莲。亦莲穿着一件葱绿色的土布大襟衣裳，端着一碗大叶茶走过来。“请喝茶！”茶端到贺修民的眼前，那双手在轻微颤抖，褐色的茶水也跟着微微漾起波纹。

他怔怔地从椅子上站起来，叫道：“亦莲！你怎么会在这里！”

她竭力让自己平静，她的眼波是一面表面平静湖水，下面汹涌着澎湃的暗流，蕴藏着滚烫的千言万语，但一时都化作那欲语还休的沉默。

金水眨了一下眼睛，他既有些得意，又故作严肃：“忘了跟你说了，这是你新嫂子。”

贺修民更惊愕了：“新嫂子？”

他奇怪地瞅着她，她的眸子依然深邃而平静。

“请喝茶！”她又说。

他如木偶机械地接过茶杯，茶水荡了几下，湿了他的手，他就去看那茶杯，仿佛看见她的眸子映在茶水里，有些古怪地浮游像两只蝌蚪。

金水拍了拍他的肩说：“哎呀，修民，最近莲城发生了很多事情，你都不晓得吗？”

“不晓得。”他摇摇头。

“难怪别人都说你死了呢！”金水说。

他愧疚地看着亦莲，梦幻般地冒出一句：“如果是真的死了，倒也好。”

金水故作惊讶：“死？修民你不要瞎说，你是有大抱负的人，怎么能死呢？”

亦莲说：“你们兄弟两个好长时间不见面，怎么一见面就死去活来的？别说不吉利的话，要不，我去后面弄几个小菜，你们坐下来喝几杯？”

贺修民说：“不了，不麻烦了，今天我来是有事。”

亦莲关切地问：“有事？你哥要能帮得上忙，一定会帮你。”

贺修民定定地看着她，欲言又止，她不是落在柴云飞匪窝里了吗？怎么又会出现在这里？而且还成了他嫂子！他心里有一千个疑问，期盼她来解答，但是她回避了眼光，去看金水，金水接过他的话，打了个哈哈：“我这个弟弟啊，不晓得听谁说，我在莲花池挖到了宝贝，要找我借几件。”

“借几件？”她的眉毛轻轻拧在一起。

“不是我借，是代表组织。”贺修民分辩道。

亦莲走到门口看了看，转身说：“有话，到后面院子里说吧！”

院子四周攀爬着枝叶茂盛的藤萝，紫色的花一串接着一串，开得热烈。一阵风过来，叶子层层颤栗起来，仿佛私语着幽暗的秘密。院子中间立着一张石桌、四个小石凳。贺修民和亦莲先坐下，金水却不坐，亦莲说：“金水哥，你怎么不坐啊？”贺修民听她叫“金水哥”，有些疑惑地去看金水，金水躲闪了他的目光，慢腾腾地坐下。

贺修民压低声音说，近期，他要带着队伍做一件大事，但是缺枪，如果你肯借几件宝贝给组织，他们就可以到省城去买枪。

金水只是摇头，不说话。

贺修民对他说，这是一件功德无量的大好事，将来全人类大解放，你的一份功劳不可磨灭，你的名字将被刻在白玉石制成的纪念碑上，永远活在人民心上，那么你的身躯灭了，灵魂却永远不灭。

金水一笑：“灵魂？像我这样的人还有灵魂？你的话太高深了，我听不懂。”

亦莲却点点头：“我懂。”

金水就看她：“你真能懂？”

她说：“金水哥，你弟的意思是如果你真的发了财，就拿点钱出来，当作是做善事，下辈子会有好报的！”

金水双手抱着肩膀，很无辜的样子：“亦莲，那你说，我发了财吗？我发了财吗？”

她剜了他一眼：“我怎么晓得？”

金水摊开手苦笑：“我真没有发财，修民，你就别在我身上浪费时间了，你有这闲工夫，还不如回家看看爸！”

贺修民站起身，说：“哥，既然你这样说，我信你，那，我走了。”

亦莲在一边说：“吃了饭再走吧！”

贺修民说：“不了，我还有事，先走了。”

亦莲说：“那我送送你！”

金水也说：“是啊，让你嫂子送送你，我呢，就不送你了。”

贺修民点点头，和亦莲并肩走到门口时，他回头看了看，金水没有跟来，他小声对她说：“大后天中午我在白鹭湖边等你，你装作买鱼，去找我！”

她抬头看他的脸，他额头上的那道蚕蛹状的伤疤，她早就发现了，一直没有机会问。这时候，她心疼地问：“这道疤……”

他想说，去救你的时候，被柴云飞的土匪打伤了，出口时却是这样一句：“没什么，子弹擦破了一点皮，记住，大后天，中午，白鹭湖，等我！”

她犹豫了一下，还是“嗯”了一声，她站在门口，看到他走得飞快，一会儿，背影就消失在正午的街道里。

(9)

亦莲挎着一只青篾竹篮出了门，到南城门时，看到一张布告，上面的人像让她吃了一大惊，这不是贺修民吗？

她急忙凑近去看，只见上面写着：

活捉贺修民者，人头有多重，赏黄金多重，官升两级。

打死贺修民者，赏光洋五千块，官升一级。

密告贺修民者，赏光洋两千块，官升一级。

隐藏、窝藏不报贺修民者，全家诛戮。

以上仰我军民等，通力协作，捉拿赤匪。

……

亦莲心里跳了一下，倒不是为自己今天去见贺修民害怕，而是为他担心。

出城三里多路，就到了白鹭湖。

此湖因常有成群白鹭飞翔，故名白鹭湖。白鹭湖里鲜鱼多，住在湖边的人靠湖吃湖，渔民们常唱的是：

白鹭湖呀浪打浪，湖里的鱼儿千万样，不管鱼儿有多狠，我都要你呀进船舱。

渔民们捕鱼各显神通：罩麻罩、打撒网、放丝网、下卡子、下地钩、放鹭鸶、摆迷魂阵……捕鱼的法子千千万，湖里的鱼怎么都捕不完。

亦莲来到白鹭湖边时，已近中午，买鱼的人尽数散去。她着一件石青底子的小褂，上面绣着菊花、兰花、海棠花，还有彩蝶，这更显得体态轻盈，她臂间挎着的那只竹篮有节奏地晃荡出一种既干练又温柔的韵味。她在湖边走来走去，寻找着贺修民。渔民抢着和她搭讪："要买鱼吗？最后几条了，便宜卖！"她假装看了几眼，摇摇头走开了。

蝉鸣不绝如缕，湖边那棵老柳树下泊着一只船，上面有三个戴草帽的男人蹲在船上钓鱼，她走过去的时候，听到其中一个哼唱着：

> 钓秋江河，一小舟，咿么子游，咿么子游，两边挂的金丝网，当中挂的钓鱼钩。钓鱼钩，钓鱼钩，钓不到虾子钓泥鳅，钓一条鳝鱼这么子粗，钓一条鲢鱼打鼓泅，打鼓泅……

本是那么急切地想见他，但是看到那熟悉的背影，她的脚步迟疑了，挎篮子的手抖得厉害。

手拿钓竿的贺修民突然回过头，看到了她，惊喜地站起来："亦莲！"

旁边唱歌的那个人也回过头，这是一个红脸膛、粗眉毛的汉子，旁边那位却长着一张秀气的娃娃脸，两位好似一武一文，对比鲜明，贺修民告诉她，"红脸膛"叫王金山，"娃娃脸"叫樊秀鹏。

然后，他向二人介绍亦莲，王金山说："早就听修民说起亦莲姑娘，今日一见，果然不凡！"

亦莲的脸腾地红了，对他们打趣道："你们三个，还真有闲情逸致，在这里钓鱼啊！"

樊秀鹏笑了笑，对贺修民说："队长，你和亦莲姑娘谈，我们到旁边看着点！"

二人跳上岸后，很快走进了湖边的树林里。

（10）

倒垂的柳枝拂荡湖水，荡起圈圈涟漪，亦莲斜倚在那棵虬枝婆娑的柳树，望着贺修民，那天，她都没敢仔细看他，现在才发现他瘦了，也晒黑了。

“上船吧!”他说。

她迟疑了一下，挎着篮子跳上来，小船一阵轻晃，贺修民扶住她，热切地说：“亦莲，我有好多话要对你说!”

她望着他的眼睛，鼻子有些酸，泪水悄悄地从脸颊滑落。

他说：“亦莲，我们到一个地方好好谈谈!”

说着，他荡起船桨，划向芦苇深处，几只蓑草鸡从苇丛中跳出来结队逃窜，细长的腿在湖水上拖行着飞翔。小船刚好泊在一片芦苇当中。这一片纯净无尘的天地仿佛专为他们而设，一块椭圆形的湖水四周生满了青碧的苇叶，苇叶上歇着几尾红色的蜻蜓，一阵风吹来，苇叶吵吵作响，蜻蜓随着苇叶摇晃，怎么也不肯飞走。

他愧疚地说：“亦莲，那天早晨，说好了我带你走，没想到……”

她止住他：“别说了，后来的事情我都晓得了!”

他说：“没想到，以后又会发生那么多事！亦莲，我这一生都不会安宁，我对不起你!”

她不再流泪，摇摇头：“别说这些了，一切都过去了，像一场噩梦……”

他的眼里流露着痛苦：“那，那你又怎么成了我的嫂嫂?”

她苦笑着：“做你的嫂嫂不好吗?”

他咬了咬嘴唇：“不好，很不好!”

她抬头哀怨看他：“怎么个不好法？现在你就应该叫我嫂嫂，不能再‘亦莲亦莲’地叫了!”

他说：“昨天从哥哥家里出来，我听人说，你和哥哥并没有拜过堂，是不是这样？告诉我，这一切都是为什么?”

沉默了片刻，她说：“从土匪那里出来后，我以为你死了。柴云飞看上了你哥的财宝，逼我嫁给他作内应，娶亲那天周四新抓走了他，我们没有拜堂，他又被打伤了，我们一直不住一起，我要他把我当妹妹看。这下，你满意了吧。”

贺修民又惊又喜，抓住她的手激动地说：“亦莲，这么说，你不是我的嫂嫂，我们还可以回到从前?”

“回到从前?”

“是啊！现在我回来了，再也不走了！你快点从我哥那里搬出来吧！柴云飞算什么东西！他逼迫你做什么内应，真是可笑，现在有我在，你就不用怕他！总有一天，我会要了他的狗命！”

“回到从前，恐怕是不能了！”她感伤地叹口气，“再说，如果我从你哥那里搬出来，你敢和我在一起吗？你就不怕流言蜚语？”

“我不怕，大不了，我带你走，离开莲城！”他目光如炬。

“你不革命了吗？你不是要带队伍做一件大事吗？”她问。

他沉默了。

“你昨天说缺钱买枪？”

“是的，我们有一批同志关在莲城监狱，其中包括一位重要的首长，我们打算劫狱，但我带领的赤卫队装备太差，如果硬拼，就好比拿鸡蛋碰石头，但是添一些枪，就不一样了！”

“那你还要我从你哥那里搬出来？”

“这么说，我哥真的从莲花池里挖到了宝贝？”

“据他说，是挖到了不少东西，他曾要告诉我藏宝之处，我让他别告诉我。”

“为什么？”

“你想啊，你哥为挖宝，老婆跟人跑了，自己的身体也差点废了，他把宝贝看得比命还重，如果从我口里泄露了他的藏宝之处，他还不恨我恨得要死！”

“听你这么一说，我想放弃了，唉，我不忍心看你受委屈！”

沉默了一会，她抬起眼，含情直视他：“如果，我愿意呢？”

他一怔：“亦莲！”

亦莲从竹篮里拿出一个小木盒，说：“我没积蓄，就这点东西，看能不能换些钱帮你们买枪？”

贺修民打开盒子，一只栩栩如生的金色蝴蝶跳入眼帘，他惊叫道：“这可是稀世宝贝！我不能收！”

亦莲恳切地说：“你一定要收下，我真的帮不上你，心里很难过，如果连这点东西都不收，我会更难过的！”

贺修民搂住她：“亦莲，我欠你一辈子的情，根本没资格要你做什么，现在你要做的只是好好活着，等我。相信我，我一定会给你一个光明磊落的明天！”

她摸了摸他额头上的伤疤：“修民，我相信你，也请你相信我，虽然我没法给你一个实在的承诺，但我会帮你，还有，刚才出城的时候，看到抓你的告示，说实话，我很怕你……”

“没事的，亦莲，我会加倍小心的！”

“现在，我得走了。”她从小船上站起来，观赏着四周的景色，两只鱼钻子①在芦苇丛中跳跃、嬉戏，然后，它们几乎同时低头钻入水中，默契至极，转瞬就消失得无影无踪，但只是片刻，这两只鱼钻子又从湖中悄然浮现，一左一右并排游向远处荷叶初生的地方。那些荷叶还没有长大，只是微露水面半张半卷，还有野生的菱角，也稀稀疏疏地绽开了嫩叶，水清天高，阳光投射在湖水上闪现粼粼波光，白色云朵在天空流淌也在湖里流淌。

她用手撩了撩头发，叹道：“真美啊！真想永远不走了！”

他笑着说：“好，你不走，我陪你！”

她看着那初生的娇嫩荷叶，忽然说：“我打个谜语你猜，你要是猜出来，我就不走！”

他期待地看着她：“好哇！”

她说：“姆妈②在泥中受苦受难，爹爹在水面摇风打扇，生个哥哥凸眉鼓眼，跟个妹妹十分好看！”

他脱口而出：“姆妈是藕，爹爹是荷叶，哥哥是莲蓬，妹妹是荷花！”

“你怎么一点都不是凸眉鼓眼？”她细细地看，打趣他。

“可是妹妹十分好看倒是真的！”他静静地看她，“我给妹妹唱一首歌，好吗？读书时音乐老师教我们唱的。”

亦莲很高兴：“好啊！”

贺修民唱道：“一泓清水，半亩方塘，碧云深处仙乡。浅红晕颊，嫩绿裁裳，出水芙蕖雅淡妆。悠扬，映斜阳，果然绝代容妆。远香，宜晚凉……”

“真好听！这是哪个写的曲？”

“莫扎特，一个外国人。”

“好怪的名！”她扑哧一笑，抻了一抻那件石青底子小褂上的皱褶，说，“好了，我真的要走了。对了，贺大队长，如果我想见到你，到哪里找你呢？”

---

① 鱼钻子：学名秋沙鸭。

② 姆妈：妈妈。

她称他为“贺大队长”，有一丝俏皮的亲密，给他特别的感觉。

他沉吟片刻：“两个地方，一个就是这里，一个就是——元庙观清虚道长那。”

她点点头：“嗯，记住了，我们把船划回去吧，等我消息！”

小船划回老柳树下，他将先前钓起的鲫鱼放入她的篮子，她挎着篮子上岸后，回眸一笑，令他黯然魂销，他目送她倩丽的背影隐没在小路尽头。

第十章　跟踪

(1)

周四新几次三番带信让白菜心为闵旅长唱戏，白菜心都拒绝了。

这天早晨，白菜心提了一个箱子，正要出门，差点和周四新撞个满怀，她怔住了：“咦，这不是周爷吗？”

周四新一笑：“小白啊，你架子不小啊，我请了好几次，就是请不动啊！”

“周爷，最近一段时间，我身体不太好，就是在戏园子里也唱得不多啊，得罪了！”白菜心赔笑，又向后面喊，“关旭，有客人来了，你出来招呼一下！”

“唉！”关旭应声而出，一看是周四新，就冷了半张脸，站着没动。

白菜心化解尴尬：“来，来，周爷请坐，关旭，给周爷倒茶！”

周四新坐下来，关旭极不情愿倒了杯茶，往桌子重重一放，茶水溅了出来。

周四新笑道：“怎么了，小关？还记着我的仇啊！”

关旭哼了一声：“只要能不看见你，我就烧高香了！”

周四新说：“小关哪，就这么恨我？不要有抵触情绪嘛，要白菜心去唱戏，这是别人做梦都想不到的美差啊，你晓得，要听戏的是哪个？”

关旭有点不耐烦：“不就是个当兵的吗？”

周四新用戴着一只绿宝石戒指的手指敲了敲桌子：“年轻人，你是小看了这位闵旅长，他可不是一般的兵啊，我把你当兄弟，跟你说句真心话，这个莲城不是王京甫县长的，更不是我周四新的，却是这位闵旅长的，他手下有几千号人几千条枪呢！这年头，谁的人多枪多，我们就得听谁的，是不是？如果和他搞好关系……”

关旭轻蔑一笑，打断他的话：“哼，我们小老百姓，一不想当官二不想发财，溜须拍马舔屁股的事，做不来！”

周四新不快地说：“你是话中有话啊？我好心好意给你们引荐贵人……”

白菜心从一旁打圆场：“我家关旭没别的意思，他是个老实人！”

周四新软中带硬地说：“小白，我是为你着想啊，谁要是得罪了闵旅长，日子怕是不好过！比方说，他可以禁戏班，封戏园……”

关旭越听越气：“这恐怕都是你周四新的主意吧？这世道，还有没有王法啊！”

周四新干笑道：“你错了，这世道还是有王法的，闵旅长就是王法，他点名要听你家小白的戏，你们不赏脸，就是敬酒不吃吃罚酒！”

白菜心说：“周爷，这事可以商量！”

关旭瞪了白菜心一眼：“商量个屁，你要是敢去，我打断你的腿！”

白菜心看了看周四新，面露难色。周四新干咳两声，站起身说：“小白，这事你自己拿主意，要想好，后天吧，希望你能去找我！”

周四新带着随从走出大门，关旭朝他们的背影吐了一口唾沫。

白菜心忧虑地看着关旭：“该怎么办？”

关旭对她喝道：“怎么办？坚决不去！送上门去卖艺，也太他妈贱了！”

白菜心有点不高兴了：“别说得这么难听，人家这不是来请了吗？”

关旭冷笑道：“哼，请？你难道看不出来，姓周的根本是不安好心！”

白菜心不说话了。

（2）

一天下午，白菜心从戏园里快快地回来了，关旭关切地问：“怎么，病了？”

白菜心摇摇头，将手中的箱子往地上一丢，一屁股坐在板凳上，叹了口气。

关旭又问：“你今天没唱戏？”

她点点头。

关旭有些急了："我的姑奶奶，到底是怎么了，说句话啊！"

白菜心说："我们的戏班被禁了，不准进戏园子演戏了！"

"为么家？"

"闵旅长有令，说戏班里混进了赤匪，要干爹休业整顿！"

"这不是明摆着冲你来的吗？"

"是啊，戏班的人都晓得，这事就是冲我来的，姓闵的铁了心逼我去唱堂会，我不去，他是不会罢休的！"

"这个王八蛋！"关旭骂道，"你干爹陈老幺怎么说？"

白菜心说："戏班子的一家大小都是干爹带着，都指望着他吃饭，姓闵的来这么一手，干爹虽然嘴上没说，但是我晓得他也是很为难，不好对我发作，唉，我一个人饿肚子不要紧，害得大伙都跟着挨饿！"

说罢，她眼圈发红，用袖子去拭泪。

关旭见她一哭，也心烦意乱起来："这个姓闵的也欺人太甚，我就不信，这几天，你哪都不去，他还敢逼上门来！"

晚上，两口子睡得比较早，等快到天亮时，白菜心就醒了，想着烦心事，怎么也睡不着了。忽然，她听到后面院子里好像有动静，像风吹动旗帜的呼啦啦的响声，她推醒关旭，让他听。

关旭睡得迷迷糊糊，嘟哝着说："树枝被风刮得响吧，大惊小怪！"

白菜心躺了一会，吸了吸鼻子，还是觉得不对劲："好像有一股烧糊了的味道。"

忽然她听到后面隐隐有人在喊："失火了哦，失火了哦！"

她连忙披衣下床，刚走出房门，就见后面阁楼窜进来一道火苗，火苗狂舔着屋梁，屋梁开始烧着了，她连忙大叫："关旭，不好了，失火了！"

关旭从床上跳起来，穿着短衫赤着脚跑出来，火势越来越大，房顶的檩条也被引燃了，火光照亮了整个堂屋。接着，关旭听到大门被拍得山响，他急忙打开大门，门外站了好几个提着水桶拿着水盆的乡亲。

乡亲们冲进屋灭火，关旭与白菜心跑进房里抢东西。火显然是从后院烧起的，火势随风向前面的屋子蔓延开了，街上有人敲起了报警的铜锣，锣声夹杂着急促的呼叫："关家失火了，快来救火啊！"

一条街的乡亲们陆续赶来，提水的提水，泼水的泼水，火势渐渐被控制住，但房子已烧去大半，天也大亮了。关旭两口子只抢出了几件好衣服和两床被子。

亦莲闻讯火急火燎赶来的时候，白菜心坐在地上抹眼泪，她连忙扶起来白菜心。

“妹妹，你看，我这日子怎么过呀！”白菜心哭道。

“偷不完，抢不完，一把火全烧完！”一旁的街坊老大娘也抹着眼泪叹息。

“我要找周四新算账，肯定是这个狗日的放的火！”关旭提了一把菜刀，在大声嚷嚷。

“你说他放火，哪里有证据？”几个男人拉住他。

“我不管，我要跟他拼命！”关旭继续嚷。

“哥，你冷静点，即使真是他放的火，你也不能跟他拼命，就凭你这把菜刀吗？”亦莲说。

“那，那妹妹你说，难道房子就白白给人烧了？”关旭一怔。

“哥，这事我们要从长计议，没有证据之前，你和谁急都没用！”亦莲夺下菜刀。

关旭黯然。在众人的劝说下，他一屁股坐在一条长凳上，痛苦地抱着头，不再吱声。

（3）

卢皓月也匆匆赶来了，她揪心地看到三间屋几乎化为灰烬，问亦莲：“是失火还是纵火？”

亦莲把她拉到一边说：“有些怪，有人故意放火，又并不想烧死人。”

卢皓月陷入沉思：“放火者一定另有居心！”

亦莲点点头。

卢皓月看见白菜心哭红了眼睛，忙上前安慰，掏出一张银票，递给白菜心：“大姐，这是我们普善堂的一点意思，帮不上太多的忙。”

白菜心不肯接，卢皓月硬是将银票塞给了她：“你们俩没地方住了，要是不嫌弃，就到我家住几天吧，我爸再三叮嘱过我的！”

旁边响起一个人的声音："卢姑娘真是好人啊！"

卢皓月回头一看，是和自己交过手的马铁成，他的旁边站着武黑皮。马铁成现在升了保安团的副团长，所以卢皓月说："哎哟，我当是谁呢，原来是我们的马大团长啊，怎么？不忙着捉拿赤匪，倒有闲心逛到这里，是幸灾乐祸看热闹呢，还是准备落井下石呢！"

马铁成笑着说："卢小姐啊，在你眼中我们就那么坏啊，我们就没做过一件好事吗？"

卢皓月说："你们自己说说，从娘肚子里出来，做过哪桩好事？"

马铁成说："今天我们就是来做好事的！"

武黑皮接话道："对，听说白大小姐家失火，周团长令我们送来五百元，以表慰问！"

说着，他拿出一叠可以直接兑换现洋的纸券，递到白菜心面前："周团长听说白大小姐的房子被烧了，非常痛心，特派我们前来看望，收下吧！"

白菜心正在推让，关旭突然冲过来，夺过纸券往空中一扬："去你他妈的臭钱，放了火，又来充好人！给我滚！"

纸券纷纷扬扬洒落一地，关旭抓住武黑皮的衣襟，将他往外推。

武黑皮拨开他的手，问白菜心："像吃了枪药，这么凶，是你家里那位吧？"

"你管老子是哪个？"关旭举拳向武黑皮打去，武黑皮一闪，拳头被一旁的马铁成拿住："小关啊，你可别冤枉人啊！这个罪名我们可背不起！"

关旭被他拿住动弹不得，又恼又怒，脖子涨得通红。卢皓月轻移脚步，食指与中指并拢，点了一下马铁成的手腕，他的手就像蜕掉的蛇皮一样松软下来，关旭趁势挣脱，操起一条长凳，向马铁成劈过去："狗日的，放火的不是你们是哪个？"

亦莲抢上前来，一把拉住他："哥，别冲动！和狗腿子打架，不值啊！"

"好，好，小关，看样子，我们之间有误会，今天是说不清了！我们走，我们走，还不行吗？"马铁成摆摆手，像想起一件事，走到白菜心跟前说，"白大小姐，我们周爷是诚心诚意，请你去为闵旅长唱戏，您务必赏光啊……"

关旭见马铁成还在与白菜心磨蹭，怒气又起，将手中那条长凳朝马铁成掷了过去："王八蛋，还不快滚！"

马铁成身子一低，长凳从他头顶飞过，"哐当"一声掉在地上。他赶忙拉上武黑皮，快步溜走了。

亦莲拿出一包银洋，塞给白菜心："嫂嫂，我没多少积蓄，就这点东西，你们建房子，我只能添几块砖了！"

"妹妹，谢谢你了！"白菜心接在手里，拉着亦莲的手，眼含泪花，"这场火多半是周老虎放的，他要我给姓闵的旅长唱戏，不是一天两天了。哎，现在戏班演不成戏了，房子也烧了，要是你哥答应我去唱，就不会有这么多事了，他的脾气总是那么犟，你要劝劝他！"

亦莲说："嫂嫂，哥不让你去，也许是对的，现在世道不太平，人心难料，不得不防啊！"

白菜心说："不要紧的，我也不是三岁的小孩子了，就是唱唱戏，我不相信，他们能将我怎样！"

亦莲担忧地说："你真的打算去给他们唱戏？"

白菜心点点头："再不去，我不晓得还会发生么家事，已经连累了好多人，姓闵的禁了我们民众戏班，不能让大伙跟着我饿肚子啊！"

亦莲叹道："唉，嫂子，你也有你的难处，这些狼心狗肺的东西，总有一天会遭报应的！不过，你真的要去唱戏，可千万要小心，千万要保护好自己！"

白菜心说："好妹妹，只有你理解我的难处！"

两人又说了一会话，亦莲要走了，她与卢皓月一起离开。

（4）

一路上，亦莲想着嫂嫂白菜心刚才的话，不由心事重重，卢皓月看在眼里，便说："亦莲，又有些日子没看到你了，好想你啊，真的，哥嫂的事你就想开些，天有不测风云啊！"

亦莲说："皓月，这火来得很是蹊跷，我先前跟你说过，放火者并不想弄出人命，最近一段时间，周四新逼我嫂嫂去为姓闵的唱戏，恐怕跟这事有关。"

卢皓月听到"周四新"三个字，怒道："这个大混蛋，老是和修民哥作对，现在又到处做坏事，总有一天，我要好好收拾他！”

亦莲听她提到贺修民，不由心跳加快，但脸色依然平静：“皓月，我前几天看到一张悬赏告示，说捉住贺修民有重赏，那些不三不四的人你要盯紧点，有消息，就早点告诉修民哥！”

卢皓月说：“这事，我早就晓得，不过，亦莲提醒得对，是啊，人为财死，鸟为食亡，姓周的重金悬赏，利欲熏心之徒怕早就瞄准了修民哥！”

两人并肩又走了一程，就到了十字街，要分手了，卢皓月忽然神秘兮兮地说：“亦莲，能不能问你一个问题？”

她点点头，卢皓月凑到她的耳边说：“我听人家说，你和贺金水，并没有拜天地，也不在一张床上睡……睡觉，是不是啊？”

她很是吃了一惊，脸蓦然红了：“鬼丫头，听谁说的？”

卢皓月顽皮地眨眨眼：“哼，你不管我听谁说的，你先告诉我，是不是真的？”

她迟疑了一下，说：“妹妹，你不是别人，我实话告诉你吧，我跟金水还没正式拜过堂呢，结婚那天，周四新带人来抓他……后来我与他约定，我把他当哥哥，他把我当妹妹。”

卢皓月很是不解：“那你怎么不离开他！两人同在一个屋檐下，不管怎样，容易被人说闲话啊！”

亦莲惆怅地看了看远处：“有些话，我现在没法跟你说明白，有些事，我也是身不由己，也许，等以后，你就明白了！”

卢皓月撅着嘴说：“以后，以后！以后你都老了，我也老了，唉，你现在还可以重新开始，我敢保证，愿意娶你的男人一抓一大把！”

亦莲扑哧乐了：“皓月，你才多大啊，就提‘老’这个字，真是笑死我了！”

卢皓月关切地看着她：“亦莲，你要是没地方去，就到我家来，现在就可以！”

亦莲叹口气说：“谢谢你，皓月！不过，你还是先操心你自己，对了，你该找婆家啦，不能整天迷着刀啊剑的，得为自己的终身大事考虑啦！”

卢皓月一撇嘴：“我才不急呢！”

亦莲望着她饱满光洁的前额，说：“皓月，你很美，真的，追求你的人应该很多吧，你说你不急！是有意中人了吧？”

卢皓月眼里蓄满向往，俏皮一笑：“有啊！就是不晓得他喜不喜欢我？”

“谁呀，能告诉我吗？”亦莲心里一沉，已猜到八九分。

“这个人你认识的！”卢皓月的脸上溢出甜蜜。

“我怎么会认识？”亦莲佯装不知，摇摇头。

“就是他啊，我们刚才说到的这个人！”卢皓月在她耳边小声说。

亦莲停住了脚步。

“是修民哥，我从小就喜欢他！”卢皓月还是忍不住说了出来。

“那你还不抓紧时机向他表白，让他娶你呀！”

“可是，他老是把我当妹妹啊，你说有么办法啊？”

卢皓月显然没听出亦莲话里的酸味，很苦恼地说。

迎面走过来一个人，亦莲的心里在想事情，差点和这人撞了一个正着。

这人穿一身军装，亦莲本能地避闪着。

卢皓月却叫起来：“黄心安！”

黄心安两眼炯炯放出惊喜：“原来是卢大小姐，急急地要到哪去啊？”

他看了一眼亦莲，问道：“这位是？”

卢皓月嘴角漾起一丝调皮的嘲讽：“黄大团长，莲城的第一美人，你都不晓得？”

亦莲脸一红，用手打了一下她：“鬼丫头，又瞎说！”

黄心安看着亦莲，搔了一下脑袋：“你就是关亦莲？”

卢皓月喝道：“黄心安，别看呆了！”

黄心安一笑：“亦莲姑娘美，卢小姐也美，你们是莲城的并蒂莲花！”

卢皓月摆摆手：“去，去，几时，连你都学会肉麻了！受不了！”

黄心安走后，亦莲打趣卢皓月：“这个黄心安，对你有好感呢！好像喜欢你！”

卢皓月嗤笑道：“他？亦莲，你在说笑话，怎么可能！”

亦莲说：“凭感觉，这人不错，至少不那么讨厌。”

（5）

回到金水那里后，亦莲很不宁静，她发现，最近一段时间以来，金水的情绪好像有点不正常，他现在除了常去魏老幺那里泡茶馆，还特别喜欢到酒馆里喝几盅。

那天，他喝醉了，一边蹒跚着走进屋，一边说：“他们都说我是背了个名，划不来啊！”

亦莲去搀扶他，柔声责怪他：“怎么，又喝多了？背了个名？你自己到外面说了么家吗？”

金水看到亦莲，酒就醒了一大半，忙说：“没说，没说，就是喝了二两酒！”

这天下午，金水又出去泡茶馆了。亦莲准备做针线活，她不想吃金水的闲饭，她早就开始自食其力帮别人做针线活了，虽然金水反对，但她执意要做的事，金水拦不住。

亦莲坐在靠窗的椅子，刚打开箱子拿出针线篓，门外走进来两个人来。这两个人的脚步好轻，只到他们的身子遮住了光线，她才发觉。

抬头一看，是柴云飞和朱军师。

柴云飞笑吟吟地端详着她：“我们的关大美人，阳湖一别，一晃就几个月了，现在可好啊！”

她冷冷地瞥了他一眼：“托你的福啊，暂时还死不了！”

见她坐着一动不动，朱军师自我解嘲道：“大美人好像不欢迎我们啊？”

他拖出一条板凳，让柴云飞坐下：“老大，你坐着说话。”

柴云飞走了两步，嗅到她的身边，贪婪地瞅着她的脸说：“好像比以前更漂亮了呢，哎呀，老子后悔了，不该把你送给金水！”

他上上下下地打量着她，目光从她的满月般的脸游移到曲线毕露的胸脯上，他伸出手来，想在她的下巴捏一把，她站起来，厌恶地推开他的手：“有话就说，别动手动脚！”

柴云飞眉毛拧了一下，蛮横地说：“咦，老子也不是第一回动你，现在就动不了吗？实话告诉你，你最终还是老子的人，插了翅膀都飞不了！”

她望着他，眼里喷射出黑色的火焰："如果有这一天，我就去死，可以了吧?"

"死?"柴云飞一愣，哈哈一笑，"大美人，我怎么舍得让你死呢?"

朱军师从中打圆场："亦莲姑娘，老大今天来是和你谈正事的，有话好好说嘛，别死啊死的，多不吉利!"

她冷笑道："正事?不都是些伤天害理的事吗?你们还有正事?"

柴云飞扯出一个干瘪的笑："把我们想得这样坏啊！呵呵，好吧，我问你，金水呢?"

她说："茶馆里去了。"

柴云飞哼了一声："小日子还过得蛮悠哉啊，这小子!"

朱军师在一边酸酸地帮腔："谁叫人家赶上了两桩美事呢?得天下至宝而藏之，得绝色美人而蓄之，不亦快哉!"

"军师，你又来了，文绉绉地，打住，打住！今天我们不是来吟诗的，你把我的意思跟她说清楚!"柴云飞不耐烦地说。

朱军师说："亦莲姑娘，我们老大今天专程来，是想问你，那件事进展如何了?"

亦莲装作不知："么家事?"

朱军师说："金水那些宝贝藏在哪，打探得怎样啊?"

亦莲轻描淡写地说："他哪有么家宝贝?我看都是传说!"

柴云飞很是不满："好啊，关亦莲，这么长时间了，你一点动静也没有，还在敷衍我!"

亦莲说："这也怪不得我啊，他的城府深着呢，如果真有宝贝，他一定看得比命还重，那藏宝的地方，能轻易告诉我吗?你们高看我了!"

朱军师背着手踱着步，笑道："亦莲姑娘，我听说，他很喜欢你，只要你开口，他哪有不告诉你的?"

亦莲说："世上无人不爱财，我算哪棵葱!"

柴云飞插话道："我听说，你和他没有真正结成夫妻！你们只是兄妹，没拜堂，没同睡一张床，是不是有这回事!"

亦莲细眉一挑，问："谁说的?"

柴云飞说："还有谁，当然是贺金水，他自己在外面说的。"

亦莲淡然一笑："那是我们自己的事!"

柴云飞很是不满："可是这影响了我，坏了我的事！"

亦莲反问道："这是哪跟哪？"

朱军师慢条斯理地说："哎呀，亦莲姑娘啊，老大的意思是，你没有和金水结成夫妻，金水呢，就不会跟你掏心里话，他那藏东西的地方啊，就不会告诉你了！"

亦莲脸上掠过一丝嘲讽："结成夫妻，他就能对我说真话？你们也想得太简单啦！夫妻同床异梦，面和心不和的还少吗？"

柴云飞拍了一下桌子，说："关亦莲，我不管你用么家办法，给你一个月时间，把金水藏宝的地方弄清楚！否则，别怪我不客气，你就准备回我的阳湖吧，哼，这次回去了，就没那么容易出来了！哈哈！"

亦莲迎上他咄咄逼人的目光："我先前就说了，你硬是要逼我，我就去死，这点权利，我总有吧？"

朱军师见两人又弄僵了，就劝道："亦莲姑娘，我佩服你！你真硬气！俗语说，好死不如赖活着，干吗非得要去死呢！其实我们可以合作，如果找到了他藏着的那些东西，我们可以分成，你得三，我们得七，怎样？"

亦莲冷冷地说："没兴趣。"

朱军师说："这下我更服你啦，你不爱财，没关系！不过，我知道，你不光是个大美人还是个聪明人，是个有心计的人，你知道怎样做的，不管你和金水是什么关系，我敢肯定，不说你跟他撒个娇啊，发个嗲什么的，只要你给他递个眼色，他就会乖乖地什么都告诉你！"

亦莲说："朱军师不愧是军师，能说会道的，照你这样一讲，我好像成狐狸精了！不过，有一点，你们要记住，千万不要逼我！"

柴云飞的脸色稍缓："那好吧，给你两个月时间！实话告诉你吧，老子只有这个耐性了。等个三年五载，可不是黄花菜都凉了！"

（6）

这时，窗户外面发出一声响动，好像有人在窗下鬼鬼祟祟地偷听，柴云飞拔出短枪，警觉地冲到墙角，叫道："谁！"

外面脚步杂乱，有人叫道："柴云飞，你被包围了！识相的话，出来投降吧!"

柴云飞锐利的目光投向亦莲，举枪对着她："外边有人？是谁?"

亦莲冷冷地说："我怎么晓得?"

柴云飞与朱军师跑出了屋子，刚拉开后院的门，几颗子弹就飞了进来，柴云飞急忙拉朱军师趴下。

柴云飞又从腰间摸出一把枪，对朱军师说："跟我来!"说着，他猴子般一个跃跳，上了院子里的一棵大柳树，蹲在树丫间，朝后院门口双枪齐发，只听几声惨叫，有人应声中弹。

柴云飞快速跳下，拉起朱军师，猫着腰冲出院子。

"抓住他们！抓住他们!"后面传来一阵叫嚷声，柴云飞回头开了几枪，又有几个追赶者仆倒在地。

待枪声完全消失，过了好一会儿，亦莲才走出院子。

这时候，周四新带着大队人马赶到了。武黑皮的一只胳臂被打伤了，鲜血直流。马铁成喘着粗气满脸汗水向他报告："团长，小的该死，让柴云飞跑了!"

周四新骂道："混账，他妈的都是吃干饭的，要你们有屁用？十多个人还抓不到两个土匪!"

武黑皮疼得龇牙咧嘴：抱着胳膊，垂头丧气走过来："没想到柴云飞那个狗杂种枪法还很准!"

马铁成则往自己脸上抽了两耳光："团长，都怪我无能，指挥无方!"

周四新不耐烦地说："好了，好了！让你们盯了这么久，还是给溜走了，唉！可惜了!"

亦莲见是这一帮人，就准备转身走进院子，周四新喝住她："关亦莲，给我站住!"

亦莲慢慢转过头，问："么家事啊？这么凶!"

周四新走上前，恶狠狠地说："我手下死的死伤的伤，你敢说跟你没关系吗?"

亦莲觉得很荒唐："这些人，难道是我打死打伤的吗?"

周四新说："但，都是因你而死伤!"

亦莲显出很有兴趣的样子："愿闻其详!"

周四新说："你和湖匪柴云飞互相勾结策划阴谋，我们盯着你不是一天两天了!"

亦莲哈哈一笑："周四新，你这不是太抬举我了吧，按你这么说，我不成了女魔头啦！那你倒说说，我和他策划了哪一出阴谋，不妨在青天白日之下说清楚！"

周四新一愣："反正，你们之间肯定有见不得人的勾当！你跟我们到县政府走一趟，调查清楚再说！"

亦莲说："你说得这样难听，那我问你，证据呢！"

马铁成跳出来说："你和土匪头子柴云飞在房里谈话，我听得一清二楚！"

亦莲不屑地说："那你说说，我们说了么家？"

周四新一时语塞，马铁成摸摸脑袋："你们说了要报复县长王京甫！"

亦莲嘴角撇出一丝冷笑："马铁成，我真服了你，编故事也编得像一点嘛！"

马铁成自知编得拙劣，不做声了。

周四新一挥手："马副团长，少废话，带她走！"

马铁成上来拉亦莲，亦莲甩开他的手："走就走，还怕了你们！"

（7）

周四新等人押着亦莲刚进县政府，正遇见王京甫要出门。

周四新趋步上前："县长这是去哪？"

王京甫见到亦莲，有些惊异，目光在她身上溜了一圈，问："你们这是？"

周四新说："在金水家围捕土匪柴云飞，结果让他跑了！我们怀疑关亦莲勾结土匪，现在将她带来，交给县长大人审一审！"

王京甫意味深长地瞥了一眼亦莲，频频点头："周团长，你做得很好！这个关亦莲，你说她勾结土匪，我看她确实有很大的嫌疑，事关重大，我必须亲自审一审！"

周四新对王京甫眨了眨眼睛，向他鞠了一躬说："王县长，人交给你了，那，我就走了！"

进门后，两个团丁打算将亦莲带往审讯室，王京甫叫道："慢着！人交给我处理，你们回去吧！"

亦莲略微诧异地望着他，他笑道："亦莲，不知可不可以这么叫你，别来无恙？请你到办公室喝杯茶，行吗？”

亦莲的脸上没有一点表情：“王大县长，不是要审我吗？怎么会有这份闲情雅致？你要是没事，我就回去了！”

他连忙说：“有事，而且是很重要的事啊！”

他殷勤地将亦莲让进办公室，说：“请坐！”

亦莲不坐：“有事现在说吧！”

他走到那张气派非凡的红木办公桌后，一屁股坐下：“哎，过去我对不起你啊！”

亦莲抬眼看王京甫，见他头顶高悬着一张“廉政亲民，励精图治”的横幅，觉得有几分滑稽，就揶揄道：“看样子，现在的王县长已经打算洗心革面，重新做人了？”

王京甫尴尬一笑：“亦莲啊，我们呢，以前有些误会，现在沟通一下，就好了！”

他叫了一声“来人”，进来一个仆役。是林三。

林三谄笑道：“七奶奶，以前的事，真的，真的很是对不住！”

亦莲哼一声：“谁是你的七奶奶？”

林三抽了自己一耳光：“我该死，掌嘴，对不起，关小姐！”

他恭恭敬敬地为亦莲倒上一杯茶，放在茶几上，然后弯着腰退了出去，将门掩上。

王京甫露出一副恨铁不成钢的样子：“这个林三，整天只知道赌钱，不长进，三十几了，还是光棍一条，见他可怜，就把他弄到这里来，跟我跑跑腿、端端茶、递递水什么的！”

亦莲接过话：“端端茶，递递水，再合计起来干点坏事？”

王京甫眯着眼笑道：“亦莲，怎么老是把我想得那样坏啊，我对你，可是真心的！”

亦莲从椅子上站起身来：“佩服你！真会装啊？干过的坏事这么快就忘了？哎呀，和你还真没话好说，我走了！”

王京甫刚将一口茶吞到口里，连忙站起身，茶一下子吐出来：“你，你，别走，我真有重要的事！”

亦莲极不情愿地坐下来：“要说快说吧！”

王京甫咳了几声，说：“嗯，以前的事呢，我们都不要提了，现在我们可以合作干一件大事！”

亦莲觉得可笑：“合作？跟你合作？”

王京甫诡笑道：“对，跟我合作！柴云飞不是让你找宝贝吗？”

亦莲冷冷道：“这也被你晓得了？”

王京甫又叹道：“唉，亦莲，我一直很关心你！时刻都在关注你！”

亦莲冷笑：“关注？得了吧，是在监视我吧？说说吧，把你晓得的都说出来！”

“柴云飞对金水使了个美人计，这恐怕连金水自己都知道，但金水不是傻瓜，他来了个将计就计，满以为能和你生米煮成熟饭，哪料到，正要拜堂的节骨眼上，金水被我们抓走了，加上他自己身体的原因，直到现在，他都没能和你结成真正的夫妻，你们在一个屋檐下生活，但不在一张床上睡觉，是不是？”

王京甫一边说，一边观察亦莲的反应。

亦莲面无表情。

王京甫继续说：“俗话说，不是一家人，不进一家门，现在，你和金水则正好相反，进了一家门却不是一家人。这样，如果金水真的藏有宝贝，他也不可能告诉你！”

亦莲反唇相讥：“金水告不告诉我，好像由不得你来操心吧！再说，你说的么家宝贝，我没兴趣！”

王京甫说：“你没兴趣，但柴云飞有兴趣，如果你不能给他提供有用的信息，处境怕是有些危险哦！”

亦莲很是不屑：“你在威胁我？”

王京甫摇摇手：“不，不！我是在提醒你！正是因为这样，我们才有了合作可能嘛，对柴云飞，你只要撒一个小小的网，就大功告成了，收网的事就交给我了！”

“想得倒很美，算盘打得真精！”亦莲点点头，“我帮你抓住了匪首柴云飞，你这个县长就可以立大功了，可以向上级邀功请赏，升官发财了，是吧！”

王京甫一愣，随即笑道：“亦莲啊，也不能完全这样说，柴云飞的存在，对你也是一个威胁！柴云飞一日不除，你一日也得不到安宁，所以，我主要为你考虑啊！另外，我也是为莲城百姓着想，百姓受柴云飞滋扰多年，苦不堪言，我这个做县长的，脸上无光啊！”

亦莲鄙夷地说：“啧啧啧，说的比唱的还好听，又是为我考虑又是为百姓着想，真把自己当作廉政亲民的父母官啦？”

王京甫从座位上站起来，走到亦莲身边，很沉痛地说："莲，我们以前发生过不少误会，不过，你要知道，一直以来，我都非常喜欢你！那件事后，我一直深深地悔恨和自责，你落到柴云飞手里之后，我曾想千方设百计去救你，直到现在，我都不能说服自己不去爱你！"

亦莲站起身，剜了一眼他："王京甫，这话我听着就想吐了！"

他着魔似的凝视着她，表白得更深情了："莲，你不相信我吗？其实，我现在可以什么都不要，和你一起离开莲城，跑到一个很远很远的地方去，那地方谁也不认识我们，没有流言也没有闲言碎语，我们可以重新生活！"

他下巴上那颗黑痣随着他说话一动一动，她觉得十分滑稽："王京甫，我真佩服你，说出这么肉麻的话来，连一个磕巴也不打，我可是起了一身鸡皮疙瘩！你就是把河水说得倒流，把太阳说得从西边出来，我们永远不可能有故事发生的，我和你，是两条道上的车，你跑你的，我跑我的！"

他伸出手想揽住她的肩，她像拂苍蝇一样拂开他："自重点，别动手动脚的！"

他叹口气："唉，你可以不喜欢我，但是没权力阻止我喜欢你！你就这么厌恶我吗？我现在想好了，如果我们没缘分，我也不会亏待你，只要你帮我抓到柴云飞，我代表县政府，奖励你五千大洋！你就可以从金水那里搬出来啦！反正，你们本来就没拜堂，算不上夫妻。我再以县长的身份担保，恢复你的名誉，你就成了自由之身，想嫁谁都可以，光明磊落地嫁，名正言顺地嫁，轰轰烈烈地嫁！"

她嘲讽道："你不会说，到时跟我当主婚人吧？"

他又是一愣："呃，有这个可能，只要你瞧得起我！不过，到时，我可能是最痛苦的人了！"

她冷冷地注视他："别说这些酸溜溜的话了，我可没想这么远，不过，抓柴云飞这件事，我倒可以跟你合作！"

他很是惊喜："这么说，你同意了，好，只要你答应做内应，抓住姓柴的，那是笼里捉鸡——十拿九稳了！"

她向门口走去，说："那我就走了！"

他流露出舍不得她走的样子："再坐坐，晚上我请你吃饭？"

她自己拉开门说："没空啊，我还有事！"

他在后面跟出来："我派人送你回去吧！"

她头也不回地说："不用了！"

他呆呆地望着她曼妙如柳的身姿消失在楼梯拐角。

(8)

自家中失火后，关旭与白菜心没了住处。受父亲之托，卢皓月来请夫妇二人到普善堂住，关旭觉得唐突，便婉拒了，两人在废墟上搭了一个简易的棚子。

这天，干爹陈老幺与张琴师来看白菜心，一看这个棚子，不由叹息："这怎么住人啊？"

他们带来了在戏班里凑的一点钱，白菜心眼圈红了，直摆手："干爹，这个我不能要，本来我就连累了大伙！怎么能再给大伙添麻烦呢？"

陈老幺叹口气说："再苦，我们都没你苦啊，现在你连个住的地方也没有了！"

白菜心的眼泪终于忍不住簌簌落下来。

陈老幺问："我听说，这把火是周老虎放的？"

白菜心说："我和关旭是这么看的，当然，只是怀疑。"

陈老幺继续说："唉，人在屋檐下，不得不低头啊。今天，我和张师傅来，是跟你商量一件事的！"

白菜心含泪望着他："干爹，我听您的！"

张琴师说："你干爹的意思是，周老虎和那个姓闵的一再相逼，一味躲避和回绝，也不是办法，不就是唱唱戏吗，看他们能把你怎样？"

白菜心说："我也是这样想的，如果不是关旭，我早就去了，也不至于让周老虎封戏班，这几天，我想好了，不管关旭拦不拦我，我都要亲自会一会他们！"

陈老幺百感交集地看着她："我的好女儿！这事委屈你了。我们想今天陪你一起去，合适吗？"

白菜心说："好，你们到外面等一下，我去换件衣服。"

白菜心换了一件粉红缎绣花上衣，系了一条湖绿色暗花黑边的裙子，裙子上面绣着牡丹和蝴蝶，看上去妩媚温婉。

三人来到周四新的家门前，两个持枪站岗的士兵拦住了去路。恰好，这时，马铁成带着几个人要出门，见到是白菜心，大喜过望："哎呀，原来是我们的白大小姐啊，贵客，贵客啊！"

马铁成低首弯腰，伸出手做了个"请"的姿势，把他们让进前院："请稍等，容我去向周团长通报一声！"

周四新听说白菜心来了，略感意外："哦，真的是她？"

马铁成压低声音讨好地说："团长，还是您的主意高，我们放了一把火，就把她烧来了！"

周四新沉下脸来，喝道："嗯，马铁成，不是给你叮嘱过吗？这话不能乱说，在闵旅长面前也不能说！除了我、你、武黑皮三个，有第四个人晓得了，我撕烂你的嘴！"

马铁成连连点头："是，是！团长！"

周四新到前院去迎白菜心，还隔着好远，他就嚷开了："我们的白大美人，大驾光临，周某有失远迎啊！"

陈老幺与胡琴师向他鞠躬请安，客套一番后，周四新瞟一眼白菜心："小白越来越好看了！难怪我们的闵旅长日思夜念，点名要听你的花鼓戏呢！刚好，闵旅长今天没出门，我现在就带你们去见他！"

在自家的宅院里，周四新给闵成杰专门设了办公室，办公室四壁为板材结构，地上铺着红黑相间的木质地板，会客室、餐室、卧室也一应俱全。闵成杰对这样的安排显然相当满意，不外出的时候，就待在办公室里打发时间。

一听说白菜心来了，闵成杰眼睛一亮，忙从桌子后面站起来："快叫她进来！"

闵成杰的目光完全被白菜心吸住了，周四新向他介绍："这位就是莲城花鼓戏头牌白菜心小姐，这两位呢，一位是他的干爹陈班主，一位是拉胡琴的张师傅。"

闵成杰这才回过神来："来，来，都请坐！哎呀，白姑娘啊，早就听说你是莲城三大美人之一，今天一见，果然是名不虚传啊！"

白菜心低首含羞道："闵旅长抬举了！以后还请您多多关照啊！"

"好说，好说！"闵成杰很高兴，吩咐道，"来人，看茶！"

一个卫兵从外面进来，给每个人倒上一杯茶。

陈老幺坐下后连声说："谢谢旅长！谢谢旅长！"

闵成杰瞟了一眼陈老幺，问：“你是白姑娘的干爹？”

周四新插话道：“也是她师傅，民众戏班的班主。”

陈老幺诚惶诚恐地站起来：“惭愧，惭愧，老朽才疏学浅，她是青出于蓝而胜于蓝啊，我这个民众戏班，全靠她撑着呢！”

闵成杰笑吟吟地看着白菜心：“刚来莲城，我就听到一句话，说是‘拆了屋子卖了梁，也要看白菜心的《站花墙》’，这个评价很高啊！白姑娘现在能否赏脸，给我唱一段呢？”

白菜心看陈老幺，陈老幺点头说：“既然旅长有这个兴致，那我就来扮杨玉春，让张师傅为你拉琴，你就唱一段吧！”

白菜心向闵成杰欠身致意：“小女子献丑了！”

她整了整衣服，清了清嗓子，唱道：

冬月雪花飘，冬月雪花飘。
飘来飘去数丈高，飘一个雪花比奴家容颜还娇。
太阳出来照，太阳一出雪花不见了。
早晓得露水情，悔不该怀中搂抱。
早晓得露水情，悔不该怀中搂抱。

……
未修全来未修全，叫声道童站跟前。
一更鼓来二更天，三更四更进花园。
赐你的金子斤半两，赐你的银子两半斤。
斤半两来两半斤，金银不差半毫分。
金子拿回买田种，银子拿回攻书文。
大官小官求一个，来接你妻王美蓉。
……

闵成杰跷着二郎腿，手指在桌上打着节拍，眼睛一眨也不眨。

白菜心时不时轻提一下那条暗花裙子，配合着胡琴的抑扬顿挫，边唱边做手势，宛如一只五彩的鸟儿闪动绚丽的翅膀。

一曲终了，闵成杰拍手笑道：“白姑娘嗓子圆润甜美，就像用鹅毛掏耳朵，真舒服啊，扮相也迷人，听你唱戏，简直是超级享受！”

白菜心低首答道：“旅长过奖了！”

陈老幺趁势说："闵旅长，有件事要求您，那就是我们民众戏班，根本没赤匪。我手下的十多个人，我都知根知底，再说，我就是吃了豹子胆，也不敢隐藏赤匪啊！所以，戏班被禁的事，还请您通融通融啊！"

闵成杰手一挥，哈哈笑道："这是小事一桩，小事一桩！只要白姑娘隔几天来我这儿唱两出，什么事都好说，好说！这样吧，我宣布，从明天起，你们，什么民……民众戏班，就恢复演出！"

陈老幺连连鞠躬："感谢闵旅长，感谢闵旅长！白姑娘唱戏这事，我可以做主，您么时候叫她，她就么时候到！"

闵成杰别有深意地瞟一眼白菜心，大笑："陈班主，爽快，这话我爱听！只是不知白姑娘是否愿意啊？"

白菜心低首不语。

周四新在一边说："白姑娘不说话，就是同意啦！只要您有空，不用您吩咐，我每天派专人去接她！"

闵成杰说："那就辛苦周团长了！"

周四新说："还有一事，我得向旅长汇报一下，那就是白姑娘最近没地方住了。"

闵成杰皱了一下眉头："哦，怎么回事？"

周四新故作沉痛地说："前几天，一场大火，将她的家烧成了废墟！可怜夫妻俩现在连个落脚的地方也没有了！"

张琴师感叹道："一把火全烧光了，正所谓'建业千日功，火烧当日穷'啊！"

陈老幺在一旁说："是啊，作孽啊！"

闵成杰略一沉思，对周四新说："这样吧，我调拨两千元还有一个排的兵给你，五天之内，把白姑娘的新房子建起来，没问题吧？"

周四新拍胸保证："没问题！保证完成任务！"

白菜心既惊诧又感激："这，这怎么好意思麻烦闵旅长？"

闵成杰笑道："白姑娘，以后我们就是朋友了，还这么客气？"

(9)

"圣心"天主教堂位于莲城南门，是典型的仿哥特式建筑。教堂由砖木与钢筋水泥混合构筑而成，尖塔高耸，竖着一个大大的十字架，拱门为尖形，拱梁呈八角形。教堂旁设有一座附楼，原本是传教的教室，后来，由教堂的神父倡议，在这里办起了一所女护士学校，专门招收十五六岁左右的女学生，为社会培养护士及助产士。

中午放学的时候，一群女学生从学校里走出来，她们身着白衫黑裙，腰身窄小的大襟衫袄与喇叭形的袖口，勾勒出她们青春苗条的身体。她们像小鸟一样叽叽喳喳，有说有笑地谈论着什么。

走不多远，路旁斜冲过来几个兵痞，一下子拦在了她们前面："小美人们，到哪里去啊！"

看样子，他们似乎在这里守候多时了。

女学生像受到老鹰攻击一般的小鸡一样，惊叫着打算逃开。兵痞们嬉笑着："小美人，别跑啊！"

他们横住长枪拦住她们的去路，色迷迷地盯着她们看。

"咦，这个不错！"

"这个也美！"

"这个皮肤真嫩！"

他们动手动脚起来，有的还去捏女学生们的脸蛋，摸她们的屁股，乱成一团的女学生发出惊慌愤怒的呼叫，像炸了锅一样。

其中有一个少女，最是俏丽俊逸，从未遇到这种场面，又羞又怕，粉脸如一片红霞，她左冲右突，兵痞们死死地盯着她蹦跳起伏的双峰。

一个兵痞叫道："这个最靓，最浪！弄回去给旅长当老婆去！"

其他几个兵痞哄笑着说："对，就这个！旅长一定看得中！"

他们一起上来拉拉扯扯："女学生，愿不愿意去当旅长太太啊！"

少女又羞又恨："你，你们这些混蛋，流氓，别碰我！"

一个兵痞上前抱她，她咬了一口兵痞的手，兵痞痛叫："哎哟，疼死我了，你她妈敢咬我！"

另一个兵痞嬉笑道："这小美人还是一匹烈马呢！"

几个兵痞蜂拥上前，抱腰的抱腰，扭胳膊的扭胳膊，连拖带拽，将她拉上了路边的一辆敞篷马车。她发出呜呜的哭声，高声呼叫："救命啊，救命啊！"

一个兵痞捂住了她的嘴。

她拼力挣扎，兵痞们死死地夹住她，她呼呼喘息着动弹不得，那个先前被咬伤胳膊的兵痞，十分无赖地在她身上嗅来嗅去："好香啊，美人!”

面对此情此景，几个路人无可奈何地叹息道：“这个姓闵的，一到莲城，就把莲城搅得鸡飞狗跳，真是个大祸害啊!”

马车溜之大吉，其他几个惊魂未定的女学生，过了好半天才回过神，其中一个年纪稍大的女生说：“快！快去找卢小姐救小昭!”

(10)

白菜心在唱戏，闵成杰微闭着双眼，打着拍子，陶醉般地欣赏着。

那天去到了山门外玩耍，
见一位年幼冤家，
他把两眼瞧着咱，
咱把两眼瞧着他，
两人秋波留情下。
尼姑牵挂，
咿哟，哎哟，
想念于他。
冤家手举弹弓打，
一弹子打下来，
不上不下，不左不右，不轻不重，
轻轻浇在尼姑心下。
我双手捧着它。
想冤家到了黄昏时候，
小尼姑诉不尽终身苦愁。
咿哟，哎哟，
诉不尽的苦愁。

“几个‘咿哟，哎哟’，唱得我心都酥软了!”闵成杰走到白菜心面前，盯着她俏丽的脸发痴。

他又拿起她的手，说：“这手，真是就像你的名字白菜心，真白，真嫩!”

白菜心红了脸，想抽出手来，他拿出一只翠绿色的玉镯："手这么漂亮，不戴一点东西，不是太可惜了吗?"

玉镯晶莹剔透光泽清亮，一看就是上品，他要给她戴上，她推辞道："旅长，这个我真受不起！我不能要!"

他故作生气："你，这不是瞧不起我闵某人吗?"

她不再推让，让他戴上。他将戴了玉镯的手抬到她的眼前："喜不喜欢?"

她点头。

他说："你自己看看，这戴上去就是不同嘛，人都显高贵了!"

她抽回手，向他微微躬了一下身子："谢谢旅长！谢谢旅长!"

他打了个哈哈，摆摆手说："谢什么哦，这算什么？对了，你家的房屋建起来了吧，怎样，还满意吧!"

她赶紧说："亏得旅长出手相助，三间大屋比我们原先那房子，亮堂宽敞多了，谢谢您!"

他顺势提要求："不用谢！不用谢，只要你把《小尼姑下山》给我再唱一遍!"

她笑道："旅长可能不晓得，我们莲城有句老话，叫做'话说三遍无人听，戏唱三遍无人看!'"

他哈哈笑道："你白菜心的戏，我就是看三百遍，也不厌！谁叫你这么迷人呢!"

他正想伸出手来，在她脸上掐一把，忽然，门外传来一阵嘈杂的吵闹之声。

闵成杰打开门，走到台阶上，白菜心随后跟了出来。

门前，卢皓月和那几个兵痞理论着。

一个兵痞嘻笑道："哈哈，这个比刚才更俊，送上门来，给我们旅长做老婆正好!"

卢皓月一听就怒了，飞起一脚，就踢倒了这个兵痞，其他几个见状，舞拳弄腿，一拥而上。卢皓月娇叱道："来得正好!"她沉肩坠肘，双掌齐出，左右开弓，指上打下，指东打西，不一会，就将几个兵痞打得东倒西歪。这时，闵成杰的数名卫兵赶到，一起端起枪对准她："哪里来的小蹄子？敢在旅长驻地撒野!"

他们拉响枪栓，逼近卢皓月。

只听一声惊叫："别开枪!"

卢皓月抬头一看，是白菜心，很是意外："大姐，你怎么在这儿？"

闵成杰有些惊讶地问白菜心："怎么，你认识她？"

白菜心把两人互相作了介绍，闵成杰盯着卢皓月的脸，双眼发直，然后，拍起了巴掌："卢小姐真是绝世佳人，绝世身手啊，刚才我那几个兵，简直像陀螺，被你玩得团团转！"

然后，他瞪了一眼持枪的卫兵："还拿枪对着卢小姐干什么，都给我放下！"

卢皓月并不领情，她步步靠近闵成杰，眼中忽闪着怒火："你就是闵成杰是吧！上司派你驻军莲城，为的是保民平安，你却指使手下抢夺民女，真无耻！"

闵成杰不由得往后退了一步，愣住了："你在说什么？什么抢夺民女？"

周四新不知什么时候赶到了，他用双手拦住卢皓月，好像防备她随时行刺闵成杰："卢小姐，这是我们的大旅长，你不能对他这样说话！更不能乱来啊！"

然后，他转身弯腰对闵成杰说："旅长，我来迟一步，让您受惊了！"

卢皓月鄙视地看着他："周四新，这里没你说话的份，我的话还没问完呢！"

周四新来了火："卢皓月，你还真是无法无天了，你也不看看，这是在谁家里！凭你这赤手空拳，也不掂量掂量？"

白菜心担忧地看着卢皓月，叫道："皓月……"

卢皓月冷笑道："周四新，你别威胁我，早晚我会收拾你！现在，我先要问问闵旅长，是我无法无天，还是你们无法无天？光天化日之下，公然强抢女学生！"

闵成杰略为一惊："哦，还有这事，我怎么不知道！"

卢皓月哂笑："你就别装了，说是为你抢的人，给你做姨太太呢！"

闵成杰喝问那几个兵痞："可有此事？"

一个兵痞战战兢兢地来了一个并不标准的立正："报告旅长，的确是弄了一个女学生，旅长刚才在听戏，不敢打扰，还没来得及报告！"

闵成杰大怒，抬手就是一耳光："混蛋！老子什么时候要你们弄女学生，关在哪里？快给我带到这里来！"

几个兵痞灰头土脸，你看我，我看你，说："是，是，是，旅长！"

闵成杰露出和善的笑容："卢小姐啊，你都看到了，这是一场误会！驻守一方，就要保一方平安，这是我们军人的职责啊，我怎么能带头扰民呢！"

卢皓月哼了一声，扭头不看他。他的视线却绕着她高挑苗条的身子打转："我们的卢小姐，还真有侠女风范！我闵某人实在佩服！"

卢皓月不理他。

不一会，兵痞们带着那个女学生来了，女学生头发零乱，脸色苍白，一见到卢皓月，就大声呼叫："皓月姐，救我！"

女学生雪白的手上现出几道深红印痕，卢皓月忙问："小昭，他们用绳子绑过你？"

小昭点点头。

卢皓月走过去，理了理她凌乱的头发："小昭，他们欺负你了吗？"

小昭勾着头嘤嘤地哭泣起来。

那几个兵痞十分委屈地对闵成杰说："旅长，我们根本没动她，她咬我们，我们就绑了她的手……"

闵成杰喝道："没出息的东西，谁叫你们这样做的！啊？"

然后，他背着手踱到卢皓月面前，问："卢小姐，和这个女学生认识？"

卢皓月气鼓鼓地不理他。

周四新忙凑过来说："她在家里成立了一个女子自卫队，这个女学生是她的队员，刚刚加入没几天。"

闵成杰睁大眼睛，竖起大拇指："哎呀呀，了不起，女子自卫队，我们卢小姐美艳绝伦，身手不凡，巾帼英雄，叫人佩服啊！"

卢皓月白了他一眼："闵旅长，别把我夸得天上去了！我要问你，这几个家伙公然强抢民女，按照你的军法，该如何处置啊？"

闵成杰高声说："剥了这几个混蛋的狗皮，赶回老家种田！"

那几个兵痞全都跪在地上告饶："旅长，请您手下留情！放过我们吧，下次不敢了！"

几个卫兵冲过去三下两下就剥了这几个兵痞的军服。

闵成杰对卢皓月说："卢小姐，这下，你满意了吧！"

卢皓月哼了一声，看也不看他，拉起小昭，说："小昭，我们走！"

闵成杰望着卢皓月婀娜远去的背影，久久才收回目光。

这时，白菜心向闵成杰告辞道："闵旅长，我也先走一步了！"

闵成杰这才回过神来："啊，啊，那好，小白，明天这个时候，你记得来啊！"

周四新凑到闵成杰耳边嘀咕了一句，闵成杰露出兴奋的神色："好，周团长，我们屋里谈！"

两人进屋后，闵成杰哈哈笑道："哎呀，知我者，周团长也！我还真是看上了这个小丫头！我就喜欢这种傲气，哈哈！"

周四新说："旅长，这个小丫头是我们莲城数一数二的美人啊，再加上，卢介康就这么个宝贝女儿，如果能娶她，陪嫁大礼应该很可观啊！"

闵成杰喜上眉梢："那这个事，就麻烦你周团长为我牵线啰！事成之后，我一定会好好酬谢你！"

周四新摆摆手："旅长见外了，帮您办事，是属下的职责，都是我应该做的，应该做的！"

闵成杰眯着眼睛问他："周团长，想不想当县长？"

周四新愣了一下："想！怎的不想？但我哪里够格啊？"

闵成杰说："只要你办成此事，我就帮你活动，莲城县长就是你的！"

周四新满脸感激："谢谢闵旅长！我一定尽全力，争取早日让您抱得美人归！"

闵成杰叮嘱道："不过，有一条，你不能用强，再说了，这美人，会点功夫，性子有些烈，如果用强，怕是会出事！"

周四新拍了拍胸："闵旅长，此事交我去办，您放心，我自有分寸，明天我就到卢家跟您提亲！"

（11）

周四新带着亲信马铁成与武黑皮，大步往普善堂走来。

卢介康一见三人，有些意外：“哎哟，是周团长啊，怎么，又来我这里查赤匪？”

周四新满脸堆笑：“卢老板，您这不是打我的脸吗？我啊，今天，是专门，哦，不，不，是代我们的闵旅长，专门看您来了！”

卢介康满脸狐疑：“闵旅长？”

“对呀！”周四新努努嘴，“黑皮，快将闵旅长的心意奉上！”

武黑皮掏出两根黄灿灿的金条，放在桌上：“卢老板，这是我们闵旅长的一点心意！”

卢介康觑了一下那两根金条，说：“这么贵重的心意，我卢某人可受不起，周团长，有事就直说吧！”

周四新落座之后，看了看四周：“卢小姐在家吗？”

卢介康微微一惊：“你找小女有何事？凑巧，她今天不在。”

周四新问道：“令爱芳龄几何啊？”

卢介康说：“周团长，怎么操心这个啊？”

周四新说：“男大当婚，女大当嫁！我看令爱一天比一天出落得如花似玉，依她的条件，依您的实力，怎么也得找个体面的郎君吧？我今天，就是专为令爱的婚姻而来！”

卢介康装作饶有兴致地问：“哎呀，周团长公务繁忙，整天忙着抓赤匪，几时有了这等闲情，为小女的婚事操起来心来了！只是不知，这位体面郎君是谁啊？”

周四新忙说：“这位郎君不是别人，正是我们的闵成杰闵大旅长！令爱天生丽质功夫了得，闵旅长心下十分爱之，自古以来，红粉赠佳人，美女配英雄，而今，闵旅长带兵雄踞莲城，日后前程远大，不可限量！令爱与旅长门当户对，如能喜结连理，实为天作之合，周某人不才，愿做一回月老牵线搭桥！”

卢介康叹息道：“周团长说得天花乱坠，可惜啊，可惜，小女怕是没这个富贵命啊，不敢高攀，也高攀不上！实话对你说吧，就在半年前，我已将小女许给别人了！”

周四新脸上浮出诡秘的笑容：“呵呵，你不说，我也晓得，这个‘别人’，可是你的宝贝徒弟贺修民？”

卢介康问：“哦，你怎知道是他？”

周四新沉下脸来：“卢老板，如果是贺修民，我要提醒您四个字——悬崖勒马！贺修民是谁？他是政府通缉的要犯啊，没看到各城门口贴的悬赏告示吗?”

卢介康摇摇头:“没看到,真没看到!”

周四新挥挥手:“马副团长,你把那张告示,给卢老板背一背!”

马铁成背诵得很熟练:“活捉贺修民者,人头有多重,赏黄金多重,官升两级。打死贺修民者,赏光洋五千块,官升一级。密告贺修民者,赏光洋两千块,官升一级。隐藏、窝藏不报贺修民者,全家诛戮!”

卢介康仰头哈哈大笑:“全家诛戮,吓死人啊,吓死人啊,没想到,我这个徒弟脑袋这么金贵啊!”

周四新告诫道:“所以,卢老板,如果您执意要将爱女许配给贺修民,就是把她往断头崖上推啊!这可不是儿戏,说不定,会给你们家带来灭顶之灾!”

卢介康哂笑道:“周团长,你现在抓赤匪抓出了瘾病啊,我是说已将小女许给别人,没说许给了贺修民啊!再说,贺修民以前是我徒弟,但我们几年没有联系了,现在连他是死是活,我都不知道!”

周四新伸长脖子,问道:“那,敢问这位公子姓甚名谁,家住何方,在哪发财?又是哪里修来的福气,能做卢老板的佳婿啊!”

卢介康沉吟笑道:“看来,周团长还是不信我,既然你有兴趣,我就告诉你吧,他姓叶名华生,父亲与我是至交,在湖南长沙做药材生意,如若不信,尽可调查!”

周四新打了个哈哈:“相信,我相信!卢老板经商多年,诚信的口碑也不是一年两年了,难道会骗我不成?只是您就这么一个宝贝千金,舍得让她嫁那么远吗?我看,卢家和闵旅长联姻这件事,是不是再考虑一下?”

卢介康说:“周团长,刚才你也说了,经商要讲诚信,这个做人也是一样啊,悔婚这种事,我们卢家做不出啊!”

周四新打了个哈哈:“卢老板,俗话说,人往高处走,水往低处流,令爱现在嫁给闵旅长,大小是个旅长太太,马上就是师长太太、军长太太,以后说不定就是司令太太!嫁给小商人有么家出息啊!”

卢介康淡然一笑:“周团长,一方水土养一方人,一方人供一方神,人各有所求啊!小女可从来没有奢想过什么荣华富贵,嫁给小商人过平静的生活,有何不好啊?”

周四新说:“卢老板,路不能走绝,话也不能说死,我们旅长有这份心，您还是掂量掂量为好！”

卢介康说：“听你话中有话，我也把话说明白了，我卢某人最反感别人拐弯抹角的威胁！周团长，你是个大忙人，就不要在我这里浪费时间了，我还有事，恕不远送！”

说罢，他高喊一声“送客”，出来一个伙计，他吩咐伙计：“金条让他们带回去！”

第十一章　借宝

(1)

"白小姐！闵旅长刚出门，马上回来，你先到我这里坐一会吧！"白菜心来给闵成杰唱戏，刚进门，给周四新叫住了。

"那我就改天来吧！"白菜心转身要走。

"小白，别走啊。"周四新忙伸手拦住她，嘻嘻笑道。

他做出一个"请"的姿势，她犹豫了一下，还是跟着他进了屋。

"哎呀，小白，我们以前可是老朋友啊，现在你专给旅长唱戏，我周某人也请不动你了！"周四新连忙给她让座。

"我这不是来了吗？哪能不给周团长面子啊！"白菜心说。

"俗话说，吃菜要吃白菜心，其实呢，这个看戏，也要看你白菜心，今天，能给我唱一段吗？"周四新点了一支烟，眯着眼睛打量着白菜心。

"周团长，你太抬举我了！不晓得您想听哪出啊！"白菜心说。

"随便你唱哪出我都喜欢听！"周四新喷出一口烟。

白菜心就唱了一段《劝姑》：

待我把贫穷人说与你听。
吕蒙正时不至寒窑受困，
风扫地月点灯苦受寒贫。
到后来上京都状元来点，
他的妻刘玉兰一品夫人。
一穷穷不过吕蒙正，
二穷穷不过朱买臣。
三穷穷不过宋太祖，
四穷穷不过颜回圣人。
五穷穷不过刘志远，
六穷穷不过唐朝秦琼。

……

周四新从座位上下来，悄悄地扣上门，走到白菜心跟前，目光直直地定在她的小脸上，他用花鼓调哼道："小小白菜心，白净净绿莹莹，水灵灵脆生生，讨人喜欢，讨人喜欢！"

"我真想把这嫩白菜心给吃了！"他突然伸出手捏了一下白菜心的脸。

"周团长，听戏就听戏，不要动手动脚！"白菜心脸如桃花，又羞又恼。

他猛地抱住她，不由分说地在她脸上亲起来，她急忙推开他，捂着脸向外跑。

"小白，别走，让我亲一亲！"他拉住她。

他把她抵在门上，嘴唇蛮横地堵住她的嘴，她双手费力地推拒着，喘息着，脸左右摇摆躲避，他得寸进尺，手从她领口直接摸进去，她拼命挣扎："不要乱来，我要叫人了！"

他将她的两只手按在门上，放肆地用舌头舔她的脸："美人儿，你叫啊，大声叫啊！别忘了，这是在哪个家里！"

她满脸羞辱，突然冒出一句："我要告诉闵旅长！"

他手上的力气松懈下来："你敢？"

她用尽最后的一丝力气推开了他，理了理乱发："我怎么不敢？"

他望着她，不怀好意地笑："除非，你已经是他的人了，否则，哈哈……"

她咬了咬唇："不错，我已经是他的人了！"

他略微有些吃惊："小白，不会吧，这么快？"

她扯了扯衣服："不信，你可以去问他！"

他笑得很勉强："这种事，我怎么好问？好了，好了，小白，就算刚才的事没发生，你走吧！我送你出去！"

他为她拉开门，讨好地说："小白，今天的事，千万别告诉闵旅长，以后，我再也不敢了！"

白菜心不理他，径直朝门外走去，他在后面追："小白，我送你！"

正在这时，闵成杰与王京甫从外面进来。

闵成杰一眼看到白菜心，老远就叫道："白小姐，我刚回来，你怎么要走啊?”

白菜心觑了一眼身旁的周四新，幽幽地说：“我为么家要走，周团长晓得。”

闵成杰有些诧异：“周团长，怎么没有招待好白小姐啊？是不是惹白小姐生气了?”

周四新不敢正视闵成杰：“旅长，不敢，不敢，白小姐先到，见旅长不在，就到我那里坐了一会，没想到旅长这么快就回来了。”

闵成杰说：“白小姐，既然来了，就给我再唱一出再走吧!”

白菜心说：“今天不了，突然觉得身子有点不舒服，我先走一步，改天来给您唱!”

闵成杰笑着说：“嗯，这也好，我们今天还真有点事，那你先回去，啊，我就不送你了!”

周四新和王京甫打过招呼，闵成杰说：“周团长，今天王县长来，是有一件事情征求我的意见，你正好在，我们一起商量商量!”

周四新笑道：“闵旅长，我哪里够格啊？你们决定，我执行！呵呵!”

三人进了闵成杰的办公室，王京甫叹口气说：“闵旅长，说实话，现在我感觉自己这个县长一点安全感也没有!”

闵成杰不屑地一笑：“不就是一股赤匪吗？就那几条破枪，有我闵成杰在，你就安心睡大觉，做好梦吧!”

王京甫眉头紧锁：“旅长，我就怕夜长梦多啊！现在，莲城监狱关押了三十多个赤匪，其中，还包括赤匪上面派来的一个特派员，贺修民这小子，和他的什么赤卫队早就按捺不住了，据我得到的消息，他们最近四处筹钱买枪，打算劫狱呢!”

闵成杰问：“王县长的意思是?”

王京甫做了一个杀气腾腾抹脖子的动作：“赶在贺修民动手之前，把他们都解决掉!”

闵成杰点头：“这是个主意!”

周四新插话道：“有句话，我不晓得该不该说?”

闵成杰说：“没事，周团长，我叫你来，就是专门同你商量的嘛，但说无妨，但说无妨!”

周四新说：“依我看，现在还不能杀掉那些赤匪！贺修民这个心腹大患一日不除，莲城就一日不得安宁，他不是要劫狱吗？就怕他不来！有这些赤匪作诱饵，还愁这条大鱼不上钩？”

王京甫摸了摸下巴上那颗大黑痣，说：“周团长说的也是啊，不过，就怕姓贺的小子搞到了枪，那伙不要命的家伙……”

周四新说：“王县长不要怕，闵旅长手下的几千号人可不是吃素的，贺修民就算有通天本事，能弄到几十支枪就不错了，只要他们敢送上门，就叫他们有来无回！”

接下来，他又想起什么，望着闵成杰说：“对了，闵旅长，还有一事，不晓得在这里说是否方便？”

闵成杰笑道：“王县长也不是外人，你尽管说。”

周四新说：“前几天，我代旅长去普善堂提亲，卢介康说他女儿已许给了长沙一位商人之子，我看这是骗人的鬼话。谁都晓得，他极为欣赏那个宝贝徒弟贺修民，老早就打算收他为上门女婿呢！”

王京甫略略有些吃惊：“哦，闵大旅长想娶卢介康的千金？哎呀，这是天大的好事啊！”

周四新说：“是啊，本来嘛，美人配英雄，天经地义，闵旅长娶卢皓月，是我们莲城的福气啊，可是，有贺修民这个小杂种挡道，卢介康的工作很难做啊！”

王京甫说：“这好办，除掉贺修民，让卢介康死了这条心，不就得了！”

周四新说：“所以，王县长，对于莲城监狱里的赤匪，我看，暂且先不急于下手，等贺修民送上门来，我们再一起收拾！”

说完，他看看闵成杰，问：“旅长，您意下如何？”

闵成杰拍了一下桌子：“贺修民这个小毛贼，又想劫狱，又想娶美人，胃口还不小呢！我看他是活腻了，就按周团长说的办，放长线钓大鱼！”

（2）

莲城郊外的一间破庙里，鄂南苏区分局书记林森在训话，参加会议的主要是各路游击队、赤卫队的骨干成员。

林森年近四十，身材不高，留着八字胡，也许是凭着早年到莫斯科留学的经历，眼里总是闪现着一种咄咄逼人的气势。他环顾一下四周，说：“据我得到的情报，近期，王京甫准备下毒手，要处决关在莲城监狱的同志，其中，包括上级派来的农运特派员，形势十分危急啊，同志们!”

然后，他的目光落在贺修民身上：“尤其是贺队长，你现在肩负的责任很重，可以说，你能不能弄到枪，直接决定着几十个同志的生与死，现在我问你，你兄长贺金水的工作，做得怎样了?”

贺修民摇摇头。

林森板着脸说：“修民同志，我们可以先向他借嘛！总之，你要抓紧了，我跟你说，革命不是坐茶馆，可以悠哉游哉耗时间！革命不能讲私人感情，非常时期，你可以动用非常手段!”

贺修民说：“我先也说是借，但我哥就是不承认他弄到了什么宝贝，就算是我动用非常手段，也不知从何下手啊!”

一旁的赤卫队副队长王金山插话道：“林书记，这事的确有些麻烦。贺金水把宝贝看得比命还重，土匪柴云飞、恶霸周四新折磨得他够狠，可他就是不说东西藏在哪!”

樊秀鹏叹息道：“摊上这样一个嗜宝如命的家伙，贺队长还真是为难!”

林森不耐烦地说：“好了，好了，你们就不要替他说话了，我这里不是卖小菜，可以讨价还价!”

贺修民说：“林书记，虽然我哥工作难做，但我并没有放弃，您听我解释……”

林森打断他的话：“修民同志，你与兄长之间的家事，我没兴趣听。我要说的是，你必须赶在王京甫动手之前，带领赤卫队攻打莲城监狱，救出革命同志!”

贺修民吃惊地问：“赤卫队严重缺枪，这不是去送死吗?”

林森语气严厉：“这我不管！枪的事情，你和金山同志想办法。莲城监狱拿不下来，你们就不要来见我!”

王金山犹豫着：“这……”

贺修民却很果决：“好!”

林森面无表情地宣布：“就这么定了，散会!”

走出破庙，贺修民与王金山、樊秀鹏边走边说，看身后没人，樊秀鹏发起了牢骚：“这个林森，书呆子一个，不懂军事，不了解实情，又独断专行，只晓得发号施令。攻打莲城监狱这事，队长你怎能轻率答应啊！筹钱买枪八字还没一撇呢？这也太不公平了，他凭什么要队长一个人去弄买枪的钱!”

王金山警告道:“秀鹏,你可别说林森是书呆子,他杀起人来,我看比魔王还凶,最近他杀‘改组派’,不少好同志都冤死在他刀下,所以,对他,我们得罪不起,最好躲远点!”

贺修民心事沉重:“现在杀‘改组派’搞得人心惶惶,但我相信总有一天历史会为那些冤魂昭雪的!”

王金山叹口气:“算了,不说这人了,还是议议筹钱买枪的事吧!”

贺修民说:“亦莲肯定地告诉我,我哥挖到了宝贝。看来,筹钱的事,我还要去再找我哥去做工作!”

樊秀鹏担忧地说:“队长,你老往金水哥那里跑,周四新会盯上你的啊!”

王金山也说:“是啊,的确很危险,而且,金水哥好像刀枪不入啊,光给他做思想工作,根本没用!”

贺修民沉思着:“我会注意安全的。我哥没读过书,让他一下子提高觉悟,是有些困难,但只要有一线希望,我都会争取!”

王金山说:“关键是,我们没有很多时间去做他的工作了,必要时,我看能不能像你所先说的那样,对他采取非常手段!”

贺修民一怔,连连摇头:“非常手段?不行,绝对不行!说什么我也不能伤害我哥!”

王金山与樊秀鹏对视一眼,都沉默了。

(3)

白菜心一连几天没来唱戏,闵成杰心里纳闷,决定亲自到戏园去看白菜心。

戏台上,白菜心正唱花鼓小调《绣荷包》:

> 一绣广东城,城内扎大营。绣一个曹操点三军。
> 二绣花树街,街上好买卖,绣一个情姐望郎来。
> 三绣一只船,绣一个艄公把舵扳。
> ……

闵成杰拍手叫道："好！好！"

班主陈老幺连忙上前请安："闵大旅长亲自驾到，有失远迎，有失远迎啊！"

闵成杰摸了摸寸板平头说："哎呀，这白菜心唱得真好啊！我呀，真想天天听她唱啊！"

陈老幺觉得有些奇怪："这几天，白菜心没去您那儿啊？"

闵成杰说："没去啊，这不，我不是专门看她来了吗？"

陈老幺作揖道："哎哟，得罪旅长了，这哪承受得起啊！我来跟她说，让她下了场，直接到旅长那里去！"

闵成杰笑道："今天我来，一是看白菜心，二也是来看看众位演员。陈班主，你这个戏班带得好啊！"

陈老幺满脸堆笑："过奖，过奖！"

闵成杰吩咐卫士："给戏班子里每个人发五块大洋！"

陈老幺躬身称谢，满脸感激，随后，他让人叫来白菜心，又在白菜心面前，大大夸赞了一番闵旅长的豪气。

白菜心与闵旅长上了一辆轿子离开戏园，张琴师拉过陈老幺，小声说："班主，我看这个闵旅长来者不善，白菜心天天到那里唱戏，迟早要唱出事情来！"

陈老幺一脸无奈："人家有权有枪有钱，我有么家办法！和他硬顶下去，你我都得饿死！唉，现在只能靠老天保佑，希望小白能躲过这一劫了！"

白菜心进了闵成杰的办公室，闵成杰一把抓住她的手："几天不见，变得更好看了！"

白菜心抽出手坐下："旅长尽讲好听的说，不行啊，人老啰！"

闵成杰说："你都喊老？那我不是半截子入土了？你呀，就像你的名字，嫩得能掐出水来，我哪一天不听你的戏，不看到你的人，就浑身不自在，就像少了块骨头。你先唱一段吧，我叫厨师做几个好菜，晚饭就在这里吃！"

白菜心唱了几段，到了吃晚饭的时间，她推辞不掉，跟他进了办公室隔壁的餐室。

菜很丰盛，一位女仆打开一瓶烟台葡萄酒，躬身离开。

闵成杰要给她斟葡萄酒，她用手挡住："旅长，我不会喝酒！"

"葡萄酒这玩意没什么酒量的，女人喝了可以美容养颜，多少喝一点嘛!”

他喝白酒，她喝红酒，刚开始，她还有些拘束，一杯酒下肚，她的脑袋有些晕乎乎起来，索性放开了些，与他碰杯。

“你这几天不来，是不是对我有意见啊!”

“没有，没有，我哪敢对旅长有意见啊，我是有些怕……”

“怕什么啊，白小姐，怕我吃了你啊?”

“不，我不怕旅长，怕周团长。”

“你是说周四新?他敢对你怎样?整个莲城都是我的，他这个家也是我的!我说怎样就怎样，白小姐，你只要跟着我，谁都不敢欺负你!”

他盯着她酡红的双颊，觉得她也像熟透的葡萄。

他的眼神里似乎也有酒精燃烧，很快，他的右手搭上她的肩，嘴也凑上去:“来，小白，让我亲亲!”

她感到有些突兀也有些恍惚:“旅长，您是有身份的人，不能这样啊!”

她左右摆头躲避。

他嘿嘿一笑:“什么旅长，什么身份!这时候，我只是一个男人，一个喜欢你的男人!”

他一下子抱住了她柔软的身躯，她只觉全身无力，像一块白云落在水里，慢慢被揉碎了。

她挣扎着:“别这样!旅长，别这样……”

她的哀求和叫唤，被他当作一种欲拒还迎的风情，他笨重的身躯压住了她的娇小，让她动弹不得，他继续攻城夺地，她渐渐放弃了徒劳的挣扎。

(4)

金水没想到会在街上碰到关旭，都略略有些不自在，金水叫了他一声“兄弟”。

按理说，金水应该叫关旭“哥哥”。关旭应该叫金水“妹夫”，但金水比关旭要大几岁，而且，关旭在心里从来都没有承认过金水，所以，还是叫“兄弟”，双方心里都轻松。

金水发现关旭满腹心事，就说想和他到附近的酒馆喝两盅，关旭推辞不过就答应了。

两人叫了一斤野莲酒，几个菜：一盘花生米，一盘白切牛肉，一碗泥鳅烧莴笋，一碗河蚌烧榨菜。

金水夹了一粒花生米，抿了一口酒："兄弟，我看你有心事？"

关旭喝起了闷酒。

金水眯着眼说："不妨说说？"

关旭仍然一言不发。

金水说："唉，人人都有一本难念的经，不瞒兄弟你说，和你妹妹的事，我心里原先也不痛快，但后来我就想通了！"

关旭还是只顾喝酒，连菜也不吃。

金水又说："兄弟，你倒是说话呀，我今天想跟你掏心挖肺说说心里话，我和你妹妹其实只落下个名声！"

"你们本来就不是一路人！"关旭好像对这一切早有所料，并不惊讶。

"是啊，兄弟，你说得对，唉，谁叫我喜欢她，又配不上她呢？"金水说，"刚开始，我心里也很苦，不痛快，但是现在我只要天天能看见她，就知足了！现在我和她就像你和她一样，像兄妹。"

关旭瞟了一眼他："兄弟，你的情况我了解，就别装了，你敢说，以后你永远把她当妹妹？世上还真有不吃腥的猫？"

不知是这话戳了金水的短处，还是酒精烧得他脸色通红："兄弟，你不信我？我不是一个强人所难的人，强扭的瓜不甜，你妹妹不愿意，我绝不勉强！"

关旭说："那你，你就顺其自然吧！"

金水说："唉，我现在是，过一天算两个半天。兄弟，你有事一直憋着吧？信得过我的话，给我说说，说出来好受些！"

几杯酒下肚，关旭索性放开了："自从白菜心到姓闵的那去唱戏，我这心里，就一直不痛快！现在姓闵的要我当副官，我真不想去！"

金水瞪大眼睛，身子前倾："哎呀，兄弟，你要当上闵旅长的副官啦，这可是天大的喜事啊，怎不去啊！"

关旭将酒杯往桌上重重一顿："狗屁的喜事！外面的人都在笑我呢，说男人爱恨两顶帽，用绿帽换乌纱帽！这些狗娘养的！"

金水说："别听那些红眼的王八蛋胡说！依我看，这个副官你还真要去当！等你有了一官半职，看谁还敢笑话你！”

关旭仿佛下了某种决心，干了杯中的酒：“这么说，这件事我要考虑考虑？”

金水说：“不用考虑了，兄弟，如果是我，现在就去上任！等成了闵旅长的副官，就连那个周四新，也不敢再欺负你了！到时候，有谁再瞎嚼舌头，就对他不客气！”

(5)

“卟咚咚，卟咚咚”，门外隐约传来几声拨浪鼓的声音，亦莲拿出针线篓的时候，发现自己要买一些针头线脑了，于是走到门口，朝鼓声传来的方向张望。

只见一个戴着草帽的货郎，挑着一副货郎担子，晃晃悠悠地走过来。

待货郎走近时，亦莲上前招呼：“买针线。”

货郎抬起头咧嘴一笑，露出一口白石头似的牙：“走累了，讨口水喝！”

这不是贺修民吗？

亦莲吃惊地低声叫道：“是你？快进来！”

贺修民放下货郎担，走进屋去。亦莲警觉地看了看四周，随后进了屋，给他端来一碗凉茶，他仰起脖子一饮而尽，抹了抹下巴，问：“我哥呢？”

亦莲正要说话，金水从房间里出来了，他看了看贺修民，又看了看门口那副货郎担，说：“修民啊，我真佩服你，一会扮成算命的，一会扮成卖鱼的，这会又扮成货郎，我看你可以去演戏了！”

贺修民一笑：“哥，我这不是没办法吗？我这颗人头，值五千大洋呢！”

金水沉下脸说：“你晓得危险，还老往我这里跑啊！”

贺修民亲热地搂住金水，推着他往后走：“哥，我们还是到后面院子里说话。”

金水在石凳上坐下，见亦莲也进了院子，就对她说：“亦莲，你到堂屋里看着点，来了人，你就咳几声。”

亦莲不放心地看了看贺修民，“哎”了一声，走了。

贺修民还未开口，金水就训斥起他来：“修民，不是我说你，这么大的人了不干点正事！我这个做哥的一想起来，就觉得家里那钱花得冤！你想，全家人都把宝押你身上，省吃俭用，供你念书，原指望着你读出个名堂光宗耀祖，没想到……哎！”

贺修民的眼圈红了：“哥，你说得在理，我对不起我们家，尤其对不住妈，她老人家活着时，我没能尽孝心，我终生有愧啊！不过，哥，你要明白，我现在做的就是正事。老百姓觉得自己活得苦，苦的根源他们不知道，我想让他们知道活着为什么苦，怎样才能不受苦！”

金水很不屑：“修民，我看你是喜欢操闲心，你管哪个活得苦啊？只要你自己活得不苦就行了！好了，还是那句话，我不想听你讲这些大道理！”

贺修民说：“哥，真不是大道理，我在跟你讲我做事的意义！”

金水认真地看着他：“修民，这些离我太远了，我也不感兴趣。今天我跟你说句心里话吧，我身体不好，怕不能给贺家添后人了。贺家续香火的任务就交给你了，你也不小了，说门亲事倒是正经事，就说你那个小师妹，她哪点不好？不光人好看，又有本事，家里还有钱，你把她娶进门，小日子不晓得过得有多滋润！”

贺修民不做声。

金水又说：“你要是能娶卢小姐，我倒愿意帮你，保证你体体面面娶人家进门！”

贺修民来了精神：“哥，你不是说你没钱，连屋上的瓦破了都没钱修吗？”

金水慢悠悠地说：“我再穷，给你娶亲的钱还是有的。”

贺修民抓住金水的手说：“王京甫这几天就要动手，那几十个同志，眼看性命不保，哥，你帮帮我们吧，能救几十条人命呢！”

金水说：“唉，兄弟，我真没挖到宝贝，但你就是不信，拿你真没办法！”

贺修民说：“哥，你先拿出一些，就算借给我们组织，我担保，组织以后一定还你！”

金水拍着贺修民的手说：“我没有挖到宝贝啊，没有怎么借？修民啊，听哥的话，去娶卢小姐！说难听一点，那卢小姐就是最大的宝贝，卢家不说家财万贯，起码是大户人家，绝不会亏待这个独生千金，你们组织要是差钱，卢小姐能不支持你？不过，眼下风声是紧了点，在莲城你还不能公开露面，但可以到外地办婚礼，躲一阵子，再回来！”

贺修民摇摇头：“哥，感情的事是很难勉强的，我和皓月是师兄妹，我不想违心地骗自己，更不想骗她和师傅，我对她，哎，真的是兄妹之情，为了钱去娶她，我做不到！”

金水盯着他的眼睛说：“我看这几年，你在省城读书是读迂了，我听说大城市的年轻人时兴谈么家恋……恋爱，你该不是和哪个姑娘恋上了爱上了吧？”

贺修民苦笑着说：“哥，眼下我哪有空琢磨这事？我都快急死了！几十个同志的脑袋，过几天，一咯嚓就没了，一想来，我就浑身冒冷汗！哥，我求你了！你把那挖出来的宝贝，借几件给我应应急，保证以后还你，还不行吗？”

金水看着院墙上那架紫色藤萝，叹口气说：“修民，不是我舍不得，也不是我不念兄弟情，我是真没有！你要不信，我这屋子，你随便搜，随便搜，好不好？”

贺修民猛地扶住金水的肩，眼里几乎有了泪：“哥，你就帮我这一回吧！我一辈子都会记住哥的好！”

金水站起身，背着手在院子里一瘸一拐走了几步，仿佛下了某种决心，对他说：“兄弟，你走吧！跟你口都说干了，你就是不信，我劝你以后别往我这里跑了！不是哥心狠，而是哥真没有挖到么家财宝，你跑也是白跑。哥也是为你好，你老往我这里跑，被人盯上了，麻烦就大了！”

贺修民不甘心地往外走，突然，他飞快地折回身，凝神注视金水，眼神绝望而焦灼：“哥，我最后问你一次，你有没有挖到财宝？如果没有，我就再也不来烦你！”

只是一刹那的迟疑，金水摇了摇头说：“对天发誓，没有！”

贺修民神色黯然，往外走，亦莲一看什么都明白了，她见后面金水没有跟来，就小声说：“别灰心，明天上午我到元庙观去找你！”

贺修民眼睛一亮，点点头。

(6)

亦莲刚出门，就发现后面跟了两个人。她走到街道一处拐角，把自己藏起来，等那两个人走近，她突然走出来，他们倒是被她吓了一跳，是朱军师和六月亮。

亦莲很生气："你们鬼鬼祟祟地跟踪我?"

六月亮问："匆匆忙忙地，要到哪里去，去会相好吧?"

亦莲稍稍一怔，没好气地说："去哪里是我的自由，管得着吗?你!"

六月亮笑起来："自由？哈哈，你不记得要办的事了？今天，我们是专门来讨信的!"

亦莲佯装不知："讨信?"

六月亮冷冷地说："你就别装糊涂了，柴老大说的两个月，可是要到期了!"

亦莲也冷笑道："你放心，到时候我交不出东西，就跟你们回阳湖!"

六月亮拍手说："哈哈，美人，这可是你说的呀！我只是想提醒你，老老实实抓紧时间办事，你的一举一动，我们都盯着呢!"

朱军师劝道："三当家，相信亦莲姑娘是有手段的，我们先回去吧!"

等他们一走，亦莲又兜了几个圈子，确信后面无人跟踪，才进了元庙观。

六月亮问她是不是会相好，她晓得他是胡诌的，但心还是猛地跳了一下。

亦莲敲门，贺修民打开门，欣喜地看着她，连忙将她让进屋。

她告诉他刚才的事，他火了："这帮土匪想发财想疯了，到现在还在要挟你！看来，我要和他们清算清算了!"

她没有接话，而是说："看到你昨天那个样子，我的心好难受!"

他搔搔脑袋："我哥硬是不承认他挖到财宝，我拿他真没办法!"

她微微一笑，突然说："如果他把地方告诉我了呢?"

"那就好了!"他叫道，"看得出来，哥喜欢你。如果有一天他告诉你地点，那是因为他把你看得比宝贝还珍贵!"

她叹一口气："可是，我从来没有喜欢过他！我想好了，终有一天，我会离开莲城！"

他有些吃惊："离开莲城？到哪去？"

她摇摇头："我也不晓得。在你哥家里住着很别扭，不，是整个莲城，都让我别扭，我要走得远远的！"

他心疼地看着她："莲，等打下莲城监狱，我和你一起走！"

她苦笑道："到时候，就怕你走不了啊！"

他扶着她的肩，望着她的眼睛："革命可以四海为家啊，我可以的！"

她突然伸手去摸他的头发，声音里是惊叹和怜惜："你看你！年纪轻轻，都有白头发了！"

他说："这事可愁死我了！当年伍子胥过昭关一夜愁白头，我现在终于理解了！"

她忽然说："其实，由我出面，探听到你哥藏宝的地方，并不是很难。"

"真的？"他脸上顿时现出欣喜之色，然而，随即他的脸色又黯淡了。

她不解地问："你怎么了？"

他叹气说："哎，我哥不肯捐出东西，我们一不能去偷，二不能去抢，他又不肯借，就算知道地方又怎样？"

她说："昨天你们说的话我都听到了。依我对你哥的了解，你就是好话说上几十箩筐，跟他再做十年八年的工作，跟他磕头下跪，他都不会答应你！"

他说："看来我还要另想办法，关键是现在时间不等人！"

她说："是啊，正像你自己说的那样，再过几天，几十个同志的脑袋，一喀嚓就没了，不能眼睁睁地看着他们……"

他垂着头说："上边也在催我，甚至建议我在非常时期采取非常手段，但他是我哥啊，我怎么下得了手！"

她点点头："说到非常手段，我倒是有两个办法！"

他说："你不妨说说！"

他听她说完，连忙摇头："不行，不行！由你一个女人家把东西弄出来，那算怎么回事？至于你说的另一个办法，倒是有几分可行性，不过，这也会很伤我哥的心！"

她说："让你哥去恨柴云飞，总比恨你要好！"

他坚决地摇了摇头："不行，真是不行！这样做，我觉得自己好卑劣，好对不起我哥！"

她柔声开导他："老话说，忠孝不能两全。你要营救自己的同志，做大事情，可以说是'忠'，而你对你哥的感情，说不上是'孝'，毕竟是骨肉亲情，所以你下不了手。但是，人世间，好多选择是逼不得已的，我不懂那些大道理，你只要问问自己的良心，你做这件事，有私心吗？如果不是为自己，不是为个人，而是为大多数人，这就是值得做的，也是问心无愧的。"

他睁大眼睛："亦莲，我自问良心，在筹钱买枪营救同志这件事上，我没有任何私心，而且，前面还有不少危险等着我！但我心中的这个结，是个死结，打不开的。反正，我不能做对不起我哥的事！"

她缄默了。

（7）

亦莲没想到王金山和樊秀鹏会来找她。

金水前脚出门，他们后脚就进来了，显然，他们是瞅准了金水要出门。

王金山微笑着对亦莲说："亦莲姑娘，还认得我们吗？"

亦莲看着他的红脸膛，觉得这张面孔似乎在哪见过，但一时又想不起来。

王金山压低声音说："我们是贺队长的朋友。"

亦莲这才想起，上次在白鹭湖见过他们。

她看了看他们身后，贺修民没有来，她有些疑惑给他们让座，又张罗着去倒茶。

樊秀鹏让她别客气，问："这里说话方便吗？"

亦莲将他们带到后院。

樊秀鹏说："我们是贺队长的部下，我叫樊秀鹏，今天我和金山大哥到这里来，是想和亦莲姑娘商量一件事！"

亦莲有些诧异："和我？"

樊秀鹏点点头："对，你是唯一能帮我们的人！"

亦莲更诧异了："帮你们？"

樊秀鹏说："对！是这样，亦莲姑娘，我们的请求很冒昧，但是事情紧急，我们也顾不得那么多了！"

他们讲了自己的想法，亦莲静静听完，没有做声。

王金山有些急了："这直接关系到三十多个同志的生命啊，贺队长也急死了，可是依他的个性，他是不会同意我们这么做的，我们只有先斩后奏了！唉，这也是人命关天，没办法的事。但是，所有的这一切，没有亦莲姑娘的帮助，都是白费工夫！"

亦莲沉思着，说："这件事我可以考虑，不过，说实话，金水会不会将地方告诉我，我没有把握，而且时间这么紧！"

王金山说："我们倒是有一个方法，会让他主动告诉你地方！"

亦莲有些惊讶："哦，真的吗？"

王金山问："金水相信算命测字那一套吗？"

亦莲想了想说："据他自己说，他从小最信这个了，到莲花池挖宝之前，他还专门请了风水先生教他呢！"

王金山说："这就好！前些日子，我的一个远房表舅逃荒到了莲城，他会算卦，这几天正准备在莲城摆摊开张，打算混口饭吃呢！"

亦莲疑惑不解："这和金水有关系吗？"

樊秀鹏说："这筹钱买枪的事，万事俱备，只欠东风，这金山大哥的表舅就是那东风呢！"

亦莲更加摸不着头脑。

王金山和樊秀鹏双双向她鞠了一躬："亦莲姑娘，我们代表组织代表贺队长，真心地谢谢你！"

亦莲连忙说："哎呀，别这么隆重，我可受不了！事还没办成呢，谢我做么家？"

（8）

卢皓月缠着父亲要他拿一万块银洋出来。

卢介康笑她好大口气，说他们家又不是造钱的。当她说这是给贺修民筹经费时，他吃了一惊，问贺修民怎么从来没说过。她说他不好意思开口，他们的组织真的很差钱。卢介康当下拿出一张五千元的银票，说本是准备进药材的，现在先给他救救急。

卢皓月揣了这张银票，向元庙观走来。一路上她很谨慎，生怕有人盯梢，走走停停。自从上次与贺修民分手后，卢皓月来元庙观找过他两次。

这时候，亦莲已经来到了元庙观。

她今天来找贺修民，是有话要问他。

她故作漫不经心说："上次在白鹭湖，遇到的你那两个朋友，一个红脸雄武得像关公，一个白脸文静得像书生，真好玩。"

贺修民笑了："你是说金山和秀鹏啊？是两个好得不能再好的同志！"

她又问："好得不能再好？有多好？"

贺修民说："对革命忠心耿耿，人品也好！"

她问："他们和你关系怎样？"

贺修民说："那还用问？割头刎颈之交！我和他们都共过生死患难！"

接着，他突然好像想起什么："对了，你问这个干什么？他们找过你？"

她很平静地说："没有啊！我只是随便问问。"

他"哦"了一声，说："上次你说的两个办法，都行不通。除了我哥这道坎过不去，我心里还有一道坎，那就是你！这当中，最委屈的人是你！"

亦莲直视着他的眼睛，突然问："你爱我吗？"

他深情地注视她，揽她在怀里："莲，不光是爱，给我时间，我一定要体体面面地娶你！"

她将头搁在肩膀上，幽幽地说："别人怎么想，对你重要吗？"

他摇摇头："不，对我来说，只有你的看法才是重要的！"

她的眼神美丽得近乎哀婉："我这一生从来就没有过快乐，也不晓得么家是幸福，只有见到你才开心一点，只有和你在一起的时候，才觉得活着好有滋味。我愿意为你做任何事，因为，因为我爱你！"

他百感交集地紧紧地抱住她，她颤抖地圈住他的脖子，柔软的上身贴着他的胸膛，感受着他的热度与心跳。

他抵开她柔软的唇瓣，她舌尖清凉，然而，手心却在冒汗，脸上也发烫，似有一种温柔的火烧遍她的全身。

她的舌头好像四五月份初生的嫩荷，带着卷曲的羞涩，轻颤着承受着他的徜徉，她口中的琼浆，就像荷叶上的露珠，他陶醉其间，忍不住吮吸得有些贪婪。她情不自禁地温柔地绕住他的舌尖，不自主地回应着他的缱绻。

她娇羞地闭着眼睛，贝壳一样的耳朵，有一种玉的温软，她丰满的乳胸，弹性丰盈地贴紧了他结实的胸膛，他欲进一步动作的时候，她猛然呻吟了一声，挣开他："我要走了！"

她拉开门栓，他再次将她拥住："莲，别走！"

他拉过她，几乎将她旋转了一周，然后，一只手环抱着她，一只手插入她浓密的发中，再次狂热地吻她。这是一个浓郁得几乎让她窒息的长吻，这一吻似乎穿透了两人的灵魂，他们又好像在这里找到了别有的天地，体温与气息汇成痒痒的热流在体内奔泻，震撼心肺的醉意犹如春天的晚霞漫天飞舞，他们的唇舌合二为一，共生共死，生命恰似一场美好的幻觉，于是完全忘记了四周的一切，再也看不到什么，也听不到什么了。

卢皓月在门外敲了两下，不见人应，没想到，轻轻一推，门就开了。

她惊呆了，手中的银票掉到了地上！

他们还在忘情地狂吻！似乎天地间只有他们两人，不管日升月落沧海桑田，他们要一直吻下去。

卢皓月愤怒地重重地咳了一声，两人星飞电闪般地分开。

贺修民极为尴尬，亦莲的脸羞红如血。

卢皓月震惊地说不出话："你，你们……"

接着，她一字一顿带着哭腔说："贺修民！算我自作多情，瞎了眼，以后，我再也不想见到你了！"

说罢，一转身，她就跑了！

贺修民这才反应过来，他口中叫着"皓月，皓月"追出去时，已不见了人影。

第十二章　招亲

（1）

魏老幺茶馆里面，金水悠闲地啜着茶，旁边的几个茶客大声谈论着一位算命先生的神奇。

“这个外地的黄半仙真是奇了，我孩子他舅丢了一头驴，问他驴跑哪儿了，他点了几下手指，就说向南走五里路，到某某某家，如果去晚了，就找不回来了，孩子他舅赶到那家，果然看到驴被拴着，偷驴的家伙正磨刀呢！”

“我家婶子的婆婆病重，她拿着婆婆的生辰八字去给黄半仙看，半仙一看八字，就说，都要死的人，还拿来算么家？等她一回家，婆婆就死了！”

“更奇的是，黄半仙居然能算生男生女，城东米粉店王麻子的老婆生了五个女儿，挺着个大肚子去算命，半仙断定她这回还是生女儿，你说巧不，她昨天真的又生下一个女儿，真是神了！”

……

金水好奇地问：“你们说的这位黄半仙在哪？我怎么从没听说？”

茶客们答：“黄半仙上个月才从安徽来到莲城，你当然没有听说，他在城隍庙旁边摆了一个摊，每天他只算八人，多一个都不算。你要想找他算命，要起早床去排队呢！”

金水决定去看看。

他来到城隍庙，果然见到一个年约七十的老者，面容清癯，长须飘飘，颇有气韵，端坐在一张长桌后面，桌上铺着一张红布，上面摆着一筒竹签，几本卦书，红布垂下来，写着：求财测福，诚心必应。

已有不少人排队等候，快要轮到金水时，老者宣布：“按惯例今日已满八人，请各位明日再来！”

金水心有不甘，拖着跛腿凑过去问：“半仙，真的一个都不多算？”

黄半仙抬起头，看到金水一瘸一拐，眼睛一亮，但瞬间就收敛了光芒，摸着长须，沉吟道："嗯，我看你印堂之间有些蹊跷，不是大福就是大祸，老朽今天怕要破例，为你一算，算得准，不收钱，说得实，不怪罪！"

金水报上生辰八字，黄半仙两眼微闭，捻动手指，口中念念有词，片刻后突然睁眼道："你命里犯金，八字缺土，说明你财运极好，但是容易引来血光之灾，另外，你的腿不是很好。八字显示你会饮两眼井的水，但有一眼井是假井，就是说你表面上结了两次婚，实际上只结了一次。有一次，就差那么一丁点，你就和她拜了天地入了洞房，可是节外生枝，你出了事。另外，你现在和一个你很喜欢的人在一起，你很痴迷她，她却和你若即若离，你们的关系就像是水中花、镜中月。"

金水大惊："半仙所言，句句是实，唉，我这命是不是太薄？"

黄半仙说："因你命里犯金，本不可在家中藏金埋银，如真有金银要藏，必得一八字多土多水的女人辅之，如若不然，那金银终会落入他人手中，给你带来大难啊！"

金水急切地问："那能辅我的多土多水之人在哪？"

黄半仙闭上眼说："天机不可泄露，老朽只送你八字：远在天边、近在眼前！"

金水还想再问，见对方已不再作答。

金水似有所悟："懂了，谢谢半仙指点！"

他拿出一块银洋作为课金，黄半仙婉言谢绝，他连鞠数躬一跛一跛地离去。

(2)

一盏黑铁油灯散着昏黄的光，亦莲在做针线活，她左手戴着一枚铜顶针，右手捏一缕细线灵巧地飞动。有人叫门，她听出来是金水，也不抬头，应了声"进来"。自从金水答应把她当妹妹看后，她就完全信任金水了，不再担心他会有出格的举动。

"亦莲，你十指细又长，比仙女的手还巧！"金水夸赞道。

"金水哥，你尽拣好话说，么时候看到过仙女啊？"亦莲笑着说，她穿针走线的样子气定神匀，鼻翼沁出点点汗星。

“在我心里，你永远是仙女！”金水深情凝视她。

“金水哥，有事找我？”她岔开话。

“是啊，岂止有事？找你救我呢！”他说。

“救你？怎么救你？”她很惊讶。

“我今天找一个叫黄半仙的人算命，他算得真准，他说我喜欢一个人，但我和她就像水中花，”金水认真地说，“黄半仙还说我想在家中藏金埋银的话，一定要有一个八字多土多水的女人辅佐，不然，不光金银守不住，还会有大难！”

“你信这个？”亦莲抬起头，用牙将线用咬紧、绷直。

“信！我要把那个地方告诉你，不这样，我心里总不踏实！”他点点头。

“怎知那个八字多土多水的人就是我？”她低下头问。

“黄半仙说‘远在天边、近在眼前’，不是你是谁？再说整个莲城，我只信你！”他的眼里跳着热切的光。

她不再说话，撩起银针轻轻擦了一下头发。

“跟我走，我要让你见识一下，我从莲花池弄来的那些宝贝！”他突然拉起她的手。

几乎是被拖到他的房间。他让她举着灯，他拉开床，用一把瓦刀敲了敲床当头的墙壁，将瓦刀沿着砖缝插进去，抠出了几块青砖，从墙里面搬出一个黑木盒。

“全在这里了，想不想看？”他把木盒放到桌子上。

木盒长约一尺，宽厚均约六七寸，不等她回答，他就打开了。

一道绚丽的光华自盒中射出！他谨小慎微地一件件拿出来，在桌上摊开。

玉罗汉、玉藕、翡翠桃、金锁、金佛、金饼……莹莹宝气充盈了整个屋子，似乎使屋子都润透起来，这让亦莲如置梦幻。

“亦莲，你摸摸！”

她踌躇着，他拽了她的手，去摸那些东西。

她爱怜地抚着一节晶莹剔透的玉藕，玉藕镶着翡翠莲叶，还有红宝玉做成的莲花，莲花里面是娇颤颤的嫩黄莲心，一丝一缕，都用金线穿成。

“好漂亮的玉莲玉藕！”她忍不住赞道。

“现在，这么多宝贝，都属于我和你！”他抓住她的手。

“你弟上次来向你借几件东西，说是到省城买枪，救他们的同志。”她试探着说，“好歹你们兄弟一场，不妨就借几件？”

“他们搞‘共产共妻’，那我这些东西，不都成他们的了？”他触电似的放开她的手。

“不会的，哪有这事？”她笑起来。

“就算没有这事，我也不会借！我弟那是个么家组织哦？买枪的钱都没有，穷得响叮当，真借给他们，那不是有去无回？”

“他们的困难是暂时的。”

“算了，你不要跟我说这些了，我现在想的是，带着东西和你一起走！你说到哪就到哪，然后，我们买房子买店铺，做小生意，过小日子，你说怎样？”

“如今兵荒马乱的，带着这些贵重之物，能走多远？”

“亦莲，这么说，你肯跟我一起走？你不用担心，大不了，我花大价钱请保镖！”

“不，金水哥，我现在暂时不想离开莲城。”

“你还是瞧不起我贺金水！”

“不是瞧不起你，我觉得做你的妹妹也很好！”

“唉，好吧，亦莲，我不逼你。”

他怏怏地把宝贝一样样收进盒子，准备放回原处。

“慢！”她叫道，“你就不换个地方，这么相信我？”

“谁让我早就当你是最亲的人了呢？”他笑着说，用手比画着，“现在这个地方，天知，地知，我知，你知！”

她将心里掀起的无限波澜压抑着，化作一声长长的叹息：“唉！金水哥，你就不怕我，不怕我告诉别人？”

他凝视着她的眼睛：“不怕！我相信你！”

她不敢看他的眼睛：“如果有一天，我对不起你，你会不会杀了我？”

他说：“如果有那么一天，我会恨你，但我会更恨我自己！”

（3）

夜色如黛，天空飘洒着丝丝小雨，莲城罩在一片烟雨迷离之中。街上人迹稀少，普善堂正要打烊，一条人影飞快地闪入了门内。

早有伙计通报了卢介康。

卢介康和张氏都急忙迎上前来说："是修民呀，我们正要找你！你来得正好！皓月是不是去过你那里？"

贺修民点点头。

卢介康说："她说你的组织缺钱，要我拿钱出来支持，我就给了她一张银票，她给你了吗？"

贺修民从口袋里掏出银票，放到桌上："师傅，银票我带来了，我不能要！"

卢介康一怔："你们怎么了？这鬼丫头，自打你那回来之后，一直在哭，问她发生什么事了，她又不说，只闹着要赛龙船招亲！"

"赛龙船？招亲？"贺修民大吃一惊。

张氏说："是啊，还有几天就是五月十五大端午了，她说要在莲花池设擂赛龙船，谁夺第一，就嫁给谁。这丫头，不晓得怎么了，我和你师傅劝了半天，她就是不听，说不让她招亲，她就去死！你说，她是不是不受了么家刺激，走火入魔了啊！该不会有事吧？"

贺修民沉思道："皓月大了，有自己的想法，也没什么不好。"

张氏很吃惊："修民，你怎么这样说？我和你师傅早就商量好了，要把月儿交给你的啊！"

卢介康接口道："修民，我膝下无子，一直把你当儿子看，此生最大的心愿，就是看你娶月儿，你们幸福地生活在一起！"

贺修民脸上泛起愧色，喃喃道："师傅，师娘，我可能要辜负你们所托了……"

卢介康与张氏对望一眼，然后问道："修民，你是不是心中有人了？"

贺修民犹豫了一下，点了点头。

张氏的脸色当时就有些挂不住了，还是卢介康镇定些，他走过来拍了拍贺修民的肩："修民，在这件事上，我们不能勉强你，但不管怎样，你永远都是我的好徒弟，你和月儿永远都是师兄师妹！你们结不了姻缘，就做兄妹，做朋友，现在，你去劝劝月儿吧！"

贺修民"嗯"了一声，站起身来。

卢介康告诉他，皓月一回来就把自己关在房里了，连晚饭也没有吃。

贺修民敲门："皓月，是我，打开门！"

卢皓月冷冰冰的声音变得很锋利："你走，我不想再看到你!"

贺修民又敲了几下门。

卢皓月的嗓子哭得有些沙哑，她不耐烦地说："你走啊！这么大一个莲城，不是只有一个贺修民让我非嫁不可！你放心，我会活得好好的!"

卢介康与张氏面面相觑。

贺修民无奈地摇摇头，对卢介康说："皓月正在气头上，我劝不了她。"

卢介康关切地问："你们之间是不是有什么误会?"

贺修民不语，卢皓月却在房内说："爸，别逼问人家了，我和他没什么误会，只怪我太笨只晓得自作多情！现在我开了窍，五月十五大端午，赛龙船，选我的意中人，你们都别再来烦我了!"

（4）

一大早，普善堂的门口就围满了人，门口贴着一张红纸，人们指指点点交头接耳，一脸兴奋之色。会识字的人念出来声来：莲城男子，不论贵贱，不论贫富，只要年满十八，不过三十，尚未娶妻，均可参加今年的大端午龙舟赛，公平竞争，夺魁者，招赘为婿……

只不过一个上午，卢皓月赛龙船招亲的消息传遍了莲城。

莲城的单身男子无不跃跃欲试，普善堂门口，报名者排成了长龙，队伍一直蜿蜒到街心。

晚上，魏老幺茶馆里面聚满了人，茶客们差不多都是在谈论这件事。

也是凑巧，茶馆里在说书，说的正是"樊梨花招亲"这一节，说书人"哗"地一声收拢折扇，讲到那娇艳泼辣的樊梨花数落薛丁山忘恩负义：

> 几句话顶得我浑身颤，哪有此等无义男。他大喜之日把心变，竟然口出不逊言。我今被他下眼看，怎能相敬到百年？我在此地难立足，含泪回转寒江关……

邵大海与刘金堂等几个老茶客聚在一起，唾沫横飞地谈论着这次“招亲盛事”。关仁松与谢九生死了之后，茶客队伍中又添了几张新面孔。

槽坊老板刘金堂尖嘴猴腮，下巴前倾，环顾四周时活像一只猴子：“诸位晓得吗？这次报名参加招亲的超过了一百四十人！莲城的男人简直都发了疯！”

“刘金堂，你怎么没发疯？比武招亲，人间美事，你也可以去报个名啊！”邵大海笑道。

“你以为我不想去啊！大户人家的黄花闺女，又美如天仙，水嫩嫩迷死个人！不要说是娶到手，只说是睡上一夜，十年做梦都风流啊！这等艳福谁不眼馋？你邵大海不眼馋吗？”刘金堂吞了一下口水。

“我条件不够啊，一呢，并非单身；二呢，也过了那年纪。唉，只怪我姆妈把我生早了！”邵大海拍了一下大腿，好像真是有点失落。

茶客们一阵哄笑。

刘金堂瞟了一眼邵大海：“大海啊，只要你敢休了你老婆就行！超过年纪？这事好说，你说自己只有二十九，卢家上哪查？”

提到休老婆，正触动邵大海心中的痛处。前几天，他又提出娶小老婆，老婆差点没把他的耳朵揪下来。于是，他转移了话题，故作高深地说：“卢介康早就打算把女儿许给贺修民，怎么突然变卦了呢？这里面一定大有名堂！”

刘金堂不以为然：“有么家名堂？贺修民是赤党，人头值五千大洋呢！嫁给贺修民，那不是自投鬼门关吗？卢介康再大的胆子，也不敢啊！”

邵大海肯定地说：“我看哪，这一场大端午的龙舟比武招亲，怕是有一番争斗，我们就等看热闹吧！我和你们打个赌，这次要是不出点事，我不姓邵……”

(5)

得知卢皓月要赛龙舟招亲，亦莲心神不宁，不知为何，隐隐有些愧疚。

她想去找贺修民，说说自己的想法。卢皓月既然喜欢他，她就退出。他们两个才是金童玉女的一对，自己算什么呢？经历了王师璧与柴云飞，现在又不明不白寄居在金水这里，真有说不出的难堪。

亦莲在街上低着头边走边想心事，迎面忽然撞到一个人。

这人一把拉住她："七奶奶，你到哪儿去？我正找您呢！"

亦莲抬头一看，是林三，她恼怒地摆开他的手："放手！谁是你的七奶奶，放尊重点！"

林三恭恭敬敬地说："我真该死，又说错话了，亦莲姑娘，我真找您有事！"

亦莲不理他，径直朝前走。

林三追上赔笑："您别走啊，是我们家大少爷找您有事，他就在前面青莲酒家等您呢！"

她继续往前走，林三又追上来："说是为了卢皓月招亲的事，有要紧话跟您说！"

亦莲停下脚步，皱起了眉头："为卢皓月招亲的事？"

林三讨好地说："您去去就晓得了！"

亦莲进了青莲酒家。

林三挑开门帘，雅间里的王京甫一见亦莲，连忙快步走过来握她的手："亦莲，你能来，我太高兴了，快请坐！"

见她的手不让自己碰，他一笑，对林三吩咐道："叫人上菜！"

亦莲说："王京甫，我可没时间陪你吃饭！有么家话，快说吧！"

菜陆续端上来，摆了满满一桌。

王京甫扶住她的肩："亦莲，你坐下嘛！今天我是诚心请你吃饭！"

她侧肩摆开他的手。

王京甫说："唉，你就是不吃饭，也要坐下，听我说嘛！"

见她坐下，他松了口气："亦莲，我多么想见你！唉，我知道，你和卢皓月不是好朋友，不是为她的事，你是不会来的！"

她说："你还算有自知之明！"

王京甫一副老谋深算的样子："我看这赛龙舟招亲啊，里头大有文章，说不定，她是在和谁赌什么气？才想出这一招。"

亦莲暗自惊讶，难道这家伙晓得什么了？但又一想，这不可能。

王京甫突然问："听说你哥当上闵旅长的副官了？"

她有些怒了："这关你屁事，你东一句，西一句，到底想说么家?”

王京甫压低声音问:“你哥没告诉你,现在连闵旅长也报名参加龙舟招亲了?”

亦莲心下又是一惊,鄙夷道:“你是说闵成杰?他多大年纪啊?四十多了吧,卢家怎能让他报名?”

王京甫说:“闵成杰说自己年纪不到三十,谁敢说半个不字?半路里杀出来一个程咬金,卢家恐怕没料到。前些日子,他委托周四新去卢家提亲被拒,这次,怕是要志在必得!而且,我还告诉你一个可靠消息,这回,就连周四新也报了名!”

亦莲睁大了眼睛,愤怒挂在眉梢两端:“周四新可是有老婆的!”

王京甫说:“周四新以手下武黑皮的名义报的名,他倒不敢打卢皓月的主意,而是为了确保闵成杰夺第一,他的小九九打得再精,都逃不过我的眼,他想哄好闵成杰,取代我的位置呢!哼,想得倒美!”

亦莲骂道:“你们这群不要脸的无耻之徒,简直都疯了!”

王京甫忙说:“喂,你可不能一竹竿打翻一船人!我是个好人啊,我在想,是你关亦莲招亲就好了,我马上蹬了那黄脸婆……”

亦莲打断他的话:“算了吧,我没兴趣听你肉麻,说吧,告诉我这个,想要我做么家?”

王京甫说:“唉,我呀,是想让你劝劝卢皓月,别搞什么赛龙舟招亲了。如果她不想落到闵成杰手里,就趁这几天,收拾好东西离开莲城,越快越好!”

见亦莲不语,他叮嘱道:“亦莲,我可是把你当作最亲的人啊,别让闵成杰知道是我出的主意!”

亦莲冷笑:“放心吧,我没你那么卑鄙!”

(6)

从青莲酒家出来,亦莲更不安了,她又去了元庙观。

元庙观内,香火缭绕,鼓笙齐鸣,铙铛声声,主殿内,一群身着彩衣的道士正在做法事,他们念念有词有说有唱,进退拜揖井然有序。

亦莲瞅了一眼,刚扭头,就撞见了王金山,他悄声说:“后面有尾巴，你先到救苦殿去上香!”

亦莲回头，果然看到一个人，闪到了一棵粗壮的白果树后面，身形有点像林三，想到王京甫又玩这一套，不由既厌恶又愤怒。

她在救苦殿里点了三支香，跪在右边的拜垫上，将头叩了三次。等她站起身时，有人说话了：“这位女施主，是还愿还是找人?”

是清虚道长，她一喜：“当然是找人了，我表哥在不在?”

清虚道长微笑点头。

两人正聊着，王金山进来了，他与清虚道长对视一眼，对亦莲说：“是林三，我认得这家伙，现在他走了，对他，以后要防着点!修民哥在道长房里，你去找他吧!”

亦莲点点头，就向清虚道长的住处走来。

贺修民见到亦莲，很高兴，她还未开口，他就猜出，她是为皓月招亲的事而来。

她略带调侃地试探他：“皓月的招亲告示一出，普善堂的门槛都被踏平了，你没去报个名?”

他说：“怎么没去？一大早，我就报了名!”

她一愣：“你，你……”

他捉住她的手：“莲，逗你玩的!”

她撇了撇嘴，怨道：“就算你是真报了名，我也没资格不让你去啊!”

他软声细语道：“我怎么会去报名呢？我一直把她当妹妹的！何况，我的心早被某个人填满了!”

她含嗔带怨剜他一眼：“你就舍得小师妹被别人抢走啊!”

他露出一口白牙粲然而笑：“有什么舍不得啊？男大当婚，女大当嫁么，师妹自幼喜欢武艺，肯定可以通过这种方式，选出意中人!”

她突然说：“如果闵成杰和周四新也报了名呢?”

他以为自己听错了：“你说什么?”

亦莲认真地重复了一次，转述了王京甫在酒楼里说的那些话。

“无耻，简直太无耻!”他握着拳头，像一头暴躁的狮子在屋子里来回走着，压抑着想扼断什么毁灭什么的冲动，“不行，我一定要阻止这场阴谋，不能眼睁睁地看到皓月落在他们手里!”

她关切地看着他：“你打算怎么办?”

他语气坚决："这次龙舟赛，我要参加！"

她很担心："修民，你能抛头露面吗？他们要用五千大洋换你的人头，这下可好，你主动送上门……"

他说："普善堂对我恩重如山，我不惜付出生命！"

她着急地说："修民，你可别乱来，白白送死不值得啊！能不能让你师傅劝劝皓月，别搞赛龙舟招亲了，就在这两天离开莲城？"

他马上否定："不，不，她的性格我了解，她铁了心要做的，谁也拦不住她，再说，她搞赛龙舟招亲，就是和我赌气。"

她沉默了片刻，咬着嘴唇说："我来之前，就想好了，皓月她是真的喜欢你的，你呢，不如上门跟她认个错，这样，你们两个在一起了，她就会放弃招亲的想法……"

他扯住她的手："莲，你在说什么呀，让我向她认错？我爱你，怎么会有错？"

她一脸怅惘，拿开他的手："或许，我们不该相爱，如果没有我，一切都不会发生，或许，我是个多余的人，不该夹在你们中间，现在离开我，你还来得及！"

"不，莲！"他扳过她的脸，"你这样说，我的心都要碎了！千万别再说离开的话，相信我，今生，除了你，我永远不会爱上任何人！"

"我心里太乱。"她眼神里也流露出万千不舍，倒在他怀里，任他搂紧她，迷醉地低喃，"好想，你永远这样抱着我！"

两张唇吻在一起，难舍难分。

"假如这次龙舟赛，你得了第一，是不是要娶她？"她突然问。

"不，当然不！"他一怔，"我还真没考虑这个，我一想到周四新和闵成杰都参加，就像吃了死老鼠一样难受！绝不能让他们得逞！"

"如果你得了第一，又不娶她，那她岂不更恨你！"她半撒娇半认真。

"我可以跟她解释，我相信，她最终会明白我的苦心，依她的个性，如果非要嫁给闵成杰，她会来个鱼死网破，而我不娶她，她最多只会一时伤心。莲，请相信，不管这次龙舟赛结果如何，我都永远爱你，永远和你在一起！"

"我相信你！现在，我只是担心，担心你的安全……"

"莲，别担心，我会有办法的……"他温柔地轻抚她仰起的脸。

(7)

莲城人称五月初五为小端午，称五月十五为大端午。小端午，莲城人打扫庭院，在门上挂起艾蒿，小孩们的手脚套了五彩花线，有的还佩了能避邪驱瘟的香囊。家家户户都开始吃粽子、芝麻绿豆糕、包子、盐鸭蛋。莲城民谚云，“端午不吃粽，老来无人送”，“吃了绿豆糕，小伢不长疱”。而到了大端午这一天，万人空巷，“宁荒一年工，不荒五月船”，莲城人兴冲冲涌向莲花池，观看一年一度的龙舟竞渡，把个莲花池挤得水泄不通。

这莲花池好像也通人性，端午时节，它的四周就长满了初生的绿荷，但是池子当中，却是一汪白水，片荷不生，供人们进行划龙舟比赛。

人们又说这莲城是藏龙卧虎之地，原来这四个城门都有双龙把守，东门有青龙、赤兖龙，西门有白龙、金龙；南门有乌龙、翡翠龙，北门有蓝龙、五色龙，八条龙平时供在庙里，一到端午就被布置到各条龙船上，龙头置于船首，龙尾置于船末。

龙船长短不一，短的三丈左右，长则达到五六丈。立于船首指挥的旗手，俗称“踩头”，是整只船的灵魂与核心，他既是领头的大雁，又是冲锋陷阵一马当先的将军，他掌管着船上桡手用力的节奏，他的气势与动作，直接左右着全船人的信心与命运；船舱中间竖着一面锣一面鼓，一人敲锣一人击鼓。桡手头戴紫荆树枝编成的帽子，分坐龙船两旁；船尾由两位经验丰富的老艄公摆动船艄，掌握平衡与方向。参赛的船只从双莲桥划向莲花池西边的夺标台，水程约三里路，船只冲过终点红线，旗手伸手摘得红锦为胜。

莲城年年赛龙舟，但赛龙舟招亲还是破天荒第一回，所以今年的大端午比往年热闹许多。这也难怪，以前赛龙舟的彩头，不过是一百块光洋，今年的彩头，可是活色生香的大美人啊！

这天，莲花池边彩旗招展，万头攒动，人声鼎沸，平时不出门的大姑娘小媳妇，都大大方方来看船了，池边衣香鬓影，银钗闪亮。有意中人的，借这个机会，会一会情人；没意中人的，看划船的后生哪个顺眼，找个机会送荷包。适逢桃李瓜果成熟的季节，卖桃子的，卖白瓜的，在看热闹的人群中穿梭叫卖。来得早的还可以抢占有利位置看船，来迟了的，就只好爬池边的柳树了。

亦莲早早地来到了莲花池，急切地搜索着各条船上的旗手，既希望看到贺修民，又担心看到贺修民。

往年的龙舟，只有三四十只，今年的龙舟却达到一百多只。这么多船排成数排，停在双莲桥边，蓄势待发，像一条条巨龙匍匐着结集着，亦莲眼睛都看花了，也没有看到一个像贺修民的人，心里七上八下，滋味复杂。

卢家规定大赛分初赛、复赛、决赛，采取淘汰制，落败的船即失去晋升资格，决赛的胜出的旗手，就是卢家的新女婿。

夺标台后面，是卢家招亲的观赏台，挂着一排大红灯笼，两侧的杉木台柱上，贴着一副对联：逢佳节万水欢歌百舸夺锦，觅良缘千门喜庆比翼飞天。

观赏台的两侧，早已煮上了四大锅粽子，来看船的人，可以免费享用，糯米与粽叶的清香被热气一吹，满池皆香。台上摆了桌椅四排，大鼓二十面，响锣四十副。卢介康与女儿卢皓月坐于最前排正中。卢介康身着紫袍，神色凝重，卢皓月一身白衣，干练而娇俏，脸上并无半点喜悦。王京甫与商会会长柳臣尧一干人坐在一边，热烈地谈着什么。观赏台两边，站着两列荷枪实弹的士兵。虽没有见到贺修民，亦莲还是隐隐有些担心，她还看见哥哥关旭也在其间，腰里挎着短枪，穿上笔挺的军装之后更加英俊有形了。

(8)

台上的锣敲起来，鼓打起来，鼓手们头扎红巾，赤裸上身，鼓槌翻飞，每击一下都声若闷雷。每只龙船下水之时，都有造船师傅提一把利斧和一只雄鸡上船，向龙头磕过头后，他一挥利斧剁断鸡脖，将鸡血抹在船身，以示吉利。

用桐油漆得金黄光亮的龙舟，一字排开，在岸边听令。一位老者举起三眼铳朝天放铳，铳声震彻云霄，各船争先恐后，劈波斩浪，莲池内顿时波浪翻涌，池水激荡澎湃冲刷池岸，哗哗作响，锣鼓声，欢呼声，不绝于耳，岸边的小孩拍手唱起了《划龙船》：

五月五，五月端，

五月十五划龙船。
头上戴的紫荆冠，
手里的桡子尺把宽。
锣敲破，鼓打穿，
桨一沉，船一翻，
龙头下水抽藕苫。
水淋淋，落汤鸡，
岸上的看了笑嘻嘻，
淹死两个好洋盘①。

几轮下来，淘汰了一百多只船，余下四只进入决赛。

也是巧得很，这四只船上的龙首，正是金龙、白龙、青龙、赤龙。

趁这四只船还没正式开赛，亦莲挤过去看这四名旗手生得什么模样。

金龙舟头，站着一个脖子粗脑袋大的家伙，这家伙不时摸摸自己的平头，一副志在必得的样子，他船头还立着一只雄鸡，与龙作伴，意为“龙凤呈祥”，船上的桡手都着黄色短衫。亦莲听旁人议论，说这个旗手就是闵成杰。

白龙舟上的旗手，生了一张墨炭似的黑脸，正是周四新的手下武黑皮，桡手都是白衣加身。

青龙舟上的那个旗手，头戴紫荆冠，脸上用各种颜料涂成各色线条，像鞭痕又像龙身上的彩色鳞甲。怪的是，他每次指挥，都是一手打伞，一手摇旗。有人说，他打伞是为了遮太阳，有人说，他打伞，是为了耍酷，就是说，根本不把对手放在眼里，他船上的桡手，一律黑褂黑裤。

赤龙舟上的年轻旗手，亦莲倒是认识，他是易家油坊的大公子易先卓，他船上的桡手穿红衣。

没有见到贺修民，亦莲心里还是不安稳，现在，她倒是盼望易先卓能拿第一，听人讲，易先卓人品不错。

---

① 洋盘：外行。

马上要开赛了，亦莲又挤回观礼台附近。

从远处看，只见桡手微伏身躯，将桨朝天，铳声刚响，几乎所有的桡桨猛落水中，水花四溅，呐喊声伴着震耳的鼓声铿锵起伏，四只龙舟如捕捉猎物的巨型水兽朝前扑出。

桨影飞动，你追我赶，划过一半水程时，亦莲看到易先卓的赤龙舟一路领先，不由激动地叫起好来："赤龙船，加把力！加把力！"

然而，只不过一眨眼的工夫，后面的两只龙舟就并排抢上前来，是武黑皮的白龙舟与怪人的青龙舟。武黑皮身子弯成弓形，使足全力，挥动着一面三角旗。怪人指挥龙舟时，依然一手撑伞一手舞旗，那是一把桐油浸过的黄布伞，长柄，曲把，如一面圆镜反射着初夏的阳光，晃得看船的人有些眼花。

在翻江倒海的助威声中，这两只船咬得极紧，离夺标台也越来越近，亦莲忽然听得那怪人的龙舟上有人领唱起一支曲子，一船人都跟着唱和：

领：人坐稳罗，心莫慌啊。
齐：划！划！划一船呐嗬，龙彩划！
领：上身低哟，好出力哟，
齐：潮齐！潮齐！划一船，龙彩划！
领：桨伸直哟，莫打横哟！
齐：潮齐！潮齐！划一船，龙彩划！
领：划一桨罗，近彩礼哟，
齐：划，划！
领：莫歇劲哟，肯定赢哟！
齐：划！划！呵嗒嗒划！

这略带嘶哑的声音穿透了阵阵鼓声和喧哗，说来也怪，这节奏鲜明的号子一喊，青龙舟好像吃了什么猛药似的，又长了十分精神，一下子超出了白龙舟一船的距离。

白龙舟不甘落后，紧追上来。

就在这时，意想不到的事发生了！

(9)

武黑皮将旗朝青龙舟一指，白龙舟竟生生地斜刺着撞过来，上面的桡手举起桡桨砍向青龙舟，青龙舟上的桡手举桨反击。

武黑皮伏身操起一根青竹篙，扫向那打伞的怪人，怪人用伞一挡，武黑皮被震得单腿跪地，竹篙差点脱手。他爬起后抡着竹篙再次横扫，怪人反手一格，拽起竹篙，乌龙摆尾一般倒扫过来，武黑皮跌入水中。

观众先是惊呆了，接着便喝起了倒彩，观礼台上的人也大惊失色，纷纷站起身。王京甫坐着没动，脸上滑过一丝冷笑，卢介康握紧了手中的茶杯，卢皓月双手抱在胸前，饶有兴味地看着这一切。

这时，白龙舟上两侧的桡手，猛地将桡桨搭成一个“八”字，一白衣人腾地跳起，立在船尾的两只桡桨上，然后他踩着桡手们伸出的桡桨，像在水上踩过一路梅花桩，跳到了船首，一个腾空翻，拾起三角旗，摆出白鹤亮翅的姿势，来了个自觉英武的亮相。

亦莲眼尖，一眼看出，这人正是周四新！心里又是一紧。

周四新朝前挥旗，桡手们齐力划水，超出了青龙舟半个船身。他的旗帜又在空中舞了一个圆圈，二三十个桡手一齐出手，桡桨如刀，从四面八方一齐飞向青龙舟上的怪人！

怪人一抖手中的竹篙，抡圆了如疾风暴雨扫出去，桡桨从桡手手中飞出，或落入水中，或反弹到桡手脸上，打得桡手鼻青脸肿。

周四新隔船跃起，如一只鹰隼，扑向黑衣怪人。怪人丢掉竹篙，轻轻避开。周四新落在青龙舟头，左手抓向怪人的面部，右手锁向他的咽喉，他举伞相迎，周四新身形一扭，已至他身后，双掌同时发力，排山倒海地推出一招。怪人早有防备，蹲地后扫，周四新一点脚尖，跳回白龙舟，青龙舟猛晃一下，差点翻覆，幸亏后面的艄公将船稳住。

白龙舟比青龙舟的舟身差不多要长一半，上面坐的桡手也多，他们仗着人多，再次举桡击打青龙舟上的桡手。青龙舟就像腾江的猛龙被激怒了，桡手们乒乒乓乓混战在一起，有人被桡桨打得头破血流，落入水中，两只船也缠在一起打起了旋旋。后面的两只龙舟——金龙舟和红龙舟乘机追了上来。

眼见闵成杰的金龙舟抢到了前面，黑衣怪人旗帜一挥，青龙舟立刻摆脱白龙舟，追上了金龙舟。周四新一摇旗，白龙舟像个无赖再次缠上了青龙舟。

黑衣怪人从青龙舟上纵身一跳，单腿立于白龙舟的龙头之上。周四新飞起一脚铲飞龙头，怪人持伞从空中跃下，向周四新后背拍出一掌。周四新身子一歪，顺势以肘尖横击怪人两肋，怪人扭身避过，那把黄伞突然合上，如同一柄长剑，速度陡然增加十倍，直刺周四新前胸，他大吃一惊，躲避已是不及，以双掌夹击伞尖。一道金芒闪烁，黄伞突然撑开，将他半个人弹入水中，溅起一片水花。后面的桡手一阵惊呼，但只是一瞬，他就脚勾船舷，如猿猴摘果，翻身上船，而且手里多了一把牛角刀。

亦莲不由惊叫了一声，蹙紧了眉头。

（10）

台上的人大都坐不住了，议论纷纷，毕竟，好多年来，莲城赛龙舟时都没有发生械斗了。这时，林三不知从何处冒出，凑到王京甫的耳边说了一句什么，王京甫既紧张又兴奋，立刻站起身，叫过黄心安，吩咐几句。黄心安带着几个拿枪的警卫，守住了夺标台的出口。

这一切，亦莲没有看到。这时，她的心都在那个怪人身上，不知何时，她已出了一身冷汗，衣衫微微洇湿。

两人见招拆招，拳来脚往，斗得激烈，怪人一直伞不离手，伞成了他进攻的武器和防御的盾牌，攻则无孔不入，守则密不透风。周四新手舞牛角刀，左劈右刺，阳光下，黄伞的金光与牛角刀的白光闪烁交映，几十个回合之后，周四新渐落下风，那把黄伞几次勾住他的脚踝，差点把他带入水中。

然而，金龙舟再次超前领先，怪人瞅着金龙舟离抢标台的那道红线只有几丈之遥，掌法也急躁起来，周四新贴住他，撩挑缠裹，不多时，黄伞已被刺出了几个窟窿。

这时，岸上的几个兵痞大声喊起了号子：“闵旅长，划哟，划哟！不夺头名不罢休哟，闵旅长划哟！不夺头名不罢休哟！”

怪人稍一分神，胳膊肘就挨了周四新一脚，手中的黄伞倏地飞了出去，打向金龙舟上摇旗呐喊的闵成杰，闵成杰背部被伞尖戳中，哎哟一声，倒在船头呻唤开了："混账王八蛋……"

金龙舟只是打了一下摆子，后面易家油坊的赤龙舟就追上来了。

这伞在飞行的过程中减了力度，所以力道已经不大，闵成杰爬起来继续指挥。

这边，周四新一脚踢向怪人面门，怪人低首斜身，反踹周四新的腰部，周四新站立不稳，跌下船去，未想，他落水时右腿一勾，带着怪人一起落入水中。

亦莲又发出一声惊呼。

两只船如无首之龙，缠绕在一起，桡手们举桡继续混战。

周四新和怪人在水里打斗开了。

怪人一个猛子扎入水中，头上的紫荆冠浮荡在水中，周四新嘴角扯出一丝邪笑，举掌狠狠向紫荆冠劈去，水浪飞起，柴荆冠荡开。他一掌落空，浮在水上茫然四顾，怪人从水中跃出，冷不丁勒住他的脖子，他用牛角刀朝后猛刺，怪人松手再次潜入水中。

等怪人再次浮出水面时，脸上的颜料经过水的浸泡，已渐渐退去，面目渐渐清晰，额上那道蚕蛹般的伤疤，也明朗起来。

"是贺修民，快抓赤匪！"这一声喊叫，不亚于一声惊雷。

喊叫者是白龙舟上的马铁成。

王京甫大声叫道："黄团长，快开枪！"

守住夺标台出口的警卫拉开枪栓，瞄准水中的贺修民。

卢介康"嚯"地站起身，厉声喝道："不准开枪！"

卢皓月惊愣地站起，抽出长剑："哪个开枪，我就对他不客气！"

亦莲早就看出怪人就是贺修民，这时更是紧张之极，生怕那些兵们真的开枪。

这时候只听到一人喊道："不准开枪，抓活的！"

只觉声音耳熟，亦莲循声望去，只见哥哥关旭用手压住了两个士兵瞄准的长枪。

黄心安听到这一声命令，好像得到了灵感似的，对身边持枪的警卫喝道："对，不准开枪，抓活的！"

（11）

周四新本来就觉得对手的武功路数似曾相识，现在贺修民露了真面目，于是，牛角刀在他手中挥舞得更加辣狠，刀刀刺向贺修民的要害之处。

贺修民左闪右避，使出那套“莲花掌”劈斩回旋。

旁边鼓声阵阵，金龙舟冲在前面，离终点红线只有二十箭步的样子。

贺修民再次分神，躲避稍慢，肩头就被刺了一刀，鲜血直流。

亦莲花容失色，失声叫道：“修民哥！”

周边的看客诧异地看着她。

周四新发出阵阵狞笑：“哈哈，姓贺的，明年的今天就是你的祭日！莲花池就是你的葬身之地！”

说着，他又是一刀刺向贺修民，贺修民在水中腾地向右转身，旋起一股巨大的水浪，然后左掌抖出，击其面门，再抖右掌，掌心向上，斩挫他持刀的手臂，只是一瞬，那把牛角刀，就到了贺修民手中！

周四新大惊，还未来得及反应，牛角刀就扎进了他的左眼！

一声惨叫，周四新满脸是血！

与此同时，金龙舟冲过红线，闵成杰摘到了红锦！

马铁成掏出短枪，对着贺修民开了一枪！由于慌乱和船体剧烈摇晃，枪打偏了。贺修民潜入水中，不见了踪影。

“快救周团长！”马铁成叫道，跳入水中，向周四新游去。

青龙舟上的桡手也纷纷跳入水中，向岸边靠拢。

一颗人头在岸边浮出，看船的人乱成一锅粥。

“活捉赤匪贺修民者，赏一万大洋！”王京甫声嘶力竭地叫道。

贺修民一跃上岸，人群自动闪开一条道，他脸色苍白，一手捂着受伤的肩膀，恨恨地朝夺标台处看了一眼，朝前跑去。

持枪的士兵如潮水般涌过来。卢皓月急急地奔过来。亦莲跌跌撞撞地跑过来。

“的的的”，狂乱的马蹄声突然响起，疾风般驰来的是一辆马车，赶马的汉子生着一张红脸膛，虎虎生风，喊道：“快上车！”

贺修民跳上马车，几个士兵冲过来，汉子扬起马鞭，抽倒了几个，士兵爬起，举枪射击，马车夺路狂奔，车轮卷起滚滚尘土，子弹从马车周身擦过，不一会，马车就看不见了。

黄心安慢慢腾腾地追上来，对警卫骂道："一群草包!"

关旭若有所思地看了黄心安一眼，也跟着骂那些士兵："一群饭桶!"

王京甫气喘吁吁地跑上来："妈的，都是些吃干饭的家伙!"

亦莲望着马车消失的方向，神情虽然放松下来，脑子里还是混乱如麻，她无力地靠在池边一棵柳树上，喘息着。

卢皓月也张望了好久，才转回身子，她眼神复杂，那里面有怅惘，有委屈，有痛苦，有迷离，有愤怒，也有无能为力……

她正好见到亦莲，全身一颤。犹豫着，不晓得该不该走过去。

这时，系着红绸的闵成杰，在众人拥簇下走过来，得意地笑道："卢小姐，本旅长可是得了头名哟，你要说话算数哦!"

卢皓月看也不看他，扭身走开了，晾得闵成杰讪讪地："这，这，这是什么意思……"

王京甫躬身笑道："闵旅长不必见怪，人家马上要做新娘子了，害羞着呢!"

随后，马铁成扶着周四新走过来，周四新一只眼睛已斜斜地绑了绷带，鲜血浸出，他强忍疼痛，不发出一下呻吟。

闵成杰连忙说："哎呀，周团长，你保驾护航受了伤，要记头功啊，我会好好奖赏你的!"

然后，他吩咐关旭："关副官，赶快找医生给周团长治眼睛!"

关旭嘴角扬起一丝幸灾乐祸的笑："是，闵旅长!"

王京甫忽然记起什么，问黄心安："青龙船上那些桡手呢？肯定和贺修民是一伙的，快把他们抓起来!"

黄心安看了看混乱逃跑的人群，无奈地说："这些家伙溜得比兔子还快，早不见踪影了!"

第十三章 发疯

(1)

四个人从金水家后院翻进来，落地时没有一点声响，带着一阵风，冲进了厢房。

厢房里，莹莹如豆的油灯下，亦莲在纳鞋底，油灯的火苗被风一扑，差点灭了，待火苗“起死回生”，她抬起头时，看到这四个人一身黑衣，都蒙了面，只露出两只眼睛。

她刚想说“你们走错地方了”，又觉得这句话不妥，凭什么认为对方是搞错了呢？她张张嘴，把要说的话咽回去了。

这四个人也不客气，二话不说就捆了她的手臂，往她嘴里堵了棉絮。

他们点了一只松节火把，推着她，撞开了金水的房门。

金水就醒了。这次他没做梦，很早就上床睡觉了，但一直睡得不踏实。

这几天，金水似乎有一种不祥的预感，总感觉会发生点什么，所以，他这几天没有去泡茶馆，几乎天天守在屋子里。

而今天从一大早开始，金水的右眼皮就一直使劲跳，他相信那句老话，“左眼跳财，右眼跳灾”，现在，该来的还是来了！

然而，金水并不是很担心，六月亮那次来的时候，在他的后院刨起了三尺土，也只刨到了两个腌菜坛子。

不过，他从床上坐起来时，看到亦莲被绑着，还是很吃惊：“你们这是搞么家？放开她！”

金水从床上跳下来，去拉亦莲：“亦莲，别怕，有我呢！”

为首的蒙面人挡住他：“喂，你还逞英雄？你都自身难保！”

在亦莲面前，金水陡然生出许多豪气：“你们到底想搞么名堂？”

一个蒙面人问：“东西呢？”

金水一脸茫然：“么家东西？”

蒙面人从腰间抽出一把小小铁锤，金水本能地缩了一下脖子。

铁锤却不是用来对付他的，蒙面人沿着屋子四周的墙壁敲起来。

刚开始，金水还以一种悠然的目光抚慰亦莲，现在他的脸色渐渐变了。

蒙面人拉开金水的床，铁锤敲打在床当头的青砖上，发出微微的回响，显然，墙内是空的。好像早有准备，他掏出一把匕首，插进床当头的青砖，胸有成竹的样子。

金水这才感到情势的严峻，发疯般地扑上去："强盗！"

另外三个蒙面人架住他，他又踢又咬又抓，扯起嗓门呼救："来人啊，强盗抢东西啊！来人啊……"

他的嘴里也被塞进一团棉絮，声音像一根线一样断了。三个人死死地摁住他，掏出绳子，三下两下，绑得他像一个粽子。

蒙面人抠出青砖，掏出那个黑木盒，轻轻打开，盒子里射出一道亮光，蒙面人点点头，和另外几人交换了一下眼色。

金水的眼睛瞪得血红，好像要迸出血来，他使出全力撞向这个蒙面人，由于手脚被捆住，他像一根木桩栽到了地上。

他挣扎着坐起来，绝望而惊讶地去看亦莲，亦莲早把眼睛低垂了，不看他！

如一头跌入陷阱的困兽，他咻咻地喘息着，胸膛剧烈起伏，脖子上青筋暴突。

蒙面人从盒子里取出几块黄灿灿的东西，在手中掂量了一下："这几块金饼留给你，其他的宝贝，先借我们用用！"

金水分明觉得，这个家伙的眼睛是柴云飞的眼睛。

（2）

"你，跟我们走！"抱木盒的蒙面人推搡着亦莲。

亦莲不肯挪动脚步，担忧地看着地上的金水。

金水锋利如刀的眼光扎向她，她垂下了头，目光再次躲避了。

"你就老老实实等天亮吧，天亮了自有人来救你！"蒙面人对金水说。

其他三个人架着亦莲，往外走，亦莲回头，眼神里满是痛苦。

走到街道一个拐角处，为首的那人扯掉了亦莲口中的棉絮，说："亦莲，委屈你了！"他松了她的绑，又摘下了自己的头套，借着月光，她看清了他的脸，是王金山。

另外三人也揭去了头套，其中一个是樊秀鹏，王金山说："这两位同志，是赤卫队的骨干成员，贺队长的好兄弟！"

亦莲神情黯然，沉默不语。

王金山恳切地说："你跟我们一起走吧！"

亦莲摇摇头。

王金山着急地说："要晓得，你继续留在金水那里，很危险！"

亦莲语气坚决："不，我不能丢下金水！"

王金山急切地说："亦莲，你想一想，现在发生这事，金水肯定怀疑你，藏东西的地方他只告诉了你！跟我们走吧，亦莲！"

"这样一走了之，我心里很难受！"亦莲表情沉重，"我，我，对不起他！"

王金山跺着脚说："亦莲，你怎么这样糊涂啊！他肯定认为是你出卖了他，能给你好果子吃吗？"

亦莲说："不，金水不会对我怎样的，这一点，我相信他！"

"你就那么相信金水？"

亦莲点点头。

"那么柴云飞呢？他一直盯着这些东西哩！他可不会为我们背黑锅！他来了怎么办？"

"他来，我就和他一起死！"

"亦莲，别说苕话①！"

"反正，我不走！"

樊秀鹏和王金山依然不同意："不行！你必须跟我们走！"

亦莲的眼里一片真诚："你们还有很重要的事要办，不要管我，不要在我身上耽误时间，真的！"

她转身就走。

"亦莲，亦莲……"王金山在后面追着喊道。

亦莲连走带跑，一会儿，就不见了人影。王金山叹息一声，与三人迅速潜入夜色。

① 苕话：傻话。

（3）

亦莲跑到金水家门口时，停住了，踌躇着。然后，好像下了某种决心，快步走进屋。

点亮灯，看见金水颓然坐在地上，还被反绑着。

金水见亦莲回来了，眼里露出惊讶的神色，激动地挣扎着，想要说什么。

亦莲拿掉他口中的棉絮，他朝地上吐了一口唾沫：“呸，你，你还有脸回来！”

她不看他，蹲下来，默默地解他身上的绳子。

金水一把扯住她，扯得她跌坐在地上。他双手抓住她的双肩，盯着她的眼睛吼道：“关亦莲！你，你看着我！”

她竭力平静地去看他，但那双黑眸怎么也掩饰不了深深的愧疚。

他双眼通红，狠狠地摇她的肩膀：“告诉我！是不是狗日的柴云飞？告诉我啊！”

他愤恨的眼神可以杀人，但她并不害怕，她不说话，不点头，也不摇头。

他大声吼道：“好，你有种，你不说，你给我滚！”

他手一扬，将她推倒在地。

她爬起来时，泪珠慢慢从眼中溢出。她就那么静静地站着，任眼泪滑下。

他从地上站起来，围着她转了一圈，讥讽道：“我他妈就搞不懂了，柴云飞这个土匪头子，用了么家迷魂药，把你们这些女人搞得五迷三道的！当初，当铺老板黄金龙的老婆吴四娘，跟着他跑了，现在你又和他合谋弄走了我的东西！不过，我真的搞不懂，你还要回来，是不是回来看我的笑话？”

她不接他的话，突然说：“金水哥，你杀了我吧！”

他的目光继续抽打着她：“杀了你？杀了你顶个屁用，杀了你，能换回我的宝贝吗？”

她说：“那，金水哥，你打我吧，骂我吧，这样我好受些！”

他正色道：“打你？骂你？我现在只想问你，我贺金水，真的连柴云飞这个人渣都不如？”

灯光下，她目光灼灼："金水哥，你比柴云飞好一万倍！"

他眼里的寒气扑了她一身，说："那你为么家还要出卖我？这就对了，他柴云飞是个男人，是个能让你们女人快活的男人，我贺金水不是男人，一个女人送上门都不晓得用的男人！"

她的脸涨红了："金水哥，你这样说，比打我骂我都难受！"

"你难受，怎么不想想我？现在，我么家都没有了！"他的手摸进墙头那个黑洞，摸出一把泥土，朝空中一撒，不知是哭还是笑："我的宝贝呢？我的宝贝呢！怎么说没就没了啊！"

然后，他眯着眼，像记起什么："不对啊，刚才他们说话怎这客气？还说是借给他们用，你说，你说，他们到底是谁？"

她嗫嚅着说："不晓得，真的不晓得……"

他眯着的眼突然睁大："你肯定晓得！是贺修民的人！你把地方告诉了贺修民，是不是？"

她连忙摇头："不，不是……"

他一把掐住她的脖子，恶狠狠地说："快告诉我是谁，我一定要杀了他！"

因为呼吸困难，她只好张开嘴，脸憋得通红。

他猛然松手，她拼命地喘息着："你……你掐……掐死我吧！"

他的眼里凝聚着痛楚："告诉我！是不是贺修民？"

她闭上双眸，泪水从眼角再次滑落："是柴云飞……"

他歇斯底里地骂道："柴云飞你这个畜生，你这个下地狱滚油锅的畜生啊！"

桌上放着一坛老酒，他用颤抖的手倒了满满一碗酒，仰头就饮，酒顺着他的下巴，流到衣服前襟，打湿了一大片。

她拉住他："金水哥，别喝了……"

他生气地甩开她的手："不要叫我金水哥！口里喊哥哥，手里摸刀子，就是说的你这种人！"

他又喝了一碗酒，将酒碗猛地摔在青砖地面，酒碗顿时四分五裂。

然后，他坐在地上，捶打着自己的双腿嚎叫起来："我的宝贝啊！我的宝贝啊！"

过了不久，满身酒气的他一头栽倒在地。她来扶他的时候，他打了个酒嗝，乜斜着眼看她："柴云飞……那个王八蛋真的让你很舒服？啊，他是不是那……那个功能，比……比我强多了……”

说着，说着，他就去扯她的衣服：“你以为……以为我真的不行吗？”

她本能地挡开他的手，他一把抱住她，压住她：“我，我现在，就……做给你看，看我是不是男人……”

她没有挣扎，流着泪任凭他的手去解衣扣，但他这时已经醉得一塌糊涂，头一歪，竟然倒在地上睡着了。

(4)

第二天早晨，金水醉意还未完全消除，但他已经醒了。亦莲在他的额头敷了一条湿毛巾，端了热茶给他喝。

金水揉揉发胀的太阳穴，看亦莲的目光有些迟钝，然后，像是省悟了什么似的，一把打落她手中的茶碗，号啕起来：“我的宝贝呀，我的宝贝啊！”

号了一会，他从床上坐起来，双手抱着脑袋发起了呆。突然，他跃下床，拾起桌上的几块金饼，眼里放出诡异的光。

他拿起地上的绳索，去绑亦莲的双手。她似乎没有打算反抗，闭上眼，让他很轻松地将自己绑在一张椅子上。

他叹了一口气：“唉，我晓得，男女之间这种事，勉强不得，你不愿意，我绝不强迫你！何况，我还答应过你，与你兄妹相处。所以，我不会动你！”

她缓缓睁开眼，看见他向空中抛出金饼又接住，样子有几分无赖。

“现在，我要让你晓得，我是个男人，一个正常的男人！”

说着，他丢下一句“你等着”，就捏着那几块金饼，脚往外一蹩，出了门。

她想喊人来，可是张了张嘴，又觉得自己叫不出声，把邻居叫来，让他们看热闹吗？让他们都晓得金水的东西被盗走了吗？那么，将她绑在椅子上又是怎么回事呢？

她怎么也想不到金水去了妓院。

金水是今天妓院里来得最早的顾客。

老鸨认得金水，迎出来笑道：“咦，这不是金水大哥吗？都说你挖宝发了财，怎么老不来关照我的生意啊！”

金水粗声粗气地说："今天，你跟老子找最好姑娘来侍候！"

老鸨迟疑着："姑娘们还没起床呢！"

金水掏出一块金饼在她眼前一晃："谁先来侍候老子，这个就给谁！"

老鸨眼睛一亮，脸上笑出一朵花："好，我这就帮你去叫翠红来，她可是我们怡春院的头牌呢！"

金水坐在房里等。

门"吱呀"一声开了，一阵香粉的气息顺着风悠进来。

进来的正是翠红，她大约二十七八岁，蜂腰翘臀，浑身荡漾着鼓鼓囊囊的骚情，特别是那对乳房，更像饱满多汁的水蜜桃。

她揉了揉眼睛，似乎还没有睡醒："金水，你怎么来这么早，本姑娘正睡得香呢！"

金水不耐烦地说："少废话，你，你，脱了衣服到床上去！"

翠红一笑："别急啊，听说你带着好大一块金子？拿出来给我看看！"

金水掏出一块金饼，翠红一把抢在手里，放到嘴里用牙咬了咬，看到上面的牙印后喜出望外："是真金呢，姑娘我就收下了！"

金水一把夺过来："别忙，今天把老子侍候舒坦了，它才是你的！"

翠红向金水抛了一个媚眼，自己开始脱衣服，衣服像花瓣一片片飞落地上，她娇吟道："金水，你快来啊！"

金水把翠红压在床上，在她雪白的肉身上搓揉忙碌，她蛇一般扭动着，喘着气说："金水，你还是在探宝么，找不准地方吗？"

他抽了她一耳光，加快了动作："臭婊子，连你也瞧不起老子？"

他不得要领地左冲右突，她虚情假意地呻吟着，突然，她发出一声真实的高亢的叫声，他又哭又笑："哇啊，呜呜，哈哈，我是男人了！"

现在，他的动作已经不是虚张声势了，而是有了许多实际内容，汗水从他的额头不断滴下，他像是一个抡锤的铁匠，使着全力，要把身下那一团火热，锤扁再锤扁，但那分明是一团柔软的海绵，要把一切都吸干……

她高一声低一声的呻唤，是对他最大的肯定，他一边狂乱地起伏着，一边高声地叫道："哪个说老子不行？老子不比那柴云飞强多了？啊？”

他像一个拙劣的骑手，毫无章法地骑着一匹马，闯入了一片水草丰美的草地，久违的欢畅是那样陌生与惊喜，令他癫狂。

她继续欢快地叫着，他又打了她一耳光：“臭婊子，你倒是说……说话啊，老子是不是比……比柴云飞强？”

她断断续续地说：“啊……你……你比……柴……柴……强多了……”

（5）

贺修民匆匆赶来，见亦莲被绑着，赶紧为她解开绳子：“谁绑了你？是王金山和樊秀鹏那两个混蛋吗？”

亦莲说：“不，不是，是你哥。”

贺修民焦急地问：“我哥呢？他在哪？”

亦莲愧疚地说：“他……他出门了，不晓得去了哪。”

贺修民说：“那我去找他！”

亦莲一把将他扯住：“全城都在通缉你，你，你去不得！让我去！”

贺修民沉吟着：“那我在这里等你，你一定要把哥找回来！我拿回来一半东西，等下还给他！”

他扬了扬手中的一个蓝布包裹。

亦莲担忧地望着他：“修民，你千万不要怪王金山和樊秀鹏，要怪就怪我吧！这全是我的主意！”

一时间，他百感交集：“莲，我知道，这一切，你都是为了我！你要承受多少委屈和危险啊！我怎么会怪你？王金山和樊秀鹏先斩后奏，虽然违反了组织纪律，但是为了买枪救同志，他们也没错。事已至此，我只能让他们带一半东西去省城，希望能尽快脱手换回枪支！”

亦莲说：“我这就去把金水哥找回来，我……我对不起他！”

他点点头：“我在这里等你们回来！”

（6）

金水走在街上，边走边喊：“我是男人了，我是真正的男人了！”

行人为之侧目，指指点点。

一个年轻妇人从他身边走过，他一把扯住，大叫：“我是真正的男人了，想不想和我试试？”他作势要摸她的胸，妇人吓得大叫，夺路而逃。

又过来一群女子，他两眼放光，追上一位红衣少女，拉住她的衣袖叫道：“咦，你别走，我是男人了，跟我玩玩啊！”

红衣少女正是小昭，前段时间被闵成杰手下的兵痞劫走时，还不会什么功夫。在女子自卫队里练了一段时日后，已不是往日的文弱女子。

金水正想抱住小昭，小昭一肘击中他的腋下，他哎哟一声站立不稳，小昭趁势将他绊倒在地，红着脸，举拳欲打：“流氓！”

卢皓月在她身后叫道：“小昭，住手！”

小昭怔住，拳头停在半空。

卢皓月跑过来，从地上扶起金水：“这，这不是金水大哥吗？”

金水痴痴地笑着：“金水？金水是哪个？这个妹妹也美！”

说着，他去摸卢皓月的脸。

卢皓月头一偏，金水摸了个空。

卢皓月着急地说：“金水大哥，我是卢皓月呀！亦莲的好朋友！我看你是不是生病了？我送你回家吧！”

金水一听就发了怒：“我，没病，没病！我是男人，真正的男人！不信，你可以问翠红！”

说着，他粗鲁地推开卢皓月，继续往前走。

卢皓月不解：“翠红？”

看着他一瘸一拐慢慢远去，她怅然地摇了摇头。这时候，小昭看了看身后，悄悄对她说：“闵成杰的人又跟来了！”她回头看了那几个人一眼，不屑地说：“只要他们敢跟到家门口，我就打断他们的腿！”

金水走到魏老幺茶馆门口时，忽然停住了。招牌上的几个黑字令他若有所思，他一低头，拐了进去。

角落处，邵大海与刘金堂这几个老茶客在闲侃。

刘金堂有些愤愤不平："这个世道，有权有钱是王道啊，闵旅长都可以做卢小姐的父亲了，这回还不是心得意满地如了愿！可惜了啊，一朵水嫩嫩的鲜花……"

邵大海笑道："可惜了？你是眼馋吧！我看哪，这鲜花迟早都要插到牛粪上，不过，人家卢小姐这一朵花，就是插错了，都怎么也插不到你这堆牛粪上！"

刘金堂凑过去，故作惊讶："好啊，你个邵大海，敢骂闵旅长是牛粪？"

邵大海一愣："唉，我可没这么说啊！"

一个茶客插话道："听说闵旅长原定七天后迎娶卢小姐，但是卢家延迟了婚期，定在一个月之后，看得出卢家不愿意，又不能不兑现招亲的许诺，只好用这个缓兵之计了！"

刘金堂很内行地说："对，缓兵之计，这也是无奈之策啊，有了这一个月时间，卢家来一个'走为上'，也说不准！"

邵大海嗤笑道："老刘，我真是服了你了，活了四十几岁，还这么幼稚！闵旅长是么家人？他有权有枪有兵，怕是早就把卢小姐盯死了，她就是长了翅膀，也飞不出莲城！"

刘金堂脸上有些挂不住，就转移话题说："这次赛龙舟招亲，要是没有周老虎横插一杠子，头名就是贺家老二了，哪里有姓闵的份？"

邵大海说："这个我同意，可惜他是赤匪啊，那天能逃命就算是万幸了！"

一个茶客凑过来说："据说，周老虎的那只眼睛被他弄瞎了，好几天都没出门了！"

正在这时，金水向茶桌这边走过。

邵大海和金水熟，就招呼道："金水，来，过来喝碗茶！"

金水眯缝着眼疑惑地看邵大海。

邵大海向他招招手，叫道："喂，金水，连老邵我都不认识了吗？"

金水痴痴地在桌边坐下，邵大海招呼跑堂的给金水泡一碗茶。

茶客们继续聊。

金水还是痴痴地，邵大海就故意逗他："伙计，怎么了？是不是你的亦莲妹妹跟人跑了啊?”

金水猛然抓住邵大海的衣领说:“啊,你是说我不行!你是么家意思,我不是男人吗?”

邵大海大惊,甩开他的手:“金水,你个狗日的有病啊!谁说你不行啊!你搞得这么吓人?”

金水突然躬下身子,一掀茶桌,在一片惊呼声中,邵大海倒在地上,桌上的七八个茶碗全滚到地上摔碎了,茶水泼得邵大海满头都是。

“疯了!疯了!金水疯了!”坐在地上的邵大海第一个叫出来,“快抓住他!”

金水一拐一拐地往外冲,高呼着:“老子没病,老子是真正的男人!”

说书的艺人停了腔,满茶馆的茶客都惊呆了,但没有人去拦金水。

(7)

茶客们重新端起大碗茶,议论起了刚才发生的事。

邵大海扭了扭脖子,拍了拍身上的灰尘,开始揭金水的老底:“这个狗日的金水,不晓得是不是吃了枪药,对老子来这么一手!老子想起来了,原来他还记着仇呢!先前他挖宝毁了命根,是我看他可怜,卖给他虎鞭和鹿茸。那次柴云飞的人逼我,我才说出金水,哎,我也是没有办法!他现在好像受了刺激,不会是发了疯吧,哎,这能怪我吗?”

看着邵大海一脸无辜,刘金堂讥诮道:“我说大海,现在金水出事了,你就把责任推得一干二净,不地道啊!我看这事,再怎么说,你有份!”

邵大海脸色不好看了:“喂,刘金堂,你是站着说话不腰疼,换了你,土匪把刀架你脖子上,要放火烧你的房子,你说还是不说?”

刘金堂低头呷了一口茶,正打算开口反驳,一抬头,看见门口走进来一个人。他的嘴就那么半张着,合不拢了。

这个人是亦莲。

喝茶的人都看到了亦莲,茶馆里刚才还是闹哄哄的,这时候都安静下来，只有说书先生激昂地宣讲着《瓦岗英雄》：

> 东方玉梅挨了王伯党几拳之后，把心一横：好你个王伯党！你敢骂我水性杨花，淫荡轻薄，这哪有半点夫妻情分啊，那我还受你的气搞么家？那就来吧，打吧……

亦莲的出现，如茶馆里突然袅娜地绽出一朵莲花。

茶客的目光从四面八方投过来。

她走到刘金堂身边，向他打听：“这位老哥，你看到过金水吗？”

刘金堂看得痴了，恨不得将目光变成钉子，钉进她的粉腮钉进她的胸脯钉进她的腰肢。

旁边的邵大海捅了捅他：“喂，你看苕了吧，问你话呢！”

刘金堂回过神来：“啊，啊，你问金水啊？来过，来过！刚才还掀了我们的茶桌，你看这地上，茶碗的碎片还没扫干净呢！”

亦莲着急地问：“那现在他去哪了？”

刘金堂热心地说：“他好像往大街上跑了，你快去找！”

亦莲急忙往外走，邵大海挤眉弄眼打趣刘金堂：“看不出来啊，老牛还想吃嫩草！可惜啊，你没这口福啊，只能流流口水啰！”

刘金堂和他斗嘴：“你邵大海不要老鸹笑猪黑，你自己不想吗？”

邵大海笑道：“我啊，想啊，怎么不想？但这个女人，是你我能想到手的吗？听说她是柴云飞给金水下的诱饵，专门来钓金水这条土憨巴①！”

再说亦莲出了茶馆后，又去了金水常去的几个地方，都没有看到金水，好像水蒸气一样，金水突然从这座城里消失了。

有人告诉亦莲，金水去了城北那片杨树林子，那是专门送吊死鬼的地方，亦莲在树林子里寻了半天，不见金水。

有人说，金水去了莲花池，亦莲看到几个渔民在池里打鱼，她怕金水寻了短见，就让渔民往没长荷叶的空阔处撒了几网，拖上来的却是一些活蹦乱跳的鲜鱼。

还有人说，金水出了南门，坐上一辆马车走了，可能去了邻县

---

① 土憨巴：鱼名，俗称沙塘鳢。

新阳。

无一例外，每一个看到金水的人都说：“金水恐怕是得了堂火病，疯了！”

（8）

亦莲怏怏而回，贺修民着急地问：“看到我哥了吗？”

亦莲双眼呆滞，颓丧地坐在椅子上，不说话。

贺修民抓住她的手晃了一下：“莲，你怎么啦？我哥怎么啦？”

她突然说：“金水哥疯了！”

贺修民难以置信：“不可能，我哥不可能疯！”

她说：“你哥去过怡春院，他给了妓女翠红一块金饼，他出来的时候，又哭又笑，大声喊‘我是男人了’，还大声骂，说‘狗日的柴云飞啊，你不是男人，我才是男人’！”

贺修民问：“怎么会这样？”

她抱着自己的头，叹息着说：“唉！都怪我，是我骗了他，我告诉他，夺他宝贝的是柴云飞！我不想让他，让他怀疑是你……”

他咬着嘴唇，极力控制不让自己流泪：“莲……”

她看着他：“修民哥，我现在心里很乱，我想在这里等他，或许，到了晚上，他会自己回家。”

他猛然像记起什么，一把将她从椅子上拉起来：“莲，你留在这里很危险，跟我走吧！”

她眼神执着：“这个时候，我不能走，不能丢下他！”

他神色黯然语气沉痛：“我知道，你心里特别愧疚，觉得对不起我哥。我心里也很难受。我马上派人再去找他！你现在必须跟我走！”

她满脸愁容：“我真怕他一时想不开！如果你能把他找回来就好了，我陪他说说话，让他心里好过些，我现在如果离开了他，他不晓得有多伤心！”

他感慨万端，将她拥在怀里：“莲，你真好！你已经伤透了他的心，他会原谅你吗？如果他真的疯了，我担心他会伤害你！而且，柴云飞也会马上来找你，这条疯狗不会放过你！”

她靠在他胸前，柔柔地说：“修民，为了你做的大事情，我全都不怕！”

他轻轻抚她的脸：“莲，我不能眼睁睁地看着你陷入危险，你不跟我走，我也不走！”

她听了一惊，推开他：“你不能留在这里！自从你伤了周四新后，保安团的人查得更紧了，就在前几天，马铁成还带人搜查过这里！”

他说：“大不了，和他们拼了……”

她连忙捂住了他的嘴：“别瞎说，你是干大事的人，你还有好多事要做，要救大牢里的同志。闵成杰要娶卢皓月，不能让他得逞！”

“除了这两件，我还有一件重要的事没有完成，”他点点头，深情地凝视她，“我要娶你，堂堂正正地娶你！”

她长长的睫毛颤动着，眸子里浸润着水一样的悲伤与哀婉。

他再次抱紧她：“莲，你知道吗，人最痛苦的，并不是没有得到一个所爱的人，而是所爱的人一生没有得到幸福！”

她眼里潮湿起来，抽身离开他的怀抱，说：“你快去派人找你哥，我就在这里等他！”

“莲，你千万要小心，千万！”他反复叮咛。

她郑重地点了点头。

(9)

天色漆黑，金水还没有回来。

不祥的预感堵得她心里发慌，除了金水的下落，还有另外一件事，让她无法入睡。

她点亮油灯，坐在梳妆桌前陷入了沉思。

忽然，响起了敲门声。

她走出房门，警惕地问：“谁？”

“亦莲姐，是我！”

她听出是腊梅的声音，打开门。

果然是腊梅，她提着马灯，一进门就迫不及待地说：“听说金水哥出事了？亦莲姐，我担心你，所以我向东家请了假，来陪你！”

亦莲感动地抱住了腊梅，拍着她的肩，说：“没事！”

这天夜里，腊梅在亦莲这里住下了，两人躺在一张床上说话。

亦莲让她明天上午去找王京甫，腊梅很惊讶。

上午，腊梅去了县政府。

林三一眼看到了腊梅，叫道：“哎呀，我当是谁呢？原来是腊梅，真是越长越宁馨①了，我都认不出来了！”

腊梅没正眼看他：“我找王京甫，他人呢？”

林三笑了：“哎，你好大的口气，王京甫是你随便叫的吗？你要叫王县长，或者，像以前那样叫他‘大少爷’！”

腊梅冷冷地说：“林三，你少跟我来这一套，我问你，他到底在不在？”

林三趋步上前：“告诉我是么家事，我帮你去通报！”

腊梅斜他一眼：“林三，你还真把自己当人物了啊！你不通报，我自己找他去！”

林三赶忙说：“好，好，我这就带你到办公室找他！”

王京甫看到林三身后的腊梅，一愣，刚要张口，腊梅说：“亦莲姐让我跟你说件事。”

王京甫一听“亦莲”的名字，急切地从椅子上站起来：“哎呀，那快请坐，请坐！林三，快给腊梅泡茶！”

腊梅淡淡地说：“不必了，这件事我想和你单独谈。”

王京甫向林三使个眼色，林三退下，掩上门。

王京甫坐了一个请的手势，让腊梅坐下。

腊梅没有坐，和王京甫单独待在这间办公室里，她有些紧张，双手交叉抱胸，保持着戒备。

王京甫说：“腊梅，你放心，以前我和亦莲发生过一些不愉快，但那都是误会！好啦，过去的事呢，都不提了，只是希望你们不要把我想得太坏！亦莲的事就是我的事，我会尽一切努力帮她！好，你说吧！”

腊梅嘲讽道：“恐怕这回是她帮你吧？”

王京甫一愣：“帮我？此话怎讲？”

腊梅压低声音：“亦莲姐让我带信给你，今天晚上，柴云飞的人要来！”

---

① 宁馨：漂亮。

王京甫脸上闪过一丝惊喜，但他很快镇定了自己，换上一脸郑重的神色："嗯，看来，这件事只有我能帮她了，哎，谁叫她曾经是王家的人呢！"

腊梅继续嘲讽道："事情恐怕不是这么简单吧！抓到柴云飞，对你这个县长可是大有好处！"

王京甫叹一口气说："哎，腊梅，今天，我就和你谈谈知心话吧。说起来，我是一县之长，但我现在看穿了，什么名呀利呀，都是身外之物，过眼云烟！赚再多的钱，当再大的官，斗来争去，到头来，还不是两腿一伸，成了黄土一堆！人生在世，最重要的是求一份心的宁静，还有一份真正的感情！我这个人呢，是个很重旧情的人。以前呢，我也许做过对不起亦莲的事，现在我想弥补一下，真的！"

腊梅有些生气："'也许'？这话也说得出口？好了，我今天来，不是和你探讨人生哲理的，再说，你讲的这些大道理，我可听不懂，也没兴趣。反正，我的话带到了，现在，我要走了！"

说罢，她拉开门，快步走了出去。

王京甫怔怔地望着她的背影，陷入了沉思。

（10）

夜空高挂一轮明月，清光四溢。月色之中，一队士兵蹑手蹑脚走了过来，黄心安指挥他们埋伏在金水房子的四周。

炎热了一天的街道，在清风的吹拂下渐渐凉爽了，那些伏在草丛与墙根里的土虫、小土蛤蟆叫得正欢，王京甫走到金水的门口时，它们停止了喧闹，他刚想敲门，身后有人咳了一声。

回头一看，是亦莲。她走上前来，为他开门。清凉的夏风送来她身上一缕幽香，一种莲花般的幽香，他立即心猿意马起来，突然想抱住她，最终还是忍住了，他在心底告诫自己，今天是来会柴云飞的。

亦莲走到门前的时候，房间里隐约传来一丝响动。她迟疑着，还是一下子推开了门。房内漆黑一片，她点亮一盏油灯，王京甫像鬼影一样飘进来。

她笑着问："京甫，你怎么这时候才来？"

今晚，他觉得亦莲的样子不像从前那样冷冰冰，但还是没有料到她会这样称呼他，他以为自己听错了，这还是以前那个拒他于千里之外的她吗？她在叫自己“京甫”！或者看错了，但她分明是在对自己笑，在油灯的光芒下，她的脸柔美温婉，让他恨不得立即上前啃一口。

一件青瓷花偏襟掐腰小衫，衬得她越发清丽动人，发髻上的那支翡翠玉簪，尖细而冷艳，他真想将那玉簪轻轻一拔，这样，她从前的矜持与固执，便会在他出手时完全瓦解。

他眼睛都看直了，走上前，试探着用一只手搭在她的肩上，说：“亦莲，你真美！一见到你，我就找不到方向了！”

她没有挪开他的手，他得寸进尺，打算展开双臂搂住她。

她一把推开他，四下望了望，举起一根手指，竖在嘴边：“嘘，小心隔墙有耳！”

他从腰间抽出一支勃朗宁，往桌上一拍，牛气冲冲地说：“你是说柴云飞那帮王八蛋？他来一个我宰一个，来两个，我杀一双！告诉你吧，我的人早就在外埋伏好了，就等着他自投罗网了！”

亦莲嗔道：“你呀，小声点！”

这时候，房子里又发出窸窸窣窣的声音。

王京甫倒有些警觉起来：“什么声音？”

亦莲朝衣柜那边觑了一眼，淡淡地说：“哦，昨天家里进了一只黄鼠狼，是它在闹吧？”

王京甫就又靠过来，她忽然说：“你把那些东西放好了吗？”

他满头雾水：“什么东西？”

她装作生气的样子：“你个没良心的，不是说好了分我一半吗？”

他一脸茫然：“亦莲，你在说什么呀，我不懂。”

这时候，衣柜“哐”的一声打开，从里面走出两个人来。

是柴云飞和六月亮，每人手里都提着一支盒子炮。

柴云飞眼中寒光毕现：“王县长，你就别装了！”

王京甫急忙去抓桌上那支勃朗宁，柴云飞手疾眼快，一把抢在手中。他得意洋洋地举起双枪，对准了王京甫：“是哪个狗娘养的，刚才还在说来一个宰一个，来两个杀一双的啊！”

王京甫面如土色，双腿打颤，一句话也说不出。

六月亮围着王京甫与亦莲转了一圈，搔搔脑袋说：“听说，你们以前是冤家，打过官司啊，怎么现在搞到了一起？哎，老话说得不错啊，真是‘一个要补锅，一个锅要补’啊！”

亦莲的脸涨红了：“你，你胡说！”

六月亮一把抓住王京甫的衣领，哈哈大笑：“我胡说，那你叫这个狗屁县长说说，他和你上了多少次床啊！”

王京甫摸了摸额头的汗珠，脑子飞快地旋转着，试图理清一点头绪。

“狗娘养的，说啊！”六月亮甩了他一耳光。

王京甫嘴还很硬：“你们竟敢打我？我的人就在外面！”

柴云飞走过来，又抽了他一耳光：“你威胁哪个？老子打的就是你！”

一缕鲜血顺着王京甫的嘴角流下来。

“还有你这个臭婊子！竟敢出卖我！”柴云飞一扯亦莲的头发，她的头发就松开了，倾泻在肩上。

她低头狠狠地咬柴云飞的手，他哎哟一声，放开她：“他妈的，你咬我？”

他抬手一耳光抽在她的脸上，她毫不示弱，手如利爪抓向他，他脸上立刻多了几道血痕，他咆哮着用枪顶住了她的前额：“你不信，我现在就崩了你！”

这时，王京甫说话了：“姓柴的，你要什么，跟我说！和一个女人动刀动枪，算什么好汉！”

柴云飞转过身哈哈笑道：“想不到王大县长还是个有情有义的奸夫呢！快说，金水那些宝贝你弄到哪了？”

王京甫看了看亦莲，又摸了摸嘴角的血迹，好像明白了什么，好像又什么都不明白：“这个嘛……”

柴云飞不耐烦了：“快说，再不说，我就毙了你们两个！”

说罢，他吹一声口哨，门外又进来三个土匪，显然，他们躲在这屋子里已老半天了。

他轻蔑地对王京甫说：“你不要以为外边埋伏着一帮人，就能把我们怎么样？我这几个弟兄可不是吃素的，等一下，你就晓得他们的厉害了！”

六月亮一挥手：“把这两个狗男女捆上！”

王京甫喃喃自语：“狗男女？”

柴云飞喝道："就是狗男女！还冤枉了你们？你们合伙弄走了金水的财宝，还把金水逼疯了！"

王京甫惊讶地去看亦莲，这才明白亦莲给他设了一个套，他真正害怕起来："关亦莲，你竟敢……竟敢骗我！和土匪演双簧陷害我……"

亦莲幽幽地打断他："王京甫，你不想和我平分就算了，何苦说我陷害你！"

土匪们捆了王京甫和亦莲的手臂，把他们推搡到了一起。柴云飞故作鄙夷地看看这个，瞪瞪那个，说："你们这对狗男女，就不要在爷爷们面前演戏了！现在摆在面前的只有一条路，那就是老老实实带爷爷们去拿东西！"

王京甫做出很无奈很无辜的样子，突然号叫起来："啊，东西？什么东西？东西在哪？"

他的声音很大，似乎想提醒外面的黄心安，他这里出了事情。

柴云飞一脚把他踩得跪倒在地："你个龟儿子还在给老子装蒜！叫那么大声搞么家？"然后，他再次把枪口对准亦莲："王京甫，你不说是吧？不说，我就杀了她！"

王京甫单腿跪地冷笑："杀吧，杀吧，杀她关我什么事？再说，我谅你也下不了手，美人计，美人计，从你把她放回来的那一天起，我就知道了！"

柴云飞仰头大笑："哈哈，王京甫，好一个激将法！我偏偏不上当，我现在就杀了她！"

说罢，他就要扣动扳机。

亦莲的目光仍然丝毫无惧，她平静地说："开枪吧，开枪了，你就永远不晓得那些宝贝的下落了！"

柴云飞一愣，垂下举枪的手："那，你快说！他把宝贝运哪了？"

亦莲吐出四个字："王府大院。"

四个字像惊雷在王京甫头上炸响，他再次大声号叫起来："不！她在瞎说，她是骗子！她在骗你们！"

(11)

这时，门外响起一阵纷杂的脚步声，接着是黄心安的声音："柴云飞，你们被包围了！赶快放下武器，放出王县长！”

“王京甫，妈的个骚×！都是你搞的好事！快滚起来，跟我们走！”柴云飞抬腿朝跪在地上的王京甫重重一踹，王京甫一个踉跄，站了起来。

六月亮的枪口顶住了王京甫的后脑勺，凶狠地说：“快对外面的人喊话，叫他们放下武器，要不，我们就杀了你！”

王京甫伸了伸脖子，又缩了回来，想喊话又不想喊，六月亮的枪柄敲了一下他的后脑勺，血顺着他的头发流下来。他一摸脑袋，满手是血，不由哭丧着脸颤栗着朝外喊道：“黄……黄心安，别乱来！我……我在他们手里！”

土匪们押着王京甫和亦莲往门外走，王京甫问：“去哪里？”

柴云飞又踢了他一脚：“你个狗东西明知故问，当然是到你家里取东西啊！”

王京甫狠狠地剜了亦莲一眼：“关亦莲，这一招亏你想得出，好啊，要死大家一起死！”

六月亮踢开大门，黄心安带着的人向后退了几步。双方持枪对峙，黄心安那边大约十五六人，土匪这边共有五个人。

柴云飞对黄心安吼道：“都给老子放下枪，不然，老子就放这个王八蛋的血！”

黄心安骂道：“好大的口气，你是谁呀你！”

虽然将“夺嫂之恨”铭记在心，但黄心安并不认识柴云飞。

这时候，六月亮一捅柴云飞的胳膊：“这龟儿子就是黄心安！”

柴云飞哈哈大笑：“黄心安啊，黄心安，你怎么不长记性啊，那次柴爷在湖里没有收你的尸就算你走运了，今天你最好识相点，好狗不挡道，滚开！”

黄心安气得牙齿打颤：“姓柴的，你不自报家门，老子还能饶你一命！现在，老子告诉你，今天，这里就是你的葬身之地！”

他举枪就打，柴云飞脑袋一偏，子弹从颊边擦过，正中旁边一个土匪的脑袋，土匪惨叫一声倒下。

柴云飞恼了，挥动着短枪，把王京甫与亦莲推到前面，吼道：“黄心安，你个狗日的，先开枪打死王京甫还有这个臭娘们，然后，我们痛痛快快地杀一场！”

王京甫沉不住气了：“黄团长，我命令你，迅……迅速放下武器，你……你现在的职责，是，是保证本县长的安全！”

黄心安将一支盒子炮横握在空中，不为所动。

王京甫急了，对那些警卫喝道：“警卫团的队……队员们，你们听明白了，我是县长，现在，你们都要……听……听我的，把枪放下！”

端着长枪的警卫你看我，我看你，打算放下枪。

这时亦莲说话了：“黄团长，你开枪吧！死在你的枪下，我不怨你！”

黄心安对手下恶狠狠地骂道：“都他妈的给我把枪拿好了！谁敢放下枪，我就毙了谁！”

警卫们重新端枪瞄准，王京甫气急败坏地吼道：“好啊，黄心安，你……你小子是反了，想要我的命啊！看我回……回去后怎么收……收拾你！”

双方仍然僵持着。

柴云飞进退不得，把气都撒在亦莲身上，他踢了亦莲一脚：“臭娘们，你刚才说么家？是不是真的想死啊！想死，老子现在就成全你！”

六月亮心领神会，将乌黑的枪管抵在亦莲的脸上。

黄心安叫道：“别杀她！”

柴云飞冷笑，挥了挥手，示意六月亮开枪。

枪响了！

却是六月亮硬挺挺地倒在了地上，一颗子弹正中他的前额，他甚至来不及哼一下，就立马毙命！

柴云飞俯下身子嘶声大叫：“老三！”

他抬起血红的眼睛瞪着黄心安，以为打这一枪的是黄心安。

他错了，黄心安愣了，身后有人！

黄心安回首，失声叫道：“贺修民！”

月光下，拿着枪的贺修民脸如白玉，头发微微被夜风吹起，衣角也随之轻扬。

他喊道：“亦莲，快趴下！”

一时，枪声大作，三方交起了火。

子弹在亦莲头顶和身边嗖嗖飞过，她不敢抬头，更不敢站起来。

王京甫趁着混乱向前逃跑。

柴云飞闪到墙角，贺修民与黄心安好像约好一样，集中火力专打柴云飞，密集的子弹打在厚实的青砖上，碎屑四溅，柴云飞不敢恋战，弯腰向前逃窜。

贺修民飞一般地跑过来，从地上扯起亦莲，利索地解开她身上的绳索，架起她："亦莲，快跟我走!"

亦莲踉踉跄跄跟着他往一条小巷里跑。

后来，她渐渐跑不动了，被贺修民拖着左穿右拐，两人在一处墙院门前停下。

"这是哪?"亦莲抹了抹脸上的汗珠，气喘吁吁地问。

"元庙观的后门。"贺修民说。

门虚掩着，贺修民轻轻一推，就开了。

"跟我来!"贺修民拉着她的手进了道观。

这是清虚道长的卧室，贺修民点亮油灯，亦莲的心还在咚咚跳："修民，刚才要不是你，我就没命了!"

他又是欣赏又是责怪："哎，你呀，胆子太大了，竟然把两个坏蛋搞到一起火拼，多危险啊!"

汗水浸湿了她的蓝底小白花斜襟短衫，显露出她曼妙的曲线，她低头揪了一下短衫一角，说："人家料到你会来嘛!"

这话让他欢喜，激起了他保护她呵护她的成就感，他走近她，轻轻拥住她，呼吸着她身上的香汗味，心疼地说："莲，你为我付出的太多了!"

"我愿意!"她靠在他怀里，用鼻子蹭他的脸。

他想吻她，她突然推开他，问："金水哥还没有消息吗?"

他的语气一下子沉重了："我派人找遍了全城，都没有找到!"

她无语。

他忽然说："今夜，无论如何，你都不能回我哥那了!"

她定定地看他："那我住哪?"

他说："就住我这啊！我先陪你说会话，然后到别的同志那里住一晚。"

她努起嘴，甜蜜地嗔怪："夜这么深了，人家怎么忍心把你往外赶啊?"

他灵机一动的样子："要不，你睡床上，我打地铺!"

第十四章　智取

(1)

闵成杰的会客室里面，白菜心在给闵成杰唱花鼓戏。

唱完，闵成杰搂着她，将盘里切好的白瓜用牙签挑了一瓣，喂到她嘴里：“小白，你一唱起戏来，就把人的魂勾走了，我怕是一天也离不开你了！”

她吃着瓜，口气酸酸的：“离不开我？说得比唱得好听，马上要做新郎官的人了！”

他满脸堆笑：“小白，你和卢小姐不一样的，各有千秋，各有其美嘛！”

她“哼”了一声：“我哪抵得上人家明媒正娶？”

他邪笑着说：“你又不肯嫁给我？要是你肯和你男人离婚，我就娶你！”

她正色道，盯着他说：“好啊，这可是你说的，我今天回家，就和他摊牌，你要说话算数！”

没料到她这样将他一军，他哈哈笑道：“真这样，莲城不要炸开了锅？不知道的，还以为我是逼婚呢，俗话说，宁拆十座庙，不毁一桩婚哪！”

她冷笑道：“哼，怕了吧，怕我粘上你？放心，我才不会！逗你玩呢，闵大旅长！”

他大大咧咧地说：“小白，你就不要小心眼了嘛！我闵某人保证，娶了卢小姐以后，对你只会比以前更好！”

她撇撇嘴：“我才不信！你们这些臭男人，没一个好东西，包不得天天做皇帝，夜夜左拥右抱，碗里锅里都要，等哪一天腻了厌了，就一脚蹬开，当作什么事也没发生过！”

他把她抱到自己的腿上，把脸凑过来亲她，她躲开了。

他的手在她胸前不老实地游走着，继续哄她：“小白，你要相信，我闵成杰是个有情有义的人，你放心，我不会亏待你的。告诉你一个事，王京甫想撤黄心安的职，我想让关旭顶团长的位置，你说好不好？”

听他这么一说，她的脸色慢慢好看了：“随你！”

两人正打算进一步耳鬓厮磨，门外传来卫兵响亮的“报告”声，两人随即分开。

闵成杰叫道：“进来！”

卫兵推开门敬礼道：“报告旅长，王县长有要事求见！”

闵成杰看了一眼白菜心，笑着说：“真他妈巧了，刚提到他，他就来了！”

白菜心问：“那我先走一步？”

闵成杰摆了摆手：“不，小白，他来正好，先说的那事，我现在就落实！”

王京甫进屋后，见白菜心在场，似乎并不意外。白菜心给他倒茶，他倒有些受宠若惊了：“哎呀，白姑娘，你放着，让我自己来嘛！”

白菜心妩然一笑：“王县长，别客气啊！”

客套几句后，闵成杰问：“听说，王县长想撤黄心安的职？”

王京甫气恼地说：“是啊，那天晚上，这个王八蛋差点害死我了，见死不救不说，还放走了柴云飞和贺修民两个匪首！坏了我的大事！”

闵成杰装作关心地问：“有接替的人选没有？”

王京甫眼珠一转，看着他说：“还没有，这不，正打算向您请示呢！如果您有人选，还请明示在下！”

闵成杰摸了摸下巴，说：“我手下的副官关旭，胆大心细忠勇可嘉，我看可以接替这个位置。”

王京甫看了一眼白菜心，拍了两下巴掌说：“好主意，好主意，我跟您想到一块了，说实话，我早就想让关旭来做这个团长了。好，过几天我就打报告！”

闵成杰很是满意：“好，王县长，你是一个很有魄力很有作为的县长，相信你我通力合作之下，莲城一天会比一天好！”

王京甫叹口气说：“哎，现在莲城还很不太平，在下还有一件要事，要与闵大旅长相商……”

他看了看白菜心，欲言又止，白菜心忙向二人告辞：“你们谈事，我先走了。”

闵成杰站起身，殷勤地说：“那，好吧，小白，我让卫兵送送你！”

白菜心回眸一笑：“不了，我自己回去。”

(2)

等白菜心一走，王京甫就对闵成杰说：“上峰来电，令我速押共党特派员到省城，三天后就启程！”

闵成杰说：“这事好办，我派一个排押他上路，走旱路，不走水路！”

王京甫连忙说：“谢谢旅长！我还想向您请示，关在监狱里的赤匪怎么办？是分批私密处决，还是先缓一缓？我看这几天贺修民活动频繁，最近可能会有大动作，疏忽不得啊！”

闵成杰不以为意：“就那些穷鬼，能折腾出多大的事？”

王京甫说：“这回他派人去省城，多半是搞枪去了！”

闵成杰一惊：“情报可靠吗？这事周团长知道吗？叫他一起来议议！”

王京甫点头。

周四新进来的时候，左眼戴着黑色眼罩，脸上的皮肉干瘪塌陷，好像一下子衰老了许多。

一听到“贺修民”三个字，周四新就下意识地捂了一下左眼，骂道：“姓贺的小杂种！今生不报此仇，我誓不为人！”

王京甫继续分析：“如果贺修民真的去买枪，八成是想劫狱，莲城监狱关押着几十名赤匪，一旦他得手，后果不堪设想啊！”

闵成杰问：“你的意思是？”

王京甫揪了揪下巴上那颗大黑痣，说：“我还是那句话，赶在贺修民动手之前，集体处决这些赤匪！”

周四新摇头：“王县长，这样做恐怕不妥，俗话说擒贼先擒王，现在莲城赤匪蹿来跳去，都是姓贺的惹的祸，要我说，还是等他送上门来，我们一网打尽！”

王京甫说：“金水失踪，他的财宝也被盗了，我开始以为是柴云飞下的手，但那天夜晚，我遇到了柴云飞，才知道盗金水财宝的根本不是他！”

周四新来了兴趣：“哦，不是柴云飞是谁？莲城人哪个不晓得，关亦莲是他下的诱饵，为的是骗金水的财宝？”

王京甫说：“不是这么简单，那天夜晚，突然蹦出来贺修民，救走了关亦莲！我怀疑，金水的财宝，是被他搞走了，为的是到省城去买枪！”

周四新睁大了那只独眼：“你是说，姓贺的和关亦莲，这对狗男女搞到了一起？”

王京甫嘿嘿一笑：“有这个可能，我只是推测。”

周四新又摸了摸那只瞎眼说：“如果真是这样，就麻烦了，据说金水的财宝不是一个小数目，如果都用来买枪，恐怕能武装起一个营！”

闵成杰踱了几步，说：“这么说，赤匪现在是一个不能留？”

周四新说：“听王县长这么一说，我看也是不能留了！”

王京甫看着闵成杰：“何时放血，请您定夺！”

闵成杰略一思忖：“三天后吧，除了那个什么特派员押往省城，其余的王八糕子都给我宰了！从今天起，莲城监狱要加强防御，你和周团长都要住到县政府去！一有风吹草动，就提前行动！一个贺修民，我不信他能翻得了天！我那一个连，再加上你们的保安团、警卫团，都有几百号人了，他就是能弄来百来条破枪，顶个屁用！再说了，我还有厉害武器！”

王京甫与周四新同时问：“厉害武器？”

闵成杰得意地说：“是啊，你们别小看我这个警卫排，虽说只有三十多个人，但我有两挺重机枪，到时候，你们那边万一出事，我马上就可以把人和枪派过去！那机枪一扫，一倒就是一大片，他赤匪人再多枪再多，都是白搭！”

王京甫喜上眉梢：“有闵大旅长做坚强后盾，我就安心啦！”

（3）

傍晚，关旭家中。房内，白菜心正在数落关旭：“你这人怎么不求上进啊？”

关旭不以为然：“什么警卫团长，我不感兴趣！”

白菜心说："这可是我费了好大的劲，为你争取的！"

关旭不领情："你又不是不晓得，我对当官不感兴趣，要不是你说了好多回，我才不会当那个姓闵的副官呢！"

白菜心气得胸脯起伏："我看关家祖宗三代，也没出过一个秀才，你这个副官，大小顶得上一个秀才吧！每月十多块大洋，不比你开杂货铺强？哼，要不是嫁了你，我才懒得跟别人说好话呢！"

关旭默然，双手扶住白菜心的肩，认真地说："小翠，我发现你变了！再也不是以前那个小翠了，想起以前，你在《站花墙》里扮王美蓉，那戏里的王美蓉就活脱脱是你自己，不慕荣华富贵，不嫌贫爱富，相信人间有真爱……"

白菜心的口气软下来："我变了？你说我原先就是王美蓉？唉，或许是你一开始就把我想得太好了，其实，我哪有那样好，戏都是人编的，哪有真的？"

关旭恳切地说："小翠，我们平平淡淡地过小日子吧，你再也不要给他唱戏，我还是回家开我的杂货铺，这样不好吗？"

白菜心一怔，喃喃自语道："能回得来吗？"

关旭将她搂在怀里深情地说："当然能，只要你愿意！"

她摇摇头，黯然神伤："回不来了，我们再也回不来了！"两行清泪从她眼角流下。

关旭轻轻推开她，望着她美丽的面庞，咬着嘴唇自责地说："小翠，都是我没用，连自己喜欢的女人都保护不了！我还是一个男人吗？"

他自虐似的揪着自己的头发，她心疼地拉住他："别这样，关旭，我不怨你，你也别听外面的人胡说八道，把我想成一个坏女人，好吗？"

她像一株藤蔓温柔地依附在他的胸前，用手轻抚着他的背，一下子就平息了他狂野的躁动。女人的温存真是最厉害的武器，如春水碧玉，让人心醉，再狂乱的烈马也会在瞬间乖乖地驯服。她突然开始缠绵地吻他，好像热恋时那般，自从结婚以后，好像已经很久没有亲吻过了。

这时，门外响起了敲门声，两人分开。

关旭问："谁呀！"

"哥，是我！"

关旭连忙打开门。

“亦莲，怎么是你!”白菜心一把抓住亦莲的手，惊喜地叫道，“穿得这么漂亮，我都认不出来了!”

亦莲穿一件侧开襟中袖旗袍，浅绿细格子，蝴蝶扣，剪裁得恰到好处，清幽的韵致里摇曳一份丰润。

“妹妹，这几天莲城乱得很，我到处找你，都急死我了!”关旭急切地说，“快进来! 告诉我，你这几天去哪了?”

亦莲进房，走了几步：“哎呀，哥，渴死我了，快给我倒杯水吧!”

白菜心快步去倒水。

关旭拉住亦莲：“听说金水发了疯，失踪了? 还有那天晚上，柴云飞和王京甫都去找你，他们打起来了? 我真担心，这两条狗咬起来会伤到你!”

“哥，我这不是好好的吗?”亦莲在原地转了一圈，小声说，“今天呀，我来找你，是求你帮忙办件事!”

正说着，白菜心进来了，端水给她。

亦莲说了声“谢谢嫂嫂”，不说话了。

关旭催促说：“你刚才说有事找我?”

亦莲看了看白菜心，白菜心连忙说：“好，我不打扰你们兄妹了，你们也有好多天没见面了，好好聊聊啊，我去厨房烧点水。”

等白菜心一走，亦莲就凑到关旭耳边说了一句话。

关旭咬着牙说：“好呀，我巴不得把这些狗日的都毒死，尤其是那个王八蛋!”

亦莲连忙捂住他的嘴：“哥，小声点，小心别人听见!”

关旭满不在乎：“怕什么?”

亦莲小声说：“这些个当兵的，也都是人生父母养的，再怎么说也罪不该死，你就按我说的去做，到普善堂去买东西，叮嘱卢老板千万别泄露出去!”

关旭有点疑惑：“妹妹，你倒是告诉我，要我这样做，总有个理由吧!”

亦莲说：“过两天你就晓得了，这事可谁也不能说呀，包括嫂子!”

关旭点点头。

（4）

落日余辉洒满湖边的水面，渔歌欸乃由远而近，渔人荡着桨三三两两地归来了，船舱里银白的鱼儿在绯红霞光里跳动。还有几只又长又窄的双体小船，俗称“鸭划子”，也夹在其中，“鸭划子”的船舷上排着灰黑色的鸬鹚，如列队凯旋的士兵。

白鹭们拖着长长的细腿从碎金闪耀的涟漪上掠过，体态优雅，旁若无人。湖边的垂柳婀娜舒卷，芦苇已到了最丰润的季节，苇叶碧青欲滴轻轻摇摆。风带起一阵好闻的水汽，夹着荷叶荷花的清香，还有鱼腥的味道。别看湖水只是泛起微澜，但谁又能说清楚水下到底游动着多少鱼？草鱼、鲤鱼、鳊鱼、青鱼、鲫鱼、鲇鱼、黑鱼、桂鱼、黄古、杆鱼、银鱼、胖头鱼、土憨巴鱼……

白鹭湖当中，荷叶出水越来越高，错落有致，挨挨挤挤，轻摇曼舞，每一片荷叶都是那么光鲜洁净，绿意盎然，碧荷之间，炸爆米花似的，星星点点布满了含苞待放的粉色、白色荷箭，蓓蕾饱胀圆润，娇唇微启。白的比云洁白，粉的比霞灿烂。

天色渐渐暗淡下去，湖面很安静，只听到“嚓噗嚓噗”的声音，这是鱼儿吃荷叶吃水草的声音。一只船载着七八条汉子，悄悄划进了密密匝匝的荷叶之中。

船上，坐着贺修民、王金山和樊秀鹏等人，荷叶丛里蚊子多，樊秀鹏点燃几根艾蒿，艾蒿散出浓浓烟雾，熏得蚊子不敢近身。

贺修民说：“明天的行动，要确保万无一失，林森书记接到上级指令，说任务有了变动，要我们不但要救出特派员，救出三十四名革命同志，还要攻克莲城，最好能处决反动县长王京甫！”

樊秀鹏拍手说：“好，好！这个家伙早就该死了，他杀了我们多少同志啊！血债要用血来还！”

贺修民说：“这次比较顺利的是，那些东西帮我们换来了三百多条枪，不过，我们如果攻克了莲城，也不能久待！闵成杰的大部队人马，就驻扎在莲城外围，只消一个时辰，就可以赶到支援，所以我们要速战速决！”

王金山有些担心：“这几天，王京甫与周四新晚上都住在县政府，看来，他们加强了防备！”

贺修民脸上露出兴奋之色："这正好，连周四新一起收拾！"

其他人全都摩拳擦掌："队长，我们早就盼着这一天了，还真等不及了！"

贺修民捏了捏拳头，说："好，我们准备了三套方案，到时不管使用哪套，都一定要救监狱里的同志，最后我们到湖边会合！"

（5）

清晨，莲城北门集市口，热闹非凡，鱼贩子们挑着鲜鱼，菜农挑着蔬菜瓜果，卖粮食的赶着驴子。卖老鼠药的，卖跌打损伤药的，卖竹货篾器的，也从十里八乡，一起汇聚到这里来。一时间，扁担的吱呀声，木独轮车的咯吱声，人们的吆喝声、招呼声，响成一片。

不知何时，在集市门口，出现了一队送葬的队伍。

队伍最前面，是一位五十多岁的老者，穿一件白孝衣，他的身后，是一个汉子推一辆独轮车，车里装满了成串的纸钱，老者不时取出纸钱，抛撒到空中。

天空中漂浮着一群麻灰色的野鸽，不安地发出咕咕的鸣叫。

大清早出殡本就不多，更奇的是，这次竟是五口黑色大棺材，接连而行，死者的亲属朋友披麻戴孝，哀号声声。

这支送葬队伍异常醒目。

赶集的人纷纷停下，驻足围观，他们忍不住唏嘘感叹："真是惨啊，这是哪家死了这么多人？"

"听说是一家都得了霍乱，一下子死了五口人！"

"哎，这是哪辈子造的孽，是不是得罪了哪路神仙啊？"

"哪个晓得哎……"

黄心安带着十几名警卫走过来，拦住了送葬的队伍："停下，停下，听到了没有？"

撒纸钱的老者谦卑地对黄心安鞠了一躬："长官好，请问您这是要……"

黄心安下令："接受检查，把棺材打开！"

几个柩夫用手按住棺材："老总，使不得啊，这一家五口染上霍乱，死得好惨，身子都腐了啊！"

一听说是霍乱，这些警卫后退了几步。

后面哭泣的几个汉子也悲愤上前："人死开棺不吉！不能开棺！"

黄心安指挥警卫："开棺！"

两个警卫刚把其中一口棺材撬开一道缝，还没看见什么，就有一股恶臭迎面扑来，他们急忙掩住鼻子，向后退出好远："团长，里面的确是人的尸体，臭得厉害！"

黄心安见状，挥了挥手，算是放行。

五只棺材继续朝前缓缓行进。

周四新带着保安团巡查过来，老远就看见了出殡的队伍，他站在旁边歪着头看了一会，对身边的马铁成肯定地说："不像是送葬的！"

马铁成问："哪里看出不像？"

他说："队伍当中没有一个像样的哭丧的，再看那几口棺材，好像有千斤重，这些家伙抬得好吃力，死人不会有多重的，怕是有别的东西！"

马铁成弄不明白："别的东西？刚才黄心安带人查过了，没问题！"

他摇摇头："姓黄的那小子，懂个屁！你带几个弟兄过去，不要怕脏，怕触霉头，扒开死人的身子，看看下面有没有东西！"

马铁成挥了挥手，十几个团丁跟着他走向出殡队伍。

马铁成吆喝道："把棺材放下，放下！接受检查！"

出殡的人群愤怒了："又要检查？刚才不是检查过了吗？"

马铁成脖子一仰："少跟老子啰嗦！开棺！"

这时候，不知从哪里钻出来许多乞丐，衣衫褴褛蓬头乌面，像苍蝇一般轰地围拥过来，手中的竹棍笃笃敲打地面："不能开棺，不能开棺！"

团丁们端起长枪，驱赶乞丐："哪来的这么多讨饭的，滚远点！"

乞丐们不满地发出嘘声，起哄道："当兵的欺负人啰！当兵的欺负人啰！"

两个团丁用了好大力，才撬开棺盖，令人发呕的腐臭扑散开来，他们急往后退，捂住鼻子。

棺材里的尸身被白布裹得严严实实。

撒纸钱的老者气愤地说："大清早开棺，缺德啊！你们不怕遭报应？"

马铁成踢了老者一脚："老东西，胡说！不要妨碍老子执行公务，快，把布揭开！"

几个团丁费力地掀开了白布一角，一只死狗的头赫然出现！

马铁成大惊，快步向前，扯掉白布，竟全是腐烂的死狗死鸡！

他掀起死狗死鸡，下面排了一层乌黑发亮的长枪、短枪！

"抓赤匪！"他刚喊出一声，就有几个汉子猛扑过来，将他的头朝棺材里按！

那群乞丐忽然齐刷刷掏出短枪，朝团丁们射击。那群盘旋空中的麻灰色野鸽，扑棱着翅膀惊惶逃窜。

事情发生得太突然。不远处的周四新惊呆了，他抽出短枪，吩咐身边的武黑皮等手下："乞丐和送葬的都是赤匪，给我狠狠地打！"

马铁成力气大，他拼力一挣，几个人硬是没按住他，他脱身出来，边跑边开枪。

乞丐们与保安团接上了火，送葬的人快速地打开其余的四口棺材，摸出崭新的枪支，加入到乞丐们的队伍。

几乎与此同时，集市上冲过来一大群人，他们从鱼篓、竹篮、箩筐里掏出了枪，最前面的正是贺修民和王金山。

枪声绵密地响成一片，看热闹的平民作鸟兽散。黄心安带着警卫团的士兵奔回来。

(6)

贺修民伏在一口棺材后对王金山与樊秀鹏交待："情况突变，按第二套方案进行！兵分三路，金山狙击闵成杰的那个连，秀鹏去监狱救同志，我来对付周四新和黄心安！"

两人带着队员迅速离开。

贺修民举着一支盒子炮，连续射击，一打一个准。而这些平时使猎枪土铳的赤卫队员，手上一旦添了新枪，可谓鸟枪换炮威力大增，子弹如雨点一般欢快密集，扑腾在青石板上火星飞溅，烟尘弥漫，保安团死的死，伤的伤，节节败退。

周四新躲在一间店铺之后，瞪着那只独眼大喊大叫："都给老子顶住，抓住贺修民重重有赏！"

贺修民抬手一枪，周四新缩回脑袋，子弹打在青砖上，碎屑四溅。

这些团丁本来就是来混饭的，平时训练无素，哪会拼命？他们且战且退，无心恋战，倒是黄心安的警卫团管事，拼力抵挡着赤卫队的进攻。

一颗子弹飞过来，打飞了黄心安的帽子，他愣了一下，捡起穿了洞的帽子，戴在头上。

马铁成挂了彩，他的腮帮被子弹削去一块肉。他捂着流血的脸，弯着腰跑到周四新跟前说："团长，姓贺的这小子够猛，我们还是先撤吧！"

武黑皮附和道："好汉不吃眼前亏！"

周四新转了转眼珠："也好，让姓黄的这小子，替我们挡一阵子！"

保安团边打边撤，黄心安骂道："一群废物！"

这时候，菜场后面升起熊熊大火，那是莲城监狱所在的方向，黄心安叫道："不好，监狱出事了！"

但这时他分身乏术，带的手下又不多，只好跟着周四新的保安团往后撤。

这边枪声渐稀，菜场东边又爆出了一阵激烈的枪声。

贺修民知道，这是王金山的队伍与闵成杰的那个连干上了。

忽然，樊秀鹏领着一群人过来了，这些人有的腿脚不利索，互相搀扶着。

贺修民迎上去，握住一位瘦高个的中年人的手，说："特派员同志，您受苦了！"

中年人的长衫破烂不堪，血迹斑斑，他激动地摇着贺修民的手说："贺队长，赤卫队这次干得真漂亮！我要参加你们的战斗！"

贺修民诚恳地说："特派员同志，战事还很吃紧，您可千万不能有什么闪失，还是让同志们送您出城吧！"

然后他转头对樊秀鹏说："秀鹏，你速带人支援金山，一定要击退闵成杰的那个连！"

樊秀鹏放心不下："队长，你这边……"

贺修民一笑："不要紧，周四新那些乌合之众，我对付得了！"

说罢，他带着队员朝周四新、黄心安撤退的方向追去。

(7)

周四新的宅院里面现在炸开了锅。

半个时辰之前，闵成杰还躺在床上呼呼大睡，就被外面的卫士敲门敲醒了，他打开门，刚要发脾气，卫士急切地报告：“旅长，好像是监狱那边出事了！”

闵成杰猛地抓住他的衣领：“什么，你说什么?”

卫士说：“不信，您听！”

枪声密集又清晰，慢慢沉寂下去，忽然又爆豆似的再次响起。

凭经验，闵成杰感到了事态的严重，他对卫士大声喊道：“快去叫关副官！”

卫士说：“关副官在茅厕里。”

闵成杰喝道：“那，快叫张参谋来！”

卫士结结巴巴地说：“也……也在茅厕里。”

闵成杰骂道：“这两个混账东西，关键时候懒屎懒尿多！”

卫士苦着脸说：“不仅是关副官、张参谋，现在整个卫队的人都在拉肚子！茅厕根本不够用呢！”

说完，卫士自己紧皱眉头，捂着小腹半蹲下去：“旅长，对……对不起，我也要上茅厕了！”

闵成杰踢了他一脚：“混蛋！你先把张参谋叫来发电报！”

过了半天，张参谋才无精打采赶过来：“旅长，我来迟了，从半夜开始，我都拉了二十多趟了，现在浑身像散了架！”

闵成杰在屋子里踱来踱去，命令道：“赤匪进了城！快给驻在东荆河的一营、二营营长发电报，让他们火速出兵，进军莲城，包围赤匪，格杀勿论！”

张参谋发完电报，闵成杰问：“还有多少人没拉肚子?”

张参谋说：“这次真的怪了，整个卫队都在拉?可能是食物中毒！”

闵成杰满脸狐疑：“食物中毒?不会吧?”

张参谋说：“会不会被人下了巴豆?”

闵成杰一惊：“还真有这可能！”

正在这时，关旭前来报告：“旅长，您找我?”

闵成杰连忙说："你和张参谋带着卫队，抬上重机枪，往莲城监狱方向前进，估计赤匪在劫狱，你们和周团长会合，我们的大军马上就到！"

关旭面露难色："弟兄们拉肚子拉得厉害，连走路的力气也没有了！哪里抬得动枪！"

闵成杰吼道："我不管，你们就是爬也要爬过去！"

（8）

赤卫队追着保安团与警卫团打，一直追到了县政府。

县政府的大楼，是一座坐北朝南的三层楼房，砖木结构，古色古香。正门呈圆拱形，内有两口天井，屋顶上是玻璃制的透明亮瓦。一进门，就可看到几根木柱，上面雕龙画凤。二楼为办公楼，护栏镂空，木格菱花窗精致典雅。

周四新冲进大楼，王京甫却慌里慌张往外跑，与他撞个满怀。

见是周四新，王京甫故作镇静地问："周团长，外面发生了什么事？"

周四新气喘吁吁："县长，你怎么还在这里？外面出大事了，莲城监狱被烧，姓贺的杂种追过来了！"

王京甫背着手转圈子，叹了一口气："唉，现在我就指望闵旅长了，他的救兵呢！"

周四新说："他的大部队集结在东荆河驻地，赶到这里，起码要一个时辰！"

王京甫说："他自己说，驻在你家里的警卫排，不是有两挺重机枪吗？听到动静，也应该到了！"

周四新发牢骚："鬼晓得怎么还不来！赤匪不晓得从哪里弄来好多枪，保安团根本招架不住啊！"

王京甫问："黄心安呢！"

他的话音刚落，黄心安带着人冲了进来。

王京甫像抓救命稻草一样，一把抓住他的手臂说："心安，外面情况怎么样！"

黄心安冷冷地说："还问我怎么样？你这个县长当得真稳当！现在整个莲城都成了赤卫队的天下了！"

王京甫脸上红一阵白一阵。

周四新替他辩道："哎，黄团长，你怎么这样说话呢，王县长好歹是一县之长！"

黄心安哼了一声。

王京甫强作镇静："心安，你先和周团长坚持一会，闵旅长的大部队马上就到！"

黄心安冷笑道："等他的大部队攻进来，我们早就到阎王爷那里报到了！"

这时外面响起枪声，几颗子弹贴着门框飞进来。

"县长，卧倒！"周四新一扯王京甫，拉着他趴到地上。

周四新指挥手下："快关大门！"

这是一扇上了朱红色油漆的铁门，沉重厚实，马铁成与武黑皮吃力地合上大门，插上铁栓，又在门后顶了几根木头。

黄心安带着人要从后门走。

周四新拦住他："黄心安，你要到哪里去？危急时刻，你的任务是保护好王县长！"

黄心安哂笑道："周四新，这个光荣的任务就交给你了！我可不敢跟你抢功！"

王京甫说："心安，你可不能走！现在你和周团长保护的是县政府，不是我王京甫！这次，我会向省府汇报，为你们请功！"

黄心安一笑："算了吧，我可不稀罕！不过，我黄心安不是怕死鬼，现在也不是想开溜，警卫团的弟兄还待在大院里，等着我去指挥呢！"

王京甫与周四新目瞪口呆。

几个警卫打算冲出后门，外面一梭子弹将他们拦了回来。警卫向黄心安报告："团长，我们被包围了！"

黄心安皱了皱眉头："全部上三楼，抢占制高点！"

(9)

双方相峙，出现了短暂的沉寂，一个赤卫队员在楼下喊话："你们被包围了，交出反动县长王京甫、大恶霸周四新！放下武器，立刻投降！"

周四新对王京甫说："好啊，老子成了大恶霸，你也成了反动县长，姓贺的这狗杂种，今天，不是你死，就是我亡！"

他抓过一支毛瑟七九式步枪，将枪口悄悄伸出木窗，朝楼下打了一枪。一名赤卫队员应声而倒。赤卫队员的子弹不约而同地射向他。他猫着腰一溜烟小跑，子弹打得窗户上的菱形雕花纷纷碎落。

楼下，贺修民下令："撞开大门！"

赤卫队员合起来用肩膀撞门，大门纹丝不动。

贺修民让人抬来一根圆木头，朝铁门"嘭嘭"撞击。团丁趁势发动攻击，几个赤卫队员中弹倒下。

贺修民狠狠地骂了一句，稳了一下呼吸，迅速出枪，一个探出窗户的脑袋开了花。

不过几下，大门就被撞开，赤卫队员冲进大楼，三楼的团丁和警卫居高临下地射击，赤卫队员被堵在楼梯转角。

贺修民朝二楼扔了一个东西，那是一只铁皮罐，"哐当哐当"滚下楼梯，几个团丁伸出头来，对着楼道胡乱放枪。

贺修民又往楼道扔了几次铁皮罐，楼上的这次学精了，不再盲目开枪。

扔最后一只铁皮罐时，他端着一支花机关枪，像一只轻灵的猫蹿上了楼梯，铁皮罐的"哐当"声掩盖了他本来就很轻的脚步声。

一瞬间，他已快速窜到二楼转角平台，几个持枪的团丁近距离地暴露在他的花机关枪下。

"哒哒哒"，一梭子弹打过去，团丁相继倒下。

赤卫队员迅速冲上来，汉阳造步枪威力不可小觑，枪口喷火，枪声震耳，楼上的团丁被打死大半，黄心安的警卫也只剩四五个人。

脸色苍白的王京甫握着一支勃朗宁，扯住周四新："周团长，你快想想办法！"

周四新这时候也火急火燎："要么从这三楼跳下去，要么等死！"

王京甫透过窗子，朝地面望了望，下不了决心。三楼离地面大概五六丈的样子，不是很高，但自己真要跳下去，估计要摔个半死。

周四新嘴角露出一丝坏笑："怎么了？县长大人，不敢跳？我周四新倒是可以跳！"

黄心安冷冷地说："周四新，不要仗着自己练过几天，就逞能！你也不看看，别人早就守在下面呢，你倒是跳啊！"

周四新往外面一看，果然见楼下灌木丛中人影晃动，他叹一口气："完了，这下真完了!"

王京甫拉过周四新，在他耳朵边说了几句。

周四新立刻长了精神，命令马铁成与武黑皮："你们两个，带着弟兄们往下冲，冲到二楼的，每人奖一百大洋！冲到一楼每人奖两百大洋!"

团丁们红了眼睛往下冲，因为大洋的诱惑，比先前积极多了。

武黑皮挥着短枪喊叫着："弟兄们，冲啊，冲下去有赏……"他的声音戛然而止，一颗子弹贯穿了他的喉咙，他扭了扭脖子，倒在楼梯上。

马铁成见势不妙，悄悄退回三楼。

一个文件柜被挪开后，出现了一条暗道，周四新和王京甫往里钻，黄心安鄙夷地看着他们。

周四新嘿嘿笑道："黄团长，别装英雄啊，跟我们一起走吧！等姓贺的上来了，你就成狗熊啦!"

黄心安语气里充满嫌恶："快滚吧，莲城就毁在你们两个手里，老子真想毙了你们!"

周四新和王京甫急忙下了暗道，马铁成也跟着钻了进去。

枪声渐止，四周陡然如死一般寂静。

贺修民在下面喊话："心安兄，你还好吗?"

声音在大楼里响亮地回荡，没有人回答。

过了片刻，几个警卫从里面走出来，放下手中的枪，举起了双手。

贺修民带着人冲上楼时，黄心安正蹲在地上抽烟，他站起身，吐了一个烟圈，表情复杂："修民兄，你胜了，君为刀俎，我为鱼肉，我这个败军之将，现在落在你手里，任由处置!"

贺修民一笑："心安，胜败乃兵家常事，笑到最后才是赢家，你带着人走吧！我不难为你!"

黄心安神色黯然，抱拳说："后会有期!"

忽然，他像记起什么："对了，王京甫和周四新从暗道里跑了，暗道直通南门司马桥码头!"

贺修民拍了一下他的胳膊："好，谢谢你，心安!"

他带着几个赤卫队员，抄小路，直奔司马桥码头。

周四新与马铁成先钻出暗道，见后面有一队人追了过来，马铁成说："不好，肯定是姓贺的那个杂种!"周四新说："今天老子算是认栽了，回过头来再收拾他!"他们上了码头边一只仅能容纳两三人的小船。

王京甫灰头土脸地跟在后面追："周团长，等等我啊!"

周四新脸上滑过一丝冷笑："王县长，船太小，装不了，你就到河里游吧!"

王京甫气得吐血："好啊，周四新你这个王八蛋，你明知道我不会水!"

他转头看见好多人追过来，更是急了，手中挥动着勃朗宁说："周四新，你快把船划过来！不然，我开枪了!"

马铁成使出全身力气撑船，小船加快速度向前，离王京甫越来越远。

王京甫气得手直颤，开了两枪，都打偏了。

后面的脚步声由远而近，随之而来的是一声断喝："王京甫，再不放下枪，我们开枪了!"

他慢慢将枪放到地上，转头看见贺修民和十几条汉子站在对面，乌洞洞的枪口一齐对准了自己。

他举起双手："别开枪，一切都好说!"

贺修民步步逼近，王京甫眼睛滴溜转动，猛地伸手去抽腰间的另一支枪，贺修民眼疾手快，抬手一枪，子弹正中他的前胸，他仰面朝后倒下，扑通一声落入河中，河水漾起血花，他随即沉没下去。

第十五章　莲殒

（1）

夜已经渐渐深了，元庙观贺修民藏身的小屋内，亦莲还在灯下绣荷包，她用彩线织了一幅鸳鸯戏莲图，妩媚又缠绵，呼之欲出，贺修民看得呆了："莲，你绣得真美！"

亦莲梨涡浅笑略含羞涩，将荷包递给他："修民哥，送给你！"

他连忙接住，感激地说："莲，这一仗打得真漂亮，你帮了大忙！如果你哥不给姓闵的卫队下巴豆，还真有点麻烦呢！"

亦莲说："昨天，我和哥见面，他告诉我，说他马上要升任警卫团团长了！"

贺修民有点惊讶："那黄心安呢！"

亦莲说："闵成杰推荐周四新代理县长，黄心安辞职了，不晓得去向。"

贺修民恨恨道："那天，周四新跑得快，没干掉他，真是遗憾！他逃跑时扔下了王京甫，看来是早就想取而代之了，他都能做县长，难怪心安不想干了！"

亦莲凝神望着他："对了，修民哥，我哥要我搬到他那里住。"

贺修民吃了一惊："你答应了吗？"

"还没有，"亦莲把头埋在他怀里，"我舍不得你！"

贺修民感慨万千，抚着她的秀发，喃喃说："我这一生最对不起的人就是你了，现在你跟着我，每天偷偷摸摸躲在这个道观里，像做贼一样。不，不能再这样了，莲，我现在就要娶你，我们结婚吧！"

她仰望着他，手掌疼惜地摸着他额前的疤痕："不，修民哥，你还有好多事要做，就说一桩，闵成杰逼娶皓月，你绝不能让他得逞！我们的事可以缓一缓。"

他咬了咬嘴唇，在她耳边说了一句话。

她睁大眼睛："修民哥，那样太冒险！能行吗？"

他长吸一口气："说不准，其实我也没把握，但我一定要去，否则，我会很不安!"

她将头搁在他的肩膀上，两眼发光憧憬着对未来的想象："修民哥，卢家对你有恩，他们现在遇到难处，你不能不管，我永远支持你！等你办成这件事，我们就名正言顺地在一起!"

他抱紧她，好像下一刻，她就要变成一缕轻烟，从他手里散去。

他吻她，柔情似水地，她回吻着，全身心地沉醉。

他去解她的上衣，她喘息着，流露水到渠成的期盼。然而，他的手忽然停止了："不，莲，我不能这样，我一定要娶你之后，才能真正地拥有你!"

"书呆子!"她嗔道。

她轻轻拿起他的手，放在自己胸前，眼神烧化了他的犹豫，"哥，今夜，我要把自己完完全全地交给你!"

他还在犹豫，她柔声说："别离开我，我要哥好好爱我!"

他一把抱起她，将她放在床上。轻轻抽去她发髻的玉簪，她光滑如丝的头发，就披散下来，覆盖了香娇玉嫩的秀靥。面对她完美的身体，他差不多要虔诚地膜拜了，他笨手笨脚地一层层打开缤纷的妩媚，晨曦初露，朝霞满天。床吱呀起伏，就像清波，她的身体则如一朵娇羞的莲花，一叶一叶地荡漾着撩人心弦的幽香。

这矫健而陌生的宣告，是这个世界上，她真正接纳一个男人的开始。一旦他进入这片鲜润丰腴，那些粉红的花瓣全都自由舒展，次第怒放起来。

他像有力灼热的风，飞旋着推动她向远处漂流，环佩丁当，莺歌婉转，她身不由己悠悠荡荡，顺着流水款款而来，轻逸飘渺又深入骨髓的摇曳震荡，是从未体验的晕眩欢畅。

不经意间，他像一支长篙轻轻撑进一方水域，她沉睡荒芜多年的青春，被彻底地点醒了，那绚烂夺目的芳醇，迸发出如歌的呜咽，刹那间穿越了千万年的时间，唤醒了洪荒时代的原始野性，她狂乱地抱住他咬他，极度的颤栗和悸动一下子把他弄呆了。

花瓣被雨打湿，一瓣瓣哭出声来，那是泪水，从她双颊恣意地流淌下来，洗刷了她多少尘封已久的委屈、忧伤、孤傲、幽怨，又仿佛莲心的苦涩凝重，涅槃出另一个相反的世界，那就是莲子的甜蜜清香，正像一个人只有经历了痛苦的折磨，才会珍惜甘美芳醇的滋味。

她腰肢轻摆，明媚而缱绻，纵情地呼应着他的爱怜他的驰骋。这更鼓舞了他热腾腾地去创造新的局面，野火燎原，烧灼着他的五脏六腑，汗水一滴追着一滴欲罢不能，等终于迸溅出一声铿锵呐喊时，他才伏倒在那片早已水乳交融的姹紫嫣红里。

风收雨住，他们柔柔地拥抱着，久久不愿分开。

他忽然说："妹妹，我可以去死了！"

她轻轻地捶打了一下他："瞎说！"

窗外，一颗流星带着耀眼的光芒划过夜空，向远处飞去。

她用手指抚着他的脸，语气里有赞叹也有伤感："好美的流星！哥，我会是你的流星吗？"

他紧紧搂住她："妹妹，你在说什么呀？"

她文绉绉地说："哥呀，遇到你是我今生的幸运，划过你的天空，留下一道痕迹，好美好短暂，可我已经足够了！"

他笑了："哈哈，妹妹，我发现你的文采比省城里那些女学生好多了！"

她假装恼道："你个花心鬼，是不是好多女学生都对你说过肉麻的情话啊？"

他一下子慌了："没有啊，我赌咒发誓，骗你天打雷劈！"

她咯咯笑了："你呀，你！"

沉默片刻，他问她："想什么呢？"

她认真地说："忘记这一切，又要永远记住这一切！"

他说："我们以后永远不分开！"

她使劲点点头："嗯！"

(2)

做了代理县长的周四新，还兼任着保安团团长，上任的第一件事，就是在城内城外张贴告示，悬赏捉拿贺修民。

这天，他坐在办公室里悠闲地喝茶，想着自己屁股下这张舒适的椅子，不久前还是王京甫坐着呢，脸上就浮现出一丝得意的笑容。

想到这里，他叫了一声："林三！"

林三赶忙进来，毕恭毕敬地问："县长，您叫我？"

他抖着二郎腿说："记得原来王县长经常喝龙井的，还有没有？给我拿点来！"

林三忙不迭地答应："有，有！我这就去拿！"

林三刚出去，马铁成满脸喜色进来了，周四新有些纳闷："你今天怎么这样喜，是不是有了那个杂种的消息？"

马铁成说："我们查到了大量有用的信息，姓贺的这次买来大批枪支，全靠关亦莲那娘们！"

"哦！"周四新从椅背上绷直身子，"快说说！"

马铁成继续说："他的手下与关亦莲合谋从金水那里弄出财宝，然后在省城出手了一部分，换了几百支枪！"

周四新从椅子上站起来："原来金水还真挖到了真金白银啊！那剩下的财宝贺修民藏在哪？"

马铁成说："还不晓得，据说，柴云飞也在找这些东西！"

周四新走了几步，沉吟道："我们一定要抢在柴云飞前面！想不到，这姓贺的会和关亦莲搞到一起！"

马铁成说："那天夜晚，关亦莲约王京甫到金水家，让王京甫的人与柴云飞交火，贺修民趁乱救走了关亦莲！"

周四新摸了摸下巴："看来，这对狗男女早就好上了！"

马铁成说："不然，她不会那么帮他！"

周四新拍拍巴掌，笑道："没想到赤匪也能弄出这样香艳的故事，哈哈，好玩，好玩！"

马铁成说："对了，县长，还有一件大喜事，要跟您汇报，我们逮到了一条大鱼！"

"大鱼？"周四新一脸疑惑。

马铁成嘿嘿一笑："对，大鱼！您猜是哪个——鄂南苏区分局书记林森！"

周四新大感意外，拍了一下大腿："真的太好了！马铁成，好好干！等我这县长正式任命了，你就是保安团团长！说说看，怎么逮到的？"

马铁成喜得咧开大嘴："谢谢县长！谢谢县长！说来也是真巧，弟兄们去白鹭湖查贺修民，查到一只渔船，上面有两个人，其中一个细皮嫩肉，不像打鱼人，就把他带回来了，我一看，这不是林森吗？我在通缉告示上看到过他的人像，记得他的样子！"

这时候，林三拿着茶叶进来，听到“林森”二字一怔：“林森？”

周四新扫他一眼：“怎么？你认识？”

林三战战兢兢地说：“不，不，不认识！”

周四新喝道：“林三！你别狡辩！我晓得你认识，还不是一般的认识！”

林三继续装糊涂：“不晓得您说哪个林森？”

周四新将桌子一拍：“我说的林森，就是你表哥林森，鄂南苏区分局书记林森！你敢说不认识？”

林三慌了，连忙跪在地上磕头：“我们好多年没来往了，他做的事与我无关！县长大人，您可别冤枉好人啊！”

周四新口气软下来：“林三，我现在又不是治你的罪，快起来，我还有一件事要同你商量呢！”

林三从地上爬起来，疑惑地问：“同我商量？”

周四新点点头，问马铁成：“抓林森这事，闵旅长不晓得吧！”

马铁成说：“不晓得，就手下的四五个弟兄晓得！”

他说：“好，严密封锁消息，除你们这几个人外，不能再让任何人晓得，包括闵旅长！”

马铁成满脸疑云，周四新拍拍他的肩：“铁成，我自有安排，到时你就晓得了，好好干！这个团长的位置就是你的！”

马铁成千恩万谢出了门。

周四新拉过林三，向他托出一个计划，林三一惊：“就怕他不听我的！”

周四新贴在他耳边又说了几句，手掌往下一劈，做了一个凶狠的砍杀动作。

（3）

得知林森被捕后，贺修民很着急，找王金山一起商量对策。

王金山根本不急：“修民，我看哪，这回不忙着救他，要让他吃点苦头，你看他‘杀改组派’杀得多起劲啊！”

贺修民说：“他是王明的人，杀‘改组派’整风是执行王明的路线。现在我们不能意气用事，把这两件事搅和在一起，一是一，二是二。他肯定有问题，但我们不能见死不救！”

王金山还不服气：“有他这样执行路线的吗？两个月就杀了一千多人，再这样下去，你我都会成为他开刀的对象！”

贺修民沉默不语。

王金山分析：“而且这次到莲城监狱救人，难度比上次大，周四新增强了兵力不说，还从闵成杰那里调来了重机枪！”

贺修民皱起了眉头：“要不，我去监狱周围转悠转悠，了解一下情况？”

王金山连忙摆手：“不行，绝对不行！你现在是周四新通缉的头号要犯，脑袋值一万大洋呢！送上门，太危险了！”

两个正在商量，樊秀鹏进来了，他的头摇得像拨浪鼓：“真想不到啊，这么快就出来了，还毫发无损！”

王金山弄糊涂了：“你小子，在说哪个？”

樊秀鹏说：“还有哪个？我们的林书记嘛！”

贺修民很意外：“你是说林书记从监牢出来了？”

樊秀鹏说：“是啊，我刚才还见到他呢，他全身好好的，衣服都没有烂一片，说是一个神秘人救了他出来。”

贺修民拧着眉毛说：“神秘人？除了我们自己的同志，谁会救他？谁又有能耐单枪匹马救得了他？”

王金山说：“是啊，这事有点怪！不要怪我话说得难听，林森杀‘改组派’不得人心，真出了事，未必会有人帮他。上次，他翻了船，居然不会游水，在水里瞎折腾，木筏子上好多同志装作没看见，我实在看不下去，跳下湖，救了他一命！”

贺修民吃了一惊：“金山，还有这事，怎没跟我说？林书记的确把‘肃反’扩大化了，我们要向上级反映，不过，现在不是时候，你们先好好查一下这个神秘人。我担心这是一个圈套，或者说是一个陷阱！”

王金山与樊秀鹏交换了一下目光，点了点头。

（4）

柴云飞带着土匪们闯进来的时候，亦莲并不是很吃惊。好像早就料到会有这么一天。

“啧啧，贺家老二真会找位置啊！害得老子好找！在这求神拜仙的地方快活，很有味啊！”柴云飞怪声怪调，“这贺家老二既有艳福又有财运，美人、财宝，一下子都占全了，真他妈爽！”

“柴云飞！你！”亦莲气得脸色发青。

“我，我怎么啦，你倒是给老子说说，么时候勾搭上的贺家老二啊！”柴云飞走过去捏她的脸，“小脸越长越嫩了啊！”

她打掉他的手。

“好了，老子也没闲工夫和你磨蹭，快说！没出手的东西，他放哪了？”柴云飞自讨没趣，换了一副凶悍嘴脸。

“不晓得！”亦莲很干脆。

“老子真搞不懂，一个穷书生，就让你这样死心塌地！”柴云飞围着她转了一个圈，像是问她，又像是问自己。

“你永远不会懂！”她不屑地说。

“你这个臭婊子还瞧不起我！看来不给你一点厉害，你是不说的！”他扇了她两耳光，几道指印在她脸上清晰凸现。

他一招手，过来几个身着黑衣的土匪。

“兄弟们，好长时间没开荤了吧，现在，想不想尝尝莲城第一美人的滋味啊！”他肆意大笑。

“想啊，想啊！”几个土匪盯着亦莲高耸的胸，一步步逼过来，恨不得马上扑上去，扒光她的衣服。

“柴云飞，你这个畜生！”亦莲步步后退，眼看就要被逼到床前。

土匪们垂涎欲滴：“美人，想得真周到啊，还准备了一张床！”

亦莲飞快转身从枕头下摸出一把匕首，举在胸前：“谁过来，我就杀了谁！”

土匪们一愣，柴云飞抽出盒子炮，对准她：“小娘们，看来你是不见棺材不掉泪，老子现在就送颗铁蛋子你尝尝！”

一同来的朱军师压下他的枪：“老大，你犯不着和一个女人生这么大的气，我看，还是先在这屋子里搜一搜！”

“搜！”柴云飞一挥手，土匪们在屋子里忙活开了。

“亦莲，你这是何苦呢！”朱军师拿掉她手中的匕首。

“少在我面前装好人，你让他开枪啊！打死我，省了那心思吧！”她的眼里满是倔强的愤怒。

床上的草席、垫铺的棉絮被掀到地上，几只抽屉和几口木箱都翻了个底朝天，零乱的书籍、衣服散落一地。

一无所获，柴云飞又要发作，朱军师在他耳边说了几句。

“好主意，押上这小娘们，去找臭道士！”

几个土匪一拥而上，扭住亦莲，亦莲踢打着叫喊着：“放开我！你们这帮流氓！”

柴云飞骂道：“他妈的，还不老实，拿绳子绑上，嘴也堵上！”

很快，亦莲的双手就被反绑起来，嘴里塞了一团破布，她只能“唔唔”地发出抗议，脸涨得通红。

三清殿内，烛光盈盈香烟袅绕，一群道士正在做晚课，诵经声抑扬顿挫甚是悦耳。土匪们举着火把闯进来，道士们眼光平静如水，像是没看见一样。

柴云飞抬手一枪，“啪”！一只燃烧的红烛断为两截，诵经声也被打断了，一位面容清瘦的老道站起身，向他施了一个礼：“这位施主，敢问来此有何贵干？”

柴云飞叫道：“快叫那个姓清的臭道士滚出来！”

一位十七八岁的道姑听了这话，不禁想笑又不敢笑。

朱军师连忙补充：“就是清虚道长！哪一个是他，快站出来！”

没有人出声。

柴云飞扯出亦莲口中的破布，用枪顶着她的脑袋：“关亦莲，你给老子看清楚，哪个是他？”

亦莲长吐一口气：“清虚道长不在里边！”

“都不肯说是吧？”柴云飞朝地上开了几枪，小道姑捂住了耳朵。他慢慢踱到她面前：“没想到，这个破道观还藏着这样漂亮的女人！今天老子真想开开荤！”说着，就去摸小道姑那张清秀的脸，她发出一声尖叫。

清虚道长走了出来：“住手！我就是！”

亦莲紧张地叫道：“道长！”

柴云飞用枪戳了戳他的下巴：“快说，姓贺的那些东西藏哪了！”

他指了指旁边的道士：“你先放了他们，我再告诉你！”

柴云飞得意地笑了，踢了面前一个道士一脚：“都他妈给老子滚！”道士们鱼贯而出。

清虚道长说：“其实我什么也不知道！”

柴云飞火了：“你个狗日的敢哄老子！”

他的枪柄砸在清虚道长的额头上，鲜血源源不断涌出来。

朱军师慢条斯理地说："清虚道长，贺修民在你卧房里一住几个月，你们好得像兄弟一样，你会不知道?"

清虚道长抹了一把脸上的血，还是那句话："不知道!"

柴云飞的眼珠转了一下，又把枪顶在亦莲脑袋上："臭道士，你不说，我就杀了她!"

清虚道长变色道："你……"

亦莲脸上毫无惧色："道长，别管我!"

柴云飞抓住她的头发低声咆哮："臭婊子，老实点!"

清虚道长说："有本事就别欺负女人!"

柴云飞甩了他一个耳光："你敢教训老子!"

朱军师对柴云飞说："老大，看来，我们只能带走这个女人了，姓贺的那小子一定会不惜一切代价来救他!"

柴云飞看着清虚道长，恨恨地骂道："这个顽固的臭道士，我一枪结果算了!"

"不，留着有用!"朱军师转头对清虚道长说，"今天留你一条命，是要你给姓贺的带个信，告诉他，关亦莲我们柴老大带走了，他想见她，就带上那些宝贝，可别说都买了枪。明天傍晚阳湖见，一手交货，一手交人！千万记住，他一个人来，一个多的人都不许带，否则，就等着收尸吧!"

(5)

贺修民回到元庙观时，已是深夜。

他敲门，房内静得出奇，轻轻一推，门竟然开了。

不祥的预感闪过他的脑际，亦莲睡觉从来都是将门拴死的，他走进房间，黑暗中，他被什么东西绊了一下，他摸索着点亮油灯，才发现那张床上空空荡荡，亦莲已不知去向!

这时门外响起了一个声音："修民，是你吗?"

是清虚道长。

贺修民连忙跑过去，就见他额上缠了白布，沁出血迹，不由颤声叫道："你怎么了?"

清虚道长扶着门，垂着头虚弱地说："修民，怪我没用，没保护好亦莲，她……她让柴云飞带走了!”

好像一块石头挟着劲风，呼啸着从贺修民脑袋里穿过，他只觉脑袋轰然一响，僵在那里。

清虚道长摇着贺修民的肩膀：“修民，你没事吧，修民……”

过了好半天，贺修民才猛然醒悟过来，往外面冲。

清虚道长拉住他：“你要去哪?”

贺修民说：“找姓柴的王八蛋!”

清虚道长说：“修民，你冷静点，亦莲在土匪们手里，搞不好，会伤着她的!”

他把朱军师的那番话说了一遍。

贺修民拧着眉头说：“狗日的，胃口太大了，他们怎知道我买枪只出手了一半宝贝?”

“不知道。”清虚道长摇摇头，“要不，随便弄几件破铜烂铁，去糊弄柴云飞？只要能救出亦莲就好!”

贺修民坚定地说：“不行，这王八蛋从小喜欢古玩，是个行家，让他看出破绽，亦莲就危险了!”

说着，他拉着清虚道长往外走：“跟我来!”

来到道观内的那口玉泉井，清虚道长惊诧地问：“修民，你把东西藏这里了?”

贺修民点点头，一手提着马灯，一手拽紧井绳，两脚一蹬一滑往向下沉，井壁严丝合缝砌着青砖，连个下脚的地方也没有。

贺修民从腰间抽出一把小刀，用刀柄敲了敲一块青砖，将刀锋朝砖缝隙戳去，青砖被抠出来。

当清虚道长把他从井里拉出来的时候，他手里多了一个用油纸封了好多道的盒子。

他长长地吐出一口气：“全在这里了!”

(6)

周四新眉头紧皱，在办公室里踱来踱去。

马铁成进来了，周四新忙问：“臭道士招了没有?”

马铁成摇摇头：“没有！他的嘴还紧得很!”

一只小飞虫落到地上，周四新狠狠地踩上一脚：“不行，一定要撬开他的嘴!”

马铁成说:“他会不会是真的不晓得?”

周四新肯定地说:“不会,我刚刚调查了,这个道士是姓贺的死党,他不会不晓得姓贺的去向!你加大用刑力度,我就不相信,他是钢筋铁骨!”

马铁成领命而去。

昨晚元庙观的事惊动了周四新,一大早,他派马铁成带着团丁去捉贺修民,扑了个空,就拿下了清虚道长。

现在,刑讯室里,清虚道长被高高吊起,脸上满是血污,皮鞭将他的道袍抽打得破烂不堪。

马铁成走了进来,用皮鞭抵了抵他的下巴:“臭道士,姓贺的去哪了!快说!”

他紧闭嘴唇。

马铁成揪住他那几根山羊胡,用力一扯,将胡须摊在手上,吹了一口气,对打手喊道:“辣椒水!”

辣椒水灌得清虚道长肚皮如鼓,打手用木杠子往肚皮上一压,辣椒水从口鼻涌出,呛得他不停咳嗽,几乎窒息。

然后,他又被重新吊起,一个打手扯掉了他的道袍,鞭子噼噼啪啪落在他身上,他咬紧牙关,额头布满黄豆大小的汗珠,最后,他昏了过去。

一盆冷水浇醒了他。

“放他下来!”马铁成命令道,“给他尝尝火钳的滋味!”

几个打手摁着他,用烧红的铁钳拔掉了他左手小指的指甲,他发出一声长嚎,打手们又将他带血的手指按到盐水中,他痛不欲生地叫起来。

马铁成蹲下身子,狞笑着说:“道长,滋味怎么样啊!你手上还有九只指甲,加上脚上十只指甲,你还不说的话,我们就一只只地拔!”

他无力地呻吟道:“我,我说……”

(7)

夏日傍晚的阳湖和白鹭湖一样美,只是阳湖水面更加开阔,添了一分浩淼的神秘。远处，绿苇摇曳，荷天相接，夕阳西下，残云如峰如峦，晚霞如绸如缎。

贺修民上了一只小船，朝近处一片荷叶划过来。

荷叶边生着好多三角草、扁担草、水葫芦，更多的则是团团簇簇开着小白花的野菱，在水面蔓延一层暗红。

荷叶叠翠铺锦，正面深绿，背面浅碧，红莲与白莲竞相绽放，开白花的藕莲，开红花的是子莲，迟开的紧含花苞，早开的已经擎出了籽粒饱满的莲蓬。

水鸟清脆啁鸣，贺修民将船泊在荷叶旁边，心里系挂着亦莲，根本没有心思欣赏这美景。土匪们不知什么时候来，贺修民闲极无聊，弯腰抄起一蔸菱角，发现自己捞起的并不是那种两头尖尖的紫色肥菱角，而是一串四只角的刺菱，就随手丢入湖中。

突然，碧绿深密的荷丛晃动起来，里面响起一阵喧闹，贺修民正在吃惊是不是土匪们来了。却见一只窄窄的木船伸出头来，上面坐了几个采莲的女子，身着与荷叶一色的碧绿萝裙，笑脸也如荷花一般灿烂，她们打闹着嬉戏着，说着什么好玩的事情。一眼看见船上的贺修民，都住了口，羞涩地低头浅笑。

这时候，几个打鱼的青年男子撑船而过，一个穿着白色短衫的男子唱起了歌：

哥是莲叶妹是花，相依相伴不分离，
哥哥划桨妹采莲，采满船舱心更甜，
为啥情歌没了尾，湖心热吻意绵绵。

采莲女更羞了，她们弯下身子，撩起湖水，向青年男子洒去。

他们正在逗趣打闹，荷丛中又划出几只船来，领头的那只船上，一个裸着上身的汉子立在船头，拍了拍胸膛上那撮黑毛，对着那些采莲女，粗野地一声吼：

妹妹的一对奶，好似那莲蓬花，恨不得上前一把抓。
妹妹的一双手，好似白莲藕，弯弯曲曲好枕头。

采莲女回头一望，全都花容失色：“快跑，土匪来了！”她们的小船惊慌地逃向岸边，几个渔民也一下子不见了踪影。

贺修民绷紧神经，循声望去。只见一前一后划过来两只船，每只船上大约五六人，有的穿着黑色短褂，有的则干脆赤着上身，皮肤晒得黝黑发亮。

没有见到亦莲！贺修民心头一紧，手伸向腰间那只盒子炮。

“贺队长，你还真是个多情种呢！”荷丛里传出一个声音。

随着荷梗“刺拉拉”划响，又有一只船出来了。船头正是亦莲，她双手反绑，后面是柴云飞和朱军师。

“亦莲！”贺修民急忙荡了桨迎上来。

“修民哥，别过来！”亦莲叫道。

“喂，东西带来没有？”柴云飞问，“你小子真的是一个人？要是有埋伏，可别怪我不客气！”

柴云飞从船上站起身，朝远处的水面眺望着。

“哼，对付你还用得着兴师动众？”贺修民冷笑，提起一个布袋子，向他晃了晃，“松开她身上的绳子！”

“怎么，心疼你的女人了？”柴云飞涎着脸笑，“不急，老子要先验验货！”

两只船碰到一起，柴云飞接过布袋，打开，拿出一只金锁，用牙咬了咬，又拿出一只玉碗，在夕阳的余辉下晃了晃，眼里满是贪婪的喜悦，吩咐朱军师：“松绑，放人！”

亦莲跳到贺修民的船上，贺修民紧紧搂住她：“莲，我来晚了！”

亦莲深情地看着他，泪流满面。

贺修民松开手：“莲，你坐好，我们回家。”

他伸手去拿船桨，忽然听到那些土匪叫道：“老大，不好了，有人来了！”

东边的水面上，晃晃悠悠地划过来好些船。

柴云飞举目张望，咬牙切齿：“你个龟儿子，敢骗老子，还说没带人？”

他操起短枪，朝贺修民就是一枪。

亦莲惊呼一声“修民哥”，将他扑倒在船上，几只白鹭从荷丛中飞起，嘎嘎的叫声响彻半空。他摸到她胸前温热的血，才知子弹已从她后背洞穿。他血红着眼，摸出那只盒子炮：“柴云飞，我操你祖宗！”

子弹正中柴云飞脑门上的太阳穴，柴云飞抱着那个装宝贝的袋子栽到湖里。土匪们争先恐后跳到湖里，摸那只袋子。贺修民接连射击，土匪们的脑袋一个接一个开了花。

那些船近了，是马铁成带的保安团，他们在船上大叫："贺修民哪里跑！"

子弹杂乱地向这边飞过来。

望着怀中亦莲越来越苍白的面孔，贺修民且战且退，慢慢将船划进荷花丛中。空气越来越沉闷，混杂了荷花的香味与鲜血的气息，几乎让贺修民喘不过气来，亦莲的身体在他怀中越变越沉。她双眼紧闭，好像已经睡着了，他呼喊她："莲，坚持住！我一定能救你！"

她无力地睁开眼："你没事……就好，死在你怀里……无憾了！"

他的语气不容置疑："不许说死！"

这时，刚才还是好好的天气，说变就变，滚滚乌云遮蔽了夕阳，接着暴雨强悍狂野地倾泻下来，无情地抽打着那些荷叶荷花，好像一大箩筐黄豆一下倒在簸箕上，发出噼呖啪啦的声响。贺修民脱下所有的衣服，盖在亦莲的身上。他对这片水域并不陌生，他赤着身子七弯八拐拼全力荡船，来到一片荷叶与苇林交错的凹形地带时，暴雨忽然停了。被洗得纯净无比的西边的天空，架起了一道七彩虹桥。

他的手紧握着她的手，感到她的脉搏越来越弱，俯身轻碰她的唇，她的唇也越来越凉，他疯了一般奋力地往外划："莲，我知道一条小路可以进城，我要给你找最好的医生！你要挺住！"

"哥，好好……抱抱妹……妹……"亦莲的额角溢满了冷汗，眼里有万千的柔情与不舍。

他紧紧地抱住她，泪水簌簌而落。

"娶……皓月……"说罢，她慢慢地合上了眼睛。

"莲——"他发出一声撕心裂肺的呼喊，天地也为之一颤。

船边是两朵盛开的并蒂莲花，火红如炬，那是醉人的美艳，也是血红的疼痛。他绝望地凝视着，只觉有一种粉红的眩晕铺天盖地倾泻下来……

湖面上，一只落单的野雁拍打着翅膀，伸长脖颈凄凉地鸣叫着，仿佛呼唤着失散的那一只。

(8)

又是一个夕阳西下的傍晚，满脸哀伤的贺修民独坐湖边。王金山与樊秀鹏走过来，悄悄地在他身边蹲下。

贺修民将手中的莲花一瓣一瓣地掰开，轻轻放进湖水里，那花瓣像勺子像小船又像粉红的笑靥，一片片荡漾着向远处漂去。

樊秀鹏难过地绞着手指说："队长，都怪我们不晓得消息，否则亦莲就不会……"

王金山将一块小石头狠狠向湖中掷去，说："这事还是坏在周四新手上，保安团的人不来，柴云飞不会开枪！"

贺修民沉默着，过了一会，开口问道："对了，水里的东西摸上来了吗?"

王金山说："早摸上来了，一件不差呢！"

贺修民问："真想有一天，把这些东西亲手递到我哥手里，我，唉，我对不起的人太多了！"

樊秀鹏问："金水大哥现在还没消息吗?"

贺修民摇摇头，岔开话："是谁救出了林书记，查得怎样了?"

王金山一跺脚："唉，这个人，你想都想不到！是林三！"

贺修民差点跳起来："林三？是以前做王师璧仆人的林三?"

樊秀鹏骂道："就是这个狗日的，以前和王京甫合谋陷害亦莲，后来王京甫做县长，他就跟了过去，现在又做了周四新的狗腿子，我们怀疑，这次放林书记出来，是周四新的主意！"

贺修民半信半疑："林书记怎么会相信林三呢？再说，周四新为什么要这样做?"

王金山说："我们也是刚刚弄清楚，这林三是林森书记的表弟。假如这事真是周四新指使的，他一定有不可告人的目的！"

这时，后面传来一阵急促的马蹄声。

三人警觉地回头，只见一人快马加鞭而来，等他落地，方才看清，这人是林森手下的通信员小杨。

小杨向贺修民敬了个礼："贺队长，林森书记有要事相商，请您速到千佛寺一趟！"

王金山与樊秀鹏交换了一下眼色，对小杨说："我们跟着贺队长去!”

小杨歉意地一笑:“王副队长,林书记只让我通知了贺队长,对不起!”

贺修民跨上小杨的马,王金山挥挥手,说出一个“哎”字,马已疾驰而去,他无奈地咽回了后面的话。

千佛寺位于西城门外,清朝时香火还算旺盛,民国以后,这座寺庙就荒废了,里面已无僧人,人迹罕至,成了红军偶尔秘密联络的地点。

寺庙门楼高约三丈,飞檐翘角上仅剩三四只风铎,在风中叮当作响,正殿佛像上面的贴金早已灰暗脱落,满是灰尘。

贺修民刚走进正殿,就扑出几个汉子,他身形一闪,左掌劈出,打倒一个,然后,两条腿左右开弓,又踢翻两个。

门外响起一声断喝:“贺修民,住手。”

贺修民回头一看,是林森,不由呆住了,一个汉子趁机用盒子炮顶住了他的腰。

林森命令道:“下了他的枪!”

贺修民勃然大怒:“我犯了哪条法?”

林森把脸一板,阴沉着说:“你对革命不忠,生活作风也有问题!”

贺修民冷冷地说:“明人不做暗事,你不妨说清楚!”

林森点点头:“好,那我就说了,你从贺金水那里弄出的财宝,到底拿出多少买了枪?还剩多少,怎么不交公?那个叫关亦莲的女人,谁批准你去救她?你们到底是什么关系?”

贺修民一怔,继而有些激动:“从我哥那里弄出来多少东西,买枪用去多少,是王金山和樊秀鹏经手,他们都有登记,剩下的那部分财宝,说实话,我准备还给我哥。至于我和关亦莲是什么关系,是我的私事!”

林森摆出一副领导的架子:“贺修民,你完全是无组织无纪律,就这样子,能带队伍打胜仗?要说起那个什么关亦莲,听说是土匪柴云飞的女人,又跟你哥纠缠不清,后来又和你搞到一起,这不是乱弹琴吗?”

贺修民捏紧拳头,强压满腔怒火:“林森,想不到连你也这样庸俗!”

林森喝道："什么？骂我庸俗！押下去，听候处置！"

这时，门口传来一阵嚷嚷声："别拦着我们，我们要见林书记！"

是王金山与樊秀绷，两个哨兵不让他们进。

林森挥了挥手："让他们进来！"

王金山一看贺修民被五花大绑，马上明白了，他沉痛地对林森说："林书记，您中了周四新和林三的奸计了！"

林森一愣："林三？我不明白你在说什么？"

王金山说："嗨，林三把您放出来，那是周四新指使的，林三的话，万万不能相信！"

林森瞪了他一眼："林三冒着生命危险救了我，你竟冤枉他和周四新勾结！贺修民问题不小，搞不好就是'改组派'，是反革命！你就不要感情用事，为他开脱了！"

王金山还在苦苦劝说："贺队长不是'改组派'更不是什么反革命，我敢用脑袋担保！周四新视贺队长为眼中钉肉中刺，必要除之而后快，所以派了林三来离间，林书记，您上当了啊！"

林森哼了一声，置之不理。

贺修民说："金山，什么也别说了，我是不是'改组派'是不是反革命，相信有一天历史和人民自有公论。如果我死了，你和秀鹏要为我作证，我在金钱上是清白的，在感情上也一样，我爱亦莲，她也爱我，我们爱得堂堂正正，只可惜，她走得太早，我来不及给她一个光明正大的婚礼！她的命已经够苦了，我不希望别人再对她泼脏水！"

王金山与樊秀鹏两眼里都含了泪花，连连点头。

樊秀鹏对林森说："林书记，贺队长对革命有功啊，不说远的，就说近的，省城买枪、莲城暴动，没有队长成不了。还有，队长自己也付出了好大的代价，我们从他哥那里取出了财宝，他哥就疯了。队长今生所爱的人，也死于柴云飞之手！"

林森不耐烦地说："你们两个还有没有完，这里谁说了算？"

王金山说："当然是书记您说了算，但我们不能把枪口对准自己人哪！"

林森再也忍不住了："王金山，用不着你教训我！你再替他说话，我连你一起抓！"

（9）

柴云飞死后，吴四娘没了依靠，土匪里面又起了内讧，朱军师也走了，吴四娘只好回了莲城。

回到莲城，她能做什么呢？谁都没想到，她进了怡春院做了妓女，更让人没想到的是，只不过几天时间，她就红了，生意好得竟然超过了怡春院的头牌翠红。

或许是破罐破摔，或许是天生具有某方面的禀赋，她主动撩拨客人的本领，令那些入行多年的妓女也自惭形秽。

再加上她曾是柴云飞的女人，那些曾受过柴云飞欺负的人，闻讯后纷纷来到怡春院，点名要吴四娘陪睡。似乎狠狠地搞上吴四娘，就为自己报了仇，雪洗了以前的耻辱，而这个吴四娘，男人越是疯狂地在床上整她，她越是兴奋和放浪。

邵大海就是其中一个，那天他从怡春院出来的时候，只觉脚下发软，那是一种酥到骨子里的柔软与惬意。

过后，他在茶馆里偷偷向刘金堂面授机宜："那四娘，真是销魂啊，老子真有点吃不消！搞上一回，真是不枉来人世走一遭呢！以前有人说女人关了灯都是一样的，我这才晓得这完全是狗屁话！"

刘金堂垂涎欲滴，第二天，就去找四娘，可他去的时候，四娘根本没空，老鸨说，要排队呢，不然明天早点来吧。

这晚，已近半夜，怡春院内大堂内的灯光渐渐暗了，寻欢作乐的浮浪子弟与打情骂俏的妓女们，都相互搂抱着进了房间。

四娘的这间房，在二楼的转角处。房内，烛光摇曳，床上，四娘和一个男人搂抱在一起调笑着。

两个蒙面人悄悄从窗户翻进来，两人都没有发觉。

躺在床上的男人面朝四娘，搂着她，手揉上她的胸，她鬓发如云，乜斜着眼，目漾媚意："看你猴急的！待会保证让你舒服！去把烛灯吹熄！"

"看着你的浪劲才有味呢！"男人不理，要解她的红肚兜。

一只手从后面伸过来，拧住他的脖子，随后，一支枪抵住了他的后背："走，跟我们走一趟！"

四娘从床上坐起来尖叫起来，另一个蒙面人用枪指着她："不许叫，否则，杀了你！”

（10）

贺修民被锁在一间石屋里。

夜晚，一个同志端进来一个木盘，木盘里放着一碗白酒、一碗鱼、一碗肉，要他吃饱点。他就知道这是顿“刑前饭”了。

饭菜他一点没动，只将那碗酒一饮而尽。走到铁窗边，他的手使了使力，铁条变弯了，如果再加一把劲，就能从窗子里出来了，但他最终还是苦笑着，松了手。

窗外幽蓝的夜空上，一轮残月挂在天空，星星兀自一眨一眨，全不知人间的愁苦和冤屈。突然，一颗流星在夜空划过一道优美的弧线，转瞬即逝。他想起和亦莲在一起的那个夜晚，亦莲看到流星，用手指抚着他的脸，语气里有赞叹也有伤感：“好美的流星！哥，我会是你的流星吗？”

这情景历历在目，好像就在昨天，又好像已经非常遥远。他的泪就流下来，不由喃喃自语：“莲，你在那边等我啊，哥马上就来陪你……”

黑暗中，他拿起一块石块，摸索着将于谦的《石灰吟》刻在了墙壁上：

千锤百凿出深山，烈火焚烧只等闲；
粉身碎骨浑不怕，要留清白在人间。

上午，林森召开公审大会，让人揭发贺修民的问题。贺修民双手反绑，被推上台。

干部和群众起初都不做声，后来，他们都慢慢说开了，让林森没有料到的是，这些人差不多都是在说贺修民的好，列举他的功劳。将公审会搞成了表彰会，这让林森很没面子。他脸色发青，拍了拍桌子，宣布了贺修民的三大罪状：一是经常私自行动，搞个人冒险主义；二是通过买枪中饱私囊；三是耽迷女色，生活作风腐化。

林森决定判处贺修民死刑，会场一片哗然。

贺修民镇定地说：“就算砍了脑壳，我也要讲真话。第一，我相信革命一定会胜利，总有一天，历史会给我一个公正的结论；第二，中饱私囊、作风腐化纯属子虚乌有，王金山与樊秀鹏同志可以为我作证；第三，用刀杀我吧，子弹宝贵，留下打敌人！”

此言一出，台下不少人都抹起了眼泪。

林森眉头一皱，示意警卫快点开枪。

警卫拉动枪栓，两匹快马疾驰而来，前面的那人扯着嗓子高喊：“枪下留人！”

马儿长嘶一声停下，马背上扔下一个麻袋，麻袋里蠕动了几下，爬出一个人来，是林三！

林森惊讶地叫道：“林三！”

林三惊慌地看了一眼跳下马的王金山和樊秀鹏，说：“表……表哥！”

王金山脸上全是汗水，他擦了一把汗，说：“林书记，我们在妓院里抓到了林三，他已经向我们交待了，他所做的一切，都是周四新指使的，包括诬陷贺队长！”

林森有些犯疑：“林三，可有此事？有我在这里，不要怕任何人，你实话实说！”

王金山说：“林三，如果说实话，还有命，如果说了半句假话，逃得过今天，也活不过明天！”

林三连忙点头：“是，是，表哥，我是被周四新逼的，他让我偷偷放你出来，然后再到你面前说贺队长的坏话，他还说，一定要借你的手除掉贺队长！”

林森拔出短枪：“你这个没出息的东西，老子一枪崩了你！”

林三膝盖一弯跪倒在地，忙不迭地磕头：“表……表哥！饶命！”

林森踢了他一脚：“哪个是你表哥？给老子滚！”

林三从地上爬起来，仓皇向前逃去。樊秀鹏举枪瞄准他的背影，王金山压下他的枪：“他说了实话，放他一条生路！”

贺修民的绳子被解开，脸色极为难看的林森扔下一句话：“死罪可免，活罪难逃。贺修民搞个人冒险主义，不尊敬上级，已经不适合领导赤卫队了，从今天起，贺修民停职反省，队长一职暂由王金山同志担任！”

第十六章　未央

（1）

闵成杰为老母庆祝八十大寿。这天一大早，青莲酒楼就闹腾开了，锣鼓喧天，鞭炮阵阵，门口站着几位卫兵，迎接着送礼的客人。

大厅中央挂着一个金色的“寿”字，四周墙壁上悬挂着客人送来的寿联，铺着红布的供桌上摆满了寿桃、松柏枝、糕点，几十只酒盅粗的红色香烛烧得热烈。几张拼起来的八仙桌上堆满了礼品，上面罩着“芝仙祝寿”、“松鹤同春”之类的红色剪纸。

宾客们人头攒动，言谈甚欢，老太太满头银丝，精神矍铄，在两个丫头的搀扶下，笑得合不拢嘴。闵成杰满脸春风，与来人相互拱手，不停地说：“请，多谢了！”

临近中午，来贺寿的人越来越多。门外，一位看上去极为阔绰的年轻人，提着一个大礼包走了进来。这人头戴一顶巴拿马草帽，墨镜遮脸，一身绸布衣衫，脚上皮鞋锃亮。

一个卫兵笑着问：“请问您是？”

年轻人说：“城西布匹店的杨老板今日外出，特派本人前来贺寿！”

卫兵客气着说：“先生里面请！”

年轻人进来后，找了一个不起眼的角落坐下。

突然，门口一阵喧闹，四个壮汉抬着一口用红布覆盖的箱子，摇摇晃晃走进酒楼，后面跟着周四新和马铁成。

一个团丁打开箱子，里面铺了满满一层黄金白银和玉石，晃得人眼花。

众人啧啧赞叹，一起奉承道：“周县长好大的手笔啊！”

闵成杰拍了拍周四新的肩膀：“老兄不是外人，何必如此客气？破费了，破费了！”

周四新笑道：“一点心意，不成敬意，不成敬意啊！”

他向两个团丁一招手，团丁抬出一块系着红绸的牌匾，上书：

福禄双来，寿比南山。

周四新扫视了一番大厅里的宾客，附在闵成杰耳边说了一句什么。

闵成杰一愣，也环视了一下四周，惊异地说：“不会吧，他能有这么大的胆子?”

周四新小声说：“旅长放心，楼上楼下我早都布置好了！他如果敢踏进酒楼一步，保证他有来无回!”

这时候，白菜心挽着关旭的手进来了，关旭升了警卫团团长，一身黄绿色军服，显得格外精神。闵成杰看到白菜心，牵着她的手，向老太太介绍：“妈，这就是莲城的第一花鼓名角，改天要她唱一出给您听听!”

白菜心微微欠身，对老太太说：“祝老太太福如东海，寿比天齐!”

老太太喜笑颜开，拉住白菜心问长问短。

关旭皱了皱眉，退到一边，周四新走过来，向关旭挤了挤自己那只独眼：“关团长，好像有心事啊!”

关旭针锋相对：“有心事的恐怕是你吧？你差不多把整个保安团都带到酒楼来了，想演哪出戏啊?”

周四新略微一怔，随即笑道：“等下你就晓得了!”

闵成杰搀扶着老太太走到大厅中央，宾客们纷纷鼓掌，商会会长柳臣尧代表商界讲话：“各位来宾，各位朋友，今日喜逢老人家八十寿辰，真是群贤毕至，欢欣鼓舞，我代表莲城商界祝她增福增寿增富贵，添光添彩添吉祥……”

周四新瞥了一眼那位坐在角落的年轻人，脸色微微一变。

年轻人推了一下挂在鼻梁上的墨镜，嘴边扯出一丝冷笑，手也迅速摸向腰间，正待有所动作，忽然，门外传来一阵喧闹之声，他连忙端正身子坐好。

门外来了好几个乞丐，他们脸面污黑，头发乱如鸡窝，一个个抱着渔鼓筒，背着黑不溜秋的布袋子。

几个卫兵推搡着他们，他们嚷道：“东道办喜事，为么家赶我们走啊!”

然后，不由分说一起拍起了渔鼓，“嘭嘭，嘭嘭嘭”，这渔鼓筒用粗大的楠竹做成，下端绷上了蟒皮，用手一拍，声音浑厚铿锵，极具穿透力。

只听一人边拍边唱：

来到府门外，先把四宾礼客拜。天灾人祸年年有，受苦受难难出头。磨破屁股磨破手，一年辛苦付东流。钱粮国课阎王债，地主恶霸比蛇毒。梳子梳了篦子篦，刀刮水洗光骨头。旱灾磨得人半死，洪水来了更添愁……

马铁成一听就来了火，冲上前骂道："狗日的们，今天是大喜日子，你们唱的么家东西！滚出去，滚出去！"

乞丐们不服气："真是没有道理，水都不肯给我们喝一口，还轰我们走！"

马铁成骂道："混账！就冲刚才唱的，老子没给尿你们喝就不错了！"

说着，他甩了一个乞丐一耳光。

"你怎么打人哪！"乞丐们与他打起来，几个团丁也加入了群殴，门口一片混乱。

闵成杰皱了皱眉，一甩袖子，一脸不悦之色，示意周四新去维持秩序。

周四新径直朝门口走来，那位年轻人再次将手伸向腰间。周四新突然掏出盒子炮，扭头，转身，对着年轻人举起了枪："贺修民，你跑不了了！"

宾客们霎时都呆住，门口打架的也都住了手。

两个团丁冲过来，扭住年轻人，取下他的墨镜，揪下他的胡子，正是贺修民。

周四新狂笑道："姓贺的，你就是烧成灰，老子也认得，早就晓得你会来，给你备好了花生米呢！"

周四新正要开枪，门口传来一声枪响，一颗子弹从他眼前飞过。趁着他分神的那一刻，贺修民两臂一摆，甩开两名团丁，掏出了那支勃朗宁。

是乞丐们开的枪，马铁成一愣，抽出枪，一个乞丐撞过来，他的枪掉在地上，连忙摸起来，慌乱地朝眼前开了一枪。宾客们四处逃窜，关旭拉着白菜心闪到了楼梯下面，从二楼冲下来一群端着枪的团丁，大声叫着：“抓赤匪啊！”

乞丐们涌进来，与团丁们交上了火。

闵成杰牵着老太太的手，躲避着厅内横飞的子弹，老太太吓得脸白如纸，气喘吁吁。

周四新躲在一根柱子后，与趴在桌子底下的贺修民对射。桌子被打得大窟小眼，一只盒子炮贴着地面丢过来，是王金山。有了盒子炮，贺修民威力大增。他瞄准闵成杰扣动扳机，一个团丁奔跑着撞了一下老太太，老太太一个趔趄，伏在儿子身上，子弹射进了她的后背。

“妈！”闵成杰的手摸在老太太的身上，满手是血，不由失声大叫。

这时酒楼后门又冲进来一伙团丁，闵成杰红着眼吼道：“打死贺修民的，老子赏一万大洋！”

王金山拉起贺修民就跑：“敌人太多，快撤！”

贺修民不甘心地边打边撤，樊秀鹏和化装成乞丐的队员们断后。

(2)

周四新带着保安团猛追不舍，贺修民他们撒腿朝南门狂奔，街道两旁的药行、钱庄、当铺、酒行、糕饼店一掠而过，行人四处奔逃，小商贩的摊位被撞得稀里哗啦。眼看离城门渐近，只有十丈左右了，两扇铁皮城门忽然合上，城洞里冲出一群团丁，照着贺修民他们举枪就射，更没想到的是，他们手里还有一挺重机关枪，搁在地上“嘟嘟嘟”地吐起了火舌，压得人抬不起头来。

王金山对贺修民说：“队长，看来周四新早有防备，硬冲行不通，西边城墙有个缺口，我们从那里突围！”

贺修民点点头，问王金山：“你们怎么会来青莲酒楼?”

王金山说：“姓闵的为他老娘庆祝八十大寿，我就猜想，你要送一份‘大礼’!”

贺修民叹口气：“唉！我已经不是你们的队长了！何必带同志们来？这不是无谓的牺牲吗?”

王金山急红了眼：“你永远都是我们心中的队长，是我们心中最敬佩的好兄弟！这几个同志，都是自愿来的!”

很快，他们就到了那段城墙下面，这个缺口据说是太平军攻打莲城时扒出的口子，经过多年的风雨侵蚀，断砖与石块变成了黑褐色，缺口处生了几棵手腕粗的苦楝树。

即便如此，这缺口离城面还有近两丈高，但对贺修民来说，不是难事。王秀鹏急切地说："队长，你会武功，你先走！"

其他人也都说："队长先走，我们留下来掩护！"

这时，依稀能听到后面的呐喊声，是保安团追来了。

贺修民果决地说："不行，你们先走！"

队员们你看我，我看你，贺修民急了："好了，我现在是队长，你们听不听我的命令？"

几个人这才手脚并用，踩着墙砖上的凹处往上爬，可爬了不到一人高，都摔了下来。

贺修民略一思索，说："来，我们搭人梯！"

他跟王金山蹲在最下面，樊秀鹏踩在他们的肩膀上，十几个队员人踩人，手脚并用一个接一个往上攀。

穿着瓦灰色制服的保安团，像一大片乌鸦黑黑地压过来，跑在前面的嗷嗷叫着："打死贺修民，得大洋一万啊！"

六七个团丁冲上来，贺修民接过队员扔来的一支花机关枪，一个点射，团丁们歪斜着身子倒下。

后面的团丁纷纷趴在地上，不敢再往前冲。

马铁成踢了一个团丁一脚："你们这些吃屎的家伙，都给老子冲啊！"

团丁们又继续往前冲。

又一串子弹从贺修民的枪口喷出来，马铁成猝然倒下。

周四新奔到马铁成身边，马铁成脑门中了一弹，鲜血涌出，他断断续续地说："县长……我再也不能……"头一歪，断了气。

周四新恼怒地抢过一支花机关枪，朝前面的城墙打了一梭子，一个赤卫队员栽下来。

贺修民随即回击，周四新丢下花机关枪，就地一滚，见团丁们仍然龟缩着，就掏出盒子炮朝地上打了一枪："不往前冲，就给老子死！"

团丁们惊慌地爬起来，一边射击一边往前跑。

贺修民的花机关枪打光了子弹，他懊丧地丢到一旁，继续用盒子炮射击。

城墙下只剩下他和王金山，他对王金山大声喊道："金山，你快走!"

王金山咬着牙说："不！要走一起走!"

他猛地抱起王金山，往城墙上顶，王金山挣脱他，跳了下来，蹲下身子，拍了拍自己的肩膀，对他说："修民，你先走！来，踩着我的肩膀!"

团丁趁机发动攻击，子弹从两人身边飞过，"噗噗噗"打在城墙上。

樊秀鹏和几个队员趴在墙头，一阵猛射。

樊秀鹏大声喊："两位队长，快上来!"

贺修民轻松地对王金山一笑："金山，你先上去，这城墙对我来说，小菜一碟，想当年，我跟卢师傅练功，三丈高的房子，一跳就到了屋顶!"

说着，贺修民扯起王金山，再次把他往城墙上顶，王金山半信半疑，不再挣扎，他的手刚抓住樊秀鹏伸下来的树枝，一颗子弹就打在了贺修民的右膝上，贺修民腿一弯，半跪在地上。

"队长!"匍匐在上面的队员一起大叫。

贺修民王金山等人吼道："别管我，你们快走!"

团丁们见打中了贺修民，全都兴奋起来，周四新趁势喊话："打死姓贺的奖两万大洋，闵旅长出一万，老子出一万!"

贺修民的盒子炮又撂倒几个。

周四新拾起花机关枪，朝他一阵扫射，几颗子弹打中了他的前胸。

"修民!"王金山发出一声撕心裂肺的呼喊，要跳下去，几个队员死死拉住他。

一片枪雨密集地铺过来，贺修民沾满鲜血的右手仍擎着盒子炮，过了好半天，那只手才慢慢垂了下去。

(3)

闵成杰为母亲操办丧事，又狠狠在莲城敛了一回财。

紧接着，周四新就在自己家里大宴宾客，庆贺他被正式任命为莲城县长。周府大门前一溜红灯笼都镶了金黄流苏，大院里喜气洋洋一片喧闹，宴席摆了十八桌。周四新举杯大声说："各位，各位，请静一静，在宴会开始之前，我有个提议！"

说罢，他讨好地看了一眼闵成杰："我提议，第一杯酒敬给已故的闵老太太！愿她老人家在天之灵得到安息，愿她老人家在天堂里继续享受幸福！"

周四新高举酒杯，嘴里还念叨了几句，连那只独眼也红了，然后恭恭敬敬弯腰洒酒于地。其他宾客都跟着照做，只有另一桌上的关旭好像没听见，表情木然，端着酒杯没动，白菜心扯了扯他的衣袖，朝闵成杰那边看了看。

闵成杰很满意周四新这样做，他整了整衣领，大声说："周县长击毙赤匪首领贺修民，除了莲城一大害，大快人心啊！对于他这次立功，我特向省府作了汇报，省府立即发电，正式任命他为莲城县长！来，我们一起举杯祝贺他！"

周四新脸上一扫哀伤，满是兴奋之色："没有闵旅长，就没有我的今天！闵旅长就是我的再生父母，我无法用言语表达感激之情！"

"恭喜周县长！恭喜周县长！"客人们再次起立，举杯。

关旭脸上现出不屑之色，他本打算坐着不动，白菜心拉他站起来。

酒过三巡，周四新靠近闵成杰说："闵旅长，我看您那件大喜事，是不是趁这个时候办了？"

闵成杰连忙摇头说："这哪行？母亲去世，我至少要守孝一年吧？"

周四新说："现在是新时代了，旅长还记着那些老规矩啊？本地风俗，至亲去世的百日内可完婚！"

闵成杰沉吟着，心有所动。

柳臣尧一脸谄媚："旅长，周县长说得不错！俗话说，嫁人要趁早，娶妻莫太晚！何况，新娘子天香国艳，早一天娶到手，就早一天享艳福啊！"

闵成杰说："我听说，这卢小姐不大愿意，这强扭的瓜……"

周四新嘿嘿一笑："她不愿意，顶屁用啊？招亲规矩是她定的，量她也不敢毁约！您娶亲这事，就交给我去办，哼，只要我好好布置，任她有三头六臂，都逃不过您的五指山！"

闵成杰端起一杯酒，拍拍他的肩：“好吧，四新，这事我就全权交给你！来，我敬你！”

周四新受宠若惊一饮而尽：“旅长，谢谢啊！您放心，您的事就是我的事！”

柳臣尧笑着说：“喂，周县长，别的事，你都可以代旅长办，只是入洞房这一桩，你可包办不得啊！”

周四新举着筷子对他说：“好你个柳会长，别人都说你是花柳协会的会长，果然色得很！凡是我们旅长的女人，我都当姑奶奶敬着呢，哪敢有半点歪心？”

他朝白菜心那边瞟了一眼，小声对闵成杰说：“这女人哪，关键是第一夜，只要您第一夜征服了她，保管一辈子都对您服服帖帖！”

闵成杰哈哈大笑：“四新，你还蛮有经验呢！”

这时，周四新已有三分醉意，起身到各桌敬酒，敬到关旭这一桌，他看了看关旭，意味深长地说：“怎么啦？关团长今天好像不高兴啊！”

关旭没接话，而是将手搭在白菜心肩上：“戏文里有一句话，我从小就喜欢——眼看他起高楼，眼看他宴宾客，眼看他楼塌了。老婆，是不是这么说的啊？”

周四新一怔：“喂，怎么说话呢？”

白菜心连忙说：“周县长，他喝多了说胡话，您就别和他计较！”

关旭剜了她一眼，将杯子重重一顿：“老子哪里喝多了！”

周四新拉住白菜心的手：“小白，走，给闵旅长敬酒去！”

白菜心甩开他的手，去看关旭，脸上现出为难之色，关旭脸色铁青，不耐烦地挥了挥手：“别看我，你想去就去！”

周四新将白菜心推到闵成杰面前，闵成杰乐呵呵地说：“哎呀，还是四新善解人意，我说呢，今天喝酒总感到少了点什么，原来是小白没来给我敬酒啊！”

这一桌子人有了白菜心的加入，喝酒的劲头猛涨，闵成杰规定，白菜心喝一口，男人们都要喝一杯。不一会，闵成杰就醉醺醺地去摸白菜心的手，白菜心说：“旅长，您喝醉了！”

闵成杰笑嘻嘻地说：“酒不醉人，人自醉，色不迷人，人自迷，小白，你太迷……迷人了！”

周四新起哄：“旅长和小白喝个交杯酒吧！”

柳臣尧说："不好吧，关团长还在这里喝酒呢！"

周四新扭头一看，关旭早没影了，便说："关团长早走了呢！"

闵成杰一瞪眼："他就是在又怎样，这个团长还……还不是我……"

白菜心怕他说下去，就端起杯子说："来，喝就喝，谁怕谁啊！"

闵成杰挽起她的手，小声说："小白啊，我真想把你和……和卢小姐，一……一起娶了！"

白菜心打掉他的手："想得美！"

关旭其实没走远，躲在院子里一棵粗壮的梧桐树后。看着这一切，他捏紧拳头狠狠地打向树干，收回手时，鲜血顺着指缝流下。

(4)

清晨，卢皓月挎着一只篮子出了门。

不多久，她就发现后面跟了两个"尾巴"，她的脸上浮起一丝冷笑。闵成杰派人跟踪她差不多两个月了，她要甩掉他们简直易如反掌，但她并不想灰溜溜地走掉，被人说成是逃婚。

走到北门集市，她装作买东西，东穿西走，身形飘忽，顺利摆脱了盯梢。出了城门，她径直往白鹭湖边而来，穿过一片幽僻的竹林，就到一处坟地。

坟地四周树木参天，长满了水杉、刺槐、香椿、苦楝、杨树、柏树、泡桐，杂乱森然又不乏生气。一株三四人才能合抱过来的古柏树，树干被雷劈了一个大洞，爬满藤蔓的枯干上又发出不少新枝，生机不绝，更添嶙峋。

古柏树下，凸起了一座坟头，墓碑上写着：师兄贺修民之墓。

她点燃纸钱，泪水便涌了出来："修民哥，我看你来了！"

一阵风过，黑色纸灰在空中回旋。往事好像一把折扇打开，仿佛还是昨天：

她和他一起练剑、切磋武艺。

她从假山上主动摔下，倒在他怀里。

他在台上激情洋溢地演讲，她在台下深情凝视。

她抱着他的肩膀撒娇："修民哥，我就是要和你在一起！不管你走到哪里，不准再丢下我！"

她依偎着他，眼眸闪烁涌动深情："修民哥，我喜欢你！"

她吻了他……

这些匆匆闪过的瞬间，令她恍如隔世。

摆好祭品，她取出一瓶野莲酒，倒了满满一盅，洒在坟头，喃喃自语："修民哥，是我害了你！我真任性。修民哥，我晓得你是不放心我，才去杀闵成杰这个混蛋，是吗？你本来可以和亦莲，好好的，你们天生一对，相亲相爱，好不容易走到一起！唉，都怪我！"

她往火堆里又添了一些纸钱，继续念叨："你放心，我一定会为你报仇的，我要亲手杀了他们！修民哥，说实话，我并不是完全懂你，但我喜欢你！如果有来世，我还是做你的师妹，好吗？你能原谅我吗，修民哥？"

正这样说着，她的头顶传来一声惊悚揪心的鸣叫，仿佛回应着她的话语。长空湛蓝如洗，一只矫健的苍鹰缓缓盘旋下降，好像在寻找着什么，忽而，它又直冲上来，兀自拍打着黑色的翅膀向远处飞去。

她注视着苍鹰消失在天际，像失了魂似的说："你们都走了，丢下我，都走了……"

卢皓月回到家中，父亲卢介康告诉她，周四新派人带话来，说三天后，闵成杰来娶亲，到时候，不管卢家愿不愿意，那边都会拿轿子来抬，还说什么这是兑现龙舟招亲的诺言，卢家世代经商，不能失信于人。

"皓月他爸，你就快快拿个主意吧，千万别把皓月嫁给那个坏东西！"张氏急得团团转。

"不如这样，今天晚上，我们全家收拾好东西，一走了之！"卢介康想了想。

"不，绝不能便宜了他，他和周四新身上都背着血债呢，我要为修民哥报仇！"卢皓月目光坚定。

"月儿，这太危险了！不如，就听你爸的，啊？"张氏揪住她的手。

"对了，我有个主意！"卢介康踱了几步，忽然说，然后又像想起了什么，"就是我这脚太大，穿不了绣花鞋！"

"老头子，什么脚大脚小的，想到了就说啊！"张氏着急地说。

"干脆让我做一回新娘，等进了洞房，我见机行事，对付闵成杰，我这把老骨头还是能行的，大不了，和他来个鱼死网破！”卢介康笑着说。

“爸，笑死我了，真有你的！”卢皓月捂着嘴弯腰笑起来，“这哪行？周四新老奸巨猾，闵成杰也不是吃素的，他们既然晓得我们卢家是被迫的，恐怕早做好了防备！”

张氏也说：“就是，就是，使不得啊，何必拿老命去拼呢！皓月的终身大事还没着落，我的下半辈子还指望着你呢，老家伙，不能丢下我们不管哪！”

张氏说着，眼圈红了。

一家三口正在合计，一个伙计来报：“民众戏班的白菜心求见卢小姐！”

卢皓月一愣：“白菜心？”

卢介康说：“这个关节眼上，她来找你肯定是有急事，叫她进来吧！”

（5）

闵成杰在周四新家中迎娶卢皓月，俨然把周家当成了自己的家。

闵成杰本想办一场新式婚礼，但卢家坚持用旧俗，他也就顺了卢家。

人声喧嚷，唢呐高吹，锣鼓声声，新娘子脸上遮着密不透风的红盖头，由一位牵亲娘子搀扶着下了轿，地上铺着长长一条红毯，红毯尽头就是结婚厅屋。

闵成杰披红戴花，喜眉笑眼，还有点小紧张，紧张这卢皓月不服帖，婚礼上如果闹腾起来，就不好看了。然而，随着婚礼有条不紊地进行，他的心就渐渐安稳了。

司仪高声宣布，“一拜天地”、“二拜高堂”、“夫妻对拜”，新娘子乖顺地听候着指挥，她着一身大红的嫁衣，嫁衣合身地突出身材的曲线，胸前那朵红艳的牡丹娇艳欲滴。

等拜完堂，新娘送入洞房。闵成杰仿佛大功告成长出一口气，拜了堂，这卢皓月就是他的人了，一想到马上就可以和朝思暮想的美人尽情销魂了，不由满脸兴奋，他嚷嚷着说自己今天高兴，非要在外面喝几杯再进洞房。

莲城上得了台面的人物，差不多都来了，桌上菜肴丰盛，那些阿谀艳羡之词也丰盛，觥筹交错，笑语连天，闵成杰有些飘飘然起来。

柳臣尧提议，在座的每个人都要说一个有趣的对子，说不上来，就要罚酒。

闵成杰说自己是个大老粗，不会玩什么吟诗作对。

柳臣尧就举了个例子，先来了一句："两个黄鹂鸣翠柳，一树梨花压海棠！"

闵成杰骂道："狗东西，骂老子年纪大啊？老子也来一句，你听好了，男人四十一枝花，我花开过百花杀！"

全桌人鼓掌叫好！

接着，一个人说："后宫佳丽三千人，铁杵磨成绣花针！"

一个人说："两岸猿声啼不住，一枝红杏出墙来！"

几圈下来，闵成杰被罚了好几杯酒，周四新扯了扯他的衣角，在他耳边说了一句。

闵成杰不以为然："都进洞房了，她能飞得了天？看她再大的本事，也是我砧板上的肉，哈哈，等我喝几杯后，好好整整她！"

柳臣尧说："今天是旅长的大喜日子，周县长，你就让旅长放开喝吧！"

周四新挤了挤那只独眼说："旅长等下还有重要事情办呢！"

柳臣尧一笑："那事不急，夜晚长得很呢！"

不远处是一桌女客，是卢家的送亲队伍，个个桃红柳绿，娇俏可人，这一桌的男人不时朝她们瞟上几眼，闵成杰看在眼里，就说："我看众位对这些女客很感兴趣呢，等我和卢小姐成了一家人，这些女客，就由我做主，给你们每人发一个，好不好？"

一桌人都大叫说好，将酒宴推到高潮，这时闵成杰已有了几分醉意，然后，他就由一个卫兵扶着，哼着一段花鼓戏曲，踉跄着走向洞房。

(6)

闵成杰走后，那桌女客也悄无声息地散了。

洞房内烛结喜花，满室春色，新娘子蒙着盖头，羞羞怯怯地坐在床上，一动不动。

闵成杰心驰神荡，挨着她坐下，长吸一口气：“小美人，我来啦!”

他牵起那只雪白细嫩的手，摩挲着：“小美人，这手真嫩啊!”

那手想抽出来，他紧紧捏住：“小美人，还怕什么羞啊，从今天夜晚开始，你就是我闵成杰的老婆了，等下，我会在床上好好款待你的!”

他笑嘻嘻地去揭盖头。

盖头揭开，笑容顿时凝固在他的脸上，眼前的新娘不是卢皓月，而是白菜心!

他酒意全消，将盖头甩在地上：“怎么是你!”

白菜心面露讥讽：“怎么啦？前几天在酒桌上，是谁说要连我一起娶的呀?”

闵成杰气恼地说：“你给我添什么乱啊！那是酒话，你还当真了！快说，卢皓月哪去了?”

白菜心恨恨地说：“好啊，你原来口口声声对我好，都是假的!”

闵成杰搂着她哄她：“小白，我喜欢你，那是一点不假，但你今天做得太过火了吧?”

白菜心目光咄咄：“我现在只问你一句，如果我今天晚上不走，是不是可以和我成亲?”

闵成杰一怔，推开她：“荒唐！你一个有夫之妇，怎么能和我成亲?”

白菜心冷笑：“当初，欺负我的时候，就没有想到我是有夫之妇了？告诉你吧，关旭晓得了我们的事，把我休了!”

闵成杰吃了一惊：“把你休了？什么时候？不会吧?”

白菜心说：“对，就在前天，我没告诉你，怕打搅你娶新娘的好心情!”

闵成杰捏住她的下巴，盯着她的眼睛说：“你在撒谎！告诉我，你是不是早就和卢皓月串通好了，她现在到底在哪?”

白菜心拨开他的手，哼了一声：“还记挂着你的卢小姐啊，可惜，人家就是讨厌你，不，不仅仅是讨厌，而是仇恨！现在，她恐怕早就出了莲城，上了去省城的船了!”

闵成杰打了她一巴掌：“他妈的，你坏了老子的大事!”

白菜心捂着脸："你，你打我！"

闵成杰掏出枪，往桌子上一拍："要不是看在过去的情分上，老子一枪崩了你！"

白菜心迎上去："你开枪啊，开枪啊！"

闵成杰拿起枪指着她："你以为我不敢，啊？"

白菜心的眼泪流下来："你打死我吧！反正，我也不想再见到你！我真蠢，没有早看出你的真面目，还对你心存幻想，我真幼稚，我真后悔，当初……"

闵成杰垂下枪，气急败坏地将枪丢到桌子上，顺手拿起桌上的一个大酒杯，狠狠地摔下。

杯子在地上迸发出清脆的碎裂声，突然，门被撞开，团丁们拿着枪冲进来。

闵成杰这才记起，这是他和周四新先前约定的暗号，如果洞房之夜发生意外，卢皓月敢图谋不轨，他就摔杯为号，埋伏在外的团丁一拥而入，拿住卢皓月。

现在，团丁们看到新娘子是白菜心，不禁面面相觑。

闵成杰恼怒地喝道："谁要你们进来！都给我滚！"

团丁们垂着头鱼贯而出。

（7）

关上门，闵成杰回头上下打量着白菜心，双眼发光："小白，穿上这嫁衣还真勾人呢，你放跑了老子的人，今晚就陪老子睡一夜！把老子侍候好了，老子一高兴，兴许就把你娶进门！千万再别和老子讲条件！"

他一把抱住白菜心，把她往床上摁。

"流氓，放开我！"白菜心脚蹬手抓口咬，但怎么也抵不过他蛮牛般的身子，他撕开她的嫁衣，她的红肚兜泛着灼灼的红，像一团燃烧的热焰，激起他的疯狂，他扯下肚兜，一对圆润如玉的乳房跳了出来，他粗暴地揉搓着，汗水滴在她缎子般的皮肤上。

忽然，门被撞开，一声断喝："闵成杰你这个畜生！"

闵成杰惊异地扭过头。白菜心趁机一脚蹬开他，她头发蓬乱，抓起红肚兜掩住胸，瑟缩着躲到床角。

进来的是关旭，他端着一支盒子炮，枪口对准闵成杰，两眼冒火：“闵成杰，今天就是你的末日！”

闵成杰忙说：“小关，你别乱来，是你老婆冒充新娘勾引我，我又喝多了酒……”

关旭切齿咒骂：“狗日的，你欺负她，已经不是一天两天了！杀你的心，我早就有了！”

闵成杰的枪放在桌子上，够不着，他觑着那把枪，猛冲过去，关旭手中的枪响了，闵成杰捂着胸慢慢倒在地上，鲜血从指缝中流出，他艰难地抬起头：“你……”

关旭又补了一枪，闵成杰头一歪没了声音。

白菜心穿好衣服，走到关旭面前，闭上眼睛：“你连我也一起杀了吧，我对不起你！”

关旭的目光交织着痛苦与怜惜：“小翠，以前的事，我们一起忘记！我们从头来过，好吗？”

这么多年来，只有他还记得她的小名，还这样叫她，她的眼泪止不住地流：“关旭，我……”

外面传来一片嘈杂的叫喊声。

“快走！”关旭拉着白菜心刚跑出去，周四新就带着团丁冲进了洞房，见闵成杰已气绝身亡，连忙又往外冲：“快，快，抓刺客！”

关旭带着白菜心在院子里左冲右突，不时举枪回击，周四新指挥着几个手下包抄过去。

离后门只有一箭之遥时，一队团丁斜穿过来，挡在关旭和白菜心面前，两人转头就跑，又撞上周四新。

“哈哈，看你们往哪里逃！”周四新狂笑着，步步逼近。

关旭和白菜心被围在中间，一排黑洞洞的枪口对准了他们，团丁们叫道：“放下枪！不然我们开枪了！”

关旭弯腰放下枪，周四新洋洋得意地走上前，用枪顶着白菜心的下巴说：“可怜闵旅长一世英名，还是栽在女人手上！”

白菜心瞪着他，呸了他一口唾沫。

“好香的口水！”他笑着去摸她的脸，“小白，别在我跟前装正经了，旅长动得，老子也动得！”

关旭愤怒地扑上来：“周四新，你这个王八蛋！”

周四新扳住他的手腕，一脚踹在他腿弯里，踩得他半跪在地：

“小子，想死啊，别急！你早晚都是个死罪！”

然后，他扬了扬短枪，对团丁们命令道：“把这两个杀人凶手抓起来！”

团丁们正要动手，“啪、啪、啪”几声枪响，两个团丁中弹倒地。

从墙头传来一个女声：“关旭，快跑！”

关旭拉着白菜心朝后门急奔。随即，枪声大震，子弹呼啸，团丁又倒下几个。周四新被彻底打懵了，他抱头鼠窜，跳到一棵柳树下，借着月光看见院墙上趴着好几个女子，人手一只盒子炮，朝团丁猛射。周四新第一反应就是，坏了，自己疏忽了先前那桌女客，这不是卢皓月的女子自卫队吗？

等他打算瞄准射击时，这些女子忽然从院墙往外跳下，不见了。他带着团丁追出院子，不远处，停着几辆马车。

关旭拖着白菜心往前飞跑，白菜心还穿着那件红色的婚服，在月光下异常醒目，周四新瞄准那团红色的影子，枪响了，子弹正中白菜心的后背，她向前栽倒，关旭大叫：“小翠！”

周四新挥舞着短枪，指挥着团丁：“快，别让他们跑了！”

他的注意力全部集中在前方，路边丛林里悄悄伸出一支枪。

“呯！”周四新肩膀中弹，他捂着伤口朝丛林里回了几枪，一位黑衣女子从林子里疾风迅雷般翻滚出来，眨眼的功夫，就已到了他面前，他根本来不及举枪，她就近距离地开了一枪。

“卢……”周四新只惊呼出这个字，就直挺挺地倒在地上。子弹正中他的眉心，鲜血从弹洞缓缓流出，流进了那只可怖的圆睁着的独眼。

卢皓月又干掉了几个团丁，掩护着关旭将白菜心抱上了马车。

(8)

黑纱似的天幕上，一轮明月云朵中缓缓穿行，时隐时现。东荆河码头上，早有三只船候在那里，码头上，卢介康夫妇还有普善堂的伙计，提着马灯焦急地引颈等待。

一阵马蹄声由远而近，几个伙计激动地叫道：“来啦，小姐来啦！”

马车停住，女队员们跳下车，关旭抱着白菜心，向码头冲过来，卢皓月在后面大声喊："爸，快救救白菜心！"

卢介康连忙上前，只见关旭手上全是鲜血，白菜心脸色惨白，他也急了："快，快上船！"

三只船紧紧相随，顺流而下。

最前面的一只船上，白菜心躺在关旭怀中，关旭拿着汤匙，给她一口一口地喂卢介康调好的药，药水和着鲜血从她嘴角溢出，她气若游丝，背部伤口的血仍不能止住，卢皓月换下一块又一块带血的纱布。

卢介康在一边说："白姑娘，坚持住！我们一会就到了省城，找最好的医院，帮你做手术，没事的！"

白菜心紧咬着嘴唇，露出一丝笑容："谢……谢……我恐怕是不行了……"

关旭揪心地叫着："小翠……"

白菜心眼里透着愧疚："关旭，你能原谅……我吗？"

关旭泪如雨下，使劲点点头。

白菜心的语气哀凄而深情："你杀了闵……真好！这下……我可以……瞑目了，来生……让我好好……做你老婆……"

她那只攥着关旭的手慢慢松开，合上了眼睛。

关旭摇晃着白菜心，肝肠寸断地呼喊着："小翠——"

卢皓月此时也禁不住泪流满面，她无比内疚地说："关大哥，都怪我，我真不该答应她，让她代替我！"

关旭的眼里满是痛惜："不怪你，只怪她把闵成杰这个狗东西，想得太好了，她太幼稚！"

那天，白菜心找到卢皓月，先问她愿不愿意去做新娘。

卢皓月一愣："我怎么会愿意？我正要杀了那个狗东西呢！"

白菜心说："要杀他恐怕没那么容易，周四新早有防备，布置了好多人。"

卢皓月说："大不了和他们拼个你死我活！"

白菜心幽幽地说："我倒是有一计。"

卢皓月说："那快告诉我！"

白菜心说："我去做新娘子，你趁机混进周府，除掉周四新！"

卢皓月担心地说："那闵成杰不要吃了你！"

白菜心低头沉默了好一会，抬起头说："你晓得吗，我早就是他的人了，我对不起关旭！"

卢皓月惊讶异常："大姐你怎么这样糊涂啊，你怎么就成了他的人？"

白菜心流着泪说："我也是没办法，唉，人生没有回头路，再后悔也没用了。卢小姐你是个好人，年轻漂亮，我真不忍心看你被他作践，才出此下策！"

卢皓月还是不答应："那样太险了，闵成杰什么事都做得出！"

白菜心说："要是他还有一丁点良心，他就不会对我怎样的，卢小姐，你放心！"

卢皓月考虑了好半天，终于同意了。

不过她最后叮嘱白菜心，闵成杰不是好人，不要对他抱什么幻想，新婚之夜，她会潜入周府，到时候，说不定连闵成杰也一块杀！

和白菜心的对话一幕幕浮上心头，卢皓月心中充满了哀伤。

天上，月亮几经周折突破了云朵的重围，如释重负地撒下清辉。卢皓月伫立船头，潭水般的双眸在月色下格外闪亮，月光的碎片在河面上随波逐流，流水声如诉如泣，凉爽的夜风轻轻拂动她的发梢，仰望神秘浩瀚的苍穹，面对滔滔远去的流水，她真想爆出一声雷霆般的呐喊，释放出心中埋藏已久的憋闷与痛楚，但她终是什么也没有喊出来，只是对着莲城的方向，轻轻念叨了一句："莲城，我会回来的！"

跋

——幸亏还有爱情

这部小说的核心的情节，在我心底至少沉浸了十年。

并非标榜自己苦心孤诣，而是我一直在寻找，寻找一个突破口。

十年前，我在乡间工作，偶然听到一位老者说起一个怪人。怪人认定祖屋埋了财宝，就在屋里挖了一个大坑寻宝，别人都说他是神经病，四十多岁了，还没有女人肯嫁给他。

我去探访怪人，怪人与我谈话，神情亢奋，思路清晰，他确切告诉我：做过兵部尚书的先祖几次托梦给他，说屋底下埋了数不清的金银财宝，只留给心诚的后人。他还谈到了出家的姑姑，流落异乡的哥哥。

于是，我打算写一部具有传奇色彩的小说，关于寻宝、战争，还有伦理与亲情。

写了几万字后我就搁置下来。那段时间，我主要是为报刊写专栏，为出版社写历史随笔。然而，我心底一直记挂着这事，觉得自己欠自己的这笔账，一定要还，而且要还得漂亮。

这一放，就是若干年。这期间，我一直为找不到一个好的突破口而苦恼。

忽然有一天，想起青年时代读马尔克斯的《霍乱时期的爱情》的情景，那是在古城荆州的一所学校，读到小说结尾时，我掉了眼泪。

一对一见钟情的恋人，错过了最美好的年华，等摆脱各种困扰走到一起时，身体已干枯如柴，然而，他们决心像初恋那样开始新的生活。他们相偎在一艘船上，没有目的地漂流，船长问航行到何时，男主人公回答：永生永世……

找到电影《霍乱时期的爱情》，重温旧梦，结果，有些失望，只记住了一句台词：我对死亡惟一的遗憾就是没能为爱而死。

电影远没有小说那般震撼人心。

时代已变得如此浮躁，我发现心中还固守着一个爱情的理想国。

直到老去，我都会相信爱情和宗教一样，能够抚慰孤独的心灵，满足世人的精神需求，抵御冰凉的现实与纷扰的俗世。

海明威有一句名言，说到许多写作者的心里去了，“世界上只有两件事情值得去写、去表演，那就是爱情与战争”。

问世间情为何物？直教人生死相许。

“人世间最难舍的终究是情，明知道万有皆空，却还是禁不住依依回首红尘里的那场相遇。”女作家张小娴如是说。

但也有人说，除了生死，其他都是闲事。

然而，没有闲事，人生的意义又在哪？

有人在网上签名：幸亏还有死亡。

我想说：幸亏还有爱情。

不管是王公贵族，还是引车卖浆者，腰缠万贯也好，一文不名也罢，在死亡面前，是真正平等的。

其实在爱情面前也是一样，高贵者的爱情难道比贫贱者更可歌可泣？

茅塞顿开，再次动笔，亦莲、皓月、白菜心的形象渐渐鲜活丰满起来。三个女性的三条道路，我自以为能代表女性与现实的三种关系。

尤爱女主人公亦莲。

这个世界，充满了太多世俗的限制与隐秘的禁忌，经历了人间的至爱与至痛的她，在隐忍中顽强绽放痛彻心扉的爱情，出尘脱俗让人心疼。

我的偏爱并不能妨碍人物的成长，小说里的人物就像一棵树，树以后怎么长，往往不是植树人所能左右的了。我猜想一部分女性读者，可能会希望小说的男主人公贺修民变得杀伐果断一些，可是这个人物出现后，已再也不能任由我摆布，他注定要在亲情、爱情、事业、信仰之间摇摆挣扎，这样才更真实，更符合人性。

小说里的部分人物，我谨慎地使用了部分沔阳方言。在保留一点原汁原味的同时，不至于对读者的阅读造成障碍。

这里需要说明的是，有时候一个词，甲以方言说出，乙又用官话表达，之所以作出这样的处理，是因为我考虑到人物的身份、所受的教育。

沔阳是江汉平原的一个大县，是个很古雅的地名，“千里送鹅毛”的典故就出自沔阳；据说大诗人屈原、李白都在沔阳留下了足迹与墨宝；沔阳还出过一个狠人陈友谅；金庸《碧血剑》里的袁承志穿的就是“沔阳青”长衫，因为沔阳盛产棉花，还是著名的鱼米之乡。惜乎，“沔阳”这个古地名现在变成了“仙桃”，失去了好多韵味，连同韵味一同渐渐消失的，还有如诗如画的水乡风光和斑斓多姿的民俗文化。

我妄图通过想象与童年的记忆，在小说里拾起江汉平原的一些旧时光：菜花黄灿如金，芦苇青翠欲滴，湖水清清，渔歌欸乃，荷叶碧透，荷花红艳，茭白、鸡头米、菱角，剥出来直接生吃。沙雁、白额雁、金珠雁、狗头雁与落日齐飞，赤麻鸭、八鸭、金眼鸭、琵嘴鸭嬉戏游弋，体长近一米的“青庄”，从湖面呼啸而起，如一架小型飞机……

我还试图还原一些楚地风俗，如江汉平原的婚丧饮食、花鼓戏、皮影戏、舞龙灯、划彩船、蚌壳精、赛龙舟……

但力所不逮，书之难尽。生态文化与传统文化，是挖掘不尽的大宝藏。

最后，我想说，小说得以顺利出版，要衷心感谢花城出版社的揭莉琳编辑。从申报选题到小说的构思到细节的处理，揭编辑给了我很多宝贵的意见。

还要感谢购买本书的读者，感谢你们一如既往的关注与支持！

陈雄

2011 年 10 月 28 日于沔阳